KB159168

제3개정판

범죄학개론
CRIMINOLOGY

전돈수 著

범죄학은 범죄와 범죄인(犯罪人) 및 형벌을 연구대상으로 하는
종합적인 학문으로 특히 경찰행정학을 전공하는 학생들에게
범죄학을 이해하는데 많은 도움이 되리라 생각한다.

21세기사

머리말 (제3개정판)

저자가 미국에서 활동하는 데에도 불구하고 한국독자들의 꾸준한 성원에 힘입어 2005년 초판이 출간된 이래 이제 다시 제3개정판을 출간하게 된 것을 감사하게 생각을 한다. 이번 제3개정판은 몇 가지 내용이 보완이 되었다. 우선 범죄피해자학에 대한 관심이 늘어나고 있는 점을 고려해서 범죄피해자학 부분을 보완을 해서 별도의 장으로 구성을 하였다. 그 이외에도 생물학적 범죄이론에서 근래에 연구된 내용을 비롯하여 일반긴장이론과 생애과 정이론 부분도 일부 보완을 하였다. 또한 환경범죄학과 일상활동이론은 고전주의 범죄학의 직접적인 영향을 받은 이론들이기 때문에 고전주의 범죄학 바로 다음으로 위치를 옮겼다.

뿐만 아니라, 근래에 중요하게 등장한 이론들을 소개를 하였다. 그 이론들은 집단적 아 노미이론 (Institutional Anomie Theory), 사회자본이론 (Social Capital), 사회지원이론 (Social Support Theory), 그리고 집단효과성이론 (Collective Efficacy Theory) 등이다. 그 이외에도 범죄 유형별 논의에서도 곳곳을 보완을 하였다.

이 기회를 통해 지속적으로 본 책에 대한 애정과 관심을 가져주신 도서출판 21세기사 이 범만 대표님에게 깊은 감사의 말을 전한다. 그리고 이 책이 경찰행정학, 교정학, 그리고 법 학 등을 공부하는 학생들이 사명감을 가진 공직자로 교육이 되는데 조금이라도 도움이 되 었으면 하는 바람이다.

2019년 1월
미국에서 저자 전돈수

머리말 (제2개정판)

우선 먼저 2008년 「범죄학개론」(개정판)이 출간이 된 이후에도 꾸준히 본 교재를 이용하여 준 독자들에게 감사를 드린다. 저자는 제2개정판을 통해서 다음과 같이 몇 가지를 보완을 하였다. 우선 그리 오랜 기간은 아니지만 그 동안 한국의 범죄학자들의 새로운 연구들도 출판이 되었다. 그래서 한국범죄학자들의 최근의 연구 업적들을 해당이론을 논의를 할 때 간략하게나마 소개를 하였다. 둘째, 그 동안 한국과 미국의 형사정책도 다소의 변화가 있었다. 특별히 미국 연방대법원은 2005년 소년범에 대한 사형제도는 잔인하고 비정상적인 형벌을 금지하고 있는 연방수정헌법 제8조에 대한 위헌이라는 결정을 내렸다. 그래서 위 연방대법원의 결정 이후에는 모든 주에서 소년범에 대한 사형집행을 하지 않고 있다. 한편 한국에서는 2006년에 제주도에 한하여 자치경찰제도가 부분적으로 실시가 되었고, 2010년에는 'DNA법'이 시행이 되었다. 제2개정판에서는 이런 내용들을 추가를 하였다. 셋째, 이 책에서 인용한 범죄통계자료들도 다소 오래 된 것들이 많아서 보다 최근 것으로 업데이트를 하였다. 넷째, 한국에서는 근래에 김길태에 의한 부산여중생 강간살해 사건과 같은 충격적인 범죄 사건들이 발생을 하였다. 그래서 본서는 그런 범죄 사건들을 포함을 시켜서 논의를 하였다.

위와 같은 보완내용 이외에도 제2개정판에서는 곳곳에 '범죄사례연구'를 새로이 만들어 놓았다. 이것은 본 저자의 또 다른 책인 「범죄이야기」(도서출판 21세기사)에 담겨 있는 20세기의 대표적인 범죄 사건들을 소개한 것이다. 이것은 독자들의 범죄학에 대한 흥미를 유도하고, 동시에 범죄이론을 실제사례에 적용하여 설명할 수 있는 능력을 배양하기 위한 것이다. 더 자세한 내용은 위 책을 참고하기를 바란다.

끝으로 본 교재의 제2개정판을 출판할 수 있도록 허락해주신 도서출판 21세기사의 이범만 사장님께 깊은 감사의 뜻을 전한다.

2013년 7월
미국에서
전돈수

머리말 (개정판)

본 저자가 2005년 「범죄학개론」을 출간 한 지 3년 정도의 세월이 흘렀다. 그 동안 독자들의 성원에 힘입어 개정판을 출간할 필요성을 느끼게 되었다. 무엇보다도 여러 대학의 경찰행정학과 교수님들이 따뜻한 지도와 편달을 해주셨다. 여러 교수님들의 그런 조언에 따라 초판을 일부 보완하여 개정판을 내게 되었다. 이번 개정판은 특별히 범죄의 유형을 보다 세분화하여 소개하였다. 뿐만 아니라, 대부분의 독자들이 경찰행정학과 학생들인 점을 고려하여 범죄대책론에서 경찰과 교정제도에 관한 것을 보완하였다. 한편 범죄이론 부분에서는 소폭으로만 수정을 하였다. 본서가 개론서인 점을 고려하여 너무 깊게 들어가지 않으려고 노력하였다.

그 간 본 저자의 일부 지인들의 근황에 변화가 있었다. 플로리다주립대 범죄학과를 졸업한 탁종연 박사가 한남대학교 경찰행정학과 교수로 부임하였다. 이 지면을 빌어서 늦게나마 축하의 말을 전하고 싶다. 한 가지 아쉬운 것은 사랑하는 후배 최규범 경찰대 교수가 암으로 2007년 12월 미처 꿈을 펼쳐보지 못하고 36살이란 젊은 나이게 유명(幽明)을 달리한 것이다. 고인을 보내는 마음이 너무도 아쉽지만, 고통 없는 좋은 나라에서 안식하길 바란다. 당신이 암과 싸우면서 최선을 다한 모습은 주변 사람들에게 많은 귀감이 되었다. 유족인 어린 아들 순언이에게 하나님의 선하심과 인자하심이 함께 하길 바란다.

끝으로 이번 「범죄학개론」의 개정판의 출간을 흔쾌히 허락하여 주신 도서출판 21세기사의 이범만 사장님과 편집을 맡아서 수고해주신 도서출판 21세기사의 여러 분들에게 감사의 말씀을 드린다.

2008년 4월
미국 플로리다에서
저자 **전돈수**

머리말 (초판)

　서양에서는 1885년 Garofalo가 「범죄학」(*Criminologia*)이라는 저서를 출간한 이후부터 범죄학이란 말이 사용되기 시작하였다. 그래서 서양에서 범죄학은 100년 이상의 역사를 가지고 있다고 볼 수 있다. 그렇지만 한국은 1989년 법무부 산하에 「한국형사정책연구원」이 설립되면서부터 범죄학연구가 본격적으로 이루어졌다. 이렇게 비교적 짧은 역사 때문에 일반인뿐만 아니라 학계에서도 범죄학의 학문으로서의 정체성이 제대로 확립되지 못하고 있다. 그러나 한국도 이제는 범죄문제에 대한 관심이 높아지면서 범죄학의 중요성에 대하여 새롭게 인식하기 시작했다. 그래서 법대에서는 비교적 일찍이 형사정책 과목에 범죄학이 일부 포함되어 있다. 최근에는 많은 대학에 경찰행정학과가 생기면서 범죄학개론이 그 교과과정에 들어있다.

　위와 같이 한국에서도 범죄학에 대한 관심이 높아지면서 몇 개의 「범죄학개론」이라는 제목의 대학교재들이 출간되었다. 그러나 아직 수요에 비해서 양이 적을 뿐만 아니라, 그 내용이 보완되어야 할 필요성도 있다. 본 저자는 범죄학을 전공한 사람으로서 이 점을 늘 안타깝게 생각하여 왔다. 그래서 이번 기회에 범죄학개론을 출간하기에 이르렀다. 본 교재는 특히 경찰행정학을 전공하는 학생들에게 범죄학을 이해하는데 도움이 되리라 믿는다. 경찰관은 범죄를 비롯한 인간의 행위에 대한 이론적인 지식을 갖추고 있어야 한다.

　본 교재는 다음과 같은 특징들이 있다. 첫째, 범죄학에 대한 학문적 정체성이 아직 확립되지 않은 점을 고려하여 범죄학의 개념정의와 연구대상에 대한 논의를 비교적 구체적으로 시도하였다. 둘째, 그 간 범죄연구에서 소홀했던 학제간 연구를 활성화하기 위해서 생물학, 심리학, 사회학, 그리고 법학 등 여러 학문분야의 성과를 이 교재에 포함시키려고 노력하였다. 특히 생물학적 연구에 대해서 비교적 많은 부분을 할애하여 논의하였다. 셋째, 기존의 교재들은 미국을 중심으로 한 외국의 연구업적만을 소개하였다. 그러나 아직 부족하기는 해도 한국 범죄학자들의 연구도 있다. 그래서 본 교재는 그런 한국 학자들의 연구들을 곳곳에 소개하였다. 넷째, 본 저서는 기존의 범죄연구이외에도 근래에 등장한 범죄이론들을 소개하는 데에도 일부 공간을 사용하였다. 아직 그 이론들은 제대로 정립되지 않은 것이 많지만 범죄학을 처음 접하는 학생들이 알아둘 필요가 있다. 다섯째, 독자들의 이해를 돕기 위해서 각 이론별로 기본가정과 등장배경, 핵심개념, 정책적 제안, 그리고 평가 등으로 구분하여 설명하였다.

　본 저서는 크게 여섯 개의 장으로 구성되어 있다. 제1장은 범죄와 범죄학의 개념을, 제2장은 고전주의 범죄학을, 제3장은 생물학적 범죄이론을, 제4장은 심리학적 범죄이론을, 제5장은 사회학적 범죄이론을, 마지막 제6장은 범죄대책론과 범죄학의 전망을 각각 다루었다.

본 저서는 여러분들의 도움이 없었으면 세상에 빛을 보기 힘들었을 것이다. 가장 먼저, 언제 어디서나 힘이 되어주시고 나의 삶을 인도해 주신 하나님의 은혜에 무릎 꿇고 감사의 기도를 드린다. 한편 남편을 위해서 온갖 고생을 마다하지 않고 밤낮으로 기도로 내조를 해준 아내 김애숙집사와 아빠의 보살핌도 제대로 받지 못하면서도 밝고 건강하게 자라나는 아들 의로에게도 이 기회를 빌려 사랑한다는 말을 전해주고 싶다.

부족한 저자를 지도해주신 여러 은사님들에게도 머리 숙여 감사를 드리고 싶다. 늘 격려와 관심을 가져주셨고 크리스천의 모습을 몸소 보여주셨던 수원대 법대 김동석 교수님과 형법학자이신 양화식 교수님께 감사드린다. 그리고 본 저자가 플로리다주립대 대학원 재학시절 많은 학문적 영감을 주셨던 저명한 범죄학자 C. Ray Jeffery교수님께도 깊은 사의를 표한다. 특별히 Jeffery교수님의 생물학적 범죄이론과 CPTED이론은 본 저자에게 큰 감동을 주었다. 또한 박사과정의 지도교수님이셨던 플로리다주립대 William Doerner교수님은 스스로를 완벽주의자라고 부르신 것과 같이 엄격한 논문지도를 하셨다. Doerner교수님을 통해 좋은 학문적 훈련을 받을 수 있었던 것에 감사한다. 한편 지금은 플로리다주립대를 정년퇴임하신 Fred Faust교수님은 교육자가 무엇인지를 몸소 보여주셨다. Faust교수님은 나의 친구가 되어주셨고, 또 인생의 조언자가 되어주셨다. 뿐만 아니라 Faust교수님은 우리가족의 대부가 되어주셨고 나의 아들 의로에게는 할아버지의 역할까지 해주셨다.

위의 분들 이외에도 한국경찰발전연구학회의 한세대 신현기 교수님, 관동대 이영남 교수님, 경찰대 표창원 교수님과 이웅혁 교수님, 그리고 동국대 임준태 교수님에게도 개인적 그리고 학문적으로 도움을 주신 것에 대해 감사를 드린다. 또한 가야대에서 동고동락한 형법전공의 조현욱 교수님에게도 사의를 표한다. 그 밖에서 플로리다주립대 대학원 범죄학과 선배님이시고 현재 미국 Middle Tennessee주립대 재직 중인 추태명 선배님과 사랑하는 후배인 경찰대 최규범 교수, 플로리다주립대 대학원 박사과정의 탁종연, 미국 Appalachian주립대 노성훈 교수, 그리고 민중의 지팡이로서 열심히 일하는 나종민, 이훈, 그리고 김준에게도 그들의 성원에 감사를 표한다. 끝으로 여러 가지로 부족한 본 저서의 출간을 허락하여 주신 「도서출판 21세기사」의 이범만 대표이사님에게도 깊은 사의의 뜻을 전하고 싶다.

모쪼록 본 저서가 범죄학의 학문적 정체성의 확립, 대학에 범죄학과의 설립, 그리고 전국적 규모의 범죄학회 결성 등 많은 과제를 안고 있는 한국 범죄학의 발전에 조금이나마 도움이 되기를 바란다.

2005년 7월
대가야의 옛고향에서
저자 **전돈수**

7

Contents

■■■ 제1장 ■ 범죄와 범죄학

■■■■ 제5장 ■ 사회학적 범죄이론

CONTENTS

범죄와 범죄학

제1장

C·R·I·M·I·N·O·L·O·G·Y

제1장

범죄와 범죄학

우선 먼저 과연 '범죄'가 무엇을 의미하는지를 알아보고 이어서 '범죄학'의 일반적인 개념에 대해서 살펴보도록 하겠다.

제1절 법, 범죄, 그리고 범죄통제의 발전과정

인류의 역사는 산업발전의 기준에서 보면 수렵·어로·채취의 단계에서 농경사회로, 그리고 다시 산업사회로 변천하여 왔다. 산업발전 단계별로 각기 다른 법과 형벌제도로 변화하여왔다. 이에 대해서 보다 자세하게 알아보도록 하겠다.

1. 수렵·어로·채취의 사회

수렵·어로·채취의 시대에는 소가족 단위로 모여 살면서 자연 속에 존재하는 과실을 채취하고 동물을 원시적인 방법으로 사냥하면서 살았다. 이 시대에도 원시적인 규범은 있었을 것으로 짐작된다. 예를 들면 타인이 잡은 동물을 훔쳐가는 것은 금지되었을 것이다. 그러나 이 당시에는 스스로의 무력을 사용하여 빼앗긴 물건을 찾아오든가 아니면 훔쳐간 사람에 대해서 복수를 해야 할 수밖에 없었다. 말 그대로 힘이 곧 정의가 되었던 시대였다. 동물의 세계와 마찬가지로 약육강식(弱肉强食)의 논리가 지배하던 때라고 볼 수 있다. 그러나 이 시대의 가장 큰 문제는 가뭄 등으로 과실을 제대로 구하지 못하면, 생존하기가 무척 어려웠다는 점이다. 마찬가지로 동물사냥에 실패하는 날은 굶는 날이 되기도 하였다. 그래서 인류는 농작물을 재배하고 가축을 키우는 농경시대에 접어들기 시작했다. 다음에서는 이에 대해서 논의하고자 한다.

2. 농경시대

농경시대에 들어서면서 인류는 자연의 곡식과 과실로부터 씨를 얻어서 농사를 짓기 시작하였다. 이와 마찬가지로 야생으로부터 잡은 동물을 집안에 가두어 새끼를 얻었다.[1] 이렇게 함으로써 이 시대에는 웬만한 가뭄이 오지 않는 한은 굶어 죽는 일은 많이 줄었다. 농사는 소수가 하기에는 어려웠다. 그리고 농사는 물을 구할 수 있는 곳이어야 가능했다. 그러므로 자연스럽게 촌락이 형성되었다. 이런 촌락이 점점 발달하면서 부족이 형성되기 시작했다. 특히 농경시대에는 물 공급이 대단히 중요하였다. 그래서 이 시기에는 물, 음식, 그리고 땅의 분배를 결정할 권력자가 등장하였다. 이것이 봉건제도의 출발점이 된 것이다.

위와 같은 농경시대의 봉건제도가 발전하여 국가가 탄생하였다. 이와 같은 국가는 한 명의 영주가 강해지면서 다른 영주들을 정복하는 과정에서 형성되었다. 예를 들면 William이란 정복자는 서기 1066년에 England를 통일시키고 왕이 되었다.[2] 사회계약설에 의하면 인간은 원시 상태로 놓아두면 "만인에 의한 만인에 대한 투쟁 상태"(War against all)가 된다고 한다. 이미 앞에서 지적한 것과 같이 원시시대에는 약육강식의 논리가 지배하는 사회였다. 강자는 자신의 힘을 이용하여 남의 재산이나 여자까지 마음대로 빼앗을 수 있었다. 그러므로 권력 있는 자에게는 더 없이 좋은 사회였다. 그러나 반대로 약자는 강자에게 마음대로 유린당할 수밖에 없었다. 따라서 이런 혼란을 막기 위해서 인류는 자신들의 자유를 조금씩 양보하여 묵시적으로 국가에게 자신을 보호해줄 것을 위임했다. 이것은 사회질서를 유지함으로써 가능하다. 이것이 일반적으로 알려진 사회계약설이다.[3]

농경시대에는 사회구성원 사이에 어느 것이 옳고 그른 지에 대한 일반적인 합의가 존재하였다. 이것은 관습, 종교, 그리고 무속 등의 형태로 나타났다. 한 개인이 관습을 어기면 다른 사회구성원들에게 질책을 받거나, 심하면 다른 곳으로 추방을 당하기도 하였다. 뿐만 아니라 국가의 등장은 곧 법의 등장을 의미하였다. 인류는 오래 전부터 법을 만들기 시작을

---

1) C. R. Jeffery, *Criminology: An Interdisciplinary Approach*(Englewood Cliffs, NJ: Prentice Hall, 1990), p.44.
2) *Ibid.*, p.52.
3) *Ibid.*, p.46.

하였다. 중동에 위치한 고대 바빌론제국의 제6대 왕이었던 함무라비는 현재까지 알려진 것으로는 제일 오래된 법인 「함무라비법전」(Code of Hammurabi)을 만들었다. 그 법전은 기원전 1790년경에 만들어진 것으로 알려졌다. 함무라비 왕은 법을 제정하면서 강력한 왕권국가를 형성을 하였다. 역사학자와 고고학자들은 그의 바벨론제국이 그 지역에 막강한 세력을 형성했다는 것을 증명하고 있다. 「함무라비법전」의 내용은 "눈에는 눈, 입에는 입"이라는 식의 형벌이 규정이 되어 있다. 즉 남에게 피해를 입힌 만큼 그대로 범인에게 갚아 주라는 내용을 담고 있다. 예를 들면 만약 다른 사람을 주먹으로 쳐서 이빨을 부러트린 자에게는 그의 이빨도 부러트리라는 것이다. 이것은 당시 사람들은 정의의 실현이 응보(應報)에 있다고 믿었다는 것을 말해준다.

한국의 고조선도 「팔조법금」(八條法禁)이라는 것을 가지고 있었던 것으로 알려졌다. 이것도 「함무라비법전」과 마찬가지로 응보주의(應報主義)에 기반을 두고 있었다. 「팔조법금」 중에 알려진 세 가지 법조는 다음과 같다. 첫째, 사람을 죽인 자는 즉시 사형에 처한다. 둘째, 남에게 상해를 입힌 자는 곡물로써 배상한다. 셋째, 남의 물건을 훔친 자는 데려다가 노비로 삼는다. 이처럼 국가가 법을 만들면서 법을 어기는 행위에 대해서 국가가 공익의 대표자로서 나서서 통제를 할 수 있게 된 것이다. 그래서 국가별로 치안업무를 담당하는 기관이 생겨나기 시작하였다. 그러나 이 시대에는 외적으로부터 국민을 보호하는 일과 국내의 치안을 담당하는 일이 따로 구분이 되어 있지 않았다. 다시 말하면 군사와 경찰의 역할이 분리되지 않았다.

법의 등장에도 불구하고 형벌은 아직까지 원시적이고 가혹하게 행해졌다. 프랑스의 단두대, 그리고 동양의 사지를 찢어서 절단하는 형벌 등이 그 대표적인 예들이다. 심지어는 산사람을 그대로 화형을 시키는 일도 행해졌다. 서양에서는 오딜(ordeal)이란 것이 있어서 범죄인을 잡아다가 펄펄 끓는 물에 담가서 죽으면 유죄가 되었다. 그러나 만에 하나라도 살아난다면 무죄로 추정하였다. 한편 이 당시에는 국가에 의한 형벌뿐만 아니라, 자력구제(自力救濟)도 어느 정도 인정이 되었다. 결투가 그 대표적인 것이다. 즉 서로 충돌이 있는 사람들은 결투를 신청하여 시비를 가렸다. 이 시대의 처벌의 목적은 여전히 복수였다. 그러나 이 시대의 형벌제도는 범죄자에 대한 처벌을 통해서 미래의 범죄억제와 재발을 방지하는 기능에도 역점을 두었다. 한 범죄자를 공개처형을 하여 처벌받는 사람 이외의 일반인에게도 범죄를 저지르면 처벌받는다는 것을 알려주었다. 그래서 과거 프랑스는 죄수를 시민들이 많이 모이는 공공장소에 단두대를 설치하여 공개처형을 하기도 하였다.

3. 산업사회

증기기관의 발명과 같은 과학기술의 발전은 물품의 대량 생산을 가능하게 하였다. 공장들은 대부분 도시지역에 있었기 때문에 이로 인해서 인구가 도시로 집중되었다. 한국의 경우에는 박정희 전(前)대통령의 경제개발계획의 추진과 더불어 산업화와 도시화가 가속화 되었다. 산업의 형태도 농사와 같은 1차 산업에서 2차 산업인 제조업의 비중이 크게 증가하였다.

이 시대의 법체계는 전보다 세련되어졌다. 그리고 법치주의 원칙이 확립되는 시기였다. 이제는 개인에 의한 자력구제는 금지되었다. 예를 들면 자신의 사랑하는 딸을 살해한 범인을 아버지가 직접 쫓아가서 잡아 죽였다고 가정해 볼 수 있다. 물론 사랑하는 딸을 처참하게 살해한 범인에게 복수한 아버지의 심정은 이해가 간다. 그러나 딸의 복수를 한 아버지는 법적으로 살인죄로 처벌을 받을 수밖에 없다. 결국 이 시대에는 국가에 의한 공식적 처벌(formal social control)만이 합법화되었다.

산업사회에서 처벌의 목적은 크게 두 가지이다. 하나는 정의의 실현(retribution)과 범죄억제(deterrence)이며, 또 다른 하나는 범죄자의 교정 및 교화(rehabilitation)이다. 이 문제에 대해서는 추후 자세히 설명하겠지만, 교정 및 교화는 범인이 되게 만든 여러 요인들을 고려해서 범죄자를 교정시켜 건전한 사회인으로 복귀시키려는 노력이다.

[표 1-1] 산업발전에 따른 법과 형벌의 변화

구 분	수렵·어로·채취의 사회	농경사회	산업사회
특징	소가족 단위로 생활	국가가 형성됨, 혈연관계중심의 사회(gemeinschaft)	산업화 및 도시화, 이해관계 중심의 사회(gesellschaft)
사회규범과 법	원시규범	사회규범과 법의 등장	사회규범과 법의 정착
범죄에 대한 통제	자력구제	자력구제(informal social control) 및 국가에 의한 통제(formal social control)	국가에 의한 통제만 허락됨 (formal social control)
처벌의 목적	복수, 정의실현	복수 및 정의의 실현, 범제억제 (deterrence)	정의의 실현 및 범죄자 교정 및 교화

제2절 범죄와 일탈행위

여기서는 법과 사회규범, 그리고 범죄와 일탈행위의 개념과 그들 사이의 차이에 대해서 알아보도록 하겠다.

1. 법

범죄가 무엇인지를 알기 위해서는 먼저 법의 개념에 대해서 보다 명확하게 이해할 필요가 있다.

(1) 법의 개념

영국의 법철학자 H. L. Hart는 "우리가 코끼리를 보면 그것이 코끼리인 줄은 쉽게 알지만 코끼리란 무엇인가를 설명하기란 어려운 것과 같이 법의 개념을 정의 내리기란 어려운 일이다."라고 하였다. 심지어 G. Flauber는 "법 그것이 무엇인지 아무도 모른다."라고까지 하였다. 그러나 한 번쯤은 법이 무엇인지에 대한 논의를 시도해 볼 필요는 있다. 우선 사회 규범(social norm)과 법과의 차이를 먼저 알아 보도록 하겠다. 사회규범은 한 사회구성원들 사이에 어떤 것이 옳고 그른가 하는 것에 대한 묵시적인 동의가 존재한다고 보는 것이다. 예를 들면 동성연애와 문신을 새기는 것은 불법은 아니지만, 아직까지 많은 사람들에 의해서 옳지 않은 일로 받아들여지고 있다. 이런 점에서 본다면 법은 법전을 통해 명문화되어 있는 반면에 사회규범은 그렇게 되어 있지 않을 수도 있다. 그러나 사회규범 중 많은 것은 이미 법으로 규정이 되어있다. 예를 들면 살인, 강도, 강간, 절도, 그리고 사기 등이다. 이런 행위들은 사회규범을 어긴 행위인 동시에 법을 어긴 행위이기도 하다. 그러나 사회규범을 어긴 행위라고 하더라도 법에 명문의 규정이 없으면 강제적으로 처벌하지 못한다. 이것은 바로 현대 대부분의 사회에서 정립된 죄형법정주의(罪刑法定主義)인 것이다. 이것은 죄와 형벌은 반드시 법에 의해서 정해져야 한다는 것을 의미한다.

(2) 합의론과 갈등론

국가와 마찬가지로 법을 보는 관점도 크게 두 가지로 구분할 수 있다. 하나는 공공의 이익을 위해서 국민들이 합의에 의해서 법을 만들었다고 보는 관점이다. 이런 관점에서 본다면 법은 국민 대다수의 이익을 위해서 존재한다. 이런 주장을 하는 대표적인 학자는 Emil Durkheim이다. 그는 법은 "집단적 양심"(collective conscience)에 기반을 둔 것이라고 주장했다. 즉 법은 한 사회에서 다수의 여론을 반영한 것이라는 것이다.[4] 그래서 법은 그 사회 다수의 이익을 위해 봉사한다는 것이다. 한편 법은 사회적으로 받아들여질 수 있는 행위의 범위를 설정하며 그런 범위를 초과하는 행위를 통제시킨다.[5] 이런 합의론적 관점은 John Locke, Thomas Hobbs, 그리고 Jean-Jacques Rousseau 등의 사회계약설에 기초하고 있다. 즉 '만인의 만인에 대한 투쟁 상태'와 같은 혼란을 피하기 위하여 개인이 자신들의 자유를 조금씩 양보하여 국가에게 권력을 위임했다는 것이다. 이것은 사회구성원들 사이의 묵시적인 계약에 의해서 형성되었다.[6]

위와 같은 합의론하고는 달리 갈등론은 우리 사회가 가진 자와 그렇지 못한 자로 양분되어진다고 본다. 그리고 이들 계급 사이에는 끝임 없는 갈등이 존재하게 된다. 법은 소위 가진 자의 이익을 위해서 존재한다. 사회 엘리트에 의해서 저질러지는 화이트칼라범죄(white-collar crimes)는 제대로 처벌되지 않는 경향이 있다. 반면에 주로 하위계층에 의해서 저질러지는 소위 "길거리범죄"(street crimes)는 경찰의 집중단속의 대상이다. 이것은

---

4) John F. Galliher, *Criminology: Human Rights, Criminal Law, and Crime*(Englewood Cliffs, NJ: Prentice Hall, 1989), p.143.
5) Stephen E. Brown, Finn-Aage Esbensen, & Gilbert Geis, *Criminology: Explaining Crime and Its Context*(Cincinnati, OH: Anderson Publishing, 1998), p.40.
6) Frank E. Hagan, *Introduction to Criminology: Theories, Methods, and Criminal Behavior*(Chicago: Nelson-Hall, 1986), p.11.

화이트칼라 범죄로 인한 피해가 적기 때문이 아니라, 그들은 높은 사회적 지위와 전문지식을 이용해 법망을 교묘히 빠져 나가기 때문이다. 이것은 소위 말하는 '유전무죄 무전유죄'(有錢無罪 無錢有罪)라는 말로 해석되기도 한다. 이런 관점에 입각한 범죄이론으로는 후에 보다 자세하게 논의하게 될 낙인이론과 갈등이론 등이 있다.

(3) 법의 유형

법을 몇 가지 관점에서 구분할 수 있다. 우선 법의 출처내지는 근거에 따라서 자연법, 실정법, 그리고 법실증주의 등으로 나눌 수 있다. 한편 형법전이 존재하는가의 여부에 따라서 불문법과 성문법으로 분류할 수 있다. 끝으로 보호하려는 법익에 따라서 크게 형법과 민법 등으로 구분하기도 한다.

1) 자연법, 실정법, 그리고 법실증주의

자연법사상을 주장하는 학자들은 법은 인간이 만든 것이 아니라 신이 준 것으로 본다. 따라서 자연법은 시대나 장소와 관계없이 변화하지 않는다. 자연법은 인간이 직관적으로 알고 있는 것이다. 그리고 이것을 준수하거나 어기는 것은 인간의 자유의지(free will)를 통해서 하는 것이다. 예를 들면 살인, 강도, 강간, 그리고 절도 등이 이에 해당한다고 볼 수 있다. 특히 구약시대에 모세가 하나님으로부터 받은 십계명이 대표적인 것으로 볼 수 있다. 십계명에는 살인, 절도, 그리고 간음 등의 죄가 명시되어 있다. 그러나 자연법사상을 따를 경우에는 무엇이 법인지를 제대로 알기가 어렵다. 자연법 사상가들은 인간이 직관적으로 법을 알 수 있다고 했다. 그러나 그런 법의 존재를 과학적으로 증명하고 입증할 방법은 없다.

이와는 달리 실정법은 인간이 만든 법을 말한다. 현재 대부분의 문명화된 사회에서는 국회를 통해서 법을 제정한다. 그리고 그런 법은 법전을 통해 세상에 공표된다. 법은 범죄행위를 규정하고 그에 대한 처벌을 명시한다. 이것은 '주권의 의지'(sovereign will)의 표현으로 여겨진다. 자연법에서 이야기 하는 범죄는 대부분 실정법으로 명문화 되어있다. 일반적으로 이런 법은 국회의원 다수의 동의를 거쳐서 제정된다. 그러므로 법은 국민 다수의 합의로 만들어지는 것으로 간주된다. 그러나 이런 시각에 대해서 비판하는 사람도 있다. 즉 법은 부와 권력을 소유한 집단에게 유리하게 제정되고 적용된다는 관점이다. 이런 주장을 하는 대표적인 학자들이 후에 논의하게 될 갈등이론가들이다. 결국 국회를 통해 제정되는 법이라고 할지라고 그것이 누구의 의지의 표현이라고 단적으로 말하기는 어렵다. 하지만 갈등이론가들이 주장하는 것처럼 법이라는 것이 부와 권력을 가진 자에게 유리하게 제정되는 경우가 많다는 것은 부인할 수 없을 것이다. 2004년 11월 여당은 사립학교법 개정안을 마련하여 사립학교재단의 독단적인 학교운영을 제한하려고 하였다. 그러나 사립학교를 소유한 사람들은 그런 법이 제정되지 못하도록 다양한 방법을 동원하였다. 이런 사실은 이 사회에서 부와 권력을 가진 사람들의 이익에 배치되는 법을 제정하기가 얼마나 힘든 지를 단적으로 보여주는 것이다. 또 한 가지 주목해야 할 것은 국가마다 실정법이 다르다는 것이다. 미국과 같은 경우에는 심지어 주마다 다른 형법전을 가지고 있다. 그렇기 때문에 자연법과는 달리 실정법은 시간과 공간의 제약을 받고 있는 것이다.

우리가 한 가지 주의할 것은 법전에 있는 법과 실제로 경찰관이 집행하는 법 사이에는 괴리(乖離)가 있을 수 있다는 것이다. 한국의 형법 제269조는 낙태죄를 규정하고 있지만, 실제로는 경찰이 낙태를 한 사람을 처벌하는 것을 드물다. 또한 교통경찰관은 과속한 운전자를 단속하도록 되어 있지만 돈을 받고 그냥 보내주는 경우도 있었다. 꼭 그런 경우가 아니더라도 경찰관은 운전자의 사정에 따라 그냥 봐주는 경우도 많다. 이것은 법전에는 존재하지만 실제로는 집행되지 않은 법이 있음을 시사해 준다. 법실증주의는 법전의 법과 경찰관, 검사, 그리고 판사가 해석하는 법은 다를 수 있음을 인정하는 것이다. 이런 현상은 경찰관, 검사, 그리고 판사는 법을 적용함에 있어서 자신의 주관적인 가치관을 반영하게 된다는 것을 의미한다. 이와 같은 법실증주의적 관점은 경험주의에 기반을 둔 과학과 일맥상통하는 것이다. 그러나 아직 이런 입장은 법학에서는 큰 비중을 차지하지 못하고 있다.

서양에서는 법을 'mala in se'와 'mala prohibita'로 구분하기도 한다. 'Mala in se'는 자연법 사상가들의 주장처럼 법으로 규정하기 이전부터 원래부터 잘못된 행위 또는 불법행위를 말한다. 그 대표적인 것으로는 살인, 강도, 그리고 강간 등을 들 수 있다. 이와는 달리 'mala prohibita'는 원래는 잘못된 행위라고 볼 수 없지만, 법으로 그렇게 규정했기 때문에 불법이 되는 행위를 말한다.[7] 예를 들면 자동차 운전자가 안전벨트를 매지 않는 경우를 들 수 있다.

2) 불문법과 성문법

불문법에는 관습법과 조리가 있다. 그러나 주로 법원의 판결, 즉 판례가 주된 불문법이다. 영국과 미국을 비롯하여 영미법체계를 도입한 나라는 불문법을 인정하고 있다. 그러나 영국과 미국에 불문법만 있는 것은 아니다. 영국과 미국은 형법전도 가지고 있다. 그래서 그들 국가들에는 형법과 같은 실체법은 명문화되어 있는 것이다. 그렇지만 형사소송에 관한 것은 앞선 판례에 근거해 판결을 내린다. 형사소송법상의 적법절차에 관한 규정은 미국

---

7) Frank E. Hagan, *op. cit*, p.8.

으로부터 도입되어 대부분의 문명화 된 나라가 채택하고 있다. 한국을 비롯하여 독일과 프랑스를 중심으로 한 대륙법계 국가의 법과대학은 법해석학을 중심으로 한다. 다시 말하면 하나의 법조문을 어떻게 해석할 것인지를 연구한다고 볼 수 있다. 이와는 달리 영미법계의 법과대학의 학생들은 법전뿐만 아니라, 이전의 법원의 판례를 수시로 찾아보아야 한다. 또한 법과대학이 학부가 아니라, 대학원 개념으로 설치되었다. 의과대학과 MBA과정과 함께 법과대학은 전문대학원(professional schools)으로 분류하고 있다. 뿐만 아니라 미국의 법과대학은 법학자를 양산하기 보다는 유능한 변호사를 배출하는데 치중하고 있다. 한국은 일본을 통해 대륙법체계를 도입하였다. 하지만 형사소송법상의 적법절차와 관련된 부분은 미국의 제도를 일부 도입하였다. 2007년을 기준으로 볼 때 한국도 사법제도의 개혁을 추진하면서 미국과 같은 법과대학원 제도를 도입하려고 준비 중에 있다. 전국의 대학 중에 일부를 선택하여 그들에게 법과대학원을 인가해 주었다. 법과대학원에서 연간 배출하는 인원은 약 2,000에서 3,000여명이 될 것으로 예상된다. 앞으로는 이들에게만 사법시험을 볼 수 있도록 그 자격을 제한하게 된다.

3) 형법과 민법

형법은 기본적으로 공익을 저해하는 행위를 단속하는 것을 목적으로 한다. 그리고 형법은 형사처벌을 전제로 한다. 이와는 달리 민법은 사인(私人) 사이의 이해관계의 충돌을 해결하려는데 목적이 있다. 그래서 민법을 위반한 사람에게는 개인적인 변상(private compensation)을 하도록 하고 있다.[8] 그러나 형법과 민법 사이의 관계는 그리 명확하지 않을 때도 있다. 현재 한국은 간통죄를 형법에서 규정하고 있다. 따라서 간통은 형사처벌의 대상이 되는 것이다. 그러나 만약 다수의 국민들이 간통을 군이 형사처벌할 필요가 없다고 생각할 수 있다. 그래서 간통을 민법상의 이혼사유로만 한다면 다수의 선진국들에서 볼 수 있는 것과 같이 민사상의 문제로만 되는 것이다.

한국의 경우 형법은 일반형법이외에도 많은 특별법들이 존재한다. 예를 들면 교통사고처리특례법, 국가보안법, 폭력행위등처벌에관한법률, 성폭력범죄의처벌및피해자보호에관한법률, 그리고 특정범죄가중처벌등에관한법률 이외에도 다수의 특별법이 존재한다. 한국은 새로운 법의 제정이 필요한 경우에 일반형법을 개정하기보다는 특별법을 제정하는 일이 더 많다. 그래서 한국에는 많은 특별형법들이 존재하는 것이다. 특별법은 일반법에 우선한다는 법원칙에 따라서 특별형법이 일반형법보다 우선적으로 적용된다.

---

8) Stephen E. Brown, Finland Aage Esbensen, & Gilbert Geis, *op. cit*, p.36.

2. 범 죄

지금까지는 법에 대해서 알아보았다. 이제는 이것을 바탕으로 범죄가 무엇인지를 알아보도록 하겠다.

⑴ 범죄의 개념

지금까지 논의한 것처럼 범죄학의 주요 연구대상은 범죄와 범죄행위라는 것은 이론의 여지가 없을 것이다. 여기서 범죄는 법을 어긴 행위를 말한다. 그리고 범죄는 인간행동의 산물이다. 즉 범죄는 한 개인이 의식적인 뇌의 명령으로 팔과 다리의 근육을 움직임으로서 발생한다. 그러나 때로는 법적의무가 있는 사람이 어떤 행동을 하지 않은 부작위(不作爲)에 의해서도 범죄를 구성하기도 한다. 예를 들면 엄마가 고의로 젖을 먹이지 않아서 자신의 아이를 죽게 만드는 경우이다. 그러나 부작위에 의한 범죄도 의식적인 행동의 결과라는 점에서 다른 범죄와 유사하다.

⑵ 범죄의 정의에 대한 여러 가지 관점들

범죄가 무엇인지에 대해서 학자들마다 다양한 견해들을 가지고 있다. 가장 극단적인 법학적인 해석을 한 사람은 Tappan이다. 그는 범죄는 형법으로 금지한 행위를 해서 유죄판결을 받은 것이라고 주장하였다. 따라서 판사 또는 배심원에 의한 유죄판결이 있기 전까지는 범죄는 성립하지 않는 것이다. 다음으로 준법학적인 해석을 한 학자는 Sutherland이다. Sutherland는 범죄는 사회적으로 해악을 주는 행위로서 법으로 금지되어 있을 뿐만 아니라, 한편으로는 처벌을 수반할 수 있는 것이라고 지적하였다. 그러나 Sutherland는 유죄확정 판결여부는 불문에 부쳤다. 즉 어떤 사람이 법적으로 금지된 행위를 하고 그것이 처벌을 받을 만하다면 법원으로부터 유죄확정 판결을 받기 전에도 범죄가 되는 것이다. 그 다음으로 사회적-법학적(socio-legal)인 해석을 한 학자들은 Wallerstein과 Wyle이다. 이들은 범죄는 사회적으로 해악을 끼치는 것으로서 법으로 금지된 행위하고 주장하였다. 그러나 처벌 가능성과 유죄확정 여부는 불문에 부쳤다. 끝으로 Sellin은 극단적인 사회학적인 정의를 하였다. Sellin은 사회적으로 해악을 주는 행위는 설령 법으로 금지되어 있지 않을 지라고 모두 범죄로 보아야 한다고 주장하였다. 즉 시민이 경찰에 신고하였는가, 경찰이 수사에 착수했느냐의 여부를 불문한다는 것이다. 이런 Sellin의 범죄에 대한 개념정의는 지금까지의 논의 중에서 가장 포괄적인 것이다. 이것은 법으로 규정된 것 이외에도 사회적으로 해악을 끼치는 행위도 포함하기 때문에 일반 일탈행위까지 범죄로 보게 된다. 그러나 이렇게 광범위하게 범죄에 대한 정의를 할 때, 범죄가 어느 정도 발생하는지를 어떻게 측정할 것인가의 문제가 발생한다. 왜냐하면 경찰이 인지하지 못한 일탈행위까지 범죄학자의 연구대상이 되어야 하기 때문이다.

위와 같은 논의를 종합해 볼 때, 범죄학자의 연구대상을 법을 어긴 행위만으로 제한 할 것인지? 아니면 사회규범을 어긴 일탈행위까지도 포함할 것인지? 의 문제가 발생한다. 만약 Tappan처럼 유죄확정을 받은 범죄행위들만을 연구대상으로 할 경우에 다수의 범죄행위가 범죄학연구에서 제외되게 된다. 그러나 많은 사회학자들은 일탈행위까지 범죄학의 연구대상으로 보고 있다. 그래서 다수의 학자들은 법으로 금지된 행위가 아닌 경우에도 화이트칼라 '범죄', 정치'범죄', 그리고 성'범죄' 등을 연구대상으로 하고 있다.

[표 1-2] 범죄에 대한 다양한 견해들

구 분	극단적인 법학적 해석	준법학적 해석	사회학적-법학적 해석	극단적인 사회학적 해석
사회적 해악	○	○	○	○
형법으로 금지된 행위	○	○	○	—
형사사법기관에 의한 공식적 반응	○	○	—	—
유죄확정 판결	○	—	—	—
대표적 학자	Tappan	Sutherland	Wallerstein과 Wyle	Sellin

(3) 범죄의 성립요건

법률적으로 범죄가 성립되기 위해서는 다음의 세 가지의 요건을 모두 만족시켜야 한다. 그것은 구성요건해당성, 위법성, 그리고 책임성이다. 우선 구성요건해당성은 형법상의 범죄가 성립되기 위한 조건이 충족되어야 한다는 것이다. 예를 들면 한국 형법 제250조 제1항은 「사람을 살해한 자는 사형, 무기, 또는 5년 이상의 징역에 처한다.」라고 규정하고 있다. 여기서 살인의 대상은 사람이라고 하고 있다. 그러나 언제부터 사람이 되는지를 분명히 할 필요가 있다. "엄마의 뱃속에 있는 태아를 죽였을 경우에도 살인이 되는가?"라는 질문을 할 수 있다. 산모가 아기의 출산을 위해 진통을 시작한 후(진통설), 아기의 몸의 일부가 산모의 자궁 밖으로 나왔을 때(일부 노출설), 그리고 아기가 완전히 모체로부터 나와서 독립 됐을 경우(완전 노출설) 등으로 법학자들 사이에 논란이 되어왔다. 이와 마찬가지로 사람이 죽은 시점을 언제로 볼 것인가의 문제도 있다. 인간이 죽은 것으로 보는 기점을 뇌사, 호흡 정지, 그리고 맥박정지 등 여러 가지 기준으로 볼 수 있다.

살인죄가 성립되기 위해서는 가해자가 상대방을 의도적으로 죽이려는 고의가 있어야 한다. 이 고의는 가해자가 미리 주도면밀하게 죽일 계획을 수립한 것만을 의미하는 것은 아니다. 가해자가 순간적으로 격분하여 상대방을 죽이려고 했다면 살인의 고의가 있었던 것으로 볼 수 있다. 이것을 서양에서는 'mens rea'라고 한다. 실질적으로 어떤 사람이 어느 행위에 대해서 고의가 있었는지를 판단하는 것은 쉬운 일이 아니다. 고의란 사람의 숨겨진 마음속에 존재하는 것이기 때문이다. 그래서 고의의 존재여부는 여러 정황을 종합적으로 고려하여 판단하는 경우가 많다. 그러나 어떤 행위는 고의가 존재하지 않아도 처벌하는 경우가 있다. 그 대표적인 것이 각종 과실 범죄이다. 의사가 수술하는 과정에서 실수로 환자를 죽음에 이르도록 하였다면 그 결과에 대해서 과실의 범위 안에서 책임을 져야한다. 이와 마찬가지로 운전자가 주의의무를 성실히 수행하지 않아 사람을 치여 죽였다면 그에 대해서 책임을 지는 경우가 있다. 이와 같은 고의이외에도 가해자의 행위와 피해자의 죽음이란 결과 사이에 상당한 인과관계가 있어야 한다. 만약 한 사람이 흉기에 찔린 상태에서 범인을 피하기 위해서 도로를 무단 횡단하다가 지나가는 차에 치여서 죽었다고 가정할 수 있다. 이 경우에 범인의 행위와 피해자의 죽음 사이에는 상당한 인과관계가 있다고 인정할 수 있는지의 논란이 발생할 수 있다.

두 번째로 범죄가 성립되기 위한 요건은 위법성이다. 다시 말하면 구성요건해당성이 존재한다고 하여도, 위법성조각 사유가 없어야 범죄가 성립한다. 예를 들면 강도가 한 밤 중에 여자 혼자 자고 있는 방에 들어가서 그 여성을 칼로 들이대서 생명의 위협을 느낀 여자가 자신을 방어할 목적으로 그 강도를 칼로 찔러서 죽게 한 경우를 들 수 있겠다. 이런 경우 그 여성은 사람을 죽게 만들어 살인죄의 구성요건해당성은 만족시켰을지 모른다. 그러나 이 경우처럼 자신이나 타인의 생명을 보호하기 위한 경우에는 정당방위로 인정되어 처벌받지 않을 수 있다. 미국에서는 이런 정당방위가 한국보다 대체로 폭 넓게 인정된다고 볼 수 있다. 한 예로 몇 년 전에 미국에 교환학생으로 온 지 얼마 안 되는 일본학생이 파티에 초대를 받은 적이 있다. 그 일본 학생은 미국 친구의 집을 찾던 중에 실수로 남의 집을 향해 다가갔다. 그것을 수상히 여긴 그 집 주인이 총을 들이대고 영어로 "freeze"라고 외쳤다. 이것은 그 자리에 서라고 하는 영어의 구어체 표현이다. 그러나 그 말을 이해하지 못한 그 학생은 계속해서 그 집을 향해 걸어갔다. 그리고 집주인은 그를 향해 방아쇠를 당겼다. 그 결과 불행히도 그 일본 학생은 죽게 되었다. 이 사건을 재판한 결과 법원은 그 집 주인의 행위를 정당방위로 인정했다. 일본 국민들은 이 판결에 대해서 비판을 하였다. 그러나 이미 내려진 판결은 승복할 수밖에 없다.

세 번째로 범죄가 성립되기 위한 요건은 책임성이다. 형사처벌은 범인이 어느 정도의 이성적 판단능력이 있음을 전제로 하여 부과할 수 있다. 왜냐하면 이성적인 판단능력을 가지고 어떤 것이 옳고 그른지를 판단할 수 있어야 그것에 대해서 도덕적 책임을 물을 수 있기 때문이다. 예를 들면 형사미성년자나 심실상실자를 들 수 있다. 한국은 만 14세미만의 소년에게는 형사책임을 묻지 아니한다. 그것은 아직 소년이 정신적 및 신체적으로 미성숙하여 이성적인 판단을 제대로 하기 어렵다고 보기 때문이다. 그러나 모든 나라들이 이런 식으로 일률적으로 판단하지는 않는다. 예를 들면 미국의 많은 주들은 소년이라 하더라도 죄질이나 전과경력 등을 고려해서 소년법원이 아닌 일반형사법원에서 재판하는 경우도 있다. 이것을 일명 'waiver'라고 한다. 그래서 11살 정도 된 소년이 살인죄로 일반형사법원에서 재판을 받는 일도 있다. 이것은 지속적으로 증가하는 소년범죄에 대해서 강력하게 대응해야 한다는 여론을 반영한 것이다. 한편으로 심실상실의 이유로 한 사람이 어떤 것이 옳고 그른지를 판단하기 곤란할 정도인 경우에는 형사처벌을 하지 않는다. 전 미국 대통령 Reagan을 저격한 Hinkeley라는 청년이 있었다. Hinkeley는 자신이 Reagan 대통령을 저격한 이유가 당시 자신이 짝사랑했던 영화배우 Jodie Foster의 관심을 끌기 위해 범행을 저질렀다고 고백했다. 이 사건을 담당했던 변호인은 Hinkeley의 정신이상을 이유로 하여 무죄판결을 이끌어냈다. 그러나 심실상실 정도가 옳고 그름을 완전히 판단하지 못할 정도가 아니고, 다만 이성적인 판단이 일부 온전하지 못할 수도 있다. 이런 경우에는 그 심신상실의 정도에 따라서 판사가 형사책임을 감경할 수 있다. 따라서 정신이상의 정도에 따라서 형사책임의 한계가 조금씩 달라진다. 이에 대해서는 후에 다시 논의하게 될 것이다.

3. 범죄의 유형

범죄는 보통 보호하려는 법익에 따라서 분류한다. 그러나 그 이외에도 범죄자의 연령에 따라 소년범죄와 성인범죄로 구분하기도 한다.

(1) 보호법익에 의한 구분

법이 보호하려는 대상에 따라서 재산범죄와 강력범죄로 나눌 수 있다. 그 이외에도 여러 가지 유형의 범죄가 있다. 이에 대해서 보다 자세하게 설명하도록 하겠다.

1) 재산범죄(Property Crimes)

재산범죄는 재물과 재화를 취득할 목적으로 저지른 범죄들을 말한다. 재산범죄의 대표적인 예는 절도, 사기, 그리고 횡령 등이다. 한국 형법 제329조는 「타인의 재물을 절취한 자는 6년 이하의 징역 또는 1천만원이하의 벌금에 처한다.」라고 절도를 규정하고 있다. 절도는 빈번하게 발생하는 범죄의 한 유형이다. 미국의 많은 주들은 'burglary'와 'larceny'를 구분하고 있다. Burglary는 보통 어떤 건물에 무단으로 침입하여 물품이나 재화를 주인의 허락 없이 가져가는 것을 말한다. 반면 larceny는 어떤 건물에 대한 침입이 없는 상태에서 남의 물건이나 돈을 훔쳐가는 것을 말한다. 보통 larceny에는 소매치기와 자동차에서 물건을 훔치는 것 등이 포함된다.[9] 절도범들은 대부분 주인에게 들키지 않고 몰래 물건이나 돈을 가져가려고 한다. 대부분 초범은 집주인에게 적발될까봐 무척 두려워한다고 한다.[10] 그리고 미국에서의 한 연구에 의하면, 주거침입 절도범들은 자신의 집 근처를 대상으로 한다고 한다(평균 자신의 집으로부터 2.5 km 정도).[11] 절도와 관련된 또 다른 범죄는 **장물죄**이다. 즉 구매하는 물건이 도난당한 물품임을 알았거나 충분히 알 수 있었음에도 불구하고 구매를 한 경우가 해당한다. 예를 들면 어떤 사람이 시중가격보다 훨씬 싼 가격으로 물건을 팔려고 한다면 그것은 장물 또는 도난품이라는 것을 충분히 짐작할 수 있다. 전문절도범들은 전문적인 장물 처리범들과 공조하여 범죄를 저지르는 경우가 많다. 즉 절도를 하는 사람과 장물을 처리하는 사람의 역할이 구분이 되어 있는 것이다.

한국에서 유명했던 절도범 중의 하나는 아마도 조세형일 것이다. 그는 대도(大盜)라는 별명이 붙을 정도로 큰 도둑이었다. 조세형은 초등학교도 가보지 못할 정도로 불우한 가정에서 자랐다. 그는 1970년대 중반부터 1980년대 초반까지 주로 부잣집들만 골라서 수차례 절도를 하였다. 그것도 대낮에 범행을 할 정도로 수법이 대담했다. 피해자 대부분은 이름만 대면 알 정도인 국회의원을 비롯한 유명인사들이 많았다. 유명인사들 중에는 그 당시 돈으로 하나에 수억 원짜리 다이아몬드를 가지고 있기도 했다. 이것은 우리 사회의 부가 특정 계층에 집중되어 있다는 것을 시사해 주는 것이기도 했다. 조세형은 당시 돈으로는 상당한 액수인 수억 원에 해당하는 현금과 귀금속을 훔쳤다. 조세형이 더 유명해진 것은 이렇게 모은 돈으로 가난한 사람을 도와주었다는 것이었다. 그래서 당시 사람들은 조세형이를 마치 임꺽정

9) Clemens Bartollas & Simon Dinitz, *Introduction to Criminology: Order and Disorder*(New York: Harper and Row, 1989), pp.286~288.
10) Stephen E. Brown, Finn-Aage Esbensen, & Gilbert Geis, *op. cit*, pp.476~477.
11) *Ibid*, p.479.

과 같은 '의적'으로 부르기도 하였다. 그러나 그는 이렇게 취득한 돈으로 호화스럽고 방탕한 생활을 한 것으로 알려졌다. 현재는 기독교인(목사)이 되어서 여러 곳에 다니면서 자신의 삶에 대해 간증하고 있는 것으로 전해지고 있다. 그러던 그가 한번은 일본에 갔다가 다시 한 번 절도를 하여 체포되었다. 그런 이유 때문에 조세형이 정말로 새사람이 되었는가에 대한 논쟁이 지금도 계속되고 있다. 다만 도벽(盜癖)은 일종의 중독과도 같은 것이다. 그래서 그 한 가지만을 보고 그가 가짜 기독교인지를 단정하여 판단하기가 어렵다.

한편 한국 형법 제347조는 「사람을 기망하여 재물의 교부를 받거나 재산상의 이익을 취득한 자는 10년 이하의 징역 또는 2천만원이하의 벌금에 처한다.」라고 규정하고 있다. 대검찰청의 통계자료에 의하면 일반형법에 규정된 재산범죄 중에서 사기가 186,115건으로 212,530건이 발생한 절도 다음으로 많았다.[12] 한 가지 주목할 것은 한국에서는 미국에 비해서 재산범죄 중에서 사기의 비율이 상당히 높다는 점이다. 한국에서 영어를 가르치는 외국사람이 있었다. 어떤 한국 사람이 금방 갚겠다고 간청하여서 돈을 꾸어주었다. 그러나 그 한국 사람은 차일피일 미루면서 돈을 갚지 않았다. 그 외국인 영어강사는 그 한국 사람을 형법상의 사기죄로 고소를 하였다. 담당 검사는 그를 사기죄로 고소하기 위해서는 그가 돈을 빌릴 때 아예 갚을 의지가 없었다는 것을 입증을 하여야 한다고 했다. 그 외국 영어강사는 그 한국 사람은 아직도 고급차를 타고 다니는 것으로 보아서는 돈을 갚을 능력이 있음에도 불구하고 고의로 갚지 않는다고 주장하였다. 또 다른 유형의 재산범죄인 횡령은 타인의 재물을 보관하는 자가 그 재물을 횡령하거나 반환을 거부하는 행위이다. 업무상의 임무에 위배하여 횡령한 경우에는 업무상횡령죄가 성립되어 형이 가중된다.[13]

2) 강력범죄(Violent Crimes)

강력범죄는 사람의 신체와 생명에 위협을 가하는 범죄이다. 살인, 강도, 그리고 강간 등이 그 대표적인 강력범죄이다.

① 살 인

강력범죄 중에 가장 흉악한 범죄가 살인이다. 살인은 타인의 생명을 의도적으로 빼앗는 행위이다. 미국은 'murder'와 'manslaughter'를 구별하고 있다. 'Murder'는 보통 의도적으로 사람을 살해한 경우를 말한다. 반면 'manslaughter'는 우발적으로 사람을 죽이거나 과실

---

12) 대검찰청, 범죄분석(서울: 대검찰청, 2008).
13) 김동석, 법과 현대생활(서울 : 일조각, 1999), pp.245~246.

로 죽음에 이르게 한 경우를 일컫는다. 다른 한편으로는 범죄학자들은 살인을 '온혈살인'(warm-blooded murder)과 '냉혈살인'(cold-blooded murder)으로 구분하기도 한다. '온혈살인'은 남편과 부인, 연인들, 아니면 평소에 가까이 지내던 친구, 친족, 또는 가족 사이에 발생하는 살인행위를 말한다. '온혈살인'의 전형적인 예는 다른 사람과 성관계를 하는 배우자를 질투심 때문에 살해를 하는 것이다. 그래서 '온혈살인'은 감정이 격해져서 발생하는 경우가 많다. 이와는 다르게 '냉혈살인'은 주로 서로 잘 모르는 사람끼리 발생 한다. 예를 들면 강도나 강간을 저지르다가 목격자를 없애기 위해서 피해자를 살해하는 경우이다. 결국 '온혈살인'과 '냉혈살인'은 범행의 동기와 범인과 피해자의 관계에서 차이가 나는 것이다. 이 두 부류의 살인은 성격이 다르기 때문에 범죄학자들은 이들을 구분하여 연구하기도 한다.

미국 법무부 통계자료에 의하면 살인무기의 상당수(약 60%)는 총기류(firearms)가 포함되어 있다. 권총 한 가지만해도 미국에서 발생한 살인사건에 사용된 전체무기의 44% 가량을 차지한다.[14] 이런 현상은 일반인의 총기소유가 비교적 자유롭기 때문인 것과 관계가 있다. 미국과는 달리 한국에서는 살인에 사용된 도구는 칼이 54%로 가장 많았다. 그 다음이 공구와 끈으로 각각 5.6%와 4.2%정도를 차지하였다.[15]

다음에서는 살인범죄의 몇 가지 특징에 대해서 알아보도록 하겠다.

첫째, 살인범죄자의 상당수는 가난한 사람들이다. 가난한 사람들은 재정문제와 가족문제 등을 포함한 많은 삶의 스트레스를 경험하게 된다. 가난한 사람들의 삶에 있어서의 이런 문제들이 개인 사이의 폭력으로 이어지는 경우가 많다. 특별히 가난한 사람들은 개인 사이에서 발생하는 문제를 폭력으로 해결하려는 경향이 많다. 흑인이 백인에 비해서 상대적으로 살인을 많이 저지르는 이유는 인종 그 자체의 문제보다는 다른데 그 원인에 있다. 우선 전체적으로 보면 흑인들이 백인들에 비해서 가난한다. 또한 사회적으로도 인종차별이 아직 남아 있다고 보아야 한다. 결국 인종보다는 경제적 박탈과 인종차별이 살인범죄와 많은 관계가 있다고 볼 수 있다.

둘째, 국가적으로 보더라도 가난한 나라가 선진국들에 비해서 일반적으로 살인범죄발생

---

14) Gennaro F. Vito & Ronald M. Holmes, *Criminology: Theory, Research, and Policy*(Belmont, CA: Wadsworth Publishing Company, 1994), pp.263~264.
15) 대검찰청, 범죄분석(서울: 대검찰청, 2006).

률이 높다. 지역적으로 보면 대도시가 중소도시에 비해서 훨씬 많은 살인발생률을 보여주고 있다. 대도시에서 살인범죄가 많이 발생하는 이유도 대도시에는 많은 소수민족들이 모여 산다. 그들 중의 상당수는 경제적으로 어려운 생활을 하고 있다. 특별히 대도시의 많은 흑인과 히스패닉(멕시코계) 사람들은 대도시의 슬럼에서 주로 살고 있다. 이런 지역들은 마약불법판매와 갱단활동이 활발하다. 갱들은 자신들의 활동영역을 넓히기 위해서 서로 총격전을 벌이기도 한다. 그 결과 살인사건이 종종 발생한다.

셋째, 성별로 보면 남성이 여성보다 훨씬 더 살인범죄자가 되기 쉽다. 학자에 따라서는 이런 현상은 본성적으로 타고난 남자들의 공격성을 원인으로 보기도 한다. 살인범죄는 남성과 남성 사이에서 많이 벌어진다. 남자와 여자 사이에서 발생하는 경우에는 여자들이 주로 그 피해자가 된다. 여자가 살인범인 경우에는 그 피해자는 남자가 많다. 여성이 남성을 죽인 경우에는 남편이나 남자친구의 폭력으로부터 자신을 보호하기 위한 과정에서 많이 발생한다. 그러나 법적으로 정당방위가 인정을 받으려면 당장 직면한 위험(imminent danger)으로서 상대방을 공격하지 않고는 달리 자신을 보호할 수 없는 경우에만 인정이 된다. 그래서 많은 여성들이 정당방위를 인정받지 못한다. 그 이유는 여성이 남편이나 남자친구의 상습적인 폭력으로부터 벗어나기 위해 살해계획을 미리세우고 실행하는 경우가 많기 때문이다. 살인의 발생장소는 남자는 집안과 밖에서 골고루 살인을 저지른다. 반면 여자가 범인인 경우에는 집안에서 범행을 하는 경우가 많다. 집안 중에서도 특히 부엌에서 많이 발생한다. 그 이유는 여자들이 전통적으로 부엌에서 많이 생활하고 거기서 부엌칼과 같은 무기를 구하기 때문인 것으로 보여 진다.

넷째, 대검찰청이 발행한 「범죄분석」 통계자료에 의하면, 살인범과 그 피해자는 평소 알고 지내던 사이가 많았다. 한국의 경우에 2005년에 발생한 총 980건의 살인사건 중에서 평소에 알고 지내던 사람에 의한 것이 상당수를 차지하였다. 그 중에서도 범인이 동거가족 및 친족인 사례가 195명이었다. 그 이외에도 애인이 100명, 지인(知人)이 102명, 그리고 이웃이 36명 등이다. 이에 비해서 순수하게 타인(他人)이 범인인 사건은 173명뿐이었다. 이것은 살인은 평소에 같이 생활하고 자주 접촉하는 사이에서 많이 발생한다는 것을 알려준다.[16)]

살인사건 중에서도 특별히 사회에 충격을 주는 것은 다중살인(mass murder)과 연쇄살인(serial murder)이다. 다중살인은 한 장소에서 여러 명을 동시에 살해하는 것을 말한다. 미국에서 2007년 4월 16일(미국시각) 발생한 버지니아공대총격사건은 큰 충격을 주었다.

---

16) 통계청, 「범죄분석통계」, 2010년 3월 22일, www.kosis.co.kr.

범인은 조승희란 한국 시민이었다. 조승희는 미국영주권자인 그 학교의 학생으로 밝혀졌다. 그는 30명이 넘는 학생들에게 무차별적으로 총격을 가해 사망에 이르게 만들었다. 반면 연쇄살인은 동일한 범인이 여러 차례에 걸쳐 살인행위를 저지르는 것이다. Jeffrey Dahmer는 동성연애자로서 동성연애 한 상대방을 살해하고 그들의 시신을 잘라서 집에서 보관하기까지 하였다. 심지어 죽은 시체하고 성행위를 하는 등 충격적인 행동을 많이 하였다. 연쇄살인범의 또 다른 사례는 Ted Bundy로서 그는 법대를 졸업한 인텔리로서 많은 여성들을 강간하고 살해하여 세상에 널리 알려졌다. 그는 외모가 준수하게 생겨서 연쇄살인범으로 믿기가 어렵다는 소문이 나기도 했었다. 심지어 그는 교도소에 있을 때 많은 여성들에게 팬레터를 받기도 하였다.

② 강 도

한국 형법 제333조는「폭행 또는 협박으로 타인의 재물을 강취하거나 기타 재산상의 이익을 취득하거나 제3자로 하여금 이를 취득하게 한 자는 3년 이상의 유기징역에 처한다.라고 하고 있다. 이 법조문을 바탕으로 살펴본다면 강도는 세가지 요소가 충족되어야 한다. 첫 번째는 폭행 또는 협박의 존재이다. 실제로 폭행이 사용된 경우는 물론 폭행을 사용할 것으로 협박을 하는 경우도 포함된다. 두 번째는 타인의 재물을 그 사람의 의사에 반하여 취득하는 것이다. 끝으로 이런 행위로 인해서 자신이나 제3자에게 이익을 취하게 하여야 한다. 이렇게 볼 때 강도죄는 사람에 대한 폭행과 동시에 타인의 재물을 취득한다는 점을 고려해 볼 때 재산범죄와 강력범죄의 성격을 동시에 가지고 있다. 그래서 어떤 국가들은 강도를 재산범죄로 분류하기도 한다. 그러나 한국은 강도를 신체의 안전을 위협하는 범죄라는 점을 중시하여 강력범죄로 구분하고 있다.

③ 강 간

또 하나의 대표적인 강력범죄는 강간이다. 한국 형법 제297조는 「폭행 또는 협박으로 부녀를 강간한 자는 3년 이상의 유기징역에 처한다.」라고 하고 있다. 이것은 여성의 의사에 반하여 강제로 성관계를 가지는 것이다. 여기서 판례에 따르면 "성관계를 가진다"함은 사정의 유무와 상관없이 남성이 자신의 성기를 여성의 자궁 안에 삽입하는 경우에 성립한다. 참고로 미국에서는 성기가 아니라, 남자가 자신의 손가락을 여성의 자궁 안으로 집어넣는 경우도 포함시키기도 한다.

범죄학자인 Menachem Amir는 1958년부터 1960년까지 미국 Philadelphia 경찰의 자료를 조사하였다. 그 결과 강간범들의 상당수가 가난한 사람들이다. 강간은 흑인남자가 저지르는 경우가 많다. 통계적으로 보면 같은 인종끼리 사이에서 강간사건이 많이 발생한다. 95%의 강간사건이 같은 인종사이에서 발생하였다. 즉 흑인은 흑인을 강간한다. Amir는 위와 같은 연구를 통해서 전체 강간사건의 43%가 집단강간(gang rape)이라고 주장하였다. 이것은 다수의 범인이 한 여자를 강간하는 것을 말한다. 대부분의 집단강간범들은 10세에서 19세까지의 소년들이다. 이들은 상당수가 갱단에서 활동한다. 이들의 강간은 남성다움을 다른 소년들에게 보여주기 위한 수단으로 사용한다.

미국에서는 일반사람들의 선입관과는 달리 강간사건은 주로 아는 사람들 사이에서 많이 발생한다. 그 중에서 문제가 많은 것은 대학캠퍼스에서 동료학생끼리 데이트 중에 발생하는 데이트강간(date rape)이다. 한 조사에 의하면 미국 전체 여대생들의 약 15% 정도가 성적인 공격(sexual assaults)을 받았다고 한다. 동료학생끼리 술을 마시다가 여학생은 저항이 어려울 정도로 취하게 된다. 그런 것을 이용해서 남학생이 여학생과 성관계를 하는 사건이 많이 발생하는 것이다.

한국은 미국과는 달리, 2005년에 발생한 강간 사건 중에서 강간범이 누구인지 알려진 사례 6,319건 중에서 순수한 '타인(他人)'에 의해서 저질러지는 것이 4,669건을 차지하였다(74%). 이것은 아마도 미국과 한국의 문화적인 차이에서 오는 것으로 생각이 된다. 한국여성들은 평소에 알고 지내던 친구나 애인으로부터 성폭행을 당할 때 경찰에 신고하는 것을 꺼리는 것으로 보인다.[17]

근래에는 부부간의 강간이 한국에서 문제가 되었다. 미국의 통계자료를 보면, 강간의 가

---

17) 검찰청, 범죄분석, 2005, www.kosis.kr.

해자별로 구분하면 남편에 의한 것이 가장 많이 발생한다고 한다. 한 미국 연구에 의하면 조사대상 여성의 10% 정도가 남편에 의한 강간을 경험한 적이 있다고 한다. 이것은 여성이 자신의 남편에 의해서 가장 많은 폭행을 당하고 살해된다는 사실과 함께 우리가 주목하여야 할 문제이다.[18] 부인은 남편의 성관계 요구에 대해서 성실히 응하는 것이 결혼한 배우자의 의무 중에 하나이다. 그러나 여성단체는 부인도 원하지 않을 경우에는 남편의 성관계 요구를 거부할 권리를 주어야 한다고 주장한다. 만약 이런 부인의 명백한 반대의사에 반하여 남편이 폭행이나 협박을 통해서 성관계를 강요할 경우에는 강간이 성립되어야 한다는 것이다. 정도의 문제이기는 하나 남편이 결혼생활의 행복을 위협할 만큼의 강제력을 사용하여 부인과 성관계를 하는 것은 강간으로 보아야 할 것으로 생각한다. 왜냐하면 부부간이라고 하더라고 강간은 부인에게 인격적인 모멸감과 수치심을 유발할 가능성이 크기 때문이다. 다만 부인이 정당한 이유 없이 남편과의 잠자리를 거부한다면 법원에 이혼을 청구하는 사유로 하면 될 것이다. 어떤 경우에든 폭력이 정당화되는 일은 없어야 한다.

강간의 범행동기에 대해서는 여러 가지 다른 관점들이 있다. 그것은 심리학적이론, 사회심리학적이론, 그리고 여성인권주의의 관점 등으로 나누어 볼 수 있다. **첫째,** 대표적인 심리학적이론은 강간범들은 성격적으로나 정서적으로 문제가 있는 사람들이라고 본다. 그들은 다른 여성들과 정상적으로 관계를 가질 수 없는 결함을 가지고 있다. 그래서 그들은 성적 폭력에 의존하게 된다. **둘째,** 사회심리학적이론은 성적으로 개방이 된 사회에서 강간사건이 많이 발생한다는 사실에 착안을 하였다. 성적으로 개방이 된 사회에서 강간사건이 많이 발생하는 것은 남자들이 느끼는 성적인 상대적 박탈감 때문이다. 즉 다른 남성들은 자유로운 성관계를 가지는데, 자신이 그렇지 못할 때 박탈감을 느낀다는 것이다. 그것을 해소하는 방법의 하나가 강간이라는 것이다. **셋째,** 여성인권주의적의 관점은 남성이 여성을 속박하고 억압하는 수단으로 성폭력을 사용한다는 것이다. 이것은 남성들이 여성들을 지배하기 위한 수단이며, 여성을 남성의 성적노예로 만들기 위한 것이다. 그런 증거는 여성들이 억압받는 사회에서 강간이 빈번히 발생하는 사실에서 알 수 있다고 주장한다. 이런 것들을 기준으로 각 강간 사례에 대해서 **"지배형 강간 (power rape)", "분노형 강간 (anger rape)",** 그리고 **"가학성 강간 (sadism rape)"** 등으로 구별하기도 한다. 지배형 강간은 성폭력을 통해서 타인을 자기 마음대로 지배를 하려는 것이고, 분노형 강간은 타인에 대한 분노를 성폭력을 통해서 표현을 하는 것이다. 마지막으로 가학성 강간은 성폭력을 통해서 남에게 고통을 줌으로써 심리적 쾌락을 얻는 것이다. 가학성 강간의 특징은 피해자에게 심한 신체적 손상을 남긴다는 것이다.

---

18) Piers Beirne & James Messerschmidt, *op. cit*, pp.260~261.

④ 가정폭력(Domestic Violence)

가정폭력은 일반적으로 남편과 부인 또는 동거하는 남자친구와 여자 친구 사이에서 발생하는 폭력을 말한다. 반드시 그런 것은 아니지만 보통 남자가 가해자이고 여자 쪽이 피해자인 경우가 많다. 폭력은 신체적 폭행은 물론이고 성폭력과 언어적 폭력도 모두 포함한다. 언어적 폭력은 상대방에게 지속적으로 욕을 하거나 모멸감을 느끼는 언어를 사용하는 것이다. 그러나 가장 흔하게 문제가 되는 것은 신체적 폭행이다. 요즘은 한국에서도 매를 맞는 여자증후군에 관심을 가지기 시작하였다. 몇 년 전에는 개그우먼 이경실이 남편에게 야구방망이로 구타를 당했다고 하여 사회에 큰 충격을 준적이 있었다. 이 사건은 우리 사회에 얼마나 가정폭력이 만연하고 있는지를 단적으로 보여주는 사건이었다. 한국은 유교문화의 영향을 받은 나라이다. 그래서 아직도 남존여비(男尊女卑)의 사상이 많이 남아있다. 옛말에 "북어와 여자는 때릴수록 맛이 난다."라는 잘못된 사고방식이 아직도 존재하고 있다. 그 결과 남성은 여성을 지배해야하고 그 한 가지 방법으로 폭력의 사용도 정당화하는 경우가 많다.

가정폭력과 관련하여 등장한 개념이 **"학습된 무기력증 (learned helplessness)"**이다. 즉 가정폭력피해여성이 폭력에 대해서 스스로 별 달리 막을 방법이 없다고 무기력증에 빠져서 제대로 저항을 하지 못하고 지속적으로 가정폭력을 당한다는 것이다. 이것은 가정폭력의 악순환을 멈추기 힘들게 만든다. 뿐만 아니라, 가정폭력은 그 특성상 밖으로 잘 드러나지 않는다. 피해자인 여성이 경제적 능력이 없을 때에는 매를 맞으면서도 다른 데로 피할 곳이 없는 경우가 많다. 또한 피해여성은 도망칠 경우 가해남편이나 동거남, 또는 남자친구에서 보복을 당할 것을 두려워한다. 그래서 가정폭력을 당하면서도 피해여성은 가해남편이나 동거남을 떠나지 못하는 경우가 많은데 이것을 일컬어 **"매 맞는 여성증후군 (battered woman syndrome)"** 이라고 부른다. 우리는 가정폭력은 하위계층에 한정이 되어 일어나는 사건으로 보는 경우가 많다. 그러나 가정폭력은 학력이나 사회계층과 관계없이 누구에게나 일어날 수 있는 사건이다. 미국 LA에 있는 아시아인을 위한 가정폭력피해자보호소에 있는 여성의 35%정도 가량이 한국 여성이란 보고가 있다. 그리고 한 설문조사에서 미국에 이민 온 한인 주부의 약 60% 정도가 남편에게 폭행을 당한 적이 있다고 응답하였다. 미국사람들을 대상으로 한 통계를 보더라도 매년 결혼한 사람의 3분의 1정도가 자신의 배우자를 폭행하였다.

전돈수는 미국에 이민을 온 한인 부부들 사이의 가정폭력문제에 대한 이론적인 정립을 시도를 하였다. 그는 미국에 이민 온 한인부부 사이에 발생하는 가정폭력의 중요한 원인으로서 한국의 유교에서 비롯된 가부장적인 문화와 남성의 지위좌절과 스트레스를 들었다. 한국남성은 은연중에 가부장적인 문화에 젖어있다. 그러나 이런 가부장적인 태도는 미국에 이민을 온 이후에 큰 위협을 받는다. 그 이유는 부부가 소규모 개인 사업을 하면서 부인도 같이 맞벌이를 해야 하는 경우가 많다. 맞벌이를 하면서 새롭게 경제적 지위가 생긴 부인은 남편에게 가사 일을 서로 분담할 것을 요구한다. 그러나 유교의 가부장적인 문화에 젖어있는 남편은 이를 거부한다. 그러면서 부부간에 심한 마찰을 경험하게 된다. 또 다른 한편으로는 미국에 이민을 온 남성들은 상당수가 한국에서 대학교육을 받았다. 그러나 미국에 이민을 온 이후에는 언어와 문화의 차이 때문에 전문직에 종사하기가 어렵다. 그래서 소규모 개인 사업을 하거나 막노동에 종사하는 경우가 많다. 체면문화에 익숙해져 있는 많은 한인 남성들은 심한 자괴감에 빠지게 된다. 다른 데로 스트레스를 발산하지 못하는 남성은 자기의 부인에게 폭력적인 방법을 통하여 표출을 하게 되는 경우가 많다.[19]

가정폭력은 여성을 또 다른 측면에서 불행하게 만들 가능성이 있다. 상대적으로 힘이 약한 여성은 남편이나 동거하는 남자친구로부터의 폭행을 피하기 위해서 그들을 살해하는 경우가 종종 있다. 이 경우에는 아무리 가정폭력을 벗어나기 위해 살인이란 방법을 사용하였지만, 이것이 정당방위로 인정받는 일은 극히 드물다. 왜냐하면 정당방위는 아주 위급한 상황에서 폭력의 사용이 아니고서는 자신을 보호할 수 없는 경우에만 인정이 되기 때문이다. 일부 여성들은 폭력남편을 살해하고 교도소에 장기 복역하는 불행한 사례들이 있다. 미국에서 있었던 유명한 사건으로서 1993년 Lorena Bobbitt은 자신을 성적으로 학대한 남편 John Bobbitt가 잠을 자고 있을 때 그의 성기를 부엌칼로 절단을 하였다. 그러나 바로 의사가 그의 성기를 신체에 봉합하는데 성공하였다. Lorena Bobbitt는 남편을 상해한 혐의로 재판을 받았다. 그러나 Bobbitt는 정신이상을 이유로 무죄평결을 받았다.

경찰이 가정폭력에 대처하기 힘든 이유는 가정폭력은 오랫동안 부부끼리의 문제로 간주되었기 때문이다. 실제로 피해자가 경찰의 간섭을 원하지 않을 때에는 경찰이 나서기가 무척 힘들다. 가정폭력 사건에 대해서는 경찰이 가해자에게 접근금지명령(Restraining Order)을 자주 사용한다. 가해자는 상대방의 동의 없이 접근을 하면 경찰에 체포를 당하게 된다.

⑤ 아동학대(Child Abuse)

아동학대도 가정폭력과 마찬가지로 신체적, 성적, 그리고 언어적 폭력을 모두 포함한다. 그 이외에도 어린 아동을 돌보지 않는 유기(neglect)도 아동학대의 한 형태이다. 부모가 외출할 경우에 아동을 혼자 집에 남겨두면 유기가 된다. 미국에 사는 한국 사람들은 이런 미

---

19) 전돈수, "미국에 사는 한국이민자들 부부사이의 폭력에 대한 분석의 틀: 가부장적 사회문화, 이민스트레스, 그리고 사회신분의 좌절,"「자치경찰연구」제2권 2호(2009·가을/겨울호), pp. 94~112.

국의 법과 문화에 익숙하지 못하다. 간혹 미국 사람이 보는 앞에서 자식에는 손찌검을 했다가 경찰이 출동하여 곤욕을 치루는 한국 사람들도 있다. 이와 마찬가지로 아동을 부모의 허락 없이 함부로 몸을 만지는 경우에 잘못하면 아동성추행범으로 몰릴 수 있다. 옛날 우리 할머니들은 어린 남자 아이를 보면 "어디 이놈 고추 좀 보자"라고 하면서 남자 아이의 성기를 만진 경우도 많았다. 그러나 그런 행위가 미국에서 발생한다면 성추행범으로 몰리기 딱 좋을 것이다.

　아동학대를 하는 이유에 대해서는 여러 가지 이론이 있다. **첫째,** 아동학대를 하는 사람은 자신의 부모에게 학대당한 경험이 있는 사람이라는 것이다. 부모로부터 학대를 학습받는다는 것이다. 즉 폭력행위도 대습(代襲)된다는 이론이다. **둘째,** 사회적 측면에서 본 이론이 있다. 이것은 부모가 가난, 실직, 그리고 이혼 등과 같이 사회적 문제로 인하여 스트레스를 받아서 아동을 학대하게 된다는 것이다. 특히 원하지 않는 아기를 가지게 된 경우에 이것이 더 심해 질 수 있다. 간혹 한국 신문에 나는 것은 경제적인 능력이 없는 미혼모가 갓 태어난 아기를 지하철의 물품보관함에 버리는 사건이 있다.

　미국에서는 17세 이하의 아동 중에서 4% 정도가 매년 부모나 친척으로부터 신체적 학대를 경험한다고 한다. 미국 아동학대의 대표적인 사례들 중 하나는 1994년에 발생하였다. Susan Smith라는 여성은 자신의 3살과 1살 된 아이를 욕조에 빠뜨려 죽였다. 아동학대는 아버지와 엄마 중 어느 쪽이든 비교적 골고루 가해자가 될 수 있다. 보통 생후 1년 이하의 아이가 부모나 다른 보호자의 가혹행위로 인하여 사망하는 경우가 종종 발생한다. 생후 채 1년이 되는 않은 아이의 뇌는 외부 충격에 약하다. 그리고 머리가 몸에 비해서 크고 무거우며 목의 근육이 충분히 발달되지 않아서 머리에 가해지는 작은 충격에도 심한 뇌손상을 입고 사망할 수가 있다. 이것은 **"흔들어진 아기 신드롬 (shaken baby syndrome)"** 이라고 불린다.

　미국은 아동학대를 방지하기 위한 대책을 세워놓고 있다. 학교선생님을 비롯하여 시민 누구이든 학대 받은 것이 의심되는 아동을 보면 경찰이나 정부아동복지기관에 지체 없이 신고할 의무를 가지고 있다. 예를 들면 학교선생님이 자신의 학생의 몸에 멍 자욱이 계속 발견 될 경우에는 아동학대를 의심해 볼 수 있다.

3) 기타범죄

　기존의 범죄학자들은 살인, 강도, 강간, 절도, 사기, 그리고 횡령 등과 같은 전통적인 범죄에 주로 관심을 가졌다. 그러나 범죄학자들은 근래에는 그런 전통적인 범죄이외에도 새로운 유형의 범죄에 대해 관심을 가지기 시작하였다. 비교적 새롭게 등장한 것들은 화이트칼라범죄, 정치범죄, 사이버범죄, 조직범죄, 그리고 피해자 없는 범죄 등이 있다. 이에 대해서 보다 자세하게 알아보도록 하겠다.

① 화이트칼라범죄(White-Collar Crimes)

화이트칼라범죄를 처음 문제화 한 사람은 Edwin Sutherland이다. 그는 사회적으로 존경받고 비교적 높은 지위에 있는 사람들이 자신들의 직업을 통해 저지르는 범죄문제에 관심을 가졌다. 화이트칼라라고 하는 것은 청바지를 입고 육체적인 노동에 종사하는 사람들과는 구별되는 전문사무직에 종사하는 계층을 일컫는 것이다. 왜냐하면 전통적으로 전문사무직 종사자들은 하얀 와이셔츠를 입기 때문이다. Sutherland는 중상위계층 사람들도 하위계층 사람들 못지않게 많은 범죄를 저지른다는 것을 지적하였다. 그러나 중상류층들은 자신들의 전문지식을 범죄에 이용하기 때문에 경찰에 쉽게 적발되지 않는다. 설사 적발된다고 하더라고 그들은 실형을 피할 수 있는 돈을 가지고 있다. Sutherland는 정부공식통계는 주로 하위계층이 저지른 소위 길거리 범죄(Street Crimes)만을 다루므로 공정하지가 않다고 지적했다.

화이트칼라범죄라는 것은 법적인 개념은 아니다. 다시 말하면 형법전에 화이트칼라범죄란 조항은 없다는 것이다. 따라서 이런 범죄가 정확히 무엇을 의미하고 다른 범죄와 어떻게 구별되는 지는 확실하지 않다. Bloch와 Geis는 화이트칼라범죄를 다음과 같이 다섯 가지 유형으로 구분하였다. **첫째,** 개인이 개인자격으로서 저지르는 경우이다. 예를 들면 변호사와 의사 등이 저지르는 불법행위를 말한다. **둘째,** 피고용인이 고용주에 대해서 저지르는 범죄이다. 이것의 대표적인 범죄는 횡령이다. **셋째,** 정책을 입안하는 지위에 있는 공무원이나 회사간부가 상급자나 사장을 위해서 저지르는 것으로서, 독점 등을 들 수 있다. **넷째,** 회사가 일반대중에게 피해를 입히는 범죄로서 사기성 광고 등이 있다. **끝으로** 회사나 상인이 소비자에게 피해를 입히는 범죄로서 소비자 사기가 있다.[20)]

위와 같은 것 이외의 화이트칼라범죄에 대한 다른 분류방법도 있다. 가장 간단한 분류는 직업범죄(occupational crimes)와 기업범죄(corporate crimes)로 구분하는 것이다. 직업범죄는 한 분야의 업무에 종사하는 자가 자신의 전문적인 지식을 이용하여 개인적인 이득을 취하는 것을 말한다. 이런 유형에는 피고용인에 의한 절도(employee theft), 횡령(embezzlement), 그리고 직업을 이용한 사기(occupational fraud) 등이 포함된다. **첫째,** 피고용인에 의한 절도는 직원이 회사의 물건이나 재화를 훔치는 것을 말한다. 미국의 한 자기

---

20) Frank E. Hagan, *op. cit*, p.105.

보고서식연구(self-reported study)의 결과에 의하면 약 75%의 직원이 어떤 방식으로든 자기 회사의 물품을 빼돌린 것으로 알려졌다. 그리고 이로 인한 재산피해는 대단히 크다. 이로 인한 손실을 보충하기 위해서 기업들은 보통 물품가격의 7%정도까지도 소비자에게 부담시킨다. 더욱 놀라운 사실은 지위가 비교적 높은 관리자들이 이런 유형의 범죄를 많이 저지른다는 것이다.

둘째, 횡령은 회사의 공급을 사적인 이익을 위해서 빼돌린다는 측면에서 회사 물품을 부당하게 취득하는 절도와 차이가 있다. 횡령은 고용인과 피고용인의 신뢰를 깨뜨리고 저지르는 범법행위이다. 특히 대출담당, 회사회계업무담당, 그리고 컴퓨터로 재정업무를 담당하는 고위직에 있는 사람은 회계장부를 조작하여 많은 액수의 돈을 횡령하기도 한다. 그 중 한 가지의 예는 여러 개인의 계좌에 입금된 돈을 조금씩 잘라서 범인이 새로 개설한 계좌로 몰아넣는 것이다. 액수가 적기 때문에 원래의 주인은 자신의 계좌에서 돈이 빠져 나간 사실을 잘 알아차리지 못한다.[21]

셋째, 직업을 이용한 사기는 크게 두 가지가 있다. 하나는 의사에 의한 것이고(physician's fraud), 다른 하나는 내부거래(insider trading)이다. 의사에 의한 사기의 예로는 불필요한 약물처방과 수술을 함으로써 보험금을 부당하게 타내는 경우를 들 수 있다. 미국의 한 연구에 의하면 환자들의 약 22% 정도가 불필요한 항생제처방을 받은 것으로 드러났다. 한편 불필요한 수술로 인해서 환자들이 연간 40억불을 부당하게 지불하였다고 한다.[22] 내부거래는 직업상 알게 된 비밀정보를 이용하여 주식을 사고팔아서 개인적 이득을 얻는 경우를 말한다. 예를 들면 한 회사가 다른 회사를 매각한다는 정보를 바탕으로 각 회사의 주식시세의 변동을 미리 예측하고 주식을 사고파는 행위를 말한다. 최근에 세계적으로 잘 알려진 사건은 미국 TV 프로그램을 통해 잘 알려진 연예인 Martha Stewart와 관련된 스캔들이다. Martha Stewart는 위와 같은 내부거래와 관련된 협의가 있는 것으로 알려졌다. Stewart는 자신의 브로커에게 그녀가 주식을 투자한 제약회사의 항암제에 대한 면허가 조만간에 취소된다는 정보를 얻었다. 이 이야기를 들은 Stewart는 자신이 투자한 주식 $29,000을 즉각 매각하였다. 그러나 다른 주식투자자들은 모르는 사실을 입수하여 자신의 주식투자에 이용한 행위는 불법이다.[23]

---

21) Piers Beirne & James Messerschmidt, *Criminology, 3rd ed.*(Boulder, CO: Westview Press, 2000), pp.373~397.
22) Paul D. Jesilow, Henry N. Pontell, & Gilbert Geis, *Prescription for Profit: How Doctors Defraud Medicaid*(Berkeley, CA: The University of California Press, 1993), p.19.
23) Piers Beirne & James Messerschmidt, *op. cit*, p.382.

기업범죄는 기업체가 불법적이고 부당한 방법으로 이득을 얻는 것을 말한다. 물론 이것으로 인한 피해자가 있어야 한다. 여기에는 회사직원, 소비자, 그리고 일반 대중을 대상으로 하는 기업에 의한 폭력(corporate violence)이 포함된다. 현재도 기업주의 무관심과 관심소홀로 인해서 많은 노동자들이 산업재해를 입는다. 미국에서는 직업병과 사고로 인해서 매년 평균 100,000명 정도가 사망한다.[24] 한국 통계청 자료만 보더라도 2006년 한 해 동안 총 89,910명의 산업재해자가 발생을 했다. 그 중 제조업에 종사하는 사람이 35,914명, 건설업이 17,955명, 그리고 광업이 1,869명 순으로 많았다. 이 중에서 사망한 사람은 건설업이 631명, 제조업이 612명, 그리고 광업이 482명 등이었다. 이것을 통해 볼 때 건설업과 제조업에 종사하는 사람이 산업재해로 사망하는 경우가 많다는 것을 알 수 있다.[25]

중금속이나 공해물질에 노출된 많은 근로자들은 폐병에 걸릴 확률이 높아진다. 고용주가 근로자의 안전을 배려해 주면 이런 직업병들의 상당부분은 사전에 충분히 방지할 수 있다. 한편 소비자를 대상으로 한 기업범죄는 결함이 있는 제품을 생산하여 소비자들을 위험에 빠뜨리는 것이다. 자동차와 장난감과 같이 여러 가지 형태의 제품이 이에 해당할 수 있다. 과거 미국 포드회사의 Pinto라는 모델의 자동차는 구조적인 결함 때문에 작은 접촉사고로도 화재로 연결되었다. 포드 자동차회사는 그것을 이미 알고 있었음에도 아무런 조치를 취하지 않아 소비자들을 위험에 빠뜨렸다.[26]

2010년 일본 자동차회사 도요타는 자신의 회사 모델의 상당수를 리콜을 하였다. 그 이유는 자사의 자동차의 가속페달 결함으로 인한 추돌사고가 종종 발생을 하였기 때문이다. 도요타는 이것을 이미 몇 년 전에 인지하고 있었던 것으로 알려졌다. 그러면서도 곧바로 조치를 취하지 않고 있다가 문제가 심각해지자 리콜을 하였다. 도요타 차를 타다가 가속 페달의 결함으로 사고를 당하고 목의 신경에 손상을 입어 불구가 된 미국에 사는 한인교포의 이야기가 언론에 보도되기도 하였다. 안전을 외면한 회사들이 만든 제품 때문에 입은 소비자들의 피해사례는 위의 것 이외에도 많다.

기업범죄와 관련하여 잘 알려진 것은 "폰지 사기 (Ponzi schemes)"이다. 이것은 합법적인 회사로 포장한 사기꾼들이 투자자들을 모집해서 배당금은 전에 투자한 다른 사람의 돈의 일부 중에서 떼어서 준다. 그럼 투자자들은 그 돈이 자기가 투자한 것에서 나오는 것으

---

24) *Ibid*, p.384.
25) 통계청 홈페이지, www.kosis.kr을 참고할 것.
26) Piers Beirne & James Messerschmidt, *op. cit*, p.388.

로 착각을 하게 된다. 계속 이런 식으로 하면 투자한 사람은 배당금이 제때에 들어오니 투자에 만족을 하고 안심을 한다. 그렇게 얼마 동안 투자자를 많이 유치해서 돈이 모아지면 투자금을 모두 회수해서 도주하는 사기기법을 말한다. 이런 사기수법을 통해 많은 사람들이 고액의 돈을 잃게 된다.

일반대중을 대상으로 한 기업범죄로 전형적인 것은 공해물질을 배출시켜 공기, 토질, 그리고 수질을 오염시키는 것이다. 이로 인해서 불특정 다수의 무고한 시민이 건강에 위협을 받을 수 있다. 한 가지 예로 BP란 세계적인 정유회사는 2010년 오일을 미국 걸프만에 유출시켜서 엄청난 피해를 입혔다. 최근 환경문제에 대한 관심이 높아지면서 환경을 오염시키는 범죄에 대한 관심이 높아지고 있다. 그래서 환경범죄에 대한 것을 연구하는 범죄학자들이 늘어났는데 이런 범죄학을 **"녹색범죄학 (green criminology)"**이라고 한다.

끝으로 뇌물공여 및 수수도 기업범죄의 한 유형이다. 국제기업(transnational corporate)에 대한 한 미국의 연구에 의하면 미국에 본사를 둔 34개의 국제기업들은 사업을 하고 있는 세계 각국의 정부관료나 기타 관련자들에게 많은 뇌물을 제공하였다는 것이 밝혀졌다. 34개의 국제기업들은 총 9천3백만 불 정도를 뇌물로 사용하였다고 한다.[27] 한편 미국 Utah 주의 동계올림픽 유치위원회가 올림픽 유치를 위해 캐나다 올림픽조직위원에게 $50,000 상당의 뇌물을 제공했다.

---

27) *ibid*, p.393.

〈범죄사례연구〉 자신의 환자 400명을 죽인 의사: Dr. Harold Shipman (1946.1.14 − 2004.1.13)

Harold Shipman은 영국에 사는 의사였다. 그는 자신이 맡았던 환자 수백 명에게 고의로 헤로인을 과다하게 투여하여 사망하게 만들었다. 이 사건은 피해자의 수가 실로 엄청나기 때문에 세상을 떠들썩하게 만들었다. 뿐만 아니라, 범인이 의사이고 피살자들이 그의 환자들이었다는 사실은 더 놀라운 것이었다.

Shipman 박사 사건은 전형적인 '화이트칼라범죄'는 아니다. 의사들이 자신이 맡은 환자들을 고의로 살해하는 것은 극히 드문 일이기 때문이다. 그러나 이 사건은 화이트칼라 범죄의 특성 중에 하나를 가지고 있다. 그것은 그가 의사라는 전문 직업을 가지고 있었기 때문에 경찰은 수사에 많은 어려움을 겪었다. 우선 그는 마약성분이 있는 헤로인을 쉽게 다룰 수 있는 의사였다. 그리고 그것을 이용하여 자신의 환자들을 소리 없이 조용히 살해하였다. 또한 사망한 환자 가족들을 설득하여 화장을 시키도록 유도를 하였다. 그것은 나중에 물증을 남기지 않으려는 그의 치밀한 계산 때문이었다. 경찰이 Shipman 박사의 범행을 입증할 수 있었던 것도 몇 안 되는 묘지에 매장된 그의 환자들의 시신을 꺼내어 화학성분 검사를 하였기 때문이다. 그 이외에도 그는 자신의 진료기록을 컴퓨터로 조작을 하였다. 그래서 환자가 처음 진단받은 병명과 사망의 원인이 일치하도록 조작을 하였다.

Shipman 박사의 범행이 알려지게 된 것은 그가 맡았던 환자의 사망률이 다른 의사의 그것보다 훨씬 높은 것이 알려지면서부터였다. 이렇게 되기 전까지 그는 오랫동안 다른 사람들의 의심을 전혀 받지 않고 범행을 저질렀다. 그의 재판에는 다른 많은 의사들과 병리학자들이 나와서 Shipman 박사의 혐의를 인정하는 증언을 해야 했다. 아무튼 Shipman 박사 사건은 전문직에 있는 사람의 혐의를 입증하는 것이 얼마나 어려운 지를 알려주는 사건이었다. 그 만큼 전문직에 있는 사람들은 전문지식을 이용하여 자신의 범행을 숨기기가 용이하기 때문이다.[28]

② 정치범죄

화이트칼라범죄와 마찬가지로 정치범죄의 정의를 내리는 것은 대단히 어렵다. 일반적으로 받아들여지는 것은 기존의 정치사회 질서를 유지하거나 또는 바꿀 목적으로 불법적이거나

---

28) 전돈수, 「범죄이야기」 (도서출판 21세기사, 2010), pp. 88~102.

또는 사회적으로 해악을 주는 행동을 모두 포함한다. 물론 어떤 행동이 사회에 해악을 주는 것인지는 기득권을 가지고 있는 집단이냐 아니냐에 따라 달라질 수 있음을 잊지 말아야 한다. 정치범죄의 제일 중요한 특징은 그 범죄는 주로 사상적인 목적을 가지고 저지른다는 것이다. 개인적인 원한 관계나 금전적인 이익을 위해서 사람을 죽이면 일반 살인이다. 그러나 정치적 라이벌을 제거할 목적으로 사람을 죽이는 것은 살인일뿐만 아니라 테러와 정치범죄에도 속하는 것이다.[29] 그러나 정치범죄의 동기는 종교와 사상 등 아주 다양하다.[30] 위와 같은 것 이외에도 넓게 보면 정치범죄는 고급공무원의 비리도 포함할 수 있다. 이런 측면에서 본다면 정치범죄의 상당부분은 화이트칼라범죄하고 중복된다고 볼 수 있다.

정치범죄란 국가에 대한 것(crimes *against* state)뿐만 아니라 국가(공무원)에 의한 범죄(crimes *by* state)까지를 모두 포함한다.[31] 국가에 대한 범죄로서 대표적인 것은 현 사회 및 정치질서를 바꿀 목적으로 폭동을 일으키는 것을 들 수 있다. 한국 형법 제87조는 내란죄를 규정하고 있다. 동법은 「국토를 참절하거나 국헌을 교란할 목적으로 폭동한 자는 다음의 구별에 의하여 처단한다.」라고 하고 있다. 국헌교란은 동법 제91조에서 설명하고 있다. 그것은 「헌법 또는 법률에 정한 절차에 의하지 아니하고 헌법 또는 법률의 기능을 소멸시키는 것」(제1항)과 「헌법에 의하여 설치된 국가기관을 강압에 의하여 전복 또는 그 권리행사를 불가능하게 하는 것」(제2항)이라고 설명하고 있다. 성공한 혁명이나 쿠데타는 법을 어긴 사람들이 정치권력을 장악하게 됨으로써 처벌받지 않게 된다. 그렇기 때문에 이것은 단순한 법의 문제를 뛰어넘는 정치적인 문제로 될 수 있다. 그리고 혁명이나 쿠데타가 정통성과 합법성을 얻는 것은 순전히 정치적인 논리에 의존할 수밖에 없다. 한국에서는 4.19혁명과 그 뒤를 이어 박정희 전대통령이 주도한 5.16군사혁명 등이 대표적인 예이다.

국가에 대한 정치범죄는 이처럼 극단적인 폭력적인 방법만 있는 것은 아니다. 정치적인 목적을 가진 시위도 때에 따라서 불법적인 경우가 있다. 미국에서도 1960년대 Martin Luther King, Jr. 목사가 주도한 흑인인권운동이 대표적인 예이다. King 목사는 평화적인 시위를 주도하면서 흑인들에게 차별적으로 적용되는 법에 복종하는 것을 거부하였다.[32] 때로는 법에 대한 복종을 거부하는 것뿐만 아니라 정부의 특정정책이나 정치권의 결정에 대한 반대의 의사표시로 시위를 하기도 한다. 한국에서 몇 년 전에 있었던 이라크 파병반

29) Steven E. Barkan, *Criminology: A Sociological Understanding*, 3rd ed(Upper Saddle River, New Jersey: Pearson/Prentice Hall, 2005), p.405.
30) Frank E. Hagan, *Introduction to Criminology: Theories, Methods, and Criminal Behavior*(Chocago: Nelson-Hall Publishers, 1997).
31) *Ibid*, p.400.
32) *Ibid*, p.403.

대 시위와 국회의 노무현 대통령에 대한 탄핵소추 의결안에 대한 일부 국민들의 반대집회 시위를 들 수 있다. 논란의 여지가 있기는 하지만 경찰은 국회의 대통령 탄핵안 가결에 대한 반대집회를 불법으로 간주한다고 하였다. 국가에 대한 정치범죄의 또 다른 유형은 외환 죄이다. 한국 형법 제92조는 「외국과 통모하여 대한민국에 대하여 전단을 열게 하거나 외국인과 통모하여 대한민국에 항적한 자는 사형 또는 무기징역에 처한다.」고 규정하고 있다. 적을 이롭게 하고 안보를 위협하는 행위에 대한 내용은 「국가보안법」을 통해 자세하게 규정하고 있다. 이 법은 그 동안 진보세력과 보수세력 사이에서 존폐여부를 놓고 많은 논란이 있어 왔다. 미국에서 외환죄에 해당하는 것으로 볼 수 있는 유명한 사건이 있다. 32년 동안 미국 중앙정보국, 즉 CIA(Central Intelligence Agency)에 근무했던 Aldrich Ames 라는 사람이 미국 국가의 기밀을 1985년부터 1994년까지 10년 동안 구소련에 판 사건이다. Ames는 나중에 체포되어 종신형을 선고받았다.[33]

위에서는 국가에 대한 정치범죄를 알아보았다. 이제는 국가에 의한 정치범죄를 알아보기로 한다. 국가에 의한 정치범죄는 국가기관이나 공무원이 법을 어기거나 비윤리적인 행동을 하는 것을 말한다.[34] 이런 유형은 뇌물수수 및 공여, 그리고 이에 따른 특혜의 제공을 들 수 있다. 그 밖에도 공무원이 개입된 부정선거 등이 있다. 뇌물수수 및 공여는 아주 흔한 정치범죄 중의 하나이다. 물론 정치인들이 모두 공무원은 아니지만, 몇 년 전에 한국의 정치인들이 재벌그룹으로부터 정치자금을 불법적으로 수수하여 검찰의 수사를 받았다. 특히 한국은 정경유착(政經癒着)의 관행으로 인해 공무원이 개입된 뇌물수수와 공여가 사회 여러 분야에서 다양한 방법으로 발생하고 있다. 공무원은 자신이 가지고 있는 권력과 인허가권을 남용하여 뇌물을 받고 특정 기업이나 사람에게 특혜를 주는 경우가 종종 발생한다. 공무원 중에서도 경찰관에 의한 부정부패가 많이 지적되고 있다. 전수일 교수는 한국의 경찰관 부패는 총체화, 구조화·관행화, 그리고 일상화되었다고 지적했다. 총체화란 경찰의 부정부패가 경찰조직 전체에 만연했다는 것이다. 구조화 및 관행화는 이런 부정부패가 개개의 경찰관들에 의해서 산발적으로 저질러지는 것이 아니라, 여러 명이 조직적으로 비리를 저지른다는 것이다. 그러면서 자신이 받은 뇌물의 일부를 상관에게 상납하는 것이 관행화되었다. 마지막으로 일상화는 이런 부정부패행위가 다른 업무와 마찬가지로 일상생활의 일부로 정착되었다는 것이다.[35] 한편 부정선거는 여러 가지 형태로 나타날 수 있다. 선거

33) Frank E. Hagan, *Political Crime: Ideology and Criminality*(Boston: Allyn and Bacon, 1997), p.119.
34) *Ibid*, p.406.
35) 전수일, "공무원의 윤리규범과 행동기준에 관한 연구: 선물, 접대 및 이익수의 한도를 중심으로," 「한국부패학회보」, 제4호, 1999, p.162.

유권자들을 돈으로 매수하는 것, 투표함 바꿔치기, 그리고 상대방에 대한 거짓 흑색선전 등을 들 수 있다. 한국에서 부정선거는 서구의 민주주의가 도입된 이후 줄곧 문제로 제기되고 있다. 특히 이승만 전대통령의 정권하인 1960년 3월 15일에 발생한 부정선거는 그 대표적인 사례이다. 이 당시 투표함 바꿔치기와 같은 다양한 형태의 선거부정이 실시되었다. 이 당시 경찰공무원이 부정선거의 주역을 담당하였다. 이에 대한 반발로 학생들과 시민들이 합세하여 4·19혁명을 일으켰다.[36]

국가에 의한 또 다른 유형의 정치범죄는 정치적 라이벌에 대한 탄압이다. 이런 범죄는 대부분의 사회에서 발생할 수 있지만, 특히 문제가 되는 것은 개발도상국이다. 한국도 과거 박정희와 전두환 전대통령과 같은 군사정권 시절에 많은 민주인사들이 탄압을 받았다. 박정희 대통령 집권시절인 1973년 중앙정보부가 당시 야당의 지도자였던 김대중씨를 일본에서 납치한 것으로 의심되는 사건이 발생했다. 김대중씨는 구사일생으로 겨우 살아남을 수 있었다. 그러나 아직까지도 공식적인 사건조사는 이루어지지 못했다. 또 다른 예는 1987년에 발생한 박종철군 고문치사사건이다. 당시 경찰은 민주화운동에 가담했다는 이유로 서울대생 박종철군을 물고문하여 죽음에 이르게 하였다. 경찰은 처음에는 물고문한 사실을 은폐하려고 하였으나 박군의 시신에 대한 부검에 참여한 양심 있는 의사들에 의해서 박군이 물고문으로 사망한 사실이 밝혀졌다.

외국의 사례를 보면 국가가 비밀경찰조직을 만들어서 정부에 반대하는 사람들을 몰래 잡아서 고문하고, 심지어는 살해하는 일도 발생한 적이 있다. 과거에 악명 높았던 비밀경찰조직은 히틀러 통치하에 있던 독일의 게슈타포(Gestapo)이다. 이 비밀경찰조직은 히틀러와 나치에 반대하는 사람들을 체포하고 고문하는 일을 담당하였다. 한편 호메이니가 지배하던 이란 정부는 1984년까지 25,000명에 달하는 정치범들을 비밀리에 살해하였다. 그 외에도 수많은 사람들이 비밀경찰에 의해 고문을 당하였다. 1989년 중국정부는 민주주의를 주장하는 젊은이들을 천안문에서 무차별하게 학살하여 전 세계에 충격을 주기도 하였다. 이 일로 1천명이 넘는 사상자가 발생한 것으로 알려졌다.

정부에 의한 또 다른 범죄는 반인륜적인 범죄이다. 그 중에 대표적인 것이 민족학살 (genocide)이다. 역사를 통해서 보면 이런 일이 끝임 없이 발생했음을 알 수 있다. 제2차 세계대전 당시 독일 나치의 히틀러는 육백만 명이 넘는 유대민족을 무차별적으로 학살하였다. 히틀러는 유대인들을 가두어 놓고 가스를 틀어 집단으로 질식시켜서 죽였다. 또 다른 민족학살은 전에 유고슬라비아였던 Bosnia-Herzegovina에서 발생하였다. 당시 이 지역에

---

36) 조철옥, 「경찰행정학: 이론과 실천의 만남」(서울: 대영문화사, 2000), pp.52~53.

는 세 민족들이 있었다. 그들은 회교도(Muslim), 서브(Serbs), 그리고 크로앗츠(Croats) 등이었다. 회교도와 크로앗츠는 민족의 독립을 주장했고 서브는 그것을 반대했다. 이 문제 때문에 회교도민족과 크로앗츠민족이 연합하여 서브민족과 내전을 벌었다. 1992년 당시 전 국토의 70%정도를 점유하고 있던 서브민족은 내전과정에서 회교도와 크로앗츠 민족을 대량적으로 학살을 하였다. 뿐만 아니라, 서브의 군인들은 회교도 여성들 20,000이상을 강간하였다.

1994년에는 르완다(Rwanda)란 아프리카의 국가에서 민족학살이 발생하였다. 그들 중의 한 부족은 Hutu이고 다른 부족은 Tutsi이다. Hutu의 대통령이 탄 비행기가 총격을 받고 추락했다. Hutu정부는 이 사건의 책임을 Tutsi에 돌렸다. 그들은 보복을 위해 군대를 보내서 일백만 명이 넘는 Tutsi부족을 학살하였다.[37]

③ 스토킹(Stalking)

근래에 문제가 되고 있는 범죄 중의 하나가 스토킹이다. 스토킹이 무엇을 말하는지는 그렇게 정확하지 않다. 그러나 타인으로 하여금 공격을 당하거나 살해가 될 위협을 느끼게 할 정도로 남을 쫓아다니는 것이라고 말할 수 있다. 이것은 직접적인 접촉이 없는 폭력행위의 하나로 볼 수 있다. 남을 쫓는 행위는 물리적으로 남을 따라가는 것뿐만 아니라, 전화, 이메일, 그리고 편지 등을 보내 지속적으로 괴롭히는 것 등을 모두 포함한다. 미국 「국가법무기구」(National Institute of Justice)는 미국 전체 여성 중 8%가 스토킹을 경험하였다는 설문조사결과를 발표하였다. 그런 스토킹을 저지르는 사람들의 다수는 전배우자, 직장동료, 그리고 알고 지내던 사람인 경우가 많다. 두 명의 자녀를 둔 한 여인이 폭력적인 남편을 피해 집을 떠났다. 그런데 그 전 남편이 그녀를 스토킹을 하다가 나중에는 살해를 하였다. 전 남편은 "만약에 내가 그녀를 가질 수 없다면, 다른 아무도 그녀를 가질 수 없다."고 말하였다.

④ 증오범죄(Hate Crimes)

증오범죄는 특별한 개인적 원한 또는 재산상의 이득을 위한 목적이 없이 상대방의 인종, 종교, 민족, 출신국가, 동성애, 그리고 정치적 신념에 대한 반감 때문에 저지르는 범죄이다. 이런 범죄는 주로 힘과 권력을 가진 기득권층의 사람이 그렇지 못한 사람들을 대상으로 공격하는 것이 많다. 대부분의 경우에 범인은 상대방 피해자를 개인적으로 알지 못한다. 미국에서 가장 흔히 일어나는 증오범죄는 특정인종에 대한 것이다. 그런 사례가 전체 증오범죄의 절반이상을 차지했다. FBI에 의하면 그 중에서 흑인에 대한 증오범죄가 가장 많아서

---

37) Steven E. Barkan, *op. cit*, pp.406~407.

72%를 차지하였다. 그 이외에도 특정종교에 대한 증오범죄가 20%이다. 그 중에서 유대교 도들을 대상으로 한 것이 67%로 가장 많았다. 끝으로 동성애자에 대한 것이 약 17% 등을 차지하였다. 그 중에 남성동성연애자들을 목표로 삼은 것이 60%로 제일 높은 비율을 차지 하였다.[38]

아마도 미국에서 가장 악명 높은 증오범죄 집단은 KKK(Ku Klux Klan)와 스킨헤드 (Skinheads)일 것이다. 이들은 유색인종, 특히 흑인들에 대한 심한 반감을 가지고 있는 백 인들의 집단이다. 이들은 흑인들을 납치하고 고문을 한다. 심지어는 살해를 저지르기도 한 다. 그들의 목표는 미국을 백인들만의 국가로 만드는 것이다. 집단으로 뿐만 아니라, 개인 도 증오범죄를 저지른다. 이들은 어느 특정 증오범죄의 집단에 속하지 않는다. Benjamin Smith란 이름을 가진 백인이 있었다. 그는 두 명을 살해하고 일곱 명에게 부상을 입혔다. 살해당한 두 명 중에 한 명은 흑인이고 다른 한 명은 한국 사람이었다. 또 다른 사건은 텍 사스에서 일어났다. 세 명의 백인들은 흑인 한명을 자신들의 픽업트럭에 매달아 3마일을 달려서 죽게 만들었다.

위와 같은 증오범죄에 대처하기 위해 미국 국회는 1990년에 「증오범죄통계수집에 관한 법」(Hate Crime Statistics Act)을 통과시켰다. 이법에 근거하여 FBI는 증오범죄에 관한 항목을 만들어서 그에 대한 통계를 수집하고 있다. 규모가 큰 LA나 뉴욕경찰 등도 증오범 죄만을 다루는 전문부서를 따로 두고 있다.[39]

⑤ 피해자 없는 범죄

피해자 없는 범죄(victimless crimes)란 피해자가 가해자 자신이거나 특정한 피해자가 누구인지를 정할 수 없는 범죄들을 말한다. 이것은 형법전에 나와 있는 개념은 아니다. 다 만 범죄학자들이 통상적으로 부르는 명칭이다. 이런 범죄의 대표적인 것에는 마약남용, 도 박, 그리고 매매춘 등을 들 수 있다. 이런 범죄들은 대부분 비밀리에 발생하고 피해자가 동 시에 범인인 경우가 많아 그 발생 정도를 알기가 어렵다. 단지 우리가 추측할 수 있는 것은 실제로 이런 유형의 범죄가 많이 발생하고 있을 것이란 것이다. 다음에서는 피해자 없는 범죄의 대표적인 사례인 매매춘과 마약남용을 집중적으로 살펴보겠다.

매매춘은 인류의 역사와 오랫동안 같이한 범죄행위라고 볼 수 있다. 성경에도 매춘부에 대한 이야기가 많이 나온다. 많은 사람들이 혐오하는 대상이 매춘부이지만, 매춘부가 지속 적으로 존재하는 것은 그 만큼 수요가 지속적으로 있다는 것을 반증해 주는 것이다. 근래에 한국에서는 2004년 「성매매특별법」을 만들어서 매매춘 행위를 단속하려고 하였다. 그러나

38) FBI, 홈페이지, 2010, www.fbi.gov.
39) Steven E. Barkan, *op. cit*, pp.287~290.

현재의 매춘은 직업여성들이 한 곳에 밀집하여 영업을 하는 전통적인 집장촌의 형태에서 벗어났을 뿐이다. 경찰의 단속망을 피해 여러 가지 형태의 신종 매매춘 업소들이 성행하고 있다. 예를 들면 퇴폐이발소, 안마시술소, 룸싸롱, 전화방, 그리고 터키탕 등 수많은 변형된 매매춘 업소들이 영업을 하고 있다. 요즘은 인터넷의 발달로 인하여 성인사이트, 채팅, 그리고 휴대폰을 통해서 성매매가 암암리에 이루어지고 있다.

　미국의 경우를 살펴보면 매매춘의 방법 중에서 가장 흔한 것은 매춘부들이 거리를 걷다가 지나가는 운전자들과 일종의 가격흥정을 한다. 그리고 거래가 성사되면 여관에 가서 성행위를 하는 것이다. 매춘부 여성들은 옷차림부터 일반 여성과 다르기 때문에 쉽게 구별할 수 있다. 이런 길거리 여성들은 손님에게 변태적인 성행위를 강요당하거나 폭행을 당하는 일도 종종 있다. 심지어는 연쇄살인범의 목표물이 되기도 한다. 실제로 어떤 매춘부가 자신의 어린 아들을 손님과 성행위를 하는데 데리고 갔다. 어릴 때 이런 어머니의 모습을 보고 자란 이 아이는 여성, 특별히 매춘부에 대한 증오심으로 가득 찼다. 그는 성인이 되어 매춘부들만 여러 명 골라서 강간하고 살해하였다. 매춘부들 중에서 가장 고급스런 것은 콜걸(Call Girls)이다. 이들은 외모가 아주 뛰어날 뿐만 아니라, 대학을 졸업한 엘리트들이 대부분이다. 이들은 대화의 수준이 아주 높다. 그래서 이들이 상대하는 손님들도 대부분 상류사회의 사람들이다. 이들은 고객들과 하루 밤을 자는 대가로 수백에서 수천 불 정도의 고액을 받는 것으로 알려졌다.

　매춘을 하게 되는 동기에 대해서 일반 사람들이 잘못된 인식을 가지고 있다. **첫째,** 매춘부들은 다른 여성들보다 성욕이 강하다는 생각이다. 그러나 그들이 매춘부가 되기 전에 다른 여자에 비해서 성행위를 더 많이 했다는 증거는 없다. 다만 전체적으로 보면 매춘부들이 일반 여성에 비해 좀 더 어린 나이에 성행위를 시작했다는 것이다. 실제로 그들이 매춘부가 되는 이유는 경제적인 어려움 때문이다. 실직을 하거나 해서 자신이나 자식들을 교육시키기 어렵기 때문에 매춘을 시작하게 된다. **둘째,** 매춘부 대부분이 마약중독자들이며 그들은 마약을 구입하기 위한 수단으로 매춘을 한다는 것이다. 일반적으로 매춘부들이 다른 여성들에 비해서 마약을 많이 사용하는 것은 사실이다. 그러나 상당부의 매춘부들은 마약을 사용하지 않는다. **끝으로** 매춘부들은 어린 시절에 신체적 또는 성적으로 학대를 받은 여성들이라는 생각이다. 물론 일부 매춘부들이 아동학대를 당하고 가출하여 돈을 벌기 위해 매춘을 하기도 한다. 그러나 상당수의 매춘부들은 아동학대를 받은 경험이 없다.

매춘부들은 자신들의 직업을 정당화시킴으로써 스스로 매춘행위에 대한 동기를 부여한다. 예를 들면 그들은 매춘을 '필요 악'(necessary evil)이라고 생각한다. 즉 자신들이 남성들의 성욕을 풀어주지 않으면 사회에 더 많은 성범죄가 기승을 부릴 거란 생각을 가지고 있다. 뿐만 아니라, 부인이나 여자친구와의 여러 가지 문제를 가지고 있는 남자들에게 자신들은 상담자의 역할을 해준다는 것이다. 그러므로 그들은 오히려 남성들을 가정이 깨어질 위기에서 구하는 역할을 한다는 것이다. 결국 그들은 자신들의 직업에 대해서 죄책감을 느끼기 보다는 나름대로 자부심을 가지고 있는 것이다.[40]

매춘을 하는 이유에 대해서 크게 두 가지의 이론이 있다. 하나는 기능주의이론(Functionalist Theory)이다. 이 이론은 성행위를 도덕적인 것과 비도덕적인 것으로 나눌 수 있다고 한다. Kingsley Davis에 의하면 일반적으로 남자들은 자기 부인에게 항문섹스나 오랄섹스와 같은 비정상적인 성행위를 요구하기 힘들다. 그것은 사회적으로 비도덕적인 것으로 받아들여지기 때문이다. 즉 매춘은 정상적인 여성들을 보호하면서도 남성들의 혼전성교, 혼외성교, 그리고 변태행위와 같은 다양한 성적욕구를 만족시키는 기능적인 역할을 한다는 것이다. 이에 비해서 여성운동주의적(feminism) 관점은 매춘은 가부장적이고 남성우월주의적인 사회에서 여성의 성을 착취하는 수단일 뿐이라고 본다. 남성은 여성을 성적으로 지배하기를 원한다. 결국 가부장적이고 남성우월주의적인 사회가 매춘을 유발시키는 원인이라고 본다. 따라서 남성우월주의의 타파가 없이는 매춘이 근절되기 어렵다고 본다.[41] 국가별로 성매매에 대한 국가정책이 다르다. 스웨덴 같은 국가는 성을 파는 사람은 처벌하지 않고 사는 고객만을 처벌을 한다. 하지만 여성운동가 중 일부는 성매매도 일종의 직업으로 보아야 한다고 주장을 한다. 매춘을 하는 여성 대부분은 교육을 제대로 받지 못하고 특별한 기술이 없으므로 매춘을 통해서 자신과 가족을 부양을 해야 한다는 것이다. 그래서 네덜란드 같은 나라는 매춘부들이 매춘부 노동조합을 가지고 있으며 실업수당까지 받는다.[42]

---

40) Alex Thio, *Deviant Behavior*(Boston: Pearson, 2006), pp.226~243.

41) *Ibid*, pp.241~243.

42) S. Stack, A. Adamczyk, & L. Cao (2010). Survivalism and public opinion on criminality: A cross-national analysis of prostitution. Social Forces, 88, 1703-1726. Retrieved from http://sf.oxfordjournals.org/.

매매춘의 경우는 서로 동의한 성인들 사이에 이루어지기 때문에 크게 문제가 될 것이 없다고 여겨지기도 한다. 심지어 매매춘은 더 많은 성범죄를 억제하기 위한 '필요 악'이라는 주장은 이미 오래전부터 제기되었다. 일각에서는 공창제도를 만들어야 한다고 주장하고 있다. 공창은 정부가 직접운영하거나 정부로부터 허가를 받고 개인이 매춘사업을 운영하도록 하는 것을 말한다. 이렇게 되면 정부가 정기 건강진단을 통해서 매춘부들이 AIDS를 비롯한 성병에 감염되는 것을 예방할 뿐만 아니라, 혹시 발견하면 조기에 치료할 수 있다고 한다. 실제로 한 연구는 미국에서 유일하게 매매춘이 합법화 된 Nevada주에 등록된 매춘부의 HIV 바이러스 감염상태를 다른 주와 비교하였다. 그 결과 Nevada의 매춘부는 단 한 명도 HIV 바이러스에 감염되지 않았다. 이에 비해 다른 주들은 HIV 바이러스에 감염된 매춘부들을 다수 발견하였다.[43] 한편 2004년에 한국 경찰은 성매매 특별법에 근거하여 성매매를 대대적으로 단속을 했다. 이런 성매매 특별법으로 경찰의 단속활동이 활발해지면서 성매매 단속 건수가 매년 증가하고 있다. 2004년 830건에 불과했으나 2005년 3,439건, 2005년 6,886건, 그리고 2007년에는 7,829건으로 계속 가파른 증가 추세를 보이고 있다. 이것은 경찰의 활발한 단속활동에도 불구하고 성매매 자체는 줄지를 않았다는 것을 보여주고 있다. 이런 단속에는 많은 인력, 비용, 그리고 노력이 소요된다.[44] 뿐만 아니라 자칫하면 경찰이 강도, 강간, 그리고 절도 등과 같이 보다 중요한 범죄의 수사에 투입해야 할 경찰력을 다른 곳에 소비하는 결과를 초래할 수 있다.[45]

위와 같은 매매춘이외의 또 다른 피해자 없는 범죄는 마약범죄이다. 마약은 그것이 인체에 미치는 영향에 따라서 크게 흥분제류(stimulants), 진정제류(depressants), 환각제류(hallucinogens or psychedelics), 대마초류, 그리고 기타 마약 등 몇 가지로 구분할 수 있다. **첫째,** 흥분제류는 인체의 중추신경을 자극하여 기분을 고조시키는 것으로 코케인(cocaine)과 암페타민(amphetamine) 등이 있다. **둘째,** 진정제류는 흥분제류와는 반대로 기분을 짝 가라앉혀 주는 것이다. 진정제류는 다시 술과 항불안감 약물과 같은 세더티브(sedatives)와 아편류(opiate)로 나뉘어 진다. 한편 아편류는 천연추출물인 아편과 아편으로부터 추출한 몰핀(morphine)과 헤로인(heroin)이 포함된다. **셋째,** 환각제류는 강한 환각 증상을 일으키는 것으로서 실제로는 없는 것을 보거나 듣기도 한다. 또한 갑작스런 감정의 변화를 경험하게도 만든다. 환각제류의 대표적인 마약은 LSD이다. **넷째,** 대마초

---

43) Stephen E. Brown, Finn-Aage Esbensen, & Gilbert Geis, *op. cit.*, p.519.
44) 검찰청, 범죄분석, www.kosis.kr.
45) Gennaro F. Vito & Ronald M. Holmes, *op. cit*, p.361.

(marijuana)는 대마의 말린 잎을 담배와 비슷한 방법으로 흡연하는 것이다. 대마초를 흡입하면 성행위나 음악감상, 그리고 파티를 할 때 더욱 그 쾌락을 증가시킨다. 대마의 끝 봉우리에 있는 것은 특히 그 성분이 강한 것으로 알려졌다. 그것은 일명 해시시(Hashish)라고 불린다. 일반 대마초보다 비싼 가격으로 팔린다.

끝으로 기타 마약으로서 엑스타시(ecstasy)가 있다. 이 마약은 미국 고등학생부터 대학생에 이르기까지 파티 등에서 널리 이용되는 것 중의 하나이다. 엑스타시는 그 약효가 있는 동안은 부끄러움이 없어져서 사람을 사교적으로 만든다. 그래서 파티마약으로 인기가 있는 것이다.

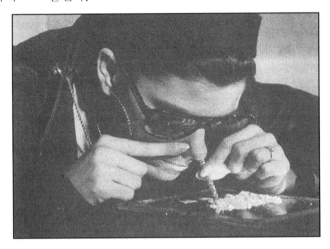

매매춘과 마찬가지로 마약복용도 합법화시켜야 한다는 주장이 유럽이나 미국에서 제기되고 있다. 마약복용이 불법으로 되어있기 때문에 그 가격은 상당히 비싸다. 그래서 그것을 판매해서 돈을 벌려고 하는 범죄자들이 급증하고 있다. 뿐만 아니라 마약을 구하기 위해서 제2의 범죄를 저지르는 사람들이 많다는 지적도 있다. 또한 어차피 경찰이 마약을 단속하는 것도 사실상 한계가 있다. 그 이유는 은밀한 장소에서 일어나는 마약의 매매와 사용을 단속하는 것은 극히 어려운 일이기 때문이다. 미국에서는 말기 암이나 AIDS와 같이 고통 중에 있는 환자들에 한해서 의사의 처방을 받아 대마초를 흡연할 수 있도록 합법화 한 열개의 주들이 있다.

이런 이유 때문에 실제로 서유럽의 일부 나라는 마약복용을 합법화시키는 경우도 있다. 이것은 마약중독자들에게 일반 약품처럼 의사의 처방을 받아 마약을 투여하도록 하자는 것이다. 다시 말하면 마약중독자들을 음지에서 양지로 끌어내어 치료하자는 의도가 담겨있다. 또 다른 측면은 이렇게 되면 마약이 불법화되었을 때보다는 마약 가격이 내려갈 것이다. 그러면 마약 판매를 통해 돈을 벌던 갱단들이 줄어들 것이라는 논리이다. 피해자 없는 범죄를 단속하는 데에는 많은 인력, 비용, 그리고 노력이 소요된다. 뿐만 아니라 자칫하면 경찰이 강도, 강간, 그리고 절도와 같이 보다 중요한 범죄의 수사에 투입해야 할 경찰력을 다른 곳에 소비하는 결과를 초래할 수 있다.[46] 피해자 없는 범죄의 합법화를 주장하는 또

46) Gennaro F. Vito & Ronald M. Holmes, *op. cit*, p.361.

다른 관점은 뒤에 논의하게 될 낙인이론의 입장을 바탕으로 한다.

즉 피해자 없는 행위까지 범죄로 규정함으로써 지나치게 많은 사람들을 범죄자로 낙인을 찍게 된다는 것이다. 피해자 없는 범죄처럼 비교적 가벼운 범죄를 저지른 사람까지 범죄자로 낙인을 찍으면 그 사람은 더 죄질이 무거운 범죄를 저지를 가능성이 커진다는 것이다. 그 이유는 그 낙인 때문에 무의식중에 자신을 범죄자로 간주하는 자기암시현상(self-fulfilling prophesy)이 생기기 때문이다. 이에 대해서는 뒤에 낙인이론을 논의할 때에 보다 자세하게 알아보도록 하겠다. 따라서 범죄의 확산을 막기 위해서는 피해자 없는 범죄를 합법화시켜야 한다는 것이다.[47]

위와 같은 피해자 없는 범죄의 합법화 주장과는 달리, 피해자 없는 범죄도 일반적으로 기대되어지는 사회도덕을 위반하는 행위이기 때문에 계속해서 단속해야 한다고 주장하는 학자들도 많다. 그 중에 대표적인 학자가 영국의 판사였던 Patrick Devlin이다. 그는 우리가 일반적인 도덕기준을 지키는데 실패한다면 사회적 위해가 발생할 수 있다고 주장하였다. 그 이유는 사회구성원들의 도덕적 결속력(moral bonds)이 약해지면 사회가 해체되어 많은 사회문제가 발생할 수 있기 때문이다.[48] 또 다른 측면에서 피해자 없는 범죄의 지속적인 단속을 주장하는 학자들이 있다. 이들은 피해자 없는 범죄가 단순히 도덕성만의 문제가 아니라는 것이다. 예를 들면 매매춘은 AIDS와 같은 성병을 전염시킨다. 즉 주사기를 통한 마약투입은 AIDS를 전염시킨다. 뿐만 아니라 매매춘은 인신매매를 통해서 여성들에 대한 착취를 하게 된다는 것이다.[49]

결론적으로 말하면 형법이 실제로 집행되지 않는 많은 행위들을 범죄로 규정할 경우에는 형법의 법적권위가 무너져 내릴 위험성이 크다. 그렇게 되면 국민들의 준법정신이 약화될 가능성이 있다. 따라서 지나치게 많은 행위들을 범죄로 규정하는 것은 바람직하지 않다. 그러나 어떤 행위를 범죄로 규정할지는 그렇게 간단한 문제는 아니다. 이에 대해서는 앞으로 학자들의 더 많은 논의가 필요하다. 이런 이유 때문에 나중에 처벌의 정당성에 관한 논의를 보다 구체적으로 하겠다.

⑥ 컴퓨터범죄

컴퓨터범죄(computer crime)는 사이버범죄(cybercrime)라고도 불린다.[50] 이것은 컴퓨

---

47) Stephen E. Brown, Finn-Aage Esbensen, & Gilbert Geis, *op. cit*, p.24.
48) Patrick Devlin, *The Enforcement of Morals*(London, UK: Oxford University Press, 1965), p.13.
49) Stephen E. Brown, Finn-Aage Esbensen, & Gilbert Geis, *op. cit*,, pp.508~509.
50) Sue Titus Reid, *Crime and Criminology, 9th ed.*(Boston: McGraw Hill, 2000), p.265.

터의 대량 보급과 함께 등장한 비교적 신종범죄로 볼 수 있다. Robert Perry는 컴퓨터범죄를 정보, 컴퓨터 프로그램, 서비스, 장비, 또는 정보통신 네트워크를 훼손, 절도, 불법사용, 또는 불법복제를 하는 행위라고 정의하였다.[51] Donn B. Parkers는 컴퓨터범죄를 다음과 같은 것으로 구분하였다. 그것들에는 전자횡령(electronic embezzlement)과 금융절도(financial theft), 해킹(hacking), 컴퓨터 바이러스의 제작과 유포, 개인정보도용(identity theft), 인터넷사기(internet scam), 인터넷 매매춘과 아동포르노, 그리고 인터넷을 통한 개인, 기업, 국가의 스파이 활동 등이 포함된다. 다음은 위와 같은 컴퓨터범죄의 이해를 돕기 위해 각 유형에 대한 사례들을 좀 더 살펴보기로 하겠다.

첫째, 우선 전자횡령을 살펴본다. 전자횡령은 컴퓨터를 이용하여 회사나 정부의 돈을 개인이 착복하는 것을 말한다. FBI에 따르면 미국에서 일어나는 무장 은행강도로 입은 피해액은 한 사건 당 평균 $3,177(한화 3백 만 원 정도)이다. 하지만 컴퓨터범죄로 인한 피해액은 한 사건 당 평균 $500,000(한화 5억 정도)정도가 되는 것으로 추산하고 있다. 즉 총을 든 은행 강도보다 비무장 한 컴퓨터범죄자가 훨씬 더 큰 재산피해를 입히고 있는 것이다. 어떤 범인은 컴퓨터 파일을 조작하여 Exxon's Bayview 회사에서 수백만 갤런(gallons)[52]의 난방용 연료를 절취했다. 또 다른 사례는 어느 미국의 대도시에서 시민복지와 관련한 일을 하는 공무원이 실제로는 존재하지 않는 유령직원을 만들어 놓고 그들에게 지불하는 월급을 중간에서 가로챘다. 그가 9개월 동안 그렇게 해서 챙긴 돈은 무려 2백75만 불(한화 27억5천만 원에 해당)이다.[53] 그 이외에도 아주 적은 돈을 컴퓨터를 통해서 훔쳐가는 방법이다. 그 액수가 너무 적어 피해자는 자신의 돈이 구좌에서 빠져나가는지 미처 깨닫지 못한다. 한 사람이 미국 시티은행(Citi Bank)의 컴퓨터 데이터베이스에 접속하여 수많은 고객들의 계좌에서 1 페니(penny; 10원정도)를 빼내서 총 20만 불(한화 약 2억 정도)을 훔쳤다.

둘째, 해킹의 사례에 대해서 살펴보기로 한다. 해킹은 다른 컴퓨터데이터베이스에 접속하여 불법적으로 정보를 빼내는 것을 말한다. 해커들은 공공연히 자신들을 위한 홈페이지까지 만들기도 한다. 그들은 자신의 컴퓨터지식을 자랑하기 위해 해킹을 시도하는 경우가 많다. 1981년에 Captain Zap으로 알려진 24살의 젊은이는 백악관의 컴퓨터데이터베이스에

---

51) Stephen Rosoff, Henry Pontell, & Robert Tillman, *Profit Without Honor: White-Collar Crime and the Looting of America*, 4th ed(Upper Saddle River, New Jersey: Pearson/Prentice Hall), p.500.에서 재인용.
52) 1 갤런(gallon) 은 약 3.78 리터(liter)에 해당한다.
53) Stephen Rosoff, Henry Pontell, & Robert Tillman, *op. cit,*, pp.507~509.

불법적으로 접속하여 비밀정보를 빼내려고 하였다. 한편 1996년에 제출된 한 정부보고서에 의하면 한 해 동안 미국 국방부 전산망에 250,000번의 불법접속이 시도되었다. 그 중에 평균 3분의 2는 접속에 성공하였다.

셋째, 컴퓨터 바이러스 유포를 살펴 볼 필요가 있다. 1988년 미국 명문대 중의 하나인 코넬대학교(Cornell University)의 졸업생인 Robert Morris는 바이러스를 제작하고 유포하였다. 그 결과 MIT대학교, 버클리대학교, 그리고 프린스턴대학교의 전산망에 있는 6,000개가 넘는 컴퓨터에 피해를 입혔다. 컴퓨터바이러스는 이메일로 유포되는 경우가 많다. 그 중 유명한 사건은 러브버그바이러스(Love Bug Virus)였다. 이 이메일을 받은 사람이 "아이 러브 유(I love You.)"란 제목이 담긴 이메일을 열면 바이러스가 순식간에 컴퓨터를 감염시킨다. 이 바이러스로 인하여 전 세계에 있는 4천5백만 개 이상의 컴퓨터가 피해를 입었다. 그런데 범인은 어이없게도 필리핀에 있는 15세 소년인 것으로 알려졌다.

넷째, 컴퓨터를 이용하여 다른 사람의 개인정보를 빼내서 **신분을 도용**(identity theft)하는 범죄가 많이 발생한다. 요즘은 인터넷을 통해 물건을 쉽게 사고판다. 그래서 신용카드나 기타 개인정보가 인터넷에 많이 노출이 된다. 이런 취약점을 이용하여 다른 사람의 신용카드 번호와 같이 개인정보를 빼내서 물건을 사는 사람들이 있다. 이로 인하여 많은 사람들이 선의의 피해를 입는다. 미국에서는 신분의 도용은 남의 이름으로 된 신용카드나 은행구좌를 그대로 이용하는 경우와 다른 사람의 개인정보를 이용하여 아예 새로운 은행계좌를 개설하는 사례도 있다. 즉 다른 사람의 이름으로 새로운 계좌를 만들고 은행으로부터 돈을 빌려 쓴 다음에 조용히 사라지는 것이다.

그 이외에도 신분도용에는 인터넷이나 전화를 이용한 수많은 사기가 유행하고 있다. "**피싱 (phishing)**"이 그 대표적인 사례이다. 은행이나 국세청 등과 같이 합법적인 회사나 정부기관에서 보내는 이메일이나 문자 메세지인 것처럼 꾸며서 상대방의 개인정보를 빼내거나 돈을 사기를 치려고 하는 것이다. 예를 들면 지금 당신의 은행계좌가 사용이 중단이 되었으므로 개인정보를 다시 입력을 해야 한다는 명분으로 다른 사람의 개인정보를 빼내는 것이다. 또한 국세청인데 당신의 탈세를 수사를 하고 있는데 언제까지 자신들에게 연락을 하지 않으면 체포를 하겠다는 내용도 있다. 심지어는 요즘 많이 사용하는 페이스북과 같은 SNS를 통해서 남의 페이스북을 도용해서 자기가 비상상황이 생겨서 전화를 못하는데 급전을 보내 달라고 요구하는 것 등이다. 그 이외에도 정부공무원이나 회사직원을 사칭한 "**보이스 피싱 (voice phishing)**"도 유행이다. 예를 들면 식당에 전화를 해서 당신 식당의 전기료가 미납이 되었는데 언제까지 어디로 현금을 송금을 하지 않으면 전기를 바로 차단하겠다고 위협하는 경우 등이다.

　다섯째, 인터넷 사기도 컴퓨터 범죄의 하나이다. 이런 종류의 사기는 다양한 방법이 동원이 된다. 예를 들면, 가짜 인터넷 쇼핑몰을 만들어 놓고 아주 싼 가격에 물품을 파는 것처럼 해 놓고 고객을 모은 다음에 물건을 보내지 않고 사라지는 경우도 있다. 때로는 물건은 보내지만 인터넷 상에서 본 것보다 훨씬 질이 떨어지는 물건을 보내서 피해를 당하는 경우도 많다. 또 다른 예는 '나이지리아 사기'(Nigerian scam)라고 불리는 것이 있다. 이것은 주로 아프리카의 나이지리아에서 보내는 이메일이 많기 때문에 이렇게 부른다. 이들은 이메일을 보내서 당신은 지금 백만 불을 받을 수 있다. 단지 돈을 당신에게 보내기 위해 필요한 수수료만 먼저 보내 달라는 식으로 접근을 한다. 외롭고 순진한 미국의 노인들이 종종 이런 사기에 피해를 보고 있다.

　여섯째, 인터넷을 통한 매매춘과 포르노의 유포도 컴퓨터와 인터넷의 급속한 보급으로 인해서 많이 발생을 하고 있다. 인터넷을 통해서 성을 사고파는 일이 훨씬 쉬워졌다. 그리고 경찰이 이를 단속하기도 어렵다. 왜냐하면 두 명이 인터넷을 통해서 은밀히 접속하고 그들이 여관에서 만나서 매매춘을 하는 것을 경찰이 사전에 알기가 힘들기 때문이다. 인터넷을 통한 포르노도 급속히 퍼지고 있다. 유료 포르노 사이트는 이미 오래 전에 많이 등장을 하였다. 이런 성을 상품화 한 산업은 상당히 많은 돈을 벌고 있다. 미국만 따지더라도 포르노 산업이 일반 음악음반 사업과 비교해도 훨씬 더 많은 돈을 버는 것으로 알려졌다. 그 만큼 포르노의 수요자가 많다는 것을 말해 준다. 미국에서는 성인들을 대상으로 한 포르노는 헌법이 보장한 표현과 통신의 자유에 의해서 보호를 받는다. 그러나 어린이를 이용하여 만든 포르노물은 불법이다. 이런 아동포르노물을 단속하기 위해서 FBI는 전담반을 두고 있다. 뿐만 아니라, 각 지방 경찰도 이에 대해서 심각한 범죄로 여기고 단속을 하고 있다.

　끝으로, 컴퓨터를 통한 스파이 활동에 대해서 간략하게 살펴보도록 한다. 이런 스파이 활동은 개인, 기업, 또는 국가 차원에서 이루어질 수 있다. 미국 FBI는 1982년의 일본의 Hitachi회사와 Mitsubishi회사가 미국의 IBM회사의 데이터를 훔쳐간 사건을 조사하였다. 한편 캐나다에 있는 한 컴퓨터 회사의 직원은 자기회사의 고객의 데이터베이스를 빼돌렸다. 그는 나중에 그 정보를 자신의 회사를 차리는데 이용을 하였다. 뿐만 아니라, 1989년에는 일단의 독일 젊은이들이 미국의 군사정보를 빼내어 구소련의 KGB에 팔기도 했다.[54]

---

54) Ibid, pp.538~540.

특히 한국은 2003년 기준으로 국내 PC의 보급률이 인구 1,000명당 556대로 일본의 383대와 중국의 19대보다 훨씬 많다. 뿐만 아니라 인구 100명당 이동통신 가입자 수도 68명으로 일본(62명)과 중국(16명)보다 많고 인터넷 사용인구도 전체 인구의 60%에 육박하는 수준에 달할 정도로 IT강국으로 뽑히고 있다. 이에 따라서 컴퓨터를 이용한 사이버범죄는 지난 5년 사이에 500배나 증가하였다고 한다. 사이버범죄의 특성은 즉시성, 개방성, 익명성, 그리고 비물질성 등이 있다. 우선 '즉시성'은 '클릭' 하나로 접속하여 대량의 정보를 불특정 다수에게 보낼 수 있다는 것이다. 둘째 '개방성'은 누구나 언제든지 인터넷 접속을 할 수 있다는 것이다. 요즈음은 PC방의 출현으로 언제 어디서든지 PC에 접근하는 것이 수월해졌다. '익명성'은 인터넷에 접속한 사람에 대한 신분의 비밀이 보장된다는 점이다. **끝으로** '비물질성'은 컴퓨터 범죄의 대상이 정보와 명예 등과 같이 실물이 아닌 경우가 많다는 뜻이다.[55]

한국경찰은 증가하는 사이버범죄에 효과적으로 대처하기 위해서 1999년 「사이버범죄수사대」를 설치하였다. 그리고 2002년에는 수사 인력을 확충하여 「사이버테러대책본부」로 확대 개편하였다.

⑦ 조직범죄(Organized Crimes)

조직범죄는 불법적인 방법을 통해 이득을 취할 목적으로 조직을 만들고 그에 따라 행동하는 것을 말한다. 이 조직범죄는 청소년 갱단과 구분된다. 조직범죄는 일반적으로 청소년 갱단보다 규모가 크다. 그 조직도 훨씬 체계적으로 되어 있다. 조직범죄는 그 활동도 다양하고 불법적으로 벌어들이는 수입이 청소년 갱단에 비해서 훨씬 많다.

미국에서는 마피아(Mafia)가 대표적인 범죄조직으로 알려졌다.[56] Mafia는 원래 이태리에 속한 섬 Sicily에서 19세기에 최초로 등장한 것으로 알려졌다. 이들은 대지주를 대신하여 농민들에게 토지임대료를 징수하는 역할을 담당하는 조직이었다. 당시는 중앙의 왕권이 아직 지방까지 제대로 미치지 못하는 봉건제도하에 있었기 때문에 마피아는 지방에서 막강한 영향력을 행사하였다. 이들이 나중에 미국 마피아의 뿌리가 되었다. 1919년 미국에서는 금주법(Volstead Act)이 제정되었다. 이로 인해서 술의 제조와 판매가 일체 금지되었다. 그래서 이 당시 밀주를 제작 및 판매하면서 마피아를 비롯한 조직범죄가 극성을 부렸다. 술을 단속할 목적으로 제정된 금주법이 조직범죄를 활성화시키는 결과를 낳았다. 그래서 미국 사람들은 이법을 가장 실패한 법이라고 말하기도 한다. 심지어는 밀주를 단속해야할

---

55) 표창원 외 8인, 「경찰학개론」(서울: 법문사, 2004), pp.791~795.
56) John E. Conklin, *Criminology, 4th ed.*(New York: Macmillan Publishing Company, 1992), p.42.

연방정부의 공무원들이 오히려 조직범죄자와 손을 잡고 많은 돈을 벌기도 하였다. 공무원 직업을 그만 두고 아예 범죄조직에 가담하는 사례도 발생하였다. 그 이유는 공무원의 월급보다 밀주를 제작하고 판매하여 버는 돈이 훨씬 더 많기 때문이다.

당시 가장 악명이 높았던 조직범죄자는 아마도 알 카포네(Al Capone)일 것이다. 그는 여러 영화 속의 인물로 등장하여 일반 사람들에게 잘 알려져 있다. 알 카포네의 별명은 스카페이스(scar face)이다. 그는 젊었을 때 술집에서 다른 Mafia의 여동생에게 "네 엉덩이가 예쁘다."(You have a pretty ass.)고 말했다. 그것에 화가 난 다른 마피아는 알 카포네의 얼굴을 칼로 그어 버렸다. 언론매체에 노출되는 것을 꺼려했던 다른 마피아와는 달리 알 카포네는 신문과 TV 등에 나오는 것을 즐겼다. 그는 1932년 연방법원에 의해서 탈세혐의로 10년형을 선고받고 그 유명한 Alcatraz 교도소에 수감되었다.[57] 참고로 Alcatraz 교도소는 미국 California주의 앞에 있는 작은 섬으로서 섬 전체가 교도소이다. 이곳에서는 죄질이 아주 무거운 범죄자들만을 수용하는 것으로 유명하다. 주변이 조류의 변화가 심한 바다로 둘러싸여 있어 탈주는 거의 불가능하다.

마피아의 기본 단위는 '가족'(Family)이라고 불린다. 새로운 조직원은 기존 조직원들의 추천을 받은 자 중에서 family의 두목(boss)이 가입여부를 결정한다. 그 가입은 결코 쉬운 절차가 아니다. 마피아의 조직원이 되었다는 것은 그 만큼의 특권을 누린다는 것을 의미한다. 그래서 일반 범죄자들이 함부로 건드리지 못한다. 만약 그런 일이 발생하면 마피아는 조직 차원에서 보복을 하기 때문이다. 마피아의 조직원이 되면 자기의 독립된 사업을 특정지역에서 할 수 있는 권리가 주어진다. 거기서 얻은 수입의 상당부분은 조직에 돌려줘야 한다. 만약 이 과정에서 혼자 수입을 챙길 경우에는 조직차원에서 보복이 가해진다. 결국 마피아가 된다는 것은 자신이 마피아란 이름을 쓸 수 있는 권리와 조직의 보호를 받을 자격을 얻는 것이다.

마피아 이외의 미국 조직범죄집단은 오토바이갱(motorcycle gang)이다. 그 중에 대표적인 것이 「지옥의 천사」(Hell's Angeles)이다. 이들은 주로 퇴역한 월남전 군인들이다. 전쟁 후에 별다른 할일이 없던 그들은 자연스럽게 오토바이를 타는 취미를 가지게 되었다. 이런 취미생활이 나중에는 자신들의 유흥비를 벌기 위한 범죄행위로 발전하였다. 이들은 대부분 군인 출신이기 때문에 군대와 같은 엄격한 상명하복의 조직 체제를 가지고 있다. 그래서 각자의 임무분담이 뚜렷하게 구분되어 있다. 오토바이를 타고 갈 때도 서열에 따라서 그 위치가 이미 정해져 있다. 여자들도 이들과 같이 다니지만 정식 멤버로는 취급을 받지 못한다.

---

57) Piers Beirne & James Messerschmidt, *op. cit*, pp.342~345.

단지 남자들의 소유로써 남자들 마음대로 사용되어질 대상일 뿐이다. 그들은 심지어 자신들의 규칙을 적어서 보관하고 있다. 따라서 이들은 엄격한 규칙준수를 강조하고 있는 것이다. 이들은 마약과 총기판매, 포르노 제작, 그리고 향락업소에 여성종업원을 대주면서 돈을 번다.

최근에는 러시아 마피아 문제도 종종 한국 신문에 보도되기도 한다. 구소련이 붕괴되고 자본주의 경제체제가 도입되면서 러시아는 큰 혼란을 경험했다. 구소련 시절에는 모두 가난했다. 그렇지만 자본주의 경제체제가 일부 도입되면서 어떻게 해서든지 돈을 벌겠다는 러시아 사람들의 열망이 봇물처럼 터지게 된 것이다. 이를 계기로 등장한 것이 러시아 마피아이다. 이런 러시아 마피아의 등장은 러시아의 치안능력 약화와 많은 관련이 있다. 그래서 새로이 부자가 된 사람들은 무기력한 경찰보다는 마피아를 고용하여 보호를 받으려고 한다. 예를 들면 부채가 있는 사람의 돈을 받기 위해 법에 호소하는 것보다 마피아에 의뢰하는 것이 훨씬 빠르기 때문이다. 러시아 마피아는 교도소에서부터 조직이 시작되었다. 뿐만 아니라 구소련 붕괴 이후에 할일이 없어진 운동선수들, 특히 무술관련 운동선수들이 마피아 조직에 가담하기 시작했다. 왜냐하면 러시아 정부는 운동선수들에 대한 지원을 할 수 있는 국가적 관심과 경제적 능력을 상실했기 때문이다. 그래서 러시아 마피아들은 돈이 되는 일은 다른 민족출신이라도 손을 잡고 일한다. 반면에 서로를 그렇게 신뢰하지는 않는다. 단지 사업을 위해 모이고 그것이 끝나면 다시 헤어지기도 한다. 러시아 마피아 중에서 가장 큰 조직은 모스크바(Moscow)에 근거지를 둔 Solntsevo이다. 그 조직은 9,000명 정도의 조직원들을 가진 것으로 알려졌다. 이들은 은행사업까지도 개입할 정도로 막강한 영향력을 행사하고 있다.

Mafia와 대비되는 일본의 조직범죄 단체는 야쿠자이다. 야쿠자는 일본 사무라이의 전통을 이어받은 것으로 볼 수 있다. 사무라이 체제가 붕괴 된 이후에 특별히 할 일이 없는 사무라이들은 야쿠자를 조직하게 된다. 야쿠자라는 말은 일본의 전통카드놀이에서 유래되었다. 이 카드놀이는 세 숫자가 합하여 19까지만 유효하다. 만약 20을 넣으면 소위 말하는 "꽝"이 되는 것이다. 야쿠자는 숫자 8, 9, 3을 말한다. 이것을 모두 더하면 20이 된다. 그래서 야쿠자는 일본말로 무익(無益)이란 의미를 담고 있다고 한다. 야쿠자는 상당히 보수적인 조직으로서 경찰을 존중하며 일본민족주의를 내세우고 있다. 이 야쿠자의 특징은 일반인들에게 모습을 드러내는 것을 두려워하지 않는다는 것이다. 그래서 조직원들이 공공연히 공식모임을 가지곤 한다. 한 예로 야쿠자의 두목이었던 야마쿠찌쿠미는 전화번호부 책에 자신의 이름을 올려놓았다. 뿐만 아니라, 조직의 소식지를 발행하기도 했다. 그들은 잔인하기로도 유명한데 조직의 규칙을 어기거나 배신행위를 한 경우에는 조직원들이 보는 앞에서 새끼손가락을 칼로 잘라서 오야봉(두목)한테 주어야 한다. 또 다른 특징은 전신 문신을 한다는 것이다. 이것은 남성다움을 내세우기 위한 것이다. 야쿠자 조직원 대부분은 하류계층 출신으로 고등학교도 못나온 경우가 많다. 야쿠자는 다양한 수익사업을 한다. 그것에는 총기 밀수입 및 판매, 매춘, 마약 밀수 및 판매, 그리고 외국인 밀입국 등 다양하다.

한국도 '야쿠자'와 유사한 상당수의 폭력조직이 있는 것으로 알려졌다. 이런 조직은 두목을 중심으로 강력한 위계질서를 형성하고 있다. 이들은 주로 유흥업소 주변에서 활동하면서 수익을 얻는다. 그러나 많은 조직범죄 단체들이 합법적인 조직으로 위장하여 활동하기 때문에 그들을 단속하는 것은 그리 쉽지 않다.

위와 같은 고도로 조직화 된 성인들의 조직범죄와는 달리 십대 청소년들이 주축이 된 갱단(gang)도 오랫동안 범죄학자들의 주목의 대상이 되어왔다. 그래서 일찍이 Thrasher와 같은 범죄학자는 시카고 지역의 청소년 갱을 연구하고, 「갱(gang)」[58]이라는 저서를 발표하였다. 이런 청소년 갱단들은 성인들의 폭력조직처럼 잘 조직되어 있지는 않지만, 불법행위와 비행을 일삼는다는 측면에서 사회에 끼치는 해악이 크다. 미국 청소년 갱들은 같은 인종끼리 결성된 경우가 많다. 흑인들뿐만 아니라 멕시코 혈통을 가진 청소년 갱들도 많이 활동하고 있다. 그 밖에도 미국 대도시에서는 중국, 필리핀, 그리고 태국과 같은 동양계 갱단들도 많이 활동하고 있다. 이들은 주로 마약판매를 통해서 돈을 번다. 그래서 서로 영역다툼을 하는 과정에서 총격사건이 종종 발생한다. 그 결과 어린 청소년들이 목숨을 잃는 경우가 발생하고 있다. 한국은 미국의 청소년 갱들과는 그 성격이 좀 다르다. 한국의 청소년들은 학교에서 불량 서클을 만들어서 선량한 동료학생들을 협박하여 금품을 갈취하는 경우가 대부분이다.

미국은 조직범죄를 단속하기 위해서 연방정부에서 법을 만들었는데, **"조직범죄 단속법**(Racketeer Influenced and Corrupt Organizations Act; RICO)"이다. 이 법의 가장 강력한 부분은 조직폭력을 통해 갈취한 돈을 정부가 강제로 몰수할 수 있도록 한 것이다.

⑧ 테러리즘(Terrorism)

테러리즘만큼 그 개념을 명확하게 규정하는 것이 어려운 것도 드물다. 테러리즘이란 말은 자주 쓰이며 비교적 오랫동안 알려졌지만, 그것을 언어로 정의하는 것은 대단히 어렵다. 미국 FBI는 테러리즘을 "정부나 민간집단을 위협하기 위해서 불법적인 무력이나 폭력을 사

---

58) Frederick Thrasher, *The Gang: A Study of 1,313 Gangs in Chicago*(Chicago: The University of Chicago Press, 1927)을 참고할 것.

람이나 재산에 사용하는 것이다."라고 정의하였다. 이것은 자신들의 정치적 또는 사회적 목적을 위해 사용하는 것이다. 미국 국방부(US Department of Defense)는 보다 구체적으로 정치적, 종교적, 그리고 사상적 목적을 달성하기 위한 폭력의 사용이라고 테러리즘을 정의하였다. 따라서 개인적인 감정이나 단순히 재산상의 이익을 위하여 남을 해치는 것은 테러리즘에 속하지 않는다. 테러는 보통 무력이 상대적으로 열악한 집단이 자신보다 강력한 무력을 가지고 있는 집단에게 사용하는 경우가 많다. 이것은 상대방에게 정면으로 부딪치기에는 힘이 역부족이기 때문에 테러라는 방법을 사용하게 되는 것이다.

테러리즘은 다음과 같은 공통점을 가지고 있다. **첫째,** 그 대상이 주로 무고한 시민들인 경우가 많다. 그러나 간혹 군사시설도 테러의 대상이 된다. **둘째,** 그 폭력의 동기가 정치적, 종교적 그리고 사상적인 것이 많다. 국가의 독립을 주장하기 위해 폭력을 사용하는 것은 정치적인 목적의 한 예이다. 아이리쉬공화국군(Irish Republican Army, IRA)은 대표적인 테러집단의 하나이다. 이들은 주로 북아일랜드의 구교(가톨릭)들이다. 이들은 자신들의 독립국가를 만들기 위하여 런던을 비롯한 영국전역에 무차별적인 폭탄테러를 자행하였다. 영국정부의 고위인사들도 이들의 목표물이 되곤하였다. 사실 IRA문제는 정치적인 것과 종교적인 동기가 합쳐진 것으로 보아야 할 것이다. 한편 구소련의 통치하에 있던 체첸공화국은 러시아로부터 독립을 쟁취하기 위하여 러시아에 대한 테러행위를 계속하고 있다.

둘째, 테러는 종교적인 동기 때문에 발생하는 경우가 많다. 이것은 종교가 인간생활에 미치는 영향이 크다는 것을 말해 주는 것이다. 아랍의 테러단체들은 이스라엘에 수시로 폭탄테러를 감행하고 있다. 테러범들은 자살폭탄테러도 자주 이용하고 있다. 2001년 미국 뉴욕에서 발생한 일명 9 · 11 테러사건은 이슬람 근본주의자들이 미국을 대상으로 한 테러행위이다. 이 사건은 여객기를 이용하여 미국 뉴욕의 한 복판에 있는 '쌍둥이빌딩'(Twin Tower)을 전복시킨 사건이다. 이로 인하여 무고한 민간인 수천 명이 사망하여 전 세계를 경악하게 만들었다. 테러단체로 지목받고 있는 단체는 한국에도 잘 알려진 탈레반과 알카에다이다. 탈레반은 2007년에 한국교회에서 방글라데시에 파송한 선교팀을 납치하여 그 중 두 명을 사살하여 국내에도 아주 잘 알려진 테러단체이다. 이들은 모두 이슬람급진주의자로 미국을 비롯한 서방국가들을 그들의 테러 목표물로 삼고 있다. 한 때 생물학 무기의 위협에 미국이 긴장을 하기도 했다. 전염성이 강하고 인체에 치명적인 Anthrax란 세균이 우편물에서 발견되었기 때문이다.

9 · 11테러사건은 미국정부의 대테러에 비상을 걸게 만들었다. FBI를 비롯한 연방수사기관들과 지방경찰들은 대테러 시스템을 강화하는데 많은 예산과 장비를 투입하였다. 미국

국회는 9·11테러사건 직후에 「애국법」(USA Patriot Act)을 통과 시켰다. 이법을 통해서 테러행위로 의심되는 행위에 대해서 FBI를 비롯한 경찰이 법원이 발부한 영장이 없이도 전화감청과 이메일검열을 실시할 수 있도록 법적인 근거를 마련하였다. 뿐만 아니라 테러집단의 자금으로 쓰이는 자금을 근원부터 차단시킬 수 있도록 하였다. 그 이외에도 미국정부는 「국가안전부」(US Department of Homeland Security)를 창설하여 외국인의 미국유입을 보다 엄격하게 제한하고 감시하고 있다. 특히 공항에서의 안전검색이 많이 강화되었다. 그 중에는 미국에 입국하는 외국인에 대한 지문채취가 의무화 되었다.

위와 같은 「애국법」을 반대하는 미국 사람들도 적지 않다. 그 이유는 「애국법」이 개인의 자유와 권리를 존중하는 미국의 전통적인 법이념을 크게 약화시킬 우려가 있기 때문이다. 자칫 연방수사기관이 위와 같은 법을 남용할 경우에는 개인의 인권을 침해할 소지가 크다. 다음에서는 그 몇 가지 예를 들어보고자 한다. 우선 위법은 테러행위를 수사하기 위해 어떤 특정 종교단체의 활동을 감시할 수 있는 권한을 FBI와 같은 연방수사기관에게 주었다. 이것은 기존의 종교활동의 자유를 보장하는 미국의 법이념과는 배치되는 것이다. 또한 테러의 수사에 필요가 있다는 인정되는 경우에는 연방수사기관은 미국인의 문서를 수색영장 없이 바로 수색하고 압수할 수 있다. 뿐만 아니라 정부는 어떤 사람이 테러에 관련이 있다고 생각하는 경우에는 미국시민을 재판 없이 무기한 구치소에 감금시킬 수가 있다. 「애국법」은 그 이외에도 많은 인권침해의 소지를 안고 있다. 「애국법」이 이런 문제를 안고 있는 이유는 국회가 이 법안을 9·11 테러 사건이 나고 겨우 45일 만에 졸속으로 통과시켰기 때문이다. 이 법안은 200페이지가 넘을 정도로 방대하며 그 내용도 아주 복잡하다. 미국 국회의원들도 제대로 이 법안을 읽어보지 못하고 통과시킨 것이다. 이것은 정부가 테러에 대해서 당장 무엇을 해야 한다는 중압감 때문에 졸속으로 처리한 것이다. 앞으로 이 법의 존폐에 대한 논의가 계속적으로 이루어질 것으로 보인다.

셋째, 사상적 목적을 달성하기 위한 사례도 많다. 특히 한국은 1953년 휴전이 된 이후에도 북한으로부터 지속적인 위협을 받고 있다. 1968년에는 북한무장공비들이 청와대를 공격할 목적으로 남한에 침투하였다가 한국경찰에 발각되어 서로 총격전을 벌인 사건이 발생하였다. 이 사건으로 경찰서장 한 명이 현장에서 순직하고 무장공비들은 김신조를 제외하고는 모두 사살되었다. 김신조는 현장에서 우리 군경에게 체포되어 현재는 교회목사로 활동 중인 것으로 알려졌다. 한편 1987년 11월 29일에는 대한항공 여객기가 미얀마해역 상공에서 폭발하여 승객과 승무원 115명이 전원 사망한 사건이 발생하였다. 이 사건은 북한에서 보낸 공작원에 의해서 저질러진 사건으로 알려졌다. 이 사건과 관련하여 김현희란 북한공작원이 체포되었다.

미국의 입장에서 보면 테러는 크게 국내테러집단에 의한 것과 국외테러집단에 의한 것으로 구별된다. 국내테러집단에 의한 것은 Timothy McVeigh와 같이 미국 자국민에 의한 테러행위를 말한다. McVeigh는 미국육군 출신이기도 하다. McVeigh는 1995년 미국 오클라호마시의 연방정부 건물에 폭탄테러를 자행하여 어린이를 비롯한 116명을 죽였다. 미국 내에는 연방정부에 반감을 가지고 있는 시민무장단체가 존재한다. 이들은 총기로 무장하고 자기들끼리 훈련을 하고 있다. FBI는 이들의 동태를 수시로 파악하고 있다. 미국에 대한 테러는 국외 테러단체로부터의 위협이 더 심각하다. 이에 대해서 미국정부는 여러 가지로 대책 마련에 고심하고 있다.

한국은 지금까지는 북한에 의한 테러위협이 대부분이었다. 그러나 한국의 국외활동(군사활동 포함)이 증가함에 따라 북한이외에도 다른 테러집단으로부터의 위협이 지속적으로 증가할 것으로 예상된다. 이에 대한 한국정부의 대책마련이 요구된다. 물론 이를 위해서는 미국을 비롯한 우방국들과의 공조가 중요하다.

⑵ 범죄자 연령에 의한 구분

범죄자의 연령에 따라서 소년범죄와 성인범죄로도 구분할 수 있다. 국가에 따라서 소년과 성인을 나누는 기준이 다소 차이가 있다. 한국의 소년법은 범죄소년을 범죄를 저지른 만 14세 이상 20세 미만의 소년이라고 규정하고 있다. 이런 경우에는 '범죄'라는 표현보다는 비행(delinquency) 또는 청소년비행(juvenile delinquency)

이라는 표현을 더 많이 사용한다. 따라서 한국에서는 소년범죄와 성인범죄의 기준은 만 20세이다. 한편 한국에서는 14세 미만의 소년은 형사미성년자로 취급하여 그들의 범죄행위는 형사책임을 면제받게 된다(형법 제9조).[59] 그리고 많은 문명화 된 나라에서는 성인과 구별되는 소년을 위한 소년전담 경찰, 소년법원, 그리고 소년원 등을 두고 있다. 이에 대해서는

---

59) 전돈수, "최근 미국 소년사법제도의 변화가 주는 교훈," 「한국경찰연구」 제1권 제2호, 2003, p.42.

후에 보다 자세히 논의하도록 하겠다. 그러나 미국에서는 한국과 같이 만 14세를 절대기준으로 하는 형사미성년자제도를 두고 있지 않다. 뿐만 아니라 소년이라 하더라도 살인, 강도, 그리고 강간 등과 같이 그 죄질이 무거운 범죄를 저지른 경우에는 성인으로 취급하여 일반형사법원에서 재판을 받게 한다. 이것을 미국에서는 일명 waiver라고 부른다.

소년범죄와 관련하여 주목해야 할 것은 한국에서 신분비행 또는 지위비행으로 번역되는 status offenses가 있다. 이것은 성인이라면 범죄가 되지 않을 행위인데 단순히 소년(미성년자)이라는 이유만으로 범죄가 되는 것을 말한다. 신분비행에 속하는 것으로 가출, 방종, 음주, 흡연, 그리고 야간배회 등이 있다. 그러나 한국은 신분비행이란 규정을 따로 두고 있지 않다.[60]

4. 처벌의 정당성

앞에서 언급한 피해자 없는 범죄의 합법화 논쟁과 관련하여, 처벌을 정당화할 수 있는 행위의 범위가 어느 정도인지에 대해서 학자들 사이에 논란이 있어왔다. 우선 John Stuart Mill은 다른 사람에게 해를 끼치는 행위를 처벌할 수 있다고 주장하였다.[61] 이에

대해서 James F. Stephen은 남에게 해를 끼치는 행위뿐만 아니라, 도덕을 위반한 것에 대해서도 처벌이 정당화되어야 한다고 지적하였다.[62] Stephen의 주장은 Mill의 것보다 처벌할 수 있는 범위를 더 확장시킨 것이다. Stephen과 유사한 입장에서 처벌의 정당성을 논의한 학자가 Patrick Devlin 경이다.[63] Devlin경은 기독교적 도덕관은 사회를 하나로 묶어

60) *Ibid*, p.42.

61) John Stuart Mill, *On Liberty*(London: J. W. Parker, 1859)를 참고할 것.

62) James F. Stephen, *Liberty, Fraternity, Equality*(London: Cambridge University Press, 1967)를 참고할 것.

63) Lord Patrick Devlin, *The Enforcement of Morals*(London: Oxford University Press, 1960)를 참고할 것.

주는 중요한 역할을 한다고 말했다. 따라서 설사 남에게 피해를 주는 행위가 아니더라도 한 사회의 도덕기준을 어기는 행위도 처벌해야 한다는 것이다. 결국 남에게 직접적으로 피해를 주지 않는 매매춘, 마약중독, 포르노시청, 그리고 도박 등도 모두 처벌하여야 할 정당성이 있다는 것이다.

위와 같은 논의에 대해서 H. L. A. Hart는 도덕성은 처벌을 위한 '필요조건'은 될 수는 있지만 '충분조건'은 되지 못한다고 주장하였다. 따라서 어떤 행위를 처벌하기 위해서는 비도덕적인 행위이외의 다른 요소도 필요하다는 것이다. 그래서 Herbert Packer는 다음과 같은 행위들에 대한 처벌은 정당화될 수 있다고 주장하였다. **첫째,** 다수의 사람들이 사회적인 위협이라고 믿는 행위이다. **둘째,** 그런 행위를 통제하는 것이 다른 건전한 행위를 탄압하는 것이 아니어야 한다. **셋째,** 그런 행위들이 공평하게 처벌될 수 있어야 한다. **넷째,** 그런 행위를 형사사법제도를 통해서 통제하는 것이 사회적으로 심각한 질적·양적 긴장상태를 초래하지 않는 것이어야 한다. **다섯째,** 형사처벌이외에는 다른 방법으로 그런 행위를 통제할 수 없어야 한다.[64]

결론적으로 종교적 및 도덕적인 기준만으로 처벌을 정당화하는 것은 무리가 있다. 그렇게 되면 지나치게 많은 행위들이 형사처벌의 대상이 될 것이기 때문이다. 비도덕적인 행위에 대해서는 법과 형사사법제도이외의 다른 방법으로 통제해야 한다. 예를 들면 도덕적 비난과 직장에서의 해임조치 등을 들 수 있겠다. 처벌을 정당화하기 위해서는 위에서 Packer가 주장한 내용을 세심하게 고려하여야 할 것이다.

5. 범죄의 일반적 특징

범죄는 매우 복잡한 현상이다. 그러나 범죄는 일반적으로 국가 및 지역별로 다른 발생빈도를 나타낸다. 그리고 한 지역에서의 범죄발생은 연도별로도 변화가 있다. 기타 범죄자의 성별, 연령별, 사회적 신분별, 인종별, 그리고 총기의 소유정도별로 일반적인 특징을 가지고 있다. 여기서는 이런 것들에 대해서 하나씩 검토해보도록 하겠다.

(1) 지역 및 국가간 차이

범죄는 일반적으로 보면 지역별로 그 발생의 차이가 있다. 그래서 범죄학이 등장하면서

---

64) Herbert Packer, *The Limits of Criminal Sanction*(Stanford, CA: The University of Stanford Press, 1968)을 참고할 것.

부터 이에 대해서 관심을 가졌다. Michael Guerry는 1833년 프랑스에서의 지역별 범죄발생률을 비교하였다. 그의 관심은 빈곤과 범죄발생률의 관계에 관한 것이었다. Guerry와 거의 같은 시기에 범죄통계를 바탕으로 프랑스의 범죄분포에 관심을 가진 사람이 Adolphe Quetlet이다. 이들은 지역별로 범죄의 발생률에 차이가 있음을 밝혔다.[65] 이에 대해서는 범죄이론을 논의할 때 보다 자세하게 살펴보게 될 것이다.

미국 FBI(Federal Bureau of Investigation)가 발행하는 UCR(Uniform Crime Reports) 범죄통계자료를 보면 한 가지 흥미로운 사실을 발견하게 된다. 미국의 주들을 북동부(north and eastern states), 중서부(midwestern sates), 남부(southern states) 그리고 서부(western states)의 네 지역으로 구분할 수 있다. 그런데 이 네 지역 중에서 남부지역의 인구 10만 명당 살인사건 발생률이 가장 높았다. 북동부, 중서부, 그리고 서부가 인구 10만 명당 살인사건 발생률이 각각 4.2, 4.8, 그리고 4.8인데 비하여, 남부의 주들은 인구 10만 명당 살인사건발생률이 평균 6.6에 달했다.[66]

정부의 공식통계를 보면 도시지역과 농어촌 지역사이에도 범죄발생률에 차이가 있다. 특히 재산범죄는 도시지역에서 많이 발생한다. 예를 들면 미국 농어촌 지역 (non-metropolitan counties)의 인구 100,000명당 절도(larceny) 발생률이 1,008건인데 비하여 도심지역 (metropolitan statistical areas)은 2,257건 정도에 달했다.[67] 이런 현상은 한국도 비슷하다. 서울특별시와 부산광역시는 인구 10만 명당 형법사건의 수는 각각 1,021과 1,120이다. 이에 반해서 그들보다 규모가 작은 농촌 지역이라고 볼 수 있는 김천시와 안동시는 인구 10만 명당 형법사건 수가 각각 513과 416건이다.[68]

Shaw와 McKay와 같은 시카고학파 범죄학자들은 지역의 특성과 그 지역의 범죄발생률의 상관관계를 조사하는 연구를 본격화시켰다. Shaw와 McKay는 시카고 지역의 범죄분포를 조사한 결과 슬럼지역(slum)의 범죄발생률이 가장 높다고 주장하였다. 이런 연구를 통해 Shaw와 McKay는 사회해체이론(Social Disorganization Theory)을 등장시켰다. 이에 대해서는 나중에 보다 자세하게 논의하게 될 것이다.

국가별로도 범죄발생을 비교할 수 있다. 그러나 여기서 한 가지 유의해야할 것은 국가별

---

65) George B. Vold, Thomas J. Bernard, & Jeffrey Snipes, *Theoretical Criminology*(Oxford: Oxford University Press, 1998), pp.28~32.

66) Federal Bureau of Investigation, *Crime in the United States*(Washington, D.C.: Government Printing Office, 2008), p.41.

67) *Ibid*, pp.152~153.

68) 이것은 1999년에 대검찰청이 발간한 「범죄분석」과 통계청에서 발표한 시도별 주민등록인구 자료를 바탕으로 인구 10명 당 형법사건 발생률을 산출한 것이다.

로 형법의 내용이 다르다는 것이다. 뿐만 아니라 나라별로 범죄통계를 수집하고 처리하는 능력에 차이가 있다. 개발도상국들이 발표하는 범죄통계는 신뢰하기 어려운 면이 있다. 그래서 법과 형사사법체계가 다른 나라들끼리 범죄발생률을 비교할 때는 이런 점에 유의해야 한다. Louise Shelley는 범죄를 재산범죄와 강력범죄로 구분해 볼 때, 일반적으로 개발도상 국가에서는 선진국보다 강력범죄가 많이 발생한다는 것을 발견하였다. 반대로 선진국에서는 일반적으로 재산범죄가 많이 발생한다. 그래서 선진국에서는 재산범죄가 전체범죄의 82% 가량을 차지한다. 그러나 이런 주장에 대해서 반박하는 범죄학자도 있다. 예를 들면 Jeffrey Reiman은 주장하기를 같은 선진국이라 하더라도 범죄발생률에 차이가 크다는 것이다. 예를 들면 강도의 경우 미국의 강도사건발생률은 일본의 158배나 된다는 것이다. 미국은 인구 10만 명당 220건이고 일본은 1.4건에 불과하다.[69] 이런 현상을 설명하려는 시도로서 지역문화이론, 경제발전이론, 비판이론, 그리고 의료수준이론 등이 있다. 지역문화이론은 많은 개발도상국, 특히 중남미 지역은 특유의 폭력문화가 존재한다고 본다. 중남미 지역은 메치스모(Machismo)라는 문화가 있다고 한다.[70] 이것은 남성다움을 강조하는 문화로서 강인함, 거침, 여성에 대한 힘의 과시 등을 의미한다고 한다. 그들 국가의 국민들은 개인 사이의 갈등을 폭력으로서 해결하려는 경향이 많다는 것이다. 이와 같은 이론들에 대해서는 뒤에 범죄이론을 다루면서 보다 자세하게 논의하게 될 것이다.

(2) 계절별, 시간대별, 그리고 연도별 발생추이

미국의 경우를 살펴보면 다른 시기에 비해서 1월과 2월에 범죄가 적게 발생한다. 이것은 아마도 기후와 관계가 있는 것으로 보인다. 즉 날씨가 추우면 사람들의 실외활동이 줄어들고 그것으로 인해서 잠재적인 범인과 피해자와의 접촉기회가 줄기 때문인 것으로 생각된다. 반면 사람들의 야외활동이 증가하는 7월과 8월에 범죄가 비교적 많이 발생한다. 그리고 크리스마스가 들어있는 12월에 범죄가 증가하는데, 이것은 큰 명절을 앞두고 타인에게 줄 선물과 유흥비를 마련하기 위한 목적으로 재산범죄가 증가하는 것으로 여겨진다. 뿐만 아니라 명절을 계기로 가족과 집안사람끼리의 갈등이 고조되는 경우가 많다. 이로 인해서 강력범죄도 증가하는 경향이 있다. 이 기간 동안 가족이나 평소 아는 사람끼리의 폭력사건이 전체 사건의 절반이상을 차지하는 것은 이런 추측을 뒷받침해주고 있다. 한편 2007년 한국 대검찰청의 범죄통계를 근거로 살펴보면 다음과 같은 현상을 발견할 수가 있다. 우선

---

69) Stephen E. Brown, Finn & Aage Esbensen, & Gilbert Geis, *op. cit*, p.126.
70) James Crow, *The Epics of Latin America*(Los Angeles, CA: The University of California Press, 1980) 를 참고할 것.

범죄전체를 놓고 보면 기후가 좋은 봄(5월과 6월)과 가을(10월과 11월)에 다른 시기에 비해서 상대적으로 범죄가 증가하는 것으로 나타났다. 범죄유형별로 살펴보면 재산범죄도 역시 봄과 가을인 5월, 6월 그리고 10월과 11월에 증가하였다. 강력범죄 중에서 흉악범죄는 5월과 10월에 최고조에 달했다.[71] 다시 말해 우리나라는 기후가 좋은 봄과 가을에 재산범죄와 흉악범죄 모두 증가하는 것으로 나타났다. 이것은 사람들의 야외활동이 증가하면서 집을 비우는 경우가 많고, 또 사람들끼리 접촉할 기회가 많아지면서 생기는 현상이 아닌가? 하고 추측해 본다.

시간대별로 범죄를 분석해 볼 수 있다. 미국 FBI가 발행하는 UCR을 통해서 분석해보면 범죄는 주로 저녁과 밤, 그리고 주말에 많이 발생한다. 그러나 절도사건의 경우에는 정확히 언제 발생했는지를 알기 어려운 경우가 많다. 그 이유는 사람이 자신의 물건을 도난당한 사실을 발견하기까지는 시간이 걸리는 경우가 많기 때문이다. 한국에서도 대검찰청의 「범죄분석」을 바탕으로 살펴보면, 발생시간이 알려진 전체범죄의 약 53%가 저녁시간과 밤에 발생을 하였다. 범죄종류별로 분석하면 절도는 48%, 살인은 52%, 그리고 강도는 54%가 저녁과 밤에 발생을 하였다. 전체적으로 새벽과 아침, 그리고 낮보다는 저녁과 밤이 범죄에 취약한 시간임을 알 수가 있다. 요일별로 보면 전체적으로 금요일과 토요일에 약간 증가하는 것으로 나타났다. 2007년에 발생한 전체범죄 805,453건 중에서 토요일에 124,587건 (15%)이 발생을 하였다. 범죄별로 보면 절도도 역시 금요일과 토요일에 가장 많이 발생했다. 또한 강도는 금요일에 그리고 강간은 토요일과 일요일에 많이 발생을 하였다. 절도가 금요일과 토요일에 많이 발생하는 이유는 사람들이 주말에 집을 비우고 여행을 많이 가기 때문으로 추측이 된다. 한편 강간사건이 다른 요일보다 토요일과 일요일에 좀 더 많이 발생하는 이유는 연인들 사이에 데이트 하는 가운데 강간사건이 자주 일어나기 때문으로 보인다. 강간은 주로 아는 사람들끼리 데이트를 하는 과정에서 많이 발생한다는 것은 이미 잘 알려진 사실이다.[72]

Messner와 Rosenfeld는 미국의 살인발생률을 연도별로 비교했다. 1920, 30년대에 살인사건은 인구 10만 명당 8건이, 1950년대는 5건 이하로, 그러나 1970, 80년대에는 8건 이상으로 다시 증가하였다.[73] 한편 최인섭은 대검찰청의 「범죄분석」을 바탕으로 1964년부터 1995년까지의 한국범죄의 연도별 발생추이를 조사하였다. 그 결과 전체인구 10만 명당 범

71) 대검찰청, 전계자료, 2007, www.kosis.kr.
72) 대검찰청, 전계자료, 2007, www.kosis.kr.
73) Stephen E. Brown, Finn-Aage Esbensen, & Gilbert Geis, op. cit, pp.125~131.

죄발생률은 1965년에 1,544건이었다. 그러나 범죄발생률은 1970년대 초까지 지속적으로 감소하였다. 그러다가 70년대 후반부터는 조금씩 증가하여 1981년에는 1,587을 기록하였다. 그 후 다소 안정된 추세를 보이다가 1988년에 1,441건을 기록한 후에 1995년까지 계속하여 증가하였다. 전체적으로 볼 때 한국의 범죄발생률의 변화는 완만하다. 한국은 지난 30, 40년 동안 사회적으로 큰 변동을 겪었다. 단적인 예로서 1966년 한국의 도시인구의 비율이 33.5%에 불과하였으나 1995년에는 85.7%로 크게 증가하였다. 이런 큰 사회적 변화에도 불구하고 범죄가 비교적 안정적인 변화를 보이는 것은 급격한 산업화를 겪은 다른 국가들과 비교할 때 특이한 현상이라고 할 수 있다.[74]

(3) 범죄자의 성별

범죄를 전체적으로 볼 때 남성이 여성에 비해 범죄를 훨씬 더 많이 저지르는 것으로 드러났다. 2005년 한국의 대검찰청에서 발행한 「범죄분석」을 보면 총범죄자 중 여성 범죄자의 비율은 15.7%정도에 그치고 있다.[75] 미국의 경우도 한국과 비슷하다. 경찰에 체포된 사람 중에 16%정도만이 여성이다.[76] 범죄유형을 재산범죄와 강력범죄로 구분할 때 개중에서 여성들이 상대적으로 많이 저지르는 것은 재산범죄이다. 한국 대검찰청이 발간한 「범죄분석」을 통해 살펴보면 2005년 일반형사범 중 총 재산범죄자의 23.4%가 여성이었다. 그 중에서 전체 사기범의 26.5% 가량이 여성으로서 다른 범죄유형에 비해서

그 구성 비율이 가장 높았다. 이에 비해서 살인, 강도, 방화, 그리고 강간과 같은 흉악 강력범죄자의 3.5%만이 여성이었다.[77] 정리하자면 여성은 남성에 비해서 범죄를 잘 저지르지 않는다. 그나마 여성이 저지르는 범죄유형 중에서는 재산범죄가 비교적 많이 차지하였다. 범죄자의 대다수는 남성이라는 것은 대부분의 국가와 사회에 걸쳐 나타나는 일반적인 현상이다.

74) 최인섭, "한국의 사회변동과 범죄," 「형사정책연구원」 제8권 제3호(통권 제31호, 1997·가을호), pp.13~20.
75) 대검찰청, 「범죄분석」(서울: 대검찰청, 1999), p.40.
76) Frank E. Hagan, *op. cit.*, p.72.
77) 통계청, 「범죄분석」 상계자료, kosis.kr

성별과 범죄의 관계를 다른 측면에서 설명하는 학자들도 있다. 예를 들면 Otto Pollak과 같은 학자는 여성범죄자가 남성보다 적은 이유를 다음과 같은 몇 가지와 관련이 있다고 지적하였다. **첫째,** 여성들은 비교적 가벼운 범죄를 많이 저지르기 때문에 경찰의 관심을 끌지 못한다. **둘째,** 경찰은 남성에 비해서 여성에게 보다 호의적으로 대한다. 그러므로 경찰관은 중한 범죄가 아니면 여성범죄를 눈감아 주는 경우가 많다. 이와 비슷한 설명으로는 Pollak은 여성은 생리학적으로 남성에 비해서 감추는 속성이 있다는 것이다. 즉 남성은 성욕이 발동하면 성기가 발기하는 징후가 뚜렷하게 나타나지만 여성은 그렇지가 않다는 것이다. 반대로 여성은 성적인 흥분이 없이도 어느 정도 성관계를 가질 수 있다는 것이다. 다시 말해서 여성은 거짓으로 성적흥분에 도달한 것처럼 속일수가 있다는 것이다. 이런 여성의 생리적 특성 때문에 여성은 밖으로 드러나지 않게 범죄를 저지를 수 있다는 것이다.[78] 정리해서 말하면 Pollak은 여성 범죄자는 겉으로 드러나는 것 이상으로 많다고 주장하였다. 그러나 이런 주장에도 불구하고 여성이 남성보다 범죄를 적게 저지른다는 것은 일반적으로 받아들여지는 사실이다.

위와 같이 범죄행위에 있어 남성과 여성의 차이를 설명하는 관점을 크게 두 가지로 구분할 수 있다. 첫 번째는 생물학적인 관점이다. 여성은 태어나면서부터 남성과 구별되는 외모와 성격적 특성을 가지게 된다는 것이다. 이것은 주로 남성 호르몬과 여성 호르몬이 다른 것으로부터 기인한다는 것이다. 남성은 그 생리적 특성으로 폭력을 좋아하게 된다는 것이다. 생물학적인 설명과는 다른 사회학적인 관점이 있다. 이에 따르면 남성과 여성의 행동이나 성격의 차이는 생래적인 것이 아니라, 성장하면서 받은 교육과 환경에 따라서 영향을 받는다는 것이다. 여자 어린이는 어렸을 때부터 예쁜 인형을 가지고 놀도록 부모들이 교육을 시킨다. 또한 여자 아이에게는 온순함과 복종하는 태도를 중요시하여 양육시킨다는 것이다. 반면 남자 어린이들은 장난감 총이나 자동차들을 가지고 놀도록 부모들이 교육을 시킨다. 그리고 부모들은 남자 아이들에게 남자로서의 강인함을 강조시킨다는 것이다.

위와 같이 여성이 남성보다 범죄를 적게 저지른다는 사실을 의심하는 사람은 없다. 그러나 최근에는 여성범죄가 점차로 증가하는 추세를 보이고 있다. 미국에서는 2003년 여성범죄자의 체포가 1993년에 비해 14.1% 정도 증가하였다. 이것은 같은 기간에 남성범죄자의 체포가 오히려 5.9% 감소한 것을 감안하면 주목할 만하다. 어떤 범죄학자들은 여성들의 사회활동의 증가로 인하여 여성범죄가 증가한다고 설명하고 있다. 그것은 자연적으로 범죄를 저지를 수 있는 기회가 증가한다는 것을 의미한다는 것이다. 이에 대해서는 뒤에서 여성해

---

78) Stephen E. Brown, Finn-Aage Esbensen, & Gilbert Geis, *op. cit*, p.140.

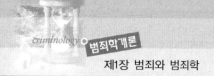

방이론을 설명하면서 좀 더 구체적으로 살펴보도록 하겠다. 이와는 좀 다른 설명은 여성들의 마약복용이 증가하는 것이 여성범죄의 주요원인이라고 주장하는 사람들도 있다. 많은 여성 범죄자들이 마약소지 혐의로 체포된다는 것이다. 또 다른 관점은 예전에는 경찰이 여성범죄자들을 관대하게 대해서 체포를 자제하고, 설사 체포를 하여도 비교적 가벼운 처벌을 하였다. 그러나 최근에는 경찰과 법원이 여성이라고 하여서 관대한 처벌을 더 이상하지 않기 때문에 여성범죄자가 점점 늘어나고 있다고 설명하고 있다.

〈범죄사례연구〉 미국최초의 여성연쇄살인범: Aileen Wournos (1956.2.29~2002.10.9)

일반적으로 남성이 여성에 비해서 범죄를 많이 저지른다는 것은 이미 잘 알려진 사실이다. 많은 범죄학자들이 남성이 여성에 비해서 선천적으로 더 강한 폭력성을 가지고 있다고 주장한다. 그러나 간혹 예외적인 경우도 있다. Wournos가 바로 그 한 예이다. 그녀는 매춘부로 일하면서 고객인 남성 여러 명을 살해를 하고 그들이 가지고 있던 소지품을 가지고 달아났다. 그녀는 고속도로 휴게소에서 매춘손님을 유혹하고 한적한 곳으로 유인한 다음에 상대편을 살해를 하였다. 그녀는 나중에는 동성연애자인 여성을 알게 되어 동거를 하기도 하였다. 재판과정에서 그녀는 남자들이 자신을 겁탈하려고 하여서 죽인 것이라고 항변을 하였다.

Wournos는 일찍이 어린 미혼모에게서 태어났다. 그녀의 아버지는 소녀를 강간한 혐의로 교도소에 갔기 때문에 그녀는 아버지를 한 번도 본 적이 없었다. 그녀의 아버지는 나중에 교도소 안에서 자살을 하였다. 미혼모인 엄마는 어린 Wournos를 그녀의 할아버지 집에 맡겼다. 그러나 그곳에서도 할아버지에게 학대를 당하였다. 그녀는 어린 십대 나이에 가출을 하고 이미 일찍부터 매춘으로 돈을 벌기 시작을 하였다. 그 뿐만 아니라, 그녀는 가출 후에 절도와 폭행을 수없이 저질렀다. 그런 다음에 연쇄살인으로 이어진 것이다.

아마도 엄마와 할아버지를 포함하여 누구에게도 사랑을 받지 못한 Wournos는 세상에 대한 무조건적인 증오심을 키워왔을 것이다. 그러면서 쉽게 폭력적인 행동을 보이면서 결국은 여성연쇄살인범이 되는 불운을 겪은 것이다.[79]

---

79) 전돈수, 「범죄이야기」 (도서출판 21세기사, 2010).

⑷ 범죄자의 연령

범죄자들을 연령별로 분석해보면 20대와 30대가 범죄를 가장 많이 저지른다. 그러다가 40대로 넘어가면서 점점 범죄를 잘 저지르지 않게 된다. 1998년 대검찰청의 「범죄분석」을 통해 범죄자의 연령대별로 살펴보면 10대가 6.8%, 20대가 22.0%, 30대가 30.4%, 그리고 40대가 20.8%를 차지하

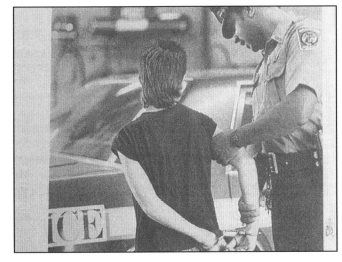

고 있다. 이것을 보면 범죄자 중에서 30대가 가장 많다는 것을 알 수 있다. 그러나 40대부터는 점차 절대인구수가 감소하고 있다. 따라서 각 연령대별로 인구수를 고려해서 범죄발생률을 계산해야 보다 정확하게 알 수 있다. 그래서 해당 연령대별로 인구 10만 명당 범죄자의 비율을 산출해 볼 수 있다. 이런 관점에서 본다면 20대가 가장 많은 범죄를 저지른다. 그러다가 30대를 지나면서부터는 점차 범죄를 저지르지 않는 경향을 보이고 있다.

미국은 한국의 경우와 조금 다르다. 미국은 10대 중반과 후반에 범죄를 가장 많이 저지른다. 재산범죄의 경우 평균적으로 16세 때에 가장 많이 저지른다. 한편 강력범죄는 18세 때에 가장 많이 저지른다. 한 가지 주목해야할 것은 청소년이 전체인구 중에 차지하는 비율에 비해서 상대적으로 많은 범죄를 저지른다는 사실이다. 미국 FBI의 통계를 통해서 살펴보면 중요범죄(Index Offenses) 중에서 22세 미만의 사람에 의해서 저질러지는 것이 46% 가까이나 된다.[80] 그러나 소위 '철이 든다'(maturational reform)라는 말과 같이 일정한 연령(보통 20대 중반)이 되면 다수의 비행청소년들은 범죄행위를 그만 두게 된다.[81] 이것은 소년이 정신적으로 성숙해지면서 자신의 잘못을 뉘우치고 스스로 새사람이 되는 경우가 많기 때문으로 보인다. 이 시기에는 취업, 군입대, 그리고 결혼 등으로 성인으로서의 책임이 무거워지는 시기이기도 하다. 그러나 일부 소년들은 성인이 되어도 계속해서 범죄를 저지른다. 심지어는 나이가 들수록 더욱 흉악한 직업범죄자로 전락하는 경우에는 심각한 문제가 된다.

80) Stephen E. Brown, Finn-Aage Esbensen, & Gilbert Geis, *op. cit*, p.150.
81) Frank E. Hagan, *op. cit*, p.68.

[표 1-3] 한국의 연령대별 인구 10만 명당 범죄자 수(총범죄)[74]

	10대	20대	30대	40대	50대	60대
총범죄자 수	148,558	485,062	668,735	444,248	154,631	35,942
인구수	4,785,248	4,379,131	8,520,245	6,238,652	4,202,993	2,954,190
인구10만 명당 범죄자 수	3,104	11,076	7,848	7,121	3,679	1,216

(5) 사회계층(social class)과 범죄

사회계층과 범죄와의 관계는 오랫동안 논란의 대상이 되어왔다. 많은 사람들은 하류계층이 중류계층이나 상류계층보다 많은 범죄를 저지르고 있다고 믿고 있다. 그러나 미국의 FBI에서 발행하는 UCR이나 한국의 대검찰청에서 발간한 「범죄분석」 모두 범죄자의 사회계층을 정확하게 나타내고 있지 않다. 그 이유는 사회계층을 정확히 측정하는 것은 어려운 일이기 때문이다. 만약에 우리가 사회계층을 교육수준, 직업, 그리고 수입 등을 기준으로 한다면 이것들을 어떻게 측정할 것인지가 어려운 문제이다. 그러나 보통 성인인 경우에는 자신이나 배우자의 수입(월급내지 연봉)을 기준으로 하는 경우가 많다. 소년인 경우에는 부모의 수입을 기준으로 정하는 것이 보통이다.

한국의 범죄통계를 통해서 범죄자의 사회계층이 알려진 자료만 이용하여 다음과 같이 분석을 해 볼 수 있겠다. 하류계층이 전체 형법범의 60% 가량을 차지하고 있다. 그러나 중류계층과 상류계층은 각각 29%와 1% 정도밖에 되지 않는다.[83] 그러나 위와 같이 정부통계를 바탕으로 살펴볼 때와는 달리, 자기보고서(self-report) 방식을 이용한 연구들에 의하면 사회계층과 범죄는 별로 관계가 없다고 한다.[84] 뿐만 아니라 Charles Tittle과 Robert Meier는 1980년대 발표된 논문들을 분석하였다. 그 결과 기존의 연구들은 사회계층과 범죄 사이에 대해서 일치된 결론을 제시하지 못했다고 주장하였다. 다시 말하면 하류계층의 사람들이 중상류계층보다 반드시 범죄를 더 많이 저지르지는 않는다는 것이다.[85]

사회주의 계열의 비판적 범죄학자들은 하류계층의 사람들이 중상류계층의 사람들보다 범죄를 많이 저지르는 것이 아니라고 주장한다. 단지 하류계층의 사람들이 권력과 부를 가지지 못했기 때문에 형사사법제도에 의해서 차별적인 대우를 받고 있다는 것이다. 법도 '가

---

82) 위의 범죄발생률은 본 저자가 1998년 대검찰청의 「범죄분석」과 통계청의 인구통계자료를 바탕으로 다시 산출한 것이다.

83) 통계청, 「범죄분석」, www.kosis.kr.

84) Frank E. Hagan, *op. cit*, p.71.

85) Stephen E. Brown, Finn-Aage Esbensen, & Gilbert Geis, *op. cit*, p.155.

진 자'에게 유리하게 만들어지는 경향이 있으며 '가진 자'는 설령 범죄를 저질러도 자신의 사회적 지위와 전문지식을 이용해서 법망을 교묘히 빠져나간다는 것이다. 이런 문제에 대해서는 뒤에 비판이론을 설명할 때 보다 자세하게 논의하도록 하겠다.

〈범죄사례연구〉 선한자선 사업가와 동성연애 연쇄살인범의 두 얼굴을 가진 사나이:
John Wayne Gacy, Jr. (1942.3.17~1994.5.10)

범죄자는 상당수가 하위계층 출신이라는 것은 많은 학자들이 동의를 한다. 그러나 예외적인 경우는 항상 있게 마련이다. John Wayne Gacy, Jr.가 바로 그 대표적인 사례이다. 그는 자수성가한 사람이었다. 나중에는 건설 사업을 하면서 돈도 잘 버는 성공적인 사업가였다. 그는 정치활동도 하면서 그 지역에서는 인정을 받는 사람이었다. 그리고 자선사업도 열심히 하여서 불우한 어린이들을 즐겁게 해주기 위해서 어릿광대 분장을 하기도 하였다.

겉으로 드러난 위와 같은 그의 모습과는 달리 Gacy는 동성연애자였다. 특별히 어린 소년들과 성관계를 즐겼다. 그래서 자신이 고용하고 있는 소년들을 자신의 집으로 불렀다. 그런 다음에 그들을 약물을 먹여서 저항을 못하도록 만든 다음에 수갑을 채웠다. 그러고는 변태적인 성관계를 한 다음에 살해를 하였다. Gacy는 자신의 살인행위를 감추기 위하여 자신의 집 마룻바닥에 땅을 파고 시체를 파묻었다. 그래서 그의 집에서는 시체가 썩는 고약한 냄새가 났다.

Gacy를 아는 사람들은 유골이 그의 집 마루 밑에서 발견되기 전까지는 그가 살인범이라는 것을 전혀 상상하지를 못했다. 그는 많은 사람들로부터 존경받는 성공한 사업가요, 정치인, 그리고 자선 사업가였기 때문이다. 이 사건은 인간이 선과 악의 두 가지 얼굴을 동시에 가질 수 있다는 것을 시사해주는 것이다. 그리고 이것은 누구든지 범죄자가 될 가능성이 있다는 것을 보여주는 사례이다.

(6) 인종과 범죄

근래에 외국근로자들의 국내 유입으로 외국인들이 한국에 거주하는 숫자가 예전보다 증가하였다. 그러나 한국은 아직까지 대부분 단일민족으로 구성된 것으로 인식되고 있다. 그래서 한국에서 인종이나 민족의 구별은 큰 의미가 없다. 이에 비해서 다인종 및 다민족 국가인 미국은 우리와 사정이 다르다. 물론 인종에 대한 구분이 생각처럼 그리 간단한 것은 아니다. 왜냐하면 서로 다른 인종간의 결혼으로 혼혈아들이 많이 태어나기 때문이다. 대략 미국 전체 인구의 12% 정도가 순수한 흑인으로 구성되는 것으로 알려졌다. 혼혈아까지 포함한다면 그 보다 좀 더 많을 것으로 추측된다. 그러나 이런 소수인종인 흑인은 교도소에 수감된 전체 재소자의 47%나 차지하고 있다. 전체 미국인구 구성 비율에 비하면 비정상적으로 많은 흑인들이 범죄자임을 알 수 있다.[86] 그래서 미국에서는 범죄자의 전형적인 유형을 '젊은 흑인 남성'(young black male)이라는 고정관념을 가지고 있다. 그래서 미국사람들은 길거리를 어슬렁거리는 젊은 흑인남성을 보면 '혹시 범죄자가 아닌가?'하고 의심의 눈초리로 쳐다본다.

위와 같이 흑인 중에서 비정상적으로 많은 범죄자가 발생하는 이유를 설명하려는 시도가 있다. 1900년대 초기에는 흑인들은 선천적으로 백인들에 비해 더 폭력적이라고 주장하는 학자들이 있었다. 즉 이것은 흑인이 범죄를 많이 저지르는 이유를 생물학적인 관점에서 보려고 시도한 것이다. 그러나 현재 이런 주장은 인종차별적이라는 이유 때문에 많은 비판을 받고 있다.

지금은 사회학적 관점에서 흑인들의 범죄행위를 설명하려는 노력이 많다. 사회학적 설명은 다음과 같은 여러 가지의 주장이 있다.

첫째, 흑인들은 그들 특유의 하위문화를 가지고 있다는 것이다. 미국에서 개발된 하위문화이론은 주로 흑인들을 겨냥한 것이다. 결국 흑인들의 하위문화는 그들이 폭력적 행동을 유발하는 원인이 된다는 것이다. 이에 대해서는 뒤에 하위문화이론을 다루면서 보다 자세하게 논의하게 될 것이다. **둘째,** 흑인은 대부분 가난하기 때문에 쉽게 범죄자가 된다는 것이다. 사회계층이 범죄와 관계있는 것과 마찬가지로 흑인은  경제적인 측면에서 상대적 박탈감을 느끼고 있다. 이런 상대적 박탈감이 흑인들에게 범죄

86) Frank E. Hagan, *op. cit*, p.74.

를 저지르게 만드는 주요 원인이 된다는 것이다. **셋째,** 인종차별이 흑인들에게 범죄를 많이 저지르게 만드는 요인으로 보는 것이다. 미국에서는 아직까지 공공연하게 인종차별이 존재한다는 것이다. 그래서 흑인으로 태어난다는 것 자체만으로 사회적인 차별을 받게 된다는 것이다. 이것은 흑인이 학교교육을 제대로 받을 기회가 적어지는 것으로 나타난다. 흑인들은 고등교육을 통해서 합법적이고 정상적으로 성공할 수 있는 기회가 적기 때문에 그들이 선택할 수 있는 것은 범죄행위로 가는 길이라는 것이다. **넷째,** 흑인이 가난하기 때문에 그들이 우범지역에 거주할 수밖에 없다는 것이다. 그 이유는 일반적으로 슬럼(slum)지역에 범죄발생이 집중되어 있기 때문이다. 이런 문제에 대해서는 나중에 보다 자세히 공부하게 될 Shaw와 McKay와 같은 시카고학파들이 집중적으로 연구하였다.[87]

위에서 논의한 것과는 전혀 다른 주장도 제기되고 있다. 즉 흑인이 백인보다 범죄를 많이 저지르는 것이 아니라는 것이다. 단지 형사사법체계가 흑인을 차별적으로 불리하게 대우하기 때문에 흑인이 범죄를 많이 저지르는 것처럼 보이는 것뿐이라는 것이다. 경찰은 같은 범죄를 저질러도 백인에 비해서 흑인을 더 많이 체포한다. 그리고 체포한 후에도 흑인에게 더 무거운 형량을 부과한다는 것이다. 또 한 가지 소홀히 넘기기 어려운 것이 있다. 우리가 범죄문제를 소위 말하는 길거리 범죄(street crimes)만을 보면 흑인이 범죄를 많이 저지른다. 그러나 중상류계층에 의해서 저질러지는 소위 화이트칼라범죄(white-collar crimes)까지 포함시킨다면 백인들 상당수도 범죄를 저지른다는 사실이다. 그래서 범죄학자 Edwin Sutherland는 화이트칼라범죄에도 관심을 가져야 한다고 역설하였다.

(7) 실업과 범죄

많은 사람들이 실업이 증가하면 범죄도 증가할 것으로 생각한다. 그 이유는 실업이 가난을 유발시키고, 그런 가난이 범죄를 저지르게 만들 것이란 논리 때문이다. 즉 실업으로 인한 경제적 어려움으로 범죄를 저지를 동기가 증가하게 된다는 것이다. 1987년 Chiricos는 기존의 63개의 연구를 분석하였다. 그 결과 그는 실업과 범죄는 비례하는 관계가 있는 것으로 밝힌 논문들이 많다고 하였다. 즉 실업이 증가하면 범죄도 따라서 증가하게 된다는 것이다. 특히 Chiricos는 재산범죄는 실업과 상당한 상관관계가 있다고 지적하였다. 그러나 Chiricos의 연구이후에 Land와 그의 동료학자들은 실업과 범죄의 상관관계를 재조명하였다. 그 결과 Chiricos의 주장과는 달리 실업이 증가하면 오히려 범죄가 약간 감소한다고 밝혔다. 그렇기 때문에 Land와 그의 동료들의 연구는 Chiricos의 연구를 정면으로 반박하는

---

87) Clifford R. Shaw & Henry D. McKay, *Juvenile Delinquency and Urban Areas*(Chicago: The University of Chicago Press, 1942).

내용으로 볼 수 있다.

위와 같은 연구결과에도 불구하고 실업과 범죄와의 관계를 조사하는 데에는 몇 가지 문제점이 있다. **첫째,** 실업을 정확히 측정하는 것이 쉽지 않다는 것이다. 미국의 경우 직업이 없는 사람이라고 하더라도 적극적으로 일자리를 찾지 않으면 실업자로 분류하지 않는다. 예를 들면 많은 노숙자와 같이 일자리를 구할 생각을 하지 않는 사람들은 실업자로 분류하지 않는다는 것이다. 또한 전업주부나 대학원생은 실업자로 분류하여야 하는지 등이 그렇게 명확하지 않다. 한국 같은 경우에는 군에 입대한 사람을 취업자로 분류해야 하는가의 문제도 발생한다. 또 한 가지의 문제는 실업과 같은 경제사정의 변화가 곧바로 범죄에 영향을 미치는가하는 것이다. 일부학자들은 실업과 같은 경제사정의 변화가 곧바로 범죄에 영향을 미치지는 않는다고 주장한다. 다만 경제사정의 변화는 시간을 어느 정도 두고 범죄에 영향을 미치게 된다는 것이다. 뿐만 아니라 범죄가 많이 발생하는 지역은 실업이외에도 가난, 인구밀집, 지저분한 주거환경, 결손가정, 그리고 소수민족이 거주하는 슬럼지역이라는 점이다. 따라서 실업이외에도 여러 가지 요인들이 범죄에 영향을 미칠 가능성이 크다. 문제는 이런 여러 요인들 중에서 어떤 요인이 범죄와 특별히 연관이 있는가하는 것이다. **끝으로** 가난이나 실업자체보다는 빈부의 격차가 오히려 범죄와 관계가 있다는 주장이 있다. 즉 빈부의 격차가 크면 클수록 범죄가 많이 발생한다는 점이다.[88] 일반적으로 경제적 불평등이 심한 나라에서 살인이 많이 발생한다. 일본은 경제적으로는 미국과 유사한 발전수준을 보이고 있지만 살인사건이 미국보다 훨씬 적게 발생한다. 다른 여러 요인들이 있을 수 있지만, 가장 중요한 것 중의 하나는 일본은 빈부의 격차가 미국보다 적다는 점이다.

⑻ 총기와 범죄

미국에서는 일반시민들이 자유롭게 총기를 소유하고 있기 때문에 이로 인한 사고가 자주 발생한다. 일반시민들의 총기소유에 대한 정확한 실태의 파악은 아마도 불가능할 것이다. 그러나 두 집 걸러 한 집은 소총이든 권총이든 총을 보유하고 있다고 여겨진다. 총기전시회(gun show)에 가면 일반인들도 간단한 서류만 작성하면 여러 종류의 총을 비교적 자유롭게 구입할 수 있다. 심지어 M16소총이나 중국제 기관총 등 군용 총도 쉽게 구입할 수 있다.

미국 연방수사국인 FBI(Federal Bureau of Investigation)의 통계조사에 의하면 2008년 한 해 동안 발생한 총 14,180의 살인사건의 피해자 중 상당수인 9,484명이(66.9%) 총기

---

88) George B. Vold, Thomas J. Bernard, & Jeffrey B. Snipes, *op. cit*, pp.111~120.

에 의해 공격을 받아 사망을 하였다. 그 전체총기 중에서는 권총에 의한 살인사건이 6,755건(71%)으로서 가장 많은 부분을 차지하였다.[89] 권총이 그와 같이 인기 있는 이유는 휴대가 간편하기 때문이다. 자유로운 총기소지와 관련하여 심각한 문제들 중의 하나는 많은 청소년들이 총기를 범죄에 이용한다는

것이다. 한 해 동안 청소년 인구 100,000명당 151명이 불법 총기소지로 체포되었다. 한편 11개의 대도시에 거주하는 4,000명의 청소년들을 대상으로 한 설문조사에 의하면 그 중 22%가 항상 총을 휴대한다고 답변하였다.[90] 이런 청소년들의 총기소지는 곧 그들의 살인행위와 연결된다. 청소년에 의해 자행된 살인사건 중 62% 가량이 총기에 의한 것이었다.

2007년 4월 16일에 미국 버지니아 공대(Virginia Tech)에서 발생한 총기사건은 세계에 큰 충격을 주었다. 범인은 초등학교 때 부모를 따라 미국에 이민을 온 이 대학의 재학생인 조승희로 밝혀졌다. 그는 교수와 학생을 포함하여 32명을 살해하고 29명을 부상시켰다. 그리고 자신은 자살을 하였다. 이 사건을 통하여 대학캠퍼스도 총기사고로부터 자유롭지 않다는 것을 알려주는 계기가 되었다. 뿐만 아니라 이 사건은 미국 내에서 총기규제에 대한 논쟁을 다시 한 번 불러일으키는 계기가 되었다.

주마다 총기와 관련된 법이 조금씩 다르다. 플로리다 주는 미국에서 가장 강력한 총기관련 법을 두고 있다. 그것은 일명 '10-20-life법'이라고 불리는 것이다. 플로리다 주의 '10-20-life법'은 1999년 당시 주지사였던 Jeb Bush가 추진했고, 주의회가 그것을 통과를 시켰다. 즉 범인이 범죄를 위해 총기를 휴대한 경우에는 10년, 총을 발사한 경우 20년, 그리고 총을 발사하여 다른 사람을 다치게 하였거나 죽인경우는 최소한 종신형에 처하도록 하는 법이다. 이것은 의무강제형량이기 때문에 법원의 판사도 위와 같은 각 사례에 해당하는 경우는 각각의 의무형량 안에서 선고를 해야 한다. 1993년 미국 전대통령 클린턴은 일명 브래디 빌(Brady Bill)을 통과시켰다. 총기를 구입하기 전 5일 동안의 대기 기간을 두어 구입희망자의 전과기록과 정신이상 유무 등을 조사하도록 하였다. 또한 1994년에는 미국 하

---

89) Federal Bureau of Investigation, *Uniform Crime Reports*(Washington, D.C.: U.S. Government Printing Office, 2008).

90) Larry Siegel & Joseph Senna, *Juvenile Delinquency* (St. Paul: West Publishing, 1997), p.41.

원이 공격용 총기(assault weapons)에 대한 판매금지법을 통과시켰다.[91] 그러나 이런 클린턴 행정부의 총기를 규제하려는 노력은 크게 성공하지는 못했다. 그것은 「전미총기협회」(National Rifle Association, NRA)와 같은 압력단체의 거센 반발 때문이었다. 「전미총기협회」는 총기 제작자, 판매상, 그리고 일반 총기애호가들이 중심이 되어 전국적으로 결성한 단체로서 그 영향력이 크다. 2002년을 기준으로 전미총기협회는 전국적으로 420만 명의 회원을[92] 가지고 있으며 탄탄한 자금력을 바탕으로 총기소지의 자유를 위해 정치권에 강력한 영향력을 행사해 오고 있다. 한때 영화 「벤허」의 주인공역을 맡았었던 영화배우 출신인 찰튼 헤스톤(Charlton Heston)이 「전미총기협회」의 회장으로 재직하면서 정부의 총기규제 정책에 대항하여 대중홍보를 벌이기도 했었다. 미국정부가 총기를 규제하기 어려운 또 다른 이유는 미국 수정헌법 제2조가 개인의 총기소지를 보장하고 있기 때문이다.

미국 실정을 잘 모르는 사람은 정부가 총기의 제작과 배포를 원천적으로 차단하면 총기문제가 간단히 해결될 수 있지 않겠느냐고 생각할 수 있다. 그러나 그것은 생각보다 그렇게 간단한 문제가 아니다. 정부에서 아무리 규제를 해도 암시장에서 총기가 얼마든지 유통될 가능성이 크기 때문이다. 오히려 정부가 총기를 규제하면 암시장에서의 총기의 가격은 상당히 상승할 것이고 조직 폭력단은 수익성이 높은 총기매매를 더욱 활발하게 할 것이다.

한국은 미국에 비해서 총기소유가 자유롭지 않다. 그래서 총기관련 범죄도 미국에 비해서 훨씬 적다. 2008년 한 해 동안 총 27건의 총기 사고가 발생을 하여서 13명이 사망을 하고 19명이 부상을 입었다. 그 사고 대부분은 총기오발이나 자살로 인한 것들이었다. 그러나 한국이 총기문제에서 전혀 자유로운 것은 아니다. 참고로 2001년도 한 해 동안만 경찰이 불법무기 자진신고로 수집한 총기류가 총 48,061정이며, 그 중 권총과 소총만하더라도 각각 181정과 50정에 이른다.[93] 한편 2008년 9월 1일부터 9월 30일까지 1개월간 실시된 불법무기 자진신고기간 동안에도 권총 등 총기류 2,096정, 실탄 등 화약류 80,983점, 그리고 도검류 7,157점 등 총 90,236정을 회수를 하였다. 이것은 2007년에 비해서 불법무기 자신신고를 통해서 수거한 불법무기가 62%정도가 감소한 것이다. 경찰청은 그 이유가 매년 지속적으로 불법무기 자진신고를 해 온 것과 2007년 대통령선거를 계기로 자진신고 기간을 연장한 것이 불법무기 신고가 감소한 원인으로 보았다. 같은 해에 경찰의 관리대상인

91) Charles Swanson, Leonard Territo & Robert Taylor, op. cit., p.66.

92) National Rifle Association, http://www.nra.org/frame.cfm?title=NRA%20Insti& tute%20for%20 Legislative%20Action&url=http://www.nraila.org 참조.

93) 사이버경찰청. 연도별 불법무기 자진신고. http://www.police.go.kr/data/statistics/guard&03.shtml 참조.

개인의 총기류 소유현황은 다음과 같다. 총 개인소유의 총기류는 260,310정이다. 그 중에 엽총이 38,012정, 권총이 1,648정, 그리고 공기총이 168,175정 등이다. 한편 경찰은 2008년 3월 17일부터 5월 16일까지 2개월 동안 개인총기류 일제점검을 실시하였다. 그 결과 불법으로 총기를 개조한 것 등의 사유로 2,650건을 적발을 하였다. 그 중에 5명은 형사입건을 하였고 나머지 건에 대해서는 행정처분을 내렸다. 특별히 마취 총을 엽총으로 불법적으로 개조하는 사례가 많았다.

위와 같이 한국은 불법무기 문제가 그렇게 심각하다고는 볼 수 없을 것이다. 그러나 최근에는 러시아로부터 불법총기가 종종 밀수되는 것으로 나타나고 있다. 이런 무기들은 조직폭력배들에 의해 사용될 우려가 있다. 앞으로 한국경찰은 지나친 단속위주의 총기관리보다는 시대변화에 맞는 정책을 세운다는 계획이다. 그러나 또 다른 한편으로는 총기소지자의 정신 병력을 조사할 수 있는 법적근거를 마련하고 있다.[94]

제3절 범죄학과 범죄학자

범죄학(Criminology)이란 말이 처음 사용된 것은 1885년 Garofalo가 그의 저서 「Criminologia」를 출판하면서부터이다.[95] 그러므로 서양에서의 범죄학 연구는 100년 이상의 역사를 가지고 있다고 볼 수 있다. 반면 한국에서 범죄학연구가 본격적으로 시작된 것은 1989년 법무부 산하에 「한국형사정책연구원」이 설립되면서부터라고 보아야 할 것이다.[96]

어느 학문분야에나 처음 입문하는 사람은 그 학문이 무엇을 연구하는가를 제일 먼저 알고자 한다. 그러나 그런 문제는 동시에 그 학문을 오랫동안 공부한 학자가 평생을 두고 해답을 얻기 위해 노력해야 할 과제이기도 하다. 특히 범죄학은 비교적 짧은 역사와 다학문적 특성으로 인하여 학문으로서의 정체성을 찾기가 어려운 것이 현실이다. 그래서 우선 먼저 범죄학이란 무엇인지에 대해서 논의할 필요가 있다.

94) 경찰청, 「범죄백서」 (2007), http://www.police.go.kr/infodata/whitepaper/사이버경찰청_2009백서2-1.pdf
95) 정영석, 「형사정책」(서울: 법문사, 1986), p.44.
96) 김준호, "범죄학 연구에 있어서 계량적 연구방법의 평가와 전망," 「형사정책연구」, 제6호, 1995, pp.5~30.

1. 범죄학의 개념정의

학자들이 범죄학을 정의할 때 가장 많이 인용하는 것은 미국의 사회학자 Sutherland와 Cressey의 주장이다.[97] Sutherland와 Cressey는 범죄학을 '법을 만드는 것'(making the law), '법을 어기는 것'(breaking the law), 그리고 '법을 어기는 것에 대한 대응'(response to the breaking the law)을 연구하는 학문이라고 정의하였다. 이런 정의에 의하면 범죄학은 다음과 같은 세 분야에 대한 연구를 지칭한다고 할 수 있다. **첫째,** 범죄학은 왜 어떤 행위는 범죄로 규정이 되고 또 어떤 행위는 그렇게 되지 않느냐에 대한 질문에 답을 하는 것이다. 그 중에 대표적인 설명은 사회주의자들의(socialist) 관점이다. 이에 따르면 국가는 '가지지 못한 자'의 행위만을 범죄로 규정한다. 대신에 국가는 '가진 자'의 범죄행위는 묵과한다고 주장한다. **둘째,** 범죄학은 왜 사람이 범죄를 저지르는가에 대한 해답을 얻기 위한 연구이다. 이것은 범죄학의 핵심적인 연구 분야라고 볼 수 있다. 많은 범죄학이론들은 이에 대한 설명을 시도하고 있다. **세 번째**의 범죄학의 영역은 법을 어기는 것에 대해서 어떻게 대응할 것인가에 대한 대답을 구하는 것이다. 이것은 범죄원인에 대한 연구를 바탕으로 경찰, 법원 그리고 교정 등의 형사사법체계를 통해서 범죄의 예방과 그에 대한 대응을 연구하는 것이다.

2. 범죄학의 연구대상

"사회 있는 곳에 법이 있다."라는 말이 있다. 만약 사회에 법이 없다면 Thomas Hobbes 가 주장하는 것과 같이 '만인의 만인에 대한 전쟁상태'(War against all)가 발생할 것이다. 따라서 두 사람 이상이 존재하는 사회에서는 법이 필요한 것이다. 이런 맥락에서 보면 "사회 있는 곳에 법이 있다."라는 말로부터 "사회 있는 곳에 범죄가 있다."라는 말을 도출할 수 있다. 그 이유는 사회에는 항상 법을 어기는 사람이 있기 마련이기 때문이다. 그래서 법은 그것을 어기는 행위, 즉 범죄를 전제로 해서 존재한다고도 볼 수 있다. 이처럼 범죄학의 주요 연구대상은 범죄와 범죄행위라는 것은 이론의 여지가 없을 것이다. 그래서 Paul Tappan 은 범죄는 정당화될 수 있는 사유 없이 고의적으로 형법을 어기는 행위라고 정의하였다. 그리고 이런 행위는 국가에 의해서 처벌을 받게 되어 있다. 어떤 사람이든 법원에 의해서 최

---

97) Sutherland, Edwin H. & D. R. Cressey, *Principles of Criminology*, 8th ed.(Philadelphia, PA: J. B. Lippincott, 1970), p.3.

종적으로 유죄 판결을 받기 전에는 범죄자가 아니라고 지적하였다.[98] 그러나 여기서 한 가지 주의해야 할 것이 있다. 법전에 있는 법과 경찰관들에 의해서 실제로 집행되는 법 사이에는 괴리가 존재한다. 예를 들면 경찰관은 규정 속도를 위반한 운전자를 법에 따라 범칙금 통지서를 발부해야할 의무가 있다. 하지만 경찰관은 사정에 따라서 그 운전자를 훈방조치만 하고 돌려보내는 경우도 종종 있다. 그래서 일부 학자들은 법전의 법과 구분되는 법실증주의(legal realism)를 주장하고 있다.[99] 이것에 대해서는 이미 앞에서 언급한 바 있다.

사회학자들은 범죄행위뿐만 아니라 일탈행위도 범죄학의 연구대상이 되어야 한다고 주장한다. 그 대표적인 학자가 Thorsten Sellin이다. 그는 범죄학은 형법을 위반한 행위뿐만 아니라, 사회규범을 어긴 것까지 연구대상으로 해야 한다고 주장하였다.[100] 일탈행위는 사회규범을 어긴 행위로 정의할 수 있다. 일반적으로 한 사회에서는 어떤 행위가 옳고 그른가 하는 것에 대한 사회구성원들의 묵시적인 합의가 존재한다고 볼 수 있다. 이런 사회규범의 내용은 그 사회의 역사, 관습, 그리고 종교적 전통 등에 의해서 영향을 받는다. 그런데 이런 사회규범은 법과 상당부분 겹친다. 예를 들면 살인, 강도, 강간, 그리고 절도는 범죄행위일 뿐만 아니라 동시에 일탈행위이기도 하다. 그러나 범죄행위와 일탈행위는 동일한 것은 아니다. 예를 들면 한국에서 동성연애는 아직까지 많은 사람들에 의해서 사회적으로 지탄받는 일탈행위이다. 그러나 동성연애는 군형법에서만 불법으로 규정하고 있을 뿐이고 일반형법에서는 범죄로 규정하고 있지 않다.

여기서 한 가지 주의할 것은 범죄행위와 일탈행위의 범위는 영구적으로 고정된 것이 아니라는 점이다. 우선 범죄행위와 일탈행위는 시대에 따라 변한다. 예를 들면 옛날에 에스키모 부족은 자신의 아내를 손님과 동침하게 하는 것을 예의라고 생각했다고 한다. 그러나 현대의 에스키모 부족은 그런 전통을 더 이상 유지하지 않고 있다. 또한 범죄행위와 일탈행위의 범위는 국가와 지역에 따라서도 차이가 있다. 다수의 정통회교 국가들은 음주를 원칙적으로 금지하고 있다. 그러나 그들 이외의 대부분의 국가들은 음주자체를 불법화하지는 않고 있다.

위에서 살펴본 것처럼 범죄행위와 일탈행위는 시대와 장소에 따라 변한다. 또한 그들 사

---

98) Paul Tappan, "Who is the Criminal?" *American Sociological Review*, Vol. 12(1947), p.100.

99) S. S. Silbey, "Mutual Engagement: Criminology and the Sociology of Law," *Crime, Law, and Social Change*, Vol. 37(2002), pp.163~175.

100) Thorsten Sellin, *Culture Conflict and Crime*(New York: Social Science Research Council, 1938), p.21.

이의 관계도 언제든지 바뀔 수가 있다. 그래서 어떤 일탈행위도 언제든지 범죄행위가 될 수 있다. 다시 말하면 어떤 일탈행위에 대해서 사회구성원들이 강력한 제재의 필요성을 느끼고, 그것을 법으로 규제하면 그것이 곧 범죄가 되는 것이다. 예를 들면 미국의 경우 전에는 공공장소에서의 흡연이 용납되었다. 그러나 지금은 많은 곳에서 공공장소에서의 흡연을 법으로 금하고 있다. 그 대표적인 것이 항공기 안에서의 금연규정이다. 그 반대의 경우도 성립될 수 있다. 예를 들면 과거에 낙태와 동성연애는 불법이었으나, 지금은 많은 국가에서 합법화되고 있다. 과거 미국에서는 낙태는 임산부의 생명이 위협받는 경우에만 법으로 허용되었다. 그러나 지금은 연간 160만 건 이상의 낙태시술이 행해지고 있다고 한다.[101] 동성연애의 경우에는 심지어는 동성끼리의 결혼을 인정하는 국가와 사회도 등장하고 있는 실정이다. 이런 이유 때문에 범죄행위뿐만 아니라 일탈행위도 범죄학의 연구대상이 되어야 한다. 또한 만약 범죄학자가 범죄현상만을 다룬다면 법원에 의해서 유죄확정판결을 받은 범인만을 연구대상으로 할 소지가 크다. 그러나 주지하다시피 경찰에 신고되지 않은 암수범죄(dark figure of crime)가 많이 존재한다. 범죄학자는 이런 암수범죄까지 모두 연구대상으로 할 필요가 있기 때문에 법원에 의해서 유죄확정판결을 받지 않은 범죄행위와 기타 일탈행위까지도 모두 범죄학의 연구대상에 포함시켜야 한다.

형법을 어긴 행위만을 범죄학의 연구대상으로 할 경우 사회적으로 동일한 해악을 끼치는 행위에 대한 연구에 소홀해질 수 있다. 미국 보건부 장관은 연간 30만 명이 넘는 미국인들이 흡연과 관련한 질병으로 사망한다고 지적하였다. 하지만 헤로인과 같은 마약으로 사망하는 사람은 연간 566명에 불과하다. 이처럼 담배와 같이 사회적으로 큰 해악을 끼치는 행위는 범죄로 규정되지 아니하고, 헤로인만 범죄로 규정이 되고 있다.[102]

범죄행위뿐만 아니라 일탈행위도 범죄학의 연구대상이 되어야 하는 또 다른 이유가 있다. 어떤 행위가 범죄를 구성하느냐의 여부는 정치적인 결정에 의해서 좌우된다. 다시 말하면 법은 권력과 부를 소유한 자에게 유리하게 만들어지는 경향이 있음을 부인하기 어려울 것이다. 예를 들면 높은 사회적 지위를 가진 자에 의해서 저질러지는 소위 '화이트칼라 범죄'(white-collar crime)는 범죄로 잘 규정되지 않는다. 설사 그것이 불법으로 규정된다고 하더라고 전문직에 종사하는 중상류층은 자신들의 높은 사회적 지위와 전문지식을 이용하여 법망을 교묘히 피해간다. 그렇기 때문에 만약 범죄학자가 그 연구대상을 범죄로만 제한한다면 순수한 학술연구가 아니라 정치적인 연구가 되기 쉽다.[103] 따라서 범죄학자는 일반

---

101) Stephen E. Brown, Finn-Aage Esbensen, & Gilbert Geis, *op. cit*, p.42.
102) Ibid, p.22.
103) C. D. Shearing. *Criminologists Must Broaden their Field of Study Beyond Crime and Criminals.*

범죄행위뿐만 아니라 화이트칼라범죄와 성적일탈 등 사회에 해악을 끼치는 모든 반사회적 행위를 폭넓게 연구대상으로 해야 한다. 그러나 무엇이 사회적으로 해악을 끼치는 행위인지는 그렇게 명확하지는 않다.[104] 따라서 범죄학자들은 범죄와 밀접한 관련이 있는 반사회적 일탈행위를 찾아서 연구해야 한다.

3. 범죄학의 학문적 접근방법에 대한 논의

역사적 흐름을 볼 때 범죄학의 학문적 접근방법에 대한 몇 가지 논의들이 있어왔다. 1800년대 말부터 1920년대 중반까지 범죄학은 생물학, 심리학, 그리고 사회학 등과 같이 다양한 학문들에 의한 다학문적 접근방법(multidisciplinary approach)이 추구되어야 할 것으로 보았다. 그 대표적인 학자가 이태리의 Garofalo이다. Garofalo는 범죄학을 범죄와 범죄행위를 연구하는 과학적인 연구로 보았다. 그리고 범죄학은 범죄성의 원인을 발견하고 그것을 제거하는 것을 추구하였다. 따라서 범죄학자는 다양한 학문적 배경을 가진 사람들로서 범죄와 범죄행위의 원인을 과학적으로 찾아내고 치료하는 사람으로 간주되었다.[105]

1920년 중반부터는 Sutherland의 입장이 범죄학의 주류를 형성하고 있다. 즉 범죄학을 사회과학, 그 중에서도 사회학의 한 분야로 보는 시각이다. 그래서 1920년대 중반부터 시카고 사회학자들의 등장과 함께 범죄사회학이 범죄연구를 주도해나가기 시작하였다.

1950년부터 Reckless는 범죄학을 다시 다학문적인 접근이 이루어져야 하는 것으로 주장하였다. 그래서 그는 범죄와 범죄행위는 사회의 안전을 위협하는 사회문제로 간주하였다. 그리고 범죄는 생물학, 심리학, 그리고 사회학적 지식이 모두 동원되어야 하는 학문이라고 지적하였다. 이런 맥락에서 범죄학이란 독립된 학문분야는 없다고 보았다. 다만 다양한 학문배경을 가진 사람이 범죄와 범죄행위를 연구하면 범죄학자가 되는 것이다.[106]

1971년부터는 C. Ray Jeffery의 주장이 등장하였다. 그는 범죄학은 생물학, 심리학, 그리고 사회학 등 여러 분야의 지식이 총동원되어야 한다고 주장하였다. 그러나 그런 지식들이 일반화된 하나의 이론으로 정립될 수 있도록 통합되어야 한다고 주장하였다. 이것을 학제간 접근방법(interdisciplinary approach)이라고 한다. 따라서 범죄학자는 다양한 학문배경을 가진 학자들이 범죄와 범죄행위를 연구하는 사람이라고 지적하였다.[107]

In Ron Boostrom(ed.). *Enduring Issues in Criminology*(San Diego: Greenhaven Press, 1995).
104) Paul Tappan, *op. cit.*, pp.96~102.
105) R. Garofalo, *Criminology*(Boston: Little, Brown, 1885/1914)를 참고할 것.
106) Walter Reckless, *The Crime Problem*(New York: Appleton-Century-Crofts, 1955)을 참고할 것.

위와 같은 다양한 접근방법이 있어왔음에도 불구하고, 현재 대부분의 범죄학연구는 사회학자들에 의해서 이루어지고 있다.[108] 그래서 아직도 범죄학을 사회학의 한 분야로 여기는 시각이 지배적이다.

4. 범죄학과 다른 유사분야와의 구별

범죄학이란 용어가 생소하다보니 많은 사람들이 경찰행정학, 범죄수사학, 법의학, 범죄심리학, 그리고 범죄피해자학 등과 혼동을 하는 경우가 많다. 따라서 범죄학이 무엇인가를 더욱 확실하게 하기 위해서 다른 유사분야와의 명확한 구별을 할 필요가 있다.

(1) 경찰행정학과 범죄학

미국은 경찰행정학(Police Administration or Police Science)이라는 말보다는 형사사법학(Criminal Justice)이라고 하는 경우가 훨씬 더 많다. 형사사법학은 '3Cs'로 설명되어질 수 있다. '3Cs'는 영어로 'Cops'(경찰), 'Courts'(법원), 그리고 'Corrections'(교정)의 앞 글자만을 따서 만든 것이다. 이것은 형사사법학이 경찰, 법원, 그리고 교정제도를 공부하는 학문이라는 의미이다. 이 중에 법원과 직접적으로 관련된 분야에 종사하는 판사, 검사, 그리고 변호사는 주로 법대를 통해서 배출된다. 이에 비해서 형사사법학은 경찰 및 교정공무원의 배출을 주요 목적으로 한다. 그러나 한국은 1963년 동국대학교에 경찰행정학과가 생긴 이후로 많은 대학들이 경찰행정학이란 명칭을 쓰고 있다.[109] 그리고 경찰행정학은 행정학의 한 특수 분야로 다루어지고 있으며 교정 분야에는 큰 관심을 두고 있지 않다.[110]

위에서 언급한 것처럼 한국에 있어서 경찰행정학은 경찰에 의한 범죄의 예방과 대응을 연구하는 것으로 볼 수 있다. 그러나 이미 앞에서 지적한 것과 같이 범죄학도 범죄의 예방과 대응도 연구한다. 이런 관점에서 보면 경찰행정학은 범죄학과 겹치는 부분이 있음을 알 수 있다. 그렇지만 범죄학은 주로 범죄의 원인에 대한 이론적 및 경험적인 연구에 치중한다. 그렇기 때문에 범죄학은 바로 적용 가능한 정책적 제안을 제안하는 경우는 많지 않다.[111] 하지만 이런 범죄의 원인에 대한 연구는 경찰이 과학적인 원리를 응용하여 범죄대

---

107) C. Ray Jeffery, *op. cit.*를 참고할 것.
108) Edwin Sutherland, *op. cit.*를 참고할 것.
109) 이황우·조병인·최응렬, 「경찰학개론」(서울: 한국형사정책연구원, 2001), p.53.
110) 현재 경기대학교와 중부대학교에 교정학과가 설치되어 있는 정도이다.
111) Stephen E. Brown, Finn-Aage Esbensen, & Gilbert Geis, *op. cit.* p.46.

책을 수립하는데 기여한다. 이런 관점에서 보면 경찰행정학은 응용학문으로 볼 수 있다.

(2) 범죄수사학과 범죄학

범죄수사는 공소의 제기 및 유지를 위하여 범인과 증거를 발견, 수집, 그리고 보전하는 수사기관의 활동으로 정의할 수 있다.[112] 따라서 범죄수사학은 범죄행동의 원인을 공부하는 범죄학하고는 차이가 있다. 그러나 범죄수사에 범죄학의 지식을 응용할 수 있다. 예를 들면 범죄심리학을 이용하여 범인에 대해서 추리하는 범죄인 프로파일링(Criminal Profiling) 기법의 활용을 들 수 있다. 범죄인 프로파일링이란 범죄의 세부사항과 범행동기 등을 파악하여 범인을 추론하는 일련의 행위를 말한다.[113] 실제로 한국에서 어린이가 토막 난 상태로 비닐봉지에 담겨져 골목에 버려진 사건이 있었다. 경찰은 그 사체가 냉동되어 보관되었던 것으로 보이는 흔적을 발견하였다. 경찰은 범인이 시체를 냉동실에 보관할 수 있었던 점으로 미루어 혼자 사는 사람임을 짐작할 수 있었다. 경찰은 이를 바탕으로 주변에 혼자 사는 사람들을 대상으로 탐문수사를 하여 범인을 체포하였다.

흔히 사람들은 영화「양들의 침묵」(The Silence of Lamps)에 FBI 요원으로 나오는 주연 영화배우 Jodie Foster를 범죄학자로 혼동하는 경우가 많다. 그러나 위에서 제시한 기준으로 본다면 이 영화에서 Jodie Foster는 범죄수사요원이지 범죄학자는 아니다. 물론 FBI 요원들이 범죄학 교육을 받을 수도 있지만, 그가 범죄와 범죄인에 대한 학문적 연구를 하지 않는 이상 범죄학자로 볼 수는 없다.

(3) 법의학과 범죄학

법의학(Criminalistics)은 범죄수사를 돕기 위해 필요한 증거의 수집과 분석을 연구하는 학문이라 할 수 있다.[114] 여기에는 물리학, 화학, 생물학, 곤충학, 인류학, 그리고 의학 등 여러 학문분야들이 응용된다. 예를 들면 사체의 해부를 통해서 사인을 규명하거나, DNA나 지문감식을 통해서 범인을 색출해 내는 것 등을 포함한다. 요즘은 과학수사 기법의 발달과 함께 법의학에 대한 관심이 고조되고 있다. 그러나 법의학은 범죄행위의 원인과 그 대책을 주로 연구하는 범죄학하고는 다른 것이다. 물론 법의학도 범죄학적 지식을 응용할 수는 있다.

---

112) 배종대·이상돈, 「형사소송법(제3판)」(서울: 홍문사, 1999), p.165.

113) 국립과학수사연구소 범죄분석실, "범죄 프로파일링의 소개," 「수사연구」, 12월호, 2001, pp.42~44.

114) Swanson, Jr., Charles R., Chamelin, Neil C., & Territo, Leonard, *Criminal Investigation*, 4th edition(New York: Random House, 1988), p.224.

(4) 범죄심리학과 범죄학

범죄학은 독립된 고유한 영역이 있는 것이 아니다. 범죄학자는 생물학, 심리학, 그리고 사회학 등 여러 분야의 지식을 이용해 연구할 수 있다. 이중에서 심리학적 측면에서 범죄행위를 설명하려는 시도를 범죄심리학이라고 부른다. 이와는 달리 시카고학파와 같이 사회학적 측면에서 범죄행위를 설명하려고 하는 것은 범죄사회학이라고 한다. 그러나 여기서 심리학과 사회학의 구분은 그렇게 명확하지 않다. 특히 근래에는 사회심리학(Social Psychology)이 등장 하면서 위의 두 분야의 접목이 시도되고 있다. 어쨌든 심리학은 한 개인 자체 또는 개인과 개인 사이에 일어나는 심리현상의 연구에 초점을 둔다. 그 대표적인 예는 Freud의 정신분석학이다. Freud는 유아와 그 부모의 관계가 나중에 성장한 후의 행동에 중요한 영향을 미치는 요소로 본다. 이와는 달리 사회학은 한 개인과 그를 둘러싼 집단 또는 집단과 집단의 관계에 대한 연구에 초점을 둔다. 예를 들면 사회계층과 범죄행위와의 상관관계에 대한 연구를 들 수 있겠다. 이와 같은 논의를 통해서 볼 때 범죄심리학은 범죄학의 한 분야라고 볼 수 있다.

(5) 범죄피해자학과 범죄학

범죄학은 범죄자가 범죄를 저지르게 된 원인의 연구에 치중해 왔다. 또한 그 원인에 대한 연구 결과를 바탕으로 그 범죄자를 교정하여 선량한 시민으로 만드는 방법을 연구한다. 즉 범죄학은 범죄원인에 대한 연구를 바탕으로 그 대책을 연구하는 학문으로 이해할 수 있다. 이에 비해서 범죄피해자학(Victimology)은 그 동안 범죄학연구에서 소홀히 해왔던 범죄피해자와 그 지역사회의 보호에 보다 중점을 둔 학문이다. 미국에서의 범죄피해자학은 1970년대 범죄피해자의 권리증진에 대한 운동을 통해서 활발하게 발전되어 왔다. 이것은 특별히 여성인권운동과 밀접한 관련이 있다. 그 이유는 여성들이 성범죄의 피해자가 되는 경우가 많기 때문이다. 이런 여성피해자에 대한 인권보호의 필요성이 이 시기에 대두되었기 때문이다.[115]

범죄피해자학은 우선 범죄로부터 신체적, 심리적, 그리고 경제적인 것을 모두 포함하여 어떤 구체적인 피해가 발생하는 지를 연구한다. 또한 주로 어떤 사람과 재산이 범행의 대상이 되며 그 원인은 무엇인가에 대해서 연구를 한다. 그리하여 범죄피해자가 되는 것을 방지할 수 있는 방법을 연구한다. 범죄피해자학은 거기에만 그치지 않고 일단 범죄의 피해자가 발생한 피해에 대해 보상을 받을 수 있는 방법과 법적인 권리의 보장을 연구한다. 특

---

115) Andrew Karmen, *Crime Victims*, 5th ed(Canada, Thomson/Wadsworth, 2004), pp.4~5.

별히 범죄피해자가 현재의 형사사법제도에서 어떤 지위와 권리를 가져야 하는 것인지에 대한 방향을 제시한다.

범죄피해자학은 범죄학에 비하여 좀 더 늦게 발전되어 서서히 독립된 학문분야로 자리를 잡아가고 있다. 그래서 범죄피해자학은 고작해야 몇 십 년의 역사밖에 되지 않는다. 많은 학자들은 범죄피해자학을 청소년비행, 마약범죄, 그리고 테러리즘과 같은 범죄학의 한 분야로 본다.[116] 범죄피해자에 대한 연구를 범죄자에 대한 연구와 떨어져 생각할 수 없다. 즉 범죄자는 범죄피해자와 밀접한 관계가 있기 때문이다.

5. 범죄학자

지금까지의 논의를 종합해 볼 때 범죄학자는 주로 범죄의 원인과 그 대책을 연구하는 사람으로 볼 수 있다. 그러나 범죄학자는 어느 특정 학문분야의 출신이라기보다는 자신의 분야에서 범죄와 범죄인에 관한 연구를 한다면 범죄학자로 볼 수 있다. 예를 들면 생물학, 심리학, 그리고 사회학 등의 학문배경을 가지고 있는 대학교수와 연구소의 연구원들을 들 수 있다. 형사사법체계에 종사하는 경찰, 검사, 판사, 변호사, 그리고 교정공무원 등은 원칙적으로 범죄학자가 아니다. 다만 형사사법 실무에 종사하고 있는 사람이라도 범죄의 원인과 그 대책에 대해서 학술적인 연구를 한다면 범죄학자로 볼 수 있을 것이다.

■■■ 제4절 ■ 범죄학의 연구목적과 방법

우선 범죄학의 연구목적을 논의하기 위해서 범죄가 개인과 우리 사회에 끼치는 피해에 대해서 간략히 살펴보도록 하겠다.

1. 범죄의 피해

범죄로부터 발생하는 피해는 크게 경제적 손실, 신체적 위해, 그리고 사회안전의 위협 등으로 구분할 수 있다.

---

116) *Ibid*, p.21.

(1) 경제적 손실

범죄로 인한 경제적 손실은 주로 재산범죄와 관련이 있다. 절도사건에서 도난당한 물건 또는 돈을 찾지 못하거나, 비록 다시 돌려받았어도 절도된 물건이 손상을 입었다면 그 만큼 경제적 손실을 보게 되는 것이다. 이와 마찬가지로 방화의 피해자는 방화의 대상이 된 건물을 잃게 된다. 그 피해자가 소실된 건물에 대한 화재보험을 들어 놓지 않았다면, 그는 큰 경제적 손해를 볼 수밖에 없다. 특히 앞에서 언급했던 소위 화이트칼라범죄(white-collar crimes)는 범인들이 대부분 전문직에 종사하는 사람이란 점 때문에 잘 적발되지는 않는다. 일반적으로 그들이 저지른 범죄는 규모가 크기 때문에 경제적인 손실을 많이 끼친다. 그러나 화이트칼라범죄를 당한 사람들은 경제적인 피해를 보았다고 느끼지 않을 수도 있다. 예를 들면 뇌물을 제공한 사람은 그 액수보다 더 많은 경제적인 이득을 얻을 것을 기대하기 때문에 금전적인 손해를 보았다고 생각하지 않을 것이다. 그러나 뇌물은 공공에게 피해를 미친다.[117] 예를 들면 부실공사를 눈감아 달라는 대가를 바라고 관련 감독공무원에게 돈을 지불한 경우를 들 수 있다. 그러나 부실공사로 인한 건물가격의 하락 등의 손해는 입주자에게 전가된다. 일반적으로 이런 것들보다 경제적 손실이 더 큰 것은 주식사기, 횡령, 피고용인에 의한 절도, 그리고 보험사기 등이다.

위와 같은 재산범죄뿐만 아니라, 강력범죄도 피해자에게 병원치료비 등과 같은 경제적 손실을 일으킨다. 폭행이나 상해의 피해자는 신체적 피해 때문에 일정기간 일을 하지 못하게 되는 경우도 있다. 이에 따라서 발생하는 경제적 피해도 상당하다는 것을 알 수 있다. 이런 측면 이외에도 범죄는 경찰, 법원, 그리고 교도소를 유지하기 위한 막대한 비용을 소모하게 만든다. 그래서 국민이 낸 세금 중에 무시하지 못할 부분이 형사사법체계를 유지하는데 쓰인다.[118] 특히 범죄가 증가하면 더 많은 새로운 교도소가 필요하다. 교도소를 건설하고 유지하는 데에는 많은 비용이 든다. 미국에서는 재소자 1명을 수용하는 비용은 대학생 1명을 교육시키는 것과 같은 비용이 든다고 한다.

(2) 신체적 및 정신적 피해

강력범죄의 대부분은 인간의 생명을 빼앗거나 신체에 위해를 가한다. 한국경찰청의 통계

---

117) John E. Conklin, *Criminology, 4th ed.*(New York: Macmillan Publishing Company, 1992), p.89.
118) *Ibid*, p.87.

자료에 의하면 2005년 한 해 동안 1,061건의 살인사건이 발생하였다. 그래서 1,786명이 사망하였다. 한편 같은 해에 범죄로 인한 부상자는 122,826명에 달한다. 현대인은 언론매체를 통해서 거의 하루도 거르지 않고 살인사건을 비롯한 각종 강력사건에 관한 소식을 접하게 된다. 미국은 살인의 도구가

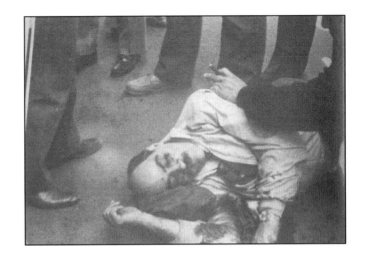

대부분 총기류인 것에 반해, 한국은 상당수가 칼이다.[119] 총기나 칼 종류는 그 특성상 피해자에게 치명상을 입히게 된다. 따라서 이런 무기로 공격을 당한 피해자는 전문가에 의한 즉각적인 응급조치를 받지 못하면, 사망에 이르게 될 가능성이 커지게 된다. 한편 강간은 피해자의 신체적인 피해뿐만 아니라 정신적인 충격을 남겨준다. 1979년부터 1986년까지 미국에서 행해진 강간사건을 살펴볼 때, 39% 정도의 강간피해자가 부상한 것으로 알려졌다. 그리고 그 중 절반 정도가 병원에서 치료를 받아야 할 정도로 심한 것으로 밝혀졌다.[120]

소위 피해자 없는 범죄(victimless crimes)는 말 그대로 피해자가 없는 경우만 있는 것은 아니다. 때로는 피해자가 곧 범인인 경우도 포함한다. 그 대표적인 예가 마약남용이다. 마약남용은 여러 가지 폐해를 불러일으킨다. 우선 마약은 강한 중독성을 가지고 있어서 장기적으로 복용하게 만든다. 이로 인해 정신적 및 신체적 이상증상을 초래하기도 한다. 심하면 과도한 복용에 의한 쇼크로 사망하는 경우까지 발생할 수 있다. 그 이외에도 비위생적인 주사기의 사용으로 에이즈(AIDS)와 같은 병이 전염되기도 한다. 피해자 없는 범죄의 다른 유형인 매매춘을 통해 성병에 감염될 위험성이 높아진다. 또한 매춘부나 그 상대방이 이런 과정 중에 폭행을 당하게 되어 신체적인 위해를 당하는 경우도 있다. 미국의 한 연쇄살인범은 매춘부만을 골라 연속해서 살해한 사건도 있었다. 2003년에 한국사회를 떠들썩하게 한 유영철 연쇄살인사건도 이와 비슷한 사례이다.

119) 대검찰청, 「범죄분석」(서울: 대검찰청, 1999), p.187.
120) John E. Conklin, *op. cit*, p.99.

(3) 사회적 피해

범죄는 피해자에게 뿐만 아니라, 사회일반에 커다란 피해를 끼친다. 그 중에 가장 큰 것이 범죄에 대한 두려움이다. 범죄가 많이 발생하면 시민들은 불안을 느끼게 된다. 미국의 한 연구에 의하면 미국 국민들의 약 2/5 정도가 범죄의 피해자가 될까봐 두려워하고 있다고 한다.[121] 또한 미국 여성의 61% 가량이 밤에 혼자 거리를 거니는 것을 두려워한다고 한다.[122] 범죄에 대한 두려움은 언론의 보도에 의해서 영향을 받는 것으로 알려졌다. 만약 시민들이 범죄에 대한 두려움을 많이 느낀다면, 삶의 질은 떨어질 수밖에 없다. 특히 노약자와 여성이 젊은 남성들에 비해서 범죄에 대한 두려움을 많이 느끼는 것으로 알려졌다. 사람들은 범죄에 대한 공포 때문에 문을 꼭꼭 걸어 잠근다. 그러면 밤거리는 인적이 없어 썰렁해지게 된다. 결국은 서로 다른 사람을 범죄자로 보는 불신이 사회에 만연하게 된다.[123]

2. 범죄의 긍정적 효과에 대한 주장

대부분의 범죄학자들은 앞에서 지적한 것과 같이 범죄의 부정적인 효과를 지적하고 그것을 예방할 방법을 연구하고 있다. 그러나 소수의 학자는 범죄의 긍정적 효과를 주장하기도 하였다. 그 대표적인 학자가 Durkheim이다. 물론 그는 남을 죽이는 것이 정당화되거나 바람직한 행위라고 보지는 않았다. 다만 그는 범죄는 어느 사회에나 존재할 수밖에 없는 것으로 간주하였다. 뿐만 아니라 일탈행위는 한 사회가 정체하지 않고 발전해 나가도록 도와주는 자극제로 보았다.

Durkheim의 영향을 받아서 Cohen은 범죄가 사회에 공헌하는 다음과 같은 긍정적인 몇 가지 효과를 지적하였다. **첫째**, 일탈행위는 기존의 고정관념에 대한 저항의 표현이다. **둘째**, 일탈행위는 사회적 불만족이 쌓이는 것을 막고 사회적 긴장을 완화시키는 역할을 한다. **셋째**, 일탈행위는 어떤 것이 일탈로 규정이 되는지를 확인시켜 준다. **넷째**, 일탈행위는 한 사회구성원들을 단결시켜주는 역할을 한다. 이것은 구성원들에게 일탈자를 공동의 적으로 간주하게 함으로써 가능하게 된다. **다섯째**, 일탈행위는 그 반대의 동조행위를 유도한다. 즉

---

121) Research & Forecasts, Inc., *The Figgie Report on Fear of Crime: America Afraid, Part I: The General Public*, p.29.
122) *Gallop Poll Public Opinion*, Vol.5(New York: Random House, 1977), pp.1240~1241.
123) John E. Conklin, *op. cit*, p.104.

일탈행위는 법과 규칙을 지키도록 만든다. **끝으로** 일탈행위는 일반 사람들에게 사회문제에 대해서 경고를 주는 기능을 한다.[124] 위의 내용을 요약한다면 범죄와 일탈행위는 모든 사회가 피할 수 없을 뿐만 아니라 구성원들을 단결시켜주고 사회를 변혁시키는 순기능도 한다는 것이다.

3. 연구목적

과학은 기술(記述, description), 설명(explanation), 예측(prediction), 그리고 통제(control)등 네 개의 수행단계와 목적을 가지고 있다. **첫째,** '기술'이란 관찰을 통해 어떤 현상을 표현하는 것이다. **둘째,** '설명'은 왜 그런 현상이 일어나는지를 상관관계를 조사하여 설명하는 것이다. **셋째,** '예측'은 '설명'을 바탕으로 미래에 발생할 현상에 대해서 추론하는 것이다. **끝으로** '통제'는 '예측'된 현상을 조작하여 영향력을 미치려는 노력이다.

위와 같은 맥락에서 볼 때, 범죄학의 연구목적은 범죄현상을 관찰하여 그 원인을 설명하여 범죄를 예측하고 통제하기 위한 것으로 요약할 수 있다. 범죄를 관찰하여 실태를 파악하는 것이 범죄학 연구에 있어서 가장 기본적인 것이다. 즉 어떤 범죄가 어느 정도 발생하고 있는지를 파악하는 것이 가장 먼저 이루어져야 한다.[125] 이것은 범죄발생의 지역별, 시간대별, 그리고 계절별 등으로 나누어서 분석하는 방법에 의해서 이루어진다. 다음에는 그런 범죄가 왜 발생하고 어떤 사람들이 어떤 요인에 의해서 범죄자가 되는가를 살펴보아야 한다. 범죄원인에 대한 연구를 위해서는 생물학, 심리학, 그리고 사회학 등의 여러분야가 총동원되어야 한다. 왜냐하면 어느 한 학문의 관점만으로는 범죄처럼 복잡한 현상을 제대로 연구하기 힘들 것이기 때문이다. 그래서 그동안 범죄의 원인에 대한 수많은 이론들이 개발되었다. 이런 이론들에 대해서는 추후에 보다 자세하게 살펴보게 될 것이다. 범죄행위를 저지르는 원인이 파악되었다면, 그에 따라 미래의 범죄발생을 예측할 수 있게 된다. 예측되는 범죄를 사전에 예방하는 것이 사전적 대응과 통제이다. 예를 들면 물리적 환경의 변화를 통해서 범죄의 발생을 억제하는 방법이다. 현재 많은 장소에서 CCTV와 잠금장치를 설치하고 경비원을 고용함으로써 범죄예방을 위한 노력을 기울이고 있다. 또 다른 측면은 범죄를 저지를 위험성이 높은 사람들을 찾아내어 미리 관심과 필요한 치료를 하는 것이다. 범죄가 일단 발생하면 많은 신체적, 정신적, 그리고 경제적 피해가 발생하기 때문에 사전

---

124) Albert K. Cohen, *Deviance and Control*(Englewood Cliffs, NJ: Prentice-Hall, 1966), pp.6~10.
125) 이윤호, 「범죄학개론」(서울: 박영사, 2002), pp.19~20.

적 대응이 최선의 방법이라고 볼 수 있다. 그러나 우리의 범죄예방 전략은 그렇게 발달되어 있지 않다. 따라서 범죄자에 대한 교정 및 교화에 의한 사후적 대응도 필요하게 되는 것이다. 범죄통제를 주로 담당하는 기관은 경찰, 법원, 그리고 교정제도 등의 형사사법기관이다. 그러나 범죄통제는 형사사법기관의 노력만으로는 부족하다. 요즈음은 일반 개인이나 민간단체도 범죄통제의 노력에 동참하는 경우가 있다. 그 대표적인 것은 사립사회복지기관이다. 미국에서 보면 구세군이 운영하는 시설에서 마약 중독자들을 수용하여 치료하는 경우가 있다.

4. 연구방법

여기에서 논의하게 될 연구방법들은 모두 경험주의적 연구방법들을 말한다. 경험주의적 방법이란 인간의 오감(五感)을 통해서 실제로 검증하는 것을 말한다. 경험주의적 연구방법은 계량적 연구방법(quantitative research methods)과 질적 연구방법(qualitative research methods)으로 크게 구분할 수 있다. 계량적 연구방법은 수치로서 연구결과를 나타낼 수 있는 것을 말한다. 반면 질적 연구방법은 수치로서 표현할 수 없는 것으로 일반적으로 소수의 사례를 심층적으로 연구하는 방법을 말한다. 다음에서 논의하는 연구방법들은 그 자체가 계량적인지 혹은 질적 연구인지를 말해 주지는 않는다. 다만 연구자의 접근방법에 따라서 위의 두 가지 연구 방법들 중에 하나에 속하는 것이다. 지금까지 범죄학자들이 많이 사용하여 왔던 연구방법들에는 정부공식통계조사, 설문조사, 참여관찰, 사례연구, 그리고 실험 등이 있다.

(1) 정부공식통계조사(Official Crime Statistics)

대부분의 문명화 된 국가들은 범죄에 대한 통계를 정기적으로 발간하고 있다. 미국의 경우를 보면 연방수사국, 즉 FBI(Federal Bureau of Investigation)가 「Uniform Crime Reports」(UCR)를 1930년 이후부터 매년 발간하고 있다. 이것은 FBI가 지방경찰로부터 수집한 자료를 정리한 것이다. UCR은 중요범죄인 Index Crimes 또는 Part I Crimes과 경범죄인 Part II로 구분하고 있다. 중요범죄에 속하는 범죄로는 살인, 강간, 강도, 가중폭행, 절도, 그리고 차량절도 등이 포함된다. 그리고 UCR에 포함되는 통계는 피의자가 특정범죄행위로 체포된 것만을 포함한다. 그러나 미국은 주마다 법이 조금씩 다르고 지방경찰이 모두 FBI에게 범죄통계 자료를 보고하지는 않는다. 또한 하나의 연속된 행위로 수 개의 다른 범죄행위를 구성할 때, 그 중에서 가장 죄질이 무거운 범죄만을 통계에 포함시킨다. 예를 들면 한 사람이 절도의 목적으로 주거에 침입하였다가 혼자 있는 여자를 강간하였다. 그리고는 그 여자의 차의 열쇠를 빼앗아서 차량으로 도주하였다고 가정할 수 있다. 위 범인의 행위는 최소한 주거침입절도, 강간, 그리고 차량절도 등의 세 가지 범죄행위에 해당한다. 그러나 FBI는 이 세 가지 행위를 모두 통계에 포함시키지 않는다. 다만 그 중에서 죄질이 가장 무거운 강간만을 기록한다. 그러므로 절도와 차량절도는 범죄통계에서 누락되기 때문에 FBI의 범죄통계가 그리 정확하다고 보기 어렵다.[126] 근래에는 이와 같은 단점을 보완하기 위해서, FBI는 「사건중심의 전국범죄보고체계」(National Incident-Based Reporting System, NIBRS)를 최근에 도입하였다. 이것은 일련의 범죄행위로 발생한 모든 사건을 빠짐없이 기록하도록 한 것이다. 그리하여 누락된 범죄가 없도록 하기 위한 것이다.

한국도 경찰청이 발간하는 「범죄분석」과 「경찰백서」, 대검찰청의 「범죄분석」, 법무연수원의 「범죄백서」, 그리고 통계청의 범죄에 관한 통계가 있다.[127] 경찰청의 「범죄분석」과 「경찰백서」는 지방경찰로부터 보고 받은 자료를 경찰청이 종합하여 집계 한 것이다. 그리고 대검찰청의 「범죄분석」은 경찰의 통계자료에다가 검찰이 직접 인지하고 수사한 사건을 추가한 것이다. 한편 법무연수원이 발간하는 「범죄백서」는 대검찰청의 자료를 바탕으로 요약하여 정리한 것이다. 마지막으로 통계청은 대검찰청의 자료를 이용하여 범죄통계자료를 발간하고 있다.[128] 대검찰청의 「범죄분석」은 범죄의 유형을 크게 형법범죄와 특별법범죄로 나누고 있다. 형법범죄는 일반형법규정에 저촉되는 행위를 말한다. 반면 특별법 범죄는 「성폭력범죄의처벌및피해자보호법」과 「미성년자보호법」등과 같은 특별형법에 저촉된 범죄들을 말한다. 한국은 일반형법이외에 많은 특별법을 두고 있다. 이런 현상은 어떤 행위에 대한 단속이 필요할 때 일반형법을 수정하기 보다는 새로운 특별법을 제정하기 때문에 생긴다.

보통 범죄통계는 절대범죄발생건수를 나타낸다. 그러나 범죄학자는 범죄연구를 위해서 인구수를 고려하여 인구 10만 명당 범죄발생률을 산출하여 표시하는 경우가 많다. 그 이유는 지역마다 인구수가 다를 뿐만 아니라 연도별로 인구수가 변하기 때문이다. 따라서 절대적인 범죄발생률만을 가지고 지역끼리 또는 연도별로 범죄발생을 비교하는 것은 공정한 비교가 되지 못한다. 예를 들면 서울특별시와 강원도 춘천시의 범죄발생건수를 비교하면 서

---

126) Michael G. Maxfield & Earl Babbie, *Research Methods for Criminal Justice and Criminology, 2nd ed.*(Belmont, CA: Wadsworth Publishing Company, 1998), pp.123~124.
127) 전대양, 「현대사회와 범죄」(서울: 형설출판사, 2002), p.32.
128) 통계청의 범죄통계자료는 통계청의 홈페이지 www.nso.go.kr을 통해서 온라인으로도 검색이 가능하다.

울특별시가 훨씬 많을 것이다. 그 이유는 서울특별시가 춘천시에 비해서 인구수가 훨씬 더 많기 때문이다. 인구가 많다는 것은 그만큼 잠재적인 범인과 피해자가 많다는 것을 말해준다. 어찌 보면 인구수가 많은 도시에서 범죄가 많이 발생하는 것은 당연하다.[129]

국제기구에서 발행하는 범죄통계자료도 있다. 대표적인 것이 인터폴(Interpol)에서 발행하는 「세계범죄통계」(International Crime Statistics)와 세계보건기구(World Health Organization, WHO)의 「세계보건연감」(World Health Statistics Annual)이 있다. 인터폴의 자료는 인터폴 회원국들로부터 수집한 경찰통계자료이다. 반면 세계보건기구의 자료는 범죄유형 중에서 살인에 대한 내용만을 수록하고 있다. 세계보건기구의 살인에 대한 통계자료는 사망신고를 할 때 신고자의 진술과 의사의 진단서를 바탕으로 작성한 인구통계에 근거한 것이다. 또한 세계보건기구의 자료는 실제 시체의 숫자를 계산해서 작성된 것이다. 그래서 앞의 두 자료들은 서로 그 성격이 조금 다르다.

국가들 사이의 범죄통계를 서로 비교하는데 있어서는 세심한 주의가 필요하다. 그 이유는 다음과 같다. **첫째,** 국가별로 범죄를 규정하는데 차이가 발생할 수 있다. 심지어는 다른 범죄에 비해서 국가별로 그 개념의 차이가 비교적 적은 살인도 국가별로 차이가 난다. 예를 들면 미국 FBI는 살인미수라는 범주를 따로 두고 있지 않다. 다시 말하면 피해자가 죽지 않으면 가중폭행(aggravated assault)으로 분류하고 있다. 그 이유는 피해자가 공격으로 사망하기 전에는 가해자가 살해의 고의가 있었는지를 정확히 판단하기가 대단히 어렵기 때문이다. 그러나 일본은 가해자가 살인의 고의가 없었다고 판단되면, 피해자가 죽었더라도 폭행치사로 분류한다. 이처럼 국가별로 각종 범죄에 대한 규정에 차이가 나기 때문에 인터폴은 세계 각국의 범죄유형을 세분화하지 않고 폭넓은 정의를 사용하고 있다. 그나마 범죄유형 중에서 국가별로 차이가 상대적으로 적은 것은 살인이다. 그래서 범죄학자들은 살인에 대한 국가간의 비교연구들을 하였다. **둘째,** 나라별로 범죄통계 수집과 분석능력에서 차이가 있다. 이것은 특히 국가의 경제발전수준과 관계가 있다. **셋째,** 세계 각 국가 국민들의 범죄신고 정신에도 차이가 있다. 일반적으로 선진국가의 국민들이 개발도상국가의 국민들보다 범죄신고를 잘 하는 것으로 인식되어진다. **끝으로** 국가의 위신을 위해서 범죄통계를 고의로 조작하여 보고할 가능성도 배제할 수 없다. 이런 이유들 때문에 세계 여러 국가들의 범죄통제를 있는 그대로 비교하는 것은 무리가 있다.[130] 국제살인통계자료에 대해서는 뒤

---

129) 인구 10만 명당 범죄발생률 = (범죄발생건수 / 인구수) × 10만
130) 전돈수, "국제기구의 살인발생률 통계자료의 문제점과 극복방안," 「치안정책연구」, 제17호, 2003, pp.151~174.

에서 비교범죄학을 논의할 때 보다 자세하게 다루도록 하겠다.

위와 같은 정부의 공식범죄통계는 유용한 정보를 제공해 준다. 우선 광범위한 지역들의 범죄분포를 한 눈에 알게 해준다. 따라서 범죄유형별로 범죄가 집중된 지역을 파악할 수 있다. 이와 마찬 가지로 연도별로도 범죄발생률의 변화추이를 알 수 있게 해준다. 이런 것 이외에도 정부의 공식범죄통계는 성별, 연령별, 직업별, 교육수준별 그리고 재범여부 등 범죄자에 대한 많은 정보를 제공한다. 이밖에도 범죄유형별 검거률과 같은 내용도 알려준다.

정부의 공식통계는 위와 같은 유용성에도 불구하고 다음과 같은 많은 단점들도 동시에 가지고 있다.

첫째, 정부의 공식통계는 경찰에 알려진 범죄 사건만이 통계에 잡힌다는 점이다. 경찰이 범죄를 인지하는 경로는 고소, 고발, 자수, 그리고 경찰의 현행범 체포 등이 있다. 그러나 범죄를 목격하거나 피해를 입은 사람이 경찰에 신고하지 않는 경우도 많다. 그 이유는 피해가 경미하거나, 보복이 두렵거나, 수치심 때문에, 그리고 단순히 경찰에 신고하면 귀찮게 될 것 같아서 등 다양하다. 특히 성범죄의 피해자는 수치심 때문에 범죄피해를 당하고도 신고하지 않는 경우가 많다. 또한 '피해자 없는 범죄'와 '화이트칼라범죄'도 그 특성상 정확한 발생 실태를 알기 어렵다. 그 이유는 성매매의 경우 동의한 두 남녀 사이(때로는 동성끼리)에 은밀히 이루어지기 때문이다. 이와 마찬가지로 마약복용도 다른 사람이 보지 않는 곳에서 주로 이루어진다. 같은 맥락에서 정치범죄, 뇌물수수 및 공여, 기업체범죄, 그리고 컴퓨터 범죄 등은 경찰에게까지 알려지는 것이 드물다. 예를 들면 몇 년 전에 굴비상자 안에 든 1억원의 현금이 안상수 인천시장에게 전달되려고 한 사건이 발생하였다. 만약 받은 사람이 경찰에 신고하지 않는 한 뇌물수수 및 공여 사실이 세상에 알려지는 것은 대단히 어렵다. 경찰이 이처럼 여러 가지 이유들로 인하여 인지하지 못한 범죄를 암수범죄(dark figure of crime)라고 부른다.

한국에서 2005년 발생한 재산범죄를 보면 범죄피해 사실을 신고하지 않은 가장 큰 이유는 피해가 적어서, 신고를 해도 피해물품을 회수하기가 어렵다고 생각하여, 다음으로는 피해사실을 몰라서 등의 순서로 나타났다. 강력범죄는 그래도 재산범죄보다는 많이 신고하는 것으로 보인다. 그러나 강력범죄를 신고하지 않은 피해자의 가장 큰 이유는 보복이 두렵기 때문으로 조사되었다.[131]

---

131) 검찰청, 범죄분석, 2006, www.kosis.kr.

둘째, 설사 경찰이 범죄를 인지하였다고 하더라도 훈방조치하거나 아니면 범죄자와 피해자 사이의 합의를 유도하는 경우가 많다. 특히 범죄사실이 경미하거나 피해자가 처벌을 원치 않으면 훈방조치를 하는 경우도 많다. 그리고 경찰은 웬만한 사건은 당사자들끼리 합의로 처리하도록 유도하고 있다. 더욱이 가족이나 서로 아는 사이에서 발생한 폭행사건은 현장에서 화해시키고 끝나는 경우가 많다.[132]

셋째, 위와 같은 대부분의 정부통계자료는 경찰에 신고 되어 접수된 사건을 바탕으로 경찰이 범죄유형을 분류한 것이다. 다시 말하면 이런 통계는 법원에서 최종적으로 유죄판결이 난 자료가 아니라는 것이다. 따라서 만약 경찰이 어떤 사건을 살인으로 접수했어도 법원에서 과실치사나 정당방위로 판결을 내릴 가능성도 배제할 수 없는 것이다.

넷째, 경찰이 여러 가지 이유로 범죄통계자료를 고의로 조작할 수 있는 가능성도 배제할 수 없다. 예를 들면 자신들의 업무성과를 드러내기 위해서 범죄발생률을 실제보다 축소하여 보고하는 경우이다. 이와는 정반대로 상부경찰기관에 실적을 높이기 위해서 어떤 범죄행위에 대한 대대적인 단속을 하는 경우도 있을 수 있다. 경우에 따라서는 더 많은 인력과 재원을 요구하기 위해서 경찰이 실제보다 과장되게 범죄통계를 조작할 개연성도 있다.[133]

다섯째, 경찰이 위와 같이 고의로 범죄통계를 조작하는 것은 아니지만 부주의나 통계처리 능력의 부족으로 정확한 집계를 하지 못하는 경우도 있다. 때로는 범죄 신고를 접수받은 경찰관이 범죄를 분류하는데 법률지식의 부족으로 실수를 할 수 있다. 뿐만 아니라 정부의 공식통계는 범죄 신고자의 진술내용에 상당부분 의존할 수밖에 없다. 특히 범죄피해자가 신고자인 경우에는 자신의 주관적인 판단에 의하여 경찰에 신고하는 경향이 있음을 부인하기 어려울 것이다.

여섯째, 그 이외에도 갑작스런 범죄수집과 분석방법의 변화는 범죄통계의 신뢰성을 약화시킨다. 특히 경찰의 집중적인 범죄단속이 있을 때는 범죄발생률이 증가하는 것은 어찌 보면 당연한 일이다. 특히 한때 한국이 성매매에 관한 특별법을 만들어 그런 유형의 범죄를 집중적으로 단속하였다. 이런 이유 때문에 정부공식통계상에 성매매 범죄가 갑자기 증가하는 것으로 나타날 것이다.

일곱째, 인구 10만 명당 범죄발생률도 그렇게 정확한 지표가 되지 않을 수 있다. 왜냐하

---

132) Michael G. Maxfield & Earl Babbie, *op. cit*, p.123.
133) Piers Beirne & James Messerschmidt, *op. cit*, p.38.

면 어떤 지역은 유난히 유동인구가 많은 곳이 있기 때문이다.[134] 예를 들면 한국의 경우 경상북도 경주시와 같이 유명한 관광지의 경우이다. 이곳에서는 관광객이나 외지에서 유입된 사람들이 범죄를 저지를 가능성이 증가한다. 그러므로 단순히 경주시에 거주하는 사람들을 기준으로 범죄발생률을 계산하면 실제와는 다른 범죄발생을 보여주게 될 것이다.

끝으로 정부의 공식범죄통계는 개개의 사건이 어떻게 발생했고 범인이 어떤 동기로 범행을 저질렀는지를 알려주지 못한다. 다시 말하면 정부의 공식통계는 광범위한 지역의 범죄분포는 한 눈에 알게 해 주지만, 개개의 사건에 대해서는 구체적으로 알려주지 못한다.

(2) 설문조사(Survey Research)

위에서 논의한 것과 같이 정부가 발행하는 공식통계는 많은 유용한 정보를 제공한다. 그러나 정부가 발행하는 통계는 많은 단점들도 있음을 이미 지적하였다. 이런 문제들을 극복할 수 있는 여러 가지 방법들이 있다. 그 중에 대표적인 방법이 설문조사이다. 설문조사는 암수범죄의 실태와 개개의 범죄사건에 대해서 보다 구체적으로 알 수 있게 해준다. 설문조사는 조사방법에 따라서 일대일 대면 인터뷰, 전화인터뷰, 직접적인 설문지 배포를 통한 조사, 그리고 우편을 통한 설문조사 등으로 구분된다. 한편 조사의 목적과 그 대상에 따라서 자기보고서(self-report survey)와 피해자조사(victimization survey) 등으로 나눌 수 있다.

1) 조사방법에 의한 설문조사의 구분

설문조사의 방법은 일대일 대면 인터뷰, 전화인터뷰, 직접적인 설문지 배포를 통한 조사, 그리고 우편을 통한 설문조사 등 다양한 방법이 동원된다. 보통은 표본을 추출하여 그들을 대상으로 하는 경우가 많다. 이 중에서 일대일 대면 인터뷰나 전화인터뷰는 즉각적인 결과를 얻을 수 있다면 장점이 있다. 또한 응답자의 말이 잘 이해가 되지 않는 경우에는 즉시 확인할 수도 있다. 그러나 설문조사의 대상자가 많은 경우에는 다수의 설문조사인력이 필요하다. 뿐만 아니라 여러 명의 설문조사원을 고용했을 경우 그들이 각각 설문대상자의 응답을 주관적으로 해석할 가능성도 있다. 우편을 통한 설문조사는 거리가 멀리 떨어져 있는 다른 여러 장소에 있는 다수를 대상으로 가능하다는 장점이 있다. 그러나 회신 응답률이 낮다는 큰 단점이 있다. 연구자는 연구의 목적, 대상자, 그리고 사용가능한 재정과 인력 등을 고려하여 위의 방법들 중에서 가장 적합한 방법을 선택하여야 한다.

---

134) Stephen E. Brown, Finn-Aage Esbensen, & Gilbert Geis, *op. cit*, p.93.

2) 설문조사의 목적과 대상에 따른 구분

설문조사하는 방법은 그 목적과 대상에 따라서 크게 자기보고서와 피해자조사로 구분할 수 있다. 다음은 이 두 가지 방법에 대해서 보다 자세하게 알아보겠다.

① 자기보고서(Self-Report Survey)

자기보고서는 범죄를 저질렀을 가능성이 있는 사람들을 대상으로 과거의 범죄행위에 대해서 물어보는 것이다. 특히 이런 연구는 경찰통계에 잘 잡히지 않는 범죄의 발생과 그 특성을 알아보기에 적당한 방법이다. 예를 들면 청소년들의 흡연, 음주, 그리고 약물(마약)남용 등의 실태를 파악하는데 유용하다. 또한 원조교제와 같이 두 사람 사이에 은밀히 이루어지는 성매매의 실태를 알아보는 데에도 유용하다. 다시 말하면 자기보고서를 이용한 연구방법은 암수범죄의 실태를 어느 정도 가늠할 수 있도록 도와준다. 그러나 정확한 응답을 얻기 위해서는 설문대상자들의 신원의 비밀을 철저히 보장해 주어야 한다. 뿐만 아니라 조사자는 대상자들에게 학술적인 목적이외에는 결코 다른 목적으로 연구결과를 사용하지 않을 것임을 설명해 주어야 한다.

미국에서는 자기보고서식 방법을 이용하여 전국적 규모의 조사를 하고 있다. 콜로라도대학교의 Delbert Elliot와 그의 동료들은 1977년에 최초로 「전국청소년설문조사」(The National Youth Survey, NYS)를 실시하였다. 이 조사는 미국 전역의 청소년들을 대상으로 표본을 추출하여 자신들의 비행에 대해서 응답하도록 한 것이다.[135] 한국도 2003년부터 미국의 NYS와 유사한 설문조사를 시작하였다. 한국청소년정책연구원이 제주도를 제외한 전국의 초중등학생들을 대상으로 표본을 추출하여 여러 가지를 조사를 한다. 그 설문내용 중에 비행도 포함이 되어 있다. 이것은 「한국청소년패널조사」(Korean Youth Panel Survey, KYPS)라고 불린다. 2003년부터 매년 1회씩 설문조사가 이루어지고 있다. 면접자가 대상 학생을 찾아가서 설문조사를 하게 된다. 이런 전국규모의 설문조사 덕택으로 한국의 범죄학자들은 청소년비행에 대한 연구를 보다 활발히 할 수 있게 되었다.

자기보고서식 연구는 위와 같은 장점을 가지고 있음에도 불구하고 다음과 같은 몇 가지 단점들이 있다. **첫째,** 자기보고서식 연구는 주로 청소년들을 대상으로 하고 성인들에 대한 내용은 많이 부족하다는 점이다. **둘째,** 질문하는 기간이 한정된다는 것이다. 그 이유는 자기보고서식 연구는 보통 지난 일년간의 비행에 대해서 답변을 하도록 하고 있기 때문이다. **셋째,** 청소년들은 자신의 비행에 대해서 실제보다 과장하는 경향이 있다는 지적도 있

---

135) Stephen E. Brown, Finn-Aage Esbensen, & Gilbert Geis, *op. cit*, p.99.

다.[136) **넷째,** 표본을 추출하는데 있어서 지역이 한정되는 경우가 많다는 것이다. **다섯째,** 자기보고서식 방법은 응답자의 정직성에 의존할 수밖에 없다. 만약 응답자가 여러 가지 이유로 인하여 거짓 응답을 한다면, 이런 식의 연구방법은 정확도가 약화된다. 설문대상자의 응답은 설문방식, 설문조사자의 신분과 태도에도 영향을 받는다. 이런 문제들 때문에 자기보고서식 방법을 이용하여 한 지역에서 연구한 결과를 다른 지역의 사람들에게까지 일반화시키는 것은 문제가 될 수 있다.[137)

② 피해자조사(Victimization Survey)

피해자조사는 잠재적 범죄인에게 설문하는 자기보고서와는 달리 범죄의 피해자에게 과거 범죄피해를 당한 것에 대해서 묻는 것이다. 예를 들면 지난 일년 동안 주거침입 절도를 당한 경험이 있는가를 질문하는 것이다. 그리고 만약 그런 경험이 있다면 그것에 대해서 구체적으로 알고 싶은 것들을 설문을 통해 얻어내는 것이다. 자기보고서와 마찬가지로 피해자 조사도 경찰통계에 잘 노출되지 않는 범죄의 실태를 파악하는데 유용하다. 예를 들면 강간이나 지하철에서 일어나는 성추행 사건 등이다.

미국에서는 1972년 「법집행지원국」(Law Enforcement Assistance Administration, LEAA)이 전국규모의 대규모 범죄피해자조사(National Crime Victimization Survey, NCVS)를 시작하였다. 그러나 나중에는 「인구통계청」(the U.S. Census Bureau)이 그런 조사를 실시해오고 있다. 이 조사의 제일 중요한 목적은 암수범죄의 정확한 실태를 파악하기 위한 것이다. 그래서 미국에서는 이런 범죄피해설문조사는 FBI가 발행하는 경찰통계인 UCR과 대조하는 목적으로 많이 활용된다. 그러나 여기서 한 가지 주의해야 할 것은 UCR과 범죄피해자조사(NCVS)는 수집방법과 조사대상이 상이하기 때문에 그들을 단순비교 하는 것은 큰 의미가 없다는 것이다. 부연 설명하자면 UCR은 경찰에 신고 된 사건과 경찰이 직접 인지한 것을 바탕으로 한 것이다. 반면 NCVS는 범죄피해자를 대상으로 직접조사 한 것이다. 이처럼 그 두 통계자료의 성격이 다르기 때문에 그 결과가 일치하지 않는 것은 어찌 보면 당연한 것이다. 또한 UCR과는 달리 범죄피해자조사는 범죄피해로 인한 심리적인 충격까지도 알 수 있다는 장점이 있다.

NCVS는 조사대상자에 대한 직접방문과 전화면접의 방법을 동시에 활용하고 있다. 이 조사에 포함되는 범죄유형은 강간(rape), 성폭행(sexual assault), 강도(robbery), 폭행(assault), 폭행치상(assault resulting in personal injury), 개인절도(personal theft), 단순

---

136) Piers Beirne & James Messerschmidt, *op. cit*, p.49.
137) Stephen E. Brown, Finn-Aage Esbensen, & Gilbert Geis, *op. cit*, pp.104~105.

절도(burglary), 주거침입절도(household larceny), 그리고 자동차 절도(motor vehicle theft) 등이다.[138] 이 조사는 두 부분으로 구성되어 있다. 하나는 미국 시(市)들을 대상으로 한 것이고, 다른 하나는 전국규모의 표본에 대한 것이다. 전국규모의 표본조사는 주로 개인 거주지에 사는 사람을 대상으로 한 것이다. 그러나 전국규모의 설문조사에는 사업장소를 대상으로 한 범죄에 대해서도 별도로 설문조사를 하고 있다.

미국 「형사사법 통계청」(Bureau of Justice Statistics)이 발간한 NCVS의 조사결과를 요약하면 다음과 같은 범죄의 특징을 발견할 수 있다. **첫째,** NCVS를 통해 조사된 전체범죄의 39%정도만이 경찰에 신고된 것으로 나타났다. 그 중에서 개인절도는 30% 정도 밖에 경찰에 신고 되지 않았다. 그래도 그 중에서 가장 많이 경찰에 신고 된 범죄는 자동차절도이다 (92%). 이것은 다수의 범죄는 경찰에 신고 되지 않는 암수범죄로 존재한다는 것을 다시 확인시켜주는 결과이다. 또한 전체 강력범죄 사건의 절반정도는 피해자가 범인이 누구인지를 안다고 대답하였다.[139]

James Garofalo와 Michael Hindelang의 연구에 의하면 범죄의 유형에 따라서 범죄피해 실태에 대해 응답하는 비율에서 차이가 난다고 지적하였다. 예를 들면 절도에 대해서는 88% 정도의 피해자가 응답을 하였다. 그러나 폭행에 관해서는 47% 정도만이 피해사실에 대해서 언급을 하였다. 특히 평소에 알고 지내던 사람이 범인인 경우에는 더욱이 그렇다. 평소에 알고 지내던 사람에 의해서 강간을 당한 경우에는 54% 정도의 여성만이 피해사실에 대해 응답하였다. 반면 모르는 남자에 의해서 강간을 당한 여성의 84% 정도가 그런 사실을 설문 조사자에게 알려주었다. 또 다른 측면은 조사자의 특성에 따라서 피해자의 응답이 달라질 수 있다는 것이다. 예를 들면 강간피해자인 여성이 수치심 때문에 남성조사자에 대해서는 강간당한 사실이나 그 구체적인 과정에 대해서 이야기하는 것을 꺼려하는 것이다.

또 한 가지 주목해야할 것은 범죄피해가 발생한지가 오래되면 될 수록 그런 사실에 대해서 적게 응답한다는 것이다. 범죄가 발생한 지 3개월 이내의 경우에는 67%의 피해자가 그런 사실을 보고하였다. 반면에 그 이상의 시간이 지나면 지날수록 보고를 적게 하였다. 또한 NCVS는 한 지역에 거주하는 사람들만을 대상으로 하기 때문에 그 지역에 통근하는 사람이나 관광객들이 당한 피해는 누락된다는 것이다. 뿐만 아니라 가정폭력이나 아동학대와 같이 언제부터가 시작이고 끝인지 선을 긋기 힘든 경우가 많다. 즉 이것을 한 사건으로 기록할 것인지 아니면 여러 사건으로 기록할 것인지가 명확하지 않다. 그래서 NCVS는 이런 범죄는 범죄피해율에서 제외시키고 있기 때문에 실제의 범죄발생보다 과소평가된 통계치

---

138) Piers Beirne & James Messerschmidt, *op. cit*, p.43.
139) *Ibid*, p.45.

를 보여준다. 범죄피해자조사의 또 다른 단점은 범죄의 유형에 대해서 피해자가 잘못 진술할 수도 있다는 것이다. 예를 들면 피해여성은 단순한 성추행을 강간당했다고 진술할 수 있다.[140] 다시 말하면 자기보고서식 방법과 마찬가지로 이런 조사의 정확성은 응답자의 기억, 교육수준, 그리고 그의 정직성 등에 의해서 영향을 받을 수밖에 없다는 것이다.[141] 정부에서 시행하는 이런 대규모 설문조사이외에도 개별 범죄학자는 연구목적에 따라서 개인적으로 피해자조사를 실시하고 있다.

(3) 참여관찰(Participant Observation)

참여관찰이란 연구대상자의 행동을 직접 관찰하는 것이다. 그래서 연구대상자에게 구두로 묻고 그에 대한 응답을 기록하는 설문조사 방식과는 다른 것이다. 사실 언어로 그 사람의 행동을 측정하는 것은 그렇게 정확한 방법이 아니라는 비판이 있어왔다. 왜냐하면 우선 사람의 말과 행동은 반드시 일치하는 것이 아니기 때문이다. 또한 사람의 기억력에는 한계가 있다. 뿐만 아니라 설문이란 것은 연구자의 질문방식에 따라서 대상자의 응답이 달라질 수도 있다.[142] 그리고 응답자의 말을 어떻게 해석하느냐는 연구자 개인에게 전적으로 좌지우지된다.

참여관찰은 인위적인 방법이 아니라 자연스럽게 있는 그대로의 현상과 행동을 관찰한다는 것이 장점이다. 참여관찰의 방법이 아니면 제대로 연구하기 힘든 것들이 있다. 예를 들면 갱(gang) 조직에 대한 연구를 하기 위해서는 그 안에 직접 들어가서 관찰하는 방법이 제일 효과적인 방법일 것이다. 그래서 과거에 Frederick Thrasher는 시카고 갱을 관찰하고 「갱(The Gang)」이라는 책을 저술하였다.[143] 참여관찰은 연구자가 자신의 신분을 공개하고 연구대상자의 양해를 얻는 방법과 자신의 신분을 감추고 마치 갱단처럼 위장하여 관찰하는 방법이 있다. 연구자의 신분을 감추고 관찰하는 방법은 갱단이 연구자의 존재를 의식하지 않기 때문에 그들의 자연스런 행동을 관찰할 수 있다는 장점이 있다. 그러나 자칫 연구자의 신분이 발각되면 갱단에 의해 신체적 위해를 받을 위험성도 있다. 민족지학적연구(ethnographic study)는 이런 연구방법 중의 하나이다. 이것은 주로 인류학자들이 특정 민족의 문화와 그들의 행동을 관찰하기 위해서 사용해 왔다. 이런 방법은 범죄행위에도 적

140) Stephen E. Brown, Finn-Aage Esbensen, & Gilbert Geis, *op. cit*, pp.107~111.

141) Frank E. Hagan, *Research Method in Criminal Justice and Criminology, 3rd ed.*(New York: Macmillan Publishing Company, 1993), p.187.

142) *Ibid*, p.187.

143) Frederick M. Thrasher, *The Gang: The Study of 1313 Gangs in Chicago*(Chicago: The University of Chicago Press, 1927).

용될 수 있다. 예를 들면 에스키모 부족의 가정폭력의 실태와 원인에 관한 연구를 들 수 있겠다.

참여관찰의 연구방법은 그 성격상 연구자가 많은 시간을 투자해야 한다는 단점이 있다. 예를 들면 갱 조직의 범죄행위를 제대로 관찰하기 위해서는 최소한 몇 달이 소요 될 것이다. 뿐만 아니라 연구자 자신의 안전이 위협받을 가능성도 있다. 또한 관찰한 내용은 연구자의 주관적인 눈을 통해서 해석된다. 따라서 연구자의 가치관에 따라서 현상을 다르게 해석할 가능성도 배제할 수 없다. 그래서 이런 연구방법은 현실적으로 실천하기 어려운 점이 있다.

⑷ 사례연구(Case Study)

이미 지적한 것과 같이 정부의 공식통계는 전국적인 범죄분포를 알 수 있도록 해준다. 반면에 각 사례의 구체적 내용에 대한 정보를 주지 못한다. 이런 단점을 극복해 줄 수 있는 것이 사례연구이다. 사례연구는 소수의 사례를 심층적으로 조사하는 것이다. 범죄연구에서 대표적인 사례연구는 Sutherland가 절도범의 일대기를 심층적으로 면접한 후에 발표한 「전문절도범」(*The Professional Thief*)이 있다.[144] 이 연구를 통해 Sutherland는 범죄도 다른 일반 행위와 마찬가지로 학습된다는 차별접촉이론 혹은 사회학습이론으로 불리는 이론을 소개하였다. 이와 비슷한 연구는 Shaw의 「잭롤러」(*The Jack-Roller*)이다.[145]

사례연구는 연구의 결과를 연구대상자이외의 다른 사람들에게 일반화하기 어렵다는 단점이 있다. 그 이유는 자연현상과는 달리 인간의 행위는 개인별로 차이가 많기 때문이다.

⑸ 실험(Experiment)

실험은 자연과학분야에서는 자주 사용되는 연구방법이다. 그러나 범죄학분야에서는 그렇게 많이 쓰이지 않고 있다. 그 이유는 범죄학은 사람을 연구대상으로 하기 때문에 실험을 하면 윤리적 및 기술적인 문제가 발생할 수가 있기 때문이다. 전형적인 실험은 실험집단(test group)과 통제집단(control group)으로 구분한다. 실험집단에는 연구하고자 하는 자극(독립변수)을 가하는 집단이다. 반면에 통제집단은 그런 자극을 적용하지 않는 집단을 말한다. 여기서 독립변수란 연구자가 그 효과를 알기 원하는 대상을 말한다. 또한 원칙적으로 실험집단과 통제집단의 분류는 무작위로 한다. 그리고 실험 전후를 측정하여 독립변수가 실험집단과 통제집단에 미치는 영향을 조사한다. 만약 새로 개발된 혈압강하제의 효

---

144) Edwin H. Sutherland, *The Professional Thief*(Chicago: The University of Chicago Press, 1937).
145) Clifford R. Shaw, *The Jack-Roller*(Chicago: The University of Chicago Press, 1930).

과를 측정한다면, 실험집단과 통제집단의 혈압을 약을 투여하기 전에 측정한다. 그런 후에 실험집단에만 약을 투여한다. 약효가 발생할 것으로 예상되는 시간이 도달하면 실험집단과 통제집단에 속한 사람들의 혈압을 측정하여 서로 비교한다. 만약 통제집단에 비해서 실험집단에 속한 사람들이 약 투여전보다 혈압이 상당히 내려갔다면, 새로운 약은 효과가 있다는 결론을 내릴 수 있다. 물론 약물투여로 인한 부작용도 함께 관찰해야할 것이다. 그러나 실제로 사회과학의 연구에 있어서는 위와 같은 순수실험 이외에 변형된 여러 가지 실험방법들이 자주 사용되고 있다.

범죄학분야에서 실험을 사용한 예들 중의 하나는 1970년대 말에 증가하는 청소년비행을 억제할 목적으로 미국에서 행해진 것이 있다. 즉 청소년을 무작위로 실험집단과 통제집단으로 분류하여 실험집단에게 교도소 견학을 시킨 것이다. 이것은 범죄를 저지르면 감옥에 들어가게 된다는 경각심을 일으켜서 청소년비행을 사전에 예방할 수 있는지를 알아보기 위한 것이었다. 그러기 위해서 실험이 실시된 후 3개월과 6개월이 경과한 후의 비행여부를 조사하였다. 그러나 실험결과는 실험집단과 통제집단 사이에 범죄행위에 별다른 차이가 없음이 밝혀졌다.[146] 결국 이 실험은 청소년들에게 경각심을 불러일으키기 위한 교도소 견학은 범죄예방 효과가 없음을 나타내는 것이다.

5. 범죄학연구에 있어서 윤리적인 문제

과학적으로 인간행동에 대한 실험과 교정치료가 가능하다고 하여서 그것을 무턱대고 실현할 수는 없다. 왜냐하면 그런 방법이 비윤리적일 수 있기 때문이다. 예를 들면 인간복제가 과학적으로 가능하다고 하더라도 그것을 실현했을 경우 많은 윤리적인 문제가 발생한다. 과거의 범죄학 연구도 이런 윤리적인 문제에 빠졌던 적이 있었다. 제2차 세계대전 당시 독일의 나치(Nazi)는 유대인들을 대상으로 여러 가지 생체실험을 하였다. 이와 마찬 가지로 제국주의 일본은 중국과 한국 사람들을 대상으로 비인간적인 생체실험을 한 것은 잘 알려진 사실이다. 사회과학에서 윤리적으로 문제가 된 것은 Philip Zimbardo가 실시한 실험이다. Zimbardo는 모의 교도소를 설치하고 대학생들을 나누어서 죄수와 교도관의 역할을 하도록 하였다. 이 실험 도중에 죄수와 교도관의 역할을 맡은 대학생들 사이에 적대감이 지나치게 심화되어 실험을 중지해야만 했다.[147] 한 때 미국에서는 범죄도 유전된다는 연구결과 때문에 흉악범의 생식(生殖)기능을 차단한 적이 있었다. 그래서 미국에서도 범죄행위에 대한 생물학

146) Frank E. Hagan, *op. cit*, pp.78~79.
147) *Ibid*, p.29.

적 연구는 신롬부로조주의(neo-Lombrosian)로 간주되어 비판을 받아왔다. 심지어는 범죄생물학자들이 생물학적 연구에 반대하는 사람들에 의해서 신체위협을 받는 경우도 있었다.[148]

과학적 연구에 있어서의 또 다른 장애물은 정치적·종교적 이념이 개입한다는 것이다. 1543년에 Copernicus가 지동설을 주장했을 당시 사람들은 자신들의 종교적 신념과 맞지 않는다는 이유만으로 Copernicus를 박해하였다. 그래서 "과학적으로는 맞고 정치적(종교적)으로는 잘못된 연구"라는 말이 생긴 것이다. 이것은 과학적인 연구가 정치적인 신념에 의해 영향을 받고 왜곡된다는 것을 의미한다. 또 다른 예는 흑인이 범죄성이 강한 이유가 그들 특유의 유전적인 요인에 기인한다는 생물학적 연구가 나온 경우이다. 이렇게 되면 당장 그 연구결과에 대해서 흑인단체들의 반발이 발생한다. 흑인단체는 그런 연구결과를 발표한 사람을 인종차별주의자로 몰아세우기도 한다.

위에서 언급한 문제이외에도 범죄학 연구는 연구대상자 개인의 사생활을 침해하고 명예를 훼손할 소지가 있다. 그래서 범죄학자는 연구대상자를 선정하는데 많은 어려움이 있다. 예를 들면 고교생들의 흡연과 음주실태를 알아보기 위해 고교를 방문하여 설문조사를 하려는 경우이다. 이것에 대해서 학교장은 연구자의 접근을 허락하지 않을 가능성이 있다. 그 이유는 그런 연구의 결과가 발표되면 해당학교의 명예가 손상될 우려가 있기 때문이다.

윤리적인 문제는 과학기술의 발전과 함께 조금씩 극복될 것으로 전망된다. 최근에는 CAT Scan과 MRI 등의 첨단장비의 등장과 함께 인간에게 직접적인 위해를 가하지 않고 뇌를 연구할 수 있는 길이 열렸다. 그러나 범죄학 연구는 아직까지 여러 가지 윤리적 및 정치적 문제가 따른다. 그래서 범죄학자는 다음과 같은 노력이 필요하다.

첫째, 범죄학자는 연구를 시작하기 전에 연구대상자에게 연구의 목적, 내용, 그리고 방법 등에 대해서 정확히 알려주고 허락을 받아야 한다. 특히 범죄학자는 연구대상자의 신체에 직접적인 위해를 가할 소지가 있는 생물학, 의학, 그리고 심리학을 응용한 연구는 그것으로 인해서 발생할 수 있는 위험요소에 대해서 자세히 설명해 주고 사전에 동의를 얻어야 한다. 또한 범죄학자는 부당하게 연구대상자의 사생활을 침해하여 물질적·정신적 피해를 주어서는 안 된다. 따라서 범죄학자는 연구대상자의 사생활보호를 위해서 그의 신분의 비밀을 보장해주어야 한다.

둘째, 정부는 연구대상자의 신체안전과 사생활의 자유를 침해할 소지가 있는 연구에 대해서는 제한적으로 사전에 허락을 받도록 규제해야 한다. 미국의 경우를 보면 보건·교육·복지부(Department of Health, Education, and Welfare)는 인간을 대상으로 한 연구에

---

148) C. Ray Jeffery, *op. cit*, p.33.

대한 지침을 마련하고 있다. 그리고 정부의 재정적인 지원을 받아서 하는 연구는 이런 지침을 준수하도록 규정하고 있다. 다만 정부에 의한 규제는 연구대상자의 인권을 보호하기 위한 것이어야지, 정부가 마치 '큰형'(big brother)처럼 연구 활동자체를 마음대로 통제하기 위한 것이어서는 안 된다.[149] 한편 앞으로 한국은 범죄학회를 더욱 활성화시켜서 자체적으로 범죄학 연구에 필요한 윤리강령(code of ethics)을 제정할 필요가 있다.

끝으로 과학은 과학 그 자체로 받아들여져야 한다. 그리고 과학에 바탕을 둔 연구는 과학에 의해서 논박이 되어야지 가치관과 정치적 신념에 의해서 판단되어져서는 안 된다. 그리고 범죄학자는 과학적 진리와 상관없이 범죄학을 자신의 가치관을 관철시키기 위한 도구로 이용해서는 안 된다. 뿐만 아니라 연구자는 과학적인 연구방법을 도입하여 항상 객관성을 유지할 수 있도록 노력해야 한다. 이렇게 해야만 과학의 진보가 가능하게 된다.

제5절 범죄학의 역사

이제는 초기의 범죄학의 역사에 대해서 알아보도록 하겠다. 이것은 크게 초자연적 설명, 고전주의 범죄학, 그리고 실증주의 범죄학 등으로 구분할 수 있다.

1. 초자연적 설명

초기에는 초자연적 설명(super-natural explanation)이 주류를 이루었다. 옛날 사람들은 정신병 그리고 육체적 질환과 함께 범죄를 저지르는 것도 악령이 들어갔기 때문이라고 여겼다. 그래서 주술(呪術)을 통해서 범죄자로부터 악령을 쫓아내려는 시도를 하였다. 그 이외에도 신이 정의를 판단하고 결정하는 제도를 만들었다. 그래서 범죄피해자나 그의 가족이 가해자나 그의 가족에게 복수하는 것이다. 또 다른 방법은 어떤 여인이 악녀인지를 알아보기 위해서 몸을 묶어서 끓는 물에 던진다. 그래서 만약 여인이 살아나면 무죄이고 그렇지 않으면 유죄로 여겼다. 이것은 신이 무죄인 자를 보호해 줄 것이라는 당시의 신념에 기초하고 있는 것이다.

---

149) Frank E. Hagan, *op. cit*, p.34.

위와 같은 전통은 미국에서도 행해졌다. 필라델피아(Philadelphia)주에 있는 퀘이커 교도들(Quakers)은 범죄자들을 감화원(penitentiary)에 가둔 후에 성경을 읽고 자신의 죄를 회계하도록 하였다. 그래서 교도소란 말 대신에 죄를 회계한다는 의미에서 감화원이란 이름을 붙인 것이다. 전 미국 대통령 Richard Nixon은 범죄자를 교정 및 교화시키는 유일한 방법은 그들을 기독교인으로 개종시키는 방법밖에 없다고 역설하였다. 이런 오랜 관행은 종교적 또는 정치적 권력을 가진 자들에 의해서 남용되어 인권을 유린하는 행위가 발생하기도 하였다. 뿐만 아니라 초자연적 설명은 인간의 오감을 통해서 입증 또는 반증하기 어렵다. 이것은 초자연적인 설명은 과학의 테두리를 벗어난다는 것을 의미한다.[150] 그렇다고 초자연적 설명이 반드시 허위라는 것은 아니다. 다만 인간의 지식으로는 그것의 진위여부를 파악하기 어렵다는 것일 뿐이다.

2. 고전주의 범죄학

초자연적 설명이후에 등장한 것이 인간의 이성에 의존하는 것이었다. 이 시기에 등장한 것이 고전주의 범죄학(Classical Criminology)이다. 이것은 철학이나 법학의 발달과 함께 등장하였다. 고전주의 범죄학은 범죄는 법을 어기는 행위라는 관점에서 이해하였다. 그리고 인간은 기본적으로 이성적이며 합리적이라는 가정에서 출발한다. 그렇기 때문에 인간은 자신의 이익을 최대화시키는 방향으로 행동한다는 것이다. 따라서 범죄는 개인의 자유선택에 의해서 발생한다는 것이다. 범죄를 예방하기 위해서는 정부는 개인이 범죄를 선택하지 않도록 그에 상응하는 형벌을 주어야 한다는 것이다.[151] 고전주의 범죄학이 기여한 것은 종전의 자의적이고 잔인한 형사사법제도를 개선하고 죄형법정주의에 입각한 법의 집행을 정립시켰다는 점이다. 그래서 이 시기부터 서양에서는 실정법을 어긴 행위만을 재판을 통해서 처벌하였다. 뿐만 아니라 처벌도 그 죄질에 비례하여 부과하는 것이 점차로 정착되었다.

3. 실증주의 범죄학

실증주의(Positivism)란 인간의 오감을 통해서 경험적으로 입증이 가능한 것을 연구대상

---

150) George B. Vold, Thomas J. Bernard, & Jeffrey B. Snipes, *op. cit.*, pp.4~5.
151) *Ibid*, p.7.

으로 하는 것이다.[152] 실증주의라는 말은 프랑스의 철학자이며 사회학자인 August Comte 가 처음 사용한 말이다.[153] 그는 사회현상도 자연과학과 같은 연구방법에 의해서 이해되어 질 수 있는 것으로 보았다. 또한 그는 한 개인은 그를 둘러싼 주변의 환경에 의해서 영향을 받는다고 주장하였다. 실증주의 학자들은 고전주의 학자들과는 달리 인간의 이성은 생물학 적, 심리학적, 그리고 사회학적 요인 등 여러 가지에 의해서 제한된다고 보았다. 바꾸어 말 하면 범죄자는 여러 요인들에 의해서 형성된다는 범죄인 결정주의(determinism)에 근간을 두고 있다. 따라서 범죄자를 처벌하기 전에 그렇게 만든 원인을 먼저 찾아야 한다. 그런 후 에 교정 및 교화의 방법을 통해서 그 범죄자의 이성을 제한하는 요소를 제거하여 새사람으 로 만들어야 한다. 그런 다음에 그를 사회에 복귀시켜야한다고 주장하였다. 따라서 실증주 의 범죄학의 목적은 범죄의 원인을 찾는데 초점이 맞추어져 있다. 결론적으로 고전주의 범 죄학자들이 '범죄'에 관심을 가진 것과는 대조적으로 실증주의 범죄학자들은 '범죄인'에 대 한 연구에 치중하였다. 초기의 대표적인 실증주의적 연구는 Guerry와 Quetelet의 생태학 적 연구와 Lombroso로 대표되는 생물학적·인류학적인 접근방법이다. 다음에서는 위와 같은 초기의 실증주의 범죄학에 대해서 간략하게 살펴보겠다.

(1) Guerry와 Quetelet의 연구

범죄학자들은 경험주의적 연구방법을 동원하여 범죄현상을 설명하려고 했던 최초의 시 도를 Guerry와 Quetelet의 연구로 보고 있다.[154] 유럽에서는 출생 및 사망과 같은 국가의 기초 인구통계조사가 1500년대부터 시작되었다. 그리고 1827년에 프랑스는 범죄에 대한 국가통계자료를 발간하게 되었다. 이런 통계자료의 발간은 경제사정과 범죄발생률과의 상 관관계에 대한 연구를 가능하게 하였다. Andre-Michel Guerry(1802~1866)는 프랑스 법 무부에서 범죄통계를 담당하는 책임자로 일하였다. 그리고 그는 가난과 범죄와의 관계를 조사하였다. 즉 가난한 사람들이 많이 거주하는 지역에서 범죄가 보다 많이 발생하는 지를 통계자료를 바탕으로 분석하였다. 그러나 Guerry는 부자들이 많이 사는 지역에서 재산범 죄는 많이 발생하는 반면에 강력범죄는 적게 발생한다는 것을 발견하였다. Guerry는 부자 지역에서 재산범죄가 많이 발생하는 것은 그 만큼 절도할 수 있는 대상물이 많기 때문이라 고 해석하였다. 이와 같은 방법으로 그는 지역별 교육수준과 범죄발생과의 상관관계도 연

---

152) J. Robert Lilly, Francis T. Cullen, & Richard A. Ball, *Criminological Theory: Context and Consequences*(Newbury Park: Sage Publications, 1989), p.26.
153) Comte는 '사회학의 아버지'라고 불리기도 한다.
154) George B. Vold, Thomas J. Bernard, & Jeffery B. Snipes, *op. cit.*, pp.28~32.

구하였다. 그러나 일반 사람들의 예상과는 달리 교육수준이 높은 지역에서 오히려 강력범죄의 발생이 많았다. Guerry는 이런 연구결과를 1833년 *Essai sur la statistique morale de la France*란 제목으로 발표하였다.

Adolpe Quetelet(1796~1874)는 벨기에의 수학자이자 천문학자였다. 그는 프랑스에서 새롭게 등장하기 시작한 사회통계를 접하게 되면서 범죄에 대한 분석을 시도하였다. Guetelet는 통계적으로 볼 때 범죄자가 되기 쉬운 사람들의 부류가 있다고 주장하였다. 예를 들면 그는 범죄는 비교적 부유하고 실업자가 적은 지역에서 오히려 많이 발생한다고 밝혔다. 그러나 그 지역에서 범죄를 저지르는 자는 가난한 실업자일 가능성이 높다고 지적하였다. 그는 젊고, 가난하고, 실업자이고, 그리고 제대로 교육받지 못한 사람들 중에서 범죄자가 많이 발생한다고 주장하였다. Guetelet은 Guerry와 마찬가지로 부자들이 많이 사는 지역에서 범죄가 자주 발생하는 것은 범행기회와 관련이 있을 것으로 보았다. 또 하나 Guetelet가 지적한 문제는 부유한 지역에서 발생하는 빈부차이였다. 그는 부유한 동네에는 잘사는 사람뿐만 아니라 일부 가난한 사람도 거주하고 있다는 사실에 주목하였다. 따라서 이런 경제적 불평등이 이 지역의 범죄문제와 관련이 있다는 것이다.[155]

Guerry와 Guetelet의 연구는 몇 가지 측면에서 중요한 가치를 지니고 있다. **첫째,** 그들의 연구는 범죄연구에 있어서 최초로 경험주의적 방법을 동원했다는 점이다. 고전주의 범죄학파가 철학적 접근방법을 통해서 범죄현상을 설명하려고 시도했던 것에서 한 단계 진전한 것으로 볼 수 있겠다. **둘째,** Guerry와 Quetelet는 국가의 공식통계를 이용하여 경제수준과 같은 지역의 특성과 범죄발생과의 상관관계에 대한 연구를 최초로 시도하였다는 점이다. 그들의 연구방법은 나중에 미국의 Shaw와 McKay와 같은 시카고학자들에 의해 다시 도입되었다. 후에 보다 자세하게 설명하겠지만 Shaw와 McKay는 시카고시를 몇 지역으로 구분한 다음에 각 지역의 특성과 범죄발생률과의 관계를 조사하였다. 이런 방법을 생태학적 연구방법(ecological study)이라고 한다. 이 방법은 지금도 범죄학자들에 의해서 많이 응용되고 있다. **셋째,** Guerry가 지적한 것처럼 재산범죄는 부자가 많이 사는 지역에서 주로 발생한다. 그는 이런 이유를 부자가 많은 지역에서는 가치 있는 범행대상물이 많기 때문이라고 설명하고 있다. Guerry는 이것을 범행 '기회'(opportunity)가 많기 때문이라고 했다. 이와 같은 연구는 후에 신고전주의 범죄학과 범죄예방이론의 기초가 된 '기회이론'(opportunity theory)이 등장하는데 기여하였다. **끝으로** Guerry와 Quetelet는 한 지역에 거주하는 사람들 사이의 경제적 불평등을 범죄를 비롯한 사회문제의 원인으로 설명하였다. 그리고 가난을 비롯한 사회문제를 해결하는 것이 범죄를 예방하는 데에도 기여한다는 범죄

---

155) *Ibid*, p.30.

예방방법도 제시하였다. 이런 주장은 후에 사회주의 이론에 바탕을 둔 '비판 범죄학'의 근간이 되는 것이다. 위와 같이 Guerry와 Quetelet는 현대의 실증주의 범죄학이 등장하는데 많은 기여를 하였다.

(2) 초기의 생물학적 이론

초기의 실증주의 범죄학자들이 관심을 가진 것은 생물학적인 접근방법이었다. 생물학에서 과학적 연구의 길을 본격적으로 연 계기가 된 것은 Charles Darwin(1809~1882)의 진화론이었다. Darwin의 저서 「종의 기원」(Origin of the Species)이 세상의 주목을 받으면서 인간행위에 대한 생물학적인 설명이 시도되었다. 즉 인간도 주변 환경의 영향을 받으면서 끝없는 진화의 과정을 거친다는 것이다. 그렇기 때문에 인간의 행위는 생물학적 요인과 주변 환경의 산물이라는 것이다. 초기의 생물학적 연구의 대표적인 학자들로는 Cesare Lombroso(1836~1909), Enrico Ferri(1856~1928), 그리고 Raffaele Garofalo(1851~1934) 등의 이탈리아 출신의 학자들이 있다. 그 첫 번째 인물은 의사였던 Lombroso이다. Lombroso는 군의관으로 근무할 때 죄수들의 두개골의 크기를 측정하여 일반인들의 그것과 비교하였다. 그리고 그 연구결과를 「범죄자에 대하여」(On Criminal Man)이란 책을 통해 1876년에 발표하였다. 이 책은 곧 바로 여러 나라의 언어로 번역되어 세상에 알려지게 되었다.[156]

Lombroso는 죄수들의 두개골은 침팬지와 같은 유인원의 구조와 비슷하다는 결론을 내렸다. 예를 들면 비정상적으로 큰 귀, 경사진 앞이마, 지나치게 긴 팔, 푹 파인 얼굴의 볼, 그리고 꼬인 코등이다. 예를 들면 범죄인의 상당수가 일반인에 비해서 상당히 작거나 또는 큰 두개골을 가지고 있다는 것이다. 그래서 범죄자는 유인원으로부터 진화가 덜 된 사람들이 동물의 본성을 가지면서 발생한다고 보았다. Lombroso는 이런 현상을 격세유전(atavism)이라고 설명하였다. 그리고 이들은 태어나면서 범죄자가 될 수밖에 없는 운명을 가진다고 하여 생래적 범죄인설(born criminal theory)을 주장하였다.[157] 비록 생래적 범죄인이 저지르는 범죄는 전체범죄의 3분의 1정도에 해당한다. 그러나 대부분의 흉악범죄가 그들에 의해서 저질러진다. 달리 말하면 3분의 2의 다른 범죄자들은 비교적 경미한 범죄를 저지른다. 따라서 이런 범죄자들이 심각한 사회문제가 된다.

위와 같이 Lombroso는 유전과 범죄와의 관계를 연구하는 것이 중요하다는 것을 제시하

---

156) J. Robert Lilly, Francis T. Cullen, & Richard A. Ball, *op. cit*, p.28.
157) *Ibid*, p.28

였다. 유전은 간접적인 방법과 직접적인 방법을 통해서 영향을 미친다. 간접적인 방법은 간질, 매독, 귀머거리, 알코올중독, 그리고 정신이상 등을 자식에게 유전시키는 것이다. 그 중에서도 알코올중독의 영향이 가장 크다. 이런 영향을 받은 자식은 옳고 그른 행위를 판단하는 능력이 약화되어서 범죄를 저지르기 쉽게 된다. 직접적인 방법은 부모로부터 그대로 범죄성을 유전을 받는 것이다. 그래서 부모가 범죄자 일 경우에 자식도 범죄자가 될 가능성이 증가하는 것이다. 그래서 청소년범죄자의 26% 정도는 부모의 평판이 아주 좋지 않은 가정 출신이다.[158]

Ferri도 실증주의 범죄학의 발전에 기여한 학자이다. 그는 범죄자 개인의 특성에 맞게 형벌이 주어져야 한다고 믿었다. 그러면서 인간이 자유의지를 가진 이성적인 존재라는 고전주의 범죄학자들의 주장을 반박하였다. Ferri는 하나의 범죄행위가 발생하는 데에는 여러 가지 원인들이 있을 수 있음을 주장하였다. 예를 들면 여름에 강력범죄가 많이 발생한다. 그 이유들은 다음과 같다. **첫째,** Ferri는 열이 생체에 미치는 영향을 지적하였다. 열은 인간에게 필요이상의 에너지를 발생시킨다. **둘째,** 일반적으로 사람들은 여름에 영양섭취를 많이 한다. **끝으로** 고온과 높은 습도는 사람들의 불쾌지수를 높인다. 이런 과도한 에너지와 불쾌지수의 분출창구로서 폭력행위를 저지르게 된다는 것이다.

Garofalo는 Lombroso 그리고 Ferri와 함께 이탈리아 실증주의 범죄학파의 트리오를 이루고 있다. Garofalo는 강력범죄를 저지른 자는 '동정심'(pity)이 결여된 자들이라고 보았다. 반면 재산범죄를 저지른 자들은 '정직성'(probity)이 부족한 자들이라고 주장하였다.[159]

위와 같은 초기의 이태리의 생물학적 연구이외에도 미국에서 시도된 연구도 있다. William Sheldon(1898~1977)은 그의 저서 「비행청소년의 다양성」(Varieties of Delinquent)을 통해서 사람의 체형과 범죄성의 관계를 조사하였다. 그는 Boston시의 교도소에 있는 남성 200명의 체형을 조사하였다. Sheldon은 체형을 '마른 형'(ectomorph), '비만형'(endomorph), 그리고 '근육형'(mesomorph) 등으로 구분하였다. 그는 체형에 따라서 사람의 성격이 다르다고 주장하였다. 비만형의 사람은 느긋하며 식욕이 강하다. 뿐만 아니라 사람들과 어울리기를 좋아하며 많은 인간적인 정을 가지고 있다. 마른형은 외부의 자극에 상당히 민감한 반응을 자주 나타내고 소심한 면도 가지고 있다. Sheldon의 연구 결과에 의하면 근육형의 남성 중에서 가장 범죄자가 많다고 지적하였다. 이런 연구는 Sheldon Glueck과 Eleanor Glueck의 연구 결과와도 일치하는 것이다. 그들은 비행청소년 500명과 일반 청소년 500명

---

158) Gina Lombroso-Ferrero, *Criminal Man, According to the Classification of Cesare Lombroso*(New York: G. P. Putnam's Sons, 1911), pp.4~49.

159) Stephen E. Brown, Finn-Aage E. Esbensen, & Gilbert Geis, *op. cit.*, pp.232~233.

을 비교하였다. 그 결과 비행청소년들은 '근육형'(mesomorph)이 상당히 많았다고 밝혔다.[160]

　　Ernest A. Hooton(1887~1954)도 Sheldon과 비슷한 연구를 하였다. 그는 그의 저서 「미국범죄자」(*The American Criminal*)를 통해 미국 몇 개주의 구치소(jail)와 교도소의 재소자들을 조사하였다. 그의 연구목적은 교도소에 있는 범죄자들이 일반인들과는 다른 신체적인 특징을 가지고 있는가 하는 것이었다. 결론적으로 범죄자들은 일반사람들에 비해서 신체적으로 열등하다. 거기에는 체중, 키, 가슴둘레, 코, 귀의 크기, 그리고 머리의 높이 등이 모두 포함된다. 이런 차이는 통계적으로도 유의미한 것으로 나타났다. Hooton은 Sheldon과 같이 범죄자가 일반인과 신체적 차이가 있다는 것을 주장하였다. 그러나 Hooton은 근육형의 남자가 아니라 신체부위가 열등한 사람이 범죄자가 되기 쉽다고 주장하였다. 그는 범죄자는 생물학적으로 열등한 사람이라는 결론을 내렸다. 그는 이런 생물학적인 열등성은 유전에 의해서 물려받는다는 점을 강조하였다. 그런 측면에서 Hooton은 유전이 범죄행위의 한 중요한 원인임을 강조하였다.[161]

　　현재에는 Lombroso와 같이 인간의 외모를 통해 범죄형, 즉 '생래적 범죄자'가 있다고 주장하는 범죄학자는 드물다. 그러나 Lombroso가 범죄학에 기여한 것은 범죄인의 두개골을 측정하는 것과 같이 경험주의적인 방법을 통해서 범죄자의 특성에 대한 연구를 시도하였다는 점이다. 이런 연구는 실증주의 범죄학의 등장에 크게 기여하였다. 특히 생물학적인 접근방법을 동원한 범죄원인에 관한 연구가 유럽에서 활성화되는 계기를 마련하였다. 그 중에서도 유전과 범죄의 상관성에 대한 연구를 활성화시키는 역할을 하였다. 뒤에서 유전과 범죄에 대한 연구들을 좀 더 자세하게 살펴보게 될 것이다.

⑶ 초기의 실증주의 범죄학에 대한 평가

　　실증주의가 범죄학에 기여한 바를 다음과 같이 몇 가지로 요약할 수 있다. **첫째,** 실증주의는 고전주의 범죄학자들이 주장하는 자유의지라는 개념을 반박하였다. 그 대신에 개인이 스스로 통제할 수 없는 외부요인에 의해서 범죄가 발생한다고 지적하였다. 따라서 실증주의는 범죄와 범죄행위에 대한 과학적인 연구를 가능하게 만들었다. **둘째,** 실증주의는 범죄현상의 발생에 대한 사회적 책임과 사회적 차원의 대책을 요구하였다. 이것은 고전주의 범죄학자들이 개별 범죄자에게 도덕적 책임을 물어서 처벌하는 것이 타당하다는 주장과는 차이가 있는 것이다. **셋째,** 실증주의 범죄학은 예방의 중요성을 강조하였다. 다시 말하면 범

---

160) Sheldon Glueck & Eleanor Glueck, *Unraveling Juvenile Delinquency*(Cambridge, Mass: Harvard University Press, 1950), pp.4~282.

161) Ernest A. Hooton, *The American Criminal*(Mass: Harvard University Press, 1939), pp.252~309.

죄가 발생하기 전에 미리 범죄성을 지닌 개인을 찾아내어 치료를 하여야 한다는 것이다. 이것은 범죄라는 현상을 마치 일반 질병과 유사한 개념으로 이해한 것이다. **넷째,** 실증주의 학자들은 범죄자의 개인적 특성과 범죄유발 요인에 따른 차별적인 처우를 요구하였다. 그래서 부정기형제도의 적극적인 활용을 강조하였다. 뿐만 아니라 실증주의 범죄학자들은 '처벌'의 타당성은 범죄로부터 사회와 범죄자 개인을 동시에 보호하는데 있다고 보았다.

4. 고전주의와 실증주의 범죄학의 대립

고전주의와 실증주의 범죄학은 다음과 같은 몇 가지 분야에서 대립하여왔다.

첫째, 형법과 행동과학 사이의 충돌이다. 형법은 기본적으로 고전주의 범죄학에 기반을 두고서 인간은 자유의지를 가진 존재로서 자신의 행위에 도덕적 책임이 있음을 강조하고 있다. 반면에 행동과학으로서의 범죄학은 인간의 행위는 자신의 통제범위 밖에 있는 요소에 의해서 영향을 받는다고 주장한다. 그래서 그런 요인의 근본적인 치유 없이는 범죄를 막을 방법이 없음을 강조하고 있다. 그러나 법관은 행동과학적 지식을 제대로 재판과정에 적용하지 못하고 있다. 왜냐하면 법관 대부분은 법대 출신자들로서 행동과학적 지식이 없는 사람들이기 때문이다. 또한 법률가들은 범죄를 줄이기 위해서는 처벌을 강화하여야 한다고 주장한다. 이것은 행동과학자의 의견과는 다른 것이다.

둘째, 고전주의 범죄학은 대부분의 문명화 된 사회의 형사사법제도의 기본모델이 되었다. 특히 범죄를 수사하고 체포하는 경찰, 검찰, 그리고 재판과정은 이런 고전주의 범죄학의 원칙에 근거하고 있다. 다시 말하면 죄형법정주의와 적법절차의 원칙에 따라 모든 형사절차가 진행된다. 특히 성인범죄자를 대상으로 하는 일반 형사사법체계는 더욱 그렇다. 반면 교정제도는 교화 및 교정의 원칙을 내세우면서 재소자의 재사회화를 목표로 하고 있다. 다시 말하면 우리의 교정제도는 최소한 표면적으로는 실증주의 범죄학에 기반을 두고 있는 것이다. 그래서 우리의 형사사법체계 안에서도 고전주의와 실증주의 범죄학 사이에 대립이 있는 것이다.

셋째, 소년사법제도는 최소한 이상적으로는 실증주의 범죄학에 기초하여 소년이 범죄자가 되게 만든 원인의 치유에 치중한다. 그러나 성인들을 대상으로 하는 일반 형사사법제도는 고전주의 범죄학에 기초하여 죄질에 따라 형량을 부과하고 처벌하는데 치중하고 있다. 뿐만 아니라 소년범죄자도 성년의 나이에 이르면 일반 형사절차를 거치게 된다. 이것은 교정이념과 잘 맞지 않는 것이다.

끝으로 고전주의 범죄학에 기초한 우리의 형사사법제도는 범죄가 발생한 이후에 사후적으로 대처하는데 초점이 맞추어져 있다. 즉 사후적대응(reactive)을 하고 있는 것이다. 하지만 실증주의 범죄학은 범죄가 발생하기 전에 미연에 그런 요소를 제거함으로서 범죄예방을 꾀하고 있다. 이런 실증주의의 이념은 '범죄예방'(prevention), '치료'(treatment), 그리고 '재사회화'(rehabilitation) 등의 용어로 요약되기도 한다. 그러나 아직까지 우리는 사후적 대응에 치중하다 보니 이미 발생한 범죄피해를 막을 방법이 없다. 왜냐하면 이미 죽은 사람을 살리기 힘들며, 절도당한 물건을 되찾기가 어렵기 때문이다.

[표 1-4] 고전주의 범죄학과 실증주의 범죄학의 비교

구 분	고전주의 범죄학	실증주의 범죄학
인간행위에 대한 기본전제	인간은 이성적이며, 자유의지를 가지고 있음	인간의 행위는 생물학적, 심리학적, 그리고 사회학적 등 여러 가지 요인에 의해서 결정됨
범죄의 원인	인간의 자유선택에 의한 결과임	인간의 이성을 제한하는 여러 가지 요인에 의해서 범죄성이 발생함
범죄에 대한 대응	형벌의 위협을 통해서 범죄를 억제함(사후적 대응 위주)	범죄의 원인이 되는 요인을 과학적으로 발견하여 그것들을 통제해야 함(사전적 범죄예방 위주)
소년사법제도와 일반사법제도에 미친 영향	성인들을 위한 일반사법제도의 근간을 이루는 원칙을 제시함(예 죄형법정주의와 적법절차 등)	소년사법제도의 근간을 이루는 이론을 제시함
범죄학과 형사사법제도에 미친 영향	현대 형사사법제도의 근간이 됨	현대 범죄학적 연구의 대부분을 차지함

제2장

고전주의 범죄학

C·R·I·M·I·N·O·L·O·G·Y

제2장

고전주의 범죄학

고전주의 범죄학은 인간은 이성적이며 자유의지를 가진 존재라는 전제를 바탕으로 형성된 이론이다. 여기서는 고전주의 범죄학에 대해서 보다 자세하게 알아보도록 하겠다.

제1절 등장배경

서양에서는 오래 전에 범죄에 대한 초자연적인 설명을 시도하였다. 초자연적인 설명은 기독교적 개념인 '원죄'(sin)와 일반 사회적인 개념인 '범죄'(crime)를 구별하지 않고 사용하고 있다. 그래서 자연법 사상가들은 범죄를 시간과 공간을 초월해서 존재하는 신이 내린 법을 어기는 행위라고 여겼다. 이것은 St. Thomas Aquinas(1225~1274)의 신학과 관련이 있다. 이처럼 범죄를 종교적인 죄악과 동일시하다보니 국가는 죄인을 잔혹하게 고문할 수 있는 '도덕적 권위'(moral authority)가 있다고 여겼다. 그러나 이런 신념은 18세기 중반에 유럽에서 등장한 계몽주의에 의해 비판을 받았다. 계몽주의자들은 종교적 신념이나 미신보다는 인간의 이성과 경험의 세계를 중시하였다. 대표적인 계몽주의자들은 프랑스의 Voltaire, Montesquieu, Rousseau, 독일의 Kant, 그리고 영국의 Adam Smith와 Hume 등이었다. 계몽주의의 핵심이론 중에 하나가 사회계약설이다.[1] 대표적인 사회계약론자인 Thomas Hobbs(1588~1678)는 사람은 천성적으로 악한 면이 있기 때문에 그대로 두면 '만인의 만인에 대한 투쟁'(war of each against all) 상태가 된다고 주장하였다. 따라서 사람들은 이런 상태를 원하지 않기 때문에 자신들의 자유를 조금씩 양보해서 국가에게 자신들을 보호해줄 것을 요청하게 되었다는 것이다. 이런 계약은 묵시적으로 이루어진다. 그 결

---

1) Piers Beirne & James Messerschmidt, *op. cit*, p.63.

과 국가가 형성이 되고 국민을 대표하는 입법부를 통해서 법을 만들게 된다는 것이다. 곧 법은 인간이 필요에 의해서 만든 것에 지나지 않는다는 것이다. 이것은 전에도 논의한 것과 같이 실정법주의라고 한다.[2]

위와 같이 범죄에 대한 초자연적인 설명을 정면으로 비판하고 등장한 사람이 바로 이탈리아의 학자인 Cesare Beccaria(1738~1794)이다. Beccaria가 살던 시대에는 아직 법치주의가 제대로 확립되지 않은 시기였다. 이 시기에는 피의자에게 가혹한 고문과 형벌이 가해졌다. 심지어는 산채로 화형시키고 인두로 낙인찍는 등의 무자비한 형벌이 행하여졌다. 뿐만 아니라 법률전문가에 의한 조력을 받을 권리가 주어지지 않았다. Beccaria는 Montesquieu, Voltaire, Bacon, Rousseau, 그리고 Hume 등의 영향을 받아서 인권을 보장하기 위한 노력을 시도하였다.[3]

제2절 기본가정

이미 앞에서도 언급하였지만 고전주의 범죄학자들은 인간은 본질적으로 이성적이며 자유의지(free will)를 가지고 있다고 가정한다. 따라서 인간은 자신의 쾌락(pleasure)은 최대화시키고 고통(pain)은 최소화시키는 방향으로 행동한다는 것이다. 이런 가정은 Jeremy Bentham(1748~1832)의 쾌락주의(hedonistic calculus)와 관련이 있다. Bentham은 「도덕과 법제정의 원칙에 관한 소개」(Introduction to the Principles of Morals and Legislation)를 통해서 다음과 같은 주장을 하였다.[4] 즉 잠재적 범인은 범죄를 저지름으로 인하여 발생하는 이득과 손실을 계산한다는 것이다. 따라서 법을 만드는 사람은 이런 원칙에 근거해서 형벌의 정도를 결정해야 한다는 것이다. 다시 말하면 범죄로 인해서 발생하는 이득보다 손실이 더 크도록 해야 한다. 그렇게 함으로써 사람이 범죄를 저지름으로써 발생할지 모르는 처벌 때문에 범죄를 억제하도록 해야 한다. 그러나 한 가지 주의해야 할 것은 어떤 경우에도 처벌이 범죄를 예방하기 위한 목적이상으로 중해서는 아니 된다.[5] 또한 고전주의 범죄학자들은 인간은 자신의 자유선택에 의해 발생한 범죄에 대해서 도덕적 책임을 가지고 있으

---

2) George B. Vold, Thomas J. Bernard, & Jeffery B. Snipes, *op. cit.*, pp.14~15.
3) J. Robert Lilly, Francis T. Cullen, & Richard A. Ball, *op. cit.*, p.24.
4) Jeremy Bentham, *An Introduction to the Principles of Morals and Legislation*(New York: Hafner Press, 1780/1973)을 참고할 것.
5) Piers Beirne & James Messerschmidt, *op. cit*, p.69.

므로 처벌을 받아 마땅하다고 주장했다.

제3절 핵심개념

1764년에 Beccaria가 이탈리아에서 출판한 「범죄와 형벌」(*Crimes and Punishments*)[6]을 통해보면 다음과 같은 핵심개념들을 추론해 볼 수 있다.

첫째, 죄형법정주의(罪刑法定主義)로서 범죄와 그에 따르는 형벌은 일반 시민에게 미리 공개하여 알 수 있도록 해야 한다. 다시 말하면 법이 없으면 형벌을 가할 수 없다는 것이다(*nullum crimen sine lege*). 또한 법은 소수의 절대 권력자가 아닌 입법부에 의해서 만들어져야 한다. 그리고 법의 해석은 입법부가 아닌 제3자에 의해서 행해져야 한다. 뿐만 아니라 죄형법정주의는 범인의 죄질에 따라서 형벌을 차등하게 적용해야한다는 것도 의미한다. 이것은 사람의 자의적인 법의 적용과 운용을 금지하는 것이다. 이런 의미에서 필요이상으로 가혹하고 잔인한 형벌은 금지되어야 한다. 고문을 통해서 얻은 자백은 의미가 없다. 그 이유는 그런 자백은 신뢰할 수가 없기 때문이다. 만약 국가가 무고한 사람을 고문하면 그가 고문을 견디지 못하고 허위로 자신이 범죄자임을 자백할 수 있다. 반대로 강한 사람은 모진 고문을 견디고 끝까지 무죄임을 주장하여 방면되는 경우가 있을 수 있다.

둘째, 유죄증거의 원칙(proof of guilt)으로서 피고인이 범인이 아닐 수 있다는 합리적인 의심의 범위를 넘어서(beyond a reasonable doubt) 범죄사실을 입증해야 유죄판결을 내릴 수 있다는 것이다. 그리고 피고인은 법원에 의해 최종적으로 유죄판결을 받기 전에는 무죄로 추정을 받는다. 이것을 무죄추정의 원칙(presumption of innocence)이라고 한다.[7]

셋째, Beccaria는 피고인은 배심원에 의한 재판(trial by jury)을 받을 권리가 있음을 주장하였다. 배심원에 의한 재판은 피고인이 자신과 같은 동료시민에 의해서 유무죄의 평결을 받을 수 있다는 것을 의미한다.

넷째, Beccaria는 형벌이 범죄억제(crime deterrence)의 효과를 얻기 위해서는 형벌의 신속성(promptness of punishment), 형벌의 확실성(certainty of punishment), 그리고 형벌의 엄중성(severity of punishment)이 필요함을 강조하였다. 형벌이 신속해야 하는 이유

---

6) Cesare Beccaria, *On Crimes and Punishments*. Translated by Henry Paolucci(Indianapolis: Bobbs-Merrill, 1764/1963)을 참고할 것.

7) J. Robert Lilly, Francis T. Cullen, & Richard A. Ball, *op. cit*, p.24.

는 한 사람이 자신이 범행을 저지르고도 오랫동안 잡히지 않는다면 범죄와 형벌의 연관성이 약해지기 때문이다. 그렇게 되면 사람들은 범죄를 저지르면 처벌받게 된다는 생각을 제대로 가지지 못하게 된다. 뿐만 아니라 체포된 범인에게 최대한 빨리 재판을 받도록 해주어야 한다. 그 이유도 불필요하게 장기화 된 재판과정은 피고인을 고통 속에 몰아넣기 때문이다. 또한 범죄를 저지른 사람은 반드시 형사사법기관에 의해서 처벌을 받아야 한다. 만약 범죄를 저지르고도 처벌받지 않는 일이 많아진다면 형벌의 범죄억제 효과를 기대하기가 힘들 것이기 때문이다. 그 이외에도 형벌은 그 죄질에 비례해서 적절하게 엄중해야만 미래의 범죄를 억제할 수 있다. 따라서 형벌이 죄질에 비해서 지나치게 가볍거나 중해서는 범죄행위를 억제하는 효과를 기대할 수 없을 뿐만 아니라, 잘못하면 인권을 침해하게 된다. 더 나아가 Beccaria는 사형제도에 대해서 반대했다. 그 이유는 우리에게는 동료시민을 죽일 권리가 없다고 생각했기 때문이다. 살인자를 처벌해야할 국가가 사형이란 제도를 통해서 또 다른 살인행위를 저지르는 것은 잘못된 것이라는 것이다. 뿐만 아니라 그는 사형제도가 범죄를 억제하는 효과가 적다고 믿었다. 만약 사형제도가 그 범인이 다시는 흉악한 범죄를 저지르지 못하게 하는 것이 목적이라면 종신형을 주는 것만으로도 충분하다.[8]

끝으로 형벌은 죄질에 따라서 결정되어야지 범법자가 누구인가에 의해서 차별을 두어서는 아니 된다. 다만 형벌은 그 행위가 사회에 끼친 해악에 따라서 결정되어야 한다는 것이다.[9] 이것은 법의 형평성을 강조한 것이다.

제4절 정책적 제안

고전주의 범죄학파는 현대 형사사법체계의 형성에 큰 영향을 미쳤다. 특히 Beccaria의 주장은 그 자체가 형사정책과 직접적으로 관련이 된 것들이 많다. 이미 앞에서 지적한 바와 같이 고전주의 범죄학자는 범죄와 형벌은 반드시 사전에 법을 통해서 일반 시민에게 공표되어야 한다고 주장하였다. 즉 법이 없으면 형벌을 부과할 수 없다는 것이다. 또한 형벌이 범죄억제 효과를 가지기 위해서는 죄질에 비례해서 차별적으로 부과해야 한다. 뿐만 아니라 형벌은 신속하고, 확실하고, 그리고 적절히 엄중하게 가해져야 범죄억제의 효과를 기대

---

8) Randy Martin, Robert J. Mutchnick, & W. Timothy Austin, *Criminological Thought: Pioneers Past and Present*(New York: Macmillan Publishing, 1990), pp.12~13.
9) Freda Adler, Gerhard O. W. Mueller, & William S. Laufer, *op. cit*, p.61.

할 수 있다. 위와 같은 제안은 현재 대부분의 국가의 형사사법기관이 실천하려고 노력하고 있는 문제이다. 그 이외에도 Beccaria는 범죄 피의자의 인권보장을 위해서 가혹행위를 통해서 자백이 강요되어서는 아니 된다는 것을 강조하였다. 이런 원칙은 나중에 적법절차의 원칙의 형성에 기여하였다. 뿐만 아니라 고전주의 범죄학자들은 범죄자가 어떤 사람인가에 의해서 차별적으로 형벌을 부과해서는 안 된다는 것을 지적하고 있다. 따라서 문명화 된 대부분의 국가의 형사사법체계는 기본적으로 죄질에 따라서 형량을 정하고 있다.[10]

제5절 환경범죄학과 일상활동이론

고전적 범죄이론은 현대의 많은 범죄이론의 형성에 영향을 마쳤다. 환경설계를 통한 범죄예방이론(Crime Prevention Through Environmental Design, CPTED), 환경범죄학(Environmental Criminology), 그리고 상황적 범죄학(Situational Crime Prevention)이라고 불리는 이론들이 1970년대 이후부터 본격적으로 등장하였다. 지금도 이 분야에 대한 많은 연구들이 진행되고 있다. 이런 이론들에 대해서 보다 자세하게 논의할 가치가 있다.

(1) 범죄예방이론의 등장

범죄가 성립되기 위해서는 법, 범인, 대상, 그리고 장소 등 네가지의 요소가 결합되어야 한다. 우선 법이 어떤 행위를 범죄로 규정하여야 한다. 또한 그 법을 위반하는 사람(범인)이 있어야 한다. 그리고 사람이든 재물이든 범죄행위의 대상이 있어야 한다. 끝으로 범죄가 발생하는 장소가 필요하다. 전통적인 범죄학은 이 중에서 주로 범인에 대한 연구에 중점을 두었다. 즉 전통적인 범죄학은 한 사람이 범죄자가 되기까지 그 사람을 둘러싼 심리학적 및 사회학적 환경을 연구하는 것에 초점을 맞추었다. 그러나 범죄예방이론은 범죄자에 대한 연구보다는 범죄현상 자체, 즉 범죄가 발생하는 장소와 그 특정장소를 둘러싼 환경에 대한 연구에 치중한다. 다시 말하면 범죄예방이론가들은 범죄의 다발지역(건물)과 그렇지 않은 지역을 비교분석한다. 그런 연구를 바탕으로 그들은 범죄가 적게 발생하도록 환경을 개선하는 방법을 찾는다.[11]

---

10) George B. Vold, Thomas J. Bernard, & Jeffery B. Snipes, *op. cit.*, p.23.
11) Paul Brantingham & Patricia Brantingham, *Introduction: The Dimensions of Crime.* In *Environmental Criminology* edited by Paul Brantingham & Patricia Brantingham(Prospect Heights, IL: Waveland Press, 1981), pp.1~3.

환경변화를 통한 범죄예방이론이 유명해지기 시작한 것은 두 사람의 공로가 크다. 한 사람은 미국 플로리다주립대학교 범죄학과 교수로 재직하다가 2007년에 별세한 C. Ray Jeffery이고 다른 한 사람은 New York의 건축 학자였던 Oscar Newman이다. Jeffery 교수는 인간의 행동에도 생태학적 원리를 적용하여 범인도 주변 환경에 민감하게 반응한다는 점을 범죄예방에 적용하려고 하였다. 한국에도 잘 알려진 '환경설계를 통한 범죄예방이론'은 1971년에 Jeffery 교수가 출간한 'Crime Prevention Through Environmental Design (CPTED)'이란 저서에서 유래하였다. 한편 Newman은 공동감시가 잘되도록 건축설계를 하여 범죄에 대한 방어 공간(Defensible Space)이 되도록 해야 한다고 주장하였다. 예를 들면 주변지역에서 관찰이 용이하도록 만든 창문, 조명의 설치, 그리고 거주자들이 서로 감시가 쉽게 만든 공동공간의 확보 등이다. 위의 두 학자들 보다 후에 등장한 사람들은 Brantingham과 Ronald Clarke이었다. Brantingham은 환경 범죄학(Environmental Criminology)이란 이름으로 그리고 Clarke은 상황적 범죄예방(Situational Crime Prevention)으로 각각 범죄예방이론을 정립하였다.[12]

그 이외에도 James Wilson과 Gorge Kelling이 개발한 "**깨어진 유리창이론 (Broken Widow Theory)**"도 지금의 환경범죄학의 등장에 영향을 미쳤다. 이것은 심리학자 Philip Zimbardo가 한 실험에서 유래가 되었다. Zimbardo는 유리창이 깨진 자동차를 길거리 한쪽에 세워놓고 그 차에 어떤 일이 벌어지는 지 숨어서 관찰을 하였다. 한 두 사람씩 나타나서 차를 부셨다. 어떤 경우에는 야구 방망이를 휘둘러서 차를 부셔놓는가 하면 어떤 사람은 차 위에 올라타서 점프를 하면서 차를 파괴하는 것을 즐겼다. 그 결과 차는 머지않아서 거의 처참하게 망가지고 말았다. Wilson과 Kelling은 이런 심리학자 Zimbardo의 연구를 범죄문제와 연결시켜서 "깨어진 유리창이론"으로 발전을 시켰다. 이것은 한 지역에서 깨어진 유리창을 그대로 방치하면 더 많은 범죄를 유발하기 때문에 깨어진 유리창이 발생했을 때 즉각적으로 고쳐야 한다는 것이다. 설명하자면 무질서와 같은 작은 문제가 큰 범죄문제로 확대되기 전에 지역의 환경을 깨끗하게 정리정돈을 하는 것이 중요하다는 것이다.

위에서 살펴본 것처럼 범죄예방이론은 여러 가지 이름으로 불려지고 있다. 그러나 위의 이론들은 다음과 같은 몇 가지 공통점을 가지고 있다. **첫째,** 범죄예방이론은 신고전주의 범죄학이론(Neo-Classical Criminology)을 일부 도입하였다. 신고전주의는 Gary Becker, James Q. Wilson, 그리고 Ernest van den Haag 등에 의해서 소개되었다. 이들은 그 동안 범죄학계의 관심 밖이었던 고전주의 학파의 주장을 일부 수용하여 신고전주의이론을 정립

---

12) Ronald Clarke, *Introduction. In Situational Crime Prevention: Successful Case Studies* edited by Ronald Clarke(New York: Harrow & Heston, 1992), pp.1~7.

하였다. 이들은 순수이론보다는 실제로 범죄예방에 응응할 수 있는 프로그램의 개발에 치중하였다.13) 신고전주의 범죄학의 대표적인 두 이론은 합리적 선택이론(Rational Choice Theory)과 기회이론(Opportunity Theory)이다. '합리적 선택이론'은 인간은 이성적인 존재라는 가정에서 출발한다.

따라서 잠재적 범인은 범행을 감행하기에 앞서 그것을 통해서 얻을 수 있는 이익과 그에 수반되는 위험부담을 비교하여 합리적인 판단을 한다는 것이다. 다시 말하면 범인은 범죄행위를 통해서 얻을 수 있는 이익보다 위험부담이 더 크다고 판단하면 범행을 저지르지 않을 가능성이 크다는 것이다. 한편 '기회이론'도 합리적 선택이론과 유사하다. 이것은 한 사람이 범죄의 성공기회에 대한 나름대로의 판단을 하고 그에 따라 행동한다는 것이다. 예를 들면 잠재적 범인은 범행을 감행하기에 앞서 경비원의 유무, 도주로의 용이성, 그리고 CCTV의 설치상태 등을 종합적으로 판단하게 된다. 따라서 범죄예방에서 중요한 것은 범행기회를 사전에 차단하는 것이다.

둘째, 범죄예방이론들은 일상활동이론(Routine Activity Theory)14)을 일부 접목하고 있다. 일상활동이론은 범죄도 다른 일반 행동과 마찬가지로 일상생활의 범주 안에서 일어난다는 것이다. 여기서 일상 활동은 학교생활, 가정생활, 직업생활, 그리고 여가활동 등을 모두 포함한다. Cohen, Kluegel, 그리고 Land는 개인의 범죄피해에 영향을 미치는 다섯가지 요인을 지적하였다. **첫째,** 범죄자와 범죄대상과의 근접성이다. 이것은 잠재적인 범인과 피해물건 또는 피해자 사이의 물리적인 거리를 말한다. **둘째,** 범죄에의 노출로서, 범죄에 대한 개인 및 물건의 취약성을 의미한다. **셋째,** 범죄대상에 대한 유인력으로서 사람이나 물건에 대해서 잠재적인 범인이 느끼는 가치이다. 이 유인력은 대상의 가치와 휴대의 간편성 등에 의해서 결정된다. **넷째,** 감시성은 잠재적인 범죄대상물에 대한 감시의 정도를 말하는 것이다. 이것은 물건의 주인이나 경비원 등에 의한 인적감시와 경보장치와 자물쇠와 같은 물적인 감시장치도 포함된다. **끝으로** 범죄유형에 따른 독특한 특성으로서 범행에 필요한 지식 및 기술 등의 정도를 말한다. 이것은 재산범죄와 강력범죄 그리고 가정침입범죄와 개인범죄에 따라서 그 범행의 특성이 다를 수 있다는 것을 시사하는 것이다.15)

범인은 평소에 익숙했던 곳을 범행 장소로 선택한다. 그 이유는 범인은 낯선 지역에 가면 그곳의 지리와 사정을 잘 알지 못해서 불안을 느끼기 때문이다. 여름 휴가철에 주거침입

13) Frank E. Hagan, *op. cit*, p.396.
14) L. E. Cohen & M. Felson, "Social Change and Crime Rate Trends: A Routine Activity Approach," *American Sociological Review*, Vol. 44(1979), pp.588~608.
15) 최인섭·기광도, "가구 및 개인절도피해에 영향을 미치는 요인연구: 일상활동이론과 사회해체이론을 중심으로," 「형사정책연구」, 제9권 제4호9통권 제36호(1998·겨울호), pp.61~80에서 재인용하였음.

절도가 많이 발생하는 이유는 집을 지키는 주인이 없어서 쉽게 범행을 할 수 있기 때문이다. 이와 마찬가지로 일상활동이론은 경제발전과 더불어 절도범죄가 증가하는 것은 단순히 절도할 대상물품이 많아졌기 때문이라고 설명한다. 더욱이 산업발전에 따라서 물품은 소형화와 경량화가 되고 있어 이전보다 절도가 훨씬 용이해졌다.16) 일상활동이론을 수립한 Marcus Felson에 의하면 1992년보다 1996년에 미국에서 강도와 절도범죄가 20% 감소하였다고 한다.

그 이유는 신용카드활용의 급격한 증가로 큰 현금을 소지하는 일이 적어졌기 때문이라고 주장하였다.17) 미국의 Minneapolis시를 대상으로 한 연구에 의하면 범죄의 신고는 전체 시지역 중에서 불과 3% 정도밖에 되지 않는 곳에서 집중하여 발생했다고 보고하였다. 이곳은 피해자를 보호해 줄 사람이 없는 우범지역(hot spot)으로 이해할 수 있다.18) 또한 이런 사실은 범죄는 범인, 대상, 그리고 장소의 세가지 요소가 결합되었을 때 발생한다는 것을 시사해준다. 따라서 이 세 가지 요소에 대한 연구는 범죄 예방대책을 마련하는데 있어 매우 중요하다.

최인섭과 기광도는 1996년 제주도를 제외한 전국에 있는 2,040가구를 대상으로 재산범죄의 피해실태를 조사하였다.19) 그 결과 감시성과 같은 요인이 범죄피해와 관련이 있는 것으로 나타났다. 즉 아파트와 같이 외부로부터 잘 보호된 주택이나, 집에 대한 안전조치를 잘 할수록, 그리고 이웃간에 범죄예방을 위한 감시를 잘 할수록 가택침입절도의 피해를 적게 받는다는 것을 시사해주고 있다.

일상활동이론은 상식적인 수준에서 보았을 때 상당히 설득력을 가지고 있다. 그래서 많은 범죄학자들이 이 이론을 검증하려고 시도하고 있다. 일상활동이론은 Durkheim의 아노미이론을 대신할 수 있는 것으로도 평가된다. 즉 한 사회가 산업화와 도시화가 이루어지면 재산범죄가 증가하는 것은 아노미현상 때문이 아니다. 다만 경제성장에 따라서 절도할 수 있는 소형의 고가제품들이 대폭적으로 증가하였기 때문으로 볼 수도 있다. 그러나 이 이론은 어떤 일상활동이 범죄와 관련이 있는지를 구체적으로 제시하지 못하고 있다. 또한 이 이론은 범죄의 근본원인이 무엇인지를 설명해주지 못하고 있다. 단지 일상활동이론은 언제 그리고 어디서 주로 어떤 범죄가 발생하는지를 알려줄 뿐이다. 즉 범죄자가 왜 발생하는가

---

16) Piers Beirne & James Messerschmidt, *op. cit*, pp.216.
17) Felson Marcus, "A 'Routine Activity' Analysis of Recent Crime Reductions," *The Criminologists*, Vol. 22(1997), p.1.
18) Lawrence W. Sherman, Patrick R. Gartin, & Michael D. Buerger, "Hot Spots of Predatory Crime: Routine Activities and the Criminology of Place," *Criminology*, Vol. 27(1989), pp.27~56을 참고할 것.
19) 최인섭·기광도, 상게논문, pp.61~80을 참고할 것.

에 대한 질문에 근원적인 답을 주지 못하고 있는 것이다. 그러므로 일상활동이론은 범죄원인 자체를 설명하는 이론이라기보다는 밖으로 드러나는 범죄현상의 특성을 조사하여 범죄예방 대책을 강구하기 위한 실용적인 접근방법이다.

⑵ 상황적 범죄예방이론의 핵심기법

다음은 범죄예방이론 중의 하나인 Ronald Clarke의 상황적 범죄예방이론을 예로 들어서 그 이론을 보다 구체적으로 논의하겠다. Ronald Clarke은 12가지의 범죄예방기법을 제시하였다. 그것은 타겟하드닝(Target Hardening), 접근통제, 범인을 정상적인 행위로 유도, 범죄수단의 차단, 출입의 통제, 공식감시, 직원에 의한 감시, 자연감시, 범죄대상물의 제거, 재산에 소유 표시, 범죄의 유인력 제거, 그리고 규칙의 제정 등이다.[20] 여기서는 이 중에서 중요한 여덟 가지 기법들에 대해서 논의하도록 하겠다.

1) 타겟하드닝(Target Hardening)

타겟하드닝은 자물쇠, 금고, 그리고 보호막 등을 통해 범인이 범죄대상물을 얻는 것을 어렵게 만드는 여러 가지 방법을 말한다. 예를 들면 귀중품을 금고에 보관하고, 자판기 보호를 위해 충격방지용 특수 플라스틱을 부착하고, 그리고 자동차에 도난 경보장치를 설치하는 것 등이다. 선진국에서는 자동차 경보장치이외에 클럽(club)이라는 것을 자동차 운전대에 부착시켜 도난을 방지하기도 한다.[21] 이것은 쇠로 된 바를 운전대에 부착시켜 범인이 운전대를 작동할 수 없도록 만든 것이다. 한편 한 영국의 우체국은 창구 카운터 위에 보호막(screen)을 설치하여 강도를 40%정도나 줄였다.[22]

2) 범죄수단의 차단(Controlling Facilitators)

범죄수단의 차단은 범인이 특정 범죄에 이용하는 도구를 가지지 못하도록 막는 방법이다. 예를 들면 경기장 관중들끼리의 물리적 충돌을 막기 위해서 주류와 유리병의 반입을 차단하는 것 등이다. 또한 타인의 신용카드를 불법적으로 사용하는 것을 줄이기 위해서 신용카드에 소유자의 사진을 부착하는 것 등을 들 수 있다.[23]

20) 전돈수,. "상황적 범죄예방이론을 응용한 은행 강도 예방대책,"「경찰학연구」, 제4호(2003), pp.113~140.
21) B. Poyner, C. Warne, B. Webb, R. Woodall, & R. Meakin, *Preventing Violence to Staff*(London: HMSO, 1988).
22) P. Ekblom, *Preventing Robbery at Sub-Post Offices: An Evaluation of a Security Initiative*, Crime Prevention Unit Paper 9(London: Home Office, 1987)를 참고할 것.
23) B. J. Morse, & D. S. Elliot,. *Hamilton County Drinking and Driving Study: 30 Month Report*

3) 출입의 통제(Entry/Exit Screening)

출입의 통제는 특정 장소에 출입하는 사람을 통제하는 방법이다. 예를 들면 항공기에 탑승하기 위해서 승객은 유효한 여권과 항공기 탑승권을 소지해야 하고, 또한 일정한 소지품 검사를 거쳐야 한다. 이것은 항공기에 대한 테러를 방지하기 위한 조치이다. 다른 하나는 도서관에서 책을 불법적으로 반출하는 것을 차단하기 위해서 출구에 전자식 감지기를 설치하는 것도 출입통제의 좋은 예이다. 미국의 한 대학 도서관에서는 이 감지장치를 설치함으로써 책 도난사건이 80%나 감소하였다고 한다.[24]

4) 공식감시(Formal Surveillance)

경찰이 모든 지역을 다 순찰하기에는 인력이 부족하다. 따라서 많은 기관들이 사립 경비원이나 청원경찰을 고용하고 있다. 이들은 자신의 관할 구역에서 순찰활동을 벌이고 범법자에 대해서는 체포하여 경찰로 넘기는 역할도 한다. 대부분의 규모가 큰 기관에 종사하는 경비원은 폐쇄회로 텔레비전(CCTV)을 이용하여 감시의 효과를 높이고 있다. 한 연구는 공용주차장에서 경비원의 순찰을 강화하고 CCTV를 설치한 결과 차량도난 사고가 상당히 감소하였다고 한다.[25]

5) 직원에 의한 감시(Surveillance by Employees)

어떤 기관의 직원들은 고객들과 매일 일상적인 접촉을 하는 사람들로서 수상한 행동을 발견하였을 경우에 경비원이나 경찰에게 신고하기 때문에 효과적인 감시자로서의 역할도 한다. 이 범주에 속하는 사람들은 주차관리원, 열차 승무원, 호텔 직원, 그리고 상점 점원 등 다양하다. 미국의 한 연구에 의하면 야간에 주유소 계산대에서 근무하는 직원이 두 명일 경우가 한 명일 때보다 강도사건이 적게 일어난다고 한다.[26]

6) 자연감시(Natural Surveillance)

(Boulder Co: Institute of Behavioral Science, The University of Colorado, 1990)를 참고할 것.

24) Mary J. Scherdin, *The Halo Effect: Psychological Deterrence of·Electronic Security System.* In *Situational Crime Prevention* edited by Ronald Clarke, 1992, pp.133~150.

25) John Eck & William Spelman, In *Situational Crime Prevention* edited by Ronald Clarke, 1992, pp.164~184.; Barry Poyner, *Situational Crime Prevention in Two Parking Facilities*, In *Situational Crime Prevention* edited by Ronald Clarke, 1992, pp.174~193.

26) Ronald Hunter & C. Ray Jeffery, *Preventing Convenience Store Robbery Through Environmental Design.* In *Situational Crime Prevention* edited by Ronald Clarke, 1992, pp.194~204.

일반 상점고객들이나 도로의 행인들도 좋은 감시자로서의 역할을 할 수 있다. 왜냐하면 범인은 이들에게 자신의 행위가 들키는 것을 원하지 않기 때문이다. 고객이나 행인들은 그 숫자가 많아서 효과적인 '감시의 눈'이 될 수 있다. 이 원리를 이용하여 상점들은 밖에서 잘 볼 수 있도록 길가 쪽에 투명한 유리창이나 유리벽을 설치하고 실내조명도 밝게 하면 된다.[27] 그래서 미국의 많은 상점들은 영업시간이 지난 한 밤중에도 실내조명을 그대로 켜두는 경우가 많다.

7) 범죄 대상물의 제거(Target Removal)

일반적으로 범죄행위의 목적은 물질적 이득 내지는 심리적 만족을 얻기 위한 것이다. 만약 범죄의 대상물을 제거하거나 줄인다면 범인의 범행동기가 약화 될 것이다. 실제로 범죄가 자주 발생하는 미국 대도시의 많은 주유소들은 100불 이상의 현금을 손님에게 받지 않는다. 또한 고객에게도 100불 이상의 현금을 취급하지 않는다는 문구를 붙여 놓는다. 이렇게 되면 잠재적 범인은 범죄의 대상이 별로 가치가 없음을 알게 되어 범행을 포기하게 될 것이다. 이를 위해서 상점은 수시로 일정액의 현금을 은행이나 기타 안전한 장소로 옮겨 보관해야 한다.[28] 다른 한 가지의 흔한 예는 공중목욕탕이 귀중품을 목욕탕 주인에게 맡기도록 유도하는 것이다. 이렇게 함으로써 분실사고를 미연에 막을 수 있다.

8) 규칙의 제정(Rule Setting)

관공서, 학교, 그리고 기업체는 자신의 건물 안에서의 일정한 행동규칙을 제정하여 직원들과 고객들에게 준수할 것을 요구할 수 있다. 예를 들면 학교 도서관의 경우 출구에 "무단으로 책을 도서관 밖으로 반출하는 것을 금지함. 적발 될 경우에는 형법과 학칙에 의해서 처벌함"과 같은 경고 문구를 부착함으로써 책의 도난을 예방할 수 있다. 한편 운동 경기장에서는 소란을 피우는 자는 강제로 퇴장시킬 수 있다는 규칙을 알려줌으로써 폭력사태를 사전에 방지하는 효과를 기대할 수 있다.

---

27) Barry Poyner & Barry Webb, *Reducing Theft from Shopping Bags in City Center Markets*, In *Situational Crime Prevention* edited by Ronald Clarke, 1992, pp.99~107.

28) Ronald Hunter, & C. Ray Jeffery, *op. cit*, pp.194~204.

제6절 평 가

고전주의 범죄이론은 법치주의에 기반을 둔 현대 형사사법체계를 수립하는데 크게 이바지 하였다. 특히 Beccaria의 죄형법정주의 개념과 죄질에 따른 적절한 형벌의 부과는 현대적인 법과 형사사법제도의 근간을 이루고 있다. 그리하여 적법절차의 원리(due process of law)와 변호사의 조력을 받을 권리(right to counsel) 등이 등장하는데 기여하였다.[29] 그래서 Beccaria는 가혹행위와 같이 피의자에게 행해졌던 인권침해 행위를 막는데에도 크게 기여하였다. 뿐만 아니라 고전주의 학파는 형벌제도에도 많은 영향을 미쳤다. 죄수는 성별과 연령에 따라 분리해서 수용되게 되었다. 이에 대해서는 뒤에서 교정제도의 역사를 논의할 때 보다 자세하게 살펴보도록 하겠다.[30] 또한 고전주의 범죄학은 후에 논의하게 될 신고전주의 범죄학의 형성에도 많은 영향을 미쳤다. 특히 신고전주의 범죄학은 범죄발생의 억제가 형벌의 목적이라는 고전주의 이론을 재인식하면서 등장한 것이다. 그리하여 C. Ray Jeffery와 Oscar Newman과 같은 학자들로 대표되는 물리적 환경의 설계를 통한 범죄예방이론(Crime Prevention Through Environmental Design, CPTED)의 등장에도 크게 기여하였다. 이에 대해서는 뒤에 보다 자세하게 논의하게 될 것이다.

위와 같은 고전주의 범죄학의 공헌에도 불구하고 그에 대한 비판 또한 만만치 않다. 우선 고전주의 범죄학자의 주장과 같이 모든 사람들이 동일한 범죄행위를 통해서 동일한 양의 쾌락을 얻는지에 대해 의문이 있다. 예를 들면 Victor Hugo의 소설 「레미제라블」(Les Miserable)에 나오는 주인공 장발장(Jean Valjean)은 한 조각의 빵을 훔치면서 쾌락보다는 죄책감을 많이 느꼈다. 그러면서도 그렇게 할 수밖에 없었던 이유는 조카의 배고픈 배를 채워주기 위해서였다. 이와 비슷한 논리로 사람들이 동일한 처벌로 인하여 똑같은 고통을 느낀다는 보장도 없다. 어떤 죄수는 감옥에서 하루하루를 고통 속에 살지만, 다른 죄수는 잘 적응하면서 사는 경우도 있기 때문이다.

끝으로 인간이 자유의지를 가진 이성적 존재라는 고전주의 범죄학파의 가정은 항상 옳다고 보기 힘들다. 그 이유는 사람은 때로는 생리학적, 심리학적, 또는 사회 환경적 요인 등에 의해서 영향을 받는다. 그렇기 때문에 인간의 이성적인 판단이 여러 요인들로 인해서 제한되는 경우가 많다. 그래서 실증주의(positivism) 범죄학파는 이런 고전주의 범죄학파를 비판하면서 범죄에 있어서 경험과학적 연구(empirical studies)의 중요성을 지적하였다.[31]

---

29) *Ibid*, p.18.
30) Stephen E. Brown, Finn-Aage Esbensen, & Gilbert Geis, *op. cit*, p.184.
31) John F. Galliher, *op. cit*, pp.24~25.

생물학적 범죄이론

C·R·I·M·I·N·O·L·O·G·Y

제3장

생물학적 범죄이론

Lombroso를 비롯한 초기의 연구이후에 유럽을 중심으로 생물학을 이용한 범죄원인의 해명에 대한 시도가 계속되어왔다. 생물학적 연구는 다양한 분야로 진행되어왔다. 여기서는 이에 대해서 보다 자세하게 알아보도록 하겠다.

■■■ 제1절 ■ 생물학적 연구방법에 대한 논란

20세기 미국의 범죄행위에 관한 연구는 Shaw와 McKay 그리고 Sutherland 등의 시카고 학파 사회학자들에 의해서 본격적으로 시작되었다. 시카고 학자들은 도시화, 문화갈등, 그리고 새로운 이민자들에 의해서 발생하는 문제등과 같은 주로 사회 환경에 초점을 맞추었다. 반면에 범죄행위에 있어 생물학적 요인들에 의해서 발생하는 개인적인 차이에 관해서는 무관심하였다.[1] 생물학적 연구방법을 도입하여 범죄행위를 연구하는 학자들은 한 개인을 둘러싸고 있는 환경보다는 한 개인 속에 내재되어 있는 범죄행위의 유발요인에 관심을 두고 있다.[2] 한 개인이 동일한 환경에 처해 있어도 그 환경으로부터 오는 자극에 각기 달리 반응하는 것은 생물학적인면에서 개인적인 차이가 있음을 시사해 주는 것이다.[3] 한 예

---

1) C. R. Jeffery, *op. cit.*
2) P. Brennam, "Biosocial Risk Factors and Juvenile Violence." *Federal Probation*, Vol. 63(1999), pp.58~60.; G. Carey, *Genetics and Violence in Understanding and Preventing Violence*, Vol.2, *Behavioral Influences* edited by A. Reiss(Washington, D.C.: National Academy Press, 1994).; N. R. Carlson, *Physiology of Behavior* (Boston: Allyn and Bacon, 1994).
3) D. Lubinski, "Scientific and Social Significance of Assessing Individual Differences: Sinking Shafts at a Few Critical Points." *Annual Review of Psychology*, Vol. 51(2000), pp.405~444.

로서 결손 가정에서 성장한 어떤 청소년들은 비행을 저지르고 성인 범죄자로 발전한다. 하지만 다른 청소년은 동일한 환경에서 성장하였음에도 불구하고 정상인으로 활동하기도 한다.

사람이 선천적인 요인에 의해서 범죄자가 되는가 아니면 출생 후 환경에 의해서 영향을 받는가하는 '유전(nature)이냐 환경(nurture)이냐'의 문제는 오랫동안 생물학자와 사회학자들 간에 큰 논란이 되어 왔다. 전자를 주장하는 학자들은 한 인간은 그의 부모로부터 유전에 의해 물려받은 요인 때문에 범죄자가 될 수 있다고 한다. 그 반면 후자를 주장하는 사회학자들은 사람이 태어 날 때부터 범죄인 형질을 가지고 태어나는 것이 아니라고 한다. 즉 한 개인은 출생 후 사회 환경에 의해서 영향을 받아서 범죄인이 된다고 본다. 1995년 미국 Maryland대학에서 생물학적 범죄행위의 연구에 대한 학술대회가 개최되었다. 이 학술대회는 범죄행위를 연구하는데 있어 생물학적인 접근방법이 이용되어야 할 것인가에 대해서 다시 한 번 학자들 간에 열띤 논쟁을 불러 일으켰다.[4]

생물학적내지 유전학적 방법에 의한 범죄행위의 연구를 반대하는 학자들은 생물학적 연구가 가져올지 모르는 윤리적인 문제를 우려하고 있다. 그들은 이런 연구 방식이 과거의 독일 나치가 행했던 인간의 유전자 조작과 같은 부작용이 발생할 수 있음을 우려하고 있다. 그 당시에는 정부에서 소위 '나쁜 혈통'(bad blood)으로 분류된 사람들의 생식기능을 차단한 적이 있었다. 특히 미국 흑인 인권운동 단체에서는 생물학자들이 흑인들이 범죄를 많이 저지르는 이유를 그들의 열등한 유전적 요인 때문으로 매도한다고 비판하였다.[5] 그러나 생물학적 방법에 의한 범죄행위의 연구를 주장하는 현대의 대부분의 학자들은 독일의 나치 시대와 같은 유전조작을 주장하지는 않는다. 단지 생물학자와 심리학자들도 범죄연구에 참여하도록 여건을 제공해 달라는 것이다. 그래서 현재 사회학적 접근방법에 치중된 연구를 보완하여 보다 완전하게 범죄행위를 이해함으로써 범죄예방 대책을 찾아보자는 것이다.[6]

생물학적 연구의 중요성을 주장한 학자들 중에는 Wilson과 Hernstein이 있다. 그들은 「범죄와 인간의 본성」(*Crime and Human Nature*)이라는 책을 통해서 현재 사회학적 연

---

4) E. Balaban, "Reflections on Wye Woods: Crime, Biology, and Self-Interest." *Politics and the Life Sciences*, Vol. 15(1996), pp.86~88.

5) D. Goldman. "Interdisciplinary Perceptions of Genetics and Behavior." *Politics and the Life Sciences*, Vol. 15(1996), pp.97~98.; D. Nelkin & M. S. Linde, "Genes Made Me Do It: The Appeal of Biological Explanations," *Politics and the Life Sciences*, Vol. 15(1996), pp.95~97.

6) D. Fishbein, "Prospects for the Application of Genetics Findings to Crime and Violence Prevention," *Politics and the Life Science*, Vol. 15(1996), pp.91~94.

구 중심의 범죄학의 문제를 지적하였다. 그들은 범죄행위에 있어서 사회학적 요인 즉 환경적인 요인도 중요하지만, 생물학적 요인에 대한 연구도 소홀히 해서는 안 된다고 주장을 하였다. 그들은 다음과 같은 범죄의 일반적인 현상을 볼 때 사회학적 요인뿐만 아니라, 생물학적 요인도 인간의 행동에 중요한 영향을 미친다는 것을 주장을 하였다. 첫째, 남자가 여자들에 비해서 훨씬 범죄를 많이 저지른다. 둘째, 나이가 들면서 범죄를 점점 적게 저지른다. 셋째, 근육형의 사람이 범죄를 더 많이 저지른다. 넷째, 범죄자들은 지능이 낮은 경우가 많다. 끝으로, 범죄자들은 일반적으로 공격적이며, 충동적이고, 그리고 잔인하다. Wilson과 Hernstein은 생물학적 요인은 한 개인을 범죄를 저지르기 쉽게 만들 수 있다고 지적을 하였다.[7]

그래서 다음에서는 유전이나 환경이 인간의 뇌의 생화학적 구조에 미치는 영향을 알아보겠다. 그런 후에 뇌의 변화와 범죄행위와의 연관성을 차례대로 살펴보겠다.

제2절 유전이 인간행동에 미치는 영향

Mendel은 유전의 기본단위로써 각 개인이 각기 다른 특성을 갖게 하는 유전자(genes)라 불리는 물질을 발견하였다. 유전자는 DNA라 불리는 염색체(chromosome)에 위치해 있으면서 한 유기체의 성격을 결정한다. 예를 들어서 한 개체가 인간으로 태어날 것인지 아니면 원숭이로 태어날 것인지를 결정한다. 뿐만 아니라 수컷으로 태어날 것인지 암컷으로 태어날 것인지를 좌지우지한다. 그리고 유전자는 인간들에게 각기 다른 뇌의 생화학적 구조(biochemical structure)와 상태를 결정하게 된다.[8]

---

7) J. Q. Wilson & R. J. Herrnstein, *Crime and Human Nature* (New York: Simon & Schuster, 1985).

1. 성염색체 이상과 범죄

인간은 44개의 상염색체(autosome)와 2개의 성염색체(sex chromosome)를 포함하여 모두 46개의 염색체를 가지고 있다. 두개의 성염색체는 X와 Y염색체로 구성되어 있다. 여자는 2개의 X염색체를 갖고 있다. 그런데 남성만이 X와 Y염색체를 동시에 가지고 있다. 하지만 이 과정에서 이상현상이 발생할 수 있다.[9] 클라인펠터증후군(Klinefelter Syndrome, XXY)과 수퍼남자증후군(Supermale Syndrome, XYY)은 일탈행위와 관련하여 흥미 있는 현상이다. 클라인펠터 증후군을 가지고 있는 남성은 정상남자보다 한 개의 X염색체를 더 가지고 있어 정상인 남성(XY)에 비해 여성적인 외모와 행동을 보이게 된다. 그러므로 그들은 덜 활동적이고, 자신감이 없으며, 그리고 스트레스에 민감하게 반응 한다.[10] 일부 연구결과는 클라인펠터 증후군의 남성은 정상남자에 비하여 불안감이 많고 복종적인 태도를 보인다고 보고하고 있다.[11] 이렇게 여성스런 남성은 비록 남성의 성기를 가지고 있지만 남성보다는 여성적인 성격이 강하여 이성에게 보다는 동성에게 성적인 매력을 느낌으로서 동성연애자가 될 가능성이 증가한다고 한다.

비정상적인 성염색체 증후군과 관련하여 또 하나의 흥미 있는 현상은 수퍼남성(Supermale, XYY)이다. 수퍼남성은 정상남성에 비해 한 개의 더 많은 Y염색체를 가지고 있다. 따라서 수퍼남성은 정상적인 남성에 비해 더욱 공격적인 성격을 가지고 있어서 폭력행위를 저지르기 쉽다는 것이다. 한 연구는 수퍼남성 중에 약 42%정도 가량이 범죄행위를 저지른 것으로 알려졌다. 자신이 수퍼남성이라는 이유를 들어 범죄에 대해 책임을 면하려는 시도가 있었다. 그 중에 잘 알려진 사람이 Richard Speck이었다. 그는 8명의 젊은 간호사들을 강간하고 죽였다. 그러나 그는 나중에 수퍼남성이 아님이 밝혀지면서 무죄평결을 받지를 못했다. 이에 반해 클라인펠터 증후군을 가진 남성 중 19%정도가, 정상남성 중 단지 9%만이 범죄를 저지른 것으로 조사되었다.[12]

---

8) G. Carey. *Genetics and Violence*. In A. Reiss et al.(eds.), *Understanding and Preventing Violence, Volume 2, Biobehavioral Influences*(Washington, D.C.: National Academy Press, 1994)을 참고할 것.

9) J. Kalat,. *Biological Psychology*(Belmont, CA: Wadsworth Publishing Company, 1992).

10) M. A. Stewart, C. S. DeBlois., & C. Cummings, "Psychiatric Disorder in the Parents of Hyperactive Boys & Those with Conduct Disorder," *Journal of Child Psychology and Psychiatry*, Vol. 21(1980), pp.283~292.

11) A. Theilgaad. *The Personalities of XYY and XXY Men*. In W. Schmid & J. Nielsen(eds.), *Human Behavior and Genetics*(Amsterdam, Sweden: Elsevier/North Holland Biomedia, 1981).

12) R. Plomin, R., J. C. DeFries, & G. E. McClean. *Behavioral Genetics*(New York: W. H. Freeman & Company, 1990).

2. 유전과 범죄행위에 대한 연구방법

생물학자나 심리학자들은 인간행위에 있어 유전적인 영향을 친구나 가정과 같은 사회적 환경과 분리시켜 연구할 방법을 찾기 시작하였다. 인간을 직접 실험대상으로 하는 것이 가장 정확한 연구가 될 것이다. 그러나 인체를 직접 실험대상으로 하는 연구는 윤리적인 문제를 유발할 수 있어 많은 제약이 따른다. 이런 이유 때문에 학자들은 다음의 세 가지 중에서 하나의 방법을 택하고 있다. 그것은 가계연구(family study), 쌍생아 연구(twin study), 그리고 입양아 연구(adoption study) 등이다.

(1) 가계연구(Family Study)

가계연구의 목적은 가족 구성원간에 행동의 유사성을 살펴봄으로써 유전이 행동에 미치는 영향을 조사하는 방법이다. 일부 가계연구들은 부모와 그들의 자식간에 범죄행위를 포함해서 행동의 유사성을 발견하였다. 이들 연구들은 과잉활동장애(hyperactivity)와 주의집중장애(attention deficit disorder), 행동장애(conduct disorder), 정신이상, 마약복용, 알코올 중독, 그리고 폭력행위 등이 유전적인 원인과 관련이 있음을 보고하고 있다.[13]

고전적인 가계연구는 19세기에 행하여졌다. Richard Dugdale(1841~1883)은 한 가족의 범죄의 역사를 연구하고 「쥬크가족」(*Juke Family*)이란 책을 출간하였다. Max라는 네덜란드에서 미국으로 이민 온 남자가 있었다. 그의 아들 2명은 자신의 여동생과 근친상관의 관계로 비정상적인 결혼을 하였다. 이런 자손의 후손 중에 Ada Juke라는 여자가 있었는데 그는 평판이 아주 좋지 않은 사람이었다. Ada는 많은 범죄자들의 어머니로 알려졌다. 그 이유는 Dugdale이 Ada Juke의 자손 1,200명을 조사하였다. 그 결과 그 중 7명이 살인자, 60명이 상습절도범, 90명이 다른 종류의 범죄자, 50명이 매춘부, 그리고 280명이 거지였다. Dugdale은 결론적으로 Ada Juke의 나쁜 피 때문에 그녀의 후손들이 범죄자가 되거나 거지가 되었다는 것이다.

위와 비슷한 가계연구가 Henry Goddard(1866~1957)에 의해서 행하여졌다. 그의 연구는 「칼리칵 가족연구」(*Kallikak Family Study*)로 잘 알려졌다. Goddard는 사생아인 한 남자의 후손들을 조사한 결과 많은 수가 정신박약자가(feeble-mindedness) 되었다. 그 밖에도 상당수가 술주정뱅이가 되거나 범죄자가 되었다는 것을 밝혔다. 뿐만 아니라 Goddard는

---

13) D. C. Rowe, "Genetic and Environmental Components of Antisocial Behavior; A Study of 265 Twin Pairs," *Criminology*, Vol. 24(1986), pp.513~532.

교도소에 있는 전체 재소자들의 최소 50% 가량은 정신적으로 결함이 있는 사람들이라고 주장하였다. 범죄자들은 상식적으로 이해하기 어려운 범죄를 저지른다. 예를 들면 전혀 쓸모없는 물건을 훔치거나 경찰에 적발되지 않고서는 팔기 어려운 물건을 훔치기도 한다. 어떤 사람은 부모로부터 물려받은 유전인자로 인하여 옳고 그름을 제대로 판단하지 못한다. 뿐만 아니라, 잘못된 행동을 억제할 수 있는 능력이 선천적으로 약하게 된다. 이런 문제들은 단순히 환경이 문제가 아니라 부모로부터 물려받은 유전적인 영향 때문이다. 하지만 Goddard는 범죄성 자체가 유전이 되기보다는 지능이 낮은 정신박약이 유전이 된다고 주장하였다. 그러나 정신박약자라고 모두 범죄자가 되는 것은 아니다. 정신박약자 중에서도 성격이 충동적이고 급한 사람이 범죄자가 될 가능성이 커진다. 결론적으로 Goddard는 유전에 의한 정신박약이 범죄의 중요한 원인 중에 하나라고 주장한 것이다.[14]

가계연구의 문제점은 유전적 영향을 환경적인 원인으로부터 완전히 차단시킬 수 없다는 점이다. 다시 말해서 비록 가족 구성원 사이에 행동양식에 있어서 유사성이 발견되었다 하더라도, 그것이 유전적인 원인에 기인한 것인지 아니면 환경적인 요인 때문인지를 명확하게 구분하는 것은 어렵다. 그것은 가족이란 비슷한 유전적인 요소를 물려받은 집단인 동시에 각 구성원이 같은 부모 아래서 동일한 환경을 공유하면서 사는 집단이기 때문이다. 이런 연구는 자칫 잘못하면 비윤리적인 형사정책을 만들기도 한다. 즉 범죄자가 자손을 낳지 못하도록 그의 생식능력을 차단하는 것이다. 미국도 한 때 이런 방법을 사용하였다. 그러나 이런 방법은 잘못하면 인권을 침해하는 행위가 될 가능성이 크다. 미국에서는 아직도 범죄자에게 의학적인 방법으로 자손을 낳지 못하도록 하는 처벌이 사용되는 경우가 가끔 있다.

(2) 쌍생아연구

또 다른 연구 방법으로서 쌍생아연구(twin study)가 있다. 쌍생아는 크게 일란성 쌍생아(identical twins or monozygotic twins)와 이란성 쌍생아(fraternal or dyzygotic twins)로 구분된다. 전자는 하나의 난자와 하나의 정자가 만난 후에 2개로 분리되어 100%의 동일한 유전자를 가진 쌍생아가 된 것을 말한다. 그래서 일란성 쌍생아는 항상 동성(同性)이다. 이와는 다르게 이란성 쌍생아들은 두개의 다른 난자가 각각 다른 정자를 만나서 쌍생아가 된 것이다. 이란성 쌍생아는 50% 동일한 유전자를 가지며 동성(同性)일 수도 있고 이성(異性)일 수도 있다. 그들은 일반 형제자매 사이에서 볼 수 있는 것 이상의 유전적인 유사성을 가지고 있지 아니하다. 따라서 일란성 쌍생아들 간의 행동의 유사성을 이란성 쌍생아들과

---

14) H. H. Goddard, *Feeble-Mindedness*(New York: Macmillan, 1914), pp.6~518.

비교함으로써 유전자가 인간행위에 미치는 영향을 간접적으로 조사 할 수 있다.

　일부 연구들은 일란성 쌍생아 사이가 이란성 쌍생아보다 반사회적 행동(antisocial behavior)을 포함한 여러 행동유형에 있어 더 많은 유사성을 보여주고 있다고 한다. 이는 유전적 요인이 인간행위에 중요한 결정 요인임을 시사해 주는 것이다.[15] 2003년에 플로리다주립대학교의 Taylor와 그의 동료들은 일란성 쌍생아 142명과 이란성 쌍생아 70명 등 모두 210명의 십대 소년들을 대상으로 연구를 하였다. 그 결과 반사회적인 성격은 이미 성인이 되기 전에 유전적인 영향에 의해서 결정이 된다고 한다.[16] 그러나 쌍생아 연구에도 몇 가지 문제점이 지적되고 있다. 쌍생아 연구방법을 선택하는 학자들은 일란성 쌍생아 중에서 이미 행동에 있어서 많은 유사성을 보이고 있는 쌍생아를 선택하는 경향이 있기 때문에 그 연구 결과가 정확성을 잃게 된다는 것이다. 또한 일란성 쌍생아들은 그들 간의 외모가 서로 상당히 닮았기 때문에 이란성 쌍생아들보다 훨씬 더 비슷한 환경 속에서 자란다는 것이다. 흔히 일란성 쌍생아들끼리는 같은 옷을 입고, 같은 학교에 다니며, 그리고 같은 사람으로서 취급 받는 경우가 많기 때문에 이런 비판도 나름대로 근거가 있다고 하겠다. 그런 이유로 해서 일란성 쌍생아들 사이의 행동의 유사성은 유전보다도 같은 환경 속에서 성장하기 때문일 수도 있다는 것이다.

⑶ 입양아연구

　입양아 연구는 앞서 소개한 두 가지 방법보다 더 효과적으로 유전적 요인을 환경적인 요인으로부터 분리시킬 수 있다는 장점이 있다. 입양아 연구는 출산 후 곧바로 친부모들로부터 분리되어 양부모들에게서 양육된 아이들을 선택하게 된다. 입양아 연구가들은 친부모와 친자식 간과 양부모와 양자식간의 행동의 유사성을 서로 비교한다. 이렇게 함으로써 학자들은 친부모로부터의 유전적인 영향과 양부모로부터의 환경적 영향을 동시에 조사할 수 있다. 많은 입양아 연구들은 유전이 폭력성과 마약 및 알코올 중독에 중요한 영향을 미친다는 결과를 보고했다.[17] 입양아 연구를 통해서 Mednick과 Christiansen은 일부 사람들은 유전

15) G. Carey, "Twin Imitation for Antisocial Behavior: Implications for Genetic and Family Environment Research," *Journal of Abnormal Psychology*, Vol. 101(1992), pp.18~25.
16) J. Taylor, B Loney, L. Bobadilla, W. Iacono, & M. McGue, "Genetic and Environmental Influences on Psychopathy Trait Dimensions in a Community Sample of Male Twins," Journal of Abnormal Child Psychology, Vol. 31·(2003), pp. 633~645.
17) R. J. Cadoret, W. R. Yates, E. Troughton, G. Woodworth, & M. A. Stewert. "Adoption Study Demonstrating Two Genetic Pathways to Drug Abuse," *Archives of General Psychiatry*, Vol. 52(1995), pp.42~52.; L. M. Gynther, Carey, I. I. Gottesman, & G. P. Vogler, "A Twin Study of

적으로 범죄성을 가지고 있기 때문에 범죄자가 되기 쉽다고 밝히고 있다. 즉 친아버지가 범죄자이지만 양아버지가 범죄자가 아닌 경우는 연구대상자 중 22%의 아들들이 범죄자였다. 그에 비해 양아버지가 범죄자이고 친아버지가 범죄자가 아닐 때는 12%의 아들들이 범죄자였다. 양쪽 아버지 모두가 범죄자 일 때는 36%의 아들들이 범죄자였다. 그에 비해 양쪽의 아버지가 모두 범죄자가 아닐 때는 11%정도만이 범죄자가 되었다.[18]

우리가 Mednick과 Christiansen의 연구에서 볼 수 있는 것처럼, 친아버지가 범죄자이고 양아버지가 아닐 때가(22%) 양아버지만 범죄자일 경우보다(12%) 범죄행위를 저지르기 쉽다는 것을 알 수 있다. 그러므로 범죄행위에 있어서 유전이 환경보다도 더 큰 영향을 미친다는 것으로 해석하는 것이 논리적일 것이다. 그러나 Mednick과 Christiansen의 연구에서 몇 가지의 의문점이 제기된다. 우선 양쪽 아버지 모두 범죄자가 아니었을 경우에도 11%의 아들들이 범죄기록을 갖고 있다는 것이다. 그 사실은 친아버지로부터의 유전적인 영향과 양아버지로부터의 환경적 요인 이외에 이들을 범죄자가 되게 만드는 것이 있다는 것이다. 또 하나 의문점이 있다. 그것은 양쪽 부친이 모두 범죄기록을 가지고 있는 경우에도 36%만이 범죄기록을 갖고 있으며 대다수(64%)의 아들들은 범죄기록을 갖고 있지 아니하다는 것이다. 뿐만 아니라 Mednick과 Christiansen은 그들의 입양아 연구에서 양아버지한테 자란 사실 하나만을 가지고 환경적 변수로 보면서, 범죄행위의 형성단계에 있어 양아버지의 영향 이외에 다른 중요한 변수들을 무시하였다. 자식들이 동일한 양아버지 밑에서 자랐다고 하더라도 각기 다른 환경에 접할 수 있는 것이다. 바꾸어 말하면 자식들은 양아버지 외에 각기 다른 사람들(친구 등)과 접촉하게 된다는 점이다. 특히 양어머니의 영향은 자식에게 상당히 중요한 부분을 차지할 수 있음에도 불구하고 Mednick과 Christiansen은 어머니와 관련된 변수를 그들의 연구에서 제외시켰다. 그렇기 때문에 인간행동을 연구하는 학자들은 아버지의 영향 이외에 모든 사회적 그리고 물리적 환경의 영향에 대해 관심을 가져야 할 것이다.

앞의 논의를 정리해서 말한다면 다음과 같다. 가계연구, 쌍생아 연구, 그리고 입양아 연구가 제시한 것처럼 유전자 연구를 통하여 범죄의 원인을 밝힐 수 있다. 어떤 유전자는 환경으로부터 오는 나쁜 자극에 영향을 받기 쉬운 뇌와 호르몬을 생산해 낸다. 그럼으로써 범죄자가 되기 쉬운 인간을 만들어 낼 수 있는 것이다. 그러나 한 개인의 행위는 유전자의 영향뿐만 아니라 환경으로부터도 영향을 받게 된다. 유전자와 환경은 상호작용하면서 범죄성

Non-Alcohol Substance Abuse," *Psychiatry Research*, Vol. 56(1995), pp.213~220.

18) S. Mednick & K. O. Christiansen, *Biological Bases of Criminal Behavior*(New York: Gardner Press, 1977).

을 가진 개인을 만들어 낼 수 있다. 유전자와 환경간의 상호작용은 주로 뇌의 생화학적 구조와 상태에 영향을 미침으로 발생한다. 다음은 이런 문제에 대해서 보다 심도 있는 논의를 하고자 한다.

(4) DNA연구와 범죄

1953년에 James Watson과 Francis Crick은 모든 생물의 유전정보가 DNA라고 곳에 저장이 되어 있다는 중요한 논문을 발표를 하였다. 그들의 공로에 힘입어 이후에 DNA에 대한 활발한 연구가 이어졌다. 그중에 하나가 미국에서 1990년에 동력자원부(Department of Energy)와 국립보건협회(National Institute of Health)가 공동으로 시작한 '인간유전자연구프로젝트'(Human Genome Project, HGP)이다. 이것은 인간의 DNA의 정확한 구조와 기능을 조사하기 위한 것이었다. 이 대규모의 프로젝트는 2003년에 일단락이 되었다. 위와 같은 연구프로젝트에 힘을 입어 범죄행위에 관한 연구도 활성화되고 있다. 한 가지 예를 들면 "DRD2 A1"이라고 불리는 유전자에 문제가 있으면 도파민 (Dopamine)이라고 하는 신경전달물질의 흐름을 방해하여 사람이 마약중독이나 살인을 비롯한 폭력행위를 저지르게 할 수 있다는 것이다. 왜냐하면 도파민은 인간의 쾌락을 유발하는데 중요한 작용을 한다. 만약 그것의 흐름이 원활하지 못하면 사람은 대신에 마약이나 술을 통해서 쾌락을 찾으려고 하기 때문이다. 한편 사람이 불법마약을 한 번 복용하기 시작하면 그것을 구하는데 필요한 돈을 마련하기 위하여 제2, 제3의 또 다른 범죄를 저지르게 된다는 것이다.[19] 그래서 앞으로 DNA를 통한 유전과 범죄행위에 대한 연구는 많은 가능성을 가지고 있다고 하겠다.

제3절 뇌, 호르몬, 그리고 신경계가 행동에 미치는 영향

유전이나 환경으로부터의 영향은 뇌의 생화학적 구조에 변화를 주어 결국 인간행위에 영향을 미친다. 뇌의 생화학적 구조, 호르몬, 그리고 신경계가 행동에 미치는 영향을 살펴보기에 앞서 인간행동에 관한 몇 가지 관점을 먼저 살펴보고자 한다.

---

19) K. Blum et al., "Reward Deficiency Syndrome," *American Scientist*, Vol. 84(1996), pp. 132~145.

1. 인간행동에 관한 관점

인간행위의 유발 과정에 관한 이론을 크게 세 가지로 나눌 수 있다. 그것은 정신주의(mentalism), 행동주의(behavioralism), 그리고 생환경주의(bioenvironmentalism) 등이다. **첫째,** '정신주의'는 정신은 신체와 독립되어 존재한다는 정신-육체 이원론(mind-body dualism)에 근거하고 있다. 정신주의에 따르면 정신은 환경과 행위 사이에서 교량역할을 한다는 것이다. 다시 말하면 환경으로부터 오는 여러 정보들은 정신에 입력이 되고 이번엔 이런 정보를 바탕으로 정신이 어떤 특정한 행동을 유발시킨다는 것이다. 정신과 육체의 이원론을 주장하는 학자들은 인터뷰 기법을 이용해서 연구한다. 이들은 인터뷰를 통해서 간접적으로 어떤 특정문제에 대한 연구대상자들의 감정과 느낌을 살펴봄으로써 범죄행위의 원인을 파악하려고 한다.

위와 같은 정신주의는 우리 법원칙과 법체계의 형성에 많은 영향을 주었다. 정신주의는 Beccaria와 같은 고전주의 범죄학자들이 주장하는 것처럼 범죄자에게 도덕적 책임을 물어서 처벌하는 것을 정당화시킨다. 그 이유는 인간은 이성적인 존재이기 때문에 이득을 최대화시키고 고통을 최소화시키는 방향으로 행동한다고 보기 때문이다. 다시 말하면 한 사람은 범죄행위를 통해 얻을 이득이 그에 수반되는 위험보다 더 강하다고 인식할 때 범죄를 저지른다고 보는 것이다.[20]

둘째, '행동주의'(behavioralism)는 정신이나 뇌는 측정할 수 없는 것으로 간주하고 대신에 자극과 반응(stimulus-response)을 연구대상으로 강조하고 있다. 행동주의자들은 환경적 요인들이 정신이나 뇌 등과 같은 매개체들을 통하지 않고 직접 행위에 영향을 주는 것으로 보고 있다. 행동주의자들은 정신주의자들이 정신이 육체와 독립되어 존재한다고 가정하고 있지만 그것을 입증하는 것은 지극히 어려운 일이라는 비판을 하고 있다.

끝으로 '생환경주의자들'(bioenvironmentalists)은 정신은 단지 뇌의 기능에 의해서 발생하는 것이라고 보고 있다. 그것은 특정 부위의 뇌 손상이 특정 신체기능 장애를 가져오는 것에서 알 수 있다. 인간행동은 신체의 세가지 기능에 의해서 발생한다. 그것은 감지기능(sensory), 선택판단기능(judgment) 그리고 그 선택을 행동에 옮기는 산출기능(output) 등이다. 즉 환경으로부터 오는 정보는 귀, 코, 입 그리고 피부 등의 감각기관에 의해서 뇌에

---

20) J. Gilligan. "Punishment and Violence: Is the Criminal Law Based on One Huge Mistake?," *Social Research*, Vol. 67(2000), pp.745~772.

입력된다. 그 정보는 화학적 및 전기적 자극으로 변화하여 뇌와 신경계에 저장된다. 이렇게 저장된 정보는 미래 행동의 선택 기준을 제시한다. 한편 산출시스템(output system)은 뇌로부터 명령을 받아서 몸의 각 근육과 기관을 자극시켜 어떤 행위를 유발시킨다.[21] 결론적으로 뇌는 인간행위를 결정하는데 있어 아주 중요한 역할을 하는 것이다. 다음에서는 뇌와 행동과의 관계를 살펴보고자 한다.

2. 뇌

Carlson은 "우리의 마음은 뇌의 기능이외에는 아무것도 아니라는 것은 심리학의 기본전제이다. 마음이 뇌를 통제하는 것이 아니고 또 뇌가 정신을 통제하지도 않는다. 오히려 뇌는 마음을 불러일으킨다."라고 주장하였다.[22] 이와 같이 뇌는 인간행동을 연구하는데 있어 매우 중요한 것이다. MacLean은 뇌를 인류의 진화단계에 비유하였다. 그는 인간의 뇌는 파충류의 뇌(reptilian brain)에서부터 구포유동물의 뇌(old mammalian brain)로 다시 신포유동물의 뇌(neo-mammalian brain)로 진화되어 왔다고 주장했다.

파충류의 뇌는 깊은 안쪽 부분을 가리킨다. 이 부분은 진화론에 따르면 인간의 먼 조상들이라 일컬어지는 파충류의 뇌와 같은 구조로 구성되어 있으며 생존과 재생산(reproduction)과 관련이 있다. 구포유동물의 뇌라 하는 곳은 주로 림빅시스템(limbic system)을 가리킨다. 이 뇌의 부분은 기쁨, 고통, 노여움, 그리고 성욕과 같은 감정과 관련이 있는 곳이다.[23] 림빅시스템 중 주요기관은 시상하부(hypothalamus), 해마(hippocampus), 그리고 편도(amygdala) 등이다.[24]

신포유류의 뇌라고 하는 대뇌피질(cortex)은 언어, 사고, 그리고 학습 등 인간만이 할 수 있는 복잡한 행위를 가능하게 한다. 분노, 공격적인 태도, 그리고 성적 욕망을 통제하기 위해서는 이 대뇌피질이 구포유동물의 뇌라 불리는 림빅시스템에서 발생하는 충동을 적절히 억제하여야 한다. 한 연구는 사고로 인해서 대뇌피질에 손상을 입은 환자가 무책임하며 남을 배려할 줄 모르는 사람으로 변화하였다는 것을 보고하였다. 이런 종류의 환자가 심지어는 파괴적이고 폭력적인 행위를 보였다는 연구결과도 있다.[25] 이런 사실로 미루어 보아 대

21) C. R. Jeffery, 1990, *op. cit.*

22) N. Carlson, *Physiology of Behavior*, 3rd ed.(Boston: Allyn and Bacon, 1994).

23) R. M. Restak. *The Brain*(Garden City, New York: Doubleday and Company, 1979).

24) C. R. Jeffery, 1990, *op. cit.*

25) A. Bechara, A. R. Damasio, & S. W. Anderson, "Insensitivity to Future Consequences Following Damage to Human Prefrontal Cortex," *Cognition*, Vol. 50(1994), pp.7~15.; H. T. Damasio, Grabowski, R. Frank, A. M. Galaburda, & A. R. Damasio, "The Return of Phineas Gage: Clues About the Brain From the Skull

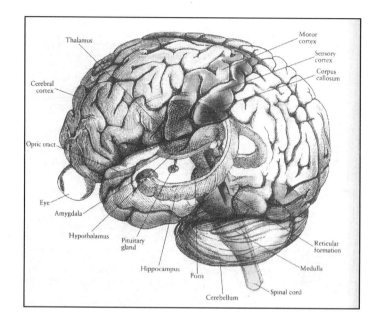

뇌피질이 인간의 이성적인 판단을 담당하는 부분으로 여겨진다. 또 다른 연구에서는 뇌의 전두엽 부분을 손상당한 사람은 충동을 억제하지 못하고, 예절을 지키지 못하며, 성적으로 문란하고, 거짓말을 잘하며, 또 반사회적인 행동을 보인다는 연구결과를 보고하였다.[26]

대뇌피질은 좌반구와 우반구로 나뉘어 질 수 있다. 좌반구는 신체의 오른쪽 부분을 통제하며 우반구는 그와 반대로 왼쪽 부분을 통제한다. 이 두 뇌 반구는 뇌량(corpus callosum)으로써 연결되어 있다.[27] 좌반구는 주로 언어능력과 관련이 있으며 우반구는 시각과 공간지각능력에 관여한다. 일반적으로 여성은 좌반구가 남성에 비해 더 잘 발달되어 있기 때문에 언어기능이 남성보다 더 우수하다. 반대로 남성은 오른쪽 뇌가 더 잘 발달되어 있어 과학이나 수학과 같이 공간지각능력에서 여성보다 더 우수하다.[28] Kalat은 왼손잡이가 오른손잡이에 비해서 더 많은 신체와 정신적 문제를 갖고 있다고 지적했다. 한 예로서 왼손잡이

---

of a Famous Patient," *Science*, Vol. 264(1994), pp.1102~1104.

26) 이수정 · 허재홍, 잠재적 범죄위험요인으로서의 정신병질, 「한국심리학회지:사회문제」10권 2호(2004).

27) D. Fishbein. *Biobehavioral Perspectives in Criminology*(Belmont, CA: Wadsworth/Thomson Learning, 2001).

28) P. J. Caplan, M. Crawford, J. S. Hyde, & J. T. E. Richardson. *Gender Differences in Human Behavior*(New York: Oxford University Press, 1997); R. F. McGivern, J. P. Huston, D. Byrd, T. King, G. J. Siegle, & J. Reilly, "Sex Differences in Visual Recognition Memory: Support for a Sex-Related Difference in Attention in Adults and Children," *Brain Cognition*, Vol. 34(1997), pp.323~336.

가 오른손잡이에 비해서 범죄자가 되기 쉽다고 보고하고 있다. 그의 연구에 의하면 범죄자 중 왼손잡이가 64%인 반면, 오른손잡이는 29% 정도밖에 되지 않는다고 한다.[29]

3. 호르몬

　여성의 성호르몬인 에스트로겐(estrogen)은 난소에 의해서 생성되며 유방의 발달과 같이 여성적인 특징들을 만들어 내는데 중요한 역할을 한다. 이와 반대로 남성의 성 호르몬인 안드로겐(Androgen)과 테스토스테론(testosterone)은 낮은 음성과 근육발달 등 남성적인 외모와 성격을 만들어 내는데 중요한 역할을 한다. 그러나 남성이나 여성 모두 소량의 이성(異性)의 호르몬을 가지고 있다. 만약에 성인 남자에게 여성 호르몬인 에스트로겐을 투입하면 그 남자는 전에 비해 훨씬 더 여성적인 외모와 행동을 보일 것이다. 그 예로써 가슴이 여성처럼 어느 정도 부풀어 오를 것이며 피부가 부드러워 질 것이다. 이와 마찬가지로 여성이 남성 호르몬인 안드로겐을 투입하면 그 여성은 전에 비해 남성적인 외모와 행동을 보여주게 될 것이다.[30] 여성은 평균적으로 전체 호르몬에 10분의 1에 해당하는 남성호르몬을 가지고 있다. 한 실험 연구에 의하면 남성호르몬이 상대적으로 많은 여성 죄수들이 교도소 안에서 남을 지배하려고 하는 행동을 많이 보인다고 지적하였다.[31]　테스토스테론은 남성이나 여성 모두에게 성욕과 밀접한 관계가 있는 것으로 인식되어 왔다. 그 한 예로서 Rada는 강간범은 정상인에 비해서 많은 양의 테스토스테론을 가지고 있다고 주장을 하였다.[32]
　스웨덴의 Olweus는 15세에서 17세의 소년들의 혈액의 테스토스테론의 양을 조사한 결과 테스토스테론이 많으면 많을수록 언어적 및 신체적 폭력을 모두 많이 저지른다고 주장을 하였다. 이것은 개인에게 있어 테스토스테론의 양이 한 사람의 폭력성과 밀접한 관련성을 가지고 있다는 것을 알려주는 것이다.[33] 한편 2007년 미시간대학에서 행한 한 실험연구에

29) S. Nachshon & D. Denno, *Violent Behavior and Cerebral Hemisphere Function*, In S. A. Mednick et al.(eds.), *The Causes of Crime: New Biological Approaches*(Cambridge: Cambridge University Press, 1987).
30) N. R. Carlson, *op. cit.*
31) J. Dabbs, Jr. & M. Hagrove, "Age, Testosterone, and Behavior among Female Prison Inmates," *Psychosomatic Medicine*, Vol. 59(1997), pp.447~480.
32) R. Rada, "Plasma Androgen in Violent and Non-Violent Sex Offenders," *American Journal of Psychiatry*, Vol. 122(1983), pp.180~183.
33) D. Olweus et al., "Testosterone, Aggression, Physical and Personality Dimensions in Normal Adolescent Males," *Psychosomatic Medicine*, Vol. 42(1980), pp. 253~269.

의하면 남성호르몬인 테스토스테론의 혈중 량이 많은 성인남성이 그렇지 않은 사람에 비해서 더 폭력적인 행동을 보인다는 것이 밝혀졌다.[34]

여성의 '생리전증후군'(premenstrual syndrome, PMS)은 오랫동안 여성범죄와 관련하여 범죄학자들 사이에 관심의 대상이 되어왔다. 여러 가지 다양한 신체와 정신적 이상증상들이 여성들의 생리기간을 전후로 하여 알려지고 있다. 그 중의 몇 가지는 불안감, 우울증, 두통, 성급함, 그리고 줄어든 성적욕망 등이다. 생물학자들은 이 기간 중에 발생하는 여성의 급격한 호르몬의 변화가 생리전증후군을 발생시키는 것으로 보고 있다. 학자들 간에 어떤 호르몬의 변화가 생리전증후군을 발생시키는가에 대하여 많은 논란이 있어 왔다. 하지만 대체로 프로게스테론(progesterone)이란 호르몬의 결핍이 생리전증후군을 유발시키는 것으로 여겨지고 있다.[35] 범죄학자들이 생리전증후군에 특히 관심을 갖는 이유는 이 기간 동안 일부의 여성이 절도를 저지르기 때문이다. 이 사실은 호르몬의 변화와 그것이 뇌에 미치는 효과를 연구하는 것이 인간의 행동을 이해하는데 매우 중요하다는 것을 시사해 주고 있다. 영국에서는 Christine English라는 여성이 자신의 애인과 다투다가 화를 참지 못하고 차로 애인을 치어서 사망에 이르게 한 사건이 발생을 하였다. 사건의 재판에서 한 정신의학 전문가는 English가 그런 무모한 행동을 한 것은 그녀가 '생리전증후군'을 앓고 있었기 때문이라고 증언을 하였다.[36]

남성이 여성에 비해서 훨씬 더 폭력범죄를 많이 저지른다는 것은 일반적으로 받아들여진 사실이다. 그 이유로 사회적 요인과 생물학적 요인을 주장하는 학자들이 있다. 사회적 요인을 주장하는 학자들은 여성은 어렸을 적부터 인형을 가지고 놀면서 여성스럽게 행동을 하도록 부모로부터 교육을 받는다는 것이다. 반면 남자 아이들은 남자 아이답게 씩씩하고 활달하게 행동하도록 교육을 받는다고 주장한다. 따라서 남성과 여성의 행동의 차이는 부모와 주변 사람들의 교육의 차이뿐이라는 것이다. 이에 반해서 생물학적 요인을 강조하는 학자들은 남성은 여성에 비해서 유전적으로 다른 호르몬을 가지고 태어난다고 주장한다. 남성은 남성호르몬을 많이 가지고 있기 때문에 선천적으로 폭력성이 강하다는 것이다. 남자와 여성의 교육받는 환경의 차이를 인정하더라도 남성과 여성의 행동은 분명히 다른 차이가 있는 것으로 보인다. 여자 아이들은 누가 시키지 않아도 인형을 가지고 놀기를 좋아한다. 반면 남자 아이들은 자연스럽게 총이나 칼 같은 장난감을 가지고 노는 것을 즐긴다.

---

34) M. Wirth & O. Schultheiss, "Base Testosterone Moderates Responses to Anger Faces in Humans," *Physiology and Behavior*, Vol. 90 (2007), pp. 496~505.

35) A. W. Clare, "Hormones, Behavior and the Menstrual Cycle," *Journal of Psychosomatic Research*, Vol. 29(1985), pp.225~233.

36) *Regina v. English*, Norwich Crown Court, November 10, 1981.

4. 신경계

신경계(nervous system)는 크게 두 부분으로 구분할 수 있다. 그것은 중추신경계(central nervous system)와 말초신경계(peripheral nervous system)이다. 중추신경계는 다시 척수 (spinal cord)와 뇌(brain)로 구성되어 있다. 한편 말초신경계는 체신경계(somatic nervous system)와 자율신경계(antonomic nervous system)로 구분된다. 체신경은 외부로부터 입력되는 정보를 보관하여 미래의 행동방향에 대한 기준을 제공한다. 이런 정보의 전달은 뉴런(neuron)이라고 불리는 특별한 세포에 의하여 행해진다.[37]

일부 학자들은 자율신경계와 중추신경계의 낮은 각성수준(under arousal)이 범죄행위와 관련이 있는 것으로 보고 있다. 이들 학자들은 피부자극반응검사(skin conductance)를 통해서 신경계의 각성 수준을 측정하였다. 많은 연구들이 신경계의 낮은 각성 수준이 공격적이고 반사회적인 행동과 관계가 있음을 지적하고 있다. 그 한 예로서 Sarnoff Mednick은 자율신경계의 각성수준이 낮은 사람이 범죄를 저지르기 쉽다고 지적하였다. 그 이유는 보통 사람들은 처벌에 대해서 민감하고 즉각적으로 반응한다. 그러나 자율신경계의 이상으로 낮은 각성수준을 보이는 사람들은 처벌에 대해서 민감하지 못하다. 그래서 처벌이 그런 사람들에게는 별로 효과가 없는 것이다. Raine 등은 자율신경계와 중추신경계의 낮은 각성수준을 근거로 하여 미래의 범죄행위를 예측할 수 있다고 하였다. Raine 등의 연구에 의하면 15살 때 자율신경계와 중추신경계의 낮은 각성수준으로 인하여 미래의 범죄자로 예측되었던 청소년 중 65%정도가 24살이 되던 해까지 실제로 범죄를 저질렀다고 보고되었다.[38] 그 이유는 이런 문제를 가지고 있는 사람은 밖으로부터 주어지는 의미 있는 사회적 자극을 배우는데 장애를 가지고 있기 때문이다. 피부자극반응검사에서 비정상적인 반응을 보인 사람들은 전두엽(forehead) 또는 전두피질(frontal cortex)에 이상이 있는 것으로 보인다.[39]

앞에서 살펴본 것처럼 정밀하게 구성된 뇌의 각 부분은 여러 가지 행위들을 조정하는 데 중요한 역할을 한다. 뇌는 환경으로부터 오는 모든 정보를 저장한다. 그리하여 뇌는 미래의 행위를 결정하는데 중요한 정보를 제공해 줄 수 있는 것이다. 뇌의 구조와 상태는 한 아기

---

37) N. R. Carlson, *op. cit.*

38) A. Raine, P. H. Venables, & M. Williams, "Relationships between CNS and ANS Measures of Arousal at Age 15 and Criminality Age 24," *Archives of General Psychiatry*, Vol. 47(1990), pp.1003~1007.

39) E. M. Hazzlett, Dawson, M. S. Buchsbaum, & K. Neuchterlein, "Reduced Regional Brain Glucose Metabolism Assessed by PET in Electrodermal Nonresponder Schizophrenics: A Pilot Study," *Journal of Abnormal Psychology*, Vol. 102(1993), pp.39~46.

가 태어나기 전에 부모로부터 물려받은 유전자에 의해서 일단 결정되며 그 후에는 사회 환경이나 물질적 환경에 의해서 결정된다. 다음에서는 물질적 환경이 뇌와 행동에 미치는 영향에 대해서 살펴보고자 한다.

제4절 ■ 물질적 환경이 뇌와 행동에 미치는 영향

인간의 뇌는 종종 컴퓨터에 비유되기도 하지만 인간의 뇌는 컴퓨터와 몇 가지 측면에서 다른 중요한 차이점들이 있다. 무엇보다도 먼저 뇌의 85%는 물로 채워져 있으며 각 부분의 뇌는 전선줄이 아니라 액체로 연결되어 있다는 것이다. 그러므로 뇌의 상태는 영양, 공해, 그리고 마약이나 술 등과 같이 밖으로부터 입력되는 생화학적 물질에 의해 민감하게 반응하고 영향을 받게 된다. 따라서 이번에는 이렇게 외부로부터 오는 물질적 환경이 뇌에 미치는 영향을 살펴보고자 한다.

1. 영 양

저혈당증(hypoglycemia)은 인간의 행동과 관련하여 주목을 받아 왔다. 사람이 지속적으로 설탕을 과다하게 섭취하면 거꾸로 혈당수준이 낮아진다. 일부 저혈당 환자는 공격적이고 폭력적인 행동을 보이는 등 심리적 또는 행동적인 문제들을 보인다.[40] Fishbein은 교도소에 수감되어 있는 범죄자 중 저혈당 증세가 심한 자들을 선택해서 낮게 정제된 설탕(low refined sugar)을 섭취하게 하였다. Fishbein은 그 후 1개월이 지난 뒤에 그 전에 보였던 그들의 행동상의 문제들이 줄어들었다는 결과를 발표하였다.[41] Raine은 1994년에 미국의 살인범 22명의 뇌를 조사한 결과 그들의 전두엽 부분의 혈당량이 정상인의 평균치보다 적다는 연구결과를 발표하였다. 그는 이런 연구결과를 바탕으로 전두엽 부분의 이상이 폭력성과 관련이 있다고 주장을 하였다.[42]

---

40) K. Moyer, 1987. *Violence and Aggression*(New York: Harper and Row, 1987).

41) D. Fishbein, *The Contribution of Refined Carbohydrate Consumption to Maladaptive Behaviors*, Paper presented at the annual meeting of the American Society of Criminology: Washington, D. C., 1981.

42) A. Raine, Prefrontal Glucose Deficit in Murders Lacking Psychological Deprivation," Neuropsychiatry,

위와 같은 저혈당에 관한 연구이외에도 우리가 먹는 음식에 첨가된 각종 조미료나 인공색소가 폭력성과 관련이 있다는 연구도 있다. 다른 연구는 임산부에게 생선에서 추출한 오메가-3을 먹인 결과 나중에 그녀가 출산한 자녀들의 IQ가 그렇게 하지 않은 아이들보다 높다고 밝혔다. 그 뿐만 아니라, 오메가-3을 먹인 젊은이들 3,600명을 조사한 결과 다른 사람들에 대한 적대적인 행동이 상당히 감소하였다는 연구도 있다.[43]

요즘 과학자들은 신경전달물질(neurotransmitter)중의 하나인 세로탄인(serotonin)에 관심을 두고 있다. 세로탄인은 amino acid tryptophan에 의해서 생산되는데 amino acid tryptophan의 원천은 소화된 단백질이다. 한 연구는 개인의 인체 내에 비정상적으로 적은 양의 세르탄인이 남아있는 경우에 공격적이고 폭력적인 행동을 유발시키기 쉽다고 보고 하였다. 미국 MIT 대학의 Loy 교수는 적은 양의 단백질만 포함하고 있는 옥수수를 쥐에게 14주 동안 먹게 했다. 그 결과 쥐는 전기 충격에서 오는 고통에 그 전보다 훨씬 더 민감하게 반응하였다.[44] 자극에 민감한 사람은 더 공격적인 태도를 보일 수 있는데 그 이유는 외부에서 오는 고통을 참지 못하여 폭력적인 행위를 보일 수 있기 때문이다. 바꾸어 말하면 만약에 누군가가 그 사람을 모욕했다면 그는 분노를 행동으로 노출시키기가 쉽다. 더 근래인 1999년에 실시한 연구는 교도소에 있는 죄수들 중에서 10명의 자원자들을 선발을 하였다. 그런 다음에 그들에게 세로탄인을 주기적으로 주사를 통해 주입하였다. 그 결과 그들의 폭력적인 행동이 많이 줄었다는 보고를 하였다.[45]

2. 공해물질

납(lead)과 카드미늄(cadmium)은 잘 알려진 공해물질로서 인체 안으로 유입되면 뇌에 손상을 줄 수 있다. 혈액 속에 많은 양의 납이 축적되면 과잉활동성, 공격적 태도, 또는 정신지체 등을 유발할 수 있다. 납은 통조림 용 캔이나 자동차 매연을 통해서 인체 안으로 침투할 수 있다.[46] Pihl과 Ervin은 폭력범과 비폭력범의 납과 카드미늄(cadmium)수준을 측

Neuropsychology, and Behavioral Neurology, Vol., 11 (1998), pp.1~7.

43) F. Schmallger, *Criminology Today: An Integrated Introduction*, 5th Ed.(Upper Saddle River: Pearson, 2009), pp. 180~181.

44) G. Kolata, "Brain Biochemistry: Effects of Diet," *Science*, Vol. 192(1976), pp.41~42.

45) D. Cherek & S. Lane, "Effects of d, 1-fenfluramine on Aggressive and Impulsive Responding in Adult males with a History of Conduct Disorder," Psychoplarmacology, Vol. 146 (1999), pp. 473~481.

46) B. Rimland & G. E. Larson, "Nutritional and Ecological Approaches to the Reduction of Criminality, Delinquency and Violence," *Journal of Applied Nutrition*, Vol. 33(1981), pp.116~137.

정하였다. 그 결과 폭력범에게 있어서 비폭력범 보다 많은 양의 납과 카드미늄 성분이 발견되었다.[47]

좀 더 근래의 연구가 있다. 그것은 미국 FBI가 발간하는 범죄통계와 미국 환경청 (U.S. Environmental Protection Agency)의 자료를 이용한 것이다. 그 연구는 납과 마그네슘 등의 공해물질이 많이 발생하는 지역에 사는 청소년들이 비행을 많이 저지른다는 것을 발견을 하였다. 그 연구자는 납과 마그네슘과 같은 공해물질은 뇌의 정상적인 기능을 방해하여 학습능력을 저해한다고 보았다. 이런 저하된 학습능력은 청소년들이 스스로 충동적인 행동을 자제하기 어렵게 만든다.[48]

3. 마약과 술

마약과 술은 신경전달물질(neurotransmitter)에 영향을 주며 결국 인간행위를 좌우하게된다. 주요 신경전달물질로서 아세틸콜린(acetylcholine, Ach), 노르에피네프린(norepinephrine, NE), 도파민(dopamine, DA), 세로탄인(serotonin, 5-HT) 등이다. 신경전달물질은 생화학적 및 전기적 활동을 통해서 한 뉴런(neuron)에서 다른 뉴런으로 자극을 전달하는 역할을 한다. 마약은 그것이 인체에 미치는 신체적 또는 심리적 효과에 따라서 크게 진정제류(sedative and depressant)와 흥분제류(stimulant and antidepressants)로 분류할 수 있다. 진정제류 마약으로서는 진정제(barbiturate), 항불안감 마약(antianxiety drugs), 아편, 그리고 술(alcohol) 등이 있다. 진정제는 주요 신경전달물질(neurotransmitter)중의 하나인 노르에피네프린의 양을 줄게 만든다. 헤로인(heroin)이나 몰핀(morphine)과 같은 아편 마약류는 도파민 수준을 높이고 기쁨과 관계하는 부분을 자극시키며 공격적인 행동을 유발할수 있다.[49] 도파민을 줄이는 약물 치료를 통해 환자의 폭력행위를 줄였다는 연구결과도 있다.[50]

---

47) R. O. Pihl, & F. Ervin, "Lead and Cadmium Levels in Violent Criminals," *Psychological Reports*, Vol. 66(1990), pp.839~844.

48) P. Montage, "Toxics and Violent Crime," *Rachel's Environmental and Health Weekly*, Vol. 551 (1997).

49) J. Benjamin, L. Li, C. Patterson, B. D. Greenberg, D. L. Murphy, & D. H. Hamer, "Population and Familial Association Between the D4 Dopamine Receptor Gene and Measures of Novelty Seeking," *Nature Genetics*, Vol. 12(1996), pp.81~84.; A. Leshner, "We Can Conquer Drug Addiction," *The Futurist*, Vol. 33(1999), pp.22~25.

50) A. Raine, *The Psychopathology of Crime*(New York: Academic Press, 1993).

흥분제로서는 암피타민(amphetamines)과 코케인(cocaine), 카페인(caffeine), 그리고 니코틴(nicotine) 등이 있다. 이들은 중추신경을 자극하고 주요 신경전달물질 중의 하나인 노르에피네프린과 세르탄인 수준을 높여 준다. 노르에피네프린은 뇌 속에서 기쁨과 관계하는 부분을 자극하여 애정과 성적욕망을 높여주는 것으로 알려졌다. 사람은 암피타민이나 코케인과 같은 마약류를 섭취함으로써 더 공격적이 될 수 있다. 미국의 12개 주요 도시의 범죄자중 53%에서 79% 가량이 마약을 사용하였다는 것이 알려지고 있다.[51] 특히 세로탄인은 흥분, 충동억제(impulse control), 불안감, 그리고 폭력성과 관련이 있는 것으로 알려져 있다.[52]

술이 공격적인 행동을 유발시킬 수 있다는 것은 잘 알려진 사실이지만 어떤 과정을 통해서 술이 행동에 영향을 미치는가 하는 것은 학자들마다 의견을 달리하고 있다. 어떤 학자들은 술은 저혈당증(hypoglycemia)과 관련이 있으며 세로탄인과 같은 신경전달물질에 영향을 미쳐서 행동장애를 가져온다고 한다.[53] 또한 뇌의 어느 한 부분의 손상이 술에 대한 내성(tolerate)을 갖게 한다는 연구 결과가 있다.[54] 술에 대한 내성은 아세탈드하이드 디하이드로게네이트(acetaldehyde dehydrogenate)란 효소의 양에 따라 달려있다. 사람들은 대개 높은 수준의 아세탈드하이드 디하이드로게네이트를 가지고 있다. 하지만 아시아 사람의 절반가량은 그 효소를 적게 가지고 있다. 그래서 음주는 그런 사람들에게 있어서 구토와 얼굴이 붉어지는 증상을 일으켜 술을 많이 마실 수 없게 만든다.[55] 상습 음주는 기억상실 증세(amnesia)와 판단 장애를 가져올 뿐만 아니라 근육운동에 심한 문제를 일으킬 수 있다. 더 나아가 폭력행위까지 유발할 수 있다. 술은 뇌에도 손상을 주어서 신경기능에 장애를 일으킬 수 있다. 임산부가 술을 남용하면 태아는 심각한 뇌의 손상을 입을 수 있다.[56]

좀 더 근래의 연구의 예를 살펴보면 술이 인간의 행동에 미치는 영향을 더 자세하게 확인을 할 수가 있다. Roebuck과 그의 동료들은 1999년에 32명의 아이들을 조사를 하였다. 그 결과 그들의 엄마가 임신 중에 술을 마실 경우에 아이들이 비행에 빠지거나 정신적인

51) J. Volavka, D. Martell, & A. Convit, "Psychobiology of the Violent Offender," *Journal of Forensic Science*, Vol. 37(1992), pp.237~251.
52) D. Fishbein, "Differential Susceptibility to Comorbid Drug Abuse and Violence," *Journal of Drug Issues*, Vol. 28(1998), pp.859~890.
53) M. D. Virkkunen & M. Linnoila. "Serotonin in Alcoholic Violent Offender," *Ciba Foundation Symposium*, Vol. 194(1990), pp.168~177.
54) J. Volavka., D. Martell, & A. Convit. *op. cit.*, pp.237~251.
55) J. E. Helzer, G. J. Canino, R. C. Bl &, C. K. Lee, H-G. Hwu, & S. Newman, "Alcoholism-North American and Asia," *Archives of General Psychiatry*, Vol. 47(1990), pp.313~319.
56) R. M. Julian, *A Primer of Drug Action*(New York: W. H. Freeman, 1985).

문제를 가질 가능성이 높아진다는 것을 발견을 하였다.[57] 이 장에서 살펴본 것과 같이 영양, 공해, 마약 그리고 술과 같은 물질적 환경은 뇌에 영향을 미쳐 결국 범죄행위를 유발하는 원인이 될 수 있다.

제5절 근래의 생물학적 범죄학의 연구 성과

1990년부터 인간제놈 연구가 (Human Genome Project; HGP) 전 세계 과학자들에 의해서 시작이 되었다. 이것은 인간의 유전자구조를 자세히 밝히기 위한 것이 목적이다. 네덜란드의 범죄학자 Hilger Roger와 Han Brunner는 한 집안의 5대의 내력을 살펴 본 결과 남자들에게서만 14명의 범죄자가 확인이 되었다. 위 두 연구자는 위 집안 남자들의 범죄성을 유발한 유전자 변형을 밝혀내었는데 그것이 monoamine oxidase A (MAO-A)란 효소이다. 그들은 남자는 하나의 X 성염색체 밖에 없어서 두 개의 X 성염색체를 가진 여성보다 유전자 결함에 더 취약하다는 결론을 내렸다. 즉 MAO-A 효소가 신경전달 물질인 세르토인 (serotonin)과 노르아드레날인 (noradrenaline)을 잘 분해해 주어야 하는데 이 효소가 부족하면 뇌 속의 자극이 지나치게 활발해져서 통제할 수 없는 충동이 일어난다. 그러면 범죄행위로 이어지기가 쉽다는 것이다.[58]

한편 펜실베이니아대학의 저명한 범죄학자 Andrain Raine과 그의 동료들은 1994년 발표한 연구를 통해서 22명의 살인범들의 뇌를 양전자 방출 단층 촬영기법으로 (position emission tomography; PET) 촬영한 결과 이들의 전두엽부분에 정상인보다 당분 (glucose)이 낮다는 것을 발견을 하였다. 결국은 뇌의 전두엽 부분의 이상이 충동성 행동장애와 범죄행위를 유발할 수 있다는 것이다.[59] 약물이 인간의 행동에 미치는 영향에 대한 연구도 계속되었다. David Fergusson과 그의 동료들은 1998년에 발표한 연구를 통해서 임신기간 동안 흡연을 한 산모에게서 태어난 아이가 그렇지 않은 산모에게서 태어난 아이들보다 행동장애를 일으킬 가능성이 두 배가 많았다는 점을 발견을 하였다.[60] 이와 비슷하게

57) T. Roebuck, S. Mattson, & E. Riley, "Behavioral and Psychosocial Profiles of Alcohol-Exposed Children," Alcoholism: Clinical and Experimental Research, Vol. 23 (1999), pp.1070~1076.

58) G. Cowley & C. Hallin, "The Genetics of Bad Behavior: A Study Links Violence to Heredity," Newsweek, November 1, 1993, p. 57.

59) A. Raine et al., "Prefrontal Glucose Deficits in Murders Lacking Psychosocial Deprivation," Neurochiatry, Neuropsychology, and Behaviors Neurology, vol. 11 (1998), pp. 1-7.

Tresa M. Roebuck과 그의 동료들은 1999년의 32명의 어린아이들을 대상으로 한 연구를 통해 임신기간 중에 음주를 지속적으로 한 산모에게서 태어난 아이들은 지능이 낮을 뿐만 아니라 청소년비행에 빠질 가능성이 많다고 보고를 하였다.[61]

60) D. Fergusson, L. Wodward, and L. J. Horwood, "Maternal Smoking during Pregnancy and Psychiatric Adjustment in Late Adolescence," *Archives of General Psychiatry*, vol. 55 (August 1998), pp. 721-727.
61) T. Roebuk, S. N. Mattson, & E. P. Riley, "Behavioral and Psychosocial Profiles of Alcohol-Exposed Children," Alcoholism: Clinical and Experimental Research, Vol. 23, No. 6 (June 1999), pp. 1070-1076.

제4장

심리학적 범죄이론

C·R·I·M·I·N·O·L·O·G·Y

제4장
심리학적 범죄이론

심리학적 범죄이론들은 인간의 지능, 성격, 정신병, 그리고 학습과정 등을 중심으로 하여 발달되어왔다. 가장 많이 알려진 심리학은 프로이드의 정신분석학이다. 본 장에서는 이런 여러 가지 주제들에 대해서 하나씩 살펴보도록 하겠다.

제1절 지능과 범죄

인간의 지능을 측정할 수 있는 도구를 개발한 사람은 프랑스의 심리학자 Alfred Binet (1857~1911)이다. 1905년 Binet은 Simon이란 동료의 도움을 얻어 Binet-Simon 지능검사도구를 만들었다. 이것은 지능지수(Intelligence Quotient, IQ)라고 불린다. 그 이후에 여러 차례의 수정을 거쳐서 새로운 검사도구들이 등장하였다. 많은 심리학자들은 지능지수는 학습을 통해 쉽게 향상될 수 있는 것이 아니라, 상당부분 선천적으로 결정되는 것으로 보았다.[1]

Henry Goddard(1866~1957)는 교도소 재소자들에게 IQ 테스트를 실시하였다. 그 결과 재소자들 중 약 70% 정도가 지능지수가 낮은 사람들이란 것을 발견하였다. 그래서 그는 저능아는 잠재적인 범죄자라고 주장하였다. 이런 연구에 근거해서 Goddard는 낮은 지능지수를 가진 사람은 후손을 갖지 못하도록 함으로써 잠재적인 범죄자를 생산하는 것을 막을 수 있다고 했다. 그래서 낮은 지능지수와 범죄의 관련성에 대한 논란이 발생하게 되었다. 한편 Sheldon Glueck과 Eleanor Glueck은 466명의 교도소에 있는 범죄자의 IQ를 조사하였다. 그 결과 정상 IQ(90~110)는 불과 33%에 불과 하였다. 24.1%가 IQ 80에서 90사이,

---

1) George B. Vold, Thomas J. Bernard, & Jeffrey B. Snipes, *op. cit*, pp.54~56.

22.3%가 70에서 80 사이, 그리고 정신박약(feeble-mindedness)으로 불릴 수 있는 IQ 50 에서 70사이가 20.6% 정도였다.[2]

특히 흑인들은 IQ가 낮기 때문에 그들 중에 범죄자가 많이 발생하게 된다는 설명이 시도 되었다. IQ검사결과 미국 흑인들은 백인들에 비해서 평균적으로 15점정도 낮은 지능지수를 가지고 있는 것으로 드러났다. 일부학자들은 이런 흑인들의 낮은 IQ가 그들이 범죄를 많이 저지르게 만드는 이유라고 설명하고 있다. 그래서 'IQ가 유전에 의해서 결정되는가? 아니면 교육에 의해서 결정되는가?'에 대한 논란이 일어났다. 만약 유전에 의해 IQ가 결정된다면 흑인은 태어나면서부터 백인에 비해 열등하다는 것을 의미하는 것이 된다. 이에 비해서 일본, 중국계, 그리고 유태계 미국인들은 일반적으로 비행을 저지르는 비율이 흑인들에 비해서 훨씬 낮다. 그 이유는 그들이 높은 IQ를 지녔기 때문이라는 주장도 제기되었다.[3] 흑인들은 이런 연구결과를 인종차별적인 주장이라고 비난을 하였다.

위와 같은 논란이후에도 IQ와 범죄와의 관계에 대한 연구는 한 동안 계속되었다. 그 대표적인 것 중에 하나가 Travis Hirschi와 Michael Hindelang의 연구이다. 그들은 IQ는 사회계층과 인종 못지않게 자기보고서식 연구로 나타난 청소년비행을 설명하는데 중요하다는 결론을 내렸다. 그들은 IQ, 인종, 그리고 비행 사이의 관계에 대한 연구가 인종차별문제라는 이유로 그 동안 무시되어 온 것은 잘못이라고 지적하였다.[4] Quay는 이처럼 IQ가 청소년비행과 관련이 있는 것은 낮은 IQ를 가진 청소년은 학교에 제대로 적응하지 못하기 때문에 비행에 빠지기 쉽기 때문이라고 지적했다.[5] 즉 지능이 범죄와 직접 관련이 있기보다는 학습이나 학교생활에 영향을 미침으로써 결국 범죄와 관련이 있다는 것이다.

제2절 성격과 범죄

개인의 성격도 범죄와 관련하여 범죄학자들의 관심의 대상이 되었다. 각 개인은 다른 사

---

2) Sheldon Glueck & Eleanor Glueck, *Delinquents and Nondelinquents in Perspective*(Cambridge, M.A.: Harvard University Press, 1968), p.156.

3) *Ibid*, pp.58~60.

4) Travis Hirschi & Michael J. Hindelang, "Intelligence and Delinquency: A Revisionist Review," *American Sociological Review*, Vol. 42(1977), pp.572~587을 참고할 것.

5) Herbert C. Quay, *Intelligence* in *Handbook of Juvenile Delinquency* edited by Herbert Quay(New York: Wiley, 1987)를 참고할 것.

람들과 구분되는 독특한 성격(personality)을 가지고 있다고 믿어져왔다. Hans Eysenck는 사람의 성격을 크게 내성적인 성격(introversion)과 외향적인 성격(extroversion)으로 구분하였다. 내성적인 성격을 가진 사람은 비사교적이며 혼자 있기를 좋아한다. 그들은 다른 사람들에 의해서 잘 훈련이 되어 질 수 있다. 반면 외향적인 성격의 사람은 사교적이며, 때로는 충동적이고 새로운 모험을 즐기는 것을 좋아한다. 그들은 파티에 가는 것을 좋아할 뿐만 아니라 많은 친구들을 가지고 있다. 그러나 외향적인 사람은 조용히 앉아서 책을 읽는 것을 좋아하지 않는다. 또한 외향적인 사람은 벌을 받는 것을 통해서 교훈을 배우는 능력이 약하다. 다시 말하면 잘못된 행위로 인하여 처벌을 받더라도 자신의 행동을 잘 수정하지 못한다. 뿐만 아니라, 외향적인 성격을 가진 사람은 늘 짜릿한 흥밋거리를 찾는다. 그렇기 때문에 외향적인 사람이 범죄자가 될 가능성이 증가한다고 한다.[6]

위와 같은 성격의 구분이외에도 사람의 성격은 반사회적(anti-social), 공격적(aggressive), 충동적(impulsive), 그리고 반항적(rebellious) 성격 등으로 나뉘어 지기도 한다.[7] 이 중에서 범죄행위와 밀접한 관련이 있는 것으로 보이는 반사회적 성격을 주목해 볼 필요가 있다. 「미국신경정신과 의사협회」(American Psychiatric Association)는 "**반사회적 성격장애 (antisocial personality disorder)**"를 다음과 같은 여섯 가지의 증세들 중에서 세 개 이상 해당하는 경우를 말한다고 하고 있다. **첫째,** 계속적으로 법을 어기는 경우이다. **둘째,** 개인적 이득이나 만족을 위해서 지속적으로 남을 속이는 경우이다. **셋째,** 충동성이 강해서 미래에 대한 계획을 잘 세우지 못하는 경우이다. **넷째,** 타인과 싸움을 자주 벌이는 경우이다. **다섯째,** 꾸준히 일하지 못해서 자신의 경제적인 의무와 책임을 제대로 이행하지 못하는 경우이다. **끝으로** 자신의 잘못을 잘 뉘우치지 못하는 경우 등도 포함하고 있다.[8]

위와 같은 성격이론들은 성격검사 도구가 만들어지면서 더욱 활성화되었다. 그런 검사도구 중의 대표적인 것이 「미네소타 다단계 성격검사 도구」(Minnesota Multiphasic Personality Inventory, MMPI)와 「캘리포니아 심리검사 도구」(California Psychological Inventory)와 같은 필기검사를 통한 방법이다. MMPI를 이용한 한 연구에 의하면 비행청소년들은 일반 청소년들에 비해서 사회성과 도덕성이 떨어진다고 하였다.[9] 그러나 이와 같은 연구는 방법상 문제가 있다. MMPI는 그 질문내용에 법을 위반한 사실에 대한 내용

6) C. Ray Jeffery, *op. cit*, pp.363~364.

7) Ronald L. Akers, *Criminological Theories: Introduction and Evaluation,* 2nd ed.(Los Angels: Roxbury Publishing, 1997), p.53.

8) George B. Vold, Thomas J. Bernard, & Jeffrey B. Snipes, *op. cit*, p.99.

9) Starke R. Hathaway & Elio D. Monachesi, *Adolescent Personality and Behavior*(Minneapolis, MN: The University of Minnesota Press, 1963)를 참고할 것.

('trouble with the law')을 포함하고 있다. 따라서 이런 연구는 이미 성격검사에서 범죄행위여부를 묻는 문항이 있기 때문에 이것을 범죄와 관련시켜서 결론을 내리는 것은 문제가 있다. 즉 법을 어긴 사실이 있는지를 묻고, 만약 그렇다면 반사회적 성격을 가지고 있다고 보기 때문이다. 이것이 문제가 되는 이유는 원인이라고 주장하는 성격검사에 그의 결과인 범죄행위가 이미 포함되어 있기 때문이다. 결국 이런 방법으로 성격검사와 범죄행위와의 상관관계를 조사하였다고 하더라도 그 결과의 신빙성을 보장하기가 어렵다.[10]

범죄행위와 관련하여 특별히 문제가 되는 것은 분노를 통제하는 능력이다. 심리학자들은 어떤 개인은 분노를 통제하는 능력이 상당히 약한 것을 발견하였다고 한다. 그러므로 이들은 다른 사람들하고의 충돌에 있어서 폭력을 사용할 가능성이 높아진다. 많은 사람들이 분노를 어느 정도 억제할 수 있는 능력이 있는 것과는 차이가 있는 것이다. 미국에서는 판사가 범죄자에게 분노통제교육(anger management program)을 받도록 명령을 하는 경우가 많다.

주의집중장애(Attention Deficit Disorder)도 범죄와 관련하여 연구의 대상이 되었다. 주의집중장애는 주의집중을 제대로 할 수 없는 장애를 말한다. 이런 장애는 학교에서 적응하는데 특별히 문제가 된다. 이런 아동은 학교에 적응하기가 어렵기 때문에 학교를 중간에 그만 두는 경우가 많다. 그러면 그들이 할 수 있는 일은 불량청소년들하고 어울려서 비행을 저지르는 일이다.

■■■■ 제3절 ■ 정신병과 범죄

다음에서는 정신병의 신경의학적 및 법적분류와 정신병으로 인해 발생한 실제 범죄의 사례들에 대해서 차례대로 알아보겠다.

1. 정신병의 신경의학적 분류

정신병(mental illness)은 범죄행위와 관련하여 오래전부터 범죄학자들의 관심의 대상이 되어왔다. 흔히 우리는 연쇄살인범과 같이 잔인한 범죄를 저지른 사람을 '**사이코패**

---

10) Ronald L. Akers, *op. cit*, p.55.

뜨'(psychopath) 또는 '**소사이오패뜨**'(sociopath)라고 부른다. 이런 말을 처음 사용한 사람은 독일의 정신의학자 Richard von Krafft-Ebing (1840~1902)이다. 그것이 Bernard Glueck(1884~1972)과 William Healy (1869~1963)와 같은 미국과 영국의 정신의학자들에 의해서 세계에 널리 알려지게 되었다. 이 두 단어는 비슷한 의미로 사용이 된다. 이두 단어 모두 잔인한 성격을 가지면서 상대방에게 전혀 동정심을 보이지 않은 사람들을 가리킬 때 사용한다.[11] 그러나 사이코패뜨는 선천적으로 태어나는 것으로 보고 소사이오패뜨는 후천적으로 성장하면서 얻어지는 것으로 구분을 하기도 한다.

정신이상이 무엇인지는 의학적인 관점과 법적인 관점에서 살펴볼 수 있다. 우선 먼저 의학적으로 정신장애(mental disorder)에는 어떤 것이 있는 지를 살펴보도록 하겠다. 「미국신경정신과 의사협회」(American Psychiatric Association)는 정신장애를 DSM-IV를 통해 300가지 이상으로 구분하고 있다. 그렇게 구분하는 이유는 나중에 의료비를 보험회사에 청구하는데 편리하게 하기 위해서이다. 정신장애는 크게 기관장애(organic disorder)와 기능장애(functional disorder)로 구분된다. 기관장애는 사고로 인해서 뇌가 손상되는 경우를 말한다. 경우에 따라서는 뇌손상으로 기억장애가 발생하기도 한다. 이에 비해 기능장애는 인간관계에서 오는 갈등과 스트레스 때문에 발생하는 장애를 말한다. 기능장애는 사이코시스(psychosis), 누로시스(neurosis), 그리고 성격장애(personality disorder)로 나뉜다. 다음에서는 위의 세 가지 기능장애에 대해서 보다 자세하게 살펴 볼 필요가 있다.

첫째, 사이코시스는 기능장애 중에서 가장 증세가 심한 것이다. 사이코시스 환자는 현실과 그렇지 않은 것을 제대로 구분하지 못한다. 그래서 학교나 직장생활을 제대로 할 수 없는 경우가 많다. 정신분열증(schizophrenia)이 그 중 가장 증세가 심한 것이다. 정신분열증 환자의 특징은 환각과 환청을 경험한다는 것이다. 영화 「아름다운 마음」(*Beautiful Mind*)의 주인공으로 묘사된 John Nash라는 사람이 있다. 그는 노벨 수학상을 받을 정도로 천재적인 사람이다. 그러나 그는 심한 정신분열증 환자이기도 하였다. 그는 Princeton 대학에 다닐 적에 존재하지 않는 룸메이트를 있다고 믿고 그렇게 행동했다. 나중에는 CIA에 고용되어 암호분석을 맡는 것으로 착각하기도 하였다. 그는 이처럼 실제로 존재하지 않는 것도 있는 것으로 믿고 그렇게 행동했다. 그래서 정신분열증 환자는 누구와 대화하는 것처럼 혼자서 중얼거리기도 한다. 한국에서 있었던 일은 한 중년의 남자가 신으로부터 계시를 받았다고 하면서 유아원에 가서 아이들을 마구잡이로 해코지를 하려고 한 사건도 있었다.

---

11) F. Schmallger, 5th ed. *Criminology Today: An Integrative Introduction*,(Upper Saddle River: Pearson, 2009), p. 217.

둘째, 누로시스(neurosis)는 불안장애(anxiety), 강박장애(compulsion), 우울장애(depression) 등을 포함한다. 불안장애는 불안한 마음이 오랫동안 지속되는 것이다. 공포증(phobia)도 불안장애의 일종이다. 사람에 따라서는 고소공포증(acrophobia)과 폐쇄공포증(claustrophobia) 등 다양하게 나타난다. 예를 들면 폐쇄공포증에 걸린 사람은 엘리베이터나 비행기 안에 타는 것이 어렵다. 한편 강박장애는 어떤 생각이 계속 한 사람을 붙드는 경우이다. 예를 들면 자기 자신의 몸에 세균이 많은 것이 느껴져 하루에도 수십 번씩 손을 닦아야 직성이 풀린다. 물론 어떤 사람과 악수하는 것도 꺼리는데 어쩔 수 없이 악수한 경우에는 바로 손을 씻는다. 어떤 사람은 도벽(kleptomania)에 걸린 환자가 있다. 이들은 자신도 억제할 수 없는 충동으로 인해서 절도행각을 계속적으로 벌이게 된다. 기타 방화벽(pyromania)이 있다. 이들은 방화를 하고 그 대상물이 불속에 휩싸이는 것을 보고 쾌감을 느낀다. 끝으로 우울장애는 계속해서 슬픈 감정이 지속되는 것을 말한다. 이들은 이런 슬프고, 어둡고, 그리고 비관적인 감정 때문에 자살 사이트를 만들고 동반자살을 하는 사례가 한국 신문에 보도되기도 하였다. 근래에는 유명한 한국 연예인들이 우울증 때문에 자살하였다는 보도가 잇달아 발생하기도 하였다.

끝으로, 성격장애가 있다. 성격장애는 사이코시스나 누로시스로 분류할 수 없는 많은 정신이상을 포함한다. 그 중에 대표적인 것은 반사회적성격장애(antisocial personality)와 다중성격장애(multi personality disorder)가 있다. 반사회성격장애는 사회에 대한 무조건적인 저주와 반항심을 보이는 경우이다. 미국정신의학협회 (American Psychiatric Association, APA)는 "반사회적성격장애를 가진 사람은 사회성이 현격히 결여가 되어 있고 남들과 잦은 충돌을 빚는 사람이다"라고 정의하고 있다. 그들은 다른 개인이나 집단에 충성심을 가지지 못한 사람이다. 뿐만 아니라, 그들은 아주 이기주의적이고, 책임감이 부족하고, 충동적이며, 자신의 잘못을 뉘우칠 줄 모르고, 또 처벌을 통해서 교훈을 배우지 못하는 사람들이라고 규정을 했다.[12] 이런 사람들 중에서 폭력범죄자가 많이 발생할 가능성이 있다. 예를 들면 좋은 차만 타고 다니는 사람만 보면 증오하는 경우가 있다. 한 연구에 의하면 교도소에 수감된 죄수의 46.6%정도가 반사회적성격장애를 가지고 있다고 한다. 그래서 범죄자들이 가장 많이 가지고 있는 정신장애가 바로 반사회적성격장애인 것이다.[13] 한편 다중성격장애는 한 사람 안에 둘 또는 그 이상의 전혀 다른 성격이 존재하는 것이다. 소

---

12) American Psychiatric Association, *Diagnostic and Statistical Manual of Mental Disorders*, 2nd ed. (Washington, DC: American Psychiatric Association, 1968).

13) H. Prins, "*Offenders, Deviants or Patients? An Introduction to the Study of Socio-Forensic Problems*" (London: Tavistock, 1980).

설 「지킬 박사와 하이드」에 보면 한 인간이 낮에는 지킬 박사로서 훌륭한 인품을 가진 사람으로 행동을 한다. 그러나 밤만 되면 하이드로서 야수와 같이 행동한다.

2. 정신이상의 법적분류

위에서는 신경정신의학적인 관점에서 정신이상을 살펴보았다. 이제는 법적인 관점에서 정신이상을 논의하겠다. 그리고 그런 논의들이 재판에서 어떻게 응용이 되는지를 살펴보겠다. 법적으로는 인식능력의 결여(lack of cognition)를 정신병의 기준으로 보았다.[14] 1843년 영국에서는 M'Naghten이란 사람이 한 사람을 당시의 영국 수상이었던 Robert Peel경으로 착각하고 살해한 사건이 발생하였다. 당시 M'Naghten은 정신병에 의한 환각증세를 가지고 있었다. 법원은 정신이상을 이유로 무죄판결을 내렸다. 이후부터 M'Naghten 원칙이라는 것이 영미법제도를 도입한 국가에 형성되었다. 이에 의하면 만약 한 사람이 이성적 판단에 장애가 있다고 가정할 수 있다. 그로 인해서 자신의 행동의 본질과 그로 인해 발생할 수 있는 결과를 제대로 예측하지 못했을 때는 정신이상으로 인한 무죄판결을 내릴 수 있도록 하였다. 이것은 '옳고 그름에 대한 판단능력 검사'(the right and wrong test) 또는 '이성적 판단능력 검사'(test of rationality)라고 불린다. 한편 「미국법협회」(American Law Institute)는 이런 'M'Naghten 규칙'을 보완하여, '저항할 수 없는 충동'(irresistible impulse)을 정신이상의 기준으로 추가하였다. 즉 한 사람이 자신의 행동을 통제할 수 없는 상태인 경우에도 정신이상으로 보았다.[15] 그래서 범죄행위에 대한 책임을 묻기 위해서는 범인이 이성을 가지고 자발적으로 한 것이어야 한다는 것이다.

위와 같은'M'Naghten원칙'과는 다르게 「미국연방항소심법원」(the U.S. Court of Appeals in Washington, D.C.)은 Monte Durham사건을 통해서 피고인이 어떤 것이 옳고 그름을 분별할 수 있었다고 하더라도 그의 범죄행위가 정신병과 정신이상의 결과라면 책임이 없다는 판결을 내렸다. 이것은 나중에 Durham원칙으로 알려지게 되었다.[16]

위와 같은 이유 때문에 변호인이 재판과정에서 정신이상을 이유로 하여 피고인의 무죄를 주장하는 경우가 종종 발생한다. 이런 재판 중에 잘 알려진 것이 1981년 미국 전대통령 Ronald Reagan을 저격했던 John Hinckely, Jr. 사건이었다. 당시 Hinckley는 Reagan 대통

---

14) C. Ray Jeffery, *op. cit.* p.437.
15) *Ibid*, pp.427~429.
16) John F. Galliher, *op. cit.*, pp.234~235.

령을 저격한 이유가 자신이 짝사랑하는 영화배우 Jodie Foster의 관심을 끌기 위해 그렇게 했다고 주장하였다. Hinckley의 변호인은 Harvard 대학병원의 신경정신과 의사 David Bear를 통해서 Hinckley의 뇌를 촬영한 CT사진 자료를 제출하였다. 그 신경정신과 의사는 Hinckely가 정신분열증 환자임을 주장하였다. 이것은 법원에 의해서 받아들여져서 Hinckely는 정신이상을 이유로 한 무죄평결을 받았다. 그러나 무죄평결을 받았다고 하여서 곧 바로 자유롭게 풀려난다는 뜻은 아니다. 다만 피고인이 정신이상을 치료하기 위해서 정신병원에 입원하여 치료를 받도록 하고 있다.[17]

Hinckely재판은 많은 논란을 불러일으켰다. 그 이유는 Hinckely가 범행을 이미 몇 달 전에 치밀하게 계획했기 때문이다.[18] 이런 사실은 범행에 상당한 고의가 있었다는 사실을 시사해주기 때문이다. 그래서 정신이상을 이유로 한 무죄주장은 그 기준이 무엇인지에 대해서 지금까지도 많은 논란이 되고 있다. 하지만 미국에서는 Hinckely의 재판이후 신경의학적으로 피고인의 정신이상을 증명하려는 시도가 증가하고 있다. 특히 뇌와 신경계의 이상을 MRI나 CT영상을 통해서 입증하는 경우가 늘고 있다. 그러므로 신경정신과 의사들의 법정 증언이 피고인의 정신이상을 판단하는데 중요한 기준이 되고 있다.

최근에는 피고인의 정신이상 정도에 따라서 그에 상응하는 판결을 내리는 추세이다. 즉 정신이상 정도가 심해서 완전히 옳고 그름을 판단하기 어려울 정도이면 무죄를 선고한다. 그러나 그런 심한 정신이상이 아닌 경우에는 그 만큼 감형을 하는 경우가 증가하고 있다. 이것은 Twinkie Defense라고 불려진다. 이 원칙은 1979년에 San Francisco시장을 살해한 Dan White의 재판과정에서 성립된 것이다. 변호인은 White가 여러가지 불량식품을 많이 섭취한 결과 폭력적인 행동을 비롯한 정신작용에 일부 문제가 있었음을 주장하였다. 그리고 검사가 구형한 것보다 한 단계 낮은 처벌을 받았다.

더 최근에는 '유죄이지만 정신이상'(guilty but mentally ill)의 개념이 사용되고 있다. 다시 말해서 피고인이 정신이상이라고 하더라도 그 이유만으로 자동적으로 무죄판결을 내리는 것이 아니다. 대신에 유죄판결을 내린다. 그러나 피고인이 정신이상인 점을 감안하여 정신병원에 수용한다. 그리고 정신병이 치료되면 잔여기간은 교도소에서 복역하도록 하는 방법이다.[19]

위와 같은 노력에도 불구하고 정신이상에 대한 개념정의가 그리 명확한 것은 아니다. 특히 개개의 사례를 놓고 볼 때, 전문가들 사이에도 의견 차이가 존재하는 경우가 많다. 그래

---

17) *Ibid*, p.235.
18) C. Ray Jeffery, *op. cit*, pp.426~431.
19) John F. Galliher, *op. cit*, p.236.

서 재판과정에서 피고인의 정신이상에 대한 문제는 피고인 측과 검사측이 선임한 정신의학자들 사이의 논쟁으로 이어지는 경우가 많다. 따라서 이런 쌍방의 논쟁을 바탕으로 판사나 배심원이 판결을 내리기가 무척 어려워질 수밖에 없다. 정신이상과 재판에 대해서는 나중에 보다 자세하게 논의하게 될 것이다.

3. 정신병으로 인해 발생한 실제 범죄의 사례

위와 같은 Hinckley사건이외에도 정신이상자로 판단되는 사람이 범죄를 저지른 사례는 많다. Ted Bundy는 수많은 여성을 연속적으로 살해한 혐의로 경찰에 체포되었다. 그 중에 한 사건은 미국 플로리다주립대학교(Florida State University)의 여학생 기숙사에 침입하여 두 명을 살해한 것이었다. 나중에 한 정신과 의사는 Bundy는 신경의학적으로 이상증세가 있는 사람으로서 즉시 치료를 받아야 한다고 주장하였다.[20]

또 하나의 충격적인 사건은 미국의 한 오지에서 발생한 것이다. Edmund라는 청년은 자신의 친할머니를 식칼로 난도질하여 살해하였다. 그리고 할아버지는 총으로 쏴 죽였다. 그로인해 Edmund는 정신병원에 수감되었다가 퇴소한 후 여러 명의 여대생들을 연달아 살해하였다. 그런 과정 중에 시체에서 내장을 도려내어 가지고 놀기도 하였으며, 때로는 시체에다 성행위를 하기도 했다. 나중에는 자신의 어머니를 살해하고 목을 자른 후에 성행위를 하였다. Edmund는 경찰이 제대로 자신을 잡지 못하자 경찰에 자수하였다. 그는 어렸을 때부터 유난히 몸집이 컸다. 그의 어머니는 그런 이유로 Edmund가 그의 누나를 강간할 우려가 있다는 이유로 밤마다 어린 그를 지하실에 가두었다. 그리고 "너 같은 멍청이는 여대생하고는 절대로 연애를 할 수 없을 것"이라고 아들을 저주하였다.[21] 이렇게 불행한 어린시절을 보낸 Edmund는 자신의 어머니에 대한 증오심을 키워왔으며, 잘못된 자아를 형성하게 된 것이다.

---

20) *Ibid*, p.429.
21) 홍성열, "엄마를 살해하고 머리를 자르고 성관계를 한 괴물인간"「수사연구」제3월호, 2003, pp.125~129.을 참고할 것.

〈범죄사례연구〉 영화 「양들의 침묵」의 배경이 되었던 괴물 살인자 Ed Gein (1906.8.27-1984.7.26)

Ed Gein은 영화 「양들의 침묵」과 「사이코」(Psycho)의 배경이 되었던 살인범이다. 그는 지역의 한 철물점 여주인을 납치하고 살해를 하였다. 그리고 그는 그녀의 목을 자른 다음에 시골에 있는 자신의 농장 안의 부엌에 메달아 놓았다. 그리고 밤에는 공동묘지에 가서 매장이 되어 있는 여성의 시신을 끄집어내었다. 그런 다음에 피부 가죽을 벗겨서 입어보거나 여성의 성기를 잘라서 보관하기도 하였다.

Ed Gein의 어머니는 지나칠 정도로 엄격하게 자식들을 키웠다. 그 이유는 자신의 자식들이 세상의 나쁜 것에 물들까봐 걱정을 하였기 때문이다. 그래서 그녀는 Ed Gein과 그의 형을 데리고 시골에 있는 농장으로 이사를 하였다. Ed Gein의 엄마는 그가 친구를 사귀지 못하도록 하였다. 그래서 Ed Gein은 여자하고 한 번도 데이트를 해보지도 못했다.

이렇게 철저하게 고립되어 살던 Ed Gein에게 더 큰 불행이 찾아왔다. 그의 형과 엄마마저 세상을 떠난 것이다. 그는 혼자 있는 동안 탐험소설이나 인체해부와 관련된 책을 많이 읽었다. Gein은 책에서 읽은 내용과 실재의 세계를 제대로 구분을 하지 못하였다. 법원은 그를 정신이상 정도가 심해서 재판을 받을 수 없는 상태라고 판단을 하였다. 법원은 그가 심한 정신분열증을 가진 환자라고 본 것이다. 그래서 그는 교도소에 가는 대신에 정신병원에서 생활을 하다가 지병인 암으로 세상을 떠났다. 이런 극단적인 사례가 아니더라도 정신병이 범죄와 관련이 있을 수 있다는 것은 이미 잘 알려진 사실이다.[22]

다른 사례는 미국의 텍사스 주에서 있었던 사건이다. 해병대 출신인 한 남성은 텍사스대학교(The University of Texas at Austin)의 고층빌딩 옥상에 올라가서 자신이 가지고 간 소총으로 지나가는 학생들을 마구잡이로 저격하였다. 그는 나중에 경찰에 체포되어 수사를 받는 과정에서 위와 같은 행위를 하기 이전에 자신의 어머니를 집에서 먼저 살해한 사실이 드러났다. 나중에 알려진 사실이지만, 그 범인은 뇌종양을 가지고 있었던 것으로 알려졌

---

22) 전돈수, 「범죄이야기」 (파주: 도서출판 21세기사, 2010), pp.230~242.

다. 이런 사실로 미루어 볼 때 뇌종양이 그의 이성적인 판단을 방해하여 무차별적인 살인
을 저지르게 한 것으로 추정된다.

　잘못된 종교적 신념 때문에 벌어지는 사건도 많이 있다. 그 중에 하나가 집단자살이다.
물론 자살이 범죄는 아니지만 범죄와 관련하여 관심의 대상이 되어 왔다. 이런 이단 종교의
잘못된 종교관은 집단적인 정신이상 현상으로까지 이어질 수가 있다. 외국의 사례와 국내
의 대표적인 사례들을 살펴보는 것은 의미 있는 일이다. 1978년에는 913명의 종교집단 사
람들이 남미에 있는 자신들의 집단 거주촌에서 동시에 자살을 하였다. 이들은 원래 미국
California에서 살던 사람들이었다. 그러나 그들은 자신들의 종교지도자 Jim Jones를 따라
서 남미의 Guyana에 있는 Jonestown으로 이주를 하였다. Jim Jones는 자신을 따르는 신자
들에게 독약을 주면서 천국에서 다시 만나자고 하였다. Jim Jones는 이것은 자신들에 대한
박해에 대항하는 방법이라고 신자들을 설득하였다. 이 말과 동시에 거의 천명에 달하는 사
람들이 독약을 마셨다. 그 결과 그들 대부분이 사망하였다. 한편 우리 한국은 1987년 경기
도 용인에서 발생한 유명한 오대양 집단자살 사건이 있었다. 당시 사건에서 속칭 구원파로
알려진 박순자의 주도에 의해서 자살이 이루어진 것으로 알려졌다. 그 결과 32명이 죽었다.

제4절 학습과 범죄

　인간은 학습을 통해서 타인의 행동양식을 습득한다. 이것은 동물이 주로 본능적으로 행
동하는 것과는 대조되는 것이다. 그래서 학습이 인간의 행동에 미치는 영향은 대단히 크다.
여기서는 학습과 범죄행위의 관계에 대해서 알아보도록 하겠다.

1. 심리학적 학습이론

　심리학자들은 환경에 대한 인간의 반응을 연구하면서 학습이론(learning theory)을 발전
시켰다. 학습이론가들은 사람의 행동은 그가 어떤 환경에 노출되느냐에 따라 결정된다고
주장한다. 즉 사람은 배운 것에 따라 행동한다는 것이다. 최초의 유명한 학습이론은 1920
년 말 Pavlov에 의하여 제시되었다. 그것은 고전적 조건이론(classical or association

conditioning)으로 널리 알려졌다. Pavlov의 연구이후에 Skinner는 강화(reinforcement)와 벌(punishment)의 논리에 기초하여 조작적 조건이론(operant learning theory)을 등장시켰다. 한편 사회학자들은 심리학에서 발전된 학습이론을 사회행동에 적용시켜 사회학습이론(social learning theory)을 성립시켰다. 다음에서는 위의 세 가지 이론을 차례대로 논의하고자 한다.

첫째, Pavlov는 개를 실험대상으로 했다. 그는 개에게 먹이를 주기 전에 벨을 울리는 과정을 몇 번 되풀이하였다. 그 결과 그 개는 음식이 주어지지 않더라도 벨 소리만 들으면 침을 흘렸다. 이제 그 개는 벨 소리와 음식을 연상시켜서 생각할 수 있게 된 것이다. 인간에게도 이런 연상 작용(association)이 일어날 수 있다. 예를 들어서 '전쟁'이란 단어는 '나쁜 일'이나 '죽음'을 연상하게 된다. 이와 비슷하게 '살인' 하면 '죽음'내지는 '처벌'을 연상할 수 있는 것이다. Pavlov의 고전적 조건이론은 타액분비(salivation), 눈 껌벅임, 심장박동, 호흡작용, 혈압 등을 조절하는 부드러운 근육(smooth muscles), 그리고 내분비 샘(gland)과 관계된다. 이 부드러운 근육과 내분비 샘의 운동은 '무의식적(involuntary) 활동'이라고 일컬어지기도 한다. 그 이유는 사람의 의지로 타액 분비나, 심장박동, 그리고 혈압 등을 조절할 수 없기 때문이다. 바꾸어 말하면 부드러운 근육(smooth muscles)과 내분비 샘은 인간의 의지와 상관없이 스스로 조절되고 있는 것이다.

둘째, Skinner는 학습과정을 연구하기 위해서 쥐를 실험대상으로 이용하였다. 그는 쥐가 지렛대에 접근하면 장치를 조작하여 먹이가 나오는 과정을 몇 차례 반복했다. 그 결과 이제 쥐는 스스로 지렛대를 조작하여 음식을 먹을 수 있게 되었는데 이것이 바로 '강화'(reinforcement)이다. 이번엔 다른 실험실 장치로 쥐가 지렛대를 누를 때마다 전기 충격을 가했다. 이제 그 쥐는 전기 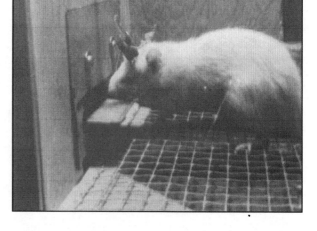 충격을 받지 않기 위하여 다시는 지렛대를 누르지 않았는데 이 전기 충격이 바로 '벌'(punishment)인 것이다.[23]

---

23) C. Ray Jeffery, 1990, *op. cit.*

인간은 Skinner의 실험실의 쥐처럼 기쁨(pleasure)을 얻고 고통(pain)은 피하기 위하여 어떤 행동을 하거나 하지 않을 수 있다. 예를 들면 어린이는 칭찬을 받고 보답을 받는 일은 계속할 것이지만 벌 받는 일은 하지 않으려고 할 것이다. 만약에 어떤 어린이가 친구들과 싸운 일로 부모로부터 꾸중을 들었다면 다시 싸움을 반복하지 않을 가능성이 커진다. 그와 반대로 공부를 잘해서 칭찬을 받은 어린이는 계속 공부를 잘 하려고 노력할 것이다. '고전적 조건이론'이 자율신경(autonomic nervous system)과 부드러운 근육(smooth muscles)의 운동의 결과이다. 반면에 Skinner의 '조작적 조건이론'(operant conditioning)은 팔과 다리에 있는 체신경(somatic nervous system)의 작용에 의한 결과이다. 행동이란 것은 의식적으로 조절할 수 있는 줄무늬 골격근육(striated skeletal muscles)의 운동으로 인하여 발생한다. 어떤 사람이 그를 모욕한 사람을 주먹으로 때리기 위해서는 팔의 근육을 의도적으로 자극시켜야 한다.

끝으로 또 다른 중요한 학습방법은 다른 사람의 태도와 행동의 모방(imitation)이다.[24] 모방은 다른 사람하고의 직접적인 접촉뿐만 아니라 TV, 영화, 그리고 책 등과의 간접적인 접촉에 의해서도 일어날 수 있다. 오늘날 대중 매체의 발달과 함께 그것을 통한 간접접촉이 학습과정에 있어 중요한 위치를 차지하고 있다. 그래서 어린이는 영화배우의 잔인한 행동을 흉내 낼 수 있는 것이다.

학습은 진공상태에서 일어나는 것이 아니라 뇌와 신경계에서 물리적인 과정을 통해서 일어나는 것이다. 한 개인이 환경과의 접촉을 통해서 학습하는 과정은 뉴런(neuron)의 물리적인 변화에 의한 결과이다. 경험에 의해 취득한 정보는 신경세포의 연접부(synapses)와 신경전달물질(neurotransmitter)에 저장된다. 사람이 어떤 행동을 위한 판단을 하기 위해서는 뇌에 입력되고 저장된 정보를 수시로 되살려야 한다.[25] 뇌에서 정보를 저장하는 기능을 기억이라 할 수 있다. 림빅시스템(limbic system) 안에 위치해 있는 해마(hippocampus)란 것이 기억기능에 아주 중요한 역할을 하는 것으로 알려지고 있다. 몇 사례들이 이 사실을 뒷받침하고 있다. 그 하나의 사례는 어느 환자가 자신의 직업을 포기해야할 정도로 심한 간질발작으로 고생하고 있었다. 그 환자의 의사는 간질발작을 일으킨다고 의심되는 해마와 그 주위의 뇌 부분들을 제거하는 수술을 했다. 그러나 그 환자는 수술 후에 기억력에 장애가 발생하였다. 그는 수술 전부터 시작해서 과거 3년 동안 있었던 일들을 다시 기억해 낼 수 없게 되었다. 뿐만 아니라 그는 방금 전에 일어난 일조차 제대로 기억하지 못하게

24) D. O. Sears, L. A. Peplan, J. L. Freeman, & S. E. Taylo, *Social Psychology*(Englewood Cliff, NJ: Prentice Hall, 1988).

25) C. Ray Jeffery, 1990, *op. cit.*

된 것이다.[26]

위의 논의를 요약하면 다음과 같다. 부모와 친구 또는 대중매체들로부터 전달되는 사회 환경은 학습이란 과정을 통해서 한 사람의 행동에 영향을 미치게 된다. 어린이는 '강화'가 주어지는 일은 계속할 것이고 '벌' 받는 일은 다시 하지 않을 것이다. 하지만 학습은 추상적으로 일어나는 현상이 아니라 뇌와 신경계의 구조와 상태의 변화를 통해서 일어나는 현상이다. 학습은 뇌에 있는 기억장치 없이는 일어날 수 없다. 다시 말하면 기억이란 사회적 환경으로부터 입력된 정보가 에너지 형태로 전환되어 뇌에 저장된 것이다.

2. 학습이론의 응용

위에서 언급한 학습이론을 이용하여 범죄자를 위한 행동교정치료(behavior modification)에 활용하는 경우가 있다. 예를 들면 '긍정적 강화'(positive reinforcement)를 위해서 교도소 재소자들이 모범행동을 할 때마다 토큰을 주고, 그것이 모여지면 그에 상응하는 상을 주는 것이다. 반대로 잘못된 행동에 대해서는 벌점을 부과하여 나중에 일정한 벌점이 쌓이면 벌을 주는 것이다. 이런 벌 중에 포함된 것은 자신의 잘못된 행위로 인해 발생한 피해에 대해서 그 만큼 보상하도록 하는 것이다. 이것은 Skinner의 조작적 조건이론을 응용하여 재소자의 교화를 이루려는 시도로 볼 수 있다. 이런 방식의 행동교정치료는 심리학자 또는 정신과 의사 없이도 실천할 수 있다는 장점이 있다.[27]

제5절 Freud의 정신분석학

Sigmund Freud(1856~1939)의 정신분석학은 심리학뿐만 아니라 사회과학 전반에 많은 영향을 주었다. Freud가 범죄문제에 대해서 직접적으로 언급한 부분은 적다. 그러나 일부 심리학자들은 Freud의 심리학을 이용하여 범죄행위의 원인을 설명하려는 시도를 하였다. 그래서 여기서는 Freud의 정신분석학이론을 살펴보고자 한다.

---

26) J. Kalat, *op. cit.*
27) Gennaro F. Vito & Ronald M. Holmes, *Criminology: Theory, Research, and Policy*(Belmont, C.A.: Wadsworth Publishing, 1994), p.123.

1. 의식의 수준

Freud는 인간의 의식수준을 '원초아'(id), '초자아'(superego), 그리고 '자아'(ego) 등의 세 가지로 분류하였다. 원초아는 인간의 가장 원초적인 본능을 말한다. Freud는 이 원초아의 본질을 성적욕망으로 보았다. 이런 성적욕망은 공격성과도 관련이 있다.[28] 이 원초아는 인간의 잠재의식 속에 존재한다. 잠재의식은 사람이 평소에는 의식하지 못한다. 그러

나 잠재의식은 인간의 깊은 내면에 들어있다. 한편 초자아는 주로 인간이 교육을 통해서 얻은 도덕적 가치기준을 말한다. 끝으로 자아는 원초아와 초자아 사이에서 교량으로서의 역할을 하면서, 그 두 가지 기능을 적절히 조절해 준다. 그런데 만약 원초아와 초자아 사이가 제대로 조절이 되지 않으면 정신이상이 발생할 수 있다는 것이다. 이런 Freud의 이론은 Beccaria의 고전주의 범죄학과는 다른 것이다. Beccaria는 인간은 이성적이기 때문에 어떤 행위로부터 발생할 수 있는 쾌락과 고통을 미리 계산한다고 한다. 그러나 Freud는 Beccaria와는 달리 인간은 항상 쾌락을 추구하는 경향이 강하다고 보았다. 이런 쾌락을 추구하는 본능이 '자아'에 의해서 제대로 통제되지 않으면 여러 가지 문제가 발생할 수 있다는 것이다.[29]

이미 언급한 것과 같이 Freud는 특별히 범죄행위에 관심을 가진 심리학자는 아니었다. 그러나 Freud의 정신분석학을 바탕으로 살펴볼 때 정신작용의 이상은 범죄행위를 유발할 수 있다는 것을 알 수 있다. 즉 인간은 본질적으로 반사회적인 속성을 지니고 있다. 다만 이런 속성이 교육에 의해서 억제되고 통제되는 것이다. 교육을 통해서 형성된 도덕성은 자신의 잘못된 행위에 대해서 양심의 가책을 느끼게 만들기도 한다.[30] 이와 같이 한 개인의 의식수준들 사이에 발생하는 갈등에 대한 여러 방어체계(defense mechanism) 중에 하나

28) Randy Martin, Robert J. Mutchnick, & W. Timothy Austin, *op. cit*, p.76.
29) *Ibid*, p.71.
30) Gennaro F. Vito & Ronald M. Holmes, *op. cit*, pp.129~130.

가 바로 '승화'(sublimation)이다. 승화는 성욕이 다른 형태로서 변화되어 나타나는 현상을 말한다. 따라서 범죄행위는 승화의 한 형태이다.[31]

2. 유아기의 발달단계

Freud는 유아기의 성장과정이 성인이 된 후에 그들의 성격을 결정하는 중요한 요소라고 지적하였다. Freud는 유아는 다음과 같은 일정한 발달단계를 거쳐 성장한다고 주장하였다. 그것은 구강기(oral stage), 항문기(annal stage), 남근기(phallic stage), 그리고 성기기 (genital stage) 등이다. 구강기는 생후 1년 동안을 말한다. 이 기간은 아기가 엄마의 젖꼭지를 빠는 것과 같이 입을 통해서 쾌락을 얻는다(구강기). 그 후 일년은 변을 참거나 배출하면서 쾌락을 얻는다(항문기). 다음 2년은 자신의 성기나 성적인 공상을 하면서 만족을 느낀다(남근기). 끝으로 다음단계로서 이성이 주요 관심사가 된다(성기기). Freud는 이런 발달단계에서 유아가 지나치게 욕구가 충족되었거나 혹은 반대로 좌절될 수 있다. 그렇게 되면 그들은 성인이 된 후에 여러 가지 행동장애들을 보일 수 있다고 지적하였다.[32]

3. 오디퍼스 콤플렉스와 일렉트라 콤플렉스

Freud는 오디퍼스 콤플렉스와 일렉트라 콤플렉스라는 개념을 만들었다. Freud에 의하면 남자유아는 자신의 엄마를 사랑의 대상으로 생각한다고 한다. 그리고 아버지를 사랑의 경쟁자로 간주한다고 한다. Freud는 이것을 '오디퍼스 콤플렉스'(oedipus complex)라고 불렀다. 반면 여자아이는 아빠를 사랑의 대상으로 여기고 엄마를 라이벌로 생각한다고 한다. 이것을 그는 '일렉트라 콤플렉스'(electra complex)라고 이름을 붙였다. 이런 콤플렉스를 해결하는 방법은 성장하면서 동성인 부모의 성역할을 모방하는 것이다. 그러나 Freud에 의하면 위와 같은 방법으로 문제를 해결하지 못한 아이들은 매춘, 무절제한 성관계 (promiscuity), 남성의 권위에 대한 도전, 그리고 가출 등과 같은 일탈행위를 저지르게 될 수 있다고 주장했다.[33]

---

31) Randy Martin, Robert J. Mutchnick, & W. Timothy Austin, *op. cit*, p.79.
32) 김현택 외 8인, 「인간의 이해 심리학」(서울: 학지사, 1996), p.224.
33) Randy Martin, Robert J. Mutchnick, & W. Timothy Austin, *op. cit*, p.79.

4. 여성범죄

Freud는 여자아이는 남자의 성기를 가지고 있지 않기 때문에 열등감을 느낀다고 지적했다. 여자아이가 그런 열등감을 극복하는 방법은 두 가지이다. 하나는 남자아이들보다 예쁜 옷을 입어서 꾸미는 것이다. 이것은 일반적인 여자 아이들의 반응이다. 그러나 소수의 여자 아이들은 남자아이들의 과격한 행동을 모방함으로써 남성의 성기를 갖지 못한 것에 대한 콤플렉스를 극복하려고 한다. 그래서 이들 중에서 여성범죄자가 많이 발생한다는 것이다.

5. 좌절-공격성이론

Freud는 공격적인 행동은 좌절에 대한 인간의 자연스런 반응이라고 보았다. 이런 Freud의 주장을 발전시켜서 Andrew Henry와 James Short는 "**좌절-공격성이론(Frustration-Aggression Theory)**"으로 발전을 시켰다. 즉 한 사람이 좌절로 인해 겪는 스트레스를 제대로 극복하지 못하면 공격적인 행동으로 이어질 수가 있다는 것이다. 만약 이런 좌절에서 겪는 스트레스를 다른 사람에 대한 공격적인 행동으로 표출하면 폭행이나 살인이 되는 것이고, 만약 자기를 향해 표출하면 그것은 자해나 자살이라는 결과를 초래할 수 있다.

6. 정신분석 및 심리치료

Freud는 정신이상이나 일탈행위의 원인은 유아기의 발달단계와 많은 관련이 있다고 주장하였다. 이런 유아기의 문제는 부모의 잘못된 양육방식과도 관련이 있다. 그렇기 때문에 Freud는 유아기의 성장단계에서 발생한 문제점을 찾는 것이 정신이상과 일탈행위를 해결하는 지름길로 보았다. Freud는 인간의 잠재의식 안에 있는 문제의 원인을 찾아내기 위해 최면술(hypnosis)을 이용하였다. 이런 정신분석학자는 환자를 은은한 조명이 설치된 방안의 편안한 소파에 누인다. 그런 후에 환자는 정신분석학자의 유도에 따라서 최면에 들어가게 된다. 최면을 통해서 정신분석학자는 그 환자의 잠재의식 속에 내재되어 있는 문제를 밖으로 이끌어 낸다. Freud는 최면술뿐만 아니라, 꿈의 해석을 통해서도 인간의 잠재의식 속에 있는 세계를 밝혀낼 수 있다고 주장하였다. Freud와 같은 정신분석학자들은 이와 같은 방법으로 정신이상의 원인을 발견하여 심리상담치료(psycho therapy)를 시도하였다.[34]

7. 평 가

Freud가 심리학 전반에 미친 영향은 대단히 크다. 사실 심리학뿐만 아니라 사회과학 전반에 Freud가 이바지 한 바는 크다.[35] Freud의 정신분석학이 범죄학에 기여한 점은 심리학이 범죄행위를 설명하는데 이용되기 시작되었다는 점이다. 아직도 많은 심리학자들이 Freud의 정신분석학적 전통을 이어받고 있다. 그러나 Freud의 정신분석학은 상당히 복잡하여 그것을 제대로 이해하기 힘들다. 한편 Freud가 제시한 원초아, 초자아, 그리고 자아와 같은 개념을 경험적으로 측정하기가 무척 어렵다는 문제도 있다. 이것은 Freud의 정신분석학이 정신-육체 이원론(mind-body dualism)에 근거하고 있기 때문이다. 즉 Freud는 뇌와 분리된 정신세계가 존재한다고 주장하였다. 뇌의 기능 없이 정신작용은 가능하지 않다. 또한 정신분석학자는 최면술로 연구대상자의 잠재의식의 세계를 밖으로 이끌어낸다고 한다. 그러나 인간의 말과 행동은 일치하지 않는 경우가 있다. 다시 말하면 연구대상자가 자신의 행동에 대해서 말하는 것과 실제의 행동과는 일치하지 않을 수도 있다.

34) Gennaro F. Vito & Ronald M. Holmes, *op. cit*, p.122.
35) Randy Martin, Robert J. Mutchnick, & W. Timothy Austin, *op. cit*, p.88.

사회학적 범죄이론

제 5 장

C·R·I·M·I·N·O·L·O·G·Y

제5장

사회학적 범죄이론

이전의 생물학적 또는 심리학적 범죄이론들은 주로 범죄자의 개인적인 특성과 관련이 있는 요인들 중에서 범죄의 발생원인을 찾으려고 하였다. 이제 여기서 논의하게 될 사회학적 이론들은 기존의 생물학적 및 심리학적 이론들과는 다르게 개인을 둘러싸고 있는 환경에 대한 연구에 초점을 맞추고 있다. 즉 사회학적 이론들은 가정, 친구집단, 학교, 그리고 사회계층 등과 같이 집단과 사회 환경의 문제에 보다 많은 관심을 가졌다. 사회학적 이론은 크게 사회구조이론, 사회과정이론, 그리고 비판이론 등으로 구분할 수 있다. 다음은 이런 사회학적 범죄이론들에 대해서 보다 자세하게 논의하도록 하겠다. 그 이외에도 근래에 등장한 범죄이론들에 대해서 살펴보고자 한다.

제1절 사회구조이론

사회구조이론은 범죄현상이 도시화, 빈부차이, 그리고 인종차별과 같은 사회구조와 관련된 문제에 기인하여 발생한다고 보는 이론으로서는 아노미이론, 긴장이론, 그리고 하위문화이론 등을 들 수 있다. 이에 대해서 한 이론씩 차례대로 살펴보도록 하겠다.

1. 아노미이론

Durkheim의 아노미이론은 사회학적 범죄이론 중에서 가장 초기에 등장한 이론이다. 아노미이론은 뒤에 등장하는 다른 사회학적 이론들에 많은 영향을 주었다.

(1) 등장배경과 기본전제

프랑스 사람인 Emil Durkheim(1858～1917)은 사회학의 선구자중의 하나로 볼 수 있다. 그는 과학적인 방법을 본격적으로 사회문제의 연구에 사용한 사람이기도 하다. Durkheim 이 살던 시대는 서구에서 산업화가 활발하게 진행되던 시기이다. 이로 인해서 도시화가 본격화되면서 전통적인 대가족제도는 붕괴되기 시작하였다. 이제 대가족제도가 핵가족제도로 변화하기 시작한 것이다. 이런 사회구조와 가족제도의 변화는 삶의 방식을 많이 바꿔 놓았다. 그 결과 범죄를 비롯한 사회문제가 증가하기 시작하였다. 그래서 Durkheim은 산업화사회에서 등장한 직업의 분업화는 사회구성원들 사이의 관계에 변화를 가져왔다고 주장하였다. 이런 변화는 범죄행위를 비롯해서 자살과 이혼 등의 일탈행위와 관련이 있다.[1]

Durkheim은 범죄를 정상적인 사회현상으로 보았다. 왜냐하면 범죄문제가 없는 사회는 이 세상에 존재하지 않기 때문이다. 범죄행위를 비롯한 일탈행위가 계속 존재하는 이유는 완전한 사회적 합의(social consensus)는 불가능하기 때문이다. 완전한 '사회적 합의'가 어려운 이유는 사회구성원은 각기 다른 유전자, 물질적 환경, 그리고 사회적 환경 등에 의해서 영향을 받기 때문이다.

(2) 핵심개념

전통적인 농경사회는 대가족제도 중심이었다. 이런 대가족제도하에서는 할아버지나 아버지의 권위가 존중을 받았다. 그리고 가족구성원 대부분이 같은 지역에 거주하면서 농사일을 함께 하였다. 이런 농경사회에서는 가장(家長)이 그의 가족구성원을 효과적으로 통제하였다. 그렇기 때문에 그 시대에는 가장을 중심으로 강한 결속력을 가졌다. 이처럼 혈연에 근거한 사회를 Toennies는 gemeinschaft라고 불렀다. 이런 혈연사회는 굳이 경찰과 같은 국가의 도움이 없이도 그 구성원들끼리의 충돌을 효과적으로 해결하였다. 예를 들면 한국에서는 한 청년이 부모를 제대로 봉양하지 않으면, 집안 어른이 그 청년을 불러다가 호되게 훈계하였다. 또한 한 여자가 불륜을 한 사실이 밝혀지면, 그에 상응하는 벌을 주었다. 심하면 다른 마을로 강제로 쫓아내는 방법도 사용하였다. 이와 같이 전통적인 농경사회에서의 사회구성원들 사이의 강한 결속력을 Durkheim은 기계적 결속력(mechanical solidarity)이라고 불렀다.

[표5-1]은 Durkheim이 의미하는 전통적인 농경사회와 산업화된 현대 도시사회를 정리해서 비교한 것이다. 전통적인 농경사회는 적은 인구로 구성되어 있다. 이 시대 사람들은

---

1) Randy Martin, Robert J. Mutchnick, & W. Timothy Austin, *op. cit*, p.51.

대부분 유사한 일에(주로 농업) 종사하며 약간의 분업화만 이루어 졌을 뿐이다. 또한 대부분의 농촌지역은 외부로부터 많이 고립되어 있다. 그리고 인구의 이동도 극히 드물다. 그러다보니 서로 동일한 문화를 공유하면서 서로 강한 동질성을 느꼈다. 이렇게 문화적으로 동질성을 가지고 있기 때문에 사회구성원들이 조화를 이루면서 살았다. 개인은 가족, 가문, 그리고 마을을 위해서 이타심과 협동심을 발휘하였다. 예를 들면 한국에서는 품앗이의 전통이 있어 어려울 때 서로 잘 도와주었다. 끝으로 농경사회는 전통이나 관습에 바탕을 두고 있다. 그래서 변화를 받아들이기가 쉽지 않다. 이런 농경사회에서는 사회질서가 비공식적인 통제에 의해서 비교적 잘 지켜진다. 비공식적인 통제를 행사하는 기관에는 가족, 가문, 교회, 그리고 학교 등이 있다.[2]

Durkheim은 산업화에 따라서 직업의 분업화가 급속히 진행되었다는 점을 지적하고 있다. 이런 사실은 그의 저서 「사회에 있어서 노동의 분업화」(*The Division of Labor in Society*)[3]에 잘 나타나 있다. 분업화는 가족구조에도 변화를 가져왔다. 현대 한국의 도시에 거주하는 사람들은 대부분 부모와 자식 한두 명으로 구성된 핵가족을 형성하고 있다. 이렇게 됨으로써 부모의 자식에 대한 통제력이 약화되었다. 특히 아버지는 직장 일에 매달리다 보면 자식을 제대로 돌볼 틈도 없는 경우가 많이 발생한다. 이제 한 가정의 아버지는 이전과 같은 권위를 더 이상 가지고 있지 않다. 가족의 중심이 아버지에서 자식들에게 옮겨가고 있는 것이다.

위와 같은 분업화는 가족구조의 변화뿐만 아니라 직장 및 이웃에서의 인간관계에도 영향을 미쳤다. 현대 대부분의 직장은 극도로 분업화가 되어있다. 그래서 옆의 다른 부서에서 현재 무슨 일이 진행되는지 제대로 모를 때가 많다. 심지어 같은 부서 내에서도 한 업무담당자가 자리를 비우면 다른 직원이 대신 일처리를 하지 못할 경우도 많다. 자동차 조립공장의 경우를 보더라도 마찬가지이다. 자동차 조립을 담당하는 직원은 부지런히 자기가 맡은 부품만을 조립할 뿐이다. 그래서 근무시간 중에는 다른 동료하고 편하게 이야기 할 시간이 거의 없다. 왜냐하면 자신이 맡은 부품조립을 빨리하지 않으면, 다른 공정으로 넘어 갈 수가 없기 때문이다. 뿐만 아니라 직장에서는 계약에 기초한 관계를 가지고 있다. 그리고 평생직장이란 개념도 이제는 희박해졌다. 그 결과 더 좋은 조건을 제시하는 직장이 있으면, 그곳으로 비교적 자유롭게 이직을 한다.

산업사회의 도시에서는 인구의 이동이 자주 발생한다. 수시로 다른 지역에서 전입해 오

---

2) Randy Martin, Robert J. Mutchnick, & W. Timothy Austin, *op. cit,* p.55.
3) 프랑스어로 된 원래의 제목은 「De La Division Du Travail Social」이다.

기도 하고 빠져 나가기도 한다. 그리고 많은 사람들은 거주지역과 일하는 지역이 떨어져 있다. 도시는 서로 다른 지역출신들이 모여 살다 보니 서로 문화적 이질성이 강하다. 그래서 도시인들은 현재 자신의 거주지역보다 태어나고 자란 고향에 대한 향수를 강하게 가지고 있다. 또한 대도시 지역에서는 서로에 대한 무관심이 많다. 심지어 바로 이웃에서 무슨 일이 일어나는지를 제대로 알지 못한다. 끝으로 현대사회에서는 전통과 관습에 매어 있기 보다는 새로운 방향으로 변화를 모색하는 경향이 있다. 이와 같이 복잡한 도시지역에서 나타나는 사회의 특성을 Toennies는 gesellschaft라고 불렀다. 이것은 혈연이 아니라 일과 기능에 따라서 가지게 되는 인관관계가 중심이 되는 사회를 가리키는 것이다.

이처럼 도시화가 이루어진 사회에서는 사회구성원들 사이의 결속력은 상대적으로 약할 수밖에 없다. Durkheim은 이것을 조직적 결속력(organic solidarity)이라고 하였다. 이것은 곧 전통적인 사회가 그 동안 사회구성원들을 지배해왔던 규범(norm)이 약화내지는 해체된다는 것을 의미한다. Durkheim은 이것을 무규범상태(anomie)[4]라고 지칭하였다. 때로는 원어를 그대로 사용하여 아노미라고 부른다. 이렇게 사회결속력(social bonds)이 약해지면 한 사회는 그 구성원에 대한 비공식적 통제력이 약화된다. 자살을 비롯한 많은 사회병리 현상들이 갑작스런 사회의 변화의 시기에 많이 일어나는 것도 아노미와 같은 맥락에서 이해할 수 있다. 즉 이런 시기에는 전통적인 규범은 그 사회구성원들의 일탈행위를 규제하는 힘을 순간적으로 잃게 된다. 그래서 도시화 된 사회에서는 법과 경찰에 의한 공식적 통제방식에 의존하게 된다. 그 이유는 이미 지적한 것과 같이 사람들이 서로 잘 모르고 문화적으로 이질성을 가지고 있기 때문이다. 따라서 사회구성원이 서로 직접적으로 접촉하여 문제를 해결하는 것이 어렵다. 이런 사회의 변화는 한 개인이 범죄행위를 비롯한 여러 일탈행위를 보다 자유롭게 저지르게 만든다. 그 결과 한 사회에서 산업화와 도시화가 이루어지면 일탈행위도 같이 증가하게 된다는 것이다.

위와 같이 결속력과 통제력의 약화가 일탈행위 그 중에서도 자살에 미치는 영향을 연구한 것이 Durkheim의 저서 「자살」(Suicide)이다. Durkheim은 당시 유럽에서 수집한 자살에 관한 통계자료를 이용하여 자살에 미치는 여러 가지 요인들을 조사 하였다. 그는 사람들이 자살하는 원인을 몇 가지로 구분하였다. 그 중에서 관심을 가질 것은 아노미적 자살(anomic suicide)이다. Durkheim은 아노미적 자살은 경제적 혹은 가정적 위기상황에서 많이 발생한다고 한다. 즉 갑자기 경제적으로 파산하거나 이혼하는 경우를 들 수 있다. 아노미적 자살은 이런 급격한 변화에 적응하지 못하면 발생하게 된다.[5] 사람의 생활수준이 갑

---

4) 'anomie'는 프랑스식 표현이며, 영어로 옮기면 normlessness가 된다.

자기 낮아지면 그 동안 누렸던 모든 풍요와 물질적 욕구를 억제해야 한다. 그러나 그것을 억제하는 일은 상당히 어렵다. 이런 것을 제대로 극복하지 못하면 자살이라는 극단적인 방법을 선택하게 되는 것이다.

Durkheim은 가톨릭(Catholic) 신자들보다 개신교인들이 일반적으로 자살을 많이 하는 경향이 있다는 것을 지적하였다. Durkheim은 이런 현상을 다음과 같이 해석하고 있다. 우선 가톨릭교회는 성직자가 강한 권위를 가지고 그를 중심으로 엄격한 상하의 위계질서를 형성하고 있다. 또한 가톨릭교회는 출생, 세례, 결혼, 그리고 장례식을 비롯해서 신자들의 일상생활에 깊이 관여하고 있다. 이것은 가톨릭교회의 신자들이 성직자를 중심으로 강한 결속력을 가진다는 것을 의미한다. 반면 개신교도들은 가톨릭 신자들에 비해서 성직자와 일반 신자들끼리의 관계가 다소 느슨하다. 그것은 개신교회들이 구원의 문제를 하나님과 신도 개인 사이의 일대일 문제로 보기 때문이다. 이것은 개신교인들은 가톨릭 신자들에 비해서 행동에 보다 많은 자유를 가지게 된다는 것을 의미한다. 이런 행동의 자유는 자살과 같은 일탈행위에도 쉽게 빠지게 할 위험성이 있는 것이다. 이와 비슷한 이유로 결혼한 사람보다 독신자들이 자살을 많이 하게 되는 것이다.

[표 5-1] 전통적인 농경사회와 현대의 산업사회와의 비교

전통적인 농경사회	현대의 산업사회
1. 적은 규모의 인구	1. 큰 규모의 인구
2. 노동에 있어서 약간의 분업화(전문화)	2. 고도의 분업화
3. 사회적 및 지리적 고립	3. 고립되지 않음
4. 약간의 인구의 유동성(mobility)	4. 고도의 인구의 유동성
5. 문화적 동질성	5. 문화적 이질성
6. 동의에 기초한 조화	6. 상호 의존성과 계약에 기초한 조화
7. 이타주의와 협동심 강조	7. 무관심과 아노미(anomie)
8. 전통중시	8. 변화중시

출처: Randy Martin, Robert J. Mutchnick, & W. Timothy Austin, *op. cit*, p.54.

(3) 정책적 제안

Durkheim은 범죄를 예방할 수 있는 대안을 직접 제시하지는 않았다. 그러나 그의 아노미이론을 바탕으로 범죄예방대책을 생각해 볼 수 있다. Durkheim에 의하면 범죄는 사회구성원 사이에 문화적 이질감이 클수록 많이 발생한다고 한다. 그 이유 중에 하나는 산업사회에서는 가족, 교회, 그리고 학교와 같은 비공식적 집단에 의한 통제기능이 많이 약화되기

---

5) Piers Beirne & James Messerschmidt, *op. cit*, p.98.

때문이다. 따라서 범죄예방을 위해서는 가족관계의 회복이나 종교생활을 통해서 사회구성원들 사이의 유대관계를 강화할 수 있는 방법을 모색해야 한다. 한국에서는 이웃들이 반상회를 개최하여 그 지역의 현안문제에 대한 토의를 한다. 한편 미국은 이웃감시제도(Neighborhood Watch Program)를 통해서

이웃끼리의 유대를 강화시킴으로써 범죄문제를 비롯한 지역의 현안문제들을 해결하기 위해서 노력하고 있다. 이런 제도를 통해서 미국 사람들은 이웃이 여행을 갈 때, 그 이웃사람의 집이 범죄의 대상이 되지 않도록 감시해준다. 이것은 전통적인 농경사회에서 가족이나 이웃과 같은 비공식적 집단을 통해서 범죄문제를 해결하려고 했던 것을 재현하려는 시도로 볼 수 있다.

⑷ 평 가

아노미이론은 농경사회에서 산업사회로의 급격한 변화를 목격한 Durkheim이 뛰어난 통찰력을 통해서 체계화한 이론이다. Durkheim의 아노미이론은 사회과학전반에 지대한 영향을 미쳤다. 그리고 그의 이론이 등장한 지 100년 이상이 지난 지금까지도 그의 아노미이론은 계속 논의되고, 또 경험적 연구를 통한 검증작업이 이루어지고 있다. 한 가지 예로 Freda Adler는 Durkheim의 아노미이론을 응용하여 시노미이론(Synomie Theory)을 개발하였다. 이 시노미란 아노미(anomie) 상태의 반대되는 말이다. 즉 사회구성원 모두가 비공식적 사회통제를 통해서 다른 사람의 일탈행위를 잘 통제하는 상태를 말한다. Adler는 세계적으로 보아도 시노미 상태인 국가가 아노미를 겪고 있는 국가에 비해서 범죄발생이 적다고 지적하였다. 다시 말하면 Durkheim은 아노미가 범죄를 유발하는 원인으로 본 반면에, Adler는 아노미의 반대 상태인 시노미가 한 사회에서의 범죄를 억제하는 요인으로 보았다. 결국 Durkheim과 Adler는 조금 다른 각도에서 범죄문제를 보았을 뿐이지 같은 주장을 하고 있는 것이다.

한국에서도 김상원은 구소련의 공산주의 체제가 붕괴되고 바로 범죄가 급증한 이유를 Durkheim의 아노미이론을 빌려 설명을 하였다. 즉 구소련의 공산주의의 공동체지향적인 사회체제 및 사회문화가 갑작스럽게 붕괴가 되었다. 그러면서 서구 사회의 자본주의 논리와 개인주의가 급격하게 러시아 사회에 밀려들기 시작을 하였다. 그 결과 러시아는 황금만능주의가 판을 치는 세상이 된 것이다.[6] 그런 가운데 기존의 집단주의 사회체제는 이미 기반을 잃었다. 그렇다고 기존의 것을 대체할 새로운 사회체제가 아직 제대로 자리를 잡지도 못하였다. 이것은 갑자기 구소련사회가 해체가 되면서 사회가 개인을 통제할 수 없는 무규범의 아노미(anomie) 상태가 되었다는 것을 의미한다.

Durkheim의 연구는 아주 논리적일 뿐만 아니라, 연구 방법론적으로도 탁월하다. 그는 당시 정부가 발행하는 통계자료를 이용하여 자살과 같은 일탈행위를 설명하려고 시도하였다. 이것은 계량적인 방법에 의한 사회학적 연구가 본격화되는 계기를 마련하였다. 그래서 Durkheim의 연구는 후에 미국의 학자들에게도 많은 영향을 미쳤다. 그것들은 후에 논의하게 될 Merton의 긴장이론, Shaw와 McKay의 사회해체이론, 그리고 Hirschi의 사회통제이론 등이다.[7] 뿐만 아니라 Durkheim의 이론은 범죄학을 개인에 내재한 생물학적 그리고 심리학적 특성을 연구하는 것으로부터 사회적 환경을 연구하는 것으로 바꾸어 놓았다. 즉 아노미이론은 사회학이 범죄학의 정면에 나서게 되는 계기를 마련하였다.

위와 같이 아노미이론은 논리적으로 잘 정립된 이론임에도 불구하고, 실제의 경험적 연구는 범죄유형에 따라서 다른 결과를 보여주고 있다. 다시 말하면 재산범죄는 산업화와 관계가 있다는 연구보고가 있다.[8] 그러나 살인과 같은 강력범죄는 산업화와 관계가 있다는 증거는 희박하다. 세계 여러 국가들의 통계자료를 분석한 연구들에 따르면, 산업화된 국가들이 살인발생률이 높다는 경험적 연구는 드물다.[9] 한 예로서 Neuman과 Berger는 기존의

6) 김상원, "아노미의 입장에서 바라본 러시아의 범죄현상," 「형사정책연구」 제 16권 3호(통권 63, 2005·가을호).

7) Piers Beirne & James Messerschmidt, *op. cit*, pp.100~101.

8) Gary LaFree & Edward Kick, "Cross-National Effects of Development, Distribution and Demographic Variables on Crime," Presented at the American Sociological Association(1983); Marvin D. Krohn, "A Durkheimian Analysis of International Crime Rates," *Social Forces*, Vol. 57(1978); Richard Bennett & L. Shelley, "Crime and Economic Development: A Longitudinal Cross-National Analysis." *Annal de Vaucresson*, Vol. 22(1985) 등을 참고할 것.

9) William R. Avision & Pamela L. Loring, *Population Diversity and Cross-National Perspective*(New Haven: Yale University Press, 1986); Richard R. Bennett, "Development and Crime: A Cross-National, Time-Series Analysis of Competing Models," *The Sociological Quarterly*, Vol. 32(1991); Matthew R.

17개의 국제비교연구를 조사하였다. 그 결과 도시화와 산업화는 재산범죄의 증가와 관련이 있는 것으로 나타났다. 그러나 그런 요인들은 강력범죄와는 별다른 관계가 없는 것으로 나타났다.

위와 같은 결과는 Durkheim의 주장과 상반되는 것이다. 즉 Durkheim은 한 사회가 전통적인 농경사회에서 산업사회로 급격한 변화를 겪으면서 자살이 증가한다고 하였다. 이런 맥락에서 보면 범죄도 산업화와 함께 증가해야 하는데 그렇지가 않기 때문이다. 그러나 산업화에 따른 범죄발생은 범죄에 대한 처벌의 변화와 오히려 관계가 있을 수 있다. 예를 들면 산업화 이전의 시대에는 고문을 비롯한 강력한 처벌이 이루어졌기 때문에 범죄가 비교적 적게 발생했을 수도 있다. 그 반대의 경우도 있을 수 있다. 즉 어떤 경우에는 정책적으로 '범죄에 대한 강력한 처벌'(tough on crime)이 제시되는 경우에 범죄발생이 변화하기도 한다. 다시 말하면 시대의 변화에 따른 형사처벌의 정도에 따라서 범죄발생이 변하는 것이지, 아노미현상 때문이 아닐 가능성도 있다. 뿐만 아니라 Durkheim은 범죄를 직접적으로 연구하지는 않았다. 다만 그는 자살에 대해서만 연구했을 뿐이다. 따라서 범죄도 자동적으로 자살과 동일한 현상으로 보는 것은 잘못일 수도 있다.[10]

끝으로 Durkheim은 법은 한 사회구성원 다수의 합의를 통해서 도출되었다고 가정하고 있다. 그러나 이런 가정을 정면으로 반박하고 있는 학자들도 많다. 그 대표적인 학자들이 뒤에 논의하게 될 갈등이론가들이다. 이들은 법은 부와 권력을 소유한 소수의 이익을 대변한다고 보고 있다. 따라서 범죄는 정상적인 현상이 아니라 피지배집단의 지배집단에 대한 저항의 표현일 가능성도 있다는 것이다.[11] 이에 대해서는 뒤에 보다 자세하게 논의하도록 하겠다.

2. 긴장이론

현대 사회에서 대부분의 사람들은 사회적인 성공에 대한 강한 욕망을 가지고 있다. 그러나 그것을 이루기 위한 합법적인 수단은 공평하게 주어져 있지 않다. 이처럼 성공에 대한

Lee & William Bankson, "Political Structure Economic Inequality, and Homicide: A Cross-National Analysis," *Deviant Behavior: An Interdisciplinary Journal*, Vol. 19(1999); Jerome L. Neapolitan, "Cross-National Variation in Homicide: The Case of Latin America," *International Criminal Justice Review*, Vol. 4(1994) 등을 참고할 것.

10) George B. Vold, Thomas J. Bernard, & Jeffrey B. Snipes, *op. cit*, pp.132~136.

11) Piers Beirne & James Messerschmidt, *op. cit*, p.101.

욕망과 그것을 이루기 위한 합법적인 수단 사이의 괴리는 좌절과 긴장을 발생하게 만든다. 긴장이론은 이와 같은 상태를 범죄의 원인으로 보았다. 긴장이론은 앞에서 논의한 Durkheim의 아노미이론의 영향을 많이 받았다. 이런 긴장이론에 대해서 보다 자세하게 논의하도록 하겠다.

(1) 등장배경 및 기본가정

Robert Merton(1910~2003)은 소위 '미국의 꿈'(American Dream)이 한창 꽃피던 시절에 살았던 사람이다. 다시 말하면 미국이란 사회는 겉으로 보기에는 누구나 꿈을 가지고 열심히 일하면 백만장자가 될 수 있는 사회인 것처럼 보인다. Merton은 아버지가 목수였던 가난한 집에서 태어났다. 그러나 그는 자신의 노력으로 세계적인 명문인 Harvard대학을 졸업하고 나중에는 Harvard대학의 교수가 되었다.[12] 이처럼 Merton 스스로가 'American Dream'을 이룬 사람이라고 볼 수 있다.

현대를 살아가는 우리는 부모를 비롯한 주변 사람들로부터 사회적인 성공에 대한 기대를 받는다. 그러나 문제는 그런 물질적인 또는 사회적인 성공의 기회는 모든 사람들에게 공평하게 주어져 있지 않다는 것이다. 하류계층의 소년들에게는 물질적 및 사회적 성공을 이루는 것이 상당히 어렵다.[13] Merton은 이처럼 사회적 성공에 대한 기대와 그것을 성취할 수 있는 합법적 수단 사이의 괴리가 크면 '긴장상태'(strain)가 발생한다고 보았다. 따라서 물질적인 또는 사회적인 성공을 위한 합법적인 수단을 갖지 못한 사람들은 불법적인 수단인 범죄를 통해서 그런 성공을 성취하려고 하기도 한다. Merton은 이런 상태를 Durkheim의 아노미(anomie)란 개념을 도입하여 적용하였다. 그래서 Merton의 긴장이론을 때로는 '아노미이론'이라고 부르기도 한다.

Durkheim은 사람은 가지면 가질수록 더 욕심이 커진다고 보았다. 그래서 오히려 가난한 나라에서는 자살이 많이 발생하지 않는다. 왜냐하면 가난 그 자체가 자살을 억제하는 원인이 된다는 것이다. 그 이유는 대부분이 가난하게 사는 사회에서는 사람들이 아예 욕심을 부리지 않기 때문이다. 하지만 잘 사는 나라에서는 모두가 더 잘 살기를 갈구하게 된다. 이것은 배가 부르면 욕심을 부리지 않는 동물의 세계하고는 엄연히 다른 것이다. 만약 자신이 가지고 있는 성취수단으로는 목표를 달성하기 어려울 경우에는 사람은 극심한 아노미 상태를 가지게 된다. 그칠 줄 모르는 물질에 대한 열망은 한 개인을 고통 속으로 몰아넣을 수 있다. 결론적으로 Merton은 자신의 긴장이론을 형성하는데 있어서 Durkheim의 아노미이

---

12) Randy Martin, Robert J. Mutchnick, & W. Timothy Austin, *op. cit*, pp.207~211.
13) Piers Beirne & James Messerschmidt, *op. cit*, p.130.

론으로부터 많은 영감을 얻었다고 보여 진다.

(2) 핵심개념

Merton은 그의 논문 「사회구조와 아노미」(*Social Structure and Anomie*)를 통해서 우리의 사회구조를 두 가지의 중요한 요소로 파악하였다. 첫 번째는 문화목표(culture goals)이다. 이것은 사회구성원 누구에게나 기대되는 물질적/사회적 성공이다. 이런 문화목표는 스스로가 선택하는 것이 아니라, 부모나 주변사람들에 의해서 기대되어지는 것이다. 따라서 각 개인은 이런 문화목표를 성취하도록 압력을 받고 있는 것이다. 두 번째 요소는 그런 문화목표를 성취할 수 있는 합법적 수단(legitimate means)이다. 여기서 문제가 되는 것은 누구나 문화목표를 성취할 것을 요구받고 있다. 하지만 모든 사람이 '합법적 수단'을 소유하고 있는 것은 아니다. 그 이유는 부모의 사회적 및 경제적 지위에 따라서 교육받을 수 있는 기회에 차등이 생기기 때문이다. 그래서 "일을 열심히 하면 누구나 부자가 될 수 있다."라는 말은 하류계층 소년들에게는 현실적으로 이루기 힘든 일이다.[14] 따라서 Merton의 긴장이론은 왜 하류계층의 사람들이 범죄를 많이 저지르는지를 설명해준다.[15] 정리하면 '문화목표'를 '합법적 수단'을 통해서 성취하기 어려울 때 긴장상태(strain)가 발생하게 된다. 이런 상황을 Merton은 아노미(anomie)라고 부르기도 하였다. Merton은 운동선수의 예를 들었다. 운동선수는 모든 경기규칙을 지키면서 플레이를 하는 것이 정상이다. 그러나 자기의 실력은 안 되면서도 경기에 이기고 싶은 마음만 앞서는 경우가 있다. 이럴 때 선수는 경기규칙을 위반하고서라도 경기를 이기려고 한다. 이 선수는 정상적인 수단보다는 경기의 승리라는 목표만을 생각한 것이다. 이것이 바로 일탈행위를 하는 동기가 된다.[16]

Merton은 사람에 따라서 위에서 논의한 긴장상태에 대한 다섯 가지의 각기 다른 반응이 있을 수 있다고 지적하였다. 그 다섯 가지는 순응(conformity), 혁신(innovation), 의식주의(ritualism), 현실도피/은둔(retreatism), 그리고 반항(rebellion) 등이다. 각각의 반응에 대해서 보다 자세하게 논의할 필요가 있다. **첫째,** '순응'은 '문화목표'와 '합법적 수단'을 모두 수용하는 사람들을 말한다. 즉 자신의 사회적 성공을 이루기 위해 공부를 열심히 하고 성실히 일하는 유형이다. 이런 부류의 사람들은 합법적인 방법으로 성공을 이루려 하기 때문에 사회에 문제를 야기하지 않는다. 많은 사람들이 이런 방식을 선택하면서 살고 있다.

---

14) *Ibid*, p.130.
15) George B. Vold, Thonas J. Bernard, & Jeffrey B. Snipes, *op. cit*, pp.160~161.
16) Robert K. Merton, 1938, "Social Structure and Anomie," *American Sociological Review*, 3, pp.672~682.

둘째, '혁신'은 '문화목표'는 수용하면서도 '합법적인 수단'은 거부하는 부류이다. 다시 말하면 물질적 및 사회적인 성공을 비합법적인 수단을 통해서 이루려는 것을 말한다. 이렇게 하는 이유는 이런 부류의 사람들은 '합법적인 수단'으로 성공하기가 어렵다고 믿기 때문이다. 이것은 운동경기에서 반칙을 동원해서라도 승리를 얻으려고 하는 심리와 비슷하다고 볼 수 있다. 이런 부류의 사람들은 범죄를 비롯한 일탈행위에 쉽게 빠질 수 있다. 따라서 이들이 범죄학자들의 주된 관심의 대상자들이다. Merton은 이런 유형의 반응은 주로 하류계층에 집중되어 있다고 지적하였다. 그 이유는 하류계층 사람들이 문화목표와 합법적 수단 사이의 괴리를 가장 많이 느끼기 때문이다. 다시 말하면 미국과 같은 자본주의 사회는 계층에 관계없이 경제적 및 사회적 지위를 열망하게 만든다. 그러나 하류계층은 정상적인 학교교육을 통해서 그런 것들을 성취하는 기회를 가지기가 어렵다. 그래서 그들은 비합법적인 수단을 동원하기도 하는데 그것은 도박, 매춘, 마약판매, 절도, 그리고 강도와 같은 것을 포함한다.[17]

셋째, '의식주의'는 '문화목표'를 완전히 포기하거나 아니면 자신이 성취할 수 있을 정도로 그 수준을 낮추는 것을 말한다. 이것은 높은 문화목표 때문에 긴장상태가 발생하여 스트레스를 받는 것을 막기 위한 선택이다. 즉 스스로 목표수준을 낮추어서 거기에 만족하는 것을 말한다. 예를 들면 장관이나 대기업 총수가 되는 꿈을 포기하고 하위직 공무원이나 중소기업 사장이 되는 것을 추구하는 것 등을 들 수 있다.

넷째, '현실도피/은둔'은 '문화목표'와 '합법적인 수단'을 모두 포기하는 것을 말한다. 즉 이들은 현실도피적인 반응을 보인다. 그 이유는 현실도피자들은 사회적 성공에 관심이 없거나 아니면 그것을 이룰 가능성이 거의 없다고 판단하기 때문이다. 노숙자, 알코올 중독자, 그리고 마약중독자 등이 이런 대표적인 부류이다. 이들은 사회에 존재하기는 하지만, 사회에 제대로 소속되거나 적응하지 못한 사람들이다.

끝으로 '반항'은 사회에서 기대하는 물질적 및 사회적 성공과 같은 '문화목표'를 거부하는 것을 말한다. 그 대신에 새롭게 자신들의 목표를 설정하고 그것을 이루는 방법도 자신들이 결정한다. 이들은 무정부주의자와 Ku Klux Klan(KKK) 등이 있다. 참고로 KKK는 미국 흑인에 대한 인종차별을 목적으로 백인들이 결성한 단체이다. 이들은 미국에서 흑인이 없어져야 한다는 주장까지 하고 있다. 그 밖에도 한 장소에서 공동체 생활을 하는 종교집단 등이 있다. 이들은 세속적 성공에 대한 가치를 거부하고 신에 귀의하는 것이 자신들의 목표임을 표방한다.

---

17) *Ibid*, p.162.

[표 5-2] 개인의 적응유형

적응유형	문화목표	합법적 수단
순응(Conformity)	+	+
혁신(Innovation)	+	−
의식주의(Ritualism)	−	+
현실도피/은둔(Retreatism)	−	−
반항(Rebellion)	+ −	+ −

출처 : Piers Beirne & James Messerschmidt, *op cit*, p.131.

(3) 긴장이론과 청소년 비행

Merton의 긴장이론은 청소년비행, 특히 도시지역에서 발생하는 하류계층의 갱(gang) 비행을 설명하는데 많이 이용되어 왔다. 그 중 대표적인 학자는 Albert Cohen과 Richard Cloward 그리고 Lloyd Ohlin이다. Cohen은 Harvard대학의 학부학생시절에 Merton의 수업을 들었다. 그 후 그는 Indiana대학에서 Edwin Sutherland로부터 한 과목을 수강하였다. Sutherland는 나중에 보다 자세하게 논의하겠지만, 범죄도 다른 일반 행위와 마찬가지로 학습한다는 차별접촉이론을 만든 사람이다. 따라서 Cohen은 Merton과 Sutherland의 영향을 동시에 받은 사람으로 볼 수 있다. 그리고 이런 영향은 그의 저서 「비행 소년들: 갱의 문화」(*Delinquent Boys: The Culture of the Gang*)에 잘 나타나 있다.[18] Cohen은 청소년 비행은 갱의 형식으로 많이 저질러진다는 점을 지적하였다. 한편 Cohen은 청소년들은 자신들의 동료집단 안에서 일정한 지위를 얻고 싶어 한다고 주장하였다. 그리고 그는 학교는 중류층의 학생들 위주로 운영되고 있다고 보았다. 그래서 학교는 중산층의 가치관과 기준이 적용된다는 것이다. 다시 말하면 학교는 사회적 성공, 책임감, 학업성적, 인내심, 이성적 행동, 예의, 감정통제, 시간의 효율적 사용, 그리고 학교재산에 대한 보호 등과 같은 중산층의 가치관이 하류계층의 소년들에게 강요된다는 것이다.

뿐만 아니라 학생의 성공여부도 학교성적으로 결정된다. 이런 현상은 학교가 중류층의 잣대(middle-class measuring rod)를 가지고 모든 학생들을 동일하게 평가한다는 것을 의미한다. 미국에서는 특별히 흑인과 백인들의 문화 사이에는 차이가 있다. 뿐만 아니라 사회계층 사이에도 서로 다른 문화를 가지고 있다. '중류층의 잣대'로 본다면 하류계층의 문화는 충동적이고 파괴적인 경향이 강하다. 또한 그들의 언어는 저속하다. 이것은 결국 하류계층

---

18) J. Robert Lilly, Francis T. Cullen, & Richard A. Ball, *op. cit*, p.71.

의 문화가 중류층에 의해서 일방적으로 거부당하게 만드는 요인이 된다. 이렇게 되면 하류계층의 소년들은 심한 긴장상태에 놓이게 된다. 이런 긴장상태는 하류계층의 소년들에게 죄책감, 불안감, 그리고 자신에 대한 증오심을 불러일으키는 계기가 된다. 이것을 Cohen은 지위좌절(status frustration)이라고 불렀다.[19]

위와 같이 학교생활에 제대로 적응하지 못하는 하류계층의 소년들은 중류층의 가치관을 거부하고 자신들 나름대로의 가치기준을 설정하는 경우가 많다. 이것은 중산층의 가치관에 정면으로 도전하는 것이다. 즉 수업에 결석하고, 싸우고, 그리고 학교재물을 훼손시키는 것이다. 이처럼 하류층의 소년들은 중류층의 가치관을 거부하는 행동을 통해서 자신들의 지위에 대한 만족감을 얻는다.[20] 이들은 보통 혼자서 일탈행위를 하기보다는 갱단을 통해서 집단으로 비행을 저지른다. 그 이유는 학교에서는 비록 우등생이 되지 못할지는 모르지만 갱단 안에서는 싸움만 잘하면 동료소년들로부터 존경을 받을 수 있기 때문이다. 하류계층의 소년들은 공부만 잘하는 아이를 '계집애 같다'(sissies)라고 비난한다. 반면 이들은 거리에서 몸소 배우는 지식이 학교에서 배우는 지식보다 우월하다고 믿는다.

Cohen이 강조한 내용은 Merton이 제시한 긴장에 대한 반응유형 중에서 '반항'과 유사하다. 왜냐하면 하류계층의 소년들은 중류층의 가치관을 거부하고 자신들 나름대로의 새로운 가치기준을 설정하고 그대로 행동하기 때문이다.[21] 하류계층의 소년들은 자신들이 쓸 수 없는 물건을 훔치기도 한다. 언뜻 보기에는 어리석은 행동으로 보인다. 그러나 그들은 그런 행동이 재미를 위한 행동일 뿐이다. 훔친 물건을 사용하거나 팔아서 돈을 만드는 것이 목적이 아닌 경우가 많다.[22]

Richard Cloward와 Lloyd Ohlin도 Cohen과 마찬가지로 Merton의 긴장이론을 발전시킨 학자들이다. Cloward는 Columbia대학에서 Merton의 수업을 들었다. 반면 Ohlin은 Edwin Sutherland의 학생으로서 Chicago대학에서 박사학위를 받았다. 따라서 Cloward와 Ohlin은 Merton의 긴장이론과 Sutherland의 차별접촉이론의 영향을 각각 받았다고 볼 수 있다. 이런 영향은 그들의 저서 「청소년비행과 기회」(Delinquency and Opportunity)에 반영되어 있다. 이들은 Cohen과 마찬가지로 하위계층의 소년들에게는 합법적으로 성공할 수 있는 기회(opportunity)가 상대적으로 제한이 되어 있다고 보았다. 이것은 중류층과 하류층 소년들 사이에서는 기회의 차이가 엄연히 존재한다는 것을 지적한 것이다. 그래서 Cloward와 Ohlin의 이론을 차별적 기회이론(differential opportunity theory)이라고 부르기도 한다.

19) Piers Beirne & James Messerschmidt, *op. cit*, p.149.
20) J. Robert Lilly, Francis T. Cullen, & Richard A. Ball, *op. cit*, p.72.
21) George B. Vold, Thomas J. Bernard, & Jefferey B. Snipes, *op. cit*, pp.165~166.
22) Piers Beirne & James Messerschmidt, *op. cit*, p.147.

이런 좌절을 겪은 하류층의 소년들은 비행을 저지르기 쉽다.

Cloward와 Ohlin은 합법적인 수단뿐만 아니라 비합법적인 수단의 기회도 각 주거지에 따라 다르다는 점을 강조하였다. 즉 성공적인 범죄자가 되기 위해서는 그런 범죄문화에 접촉할 수 있는 기회가 주어져야 한다. 만약 주변에서 범죄를 습득할 수 있는 범죄자들이 없다면 범죄자가 되는 것은 불가능하다. 이것은 긴장이론에다가 앞에서 잠시 언급한 차별접촉이론의 요소를 가미시킨 것이다. 만약 슬럼(slum)과 같이 그들의 주거지역에 잘 조직된 갱단이 존재한다면 하류층의 소년들은 갱단에 가입한다. 이것은 범죄형 하위문화(criminal subculture)가 존재하기 때문이다. 이런 지역에는 하류층 소년들 나름대로의 성공에 대한 기준이 있으며, 범죄기술을 습득함으로써 그 지역 안에서 지위향상을 할 수 있는 방법이 있다. 이런 소년들의 주된 수입원은 절도를 통해서이다. 그러나 그런 갱단이 제대로 형성되지 않는 지역에 사는 소년들은 지위를 얻기 위해서 폭력을 행사하거나 아니면 마약 중독에 빠지기 쉽다.[23] 이처럼 절도와 같은 범죄행위를 통해 물질적 이익을 추구하기 보다는 싸움을 일삼는 지역은 충돌형 하위문화(conflict subculture)가 존재하고 있는 것이다. 한편 마약에 빠지는 것은 Merton의 긴장에 대한 적응방식 중에 '은둔/도피'와 관련이 있다. 그래서 이런 곳은 은둔형 하위문화(retreatist subculture)가 존재한다고 볼 수 있다. 이런 지역의 소년들은 합법적인 성공을 위한 수단뿐만 아니라 범죄를 저지를 수 있는 기회마저 주어지지 않아서 이중실패를 경험한 소년들이다. 이런 지역에서는 제대로 조직된 갱단이 존재하지 않는 경우가 많다. 정리해서 말하자면 Cloward와 Ohlin은 Cohen과는 달리 학교에서의 실패가 곧바로 비행과 연결되지는 않는다고 지적한 것이다. 그 이유는 이처럼 학교에서 실패한 하류층의 소년들이라고 하더라고 그들이 속한 주변 환경에 따라서 각기 다른 비행기회가 주어지기 때문이다.

⑷ Agnew의 일반긴장이론(General Strain Theory)

Robert Agnew는 Merton의 긴장이론을 바탕으로 일반긴장이론(General Stain Theory)을 발전시켰다. Agnew는 Merton이 주장한 경제적인 목표와 성공뿐만 아니라 다양한 목표가 존재한다는 것을 주장하였다. Agnew는 청소년들은 비경제적인 목표를 달성하지 못하거나, 긍정적인 자극이 제거되거나(예 친한 가족이나 친구의 죽음, 이성친구와의 결별), 그리고 부정적 자극의 등장(예 부모와의 충돌, 선생님으로부터의 꾸중) 등도 긴장상태를 일으키는 요인들이라고 지적하였다. 계속되는 긴장상태와 스트레스는 분노, 좌절, 그리고 불행

---

23) J. Robert Lilly, Francis T. Cullen, & Richard A. Ball, *op. cit*, pp.74~75.

감 같은 부정적인 감정을 유발
한다. 분노는 복수심을 유발하
고 자기 통제력을 약화시켜 비
행의 발생을 촉진하는 작용을
한다. 그리고 이런 긴장상태가
어느 정도까지 계속 누적이 되
면 청소년들이 범죄를 저지르게
된다. 왜냐하면 이런 긴장상태
가 지속이 되면 분노, 공포, 우
울증, 그리고 실망과 같은 부정
적인 감정을 유발한다. 이런 부

정적인 감정들이 주로 다른 사람들과의 관계를 통해서 발생하는데 이런 부정적인 감정을
적절히 통제하지 않으면 비행으로 이어질 가능성이 크다. 특히 이와 같은 부정적인 감정을
가지고 있으면서 자기 통제력이 약한 청소년들이 비행에 빠지기 쉽다. 뿐만 아니라, 일반
긴장이론은 유전적인 영향에 의해서 일부 청소년들이 선천적으로 더 비행에 빠지기 쉽다는
점도 인정을 하여서 생물학적 범죄연구와 사회학적 범죄연구를 접목을 시킬 수 있는 길을
열어 놓았다. 결론적으로 Agnew는 우리가 긴장상태인 청소년들을 적절하게 다루지 않으
면 그들이 비행을 저지르기 쉽다는 것을 지적하였다. 그리고 Agnew는 Merton이 지적하지
못한 비물질적인 요인도 청소년비행을 유발하는 요인이라는 것을 알아야 한다고 주장하였
다.[24]

⑸ 정책적 제안

이미 앞에서 논의한 것과 같이 긴장이론은 합법적으로 성공할 수 있는 기회가 제한되는
것이 범죄발생과 관련이 있다고 한다. 특히 하류계층의 소년들은 이런 문제를 더욱 심각하
게 가지고 있다. 따라서 범죄발생을 줄이는 길은 하류계층의 소년들에게 합법적으로 성공
할 수 있는 기회를 확대시키는 일이다. 그 중에서도 고등교육을 받을 수 있는 기회를 가난
한 소수민족에게 확대시키는 것이다. 그래서 미국에서는 가난한 흑인과 멕시코계통의 소년
들에게 대학입학 정원의 일정비율을 할당하는 경우가 많다. 실제로 성적이 조금 떨어지는
학생이라도 소수민족 장학금을 지급하여 대학교육을 받을 기회를 제공하고 있다. 이런 방

---

24) Steven E. Barkan, *Criminology: A Sociological Understanding*, *3rd ed.*(Upper Saddle River: New
Jersey, 2005).

법은 학교교육뿐만 아니라 취업을 하는 데에도 적용하고 있다. 즉 공공관서나 일반 사기업체 직원의 일정 수는 소수민족을 고용하도록 하는 것이다. 이것은 일명 쿼타제라고 한다. 이에 대해서 백인들은 역차별이라고 비판하기도 한다.

Cloward와 Ohlin의 영향으로 「청소년들을 위한 운동」(Mobilization For Youth, MFY)이라는 프로그램이 시작되었다. 이 프로그램은 1962년 연방정부로부터 1,250만 불의 재정적인 지원을 받았다. 그리고 Cloward가 이 프로그램의 수석연구원으로 일하였다. 이것은 청소년들을 위해서 학교교육과 직업교육의 기회를 증진시키기 위한 것이었다. 그러나 이 프로그램은 이런 것에만 국한되지 않았다. 이 프로그램은 슬럼지역의 주민들을 독려하여 인종차별적인 학교에 대한 등교거부, 잘못된 사회복지정책에 대한 반대 시위, 그리고 집주인의 횡포에 대한 소송 등도 병행하였다. 그 결과 이 프로그램은 지방정부로부터 따가운 시선을 받기도 하였다. 심지어는 이런 운동에 참여한 사람들은 공산주의자들이라는 의심을 받았다. 「청소년들을 위한 운동」을 주도했던 사람들은 나중에 연방정부의 지원금을 부당하게 유용한 혐의로 FBI의 수사를 받았다. 그 중 일부가 사임하게 되면서 이 프로그램은 중단되기에 이르렀다. 그러나 이 프로그램의 중단에도 불구하고 「청소년들을 위한 운동」은 미국 전역에 지역사회를 위한 사회운동을 활성화시키는 계기가 되었다. 그래서 가난한 아이들을 위한 유치원교육의 보조, 변호사를 통한 하류계층 사람들에 대한 법적조력, 지역사회조직의 활성화, 그리고 가난한 사람들이 지역문제에 직접 참가하는 것 등은 「청소년들을 위한 운동」의 효과로 인정받고 있다.[25]

(6) 평 가

Merton을 비롯한 긴장이론가들은 현대 자본주의 사회의 특징을 제대로 갈파하였다고 평가할 수 있다. 우리는 어린 시절부터 부모로부터 사회적인 성공을 하기를 기대를 받아왔다. 그런 성공의 열쇠는 대부분 학교교육에 의하여 많이 좌우된다. 특히 한국 같은 사회는 아직까지 학벌위주의 사회라는 것을 누구도 부인할 수 없을 것이다. 특히 가난한 가정에서 태어난 소년들이 겪는 좌절감은 부인할 수 없을 것이다. 이처럼 일찍이 사회에서 실패한 소년들이 쉽게 선택할 수 있는 길은 비행이다. 한국의 이동원은 Merton의 긴장이론과 Sutherland의 차별접촉이론을 접목한 Cloward와 Ohlin의 차별기회이론을 한국에서 경험적 연구를 통하여 검증하였다. 그 연구결과 한국청소년들은 학교에서의 성적부진에서 오는 긴장으로 인해서 비행집단과 어울리게 된다. 결국 이런 비행집단과의 접촉은 비행을 저지르게 만든다

---

25) J. Robert Lilly, Francis T. Cullen, & Richard A. Ball, *op. cit*, pp.78~80.

는 것이다.[26] 한편 Cohen의 연구는 후에 Miller의 하위문화이론의 형성에 큰 영향을 주었다.

위와 같은 긴장이론의 설득력 있는 논리에도 불구하고 몇 가지 비판도 있다. **첫째,** 긴장이론가들은 하류층의 범죄문제에 대해서 초점을 맞추어왔다. 그러나 이미 전에도 논의한 것처럼 화이트칼라범죄도 상당히 많이 저질러지고 있음을 여러 범죄학자들이 지적하였다. 화이트칼라범죄는 전문직에 종사하는 중류층이 자신들의 전문지식을 이용하여 행하는 범죄이다. 다시 말하면 이들은 합법적으로 물질적 및 사회적 성공을 이룰 수 있는 기회가 많은 중류층이란 점이다. 그럼에도 불구하고 그들은 범죄를 저질러서 물질적 이득을 취한다.[27] 그래서 Kornhauser는 계층에 관계없이 사람들은 자신이 현재 가진 것보다 더 많은 것을 가지려고 하는 경향이 있다고 주장하였다.[28]

둘째, Merton은 물질적 성공에 대한 열망과 그것을 이룰 수 있는 합법적 수단과의 차이가 크면 클수록 범죄가 발생하기 쉽다고 주장하였다. 그러나 경험주의적 연구에 의하면, 오히려 물질적 성공에 대한 열망과 그것을 이룰 수 있다는 기대가 모두 낮은 소년이 범죄를 더 잘 저지른다고 한다.[29] 그래서 일부학자들은 청소년들이 물질적 성공과 같은 장기적인 목표보다는 우수한 학교성적, 운동이나 기타 특기생활에서의 두각, 그리고 다른 사람에게 칭찬받는 것 등과 같이 단기적인 목표에 보다 많은 관심을 가진다고 주장한다. 이런 이유 때문에 몇 학자들은 Merton의 긴장이론을 일부 수정하여 적용하였다. 예를 들면 김준호 등은 청소년비행을 설명하기 위해서 Merton의 이론을 일부 수정하여 적용하였다. 즉 한국의 청소년들은 부모로부터 소위 명문대학에 들어가라고 하는 큰 공부압력을 받고 있다. 따라서 현재 자신의 성적이 부모의 기대와 큰 차이가 발생할 때 청소년은 비행에 빠지기 쉽다는 것을 경험적 연구에 의해서 지적하고 있다. 즉 김준호 등은 부모로부터의 공부압력과 학생의 현재 성적과의 차이를 긴장상태로 재해석하여 긴장이론을 적용한 것이다.[30]

위의 김준호 등의 연구에서 한 가지 주목할 것은 중산층의 학생들이 하위계층의 소년들보다 비행을 더 많이 저지르는 것으로 나타났다는 점이다.[31] 이것은 Stinchcombe의 주장

---

26) 이동원, "청소년의 긴장과 비행친구가 비행에 미치는 상호작용 효과," 「형사정책연구」 제8권 제3호(통권 제31호 1997·가을호), pp.233~272를 참고할 것.

27) J. Robert Lilly, Francis T. Cullen, & Richard A. Ball, *op. cit*, p.76.

28) Ruth Rosner Kornhauser, *Social Sources of Delinquency*(Chicago: The University of Chicago Press, 1978), pp.139~180.

29) George B. Vold, Thomas J. Bernard, & Jefferey B. Snipes, *op. cit*, p.170.

30) Don Soo Chon, *Academic Failure and Delinquency*, Unpublished Master's Thesis(Chicago: Chicago State University, 1992), p.32.

31) 김준호, 노성호, 고경임, 최원기, "청소년비행의 원인에 관한 연구: 공부압력을 중심으로" 「한국형사정책연구

과 일치하는 것이다. 즉 중산층의 학생들이 오히려 부모로부터 심한 공부압력을 받는다는 것이다.[32] 노성호도 김준호 등의 연구와 동일한 결과를 얻었다. 즉 부모로부터 강한 공부압력을 받는 고등학생일수록 비행을 많이 저지른다는 것이다.[33] 이것은 한국의 교육제도가 대학입시를 중심으로 하고 있는데서 유래한다. 학교선생님들은 대학, 그 중에서 명문대학에 갈 수 있는 학생들을 중심으로 교육을 한다. 그러다 보면 성적이 부진한 학생들은 일찍이 부모와 학교 선생님, 그리고 동료 학생들로부터 소외감을 느끼게 된다. 이것은 어린 학생들에게 심한 좌절감을 경험하게 만든다. 이런 좌절을 극복하는 방법 중의 하나는 음주와 흡연 등과 같은 비행이다. 그리고 이런 가벼운 비행은 점점 더 심한 비행으로 연결될 가능성이 있는 것이다. 그러나 김준호 등의 연구는 과연 학생들이 학교성적이 부진하기 때문에 비행을 저지르는지 아니면 비행을 하기 때문에 학교성적이 나빠지는지를 제대로 설명하지 못하는 단점이 있다. 왜냐하면 비행에 빠지면 그것에 몰두하느라고 공부를 소홀히 할 가능성도 있기 때문이다. 앞으로는 이런 문제를 보다 명확하게 밝혀줄 연구가 필요하다.

셋째, Merton의 긴장이론은 재산범죄를 설명하는 데에는 어느 정도 설득력이 있는지 모른다. 그러나 강력범죄에 대해서도 같이 적용할 수 있는지는 의문이다. 왜냐하면 합법적으로 사회적 성공을 얻을 수 없는 사람들이 비합적인 수단인 범죄를 통해서 그것을 얻을 수 있다. 그러나 일반폭행으로 어떤 물질적 내지는 사회적 지위를 얻을 수 있는지는 확실하지 않기 때문이다.[34]

넷째, 긴장이론가들은 하류층 소년들에게 학교교육과 취업의 기회를 확대시켜서 그들에 의한 비행을 예방하자고 주장한다. 그러나 가난의 문제를 해결하고 학교교육의 기회를 확대시키는 것은 범죄예방을 위한 근원적인 대처방안이 될지는 모른다. 그러나 이것은 사회 전체를 변혁시키는 일로서 대단히 어려운 과제이다. 앞서 논의한 Cloward의 「청소년들을 위한 운동」이 실패한 이유도 그 과정이 너무도 어렵고 무리한 것이 많았기 때문이다.

끝으로 Cohen은 소년들의 주거지역의 특성에 따라서 '범죄형 하위문화'와 '은둔형 하위문화'로 구분할 수 있다고 하였다. 그러나 어떤 학자는 한 지역에 동시에 여러 가지 하위문화들이 존재한다고 지적하였다. 예를 들면 비행청소년들은 술과 마약을 남용하고, 동시에 절도와 폭력에 가담하기도 한다.[35]

원 연구보고서: 89-03(청소년범죄 연구 1)」, 1990을 참고할 것.

32) Albert Stinchcombe, *Rebellion in a High School*(Chicago, IL: Quadrangle, 1964)를 참고할 것.

33) 노성호, "한국의 청소년 비행화에 관한 연구," 「한국형사정책연구」 제5권 제2호(통권 제18호, 1994·여름호), pp.145~187을 참고할 것.

34) Stephen E. Brown, Finn-Aage Esbebsen, & Gilbert Geis, *op. cit*, p.283.

35) Lamar T. Empey, *American Delinquency: Its Meaning and Construction*(Homewood, IL: Dorsey, 1982), p.250.

긴장이론은 문화목표를 이루기 위한 합법적 수단의 결여가 범죄의 원인이 된다고 보았다. 그러나 Ted Bundy의 범행은 긴장이론을 적용하여 설명하기가 어렵다. 그 이유는 Bundy는 미남형의 젊은 남성이었으며 법학전문대학원(Law School)에 다니는 장래가 촉망되는 젊은이였다. 그는 정치에도 입문을 하여 한 주지사의 선거운동을 도왔다.

겉으로 보기에는 장래가 촉망되는 젊은이였지만, 그는 수많은 젊은 여대생들과 10대 소녀들을 납치하고 강간을 한 후에 살해를 하였다. 그는 손에 기브스를 한 상태로 나타나서 여성에게 도와 달라고 요청을 하였다. 그는 미국에서는 다른 사람을 도와주는 문화가 발달된 것을 범죄에 이용을 한 것이다. Bundy는 도와주려는 여성들을 강제로 납치하여 범행을 저질렀다. 이 사건의 담당 판사는 다음과 같은 말을 남기고 Bundy에게 사형선고를 내렸다. "당신은 좋은 머리를 가진 유능한 젊은이이다. 법학대학원을 졸업하고 나와 같이 법정에서 일할 수도 있었다. 그러나 당신은 그런 길을 포기하고, 그 좋은 머리를 흉악한 범죄를 저지르는데 이용하였다. 나는 그런 당신의 범죄를 용서할 수가 없다." 그렇다! 잘 나가는 법학대학원생이 스스로 그런 흉악한 연쇄살인을 저지르면서 자신의 인생을 망친 것은 긴장이론으로는 쉽게 설명하기 어렵다.[36]

3. 사회해체이론

사회해체이론 (Social Disorganization Theory) 은 20세기 초에 Clifford Shaw와 Henry McKay에 의해서 정립된 이론이다. 이 연구방법은 지역특성과 범죄발생의 관계에 대한 연구를 했다고 하여서 생태학적 범죄연구방법(ecological studies)이라고도 한다. 사회해체이론은 범죄학 연구에 많은 영향을 주었다. 이에 대해서 논의할 필요가 있다.

---

36) 전돈수, 「범죄이야기」 (파주: 도서출판 21세기사, 2010), pp. 24~53.

(1) 등장배경

20세기 초에 미국의 대도시는 외국에서 밀려오는 이민자들로 인하여 교통, 주택, 그리고 빈곤 등의 여러 문제들을 가지고 있었다. 그 중의 한 문제는 범죄였다. 이런 문제를 직접 목격하게 된 Chicago대학의 학자들은 Chicago지역과 범죄문제에 대한 연구에 착수하게 되었다. 그래서 흔히 이들을 시카고학파 범죄학자라고 부른다. 이를 계기로 해서 시카고학파들이 범죄연구를 주도하게 되었다. 이런 시카고학파 학자들 중의 대표적인 사람들이 Clifford Shaw와 Henry McKay이다. Shaw와 McKay는 Chicago지역을 동심원(concentric circles)을 그려서 구분하였다. 이것은 Ernest Burgess의 영향을 받은 것이다.[37] Shaw와 McKay는 시카고시의 각 지역의 특성과 범죄발생률, 특히 청소년비행과의 관계를 조사하였다. 이것은 이전에 유럽에서 Guerry와 Quetelet 등이 한 연구를 이어받은 것으로 볼 수 있다.

이미 설명했지만, Guerry와 Quetelet은 한 지역의 특성(가난 등)과 범죄발생률과의 관계를 통계학적으로 분석하였다. 이처럼 지역특성과 범죄 사이의 상관관계를 조사하는 방법을 생태학적 연구방법(ecological studies)라고 부른다. 생태학은 원래 생물학의 한 분야이다. 생물학자 Charles Darwin이 주장한 것과 같이 동물들이 자신의 서식지 환경특성에 맞게 적응해 가면서 산다는 것과 일맥상통하는 것이다. 따라서 생태학적 연구는 인간도 동물과 마찬가지로 주변 환경에 따라서 다르게 행동할 것이란 전제를 바탕으로 하고 있다.[38] 이것은 사회 생태학(social ecology)이라고 불린다.[39]

동물의 세계에서는 한 종류의 동물이 다른 동물의 서식지를 침입하여 그곳에서 지배하게 되면 다른 동물들은 쫓겨나야 한다. 생물학자들은 이런 현상을 침입(invasion)-지배(dominance)-계승(succession)이라고 부른다. Robert E. Park은 일반 동물세계의 생태계처럼 도시도 이와 유사한 방법으로 성장한다고 주장하였다. 다시 말하면 도시는 침입, 충돌, 그리고 동질화 등의 사회과정을 거친다는 것이다. 한 민족이 다른 민족의 주거지역을 침입하여 지배하게 되면 다른 민족은 그 지역에서 물러날 수밖에 없게 된다. 이런 현상은 인간도 식물이나 동물의 세계와 마찬가지로 동일인종과 민족끼리 집단을 이루어 거주하기

37) Ernest Burgess, *The Growth of a City*. In Robert E. Park & Ernest Burgess(ed.). *The City*(Chicago: The University of Chicago Press, 1925)를 참고할 것.

38) Allen E. Liska, *Perspectives on Deviance*, 2nd ed.(Englewood Cliffs, NJ: Prentice-Hall, 1987), p.59.

39) Stephen E. Brown, Finn-Aage Esbebsen, & Gilbert Geis, *op. cit*, p.285.

때문에 발생한다. 예를 들면 미국은 '차이나 타운,' '이태리 지역,' 그리고 '흑인지역' 등이
있다.[40]

　Shaw와 McKay는 Durkheim의 영향도 많이 받았다. 이미 전에도 설명했던 것처럼
Durkheim은 산업화와 도시화로 인한 급격한 사회변화가 범죄와 관련이 있다고 주장하였다.
그 이유는 급격한 사회변화는 기존의 사회질서와 규범을 붕괴시키기 때문이다. 그렇게 되면
개인은 사회규범에 의한 통제에서 자유로워지면서 범죄를 보다 쉽게 저지르게 된다. Shaw와
McKay는 한 도시지역 안에서의 급격
한 사회적 변화는 사회해체를 불러오
고 이로 인해서 아노미 상태에 이를
수 있다는 것을 지적하였다. 그래서
Shaw와 McKay의 이론을 사회해체이
론(social disorganization theory)으
로 부른다.

(2) 핵심개념

　Shaw와 McKay는 그들의 저서 「청소년비행과 도시지역」(*Juvenile Delinquency and
Urban Areas*)[41]을 통해 Burgess의 동심원(concentric circle) 개념을 Chicago지역을 설
명하는데 도입하였다. Chicago시는 우측으로 5대호(Five Great Lakes) 중의 하나인 미시
간 호수(Lake Michigan)에 인접해 있는 아름다운 도시이다. 동심원의 제일 안쪽에 있는
지역이 'loop'이다. 이 지역은 대기업들의 본부와 대형은행빌딩들이 자리 잡고 있는 중앙상
업지역(central business district)이다. Shaw와 McKay는 이곳을 '지역I'이라고 하였다.
그 다음이 '변화하는 지역'(zone in transition)이다. 흔히 이곳은 '슬럼'(slum)이라고 불린
다('지역II'). 이 지역은 많은 공장들이 들어서 있는 곳이다. 그 다음 지역은 육체노동에 종
사하는 사람들의 거주지역이다('지역III'). 그 바깥쪽 지역이 일반 사람들의 거주지역이다
('지역IV'). 제일 바깥쪽은 교외지역(suburb)으로서 고급의 단독주택들이 밀집되어 있는 곳
이다('지역V').

　위의 다섯 개의 지역 중에서 Shaw와 McKay가 관심을 가진 곳이 바로 '슬럼지역'이다.
이런 '슬럼지역'의 특성은 다음과 같다. **첫째,** 주거환경이 대단히 열악하다. 주변의 공장에

---

40) George B. Vold, Thomas J. Bernard, & Jefferey B. Snipes, *op. cit*, pp.141~142.

41) Clifford R. Shaw & Henry D. McKay, *Juvenile Delinquency and Urban Areas*(Chicago: The
　University of Chicago Press, 1942)를 참고할 것.

서는 검은 연기가 뿜어져 나오고 집들은 대부분 낡았다. **둘째,** 가난한 사람들이 이 지역에 많이 거주한다. 대부분의 사람들은 정부가 주는 보조금으로 겨우 생계를 유지한다. 그리고 이 지역의 많은 사람들은 남의 집이나 아파트에 세 들어 산다. **셋째,** 슬럼지역은 외국에서 이민 온 사람들과 흑인들이 주로 많이 거주한다. 그리고 이곳에서는 계속해서 이민자들이 들어오고 또 나간다. 그 이유는 처음 이민 오는 사람들은 돈이 부족하기 때문에 어쩔 수 없이 이곳에서 산다. 그러나 그들은 돈을 벌게 되면 보다 주거환경이 좋은 곳으로 이사를 가기 때문이다.[42] 이런 사실은 범죄는 빈곤, 주택, 그리고 이민문제 등과 같은 다른 사회문제와 밀접하게 관련이 있다는 것을 시사해준다.

Shaw는 인생사연구방법(life history technique)을 동원하여 「잭롤러」(*The Jackroller*, 1930), 「비행경력에 대한 자연사 연구」(*The Natural History of a Delinquent Career*, 1931), 그리고 「형제범죄자」(*Brothers in Crime*)[43] 등의 책을 출간하였다. Shaw는 위와 같은 연구들을 통해서 다음과 같은 몇 가지 사실을 발견하였다.

첫째, 비행소년들은 일반 소년들에 비해서 지능, 신체적 조건, 그리고 성격 등에서 별로 차이가 없다는 점이다. **둘째,** 비행이 많이 일어나는 지역에서는 공통적으로 소년들의 비행을 통제하는 수단이 붕괴되었다. 그래서 소년의 비행이 묵인되는 현상까지 나타난다. **셋째,** 슬럼지역에서는 비행을 저지를 수 있는 많은 기회가 제공된다. 이 지역에는 소년들이 훔친 물건을 사는 고물상과 지역주민들이 존재한다. **넷째,** 이런 지역에서는 소년들은 어린 나이부터 비행을 시작한다. 그들은 초기에는 길거리에서 어슬렁거리는 패거리로 시작하여 점차 비행을 저지르는 갱단으로 발전하기도 한다. **다섯째,** 이런 놀이집단에서 갱단으로 발전하는 방법은 나이 든 소년으로부터 어린 소년에게로 전수되어 지속적으로 존재하게 된다. 그리고 이들이 저지르는 비행에는 상점절도와 자동차절도 등이 포함된다. **여섯째,** 경찰과 형사사법기관은 이런 소년들의 비행을 제대로 막지 못한다.[44]

슬럼지역에는 외국에서 출생한 사람들과 흑인들이 많지만, 단순히 그 이유만으로 비행발생률이 높은 것은 아니다. 다만 이 지역에는 새로운 이민자들로 인하여 지역의 주인이 계속적으로 바뀌면서 급격한 변화가 발생하기 때문이다. 이것은 슬럼지역에서는 어떤 민족이 거주하든지 항상 높은 비행발생을 보이는 것에서 알 수 있다.[45] 초기에는 유럽에서 이민

---

42) J. Robert Lilly, Francis T. Cullen, & Richard A. Ball, *op. cit.*, pp.51~52.

43) Clifford R. Shaw, *Brothers in Crime*(Chicago: The University of Chicago Press, 1938); *The Jackroller*(Chicago: The University of Chicago Press, 1930); *The Natural History of a Delinquent Career*(Chicago: The University of Chicago Press, 1931) 등을 참고할 것.

44) George B. Vold, Thomas J. Bernard, & Jefferey B. Snipes, *op. cit*, pp.145~146.

45) Piers Beirne & James Messerschmidt, *op. cit*, p.123.

온 백인들이 슬럼지역에서 살았다. 그들은 독일인, 폴란드인, 아일랜드인, 이태리인, 그리고 유대인 등이다. 그 다음에 이들이 다른 곳으로 이주하면서 농촌지역에 거주하던 흑인들이 이곳에서 살기 시작하였다. 나중에는 멕시코계통 사람과 미국 인디언들도 이곳에서 살기 시작하였다.[46] 그래서 이곳은 끝임 없는 변화를 경험하는 지역이다.

중상류층이 거주하는 안정된 지역에는 전통적인 가치관, 자녀의 교육, 건설적인 여가활동, 그리고 준법정신에 대한 구성원들 사이의 묵시적인 동의가 존재한다. 이와는 달리 슬럼에 거주하는 사람들은 기존의 사회질서와 규범이 제대로 없는 상태에서 살게 된다. 슬럼지역의 교회, 학교, 그리고 자원봉사단체 등은 붕괴내지는 약화되었다. 더 이상 전통적인 사회기관을 통한 청소년에 대한 통제는 어려워졌다. 뿐만 아니라 슬럼지역에는 다양한 민족들이 살기 때문에 다양한 규범과 행동기준이 존재한다. 심지어는 잦은 인구이동으로 지역주민 서로가 누가 누구인지를 잘 모르는 경우가 많다. 그래서 동질화 된 사회통제가 어렵다. Shaw와 McKay는 이것을 사회해체(social disorganization)라고 불렀다. 이런 지역에서는 다양한 문화와 가치관이 존재한다. 만약 청소년이 범죄문화와 접촉하게 되면 범죄행위를 자연스럽게 받아들일 수도 있다. 그래서 사회가 해체된 슬럼지역에서는 도둑질과 같은 것이 청소년들에게 별로 잘못된 행동으로 받아들여지지 않는다. 특별히 이런 지역에서는 갱단들의 활동이 활발하다. 이 지역의 절도만 놓고 본다면, 89% 정도가 집단이나 갱단의 활동에 의하여 저질러진다. 이것은 Durkheim의 아노미, 즉 규범 없는 상태와 비슷한 상태를 말한다. 이와 같은 사회해체는 청소년들이 비행을 저지르기 쉽게 만든다.[47]

Robert Sampson은 사회해체이론을 발전시켜 **"집단효과성이론 (collective efficacy)"**을 정립을 하였다. 그는 해체된 사회는 가난하고 주민들이 이사를 자주가고, 인종이 다양하며, 그리고 해체된 가정이 많다. 이와 반대의 성격을 가진 지역사회는 구성원 사이의 유대관계 (solidarity)가 견고하고 서로 신뢰 (trust)를 한다. 그리고 지역의 공동문제에 대해서 협력하고 대처함으로써 범죄문제를 적게 경험을 한다. 이런 지역사회는 지역주민들이 시민단체에 참여하여 지역문제를 적극적으로 해결하려는 특성을 가지고 있다.[48] 다시 말하면 집단효과성이란 한 지역사회의 구성원들이 다른 구성원들의 잘못된 행위와 공통적인 문제에 효율적으로 대응할 수 있는 정도를 말한다. 왜냐하면 이런 효율적인 대응이 그 지역사회를 안전하고 질서 있게 만들기 때문이다.

---

46) Piers Beirne & James Messerschmidt, *op. cit*, p.122.
47) J. Robert Lilly, Francis T. Cullen, & Richard A. Ball, *op cit*, p.53.
48) R. J. Sampson. *The Community* in J. Q. Wilson and J. Petersilia eds, *Crime* (San Francisco: ICS Press, 1995, pp. 193–216).

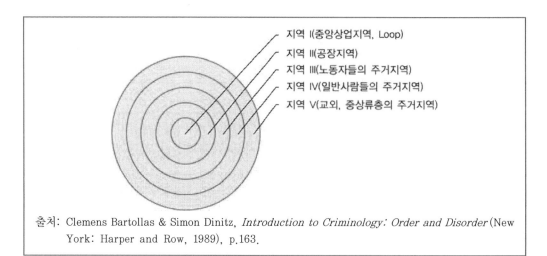

지역 I(중앙상업지역, Loop)
지역 II(공장지역)
지역 III(노동자들의 주거지역)
지역 IV(일반사람들의 주거지역)
지역 V(교외, 중상류층의 주거지역)

출처: Clemens Bartollas & Simon Dinitz, *Introduction to Criminology: Order and Disorder* (New York: Harper and Row, 1989), p.163.

[그림 5-1] 시카고 도시지역의 구분

(3) 정책적 제안

이미 앞에서 살펴 본 것처럼, Shaw와 McKay는 사회해체가 범죄의 원인이라고 보고 있다. 그러므로 범죄자들에 대한 개별적 처우만으로는 범죄문제를 해결하는데 부족하다. 범죄를 예방하기 위해서는 슬럼지역과 같이 문제가 되는 지역에 대한 재건운동이 필요하다. 그것을 통해서 사회규범과 질서를 회복시키는 것이 중요하다. 예를 들면 학교교육과 교회를 통한 지역사회의 질서회복 등을 들 수 있다. 또한 여러 민족이 공존하는 지역에서는 그들 사이의 동질성을 찾고자 하는 노력이 필요하다. 특히 지역현안 문제에 대한 지역주민들의 공동대처가 대표적인 예이다. Shaw와 McKay가 특별히 강조한 것은 지역주민들에 의한 자발적인 시민단체의 구성과 그것을 통한 사회통제능력의 회복이다.

Shaw는 1932년에 시카고지역 프로젝트(Chicago Area Project)를 실시하였다. 그 결과 시카고지역에 22개의 이웃센터가 설치되었다. 그곳에는 지역주민들로 구성된 직원들이 상주하였다. 이런 센터들은 교회, 학교, 노조, 그리고 기타 여러 시민단체들을 결집시켜 지역의 현안문제에 대한 해결을 위해 노력하였다. 또한 이 센터는 그 지역의 각종 활동을 지원했다. 예를 들면 레크리에이션, 여름캠프, 보이/걸 스카우트, 토론회, 수공예모임, 그리고 지역사회 프로젝트 등이다. 시카고지역 프로젝트는 1957년 Shaw가 사망하기까지 25년 동안 존속하였다. 그러나 이 프로젝트의 효과는 제대로 분석되지 못하였다. 이와 유사한 프로그램이 미국 Boston에서 실시되었다. 다행히도 이에 대한 효과분석이 이루어졌다. 그 결과 이런 프로그램에 참가한 청소년들의 비행은 그 이전과 비교해서 별다른 차이를 보이지 않았다. 또한 이런 프로젝트에 참여한 청소년들과 그렇지 않은 청소년들을 비교한 연구에서도 별다른 차이가 없었다. 이것은 '시카고지역 프로젝트'가 비행의 예방에 별로 효과가 없음을 간접적으로 나타내는 것이다.[49]

위와 같은 부정적인 연구결과에도 불구하고, Shaw와 McKay의 연구는 나중에 간접적으로 지역사회 경찰활동(Community-Oriented Policing)의 등장에도 영향을 주었다. 지역사회 경찰활동의 중요한 목적은 지역주민들끼리의 비공식적 사회통제 능력을 회복시키자는 것이다. 예를 들면 지역주민들이 이웃감시 프로그램(Neighborhood Watch Program)을 통해서 정기적으로 만나서 지역의 현안문제를 토의하는 것 등이다.

(4) 평 가

Shaw와 McKay의 연구는 후에 하위문화이론의 등장에도 영향을 주었다. 그리고 주민들에 의한 비공식적 사회통제를 통한 범죄예방 전략을 수립하는 데에도 큰 기여를 하였다. 특히 Shaw는 자신의 이론을 바탕으로 직접 '시카고 지역 프로젝트'를 실시하였다. 이것은 슬럼지역의 주거환경과 사회질서를 회복시키기 위한 노력이었다. 이 프로그램에 대한 성공여부는 명확히 밝혀지지 않았다. 그렇지만 이를 계기로 하여 시카고시 이외의 다른 도시지역에도 이와 유사한 프로그램이 실시되도록 영향을 주었다.[50] Shaw와 McKay의 연구이후에 청소년비행이 심한 지역에 청소년복지를 위한 종교 및 정치적 조직들이 설립되기 시작하였다. 한 예로 여러 교회들이 연합하여 지역청소년들에게 좋은 영향을 주기 위한 프로그램들을 만들었다.[51]

Shaw와 McKay의 사회해체이론은 지역특성과 범죄발생률과의 관계를 통계자료를 이용하여 본격적으로 연구하였다는 점에서도 큰 의미가 있다. 현재는 컴퓨터를 이용해서 지리적 및 사회적 특성과 범죄발생 통계자료를 결합하는 연구가 시도되고 있다. 이렇게 함으로써 특정지역에서 왜 범죄가 많이 발생하는지에 대한 연구를 통해서 범죄에 대한 대책수립이 용이하게 된다. 한 예로 미국과 한국의 경찰은 컴퓨터를 이용해 관할지역의 지리정보와 범죄통계를 결합하여 ComStat를 운용하고 있다. 이를 통해서 경찰은 취약지역에 대한 보다 효과적인 순찰활동을 할 수 있게 되었다.

---

49) George B. Vold, Thomas J. Bernard, & Jeffrey B. Snipes, *op. cit*, pp.148~149.
50) Clemens Bartollas & Simon Dinitz, *op. cit*, p.165.
51) Solomon Kobrin, The Chicago Area Project-A25-Year Assessment, *The Annals of the American Academy of Political and Social Science*, 322(March, 1959), pp.20~29.

또 한 가지 Shaw와 McKay를 포함한 시카고학자들이 많이 사용한 연구방법은 인생사연구기법(life history technique)이다. 전에도 이미 설명한 것과 같이 인생사연구기법은 범죄학자가 비행소년과의 심층면접을 통해서 그들의 일대기를 조사함으로써 비행에 빠지게 된 원인을 분석하는 것이다. 그 밖에도 이들은 참여관찰, 사례연구, 그리고 심층면접 등 다양한 연구기법을 개발하여 활용하였다.[52] 따라서 Shaw와 McKay의 연구를 통해서 범죄학에 본격적으로 경험주의적 연구방법이 도입되었다는 점에서 높이 평가할 만하다.

위와 같은 Shaw와 McKay의 뛰어난 학문적 성과에도 불구하고, 그들은 비판도 동시에 받고 있다. **첫째,** Shaw와 McKay가 지적한 비행이 가장 많이 저질러지는 슬럼지역에서도 다수의 청소년들은 범죄를 저지르지 않는다는 점이다. 그들의 이론이 맞는다면 대다수의 슬럼지역 청소년들이 비행소년이 되어야 하기 때문이다. **둘째,** Shaw와 McKay는 슬럼지역의 가난한 청소년들의 비행에 주로 관심을 가졌다. 그리고 그들은 법원기록과 같이 정부의 공식통계에 의존하고 있다. 그러나 자기보고서식 연구(self-report studies)에 의하면 사회계층에 관계없이 중류층의 청소년들도 많은 범죄를 저지른다는 것이 알려졌다.[53] **셋째,** Shaw와 McKay는 비행청소년들의 주거지역과 그들의 범죄행위의 관계를 조사하였다. 그러나 청소년들이 반드시 자신들의 주거지역에서 비행을 저지르는 것은 아니다. 다시 말하면 청소년들의 주거지역과 그들이 실제로 비행을 저지르는 지역이 다를 수 있다는 것이다. 예를 들면 슬럼지역에 사는 소년이 절도를 하기 위해 다른 지역으로 이동하여 범행을 저지를 수 있다. 그렇기 때문에 비행소년의 거주지역뿐만 아니라 범죄가 발생하는 장소 자체에 대한 연구도 필요한 것이다. 끝으로 사회해체의 개념이 다소 모호하다는 것이다. Shaw와 McKay는 전통적인 사회를 기준으로 보아 그것으로부터 벗어난 것을 사회가 해체된 것으로 보았다. 그러나 Shaw와 McKay가 주장한 것처럼 완전한 사회해체가 존재하는지 의심스럽다.[54]

4. 하위문화이론

대표적인 하위문화이론으로서는 Walter Miller(1920~)의 하위문화이론(subculture theory)과 Wolfgang과 Ferracuti를 중심으로 한 폭력하위문화이론(theory of violent subculture)으로 구분할 수 있다. 다음에서는 이에 대해서 논의하고자 한다.

---

52) Piers Beirne & James Messerschmidit, *op. cit*, pp.118~119.
53) Clemens Bartollas & Simon Dinitz, *op. cit*, p.166.
54) Piers Beirne & James Messerschmidit, *op. cit*, p.128.

(1) 등장배경 및 기본전제

미국은 고도로 발달된 자본주의 사회이다. 그래서 빈부의 차이가 많이 난다. 특히 도심지역에 사는 흑인이나 멕시코계의 미국인들은 상대적으로 가난하다. 그리고 일반적으로 폭력범죄는 하류층에서 많이 발생한다. 뿐만 아니라 피해자도 역시 같은 하류층일 때가 많다. 하위문화이론은 하위계층에 범죄가 집중되는 현상을 그들 특유의 하위문화에 기인한다고 전제를 하고 있다. 즉 하위계층의 사람들은 중류층과는 다른 가치관과 행동양식을 가지고 있다는 것이다. 다시 말하면 중류층의 관점에서 볼 때, 하위계층의 문화는 저질내지는 하위문화라는 것이다. 결국 이런 하위문화 때문에 하류층이 범죄를 많이 저지르게 된다는 것이다.

(2) Miller의 하위문화이론

Walter B. Miller(1920~)는 Cohen의 '중류층의 잣대'에 대한 연구로부터 영향을 받았다. 그러나 Miller의 이론은 중류층의 문화에 대한 일종의 저항으로 하류계층의 소년들이 비행을 저지른다는 Cohen의 지적과는 다르다. 즉 Miller는 하위문화 자체가 비행을 유발하게 만든다는 점에 초점을 맞추었다.[55] Miller는 하류층은 그들만의 고유의 문화를 가지고 있다고 주장했다. 다시 말하면 청소년범죄는 하류청소년들이 그들의 하위문화를 추구하는 과정에서 자연스럽게 발생하는 현상이다. 그런 그들의 문화는 한 세대에서 다음 세대로 이전된다고 한다.

Miller는 하류계층의 주요 관심사(focal concerns)내지는 '가치 기준'(values)으로서 문제 만들기(trouble), 강인함(toughness), 교활함(smartness), 흥미추구(excitement), 운명(fate), 그리고 방종(autonomy) 등을 들었다.

첫째, 하류층은 '문제 만들기'(trouble)를 좋아한다. '문제를 만든다'고 하는 것은 경찰이나 중류계층 사람들이 싫어하는 행동을 하는 것이다. 남자 청소년들에게 있어 문제를 만드는 중요한 수단은 싸움과 성일탈행위이다. 뿐만 아니라 하류계층 소년들은 갱단에 들어가는 것이 자기들 나름대로 어떤 지위를 얻는 수단이 된다. 그리고 갱단활동을 통하여 문제를 많이 만든다. 즉 갱단끼리 서로 폭력을 사용하거나 그들과 같이 어울리는 소녀들과 성관계를 가지는 것 등이다. 때로는 갱들은 소녀를 집단적으로 강간(gang rape)을 하기도 한다. 결국 동료들로부터 좋은 평가를 받는 것은 얼마나 많이 법과 규범을 어기느냐에 달려있다.

---

55) Piers Beirne & James Messerschmidt, *op. cit*, p.152.

따라서 범죄를 저지르는 것은 수치스러운 일이 아니라, 오히려 친구들로부터 존경과 동경의 대상이 되도록 만든다.

둘째, '강인함'은 남성다움과 육체적인 강인함을 말한다. 그 대표적인 것이 싸움을 잘하는 것이다. 강인한 소년은 두려움이 없는 싸움꾼이다. 그래서 강하고 싸움을 잘하는 소년이 보통 두목 노릇을 한다. 동시에 하류계층의 청소년들은 공부에만 열중하고 인정에 얽매이는 것은 남자답지 못한 것으로 간주한다. 하류계층은 대부분 어머니가 살림을 꾸려가는 가정인 경우가 많다. 아버지는 이혼, 알코올 중독, 그리고 바쁜 직장생활 등으로 인해 자식과 함께할 시간이 부족하다. 이런 여성 위주의 가정에서 소년들은 남성 집단, 즉 갱(gang)에 들어가서 남성다움을 발산하려는 시도를 많이 한다. 다시 말하면 아버지가 없는 소년들은 자신이 싸움을 잘해서 남성다움을 대신 보상받으려는 행동을 하게 된다.

셋째, '교활함'은 남들을 속여서 물질적 이득 또는 사회적 지위를 얻는 능력을 말한다. 이것은 싸움을 통하지 않고 얻을수록 더욱 교활함을 인정받게 된다. 그래서 하류계층의 소년들은 어려서부터 남을 속이는 기술을 배우게 된다. 이런 기술은 길거리에서 다른 소년들, 특히 갱단으로부터 배운다. 흔히 갱단의 두목이 되기 위한 선제조건 중의 하나가 '강인함'과 더불어 '교활함'이다.[56]

넷째, '흥미추구'는 항상 무엇인가 재밋거리를 찾는 것을 말한다. 하류층의 소년들에게 공부나 건전한 취미생활은 무미건조한 것이다. 그들은 뭔가 짜릿하고 '스릴'(a thrill) 넘치는 일을 추구한다. 이런 '흥미추구'에는 음주와 도박 등이 자주 포함된다. 이들은 흥밋거리를 찾기 위해서 백화점이나 극장주변에서 떼를 지어 여러 명이 서성거리는 경우가 많다. 하류계층의 청소년들은 술집근처에서 술을 마시고 여자아이들과 성관계를 가지는 것도 흥미를 추구하는 하나의 방법이다. 뿐만 아니라, 소년들은 싸움도 흥미를 유발하는 방법으로 사용한다.

다섯째, 하류계층의 소년들은 '운명'을 믿는다. 그들은 자신들의 인생은 스스로가 어떻게 하지 못할 운명에 의해서 좌우된다고 생각한다. 따라서 그들은 교육과 같은 합법적인 노력을 통해서 성공하려는 시도를 일찌감치 포기한다. 따라서 이들은 범죄행위를 저지르는데 그렇게 주저하지 않는다.

끝으로 하류계층의 소년들은 다른 사람들에게 간섭받는 것을 싫어한다. 이것을 '방종'이

---

56) Walter Miller, "Lower Class Culture as a Generating Milieu of Gang Delinquency", *Journal of Social Issues*, 14, 1958, pp.5~19.

라고 한다. 그 이유는 자신들이 늘 통제를 받고 있다고 느끼기 때문이다. 그래서 그들은 자유를 추구하며, 타인에게 간섭을 받는 것을 거부한다. 하류계층의 소년들은 자신이 독립적인 존재가 되고 싶어 한다. 그래서 "나는 나를 돌봐줄 사람이 필요 없다. 왜냐하면 내 스스로가 돌볼 수 있기 때문이다."라는 말을 많이 사용한다. 이것은 기성세대에 대한 반항과 도전으로 연결되기도 한다.[57]

⑶ 하위문화와 갱(Gang)범죄

미국의 하류계층에서 많이 발생하는 것이 갱단이다. 처음에 이들은 하류계층의 주거지역에서 놀이집단으로 같이 시간을 보내기 위해서 자연스럽게 형성이 된다. 일단 이들은 같이 재밋거리를 찾아다닌다. 그것이 더 발전하면 범죄행위를 같이 저지르는 집단으로 발전한다. 범죄를 저지르는 목적은 자신들의 유흥비를 마련하기 위해서이다. 그러나 이런 갱단이 더 발전하면 마약을 파는 집단으로 변모한다. 마약을 팔기 위해서는 자신들의 영역을 확보해야 한다. 그러기 위해서는 다른 경쟁 갱단과 총격전을 벌여서 자신들의 영역을 확보하려고 한다. 그 과정에서 많은 소년, 특히 흑인과 멕시코계 소년들이 사망한다. 갱범죄와 관련하여 사망한 사람의 95% 이상은 10세에서 17세까지의 소년이다. 이런 갱범죄는 뉴욕, LA, 그리고 시카고를 비롯한 대도시에서 그 문제가 심각하다. 반드시 그렇지는 않지만, 일반적으로 갱은 같은 지역에 거주하는 같은 인종끼리 형성된 경우가 많다. 갱들은 그들만의 갱표시를 만든다. 그리고 자신의 영역을 표시하기 위해 동네 벽에 글씨그림을 써 넣는다. 이것은 일명 그래프티(graffiti)라고 불린다. 그들은 몸에도 문신을 만들어 놓는데 그것도 같은 갱단임을 표시하기 위한 수단으로 쓰인다.

싸움과 말을 잘하고, 어떤 상황 하에서도 냉정을 잃지 않는 소년이 갱단의 두목이 된다. 갱단은 핵심단원이 약 20% 정도이고, 나머지 대부분은 정식단원이 아니다. 정식단원이 아니더라도 그들은 수시로 갱단과 같이 모이고 활동을 하기도 한다. 이들 중 일부는 어른들의 세계인 Mafia와 같은 조직폭력에 가담하기도 한다. 시카고에는 Latin King, Black Disciples, 그리고 Vice Lords와 같은 갱단들이 현재 활동하고 있다. 한편 LA에는 Bloods와 Crips와 같은 갱단이 있다. 이들은 주로 흑인과 멕시코계통이 주를 이룬다. 최근에는 베트남이나 중국계통의 아시안계통의 갱단의 활동도 활발하다. 백인 갱단은 비교적 드물다. 그러나 잘 알려진 백인 갱단은 스킨헤드(Skin Heads)이다. 이들은 인종차별을 목적으로 형성이 되었다. 이들의 특징은 머리를 아주 짧게 잘랐다는 것이다.

---

57) Clemens Bartollas & Simon Dinitz, *op. cit*, pp.166~167.

Walter Miller는 하류계층의 소년들이 갱단에 많이 가입하는 이유는 크게 두 가지로 볼 수 있다고 주장하였다. **첫째**는 홀어머니 밑에서 자란 소년들이 갱단에 가입하면서 남성다움을 발산할 수 있다. 뿐만 아니라 소속감(belonging)을 느끼면서 불우한 가정환경에서 벗어나 안정감을 가지게 된다. **둘째**는 갱단에 소속이 되면 그렇지 않은 일반 소년들로부터 존경의 대상이 된다. 단순히 존경만 받는 것이 아니라, 일반 소년들이 함부로 건드리지 못한다. 이것은 갱단원이 되면 일정한 지위(status)를 얻는다는 것을 의미한다. 그 이유는 갱단원을 건드렸다가는 갱으로부터 집단으로 보복을 당할 수가 있기 때문이다. 뿐만 아니라 갱단 안에서도 지속적으로 지위를 얻기 위한 경쟁이 계속된다. 그 기준이 되는 중요한 것은 싸움을 잘하는 '강인함'과 남을 잘 속이는 '교활함'이다. 여러 갱들 사이에서 지위를 얻는 방법도 자신들의 '강인함'을 다른 갱단들에게 보여주는 것이다.[58]

⑷ Wolfgang과 Ferracuti의 폭력하위문화이론

Marvin Wolfgang과 Franco Ferracuti는 「폭력하위문화」(*The Subculture of Violence*)[59]라는 책을 통해서 하류계층의 젊은 남성들에게는 폭력사용을 정당화시키는 폭력하위문화가 존재한다고 주장하였다. 다시 말하면 폭력하위문화 속에서 성장한 청소년들은 폭력사용을 자연스런 것으로 받아들인다는 것이다. 폭력하위문화이론은 범죄에 대한 생태학적 연구와 사회학습이론의 영향을 받은 것이다. 즉 특정지역에는 폭력하위문화가 존재하고 이런 문화는 한 세대에서 다음 세대로 계속해서 학습된다는 것이다. 특히 이런 폭력문화는 남성다움을 강조한다. 그리고 소위 자신과 가문의 명예를 지키기 위해서 폭력의 행사까지 정당화시킨다는 것이다.[60] 따라서 이런 환경에서 교육받은 청소년들은 그렇지 않은 사람들에 비해서 폭력을 행사할 확률이 높다는 것이다.

폭력하위문화이론은 Wolfgang이 미국 Philadelphia시의 살인발생률에 대한 조사를 통해서 나온 이론이다. Wolfgang의 연구에 의하면 20세에서 24세 사이의 소수민족 남성들의 살인피해률은 인구 10만 명당 54.6이었다. 반면 같은 연령대의 백인남성의 피해률은 3.8에 불과하였다. 이것을 Wolfgang은 하류계층의 젊은 남성들은 그들 사이의 충돌을 폭력으로서 해결하려는 경향이 강하기 때문에 발생하는 현상이라고 설명하였다.[61]

---

58) Walter Miller, *op. cit*, pp.5~19.
59) Marvin Wolfgang & Franco Ferracuti, *The Subculture of Violence*(London: Tavistock, 1957)를 참고할 것.
60) Stephen E. Brown, Finn-Aage Esbebsen, & Gilbert Geis, *op. cit*, p.318.

위와 같은 Wolfgang과 Ferracuti의 연구는 후에 다른 많은 학자들에게 영향을 주었다. 그 대표적인 학자가 Gastil이다. Gastil은 미국의 북부와 남부지역의 살인발생률을 비교하였다. 그는 남부지역이 북부지역보다 월등히 높은 살인발생률을 보이는 것에 주목하였다. 그는 이런 이유가 남부지역 특유의 폭력문화에 기인한다고 역설하였다. Gastil은 남부지역의 사람들은 그들 사이에 발생하는 갈등을 폭력으로 해결하려는 경향이 강하다고 주장했다. 이와 같은 폭력문화는 과거의 노예제도, 자유로운 총기소유, 강한 군사전통, 개척자 정신, 그리고 지나친 명예심 등에서 유래한다. 이런 폭력문화는 한 세대에서 다음 세대로 전수된다. 뿐만 아니라 남부지역 사람들이 북부로 이주하면 그 지역도 폭력문화로 물들게 된다는 것이다.[62]

위와 같은 지역의 폭력문화이론을 국가간의 비교연구에 적용한 것이 Jerome L. Neapolitan이다.[63] Neapolitan은 중남미 지역의 국가들이 다른 지역에 비해서 월등히 높은 살인발생률을 보이고 있는 것에 주목하였다. Neapolitan은 이런 현상은 스페인 식민지 시대의 압제와 관련이 있다고 주장하였다. 남미지역 전문가들은 남미지역에 '메치스모'(machismo)라는 문화가 존재한다고 주장한다. '메치스모'는 용기와 여성에 대한 지배 등을 포함하는 남성다움을 강조하는 문화이다.[64]

Wolfgang과 Ferracuti의 영향을 받은 Lynn A. Curtis는 미국 흑인들의 폭력하위문화를 연구하였다. Curtis는 미국 흑인들의 폭력성은 남성다움에 대한 지나친 표현의 결과라고 주장하였다. 특히 흑인들은 개인간의 충돌을 유연하게 대처할만한 언어구사능력이 부족하다. 그렇기 때문에 그들은 개인

61) Clemens Bartollas & Simon Dinitz, *op. cit*, p.168.
62) R. D. Gastil, "Homicide and a Regional Culture of Violence," *American Sociological Review* Vol.36(1971), pp.412~427.
63) Jerome L. Neapolitan, "Cross-National Variation in Homicide: The Case of Latin America," *International Criminal Justice Review*, Vol. 4(1994), pp.4~22.
64) J. Crow, *The Epics of Latin America*(Los Angeles, CA: The University of California Press, 1980); E. Zimmerman, *Political Violence, Crises, and Revolutions*(Boston, MA: Schenkmen Publishing, 1983) 등을 참고 할 것.

들 사이의 충돌을 물리적인 힘에 의해서 해결하려는 경향이 강하다. 그래서 흑인들은 친구나 가족 사이에서 살인과 폭력이 자주 발생한다는 것이다.[65]

한국에서는 이성식이 폭력문화와 청소년비행과의 관계를 연구하였다.[66] 이성식은 대구, 울산, 그리고 포항 등에 소재한 고등학교에 재학 중인 347명의 학생들을 대상으로 설문조사를 실시하였다. 그 결과 폭력정도가 심한 학교에 다니는 청소년들이 비행을 많이 저지르는 것으로 나타났다. 가정폭력(부모로부터의 체벌)과 거주지역의 폭력정도도 청소년비행과 관련이 있는 것으로 나타났다. 그러나 가정폭력과 거주지역의 폭력정도는 학교폭력에 비해 영향력이 비교적 약한 것으로 드러났다.

위와 같은 이성식의 연구를 통해 나타난 한 가지 흥미로운 점은 부모의 사회계층과 청소년비행과는 관련이 없다는 것이다.[67] 이것은 Miller의 하위문화이론을 반박하는 결과라고 볼 수 있다. 즉 Miller는 하위계층은 그 특유한 하위문화를 가지고 있기 때문에 그들이 중상류층에 비해서 범죄를 많이 저지른다고 주장하였기 때문이다. 오히려 이성식의 연구결과는 Gastil의 지역폭력하위문화이론을 지지한다고 볼 수 있다. 그러나 여기서 한 가지 주목해야할 것은 폭력이 많은 가정과 학교에서 성장하면 비행을 저지를 가능성이 높다는 사실은 지역폭력하위문화이론뿐만 아니라 Sutherland의 사회학습이론도 지지해준다는 것이다. 다시 말하면 Sutherland는 범죄는 다른 사람과의 접촉을 통해서 배운다고 지적하였기 때문이다. 따라서 폭력을 자주 사용하는 학교친구들과 접촉하면서 비행을 학습하게 된다는 것이다.

(5) 정책적 제안

하위문화이론을 주장한 학자들은 뚜렷한 정책적 제안을 제시하지 않았다. 그러나 하위문화이론에 기초한 범죄예방 대책을 생각해 볼 수 있다. 우선 하류계층의 소년들을 대상으로 한 학교교육의 강화와 사회계몽이 촉진되어야 한다. 그래서 그들이 가지고 있는 문화가 잘못된 것이라는 것을 인식시켜주어야 한다. 예를 들면 범죄를 저지르는 것이 용기있는 영웅적인 행동이 아님을 그들에게 주지시켜야 한다. 그리고 정상적인 학교교육을 통해서 성공할 수 있다는 꿈을 심어주어야 한다. 즉 흑인인권운동가 Martin Luther King 목사가 한 것처럼 가난한 소수민족에게 꿈을 심어주어야 한다.

---

65) George B. Vold, Thomas J. Bernard, & Jeffrey B. Snipes, *op. cit*, p.193.
66) 이성식, 청소년들의 폭력환경이 상황인지와 분노, 폭력행동에 미치는 영향력: 가정, 학교, 지역환경의 비교, 「형사정책연구」, 제14권 제2호(통권 제54호, 2003여름호), pp.357~381을 참고할 것.
67) 이성식은 아버지의 직업과 수입을 기준으로 해서 그들의 사회계층을 측정하였다.

⑹ 평 가

　Miller의 하위문화이론은 미국과 같이 다양한 민족과 문화를 가진 다원화 된 사회에서 상당히 설득력이 있는 이론이다. 특히 미국은 빈부의 차이가 크고 사회계층의 구별이 뚜렷하다. 다른 나라도 마찬가지이지만, 미국은 특히 민족과 사회계층에 따라서 주거지역이 어느 정도 구별되어 있다. 가난한 흑인들은 슬럼지역에 거주하면서 백인들의 주류사회와는 다른 나름대로의 고유한 문화를 가지고 있다. 이것은 백인 중류층의 시각에서 보면 하위문화로 보인다. 한편 Gastil과 Neapolitan의 지역 폭력하위문화이론도 지역별로 다른 범죄발생률의 차이를 설명하는 중요한 이론 가운데 하나이다. 어떤 한 지역사회의 문화는 폭력의 행사를 통해서 개인 사이의 갈등을 해결하도록 분위기를 조성할 수 있다. 따라서 이런 지역에서는 자연적으로 폭력범죄가 증가하게 되는 것이다.

　Miller는 하류계층의 청소년들은 그들 특유의 하위문화를 가지고 있다고 주장하였다. 그러나 다른 학자들은 하류계층의 청소년들도 중류계층의 소년들과 같은 가치관과 성공에 대한 열망을 가지고 있다고 본다. Cohen, Cloward, 그리고 Ohlin 등이 그와 같은 주장을 한 학자들이다.[68] 한편 무엇보다도 중요한 것은 하류계층의 청소년들이라고 해서 모두 범죄자가 되지는 않는다. 오히려 상당수의 하류계층 청소년들은 선량한 시민으로 살아간다. 이런 현상은 Miller의 하위문화이론을 약화시키는 것이다. 왜냐하면 하위문화 속에서 사는 청소년들이라고 할지라도 다수는 범죄를 저지르지 않기 때문이다.

　한국에서 김준호 교수가 전국 6대 도시의 고등학교 재학생 2,365명과 재수생 500명을 대상으로 설문조사를 하였다. 그 결과 하위문화이론과는 달리 오히려 중산층의 청소년들이 하류계층 출신보다 비행을 더 많이 저지르는 것으로 나타났다. 그러나 한 가지 주목할 것은 한국에서는 아버지의 직업수준이 높을수록 그 자녀는 비행을 적게 저지른다는 것이다. 달리 말하면 아버지의 직업수준이 낮고 경제적 수준이 높을수록 비행을 많이 저지른다는 흥미로운 결과가 나왔다.[69] 이것은 사회계층을 부모의 경제적 수준(수입정도)을 기준으로 측정할 것인지, 아니면 직업수준으로 할 것인지에 따라서 다른 연구결과가 나타날 수 있음을 시사하는 것이다. 또한 이순래의 한국 남녀 중·고등학생을 대상으로 한 연구에서도 학생들의 사회경제적 지위와 비행과는 통계적으로 의미 있는 관계가 없는 것으로 나타났다.[70] 또 다른 한국에서의 연구에서도 청소년이 아버지가 어머니를 구타하는 것을 목격하는 것과

68) Clemens Bartollas & Simon Dinitz, *op. cit*, p.168.
69) 김준호, "청소년 비행의 원인에 관한 연구: 공부에 대한 압력을 중심으로,"「형사정책연구」, 제1호(1990), pp.113~147.
70) 이순래, "학교폭력의 원인 및 대처방안에 관한 연구,"「한국형사정책연구원 연구보고서」02-40을 참고할 것.

폭력의 사용을 정당화하는 것과는 통계적으로 유의미한 관계가 없는 것으로 밝혀졌다.[71] 어쨌든 이런 결과들은 하위문화이론을 약화시키는 것이다.

　Neapolitan의 지역폭력하위문화이론에 의하면 특정지역에 고유한 폭력문화가 존재한다고 한다. 그러나 그는 그런 하위문화의 존재를 직접 측정하지는 못했다. 다만 그 지역의 높은 살인발생률을 통해 그런 하위문화가 존재하고 있음을 추측할 뿐이다. 이것은 결론을 보고 원인을 짐작하는 논리적인 모순을 범하고 있는 것이다. 다시 말하면 중남미지역에서 살인사건 발생률이 높은 것은 반드시 그 지역의 폭력하위문화 때문이 아니라, 다른 원인 때문일 수도 있다.[72] 또한 폭력하위문화이론은 폭력범죄에 대해서는 설명을 해줄지는 모르지만, 재산범죄에 대한 설명력은 약하다. 재산범죄는 오히려 문명화 된 선진국에서 더 많이 발생한다는 것이 일반적으로 받아들여지는 사실이기 때문이다. 다시 말하면 폭력하위문화이론은 범죄현상 전체를 설명하지는 못하고 있다.

제2절　사회과정이론

　지금까지 논의했던 이론들은 사회구조의 문제를 중심으로 범죄의 원인을 파악하려고 시도했던 것들이다. 지금부터 논의하게 될 이론들은 사람들 사이의 상호접촉과 그에 의한 영향을 중심으로 범죄원인을 파악하려고 하는 이론들이다. 그래서 이것을 사회과정이론 (social process theory)이라고 부른다. 대표적인 사회과정이론은 사회학습이론, 사회통제이론, 그리고 중화이론 등이 있다. 이들 세 가지 이론들에 대해서 보다 자세하게 논의할 필요가 있다.

1. 사회학습이론

　사회학습이론(social learning theory) 혹은 차별접촉이론(differential association theory)이라고 불리는 이론은 Edwin Sutherland(1883~1950)에 의해서 정립되었다.

---

71) 한국형사정책연구원, "가정폭력이 자녀의 비행에 미치는 영향"「연구보고서 」97-18을 참고할 것.
72) Don Soo Chon, *The Relationship Between National Homicide Rates and Medical Care*(New York: LFB Scholarly Publisher, 2002), p.22.

Sutherland는 범죄행위도 다른 일반 행위와 마찬가지로 학습에 의해서 습득된다고 주장하였다.

(1) 등장배경 및 기본전제

Sutherland는 시카고대학(The University of Chicago)에서 Henry McKay와 가깝게 지냈다. 그리고 Sutherland는 Shaw와 McKay의 시카고지역 연구로부터 영향을 받았다.[73] 즉 Shaw와 McKay는 슬럼지역에 비행이 집중해서 발생한다는 것을 지적하였다. 이것은 Sutherland가 각 지역마다 비행친구를 접촉할 수 있는 기회가 다르다는 이론을 만드는데 영감을 주었다. 다시 말하면 슬럼지역에 사는 소년들은 비행청소년과 접촉할 기회가 다른 지역의 청소년들에 비해서 많다는 것이다.

Sutherland는 W. I. Thomas와 George Herbert Mead의 영향도 받았다. Thomas와 Mead는 '상징적 상호작용'(symbolic interactionism)을 체계화시킨 인물들이다.[74] 이것은 간단히 말하면 사람은 다른 사람과의 접촉을 통해서 영향을 받고 다른 사람의 행동을 학습하게 된다는 것이다. 이런 상호작용은 언어라는 상징을 통해서 이루어진다. 그리고 한 개인은 다른 사람이 기대하는 행동을 내면화하여 실천한다는 것이다.[75]

Sutherland 자신은 심리학의 학습이론을 싫어하였다. 그러나 Sutherland의 사회학습이론은 B. F. Skinner(1904~1990)나 John B. Watson(1878~1958)의 심리학적 학습이론의 영향을 받은 것은 부인할 수 없을 것이다. 단지 심리학은 한 개인 안에서 발생하는 학습과정에 중점을 두었다. 반면 Sutherland의 이론은 한 개인과 개인 또는 한 개인과 집단 사이에서 일어나는 학습과정에 보다 많은 관심을 두었다. 그래서 일부 학자들은 Sutherland의 이론을 심리학과 사회학을 합친 사회심리학적 이론(social-psychology theory)으로 보기도 한다.[76] Sutherland에게 영향을 준 또 다른 것은 Gabriel Tarde(1843~1904)의 '모방(imitation)학습이론'이다. 이것은 한 개인은 다른 사람의 행동을 모방하면서 학습한다는 이론이다.[77] 어린이들을 보면 자기 부모의 행동과 언어를 그대로 따라하면서 부모의 행동양식을 배우는 것을 쉽게 볼 수 있다. Tarde는 범죄행위도 학습을 통해 습득된다고 주장한

---

73) Randy Martin, Robert J. Mutchnick, & W. Timothy Austin, *op. cit*, p.144.
74) *Ibid*, p.144.
75) George Herbert Mead, *Mind, Self, and Society*(Chicago: The University of Chicago Press, 1934)를 참고할 것.
76) Donald J. Shoemaker, *Theories of Delinquency: An Examination of Explanations of Delinquent Behavior*(New York: Oxford University Press, 1984), p.148.
77) Randy Martin, Robert J. Mutchnick, & W. Timothy Astin, *op. cit*, p.147.

초창기의 학자들 중의 하나이다. Tarde는 학습은 다른 사람들과의 접촉을 통해서 발생한다고 주장하였다. Tarde와 마찬가지로 Sutherland는 범죄행위도 다른 일반 행위와 마찬가지로 학습을 통해 배운다고 지적하였다.

(2) 핵심개념

Sutherland는 인생사 연구(life history studies)의 방법을 이용하여 한 소년이 전문절도범이 된 과정을 조사하였다. '인생사 연구'는 소수의 사람의 일대기를 심층면접을 통해서 추적하여 조사하는 방법이다. Sutherland는 1937년 그의 이런 연구 결과를 「전문절도범」(*The Professional Thief*)이란 제목의 저서로 발표하였다.[78] Sutherland는 직업절도범은 의사와 변호사 등과 같이 복잡한 기술을 필요로 한다고 주장하였다. 이런 기술에는 범행의 계획과 실행, 장물의 처리, 그리고 경찰에 체포되었을 때의 대처방법 등이 포함된다. 그런데 이런 기술은 주변에서 비행청소년을 만나면서 습득하게 된다. 전문절도범들은 일반 사람들과는 다른 세상에서 살고 있다. 그런데 직업절도범은 주로 슬럼지역 출신이다. 그 이유는 슬럼지역에서는 다른 지역에 비해서 일반 소년들이 비행소년들과 접촉할 기회가 많기 때문이다.[79] 그래서 Sutherland의 이론을 차별접촉이론(differential association theory)이라고 부르는 것이다.

Sutherland는 다음과 같은 몇 가지를 주장하였다. **첫째,** 범죄행위는 학습된다. 이것은 범죄행위가 유전이 되는 것이 아니라는 것을 의미한다. 다시 말하면 범죄행위를 배우지 못하면 범죄자가 될 수 없다. **둘째,** 범죄행위는 다른 사람들과의 의사소통 과정에서의 상호접촉을 통해서 학습된다. 이런 의사소통은 주로 대화를 통해서 이루어진다. **셋째,** 범죄행위의 중요한 학습과정은 친한 사람이나 집단과의 접촉을 통해서 발생한다. 이것은 TV나 영화와 같은 것을 통해서 배우는 것은 비교적 그 영향력이 약하다는 것을 말한다. **넷째,** 범죄행위의 학습은 범행기술, 특정한 범행동기, 그리고 범죄행위에 대한 합리화와 인식과 태도를 포함한다. **다섯째,** 범죄행위의 동기는 법규정에 대한 호의적인(favorable) 또는 비호의적인(unfavorable) 태도를 가지는가에 의하여 영향을 받는다. 어떤 사람들은 법을 지키는 것에 대해서 호의적인 사람들에게 둘러싸여 있다. 이런 사람은 법을 지키는 것을 당연한 것으로 받아들인다.

---

78) Edwin Sutherland, *The Professional Thief*(Chicago: The University of Chicago Press, 1937)를 참고할 것.

79) Edwin Sutherland, *The Professional Thief* in *Classics of Criminology* edited by Joseph E. Jacoby(Prospect Heights, IL: Waveland Press, 1988), pp.7~10.

그러나 주변에 법을 지키는 것에 대해서 비호의적인 사람들로 둘러싸인 사람은 자연스럽게 그런 태도를 학습하게 된다. 이것은 곧 그 사람이 범죄자가 되기 쉽게 만든다. **여섯째,** 한 개인이 범죄자가 되는 것은 법을 위반하는 것에 대한 거부반응보다 수용하는 태도가 강하기 때문이다. 이것이 차별접촉이론의 핵심이다. 한 사람이 범죄자가 되는 것은 범죄자와 접촉할 기회가 많은 반면에 선량한 시민들을 만나기 어려운 상황에서 살기 때문이다. **일곱째,** 접촉은 빈도, 기간, 우선순위, 그리고 강도(强度) 등에 의하여 차이가 발생한다. 빈도는 얼마나 자주 범죄자와 접촉하는가하는 문제이다. 한편 기간은 얼마나 오랫동안 접촉했는가를 말한다. 다음으로 우선순위는 소년이 얼마나 어렸을 적에 범죄자와 접촉했는가와 깊은 관련이 있다. 소년이 어릴 때 범죄자와 접촉했을수록 그가 평생 직업범죄자로 전락할 위험성이 높아진다. '강도'는 범죄자와의 접촉이 단순히 지켜보는 수준인가? 아니면 범죄자와 같이 밀착하여 범죄행위를 하면서 범죄를 학습하느냐에 따라서 달라질 수 있다. 어떤 개인이 범죄자가 되느냐하는 것과 범죄자가 되면 어느 정도 심각한 범죄자가 되는가하는 것은 위와 같은 차이 때문에 발생한다. **여덟째,** 범죄행위를 학습하는 과정은 다른 일반 행위와 같다. **끝으로** 범죄행위는 일반적인 필요와 가치관의 표현이지만, 범죄행위는 그런 것만으로 설명되어지지 않는다. 왜냐하면 범죄행위가 아닌 것도 그와 같은 욕구와 가치관의 표현에 의해서 발생하기 때문이다. 예를 들면 성실한 노동자는 돈을 벌기 위해 일을 한다. 그러나 도둑도 돈을 얻기 위해 도둑질을 하는 것은 마찬가지이다. 그러므로 범죄행위와 정상적인 행위를 그 동기를 기준으로 연구하는 것은 별로 의미가 없다. 지금까지의 논의를 정리하

면 한 사람이 범죄자와 접촉을 자주, 오래, 그리고 강하게 하면 할수록 법을 어기는 것을 합리화하기가 쉬워진다. 그 결과로서 범죄자가 되는 것이다.[80]

Burgess와 Akers는 Sutherland의 차별접촉이론을 구체화시켜서 발전시킨 학자들이다.[81] Sutherland의 이론의 단점은 학습이 구체적으로

80) Ronald L. Akers, *Criminological Theories : Introduction and Evaluation, 2nd ed*(Los Angeles, CA: Roxbury Publishing, 1997), pp.59~62.

81) Robert L. Burgess & Ronald L. Akers, "A Differential Association-Reinforcement Theory of Criminal Behavior," *Social Problems*, Vol. 14(1966), pp.128~147.

어떤 과정을 거쳐서 발생하는지에 대해서 침묵하고 있다는 것이다. Burgess와 Akers는 B. F. Skinner의 '조작적 조건이론'(operant conditioning)과 같은 심리학적 이론을 이용하여 학습과정을 설명했다. 이 '조작적 조건이론'은 전에도 설명한 바가 있다. 이것은 어떤 행위에 대해 지속적인 보상을 받게 되면, 그 행위를 계속할 것이다('강화'). 반면 어떤 행위에 대해서 처벌을 받게 되면, 그런 행위를 자제하게 될 것이다('처벌').[82] Akers는 이것을 '차별적 접촉-강화이론'(differential association-reinforcement theory)으로 일반화시켜 범죄행위의 발생을 설명하는데 적용하였다.[83] 이런 보상과 처벌은 사회적인 것 일수도 있고 그렇지 않은 것일 수도 있다. 사회적인 것은 타인으로부터의 칭찬과 비난 같은 것이다. 반면 비사회적인 것으로는 마약을 통해서 얻는 환각이나 그로 인한 고통을 들 수 있다.[84] 한 경험주의적 연구는 마약복용과 사회학습이론과의 관계를 검증하였다. 이 연구는 미국의 중서부지역의 중·고등학교 학생들을 대상으로 실시하였다. 그 결과 통계적으로 볼 때 사회학습에 관한 변인들이 그들의 마약복용을 대체적으로 잘 설명하였다.[85] 한편 James S. Short, Jr.는 소년원에 있는 126명의 소년과 50명의 소녀들을 조사하여 그들이 비행을 저지르기 전에 비행소년이나 소녀와의 접촉 빈도, 기간, 우선순위, 그리고 강도 등을 조사하였다. 그 결과 자신들이 비행소년이 된 것과 비행소년과 소녀와의 접촉경험과는 비교적 강한 상관관계가 있는 것으로 나타났다.[86]

(3) 정책적 제안

사회학습이론의 핵심은 범죄도 다른 일반 행위와 마찬가지로 타인과의 접촉을 통해서 학습된다는 것이다. 따라서 범죄를 예방하기 위해서는 범죄자와의 접촉을 차단하는 방법이 최선이다. 맹자의 어머니가 아들의 교육을 위해 이사를 여러 차례 한 것처럼, 소년이 범죄자가 되는 것을 막기 위해서는 보다 환경이 좋은 지역에서 성장하도록 해야 한다. 또한 미국의 경우를 보면 학비가 많이 들더라고 사립학교에 보내는 경우가 많다. 왜냐하면 공립학교에는 하류층의 소년들과 불량소년들이 많이 다니기 때문에 그들로부터 비행을 학습할 가능성이 크기 때문이다.

---

82) Ronald L. Akers, *op. cit*, p.62.
83) Freda Adler, Gerhard O. W. Mueller, & William S. Laufer, *op. cit*, p.87.
84) George B. Vold, Thomas J. Bernard, & Jeffrey B. Snipes, *op. cit*, pp.196~197.
85) Marvin D. Krohn, Ronald L. Akers, Marcia J. Radosevich, & Lonn Lanza-Kaduce, "Norm Qualities and Adolescent Drinking and Drug Behavior," *Journal of Drug Issues*, Vol. 12(1982)를 참고할 것.
86) James S. Short, Jr., "Differential Association as a Hypothesis: Problems of Empirical Testing," *Social Problems*, Vol. 8(1960), pp.14~15를 참고할 것.

위와 같은 방법 이외에도 학습을 통해서 준법정신을 향상시키는 교육이 필요하다. 이런 교육은 이미 범죄를 저지른 자에게도 해당된다. 이것은 개인 및 집단 상담, 가정 및 학교교육 프로그램, 마약퇴치 프로그램, 그리고 행동교정 프로그램 등을 포함한다.[87]

(4) 평 가

　그의 이름이 범죄학자를 대표하는 것으로 인식될 정도로 Sutherland의 사회학습이론은 범죄학에 지대한 영향을 미쳤다. Sutherland는 범죄도 학습된다고 주장함으로써 그 동안 생물학적 그리고 심리학적 연구방법을 사회학적 접근방법으로 바꾸게 한 사람이다. 다시 말하면 범죄학자들이 범죄의 원인을 찾는데 있어서 유전보다는 사회 환경에 보다 관심을 가지게 하는 계기가 되었다. 그래서 이후부터는 본격적으로 범죄학은 사회학자들에 의해서 주도되었다. 이것은 긍정적인 부분도 있지만, 범죄학에서 생물학과 심리학이 소외되었다는 측면에서 안타까운 면도 있다.

　한국에서 실시된 설문조사에서도 비행친구를 가지고 있는 것이 대인비행, 성적일탈, 재산비행, 지위비행(status offenses), 그리고 마약비행 등과 같이 여러 유형의 청소년비행과 밀접한 관계가 있는 것으로 나타났다.[88] 이순래의 한국 학생들을 대상으로 한 집단면접을 통한 연구에서도 폭력적인 친구들이 많을수록 학교에서 폭력을 많이 행사하는 것으로 드러났다. 이성식도 한국청소년정책연구원이 수집한 「한국청소년패널조사」 (Korean Youth Panel Sruvey)」를 이용한 근래의 연구를 통하여 비행친구의 존재 여부가 남녀학생을 불문하고 비행에 큰 영향을 미친다는 결론을 얻었다.[89] 이성식은 성인들의 마약범죄를 대상으로 하는 또 다른 연구에서 주변에 약물을 복용하는 친구나 가까운 사람이 있는 것이 마약복용 여부에 중요한 영향을 미친다고 밝혔다.[90] 이 연구는 결국 마약복용도 주변의 사람에게 배우게 된다는 사회학습이론을 지지하는 결과이다.

　위와 마찬가지로 가정에서 부모가 폭력적인 경우에도 자녀가 학교에서 폭력사용을 많이

---

87) Ronald L. Akers, *op. cit,* p.70.
88) 남재봉, "청소년비행의 원인에 관한 경험적 연구: 원인변인간의 중요성을 중심으로." 「형사정책연구」 통권 3・4 합병호, pp.73~102를 참고할 것.
89) 이성식, "청소년비행 원인의 성별차이에 관한 연구: 청소년패널 두 연령집단에서의 검증," 「형사정책연구」, 제18권 2호(통권 제70호, 2007・여름호).
90) 이성식, "낮은 자기통제력과 성인의 약물남용, 그 매개 및 상호작용효과에 관한 논의," 「형사정책연구」, 제17권 4호(통권 제68호, 2006・겨울호).

한다는 연구결과도 있다. 즉 친구와 부모로부터 폭력을 미화하는 태도를 배우는 소년은 그만큼 폭력을 행사하기 쉽다는 것이다.[91] 2008년 최수형이 발표한 논문에 따르면 부모로부터 폭력적인 훈육을 받은 청소년들이 그렇지 않은 청소년들보다 비행을 저지를 가능성이 더 많다. 이것은 사회학습이론처럼 부모의 폭력적인 태도를 목격한 아이들이 자신도 모르게 부모의 폭력을 따라서 배우게 된다는 것을 시사하고 있다. 참고로 최수형은 한국청소년 정책연구원이 실시한 「한국청소년패널조사 (Korean Youth Panel Sruvey)」를 바탕으로 하고 있다. 이 조사는 면접원이 학생들을 방문하여 질문하는 방식으로 이루어졌다. 최수형의 연구는 2003년부터 2006년까지 네 차례에 걸쳐 제주도를 제외한 전국의 중학교 2학년 중에서 선택된 표본을 대상으로 한 조사에 바탕을 두고 있다.[92]

한편 김준호는 Sutherland의 사회학습이론 중에서 특별히 '법에 대한 태도'에 관심을 두고 연구를 하였다. 그의 연구에 의하면 법을 존중하는 태도를 가진 청소년들 일수록 비행을 적게 저지른다고 지적을 하였다. 법을 존중하는 태도는 주로 부모로부터 영향을 받는다. 즉 부모가 법을 쉽게 어기면 그 자녀들도 쉽게 범죄자가 될 수 있다는 것을 의미한다.[93]

Sutherland의 '차별접촉이론'은 그 명성만큼 동시에 비판도 많이 받고 있다. 우선 Sutherland는 학습을 받지 않고도 범행동기를 이미 가진 사람이 있을 가능성을 배제했다. 그래서 Sutherland는 유전이나 심리학적 요인들에 의해서 범죄성이 형성된다는 생물학적 또는 심리학적 연구업적에 주목하지 않았다.[94] 뿐만 아니라 비행소년과 자주 접촉했어도 비행소년이 되지 않는 경우도 많다. 이런 현상을 Sutherland의 이론으로는 설명하기 어렵다.
사회학습이론을 약화시키는 연구 결과도 많다. 한 예로서 아버지가 어머니에게 폭력을 행사하는 것과 청소년의 비행과는 별다른 관계가 없다는 한국에서의 연구도 있다.[95] 즉 부모의 폭력행위를 목격한다고 하여서 곧바로 그것을 학습하지는 않는다는 것이다. 뿐만 아니라 차별접촉이론은 일반 성인범죄보다는 청소년범죄를 설명하는데 초점을 맞추었다. 따라서 Sutherland의 이론이 성인에게도 적용할 수 있는 일반적인 이론인지는 불명확하다.[96] 그 이유는 청소년들은 남의 행동을 쉽게 모방하고 배우는 경향이 강하다. 그러나 이

91) 이순래, "학교폭력의 원인 및 대처방안에 관한 연구." 「한국형사정책연구원 연구보고서」 02-40을 참고할 것.
92) 최수형, "비행경력과정에서 나타난 부모의 폭력적 훈육효과: 남녀차이를 중심으로," 「형사정책연구」, 제19권 1호(통권 제73호, 2008 · 봄호)
93) 김준호, "법에 대한 태도와 비행," 「형사정책연구」, 제18권 3호(통권 제71호, 2007 · 가을호).
94) Piers Beirne & James Messerschmidt, *op. cit*, p.136.
95) 한국형사정책연구원, "가정폭력이 자녀의 비행에 미치는 영향," 「연구보고서 」97-18를 참고할 것.
96) George B. Vold, Thomas J. Bernard, & Jeffrey B. Snipes, *op. cit*, p.187.

것이 이미 자아가 형성된 성인에게도 적용될 수 있는지 의심스럽다. 이성식은 한국 고등학생들에게 과거를 회상하면서 설문에 응답하도록 하였다. 그 결과 비행친구의 존재유무와 비행과의 관계는 초등학교와 중학교시절과 같은 청소년초기에는 관련이 있는 것으로 나타났다. 그러나 고등학교 시절과 같은 청소년후기에는 그 둘 사이에 별다른 상관관계가 없는 것으로 나타났다.[97]

Sutherland의 이론은 논리적인 측면에서도 문제가 있다. 어떤 사람이 '범죄에 대한 긍정적인 태도'(favorable attitude toward the violation of law)를 가지고 있는지는 그 사람이 범죄행위를 저질렀을 때에 비로소 알 수 있다. 이것은 결과를 보고 원인과 그 과정을 추측하는 논리적인 오류에 부딪치게 만든다. 또한 어떤 범죄학자들은 범죄자가 이미 된 후에 자기와 같은 범죄자나 범죄 집단을 찾는 경향이 있다고 주장한다. 다시 말하면 범죄자와 만났기 때문에 범죄자가 되는 것이 아니라, 범죄자가 되었기 때문에 범죄자와 어울리게 된다는 것이다. 이것은 "끼리끼리 모이게 된다(birds of a feather flock together)"라는 말과 같은 맥락이다.[98] 이런 주장은 '비행선행이론'이라고 한다. 즉 비행을 먼저 저지르고, 그 결과로 자신과 같은 비행소년들을 찾고 그들과 어울리게 된다는 것이다. 그 대표적인 학자인 Gottfredson과 Hirschi는 가정이나 학교에서 제대로 적응하지 못한 아이들은 쉽게 비행을 저지르게 되며 그런 비행소년들끼리 모여서 또 다른 비행을 저지른다고 주장했다. 한국에서도 위와 비슷한 결론을 얻은 연구가 있다. 김준호가 서울시에 소재한 고등학교에 재학 중인 학생들을 대상으로 조사하였다. 그 결과 김준호도 비행선행이론의 입장을 지지하는 결과를 얻었다. 즉 중학교 때 비행친구가 없으면서도 비행을 저질렀던 학생이 비행친구를 가졌지만 비행을 저지르지 않았던 집단에 비해서 고등학교 때 비행을 저지를 확률이 4배나 높았다.[99]

Gottfredson과 Hirschi와 비슷하게 Thornberry도 비행친구와 어울리는 것은 비행의 원인이자 동시에 결과가 될 수 있다는 주장을 하였다. 그에 의하면 가정과 학교에서의 유대관계의 약화는 비행을 저지르는 요인이 된다. 이후 이것은 자신들과 처지가 비슷한 비행집단과 어울리도록 만든다. 결국 이것은 "바늘 도둑이 소도둑 된다"라는 말처럼 비행행위를 심화시키는 결과를 초래한다. 이런 논의는 이성식이 한국 고등학교 재학생들을 대상으로 한 설문조사를 통해서도 지지되었다. 즉 비교적 가벼운 비행의 경우에는 나중에 논의하게 될

---

97) 이성식, "가정, 비행친구, 비행의 상호인과관계," 「형사정책연구」, 제13권 제1호(통권 제49호, 2002・봄호), pp.67~87.을 참고할 것.
98) Ronald L. Akers, *op. cit.*, pp.70~71.
99) 김준호, "친구와 비행간의 관계에 관한 연구," 「형사정책연구」 제15권(1993・가을호), pp.5~43.을 참고할 것.

사회통제이론의 관점과 같이 가정과 학교에서의 유대관계의 약화가 비행의 한 요인이 되었다. 반면 비교적 무거운 비행의 경우에는 비행친구와의 접촉이 비행을 심화시키는 것으로 나타났다.[100]

〈범죄사례연구〉 밤의 스토커: Richard Ramirez (1960.2.29-   )

Ramirez는 밤에 남의 집에 몰래 침입을 하여 여러 명의 부녀자들을 강간을 한 후에 그들을 살해를 하였다. 나중에 그에게는 '밤의 스토커'(Night Stalker)라는 별명이 붙었다. 그는 상대방의 나이를 가리지 않고 어린 소녀부터 80세의 할머니까지 무차별적으로 성폭행을 하였다. 그는 어린 시절부터 부모를 떠나서 혼자서 많은 시간을 보냈다.

그의 범죄행위에 큰 영향을 끼친 사람은 그의 사촌형이었다. 그의 사촌형은 월남전 때 특수부대인 '그린베레' 출신이었다. Ramirez와 그의 사촌형은 같이 대마초를 피면서 많은 시간을 보냈다. 사촌형은 자신이 죽인 베트콩의 사진을 Ramirez에게 자랑스럽게 보여주었다. 심지어는 어린 월남소녀를 강간을 하고 옷을 벗긴 후에 찍은 사진도 보여주었다. 그러던 어느 날 Ramirez의 사촌 형수는 사촌형에게 이제 제발 집에서 그만 빈둥거리고 나가서 일 좀하라고 바가지를 긁었다. 이에 화가 난 사촌형은 Ramirez가 보는 앞에서 사촌형수의 머리를 총으로 쏴서 죽였다. 이것을 바로 옆에서 지켜보던 Ramirez는 자신의 옷에 사촌형수의 피가 튀는 것을 보았다.

이렇게 잔인한 살인현장을 지켜본 Ramirez는 사촌형이 오히려 멋있게 보였을 수도 있다. 그래서 사람을 죽이는 것에 대해서 별로 죄책감을 가지지 않았을 것이다. 이것은 사회학습이론가들이 주장하는 것처럼 범죄행위에 대한 호의적인 태도를 사촌형을 통해서 배우게 된다는 것을 의미한다.[101]

---

100) 이성식, "비행친구와 비행과의 관계: 통합론적 논의를 중심으로", 「형사정책연구」, 제10권 제1호(통권 제37호, 1999·봄호), pp.193~222.를 참고할 것.

101) 전돈수, 「범죄이야기」 (파주: 도서출판 21세기사, 2010), pp. 212~229.

2. 통제이론

통제이론은 '한 개인이 왜 범죄를 저지르는가?'라는 것보다는 '한 개인이 왜 범죄를 저지르지 않는가?'라는 질문에 대한 대답을 찾으면서 나온 이론이다. 통제이론가들은 한 개인이 범죄를 저지르지 않는 이유는 개인 안에 내재한 또는 그를 둘러싼 환경에서 오는 '억제' 내지는 '통제'하는 요인들 때문이라고 주장하였다. 여러 학자들은 다양한 통제이론들을 전개하였다.[102]

(1) 등장배경 및 기본가정

통제이론가들은 인간은 본성적으로 악을 행하려는 경향이 있다고 가정한다. 만약 한 개인의 이런 본성이 통제되지 않으면 범죄행위를 저지르게 된다는 것이다. 통제이론에 중요한 영향을 준 이론은 Durkheim의 아노미이론이다. Durkheim은 산업화 및 도시화와 더불어 한 개인이 기존사회의 규범과 통제로부터 자유로워지면서 범죄를 저지르기 쉽게 된다고 지적하였다. Durkheim은 사회결속(social solidarity)은 두 가지 요인에 의해서 결정된다고 주장하였다. 하나는 통합(integration)이고, 다른 것은 단속(regulation)이다. '통합'이란 집단적인 신념(collective belief)에 한 개인이 밀착되어 있는 정도를 말한다. '통합'이 강하면 강할수록 한 개인은 자신의 욕구를 공동의 목적을 위해 억제하게 된다. 그러나 반대로 한 사회가 그 구성원들을 '통합'하는 능력이 약해지면 각 개인들은 범죄를 보다 쉽게 저지르게 된다. 한편 '단속'은 한 개인을 사회규범에 구속되게 만드는 사회의 힘을 말한다. '통합'과 마찬가지로 한 사회가 그 구성원을 '단속'하는 힘이 약화되면 그 사회에는 일탈행위가 증가하게 된다.

(2) 통제이론의 분류

통제이론은 다양한 형태로 발달되어 왔다. 그 중에 대표적인 것이 Reiss의 개인과 사회통제이론, Nye의 가족에 초점을 둔 사회통제이론, Reckless의 차단이론, Sykes와 Matza의 중화이론, Hirschi의 사회통제이론, 그리고 Gottfredson과 Hirschi의 자기통제이론 등이다. 이런 이론들에 대해서 보다 자세히 논의할 필요가 있다.

---

102) J. Robert Lilly, Francis T. Cullen, & Richard A. Ball, *op. cit*, p.83.

1) Reiss의 개인 및 사회통제이론

Albert J. Reiss는 1951년 「개인 및 사회통제의 실패로 인한 청소년비행」(*Delinquency as the Failure of Personal and Social Controls*)[103]이라는 논문을 발표하였다. 이 논문을 통해서 Reiss는 개인적 통제(personal control)란 한 개인이 공동체의 규범과 규칙을 어기려는 충동을 피할 수 있는 개인적인 능력이라고 정의 하였다. 그는 위의 논문을 통해서 1,110명의 보호관찰 처분을 받는 백인 소년들의 법원기록을 조사하였다. 그 결과 비행소년들은 자아와 자기 통제력이 약하다는 결론을 내렸다.[104] 한편 Reiss는 사회통제(social control)를 사회집단이나 기관이 규범과 규칙을 그 구성원에게 적용할 수 있는 능력이라고 보았다.

Reiss에 따르면 비행은 다음과 같은 몇 가지 경우에 발생한다. **첫째,** 사회규범을 준수하게 만드는 개인의 내면화된 규범과 규칙의 부재이다. **둘째,** 기존에 형성된 통제수단의 붕괴이다. 이것은 사회규칙 또는 그 수단들 사이의 충돌 때문에 발생한다.

개인의 통제력은 한 개인의 행동이 사회집단의 기대에 부합하도록 만드는 것이다. 개인통제에 영향을 미치는 것은 성숙된 자아와 건전한 사회적 역할 등이 포함된다. 또한 개인 스스로의 행동에 대한 적절하고 이성적인 통제가 포함된다. 한국에서 민수홍은 일반 중·고등학교에 재학 중인 학생들과 소년원에 수감 중인 청소년들을 대상으로 설문조사를 실시하였다.[105] 그 결과 여자 청소년들이 남자 청소년보다 자기 통제력이 강한 것으로 나타났다. 이런 결과는 여성이 남자보다 범죄행위를 적게 저지르는 이유를 일부 설명해 주고 있는 것이다. 뿐만 아니라 여자 청소년끼리 비교해 보았을 때, 일반 중·고등학교에 재학 중인 학생들이 소년원에 수감된 집단보다 자기통제력 수준이 높은 것으로 나타났다. 이런 결과는 자기보고서식 방법에 의한 비행여부를 조사한 것에서도 동일한 결과를 얻었다. 이것은 자기통제이론을 지지하는 결과로 볼 수 있다.

Reiss는 동조라는 개념을 이용하여 비행을 설명하였다. 동조는 한 개인의 입장에서 보면 사회규범과 권위를 받아들이거나 또는 그것에 복종할 때 발생한다. 반면 동조는 집단의 관점에서 보면 사회구성원에게 동조를 이끌어낼 수 있는 사회규범의 효과성과 관련이 있다. Reiss는 특히 개인통제에 관심을 가졌다. 그는 가족, 이웃, 학교 선생님, 그리고 친구들과 같은 집단들이 개인통제에 영향을 준다고 주장하였다. 그 이유는 이런 주요 집단들은 소년

---

103) Albert J. Reiss, "Delinquency as the Failure of Personal and Social Controls," *American Sociological Review*, Vol.16(1951), p.196~207을 참고할 것.

104) George B. Vold, Thomas J. Bernard, Jeffrey B. Snipes, *op. cit*, p.202.

105) 민수홍, "여자청소년의 자기통제력이 비행과 범죄에 미치는 영향," 「형사정책연구」, 제13권 제1호(통권 제49호, 2002·봄호), pp.35~66.을 참고할 것.

들에 대한 사회통제의 기능을 하기 때문이다. 그 중에 가족을 예로 들 수 있다. 가족이 물질이나 서비스를 통하여 그 가족구성원들의 필요를 채워주지 못할 때 비행이 발생할 가능성이 높아진다. 한 가지 유의해야 할 것은 부모의 자식에 대한 통제의 부재(不在)도 문제이지만, 반대로 과잉통제도 부정적인 결과를 불러올 수 있다는 점이다.[106]

2) Reckless의 차단이론(Containment Theory)

Walter Reckless(1899~1988)는 다음과 같은 세 가지를 범죄를 유발하는 주요요인으로 간주하였다. 그것은 가난, 열등감, 그리고 불량친구집단과의 접촉 등이다. 이것은 범죄행위로 미는 힘(pushes) 또는 끌어당기는 힘(pulls)으로 작용한다. Reckless는 우범지역에 거주하는 청소년들을 비행으로부터 차단시키는 요인에 대해서 관심을 가졌다. 그는 청소년을 범죄로부터 차단시키는 요인을 두 가지로 분류하였다. 하나는 외부적 차단이고(outer containment), 다른 하나는 내부적 차단(inner containment)이다. 외부적 차단은 한 개인의 외부에 존재하는 것으로서 비행에 대한 여러 가지 사회적 제재들을 말한다. 예를 들면 수치심이나 추방과 같은 비공식적인 제재(informal sanction)와 형사사법제도에 의한 공식적 제재(formal sanction)를 모두 포함한다.[107] 뿐만 아니라 외부적 통제에는 소년들에게 의미 있는 역할과 활동, 적절한 인간관계, 소속감, 그리고 자아 정체성의 확립 등도 포함된다.

외부적 통제와는 달리 내부적 통제는 한 개인 스스로의 통제(self-control)를 일컫는다. 그 중에서 자아(self-concept), 목표지향성(goal orientation), 좌절극복능력(frustration tolerance), 그리고 규범수용성(norm retention) 등이 중요한 역할을 한다.[108] **첫째,** '자아'는 Cooley가 주장한 것과 같이 '자기 스스로를 보는 거울'(looking-glass self)로 비유할 수 있다. 즉 자아는 자기 스스로를 어떻게 보는가의 문제이다. 소년이 자신에 대해서 긍정적인 평가를 해서 스스로를 가치 있는 존재로 생각할 수 있다. 그러면 그 소년은 범죄의 유혹을 뿌리칠 수 있는 동기가 보다 강할 것이다. 이런 자아의 형성은 부모와 학교 선생님에게서 많은 영향을 받는다. 다시 말하면 부모나 선생님이 한 소년에 대해서 긍정적인 평가를 지속적으로 하면, 그 소년은 스스로 긍정적인 자아를 형성할 확률이 높아진다. 이런 측면에서 본다면 학교성적이 부진한 학생은 낮은 자아를 형성하기 쉽다. 그렇게 되면 자기 통제력이 약해져서 비행의 유혹에 쉽게 빠지게 된다.[109]

---

106) J. Robert Lilly, Francis T. Cullen, & Richard A. Ball, *op. cit*, pp.81~82.

107) Stephen E. Brown, Finn-Aage Esbensen, & Gilbert Geis, *op. cit.*, p.363.

108) J. Robert Lilly, Francis T. Cullen, & Richard A. Ball, *op. cit*, p.87.

109) Don Soo Chon, *Academic Failure and Delinquency*(Chicago, IL: Unpublished Master's Thesis,

둘째, '목표지향성'은 삶에 있어서 합법적인 인생목표에 대한 집착을 말한다. 예를 들면 의사가 되기를 간절히 희망하는 소년은 그것을 성취하는데 방해가 될 수 있는 비행으로의 유혹을 물리칠 가능성이 커진다. 이것은 문화적 목표(culture goals)와 그것을 성취할 수 있는 합법적인 수단(legitimate means)과의 괴리가 범죄를 유발한다는 긴장이론하고는 반대되는 주장이다. 왜냐하면 긴장이론가들은 사회적 성공에 대한 높은 목표가 오히려 비행을 유발하는 요인으로 보았기 때문이다.

셋째, '좌절극복능력'은 소년이 자신의 합법적인 인생의 성공목표를 달성하는 과정에서 경험하는 좌절을 극복할 수 있는 능력의 정도를 말한다. 예를 들면 명문 의과대학에 진학하여 의사가 되려고 했던 학생이 입시에 실패할 수 있다. 어떻게 보면 인생에 있어서 실패는 불가피한 것일 수 있다. 이런 상황을 극복할 수 있는 능력은 개인별로 차이가 난다. 만약에 한 소년이 좌절을 잘 극복하지 못한다면 비행에 빠지기 쉽게 된다.

끝으로 '규범수용성'은 한 개인이 자신의 목표를 성취하는 과정에서 사회규범, 가치관, 법, 그리고 관습 등이 허용하는 합리적이고 합법적인 수단을 이용하는 것을 말한다. 이것은 자신의 목표를 성취하기 위해 불법적 수단, 즉 범죄를 저지르려는 유혹을 차단하는 요인이 된다.

3) Sykes와 Matza의 중화이론

Gresham M. Sykes와 David Matza는 1957년에 「중화기술: 청소년 비행이론」(*Techniques of Neutralization: A Theory of Delinquency*)[110]이란 논문을 발표하였다. 한편 이들은 위 논문을 보다 구체적으로 논의하기 위해 1964년에 「비행과 표류」(*Delinquency and Drift*)라는 제목의 저서를 출간하였다. Sykes와 Matza는 고전주의 범죄학파와 실증주의 범죄학파의 중간적인 입장을 취하였다. 즉 그들은 인간의 행동은 완전히 이성적이지도 않고, 그렇다고 전적으로 외부요인에 의해서만 결정되지도 않는다고 믿었다. 소년은 대개 그가 속한 주류사회의 가치관에 맞추어서 산다. 그렇지만 적절한 사회통제가 이루어지지 않으면 항상 비행에 빠질 가능성은 있다.[111] 뿐만 아니라 하위문화이론을 주장한 학자들과는 달리, Sykes와 Matza는 비행소년들은 일반 소년들과 그렇게 다르지 않다고 지적하였다.[112] 즉 Sykes와 Matza는 비행소년은 전통적인 도적가치를 거부하지 않는다고 주장하

Chicago State University, 1992), pp.21~22.
110) Gresham M. Sykes & David Matza, "Techniques of Neutralization: A Theory of Delinquency," *American Sociological Review*", Vol. 22(1957), pp.664~670를 참고할 것.
111) Stephen E. Brown, Finn-Aage Esbensen, & Gilbert Geis, *op. cit*, p.368.
112) Piers Beirne & James Messerschmidt, *op. cit*, p.158.

였다. 또한 그들의 가치관은 일반 정상적인 소년과 크게 다르지 않다. 다시 말하면 소년들은 완전히 하위문화에 몰입하지도 않고 그렇다고 완전히 전통적인 문화에 빠지지도 않는다. 그들은 이 둘 사이를 오간다. 이런 현상은 거의 매일 발생한다.

Sykes와 Matza는 소년들은 자신의 비행을 합리화시키고 변명(excuses)하는 과정을 통해서 비행에 빠지기 쉽다고 지적하였다. 다시 말하면 소년들은 자신의 비행을 중화(*neutralize*)시키려는 노력을 한다는 것이다. 그래서 그들의 이론을 중화이론(Neutralization Theory)이라고 부르기도 한다. 이렇게 자신의 비행을 합리화시키는 기술을 배움으로서 보다 자유롭게 그런 행위를 저지르게 된다. 이런 과정을 통해서 비행소년들은 자신들의 행위에 대해 가지는 죄의식내지는 양심의 가책을 완화시키게 된다. Sykes와 Matza가 제시한 중화기법에는 책임의 부정(denial of responsibility), 피해의 부정(denial of injury), 피해자의 부정(denial of victim), 비난 자에 대한 비난(condemnation of the condemners), 그리고 높은 권위(자)에 대한 호소(appeal to higher loyalties) 등이다.[113] 다음에서는 이런 것들에 대해서 보다 자세하게 살펴보도록 하겠다.

첫째, '책임의 부정'은 자신의 비행이 단순히 실수나 사고의 결과라고 합리화시키는 것을 예로 들 수 있다. 이것은 비행이 자신의 잘못이 아니며 불가피한 일이었다고 주장하는 것이다. 보다 자세한 예를 들자면 자신의 비행은 결손가정, 불량친구, 그리고 열악한 환경 때문에 발생한 것으로 합리화시키는 경우이다. 소년은 이런 합리화의 과정을 통해서 자신의 행위에 대해서 책임이 없다고 부정한다.

둘째, '피해의 부정'은 자신의 비행으로 인한 피해가 발생하지 않았다고 주장하는 것이다. 예를 들면 어떤 물건을 훔친 소년이 자신은 단지 그 물건을 빌리려고 했던 것뿐이라고 주장하는 것 등이다. 설사 피해가 발생했더라도 그 피해자는 보험으로 보상을 받을 수 있다고 합리화시키는 것이다.[114] 실제로 미국 사람들은 도난에 대비해 귀중품에 대해 보험을 들어 놓는 경우가 많다. 따라서 물건을 도난당해도 보험회사로부터 보험금을 받기 때문에 큰 피해는 받지 않는 경우가 많다.

셋째, '피해자의 부정'은 피해자가 없다고 변명하는 것을 말한다. "내가 당한만큼 되갚아준 것뿐이다." 혹은 "그 피해자는 그렇게 당해도 마땅하다."와 같은 것들을 예로 들 수 있다. 도스토예프스키의 소설인 「죄와 벌」의 주인공인 대학생 라스콜리니코프는 가난한 사람들의 피를 빨아먹는 욕심 많은 고리대금업자이자 전당포 주인인 노파를 살해했다. 그리고

---

113) Stephen E. Brown, Finn-Aage Esbensen, & Gilbert Geis, *op. cit*, p.364.
114) John Conklin, *op. cit*, p.236.

그 고리대금업자의 물건을 가난한 사람들에게 나누어주려고 했다. 여기서 주인공은 욕심 많은 전당포 주인은 그렇게 당해도 마땅하다고 하면서 자신의 범죄행위를 합리화시켰다. 이것도 '피해자의 부정'의 좋은 예라고 볼 수 있다. 20명이 넘는 여성들을 연쇄 살해한 것으로 알려진 유영철은 주로 윤락녀(출장 마사지사)들을 대상으로 한 것으로 알려졌다.[115] 그는 윤락녀들만을 살해함으로써 일반여성들을 살해하는 것보다 양심의 가책을 덜 받았을 것으로 생각된다. 그 이유는 유영철은 윤락녀들을 자신의 성을 팔아서 돈을 버는 타락한 여자로 보았을 것이기 때문이다. 이것도 '피해자의 부정'의 예로 볼 수 있을 것이다. 이와는 좀 다른 피해자 부정의 논리는 다음과 같은 것이 있다. 범죄의 피해자가 범인이 직접 알지 못하는 불특정 다수일 경우이다. 예를 들면 인터넷으로 불특정 다수에게 바이러스를 유포시키는 경우에 특정 피해자의 존재를 알지 못하기 때문에 죄책감을 덜 느낄 가능성이 있다.

넷째, '비난자에 대한 비난'은 자신의 행위에 대해서 비난하는 사람을 오히려 비난하는 경우이다. 이런 것은 일상생활에서 많이 볼 수 있는 것이다. 뇌물을 받은 고위 공무원의 예를 들 수 있다. 이 경우에 해당 공무원은 부정부패는 한국 공직사회에 널리 퍼져 있는데 자신만 재수가 없어서 걸렸다고 주장하기도 한다. 따라서 자신을 비난하는 상급자에게 "당신도 뇌물 받은 것은 마찬가지인데 나를 비난할 자격이 없다."라고 항변할 수 있다. 그래서 이런 비난은 경찰도 많이 받는다. 경찰에 체포된 시민이 오히려 경찰을 욕하고 멱살을 잡는 것도 경찰의 부정부패를 비난하는 마음이 배후에 깔려있는 것으로 볼 수 있을 것이다. 1988년에 발생한 지강헌을 비롯한 4명의 탈주범은 민가에 들어가 인질을 잡고 경찰과 대치하면서 한 말이 바로 '무전유죄 유전무죄'(無錢有罪 有錢無罪)이다. 다시 말하면 그들은 자신들이 범죄자가 된 것은 가난한 사람을 차별하는 불공평한 세상 때문이라고 비난한 것이다. 이것은 자신들의 행위를 비난하는 세상을 향해서 오히려 비난을 한 것이다.

끝으로 '높은 권위(자)에 호소'는 자신의 행위를 높은 권위자의 탓으로 돌리면서 자신의 책임을 회피하는 것을 말한다. 예를 들면 자신이 범죄행위를 한 것은 윗사람이 시켜서 어쩔 수 없이 했다고 주장하는 경우이다. 제2차 세계대전 당시 독일 나치는 유대인을 대량적으로 학살하였다. 그러나 전후에 전쟁범죄에 대한 재판에서 그 학살에 가담한 독일장교들은 자신들은 군인으로서 상관의 명령에 복종했을 뿐이라고 주장했다. 또 다른 경우는 종교나 정치적인 신념 때문에 한 것으로 합리화시키는 것이다. 예를 들면 아랍의 테러집단들은 미국과 서방인들에 대한 테러행위를 자신들의 독립과 생존권을 지키기 위한 것이라고 항변한다. 더욱이 그들은 테러는 알라신을 위해 순교하는 성스런 행위라고까지 주장한다.

---

115) 조선일보 홈 페이지 www.chosun.com의 2004년 7월 21일자를 참고할 것.

〈범죄사례연구〉 의적으로 추앙받던 은행 강도: John Dillinger (1903.6.22 – 1934.7.22)

미국이 대공황으로 사회적인 큰 어려움을 겪은 시기에 대담하게 은행 강도짓을 한 사람이 바로 John Dillinger이다. 그의 이야기는 2009년 「공공의 적」(Public Enemy)이란 제목으로 영화로도 만들어져서 세상에 알려지게 되었다. Dillinger는 자신의 부하들과 함께 미국의 중서부 지역을 돌아다니면서 무장 강도 행각을 벌였다. 그는 오랫동안 경찰에 잡히지 않고 은행 강도짓을 하였다. 그는 자신의 신분을 감추기 위하여 손가락에 있는 지문을 지우고, 얼굴 성형수술을 하였다. 그런 그는 세상에 악명을 날렸다.

Dillinger는 어렸을 적부터 Jesse James와 같이 옛날에 활약하던 의적들의 이야기에 관한 책을 읽는 것을 좋아하였다. Jesse James는 부자에게 돈을 뺏어서 가난한 사람들에게 나누어 주었던 사람이다. 당시에 사람들은 은행을 미국을 경제공황으로 몰아넣은 주범으로 손가락질을 하던 시대였다. 그런 가운데 Dillinger는 은행 강도짓을 하면서도 손님들의 돈에는 손을 대지 않았다. 그리고 무고한 시민들의 생명은 건드리지 않으려고 노력을 하였다. 미국 사람들은 Dillinger를 로빈 후드와 같은 의적으로까지 높이 치켜세웠다. 그래서 그가 경찰에 잡히지 않기를 바라는 사람들까지 나타났다.

아마도 중화이론처럼 그는 '피해자의 부정'을 하면서 스스로 자신의 범죄를 합리화하였을 것이다. 즉 그는 은행은 미국을 경제공황으로 몰아넣었기 때문에 "당해도 마땅하다"라는 생각을 하였을 것이다. 그렇기 때문에 자신의 강도짓에 대해서 별로 죄의식을 느끼지 못했을 것이다. [116]

4) Nye의 사회통제이론

F. Ivan Nye는 가정을 소년들에게 있어 가장 중요한 사회통제기관으로 여겼다. Nye는 780명의 소년과 소녀들의 가정적 요인과 비행과의 관계를 조사하였다. 그는 가장 비행을 많이 저지르는 소년은 사회통제가 약화된 집단이라고 결론을 내렸다. 그는 사회통제에 영향을 미치는 것으로 직접적인 규제와 처벌, 양심을 통한 자기 통제력, 부모나 비범죄자와의 정서적 유대감을 통한 간접적 통제, 그리고 자신의 필요를 만족시킬 수 있는 합법적 수단에

---

116) 전돈수, 「범죄이야기」 (파주: 도서출판 21세기사, 2010)., pp. 156~193.

대한 접근가능성 등을 들었다. 또한 Nye의 연구에 의하면 가장 비행을 적게 저지르는 집단은 가족이 교회를 규칙적으로 나가고, 이사를 자주하지 않으며, 그리고 주로 농어촌지역에 거주하는 소년들이었다. 뿐만 아니라 비행을 저지르지 않는 소년들은 부모의 훈육방식에 대해서 긍정적인 태도를 가지고 있으며, 부모와 함께 여가 시간을 많이 보내고, 부모와 가치관이 일치하고, 부모가 주는 용돈에 만족하고, 그리고 이성친구나 종교에 대한 문제에 있어서 부모와 많은 대화를 하는 것으로 알려졌다. 그러나 Nye의 연구는 비행소년과 소녀들만을 대상으로 하였고, 일반 정상적인 소년과 소수민족은 거의 포함하지 않았다는 단점이 있다.[117]

5) Hirschi의 사회통제이론(Social Control Theory)

Travis Hirschi는 미국 California주에 있는 Richmond시의 청소년을 대상으로 설문조사를 하였다. Hirschi의 이런 연구는 「비행의 원인」(*Causes of Delinquency*)이라는 제목으로 출간되었다.[118] 그는 설문조사를 통해서 소년들과 관련된 여러 변인들과 그들의 자기보고식 비행과의 상관관계를 연구하였다. Hirschi는 이런 연구를 바탕으로 한 개인이 범죄에 빠지지 않도록 만드는 중요한 요인이 사회결속(social bond)이라고 주장하였다. 그래서 Hirschi의 사회통제이론은 '사회유대이론' 또는 '사회결속이론'(Social Bond Theory)이라고 불리기도 한다.[119] Hirschi에 의하면, 이런 사회결속은 한 개인이 기존 사회질서에 가지는 연결이라고 정의하였다. 만약에 이런 '사회결속'이 약해지면 소년은 비행에 빠지기 쉽게 된다. Hirschi는 사회결속의 중요한 요소로서 애착(attachment), 집념(commitment), 참여(involvement), 그리고 신념(belief) 등을 들었다.[120]

첫째, '애착'은 부모, 선생님, 그리고 친구집단 등과의 정서적인 유대관계를 말한다. 예를 들면 부모와 강한 애착관계를 가지고 있는 소년은 그런 관계를 위협할 수 있는 비행을 저지르는 것을 억제할 가능성이 크다. 좋은 '애착'관계의 형성은 부모나 선생님의 관심과 감독 그리고 그들과의 대화의 기회와 그 심도 등에 의해서 좌우 된다.[121] 반대로 다른 사람의 의견이나 감정을 별로 대수롭게 여기지 않는 소년은 비행을 저지르기 쉬워진다.

117) George B. Vold, Thomas J. Bernard, & Jeffrey B. Snipes, *op. cit*, pp.203~204.
118) Travis Hirschi, *Causes of Delinquency*(Berkeley, CA: The University of California Press, 1969)를 참고할 것.
119) Piers Beirne & James Messerschmidt, *op. cit*, p.167.
120) Joseph F. Sheley, *Criminology*(Belmont, CA: Wadworth Publishing, 1995), pp.335~336.
121) J. Robert Lilly, Francis T. Cullen, & Richard A. Ball, *op. cit*, p.99.

둘째, '집념'은 합법적인 행위를 추구하려고 하는 정도이다. 예를 들면 대학에 들어가는 것에 강한 집착을 가지게 되면 비행에 대한 유혹을 거부하기 쉽게 된다. 그 이유는 일반적으로 소년들은 자신의 비행이 명문대학으로의 진학을 어렵게 만들 수 있다는 것을 인식하기 때문이다. 이와 같은 Hirschi의 주장은 Merton의 긴장이론과는 다른 것이다. 긴장이론은 높은 열망수준과 그것을 성취할 수 있는 합법적 수단과의 차이가 범죄를 저지르도록 하는 요인으로 보았다. 다시 말하면 긴장이론은 높은 사회적 지위에 대한 강한 열망을 범죄로 몰아넣는 요인으로 보았다. 그러나 Hirschi는 오히려 위와 같은 열망이 강하면 강할수록 비행을 통제하는 힘으로 작용한다고 지적하였다.[122]

셋째, '참여'는 건전한 여가활동을 하는데 보내는 시간의 정도를 말한다. 스포츠나 기타 건전한 여가활동에 몰입하다보면 비행을 저지를 수 있는 기회가 적어지게 된다. 그래서 소년들을 마약남용과 같은 비행에 빠지지 못하게 하기 위해서는 항상 그들을 바쁘게 만들어야 한다는 것을 의미한다. 그래서 Hirschi는 집에서 숙제를 하는데 많은 시간을 보내는 소년은 그렇지 않은 소년에 비하여 비행을 적게 저지른다고 지적하였다. 그러나 '참여'는 전에 논의한 '집념'의 개념과 구분하기가 쉽지 않다. 왜냐하면 합법적인 성공에 대한 집념이 강하면 강할수록 건전한 여가활동에 보다 많이 '참여'하게 될 것이기 때문이다.

끝으로 '신념'은 사회의 규칙과 규범을 준수하는 것에 대한 태도를 말한다. 소년이 규칙과 규범에 긍정적이고 수용적인 태도를 가질 때 비행을 멀리하게 된다. 물론 비행소년들도 비행이 잘못된 것이라는 것을 안다. 그러나 그런 '신념'은 전통적인 질서와 얼마나 강하게 결속이 되어 있느냐에 의해서 개인적인 차이가 난다.

지금까지 논의한 네 가지의 사회통제와 관련된 요소들은 상호관련이 있다. 어떤 소년에게 있어 '집념'이나 '신념'이 약해지면 그의 부모와의 '애착'도 느슨해 질 것이기 때문이다.[123] 그러나 위의 네 가지 요소들 중에서 Hirschi가 가장 강조한 것은 '애착'이다. Hirschi는 인종이나 사회계층과 관계없이 부모와의 애착이 강한 소년들은 비행을 가장 적게 저지른다고 지적하였다.[124]

6) Gottfredson과 Hirschi의 자기통제이론(Self-Control Theory)

1990년에 Travis Hirschi는 Michael Gottfredson과 같이 「**범죄의 일반이론**」(*General*

---

122) George B. Vold, Thomas J. Bernard, & Jeffrey B. Snipes, *op. cit*, p.210.
123) Joseph F. Sheley, *op. cit*, pp.335~337.
124) George B. Vold, Thomas J. Bernard, & Jeffrey B. Snipes, *op. cit*, p.209.

Theory of Crime)을 출간하였다.

Hirschi는 이 저서를 통해서 자신의 사회통제이론(Social Control Theory)을 일부 수정하였다. 그들은 비행은 자기통제(self-control)의 결여에서 오는 것이라고 주장하였다. 이런 자기 통제력의 부족은 효과적이지 못한 부모의 자녀교육 때문이라고 지적하였다. 자기 통제력이 부족한 청소년들은 충동적이고 즉흥적으로 행동한다. 그래서 그들은 위험한 일과 모험을 즐기는데 꺼려
하지 않는다. 그 결과 그들은 범죄를 저지르기가 쉽다. 이런 자기 통제력의 부족은 청소년기에만 있는 것이 아니라, 성인이 된 후에도 지속된다. 그렇기 때문에 그들은 성인이 된 이후에도 범죄를 계속해서 저지른다. Gottfredson과 Hirschi는 비행을 방지하는 길은 부모들이 자식교육의 방법을 향상시키는 길 밖에 없다고 했다.[125]

(3) 정책적 제안

앞에서 논의한 여러 통제이론 중에서 어느 것을 선택하느냐에 따라서 그 정책적 제안이 조금씩 달라질 수 있다. 우선 Hirschi의 사회통제이론을 중심으로 설명하자면 다음과 같다. 무엇보다도 부모들은 자신들의 자식들에게 관심을 가지고 그들과 될 수 있으면 많은 시간을 보내주어야 한다. 특히 통제이론에 따르면 이혼이나 사고로 한 쪽 부모가 없는 결손가정에서 문제소년이 발생할 가능성이 크다고 한다. 따라서 이런 결손가정 출신의 소년들은 그들을 따뜻하게 보살필 수 있는 가정이 필요하다. 필요하다면 이들에게 좋은 양부모를 가지게 하여 관심과 사랑 속에서 성장하게 도와주어야 한다. 또한 학교에서도 선생님들은 학생들에게 보다 많은 관심과 사랑으로 대해 주어야 한다. 그리고 소년들에게 건전한 여가활동을 적극적으로 권장하여 비행에 빠질 수 있는 기회를 차단해야 한다. 뿐만 아니라 Reckless의 차단이론 측면에서 논의하자면 위와 같은 여러 가지 방법을 통해서 소년이 스스로에 대한 긍정적인 자아를 형성하도록 도와주어야 한다.

---

125) Steven E. Barkan, *op. cit*, pp.217~218.

⑷ 평 가

통제이론은 우리가 평소에 가지고 있던 상식을 나름대로 체계화한 것이다. 지금도 많은 범죄학자들이 통제이론을 경험적 연구를 통해서 검증해나가고 있다. 한국에서 김준호·김선애는 서울시내 중·고등학교에 재학 중인 785명의 남학생들만을 대상으로 설문조사를 실시하였다. 그 결과 결손가정에서 성장한 청소년이 그렇지 않은 학생보다 비행을 많이 저지르는 것으로 나타났다. 한편 부모 사이에 불화가 심하고 부모의 훈육방식에 대해서 불만을 가질수록 청소년들은 반사회적 행동을 보인다. 뿐만 아니라 부모가 자식에게 관심을 가지고 제대로 감독할 때는 비행을 적게 저지른다는 연구결과가 나왔다.[126] 또 다른 연구를 통해서 김준호·정혜원은 남녀학생을 막론하고 부모에 대한 애착이 강한 중학생일수록 비행을 적게 저지른다는 연구결과를 발표하였다. 김준호·정혜원은 학생들의 부모애착의 정도를 부모와의 대화시간, 부모의 감독, 그리고 부모와의 정서적 친밀도등을 통하여 측정을 하였다.[127] 김상원도 앞의 연구들처럼 Hirschi의 사회통제이론을 뒷받침하는 연구결과를 얻었다. 즉 부모와의 애착과 부모의 감독 등이 자식들의 비행을 억제하는 요소로 작용한다는 것이다.[128]

한편 기광도는 서울시내 11개의 일반중고등학교 학생 1,004명을 대상으로 설문조사를 하였다. 그는 양친이 같이 있는 집에서 자란 청소년과 그렇지 못한 결손가정에서 자라난 청소년 사이의 비행의 차이를 비교를 하였다. 그 결과 결손가정에서 자란 청소년들이 양쪽 부모와 생활하는 집단보다 더 많은 비행을 저지른 것으로 밝혀졌다. 기광도는 이것은 경제적인 것과 양육의 차이 때문이라는 결론을 내렸다.[129] 한국도 이혼률이 상당히 높은 사회이므로 부모의 이혼내지 별거에 따르는 결손가정의 발생과 이로 인한 청소년비행의 증가는 주목해야 할 사회문제로 떠오르고 있는 것이다. 그 밖에도 한국에서 남자 고등학생 482명과 보호관찰처분을 받은 소년 174명을 대상으로 한 연구를 통해서도 통제이론이 지지를 받고 있다. 즉 자기 통제력이 강하고 전통적인 가치관에 대한 '신념'(belief)이 강할수록 비행

---

126) 김준호·김선애, "가족의 구조 및 기능과 반사회적 행동," 「한국형사정책연구」, 제7권 1호(통권 제25호, 1996·봄호), pp.109~141을 참고할 것.

127) 김준호·정혜원, "부모애착과 비행사이의 자기회귀교차지연 효과 검증: 성별간 다집단 분석," 「한국형사정책연구」, 제20권 2호(통권 제78호, 2009·여름호)

128) 김상원, "아동과 청소년 비행의 원인비교: 허쉬의 사회유대이론을 중심으로," 「한국형사정책연구」, 제18권 2호(통권 제70호, 2007·여름호)

129) 기광도, "결손가정과 청소년비행간의 관계분석," 「한국형사정책연구」, 제20권 1호(통권 제77호, 2009·봄호).

을 적게 저지른다는 것이다.[130] 하여튼 이런 결과들을 종합해 보면 Hirschi의 이론을 중심으로 한 통제이론을 지지하는 결과로 볼 수 있다.

한편 Sykes와 Matza의 중화이론은 인간행위는 여러 요인들에 의해서 결정되어 진다는 실증주의 범죄학파의 결정론에 고전주의 범죄학파의 자유의지(free will)의 개념을 접목시켰다는 점에서 그 가치를 인정할 수 있다. 한국의 이철은 318명의 일반시민들을 대상으로 한 연구에서 중화이론 중에서 특히 '비난자에 대한 비난'이 범죄행위에 대한 태도에 영향을 미친다고 보고를 하였다. 위의 이철의 연구 변인 중에 한 예로서 음주운전을 조사를 하였다. 그 결과 음주단속을 하는 경찰을 비난하는 사람들이 음주운전을 해도 괜찮다고 생각을 하는 경향이 있다는 것이다.[131]

위와 같은 공헌에도 불구하고 통제이론은 여러 관점에서 비판을 받고 있다.

첫째, 통제이론은 인간은 통제되지 않으면 누구나 범죄를 저지를 가능성이 크다고 지적하고 있다. 즉 통제이론은 인간의 본성은 원래 악하다는 관점에서 출발하고 있다. 그러나 인간이 본성적으로 선한지 아니면 악한지는 오랫동안 철학자들 사이에서 논란거리가 되었다. 다시 말하면 아직까지 그 문제에 대해서 뚜렷한 결론이 나지 않았다. 그럼에도 불구하고 통제이론이 인간의 악한 면만을 강조한 것은 무리가 있다.[132] 그리고 Hirschi가 주장한 개념들은 상당히 애매모호한 것이 많다. 예를 들면 '애착'이 정확히 무엇을 의미하고 그것을 어떻게 측정할 수 있는지가 명확하지 않다. 뿐만 아니라 소년이 비행을 저질렀을 때 비로소 부모에 대한 애착이 약하다고 주장하는 것은 결과를 보고 원인을 짐작하는 오류를 저지르는 것이다.

둘째, 위와 같이 통제이론은 청소년비행에 대한 대책을 수립하는 데에는 적절한 이론이 될 수 있다. 그러나 조직범죄나 화이트칼라범죄와 같이 성인들에 의해서 자행되는 범죄에 대한 대책을 제시하지는 못한다.[133] 왜냐하면 가정이나 학교교육을 통해서 성인범죄를 방지하는 데에는 한계가 있기 때문이다.

셋째, 만약 청소년비행이 사회계층이나 인종차별과 같은 사회문제와 보다 밀접한 관련이

---

130) 한국형사정책연구원, "가정폭력이 자녀의 비행에 미치는 영향," 「연구보고서」, 97-18을 참고할 것.
131) 이철, "순응자 일탈에 관한 중화기술의 영향에 관한 연구," 「형사정책연구」, 제19권 1호(통권 제73호, 2008 · 봄호).
132) George B. Vold, Thomas J. Bernard, & Jeffrey B. Snipes, *op. cit*, p.212.
133) J. Robert Lilly, Francis T. Cullen, & Richard A. Ball, *op. cit*, p.107.

있다고 가정할 수 있다. 그렇다면 가정이나 학교교육을 강화한다고 해서 비행문제를 근본적으로 완화시키기는 어렵다. 다시 말하면 통제이론은 가정과 학교와 같은 것에 관심을 가진 반면 사회구조 문제에 대해서는 간과한 면이 있다.

넷째, 일부 경험적 연구는 통제이론을 반박하는 결과를 보였다. 노성호가 서울시의 고등학생과 소년원에 수용된 청소년 863명을 대상으로 한 설문조사는 결손가정여부, 가족과 함께 보내는 시간, 공부시간, 그리고 학교선생님과의 유대관계의 정도 등은 비행과는 별다른 관계가 없다고 밝혔다. 이것을 노성호는 가족구조보다는 부모의 감독과 애착과 같은 가정의 기능적 및 질적 요소가 보다 중요하다고 해석하였다. 또 다른 한국에서의 연구결과도 통제이론을 약화시키고 있다. 이성식은 대구와 주변의 중소도시의 고등학교 재학생들을 대상으로 설문조사를 하였다. 그러나 그 결과 사회통제이론이 제시한 것과는 다르게 부모에 대한 애착은 고등학생들의 비행과 별 다른 관계가 없는 것으로 나타났다.[134]

이성식은 또 다른 연구를 통해서 Hirschi의 사회통제이론을 일부 수정한 모델을 제시하였다. 즉 한 청소년이 비행을 저지르게 되는 것은 Hirschi의 주장과는 다르게 부모, 학교, 그리고 친구와의 유대관계 그 자체가 아니라는 것이다. 오히려 위와 같은 여러 가지 유대관계가 약화될 것을 우려하기 때문에 비행을 억제한다는 것이다. 즉 자신의 비행이 부모와 친구들을 실망시킬 수 있다는 위험부담 때문에 비행을 자제한다는 것이다. 이런 이성식의 가정은 서울시내 인문계와 실업계 고등학교 재학생 921명을 대상으로 한 연구에 의해서 지지되었다.[135]

또 한 가지 주목해야 할 것은 통제도 지나치면 그 효과를 거두기가 어렵다는 것이다. 즉 지나친 처벌과 통제는 오히려 역효과를 가져올 가능성도 있다. 예를 들면 탈옥수 신창원이는 어렸을 적에 수박 서리를 하였다. 그의 아버지는 이런 신창원이를 경찰에 신고하여 소년원까지 가게 되었다고 한다. 이 사건을 통해서 신창원이는 아버지와 사회에 대한 증오심을 키워나갔을 것이다. 여기서 처벌은 비행을 통제하는 수단이 아니라 오히려 부추기는 효과도 가져올 수 있다. 이처럼 처벌의 부정적 효과를 지적한 것이 낙인이론이다. 낙인이론에 대해서는 후에 보다 자세하게 논의하도록 하겠다.

Sykes와 Matza의 중화이론을 살펴볼 때 과연 자신의 행위에 대한 합리화가 비행을 저지르기 전에 발생하는지? 아니면 그 이후에 발생하는 것인지에 대한 문제가 분명하지 않다.

---

134) 이성식, "가정과 청소년비행: 주요 이론들의 매개과정을 통한 검증," 「형사정책연구」, 제14권 제3호(통권 제55호, 2003 · 가을호), p.199.

135) 이성식, "청소년비행론에 있어서 허쉬의 사회통제이론에 대한 수정된 논의," 「형사정책연구」, 제6권 제4호(통권 제24호, 1995 · 겨울호), pp.183~204를 참고할 것.

다시 말해서 자신의 비행에 대한 합리화 과정이 비행의 원인이라기보다는 그 결과일 가능성도 배제하기 어렵다는 것이다. 뿐만 아니라 하류계층의 소년들이 비행을 더 많이 저지르는 것이 사실이라면, 그 이유에 대해 Sykes와 Matza의 이론은 대답을 주기 어렵다. 즉 하류계층의 소년들이 중류계층의 소년보다 더 잘 자신의 비행을 합리화시키려는 경향이 강하다고 볼 수 있는지가 확실하지 않기 때문이다.[136)

제3절 비판이론

기존의 사회질서에 대해서 비판을 하였고 또한 그런 문제를 사회변혁을 통해 적극적으로 극복하려고 한 비판이론이 등장하였다. 비판이론으로 분류할 수 있는 이론은 문화갈등이론, 낙인이론, 갈등이론, 그리고 여성해방이론 등이다. 이들 이론들에 대해서 보다 자세하게 살펴보겠다.

1. 문화갈등이론

Thorsten Sellin(1896~1994)은 여러 문화집단들(culture groups)간의 규범의 충돌이 범죄행위와 관련이 있다고 지적하였다. 이것을 '문화충돌'(culture conflicts)이라고 부른다. 특히 한 국가나 사회에 다양한 인종과 민족들이 존재하면 그런 문화충돌이 일어날 가능성이 크다. 각 문화집단들은 서로 다른 가치관, 종교, 그리고 생활패턴을 가지고 있다. 그래서 Sellin과 같은 문화갈등이론가들은 한 개인은 다른 민족과 문화집단에 대해서 적대적이라는 전제를 하고 있다. Sellin은 문화갈등이 다음과 같은 상황들에서 발생할 수 있다고 지적하였다. **첫째,** 다른 두 문화가 접촉하는 지역에서 문화충돌이 발생한다. 국가들 사이에서도 종교 또는 문화적으로 다른 두 국가가 접촉하는 곳에서 잦은 충돌이 발생한다. **둘째,** 한 문화의 법이 다른 문화지역을 지배하는 상황에서 문화충돌이 발생한다. 예를 들면 한 민족이 다른 민족을 강제로 정복할 때 이에 반항하는 충돌이 자주 발생한다. 백인들이 미국을 개척하고 정복하면서 인디언들에게 자신들의 종교와 문화를 강제하였다. 이에 대해서 인디언들의 저항도 만만치 않았다. 그래서 많은 인디언들은 이런 과정에서 대량학

---

136) Piers Beirne & James Messerschmidt, *op. cit*, pp.162~163.

살을 당하였다. 또 다른 것은 한 문화에서 살던 사람이 다른 문화의 지역으로 이주해 가면서 발생하는 문화충돌이다. 한편 어떤 학자들은 민족적 다양성뿐만 아니라 언어와 종교적 다양성을 한 사회에서 일어나는 문화충돌의 원인으로 보았다.[137]

위와 같은 문화갈등이론은 미국과 같이 이민으로 인하여 다양한 민족과 문화가 존재하는 국가의 범죄를 설명하는데 이용되고 있다. 예를 들면 이태리에서 이민 온 사람의 2세 자녀는 집에서 부모와 대화할 때에는 이태리어를 사용한다. 그리고 이태리의 전통적인 관습에 따라서 가부장적인 분위기에서 양육된다. 그러나 그는 학교에 가면 영어를 사용해야 한다. 학교는 대부분 백인 중류층의 자녀들이 많이 다닌다. 그렇기 때문에 그들은 부모의 이태리 문화와 미국 백인의 중류층 문화 사이에서 갈등을 하게 된다.[138] 이것은 흔히 학교의 부적응 문제로 표출된다. 다시 이것은 비행으로 연결되어질 가능성이 높다. 또 하나의 예는 이태리 반도 밑에 있는 Sicily섬에서 이민 온 한 남자가 자신의 딸을 유혹하는 16살짜리 미국 소년을 살해하였다. 그 남자는 자신이 살던 Sicily섬에서는 그렇게 하는 것이 당연하다고 말하면서, 자신을 체포한 미국경찰을 이해하지 못했다.[139] 이 사례는 한 나라에 사는 민족들 사이에도 규범에 차이가 있고 이런 것이 범죄를 유발할 수 있다는 것을 보여주고 있다. 미국의 주류계층은 자신들의 가치관을 모든 사람들에게 강요하려고 한다. 그러나 때로는 주류계층의 가치관은 일부 소수민족의 문화와 충돌하기도 한다. 그 결과 미국에 거주하는 소수 민족이 범죄자가 되기가 쉽다.

여러 연구들이 문화갈등이론을 경험적으로 검증하였다. 그러나 그 결과는 일치하지 않는다. 일부 연구는 한 국가 안에 존재하는 민족의 다양성과 살인발생률 사이에는 상관관계가

---

137) Don Soo Chon, *The Impact of Medical Resources on Criminally Induced Lethality: A Cross-National Assessment*(Tallahassee, FL: Florida State University, 2001), Unpublished Ph.D. Dissertation. p.22.

138) Vernon Fox, *Introduction to Criminology*(Englewood Cliffs, NJ: Prentice-Hall, 1976), pp.137~138.

139) Stephen E. Brown, Finn-Aage Esbensen, & Gilbert Geis, *op. cit*, p.354.

있음을 보고하였다. 즉 다양한 민족이 거주하는 국가가 그렇지 않은 나라보다 대체적으로 살인발생률이 높다는 것이다.[140] 그러나 다른 연구는 민족의 다양성과 살인발생률 사이에 통계적으로 의미 있는 관계를 찾는데 실패하였다.[141]

2. 낙인이론

낙인이론(Labeling theory)은 1960년대 미국이 사회격동을 겪으면서 등장하였다. 낙인이론가들은 형사사법제도의 불공평성과 처벌의 부정적인 효과를 지적하였다. 그 결과 낙인이론은 현대의 형사사법제도의 모델을 형성하는데 많은 영향을 주었다. 이 이론에 대해서 살펴보도록 하겠다.

(1) 등장배경 및 기본가정

1960년대 미국은 큰 사회격동의 시기였다. 그 당시 미국에서는 흑인인권운동, 여성인권운동, 월남전 반대시위, 그리고 히피문화운동 등이 거세게 일어났다. 이런 사회운동들은 기존 사회질서에 대한 저항의 표현이라는 공통점을 가지고 있다. 즉 미국사회는 그들이 특정 인종, 사회계층, 그리고 성(sex)에 대한 차별대우를 하고 있다는 것을 재인식하게 되었다. 이런 영향은 형사사법제도에서도 일어났다. 특히 경찰이 흑인들의 인권운동을 진압하는 과정에서 무력사용을 남용하는 사례가 많았다. 이런 이유들로 인하여 당시 일부 미국 국민들은 정부의 정통성과 합법성에 의심을 가지기 시작하였다. 뿐만 아니라 그 동안 범죄자에 대한 처벌은 당연한 것으로 받아들여졌었다. 그러나 일부 학자들은 이젠 범죄자에 대한 처벌의 효과에 의문을 제기였다. 이것은 잠재적인 범죄자에게 처벌의 공포를 주어 범죄를 억제(deterrence)하여야 한다는 고전주의 범죄학자들의 주장을 반박한 것이다.[142]

---

140) William Avision & Pamela L. Loring, "Population Diversity and Cross-National Homicide: The Effects of Inequality and Heterogeneity," *Criminology*. Vol. 24(1986), pp.733~749.과 Henry B. Hansmann & John Quigley, "Population Heterogeneity and the Sociogenesis of Homicide," *Social Forces*, Vol. 61(1982), pp.206~224 등을 참고할 것.

141) Steven F. Messner, "Modernization, Structural Characteristics, and Societal Rates of Crime: An Application of Blau's Macrosociological Theory," *The Sociological Quarterly*, Vol. 27(1986), pp.27~41과 Jerome L. Neapolitan, "Cross-National Variation in Homicide: The Case of Latin America," *International Criminal Justice Review*, Vol. 4(1994). pp.4~22.

142) Stephen E. Brown, Finn-Aage Esbensen, & Gilbert Geis, *op. cit*, p.345.

낙인이론가들은 처벌은 오히려 범죄자에게 전과자란 낙인을 찍어서 그를 직업범죄자로 만든다고 지적하였다. 그래서 Edwin Lemert는 사회통제는 오히려 비행을 불러 온다고 주장하였다.[143] 낙인이론가들은 처벌은 크게 두 가지의 부정적인 효과를 발생시킨다고 가정한다. 하나는 범죄자 개인에 내재된 문제이고 다른 하나는 범죄자를 둘러싼 환경과 관련된 요인이다. 우선 범죄자는 한번 전과자라는 낙인이 찍히면 스스로를 세상에 별로 도움이 안되는 무가치한 인간으로 여기게 된다. 이렇게 되면 그 범죄자는 이왕 버린 몸 막 살자는 심정으로 더 많은 범죄를 저지르는데 주저하지 않게 된다. 또한 낙인은 범죄자에게 전과자라는 꼬리표를 붙여서 그 사람을 사회에서 매장시키는 결과를 초래한다. 즉 전과자는 취업하기도 힘들뿐만 아니라 늘 주위의 따가운 시선을 받으면서 살아야 한다.

(2) 핵심개념

Frank Tannenbaum(1893~1969)은 비행과 비행소년에 대한 사회의 반응은 변화해 왔다고 주장하였다. 한 학생이 학교에서 소란을 피우면 문제아로 인식되기 시작한다. 한 번 비행소년으로 몰리게 되면 자신과 같은 꼬리표가 달린 비슷한 처지의 아이들과 어울리게 된다. 그 중에 대표적인 것이 갱단에 가입하는 것이다. 그것을 Tannenbaum은 악의 극화 (dramatization of evil)라고 불렀다. 위와 같은 '악의 극화' 현상은 Lemert에 의해서 아래와 같이 구체적으로 논의되었다.[144]

1951년에 Edwin Lemert는 범죄를 '일차범죄'(primary crimes)와 '이차범죄'(secondary crimes)의 두 가지로 구분하였다.[145] 처음에 사람은 여러 가지 동기와 원인으로 범죄를 저지르게 된다. 이것이 바로 일차범죄이다. 이런 일차범죄는 생물학적, 심리학적, 또는 사회학적 요소 등의 다양한 원인에 의해서 발생한다. 그러나 한 사람이 한 번 일차범죄를 저지르면 범죄자 또는 전과자라는 '낙인'(labeling)이 찍힌다. 한번 낙인이 찍히면 계속해서 범죄를 저지르게 된다. 범죄를 저지르면 저지를수록 점점 더 낙인이 찍히게 된다. 이렇게 되면 범죄자는 최종적으로 범죄자란 지위를 받아들이며 정말로 그런 식으로 행동하게 된다. 결국 Lemert는 범죄자에 대한 사회의 처벌이 오히려 범죄를 유발하는 요인이라고 주장한 것이다.[146] 이런 낙인(labelling)은 모든 범죄자에게 동일하게 주어지지 않는다. 사회적으

---

143) Edwin Lemert, *Human Deviance, Social Problems, and Social Control*(Englewood Cliffs, NJ: Prentice-Hall, 1967), p.v.

144) Piers Beirne & James Messerschmidt, *op. cit*, p.182.

145) Edwin M. Lemert, *Social Pathology*(New York: McGraw-Hill, 1951), pp.75~77.

146) Edwin Lemert, *A Systematic Approach to the Theory of Sociopathic Behavior*(New York:

로 소외된 가난한 소수민족은 백인들에 비해서 낙인이 쉽게 찍힌다. 따라서 낙인은 개인에 따라서 차별적으로 주어진다.

한 사람이 일단 낙인이 찍히면 스스로를 범죄자로 인식하게 된다. 이것을 자기암시 (self-fulfilling prophecy)라고 한다. '자기암시'라고 하는 것은 Robert Merton에 의해서 잘 알려지게 된 것으로서, 한 사람의 잘못된 상황인식이 실제로 그렇게 되도록 만드는 것을 말한다.[147] 즉 주변에서 자신을 범죄자로 보면 자신도 모르는 사이에 그런 낙인을 내면화시킨다. 그리고는 그런 자기 암시화가 된 이미지에 따라 행동하게 된다는 것이다. Charles Cooley(1864~1929)는 이런 현상을 '자기 스스로 보는 거울'(looking-glass self)이라고 표현하였다. Cooley는 스스로에 대한 이미지는 타인이 어떻게 자신들에게 반응하는가에 의해 좌우된다고 주장하였다.[148] 예를 들면 부모와 학교 선생님으로부터 지속적으로 칭찬을 받으면서 자라난 아이는 자신에 대해서 매우 긍정적인 자아를 형성하게 된다. 반면 그렇지 못한 경우에는 자신에 대해서 부정적인 자아를 가지게 될 것이다. 즉 우리는 남을 통해서 자신을 보는 것이다.

낙인의 또 다른 부정적인 효과는 한 개인이 일단 범죄를 저질러서 낙인이 찍히게 되면, 그의 이전의 사회관계는 단절된다는 것이다. 친구들도 전과자로 낙인찍힌 사람을 멀리하게 된다. 그리고 사업체를 경영하는 사람들도 전과자를 직원으로 채용하려고 하지 않을 것이다. 전과자로 낙인찍힌 청소년이 사회관계를 지속할 수 있는 길은 자신과 같은 처지에 있는 비행청소년과의 접촉뿐이다. 이것은 비행청소년 집단을 활성화시키는 계기가 된다.[149] 이렇게 한 번 범죄를 저질러서 처벌을 받게 되면 제2, 제3의 범죄를 계속해서 저지르게 된다. 이것을 이차범죄(secondary crimes)라고 부른다. '이차범죄'는 스스로를 범죄자로 간주하는 것에서부터 발생하게 된다. 특히 이런 과정에서 낙인을 찍는 주요 당사자는 형사사법기관이다. 왜냐하면 형사사법 기관은 한 사람을 공식적으로 범죄자로 낙인을 찍기 때문이다.[150]

낙인이론가로서 빠뜨릴 수 없는 중요한 학자는 Howard Becker이다. 그는 1963년에 「아웃사이더: 일탈행위에 대한 사회학적 연구」(*Outsider: Studies in the Sociology of*

McGraw-Hill, 1951), pp.75~78.
147) Robert K. Merton, *Social Theory and Social Structure*(New York: Free Press, 1968), p.477.
148) Charles H. Cooley, *Huamn Nature and the Social Order*(New York: Charles Scribner's Sons, 1902), pp.183~185.
149) J. Robert Lilly, Francis T. Cullen, & Richard A. Ball, *op. cit*, p.119.
150) George B. Vold, Thomas J. Bernard, & Jeffrey B. Snipes, *op. cit*, p.222.

Deviance)이란 책을 출간하였다. Becker는 여기서 일탈행위와 범죄는 한 사람이 저지른 행위의 질에 관한 것이 아니고 다른 사람이 그런 행위를 한 사람에 대한 제재와 처벌의 결과라고 보았다. 즉 일탈행위는 사람들이 그렇게 낙인찍은 행위라는 것이다.[151] 예를 들면 문신을 하는 사람들은 그것을 개성을 표출하는 수단으로 생각한다. 그러나 외부 사람들은 그런 행위를 혐오스럽고 불량스런 행동으로 보기도 한다.[152] Becker는 한 번 낙인찍힌 사람은 자신과 같은 처지에 있는 사람들과 어울리게 된다고 지적하였다. 그 이유는 그런 사람들과 같이 교도소에 수용되기 때문이다. 뿐만 아니라 일반 사람들로부터 외면당하기 때문이기도 하다.[153] Becker도 Lemert와 마찬가지로 이렇게 낙인이 찍히는 것은 비행소년의 사회계층에 의해서 좌우된다고 지적하였다. 중류계층의 소년이 비행을 저지르면 경찰서에까지 끌려가는 일은 드물다. 그러나 하류계층의 소년이 같은 범죄를 저지르면 경찰에 체포되어 경찰서까지 가게 된다는 것이다. 즉 법을 집행하는 경찰은 상대방에 따라서 차별적으로 법을 적용한다는 것이다.

Becker는 일탈자와 비일탈자를 다음과 같이 네 가지 유형으로 구분하였다. **첫째**, '순응자'(conformist)는 실제로 일탈행위를 하지도 않았고 사회에 의해서 일탈자로 인식된 사람도 아니다. **둘째**, '순수 일탈자'(pure deviant)는 실제로 일탈행위를 하였고 사회도 그것을 인식하고 있는 경우를 말한다. **셋째**, '잘못 낙인찍힌 자'(falsely accused)는 실제는 일탈행위를 하지 않았는데에도 한 것으로 사회로부터 낙인을 찍힌 경우를 말한다. **끝으로** '숨겨진 일탈자'(secret deviant)는 실제로 일탈행위를 하였음에도 불구하고 사회가 그것을 인식하지 못한 사람들을 가리킨다. 여기서 주목할 것은 Becker는 '잘못 낙인찍힌 자'(falsely accused)는 그의 성별, 나이, 인종, 사회계층, 동료집단, 또는 외모 등에 의해서 차별적으로 낙인을 찍힌 자들이라고 지적하였다.[154]

어떤 행위가 범죄로 규정될지의 여부는 특정 사회의 정치적인 상황과 밀접한 관련이 있다. 제2차 세계대전 당시에 Hitler는 유대인들을 악한 민족으로 규정하고 민족말살을 시도하였다. 한편 르네상스시대의 유럽에서는 50만 명가량이 마녀로 간주되어 사형을 당하였다. 구소련의 Stalin은 왕족을 반동으로 간주하고 사형시키거나 시베리아로 유배를 보냈다. 정부는 범죄와 일탈행위를 규정하고 단속하는 행위를 항상 사회 전체의 이익을 위한 것이라고 주장한다. 그러나 실제로는 범죄와 일탈행위를 단속하는 것은 그것을 통해 이득을 얻

151) Howard. S. Becker, *Outsiders: Studies in the Sociology of Deviance*(New York: The Free Press, 1963), p.9.
152) Piers Beirne & James Messerschmidt, *op. cit*, p.181.
153) George B. Vold, Thomas J. Bernard, & Jeffrey B. Snipes, *op. cit*, p.223.
154) Stephen E. Brown, Finn-Aage Esbensen, & Gilbert Geis, *op. cit*, pp.349~350.

는 일부 사람들을 위한 것일 뿐이다. 때로는 이해관계가 얽혀있는 집단끼리 어떤 법의 제정을 놓고 치열한 로비활동을 벌이기도 한다. 예를 들면 동성애 문제에 대해서 그것을 찬성하는 사람과 반대하는 집단들이 관련 법규의 제정을 놓고 서로 다투기도 한다.[155]

낙인이론의 정립에 기여한 또 다른 학자는 Edwin Schur이다. 그는 현재 미국의 형사사법제도는 흑인과 하류계층에게 상대적으로 불리하게 법을 적용하고 있다고 지적하였다. 그 중요한 이유 중의 하나는 흑인들은 좋은 변호사를 고용할 경제적인 능력이 없기 때문이다.

[표 5-2] Becker의 일탈행위에 대한 분류

	실제로 일탈행위를 하지 않음	실제로 일탈행위를 함
사회가 일탈행위를 인식함	잘못 낙인 찍힌 자 (falsely accused)	순수 일탈자(pure deviant)
사회가 일탈행위를 인식하지 못함	순응자(conformist)	숨겨진 일탈자 (secret deviant)

(3) 정책적 제안

낙인이론은 현대의 형사사법제도에 큰 영향을 끼친 이론이다. 낙인이론이 제시하는 정책적 제안은 4Ds로 표현할 수 있다. 이것은 영문의 Decriminalization(합법화), Diversion(다이버전), Due Process(적법절차), 그리고 Deinstitutionalization(시설 밖 처우)의 앞의 알파벳을 딴 것이다. 이에 대해서 보다 자세하게 알아볼 필요가 있다.

첫째, '합법화'는 마약과 매매춘과 같은 피해자 없는 범죄를 합법화시키자는 것이다. 왜냐하면 이런 범죄는 사회적으로 끼치는 해악이 다른 범죄에 비해서 경미하다고 보기 때문이다. 무엇보다 중요한 것은 이처럼 비교적 죄질이 가벼운 범죄까지 처벌을 함으로써 지나치게 많은 사람들을 형사사법기관으로 불러들이고 있다는 것이다. 한 번 한 개인이 형사사법기관과 연루가 되면 범죄자로 낙인이 찍힌다. 여기서 문제를 악화시키는 것은 우리의 형사사법제도가 범죄자들을 교화시켜서 건전한 사회인으로 재사회화시키는데 실패하고 있다는 점이다. 이렇게 됨으로써 한 번 처벌을 받은 사람은 계속해서 범죄를 저지르게 되는 악순환이 이어진다. 이런 현상을 Thomas Blomberg는 '망의 확대효과'(net-widening effects)라고 불렀다.[156] 이런 악순환을 막기 위해서는 가급적이면 비교적 사회적 위협이 약한 범

---

155) George B. Vold, Thomas J. Bernard, & Jeffrey B. Snipes, *op. cit*, pp.227~231.

156) Thomas Blomberg, Gary Robert Heald, & Mark Ezell, "Diversion and Net Widening: A Cost-Savings Assessment," *Evaluation Review*, Vol. 10(1986)을 참고할 것.

죄들은 과감하게 합법화시켜야 한다는 것이다. 그 결과 미국의 일부 주들은 마약과 매매춘을 합법화시키기도 한다. 뿐만 아니라 미국 일부 지방은 소량의 대마초 소지는 경범죄로만 처벌한다. 그리고 주정부에서 운영하는 도박장은 합법화되기도 하였다.[157] 지금까지도 범죄학자들 사이에는 그런 합법화 논쟁이 계속되고 있다. 예를 들면 마약은 의사의 처방을 받고 약국에서 조제를 받을 수 있도록 하자는 것이다. 이렇게 되면 마약판매를 통해 수입을 얻는 청소년 갱단과 조직범죄의 문제를 완화시킬 수 있다고 보는 것이다. 또한 정부에서 인가한 공창제도를 두어서 관리하는 것이다. 그러면 음성화되었을 때보다 성병의 전염과 윤락가에서 기생하는 조직범죄도 막을 수 있다는 것이다.

둘째, '다이버전'은 가급적이면 범죄자들을 경찰, 법원, 그리고 교도소와 같은 형사사법기관이 아닌 일반 사회복지시설에서 처우를 받도록 만드는 것이다. 예를 들면 마약중독자와 비행청소년들을 교도소에 가두기보다는 일반 사회복지기관이나 민영 정신병원에 의뢰하여 치료와 교육을 받도록 하는 것이다. 필요에 따라서는 일반 사회단체에 범죄자의 직업교육을 맡기는 방법도 있다. 그렇게 되면 범죄자들은 형사사법기관에 의해서 처우를 받을 때보다 자신이 범죄자라는 자기암시를 덜 할 수 있다는 것이다. 그래서 미국의 많은 주들은 종교단체를 포함한 사회단체에서 운영하는 기관에 비교적 죄질이 가벼운 일부 범죄자들을 수용하고 있다. 이렇게 하면 정부가 교도소를 새로 만들고 관리하는데 드는 재정적 부담도 줄일 수 있는 효과도 기대할 수 있다. 교도소가 모자라서 고민하는 미국정부가 'Diversion'을 많이 이용하는 것도 이런 재정문제를 해결하기 위해서이기도 하다.

셋째, '적법절차'는 교정 및 교화의 이념에 기반을 둔 현재의 형사사법제도에 대한 비판 때문에 등장한 것이다. 현재의 교정제도는 죄질 못지않게 개인의 가정환경이나 교육정도 등의 여러 가지 사정에 따라 차별적인 처우를 하고 있다. 그러다 보니 같은 죄를 저질러도 더 중한 처벌을 받는 불공평한 일이 발생하기도 한다. 이를 방지하기 위해서는 "법 앞에 만인이 평등해야 한다."는 말처럼 모두 동등하게 법적인 보호를 받아야 한다는 것이다. 이것은 낙인이론가들이 기존의 불공평한 형사사법제도를 날카롭게 비판하면서 등장한 것이다. 그 결과 미국에서는 범죄자의 개인적 사정보다는 죄질과 전과여부에 따라서 처벌을 결정하는 것이 근래에 점차 증가하고 있다. 이에 대해서는 후에 보다 자세하게 논의할 것이다.

끝으로 '시설 밖 처우'는 만약 형사사법기관을 통해서 범죄자를 처벌하더라도 가급적이면 교도소나 소년원 같은 것 이외의 시설 밖에서 처우를 받도록 해야 한다는 것이다. 그렇게 함으로써 낙인효과를 최소화하자는 것이다. 실제로 미국을 비롯한 선진국들은 여러 가

---

157) J. Robert Lilly, Francis T. Cullen, & Richard A. Ball, *op. cit*, p.127.

지 시설 밖 처우의 방법을 개발하여 시행하고 있다. 예를 들면 보호관찰, 사회봉사, 가택구금, 그리고 청소년 캠프 등과 같은 것들이 있다.

⑷ 평 가

낙인이론은 그 동안 무비판적으로 받아들여졌던 처벌에 대해서 날카롭게 비판한 이론이다. 또한 낙인이론은 이미 살펴본 것과 같이 대부분의 문명화 된 국가들의 형사사법제도의 개혁에 지대한 영향을 미쳤다.

낙인이론가들은 형사사법기관에 의한 공식적인 낙인에 대해서 주로 관심을 가졌다. 그러나 이런 공식적인 낙인이외에도 소년이 비행을 저지르면서 스스로를 범죄자로 낙인을 찍는다. 예를 들면 갱단에 가입한 소년은 경찰에 적발되지 않더라도 스스로를 범죄자로 간주할 가능성이 크다.[158] 이런 관점에서 본다면 부모, 학교 선생님, 그리고 친구들로부터의 낙인도 소년의 비행을 심화시키는 기능을 한다. 다시 말하면 낙인이론가들은 비공식적인 낙인의 효과에 대해서는 미처 관심을 가지지 못했다. 예를 들면 한국에서 고등학교 재학생들을 대상으로 한 설문조사에 의하면 부모의 자식에 대한 낙인이 청소년의 비행과 밀접한 관련이 있다고 한다.[159] 여기서 낙인이란 것은 부모가 자식을 문제아라고 취급하는 것을 말한다. 그러나 이런 연구는 문제가 있다. 그 이유는 부모가 자식에 대해서 문제아라고 생각하는 것은 이미 자식이 비행을 저질렀기 때문에 발생할 가능성이 크기 때문이다. 즉 낙인이 자식의 비행의 원인이라기보다는 오히려 자식의 비행의 결과로서 발생하는 것일 가능성이 많다. 이렇게 본다면 낙인이 비행과 상당히 높은 상관관계를 보이는 것은 당연하다. 왜냐하면 그것은 낙인 자체가 비행의 결과로서 주어지는 것이기 때문이다.

---

158) George B. Vold, Thomas J. Bernard, & Jeffrey B. Snipes, *op. cit*, p.223.
159) 이성식, "가정과 청소년비행: 주요 이론들의 매개과정을 통한 검증," 「형사정책연구」, 제14권 제3호(통권 제55호, 2003·가을호), pp.175~207.

위에서 지적한 문제이외에도 낙인이론은 '일차범죄'가 왜 발생하는지를 제대로 설명하지 못한다. 단지 여러 가지 요인에 의해서 '일차범죄'가 일어난다고 주장할 뿐이다. 다른 측면은 비행청소년들은 경찰에 체포되기 전에 이미 많은 비행을 저지른 경우가 상당수이다. 이것은 비행이 낙인 없이도 계속해서 발생할 수 있음을 보여주는 것이다. 이런 사실은 낙인이론의 타당성을 약화시키는 것이다.[160] 끝으로 낙인이론가들이 제시한 다이버전과 시설 밖 처우는 비교적 죄질이 가벼운 범죄자들에게는 적용할 수 있을지는 모른다. 그러나 살인, 강도, 그리고 강간 등과 같은 흉악범들에게는 실시하기가 곤란하다. 그 이유는 흉악범을 사회복지기관에 맡기거나 교정시설밖에 수용하는 것은 안전문제 때문에 현실적으로 불가능하기 때문이다.

3. 갈등이론

갈등이론(conflict theory)은 때로는 급진이론(radical theory), 막스주의(Marxism), 사회주의이론(socialist theory), 그리고 신범죄학(new criminology) 등으로도 불린다.[161] 각각의 이름에 따라서 강조하는 바가 조금씩 다르다. 그리고 그들을 각각 다르게 취급하는 범죄학자들도 있다. 그러나 범죄학에 처음 입문하는 학도들은 그렇게까지 구체적으로 나누어서 알 필요는 없을 것으로 생각이 된다. 그래서 여기서는 갈등이론이라는 큰 틀 안에서 설명하려고 한다. 갈등이론은 Karl Marx(1818~1883)의 공산주의이론에 기반을 두고 있다. 이 갈등이론은 형사사법기관이 피의자의 사회적 신분에 따라서 차별적인 낙인을 찍는다고 주장한 낙인이론보다 한층 더 날카롭게 사회를 비판하고 있다. 갈등이론은 다른 사회문제와 마찬가지로 범죄도 계급간의 갈등 때문에 발생한다고 보고 있다. 갈등이론은 다양한 학자들에 의해서 조금씩 다른 형태로 발전되어 왔다. 우선 여러 갈등이론들의 공통된 주장들은 무엇인지를 먼저 살펴보도록 하겠다. 이어서 여러 갈등이론가들의 주장에 대해서 좀 더 구체적으로 살펴보도록 하겠다.

(1) 등장배경 및 기본전제

전에도 지적한 것과 같이 1960년대 미국은 베트남전 반대시위와 흑인인권운동과 같이

160) J. Robert Lilly, Francis T. Cullen, & Richard A. Ball, *op. cit*, pp.121~122.
161) Clemens Bartollas & Simon Dinitz, *op. cit*, p.226.

큰 사회적 소용돌이에 휩쓸렸다. 즉 이 시기에는 기존의 정치에 대한 불신이 증가하였다. 이런 분위기에 맞추어 미국사회는 신좌익사상(New Left Movement)과 같은 급진적인 사상들이 등장하였다. Karl Marx 본인은 범죄문제에 대해서는 직접적으로 언급하지는 않았다. 그러나 그의 이론은 갈등이론가들에게 큰 영향을 미쳤다. Karl Marx는 자본주의 사회는 유산계급인 부르주아지(bourgeoisie)와 무산계급인 프롤레타리아(proletariat)로 나누어져 있다고 보았다. Marx에 의하면 이 두 계급은 항상 갈등과 긴장상태에 있다고 한다. 그 이유는 부르주아지는 프롤레타리아를 착취하여 최대한의 이득을 얻으려고 하기 때문이다. 바꾸어 말하면 프롤레타리아는 자신이 노동을 통해 생산한 가치의 상당부분을 부르주아지에게 빼앗긴다는 것이다. 이에 대하여 노동자들은 근로시간의 단축과 임금인상을 요구하며 부르주아지의 착취에 저항한다.[162]

이런 Marx계열의 사회주의 범죄학을 두 가지로 구분할 수 있다. 하나는 '도구론적 관점'(instrumentalist view)이고 다른 하나는 '구조론적 관점'(structuralist view)이다. '도구론적 관점'은 법의 제정과 집행은 자신들의 기득권을 지키려고 하는 조직화되고 획일적인 지배계층의 '도구'라고 보는 것이다. 이것은 피지배계층의 희생을 통해 가능하게 된다는 것이다. 예를 들면 Sellin은 한 사회의 지배집단(dominant groups)은 어떤 행위가 범죄를 구성할 것인가를 결정한다고 주장하였다. 그래서 법은 지배집단에게 유리하게 만들어지고 적용된다는 것이다.[163]

위와 같은 단순한 관점과는 달리, '구조론적 관점'은 국가의 주된 기능은 자본가들의 장기적인 이익추구라고 본다. 즉 자본가들의 이익추구는 장기간에 걸쳐 서서히 이루어진다. 그 이유는 자본주의의 붕괴를 불러올 수 있는 상황이 등장하지 못하도록 하기 위해서이다. 이 말은 자본가들은 가끔씩은 프롤레타리아 계급에게도 유리하게 법이 제정되고 집행되도록 허용하기도 한다는 것을 의미한다. 근래의 Marx계열의 학자들은 '구조론적 관점'을 보다 많이 취하고 있다.[164]

(2) 핵심개념

갈등이론은 학자들에 따라서 실로 다양한 형태로 논의가 되었다. 그렇기 때문에 그런 학자들의 이론을 정리하여 공통점을 찾는 것은 그리 쉬운 일이 아니다. 단지 여기서는 몇 가지 핵심이 되는 내용만을 정리하고자 한다.

162) Piers Beirne & James Messerschmidt, *op. cit*, p.103.
163) J. Robert Lilly, Francis T. Cullen, & Richard A. Ball, *op. cit*, p.147.
164) George B. Vold, Thomas J. Bernard, & Jeffrey B. Snipes, *op. cit*, pp.264~266.

갈등이론가들은 주장하기를 부르주아지 지배계급은 프롤레타리아 피지배계급을 경제적으로 착취한다고 한다. 이런 착취는 강요된 고용과 실업, 가난, 그리고 개인수입의 불평등으로 나타난다. 이런 좌절은 분노로 변하고 그 분노는 범죄행위를 불러일으키기도 한다. 이런 착취에 대한 또 다른 프롤레타리아계급의 대응으로서 때로는 생존을 위해 범죄행위를 저지를 수밖에 없는 상황에 처하게 된다. 예를 들면 먹고 살기 힘든 상황에서 남의 물건을 훔치는 것이다. 그래서 Jeffrey Reiman은 「부자는 더 부자가 되고 가난한 사람은 감옥에 간다.」(*The Rich Get Richer and the Poor Get Prison*)[165]라는 저서를 통해 미국과 같은 자본주의 사회의 문제점을 지적하였다. 그 동안 범죄학자들은 실업과 범죄와의 관계에 관심을 가져왔다. 미국의 한 연구에 의하면 실업률이 증가할수록 범죄발생률이 증가하는 것으로 나타났다.[166] 이것은 실업자들은 생존의 방법으로 범죄를 선택하게 된다는 것을 시사해 주는 것이다. 한편 개인수입 불균형은 범죄를 증가시키는 요인 중의 하나로 지적되고 있다. John Braithwaite는 통계분석을 통해서 이런 주장의 타당성을 검증하였다.[167] 이것은 여러 국가의 살인률을 이용한 통계분석 연구에 의해서도 지지를 받고 있다.[168] Rusche와 Kirchheimer는 이미 1930년대에 발표한 그들의 저서를 통해서 자본주의사회에서 잉여노동이 발생하면 실업자들을 통제하기 위해서 교도소를 적절히 이용한다고 주장을 하였다. 왜냐하면 실업자들이 범죄를 저지르면서 자본주의 사회의 위협으로 등장하기 때문이다. 즉 자본주의 국가는 법에 제대로 따르지 않는 저소득층 사람들을 교도소를 통해서 자본주의 질서에 따르게 만든다는 것이다.[169]

갈등이론을 간접적으로 지지하는 또 다른 사례가 있다. 정부의 공식범죄통계를 보면 대부분의 길거리범죄(street crimes)는 직업이 없는 가난한 사람들에 의해서 저질러진다는 것을 알 수 있다. 또한 범죄의 피해자도 범죄자와 동일한 피지배계급인 경우가 대부분이다. 따라서 지배계급은 자신들이 피해자가 아니기 때문에 이런 길거리 범죄에 상대적으로 무관

---

165) Jeffrey Reiman, *The Rich Get Richer and the Poor Get Prison: Ideology, Class, and Criminal Justice*(New York: Macmillan Publishing Company, 1990)을 참고 할 것.

166) Clemens Bartollas & Simon Dinitz, *op. cit*, p.234.

167) John Braithwaite, *Inequality, Crime, and Public Policy*(London: Routledge & Kegan Paul, 1979)을 참고할 것.

168) William R. Avision & Pamela L. Loring, "Population Diversity and Cross-National Homicide: The Effects of Inequality and Heterogeneity," *Criminology*, Vol. 24(1986), pp.733~749.; Matthew R. Lee & William Bankston, "Political Structure, Economic Inequality, and Homicide: A Cross-National Analysis," *Deviant Behavior: An Interdisciplinary Journal*, Vol. 19(1999), pp.27~55.; Steven F. Messner, "Economic Discrimination and Societal Homicide Rates: Further Evidence on the Cost of Inequality," *Journal of Quantitative Criminology*, Vol. 8(1989), pp.597~611 등을 참고할 것.

169) G. Rushce & O. Kirchheimer. Punishment and Social Structure (New York: Russell & Russell, 1939).

심하다. 오히려 길거리 범죄는 지배계급이 피지배계급을 통제하는 수단이 된다. 그 한 예로 범죄자를 감옥에 가두는 것은 남아도는 노동력을 조절하는 기능을 한다.

갈등이론의 핵심개념은 Willem Bonger의 주장을 통해서 정리해볼 수 있다. 초기의 Marx 계열의 범죄학자였던 Willem Bonger는 그의 저서 「범죄성과 경제적 상태」(*Criminality and Economic Conditions*)를 통해서 다음과 같은 논리를 폈다. 우선 자본주의 사회에서 사람은 누구나 욕심과 이기심을 가진다. 그러나 우리의 형사사법제도는 부자들의 이기심 추구는 문제 삼지 않는 반면에 가난한 사람의 이기심 추구는 범죄로 규정하고 있다.[170] 갈등이론가들은 법과 형사사법제도도 지배계급의 이익을 대변한다고 주장한다. 갈등이론가들은 법과 형사사법제도는 국민 다수의 이익을 위해 존재하는 것이 아니라고 지적한다. 즉 법은 프롤레타리아계급의 희생을 바탕으로 부르주아계급의 이익을 위해 존재한다는 것이다. 뿐만 아니라 법과 형사사법제도는 프롤레타리아계급을 착취하는 지배계급의 하나의 수단일 뿐이라는 것이다. 즉 법은 지배계급이 자신들의 지위를 지키기 위해서 피지배계급을 압제하는 도구라는 것이다.[171] 그래서 법은 가지지 못한 자에게 상대적으로 불리하게 적용된다. 가진 자에 의해서 저질러지는 소위 '화이트칼라범죄'(white-collar crimes)는 법망에 잘 포착되지 않는다. 예를 들면 정치권력을 가진 자는 수십억 원대의 정치자금을 불법적으로 모으기도 한다. 경찰은 이런 범죄를 제대로 단속하려는 의지도 없다. 반면 피지배계급에 의해서 주로 저질러지는 길거리 범죄는 우리 형사사법기관의 주요한 단속의 대상이다. 이것은 법 자체의 정당성과 정통성을 의심하게 만든다. 다수의 갈등이론가들은 공산주의가 주장하는 것처럼 혁명을 통한 지배구조의 변화를 통해서만 범죄문제를 해결할 수 있다고 주장한다.

⑶ 다양한 갈등이론

갈등이론으로 분류할 수 있는 많은 학자들의 이론이 있다. 그 많은 것을 모두 논의하기에는 공간이 부족하다. 그래서 여기서는 대표적인 학자들만 소개하기로 하겠다. 갈등이론의 대표적인 학자로는 George Vold, Richard Quinney, 그리고 William Chambliss 등이 있다.

1) George Vold의 집단갈등이론

George Vold(1896~1967)는 같은 집단에 소속된 사람들은 동일한 이해관계를 가지고

---

170) Willem Bonger, *Criminality and Economic Conditions*(Boston: Little, Brown, 1916)를 참고할 것.
171) Clemens Bartollas & Simon Dinitz, *op. cit*, p.231.

있다고 주장했다. 따라서 사람들은 자신이 속한 집단의 이익을 위해서 행동한다. 특히 입법과정에서 자신이 속한 계층에게 유리하게 법이 제정될 수 있도록 모든 수단과 방법을 동원한다. 이것은 결과적으로 집단 사이에 갈등을 불러일으킨다. 그러나 이런 경쟁에서는 부와 권력을 많이 소유한 집단이 승리하기 마련이다. 입법과정에서 소외된 집단은 법에 대해서 적대감을 가지게 되며, 때로는 법을 어기기도 한다. 다시 말하면 범죄는 권력을 가지지 못한 집단의 행위가 된다. 그 이유는 이들 집단은 자신들의 이익을 방어할 수 있는 충분한 부와 권력을 가지고 있지 못하기 때문이다. 반대로 법을 제정하는데 결정적인 영향력을 끼친 집단은 그런 법을 강력하게 집행하려고 한다. 경찰권의 행사도 부와 권력을 소유한 집단이 더 많은 영향력을 미치기 마련이다. 그러므로 이런 현상은 범죄행위를 이해하고 설명하는데 기초가 된다.[172]

Vold는 자신의 집단갈등이론이 다음과 같은 범죄유형에 특히 잘 적용된다고 주장하였다. **첫째,** 소외된 계층이 지배계층에게 정치적으로 항거하는 과정에서 발생하는 범죄이다. **둘째,** 노동쟁의과정에서 발생하는 노동자들의 범죄이다. **끝으로** 인종이나 민족 사이의 충돌과정에서 발생하는 범죄이다.[173]

2) Richard Quinney의 사회적 실재, 자본주의, 그리고 범죄

Richard Quinney는 「범죄의 사회적 실재」(*Social Reality of Crime*)라는 그의 저서를 통해서 다음과 같은 다섯 가지의 주장을 하였다.[174] **첫째,** 범죄는 정치적으로 조직화된 사회에서 권위 있는 기관에 의하여 정의된 인간의 행위이다. **둘째,** 범죄로 규정되는 것은 공공정책을 만들 수 있는 권력을 가진 집단의 이익과 배치되는 행위이다. **셋째,** 범죄에 대한 개념정의는 형법을 집행할 수 있는 권력을 가진 집단에 의하여 이루어진다. **넷째,** 계층(계급)으로 분열된 사회에서의 행동양식(behavior pattern)은 범죄에 대한 규정과 관련하여 조직되어 진다. 그리고 이런 맥락에 의해서 사람들은 범죄로 규정될 확률이 있는 행위를 저지르게 된다. **다섯째,** 범죄에 대한 규정은 다양한 의사소통 수단에 의해서 만들어지고 이런 규정은 사회의 여러 다른 집단들에게 확산된다. **여섯째,** 범죄의 사회적 실재는 범죄의 규정, 형성, 그리고 적용에 의해서 만들어진다.

위와 같은 Quinney의 주장은 다소 이해하기가 어렵다. 다만 위내용을 해석해 보면 다음과 같다. 중요한 것은 법은 돈과 권력이 있는 사람들의 이익에 부합되도록 만들어지고 적용

---

172) George B. Vold, Thomas J. Bernard, & Jeffrey B. Snipes, *op. cit*, pp.236~238.
173) Stephen E. Brown, Finn-Aage Esbensen, & Gilbert Geis, *op. cit*, p.363.
174) Richard Quinney, *The Social Reality of Crime*(Little Brown: Boston, 1970), pp.15~23.

된다는 것이다. 위의 네 번째 주장은 Sutherland의 차별접촉이론과 유사하다. 즉 한 사회의 여러 집단들은 서로 다른 규범과 행동양식을 가지고 있다는 것이다. 그리고 그런 행동양식과 규범은 한 집단 안에서 한 세대에서 다음 세대로 학습된다. 뿐만 아니라 법을 어길 확률은 한 개인이 법의 제정과 적용에 영향력을 미칠 수 있는 집단에 속했는지에 달려있다. 즉 법의 제정과 그 적용에 영향력이 적은 집단에 속한 사람은 범죄자가 될 가능성이 많다. 위의 다섯 번째의 주장은 범죄는 개인들이 경험하는 구체적인 사건과 대중매체를 통한 사회적 상호작용과 접촉에 의해서 형성된 실재에 대한 인식과 관련이 있다는 것이다. 범죄에 대한 서로 다른 인식은 특정한 가치관과 이해관계를 강화하는 정치과정의 한 부분으로 만들어지고 전달될 수 있다.[175] 예를 들면 소비자집단은 불량식품을 만드는 회사를 진짜 나쁜 범죄자로 생각할 수 있다. 이와 마찬가지로 도시빈민가에 사는 사람들은 욕심 많은 집주인이 진짜 나쁜 범인이라고 생각할 수 있다.

Quinney는 또 다른 그의 저서인 「법질서에 대한 비판: 자본주의 사회에서의 범죄통제」(*Critique of the Legal Order: Crime Control in Capitalist Society*)[176]에서 다음과 같은 주장을 추가하였다. **첫째,** 미국사회는 고도로 발달된 자본주의 경제체제에 기반을 두고 있다. **둘째,** 국가는 자본가와 같은 지배계급의 이익에 봉사하기 위해서 조직되었다. **셋째,** 형법은 기존의 사회적 및 경제적 질서를 유지하기 위한 국가와 지배계급의 도구이다. **넷째,** 형법의 적용은 자본주의 사회에서 정부의 엘리트층에 의해서 만들어지고 운영되는 다양한 기관들을 통해서 이루어진다. **다섯째,** 고도로 발달된 자본주의 사회에서의 모순은 피지배계급이 여러 수단을 통해 압제받고 있다는 것이다. 이런 압제는 주로 법체계의 강제(coercion)와 법의 형식으로 주어지는 폭력(violence)에 의하여 이루어진다. **여섯째,** 자본주의 사회를 해체하고 사회주의 사회를 건설하는 것만이 범죄문제에 대한 궁극적인 해결책이다. 그러나 Quinney는 구소련이나 동유럽에서 볼 수 있는 것과 같은 중앙정부가 모든 것을 통제하는 사회를 만들자는 것이 아님을 강조하였다. 단지 그는 평등의 원칙을 바탕으로 모든 사람들이 자신들의 인생을 결정할 수 있는 기회를 주는 '민주주의적 사회주의'(democratic socialist society)를 건설하자고 했다.[177]

Quinney는 그의 저서 「계급, 국가, 범죄」(*Class, State and Crime*)[178]를 통하여 범죄

---

175) George B. Vold, Thomas J. Bernard, & Jeffrey B. Snipes, *op. cit*, p.239.
176) Richard Quinney, *Critique of the Legal Order: Crime Control in Capitalist Society*(Boston: Little, Brown, 1974). p.16.
177) Richard Quinney, 1974, *op. cit*, p.188.
178) Richard Quinney, *Class, State, and Crime: On the Theory and Practice of Criminal Justice*, 2nd ed.(New York: McKay, 1980)을 참고할 것.

의 유형을 지배범죄(crimes of domination), 적응범죄(crimes of accommodation), 그리고 저항범죄(crimes of resistance) 등으로 구분하였다. Quinney는 '지배범죄'를 다시 경찰관의 가혹행위와 같은 '통제범죄'(crimes of control), 고위공직자의 비리와 같은 '정부범죄'(crimes of the government), 그리고 화이트칼라 범죄와 조직범죄와 같은 '경제적 지배범죄'(crimes of economic domination) 등으로 구분하였다. 한편 '적응범죄'는 절도와 살인 같은 범죄를 말한다. 이것은 자본주의 체제하에서 소외된 계급이 저지르는 범죄들이다. 이런 범죄는 노동자 계급이 생존을 위해서 저지른다. 왜냐하면 자본주의 사회에서는 이들의 생존이 보장받지 못하고 있기 때문이다. 이런 맥락에서 본다면 범죄는 자본가의 착취와 압제에 대한 원시적인 형태의 민중저항이다. 한편 지배계층은 실업 때문에 남아도는 노동자의 수(surplus population)를 조절하는 방법으로 사회복지제도를 만들었다. 그러나 사회복지제도는 지배계층의 재정적 부담을 가중시키기 때문에 지배계층은 일부 과잉노동자들을 감옥에 가둔다. 끝으로 '저항범죄'는 테러나 민중봉기와 같이 국가에 저항하는 정치적 투쟁을 포함한다.[179]

3) William Chambliss의 범죄, 권력, 그리고 법절차

Chambliss는 1955년 징집되어 한국에서 근무하였다. 이 기간 동안 Chambliss는 미군과 한국군이 한국 민간인을 대상으로 강간, 절도, 폭행, 그리고 협박하는 것을 목격하였다. 미군은 힘이 있었기 때문에 한국 사람들은 아무런 대항도 할 수 없었다. 이것은 기존의 심리학이나 사회학의 패러다임 속에서 배울 수 없는 것이었다.[180]

권력을 가진 자가 법을 제정하고 집행하는 것이다. Chambliss의 주장은 Vold의 집단갈등이론의 영향을 많이 받은 것이다. 즉 Chambliss는 Vold와 마찬가지로 법은 부와 권력을 가진 집단이 법제정 절차에 영향력을 행사함으로써 그들에게 유리하게 만들어진다고 주장하였다. 다시 말하면 한 사회에는 사는 형편이 다른 여러 부류가 존재한다고 주장하였다. 또한 그들 사이에는 다른 규범과 가치관이 존재한다. 그 중에서 어떤 가치관과 규범이 강화될 것인가는 누가 더 많은 돈과 권력을 가지고 있는가에 달려있다. 그 결과 부와 권력을 소유한 계층은 그렇지 못한 계층에게 자신들의 행동규범을 강요하여 자신들의 기득권을 지키려고 한다.[181] 한편 재판과정도 가진 자에게 유리하게 적용된다. 그리고 사실상 미국에서는 불문법주의를 인정하여 판례가 후의 재판을 구속하는 효력을 가진다. 그러므로 판사의 판

179) J. Robert Lilly, Francis T. Cullen, & Richard A. Ball, *op. cit*, p.172.
180) *Ibid*, p.156.
181) William J. Chambliss & Robert T. Seidman, *Law, Order, and Power*(Reading, MA: Addison-Wesley, 1971), p.33.

결은 실질적으로 법을 제정하는 것과 같은 효과가 있다.

2004년 10월에 한국 헌법재판소 재판관들은 행정수도를 충청남도 지역으로 옮기기 위한 특별법이 관습헌법에 위배된다는 판결을 내렸다. 재판관의 판결이 관습헌법에 근거한다고 주장하고 있으나, 이 역시 재판관들의 개인적인 가치관의 반영이라고 보아야 할 것이다. 그러나 일부 시민들은 이러한 판결은 재판관들이 속한 계층의 이해관계와 전혀 무관하지는 않을 것이라고 주장하였다. 그 이유는 재판관들의 대부분은 중상류층 출신이기 때문이다.

Chambliss의 연구는 법실증주의(legal positivism)의 영향을 많이 받았다. 법실증주의는 '책속에 있는 법'(law in the books)과 '실행되고 있는 법'(law in action)의 차이를 인정한다. 즉 법은 권력을 가진 자와 법을 집행하는 관료조직의 이익을 반영하게 마련이다. 한 사회의 중산층은 자신들의 가치관과 규범을 사회 전체에 강요하려고 한다. 그러나 이런 중산층의 가치관이나 규범은 하류계층의 것과는 다른 것이다.[182] 이런 맥락에서 보면 O. J. Simpson이 무죄평결을 받은 것을 이해할 수 있다. O. J. Simpson은 흑인 출신의 유명한 미식축구선수로서 자신의 전(前)부인을 살해한 혐의로 구속기소 되었으나 무죄평결을 받았다. O. J. Simpson이 무죄평결을 받은 것은 그가 돈이 많은 유명한 사회인사이기 때문이라고 지적하는 사람들이 많다. 한편 O. J. Simpson사건이 발생하기 전인 1984년 미국에서 발생한 사건이 있다. Bernard Goetz라는 중산층 백인 남자는 New York시의 지하철에서 4명의 흑인 소년들을 총으로 쏘아 죽였다. Goetz가 총을 쏜 이유는 그 네 명의 흑인 소년 중 한 명이 5불을 구걸했다는 이유였다. 그러나 Goetz는 재판을 통해 정당방위로 인정되어 무죄평결을 받았다.[183]

Chambliss는 특히 현재의 형법과 형사사법체계의 불평등성을 지적하였다. 그는 형법의 내용과 그 적용에 대해서 다음과 같이 비판하였다.[184] **첫째,** 어떤 행위가 범죄로 규정이 되는 것은 그렇게 하는 것이 지배계층의 이익에 부합하기 때문이다. **둘째,** 지배계급은 피지배계급이었더라면 처벌받을 행위도 처벌받지 않는 경우가 많다. 특히 화이트칼라범죄가 그 대표적인 예이다. 반면 피지배계급은 상대적으로 가혹한 처벌을 받게 된다. 그 이유는 피지배계급은 처벌을 피할 수 있는 돈과 권력이 부족하여 형사사법체계에 대응할 능력이 없기 때문이다.[185] **셋째,** 자본주의 사회가 산업화되면 될 수록 빈부의 격차가 심화된다.

---

182) William J. Chambliss, *Crime and the Legal Process*(New York: McGraw-Hill, 1969), pp.10~11.
183) Newsweek, "A Trial that Wouldn't End." June 19(1875), pp.20~21.
184) William J. Chambliss, "Toward a Political Economy of Crime." *Theory and Society*, Vol. 2(1975), pp.152~153.
185) William J. Chambliss, 1969, *op. cit*, pp.84~85.

그렇게 되면 형법이 확장되어 프롤레타리아를 복종시키려고 한다. **넷째,** 범죄는 잉여노동력 문제를 완화시켜준다. 범죄는 잉여노동자들을 감옥에 가둘 뿐만 아니라 경찰관, 법관, 변호사, 사회복지사, 그리고 범죄학자 등에게 일거리를 제공해준다. 그래서 범죄는 지배계급에게는 불이익을 주지 않는다. 오히려 지배계층은 그것을 필요로 한다. **다섯째,** 범죄는 하위계층의 불만을 자본가나 자본주의 경제체제가 아니라 자신과 같은 계층에게 돌리게 만든다. **여섯째,** 결론적으로 범죄는 자신들의 이익에 부합하는 사람들에 의해서 존재하는 실체이다.

(3) 정책적 제안

갈등이론가에 따라서 정책적인 제안이 조금씩 다를 수 있다. 그러나 갈등이론에 근거하여 다음과 같은 정책을 수립할 수 있다. 우선 생각할 수 있는 것은 만인에게 평등한 법을 제정하고 그것을 빈부나 권력의 유무에 관계없이 공정하게 적용해야 한다. 이것은 부와 권력의 재분배에 의해서 가능하다. 어떤 학자들은 기존의 자본주의 체제 안에서의 부와 권력의 재분배를 주장한다. 그러나 다른 갈등이론가들은 이런 평등의 실현은 기존의 자본주의 사회체제 안에서는 실현이 불가능하다고 생각한다. 왜냐하면 지금까지 논의한 것처럼 부와 권력을 가진 자는 자신들의 지위를 이용하여 당연히 그들의 이익을 위한 방향으로 법을 제정하고 적용하려고 하기 때문이다. 그러므로 궁극적인 범죄문제의 해결책은 자본주의 사회를 해체하고 새로운 사회를 건설하여야 한다고 주장한다. 그러나 갈등이론가들이 꿈을 꾸는 사회는 구소련이나 동유럽과 같은 중앙정부가 모든 것을 통제하는 사회는 아닌 것 같다. 아마도 그들은 북유럽의 여러 국가들에서 볼 수 있는 것과 같이 '사회주의적 민주주의'(socialist democracy) 또는 '민주주의적 사회주의'(democratic socialism)를 추구하는 것으로 보인다. 즉 갈등이론가들이 추구하는 것은 순수한 사회주의보다는 자본주의적 민주주의가 가미된 사회주의 사회인 것으로 보인다. 이처럼 갈등이론가들은 급진적인 사회변혁을 주장하고 있다. 그렇기 때문에 그들의 주장이 정책에 반영되기에는 상당한 어려움이 있다. 그래서 갈등이론이 실질적으로 형사정책에 미친 영향은 약하다. 다만 갈등이론가들과 그들을 지지하는 사회운동가들은 경찰관의 소외계층에 대한 가혹행위의 중단, 가난한 자들을 위한 보석(保釋)기회의 확대, 사형제도의 폐지, 그리고 재소자들을 위한 다양한 프로그램의 마련 등을 주장하고 있다.[186]

---

186) J. Robert Lilly, Francis T. Cullen, & Richard A. Ball, *op. cit*, pp.176~177.

⑷ 평 가

갈등이론은 범죄의 원인을 범죄자 개인이나 가족, 학교, 그리고 친구와 같은 집단에서 찾지 않았다. 갈등이론가들은 사회전체의 권력구조에 관심을 가졌다는 것에서 그 의미가 있다. 이것은 갈등이론이 사회에서 소외된 계급에 대한 애정과 관심으로부터 등장한 것에서 알 수 있다. 특히 갈등이론가들은 법의 제정에 관한 문제를 범죄학의 한 중요한 연구 분야

로 본격적으로 소개시켰다. 한편 갈등이론가들은 낙인이론가들이 형사사법제도의 불평등성을 지적한 것에서 한 차원 더 나아가서 그 근원적인 문제가 계급간의 갈등에서 출발한다는 것을 지적했다. 이것은 공산주의가 자본주의 사회의 모든 문제의 근원을 계급간의 갈등으로 본 것을 범죄문제에까지 확장시킨 것이다. 그리고 이런 문제의 해결을 위해 자본가 계급을 축출하고 노동자들이 주인이 되는 사회를 꿈꾸고 있다. 이런 논의는 근래에 사회주의 체제가 붕괴된 후에 자본주의를 일부 도입하고 있는 러시아와 동유럽 국가에서 범죄가 급증하는 것을 통해서 간접적으로 입증되고 있다. 그래서 일부 범죄학자들은 자본주의와 범죄와는 어느 정도 상관관계가 있는 것으로 보고 있다.[187] 지금도 이런 갈등이론적 관점에서 연구하는 범죄학자들이 계속해서 나오고 있다.

갈등이론가들은 이상적인 사회를 꿈꾸고 있지만, 실제로 그런 사회에 대한 구체적인 모델을 제시하지는 못하고 있다. 즉 소위 '민주주의적 사회주의 사회'에서는 법이 어떤 식으로 만들어지고 또한 어떻게 집행이 될 것인지를 구체적으로 명시하지 않고 있다. 갈등이론에 대한 또 다른 비판은 이런 연구가 과학이 되기 위한 가치중립성(value-free)이 결여되었다는 점이다. 다시 말하면 갈등이론가들은 사실에 기반을 둔 연구보다는 자신들의 정치적 신념을 관철시키기 위해서 활동하는 경향이 있다. 다시 말하면 갈등이론가들은 자신들

---

187) George B. Vold, Thomas J. Bernard, & Jeffrey B. Snipes, *op. cit*, p.282.

의 연구에 앞서 이미 공산주의내지는 사회주의 사상에 매료되어 있는 경우가 많다. 그렇기 때문에 그들은 어떤 현상을 객관적으로 바라보지 못하여 선입견이 그들의 연구결과에 크게 영향을 미칠 가능성이 있다. 이데올로기를 위해서 과학을 포기해서는 안 된다. 실제로 구소련, 동유럽국가들, 중국, 그리고 북한 같은 곳에서는 각종 인권유린 행위가 자행되고 있다는 것이 여러 사람들의 증언이다. 그리고 그런 국가들에서는 경제적 평등성을 강조하다보니, 국민전체가 가난에 시달리고 있다. 결국 상당수의 사회주의 국가들이 서서히 자신들의 이념을 일부 포기하고 자본주의 체제를 도입하고 있는 실정이다. 이것은 사회주의 이념의 실패를 시사하는 것이다.[188] 결론적으로 사회주의 사회를 만드는 것이 만병통치약이 아니라는 것이다.

4. 여성해방이론

여성해방이론에 근거한 범죄학은 대단히 범위가 넓다. 그리고 학자들마다 다양한 관점에서 여성해방, 여성범죄, 그리고 여성의 범죄피해에 대해서 설명하고 있다. 여기서는 이런 여성해방이론에 대해서 살펴보도록 하겠다.

(1) 등장배경 및 기본가정

영어의 'feminism'은 한국말로 '여권주의', '남녀동권주의', '여권신장론', 또는 '여성해방론'등으로 번역된다. 어느 것을 선택해도 큰 차이는 없겠으나, 여기서는 편의상 '여성해방론'으로 부르기로 하겠다. 'Feminism'은 여성은 성차별을 받고 있다는 전제하에 그런 상태를 해결하기 위한 노력으로 간략하게 정리할 수 있다.[189] 기존의 범죄이론들은 남성에 의한 범죄를 주요 연구대상으로 하였다. 이것은 물론 범죄가 남성들에 의해서 주로 저질러진다는 사실 때문일 것이다. 그러나 분명히 여성도 범죄를 저지르고 있다. 그리고 많은 범죄학자들은 앞으로 여성범죄는 증가할 것으로 예측하고 있다. 그럼에도 불구하고 기존의 범죄이론들은 남성에게만 주로 해당하는 내용을 여성에게도 획일적으로 적용하려고 했다. 그러나 남성의 범죄행위를 설명하는 기존의 여러 이론들이 여성에게도 그대로 적용될 수 있는지는 확실하지 않다.[190]

188) Frank Hagan, *op. cit*, p.462.
189) Piers Beirne & James Messerschmidt, *op. cit*, p.203.
190) George B. Vold, Thomas J. Bernard, & Jeffrey B. Snipes, *op. cit*, p.275.

더욱이 여성범죄와 여성의 범죄피해에 대한 기존의 설명은 여성에 대한 편협한 고정관념에 의존해 왔다. 예를 들면 여성이 강간을 당하는 것은 여성의 몸가짐과 옷차림이 바르지 못하기 때문이라는 것이다. 또한 여성은 남성에 비해 신체적으로나 정신적으로 열등하다는 고정관념이 지배하여왔다. 한편 여성해방이론가들은 우리의 형사사법제도는 여성에게 상대적으로 불리하게 법을 적용한다고 주장했다. 예를 들면 성범죄를 범한 여성은 동일한 범죄를 저지른 남성에 비해서 가혹한 처벌을 받는 경향이 있다. 반대로 다른 강력범죄의 경우에는 여성이 오히려 관대한 처벌을 받기도 한다.

위와 같이 남녀불평등과 여성의 사회진출의 확대는 여성범죄에도 영향을 미친다는 주장이 제기되기 시작하였다. 그렇기 때문에 '여성해방'과 범죄와의 관계를 설명할 필요성이 발생한다. 그 결과 여성범죄를 설명하기 위해서 여성해방이론이 등장하였다.[191]

(2) 핵심개념

Kathleen Daly와 Meda Chesney-Lind는 범죄학에서의 여성해방이론을 다음과 같은 다섯 가지 핵심개념으로 정리하였다.[192] **첫째,** 성(gender)은 자연의 산물이 아니라 복잡한 사회, 역사, 그리고 문화의 산물이다. 다만 성은 생물학적인 차이와 출산능력의 유무와 관계가 있을 뿐이다. **둘째,** 성은 사회생활과 사회기관에 중대한 영향을 미친다. **셋째,** 남녀평등, 남성다움(masculinity), 그리고 여성다움(femininity)의 구성은 대칭적인(symmetrical) 것이 아니다. 다만 그것들은 남성의 여성에 대한 사회적, 정치적, 그리고 경제적 우월성과 관계가 있다. **넷째,** 우리의 지식체계는 남성들의 자연과 인간사회에 대한 시각을 반영하는 것이다. 즉 지식의 창조는 남성들에 의해서 좌우된다는 것이다. **다섯째,** 그러므로 이제 여성은 지식창조의 주변이 아니라 중심에 있어야 한다.

---

191) *Ibid*, pp.275~276.
192) Kathleen Daly & Meda Chesney-Lind, "Feminism and Criminology," *Justice Quarterly*, Vol. 5(1988), p.103.

위의 논의를 간략히 정리하면 성은 생물학적인 산물이 아니고 사회문화적 및 역사적 산물이라는 것이다. 그리고 남성의 여성에 대한 지배로 인하여 남녀차별이 존재하게 된다는 것이다. 그래서 이런 남녀불평등을 해결하기 위해서는 여성이 지식창조에 주도적인 역할을 하여야 한다는 것이다.

(3) 다양한 여성해방이론

여성해방이론은 다양한 형태로 발전되어 왔다. 그 중에 대표적인 것은 자유주의 여성해방론, 급진여성해방론, 그리고 Marx계열의 여성해방론 등을 들 수 있다.[193]

1) 자유주의 여성해방이론

자유주의 여성해방이론(liberal feminism)은 18, 19세기 자유와 평등을 표방하는 자유주의의 영향을 받은 것이다. 그 당시 자유는 국가의 속박과 간섭으로부터의 자유를 의미하였다. 한편 평등은 자신의 재능을 개발할 수 있는 기회의 평등을 의미하는 것이다. 자유주의 여성해방이론가들은 여성에게도 남성과 동등한 법적권리와 사회참여의 기회를 보장하여줄 것을 요구하였다. 이것은 여성이 정계, 재계, 의료계, 그리고 법조계 등의 여러 분야에 남성과 동등하게 참여할 수 있도록 기회를 확대시키자는 것이다.

자유주의 여성해방이론가들은 여성들에 대한 차별의 원인은 기존사회가 여성에게 강요하는 여성의 전통적인 성역할과 그것의 학습과정 때문이라고 간주한다. 다시 말하면 전통적인 가족구조 하에서는 부모는 남성과 여성의 역할을 구별하고 자식들을 그대로 행동하기를 기대한다. 여자 아이는 참을성, 이해력, 그리고 감수성이 우수하며 수동적이고 의존적이 되도록 교육되어진다. 이것은 여자 아이가 성인이 된 후에도 계속된다. 여성은 주로 가정살림을 담당하도록 요구를 받는다. 설사 사회에 진출하더라도 여성의 역할은 거의 비서직, 서비스업, 혹은 판매직에 국한된다. 이것은 여성의 열등성을 강조하여 여성을 이등시민으로 만드는 것이다.

Rita Simon은 위와 같은 '자유주의 여성해방이론'의 관점에서 여성범죄를 설명한 대표적인 학자이다.[194] 여성이 남성에 비해 상대적으로 범죄를 적게 저지르는 것은 그들이 사회에 참여할 수 있는 기회가 적기 때문이다. 미국에서는 1960년대 여성인권운동이 발생한 이후에 여성범죄가 늘어났는데, 그 이유는 여성의 사회참여가 확대되었다는 것과 관계가

---

193) Piers Beirne & James Messerschmidt, *op. cit*, pp.203~208.
194) Rita Simon, *Women and Crime*(Lexington, MS: D.C. Health, 1975)을 참고할 것.

있다. 즉 여성의 사회진출은 그들에게 범행기회를 확대시켰다는 것이다. 그 대표적인 범죄의 예로는 여성이 자신의 직장에서 저지르는 횡령이다.

위와 같이 Simon은 여성의 사회진출의 확대가 여성범죄의 증가와 관계가 있다고 주장했다. 그러나 Simon과는 조금 다른 관점에서 논의한 학자가 있다. 그가 바로 Freda Adler이다. 그는 여성이 전통적인 가사노동에서 벗어나서 남성의 직업으로 간주되던 분야로 진출하면서 공격적이고 경쟁적이 되어간다고 주장했다.[195] 부모는 남자 아이에게는 남성다움(masculinity)을 가지도록 요구한다. 예를 들면 강인함, 공격성, 그리고 용감함 등이다. 이런 남성다움은 범죄와 밀접한 관련이 있다. 반대로 여성은 여성다움이 강조되기 때문에 범죄를 남성에 비해 훨씬 적게 저지르게 되는 것이다. 그러나 여성도 사회진출의 확대로 인하여 점차 전통적인 여성다움이 약화되었다. 그 결과 범죄에 있어서 남성과 여성의 차이가 조금씩 좁혀지고 있다는 것이다.[196]

2) 급진 여성해방이론

급진 여성해방이론(radical feminism)은 남성의 지배력(masculine power)과 특권(privilege)을 모든 사회문제의 근원으로 본다. 이들은 우리 사회를 가부장적 사회(patriarchical society)로 본다. 즉 우리사회는 남성이 여성의 노동력과 성(sexuality)을 통제한다고 가정한다. 이것은 남성우월주의 때문에 발생하는 현상이다. 뒤에서 논의할 Marx계열의 학자와의 차이는 급진 여성해방이론을 주장하는 학자들은 여성차별이 계급갈등 문제보다 앞선다고 보고 있다는 점이다. 따라서 급진 여성해방론자들은 남녀평등 문제는 사회주의자가 주장하는 것처럼 계급사회의 타파만으로 해결될 수 없다고 본다.[197] 따라서 사회문제의 해결을 위해서는 남녀차별의 척결이 전제가 되어야 한다.

또 다른 급진 여성해방론자인 Catharine MacKinnon은 남성의 여성의 성에 대한 통제의 문제에 보다 관심을 가졌다. 즉 남성은 여성을 성적 만족의 대상으로 간주한다는 것이다. 남성의 여성에 대한 지배력은 이런 성적착취를 통해서 이루어진다. 이와 같은 남성의 지배는 이성간의 성관계에 대한 강요와 강간, 가정폭력, 성희롱, 그리고 포르노의 제작 등과 같은 여성에 대한 성폭력에 의해서 강화된다.[198] 이런 현상이 발생하는 이유는 남성의 우월

---

195) Freda Adler, *Sisters in Crime: The Rise of the New Female Criminal*(New York: McGraw-Hill, 1975)을 참고할 것.

196) Ann Oakley, *Sex, Gender, and Society*(New York: Harper and Row, 1972), p.68.

197) Alison M. Jaggar & Paula Rothenberg, *Feminist Frameworks*(New York: McGraw-Hill, 1984), p.86.

198) Catherine A. MacKinnon, "Not a Moral Issue," *Yale Law and Policy Review*, Vol. 2(1984), p.515.

성과 여성의 무력함 때문이다. 또한 일반적으로 남성은 여성에 대해서 성적으로 공격하려는 성향이 있다는 것이다. 그 결과 여성은 시간과 공간을 초월해서 남성의 성폭력의 대상이 되어왔다.[199]

3) Marx계열의 여성해방이론

Marx계열의 여성해방이론은 남녀불평등은 계급차별과 관계가 있다고 본다. 다시 말하면 계급차별과 성차별을 동일시하고 있는 것이다. 그 이유는 남성들이 생산수단을 독점하면서 모든 사회기관들을 지배하고 있기 때문이다. 이런 관점은 급진주의 여성해방론자들의 가부장적 사회체제에 대한 비판에 Marx의 공산주의이론을 합친 것으로 볼 수 있다.

위와 같은 관점에서 범죄문제를 접근한 학자인 James Messerschmidt는 그의 저의 「자본주의, 가부장적제도, 그리고 범죄」(*Capitalism, Patriarchy, and Crime*)를 통해서 미국을 가부장적인 자본주의 사회로 규정하였다.[200] 이와 같은 가부장적 제도와 자본주의가 결합하여 특정한 여성의 행위를 범죄로 규정한다. 이와 같은 두 가지의 상호작용에 의하여 힘이 없는 여자와 하류계층이 만들어 진다. 다른 한편으로는 힘이 있는 남성과 중산층 및 자본가 계급을 만들기도 한다. 힘이 있는 남성과 자본가 집단은 합법적인 것뿐만 아니라 비합법적인 기회도 많이 주어진다. 오히려 힘이 있는 자본가계급과 남성들은 이 사회에 더 해로운 범죄를 많이 저지른다. 그 대표적인 것이 각종 화이트칼라범죄이다. 여성이 남성에 비해 범죄를 덜 저지르는 이유는 그들이 남성에 비해서 이 사회에서 힘이 없는 존재이기 때문이다. 여성은 그들의 열등한 지위로 인하여 합법적인 기회뿐만 아니라 비합법적 기회마저 제한받게 된다. 특히 여성은 각종 중한 범죄를 저지를 만한 수단을 가지고 있지 못하다.

Messerschmidt이외에도 위와 같은 관점에서 범죄문제를 접근한 학자들은 Sheila Balkan, Ron Berger, 그리고 Janet Schmidt이다.[201] 그들은 다음과 같이 주장했다. 자본주의 사회의 필요에 의하여 여성의 역할은 가사노동으로만 제한받게 된다. 그 중요한 이유는 여성은 자식을 출산함으로써 노동력을 재생산하여야 하기 때문이다. 여성은 주로 절도 그리고 매춘과 같은 성범죄를 저지른다. 설사 여성이 살인과 같은 강력범죄를 저지른다고 하더라도 그것은 남편과 같이 주로 가족이 대상이 된다. 이런 현상은 여성이 자본주의 경제체제

---

199) Elizabeth Stanko, *Intimate Intrusions: Women's Experience of Male Violence*(Boston: Routledge & Kegan Paul, 1985), pp.73~75.

200) James W. Messerschmidt, *Capitalism, Patriarchy, and Crime: Toward a Socialist Feminist Criminology*(Totowa, NJ: Rowman and Littlefield, 1986), p.42.

201) Sheila Balkan, Ronald Berger, & Janet Schmidt, *Crime and Deviance in America: A Critical Approach* (Monterey, CA: Wadsworth, 1980)을 참고할 것.

하에서 억압을 받았기 때문에 나타나는 것이다.[202]

다른 Marx계열의 학자는 우리 사회는 자본주의 체제와 가부장적인 제도를 위협하는 여성의 행위를 범죄로 규정한다고 주장한다. 예를 들면 재산범죄와 같이 남성의 경제적 지배를 위협하는 행위이다. 한편 여성의 성범죄는 남성의 여성에 대한 성적지배를 약화시킬 수 있기 때문에 범죄로 규정이 되는 것이다.[203]

(3) 정책적 제안

어느 여성해방이론에 바탕을 두는가에 따라 정책적 제안이 조금씩 달라질 수 있다. 그러나 핵심적인 것만 간추리면 다음과 같다. 자유주의 여성해방이론에 근거한다면 무엇보다 여성의 사회참여의 기회를 확대시켜야 한다. 그러나 여성의 사회참여는 여성에 의해 저질러지는 범죄의 증가를 수반하는 경향이 있음을 부인할 수 없다. 급진이론가들은 가부장적인 성질서의 타파를 통해서 여성에 대한 억압과 성적착취를 극복할 수 있다고 본다. 한편 Marx계열의 여성해방이론은 계급갈등의 척결이 여성의 해방과 밀접한 관련이 있다고 본다. 그러나 여성해방이론가들은 범죄문제보다는 여성의 인권, 여성의 사회진출기회의 확대, 그리고 여성에 대한 범죄(특히 성폭력)의 예방 등과 관련된 문제에 보다 관심을 가지고 있는 것으로 보인다.

(4) 평 가

여성해방이론은 1970년대와 1980년대에 등장하여 범죄학에 많은 공헌을 하였다. 지금도 많은 여성 범죄학자들에 의해서 활발한 연구가 진행되고 있다. 여성해방이론은 여성에 대한 형사사법제도의 차별과 여성의 범죄성을 새로운 시각에서 인식하려고 노력하였다. 특히 여성이 남성에 비해 범죄를 덜 저지르는 이유에 대한 설명을 시도하였다는 점에서 많은 의미가 있다. Marx계열의 여성해방이론은 어느 정도 설득력도 가지고 있다. 왜냐하면 구소련과 동유럽은 공산주의 체계가 붕괴되고 자본주의가 일부 도입되면서 범죄가 급증하고 있기 때문이다. 그러나 그것은 자본주의 자체의 문제보다는 자본주의의 도입으로 경제적 불평등이 증가하면서 범죄문제가 심각해지는 것일 가능성도 있다.[204]

위와 같은 공헌에도 불구하고 각 여성해방이론을 구체적으로 살펴보면 문제가 없지는 않

---

202) Piers Beirne & James Messerschmidt, *op. cit*, p.206.
203) George B. Vold, Thomas J. Bernard, & Jeffrey B. Snipes, *op. cit*, p.278.
204) *Ibid*, p.282.

다. 우선, 자유주의 여성해방이론은 왜 여성에 대한 차별이 발생하는가에 대한 질문에 근원적인 해답을 주지 못한다. 즉 여성에 대한 차별은 인종이나 사회계급 등과 연관하여 이해하여야 할 것이다. 또한 여성차별에 대한 해결책으로 기회의 균등밖에 제시하지 못하고 있다. Simon은 여성범죄가 증가하는 것은 여성들의 사회진출이 늘었기 때문이라고 주장하였다. 그러나 대부분의 여성범죄는 직장과는 관계없는 곳에서 주로 발생한다. 예를 들면 상점절도 등을 들 수 있다. 또한 재산범죄를 저지르는 상당수의 여성은 직업이 없는 10대들이라는 점이다. 뿐만 아니라 자유주의 여성해방이론가들은 여성의 성역할에 대한 사회화 과정에 관심을 가졌다. 그러나 그들은 그런 현상이 왜 발생하는지를 역사적, 사회적, 그리고 경제적 관점에서 구체적으로 설명하지 못하고 있다.

급진여성해방이론은 모든 사회문제를 가부장적 제도로 인한 여성차별문제로 제한한데서 비판을 받았다. 급진이론은 여성은 시간과 장소를 불문하고 남성에 비해서 열등한 지위에 있다고 주장하였다. 그러나 인류역사를 통해 보면 사냥과 채집을 통해 살던 시대에는 여성이 남성보다 우월하거나 동등한 때도 있었음을 알 수 있다. 또한 급진이론은 가부장적 사회도 다양한 형태가 있을 수 있음에도 그것에 대한 논의를 하지 못했다. 한편 Marx계열의 여성해방이론가들은 범죄를 포함한 사회의 모든 문제를 경제적 관계로 국한하여 설명하려는 것 때문에 비판을 받았다. 뿐만 아니라 남성과 여성의 권력관계를 구체적으로 설명하지 못했다.[205]

제4절 근래에 등장한 이론

지금까지 논의했던 전통적인 범죄이론이외에도 근래에 새로운 범죄이론들이 등장하고 있다. 새로운 이론은 다양한 방향에서 등장하고 있으나, 아직 체계적으로 정립되지 않은 것들이 대부분이다. 여기서는 대표적인 것으로서 의료수준이론, 비교범죄학, 개인주의이론, 환경범죄학과 일상활동이론, 좌 사실주의, 평화 만들기 범죄학, 성장과정이론, 후기현대주의, 그리고 끝으로 범죄이론의 통합에 대한 논의 등에 대해서 알아보기로 하겠다.

1. 의료수준이론

의료수준과 범죄와의 상관성은 주로 살인과 관련하여 연구되었다. 즉 가해자의 폭행이

---

205) Piers Beirne & James Messerschmidt, *op. cit*, pp.208~209.

발생한 후부터 피해자의 사망이란 결과가 발생하기까지를 하나의 연속선상에서 보고 있는 것이다. 대부분의 범죄학자들은 살인의 피해자가 공격을 받은 현장에서 즉사하는 것으로 생각하고 있다. 그러나 실제로는 다수의 피해자가 공격을 받은 후에도 생존하는 것으로 알려졌다. 1995년의 미국 「사망률에 관한 세부 파일」(*Mortality Detail Files*)에 의하면 58% 정도의 폭행의 피해자는 응급치료를 받기 전에 사망하고, 11%는 병원으로 가는 중에 사망하고, 그리고 나머지 30%는 나중에 병원에 도착한 이후에 사망하는 것으로 알려졌다. 그렇기 때문에 피해자가 신속하고 적절한 응급치료를 받으면 사망이란 결과를 막을 수 있어서 살인이 되지 않는다.[206] 아마도 그런 사건은 살인미수, 폭행, 또는 상해 등으로 기록이 될 것이다.

위와 같은 전제를 바탕으로 의사, 간호사, 병원, 응급차, 그리고 응급의료진 등의 의료수준과 살인이 관계가 있다는 가설을 세울 수 있다. 왜냐하면 이러한 의료수준은 국가마다 차이가 날 수 있기 때문이다. 심지어는 한 국가 안에서도 지역마다 의료수준에 차이가 있을 수 있다. 특히 도시지역과 농어촌지역은 앞에서 말한 의료진과 의료시설에서 차이가 있을 가능성이 크다. 이런 논리를 바탕으로 의료수준에 관한 이론이 발전되기 시작하였다.

William Doerner는 미국 남부지역이 북부지역에 비해서 살인률이 높은 이유를 남부지역의 비교적 낮은 의료수준 때문이라고 제시하였다.[207] Doerner는 폭행피해자의 생존에 중요한 세 가지를 지적하였다. 그것은 응급수송수단과 현장응급치료, 병원에서의 응급치료, 그리고 수술 후의 회복이다. Doerner는 또 다른 연구를 통해서 그의 가설을 검증하였다. 그는 미국 플로리다주(Florida)에 있는 여러 군(county)단위에 대한 자료를 수집하여 의료변인과 살인률과의 관계를 검증하였다. 그는 의료변인을 응급수송수단, 현장응급구호, 병원시설, 그리고 의료진 등으로 구분하였다. 특히 그는 응급차와 911 비상전화체제의 중요성을 강조하였다. 그 결과 Doerner는 응급치료진, 병원 침대숫자, 그리고 간호사 숫자는 어느 정도 살인과 통계적으로 의미 있는 관계에 있다고 밝혔다.[208] 그 후에 다른 학자들도 의료수준과 살인률의 관계에 대해서 연구를 하였다. 예를 들면 Long-Onnen과 Cheatwood는 일부 미국 동부와 남부지역의 주(州)들의 자료를 이용하여 검증하였다. 그 결과 어느 정도 의료수준이 높으면 살인발생률이 낮다는 결론을 얻었다.[209]

---

206) Don Soo Chon, *The Relationship between National Homicide Rates and Medical Care*(New York: LBF Scholarly Publisher, 2001), pp.23~26.
207) William G. Doerner, "Why Does Jonny Reb Die When Shot? The Impact of Medical Resources Upon Lethality," *Sociological Inquiry*, Vol. 53(1983), pp.1~15.
208) William G. Doerner, "The Impact of Medical Resources upon Criminally Induced Lethality: A Further Examination," *Criminology*, Vol. 26(1988), pp.171~179.
209) Jam Long-Onnen and Derral Cheatwood, "Hospital Homicide: An Expansion of Current Theoretical

2010년 전돈수의 연구도 의료수준이론을 일부 뒷받침을 하고 있다. 전돈수는 세계 170개 국가의 살인통계자료를 이용하여 분석한 결과 국가의 영아사망률(infant mortality)과 정부의 의료비지출이 각 국가의 살인사건발생률과 관계가 있다는 결과를 보고를 하였다. 전돈수는 영아사망률을 한 국가의 의료수준을 나타내는 지표로 보았다. 왜냐하면 많은 선행연구들이 의료수준이 높으면 높을수록 영아사망률은 낮아진다고 결과를 보고했기 때문이다. 이런 연구 결과로 볼 때 부유한 나라에서 살인사건이 적게 일어나는 이유는 그 나라의 의료수준과 관련이 있다. 즉 잘 사는 나라는 정부나 개인이 많은 돈을 의료진이나 의료장비의 확보를 위해서 사용을 한다. 그 결과 그 국가의 의료수준은 한층 향상이 된다. 이렇게 되면 그 나라는 다른 사람의 공격으로 부상당한 사람을 잘 치료하고 돌볼 수 있어 그들이 사망하는 것을 막게 된다. 결국 이렇게 되면 살인으로 끝이 날 범죄가 상해나 살인미수로 되는 것이다.[210]

이 이론이 제안하는 정책은 간단명료하다. 의료수준, 특히 응급구난체계를 향상시키는 것은 사고를 당한 사람의 생명을 구하는데 결정적인 역할을 한다. 이것은 더 나아가서 살인을 막는 데에도 이바지를 한다. 그렇기 때문에 정부는 응급구난체계와 의료수준을 크게 향상시켜야 한다. 그러나 의료수준에 관한 이론은 아직까지 경험적 연구가 부족하다. 이것은 아마도 비교적 최근에 등장한 이론으로서 아직 그 논리체계가 제대로 정립되지 않았기 때문인 것으로 보인다. 특히 이 이론을 검증하기 위해서 어떤 의료변인을 사용해야 하는지에 대한 보다 구체적인 조사가 필요하다.

2. 비교범죄학

비교범죄학이란 말은 다양한 의미로 사용될 수 있다. 그러나 여기서는 주로 다른 지역들 사이의 비교연구를 지칭하는 것으로 사용하고자 한다. 그 중에서도 여기서는 국가간의 비교연구에 대한 논의에 초점을 맞추기로 하겠다.

Paradigms," *American Journal of Criminal Justice*, Vol. 16(1992), pp.57~74를 참고할 것.

210) D. Chon, "Medical Resources and National Homicide Rates: A Cross-National Assessment," *International Journal of Comparative and Applied Criminal Justice*, Vol. 34 (2010), pp.97-118.

(1) 비교범죄학의 의의 및 가치

비교범죄학(comparative criminology)은 새로운 이론을 말하는 것이 아니다. 단지 범죄학의 연구에 있어서 비교적 새로운 접근방법을 지칭한다고 할 수 있다. 비교범죄학은 국가끼리의 비교만을 의미하는 것은 아니다. 한 국가 안에서도 다른 지역이나 인종간의 비교연구도 얼마든지 가능하다. 그러나 여기서는 비교적 연구가 많이 되어왔던 국가간의 비교범죄연구를 중심으로 설명하도록 하겠다.

기존의 범죄학은 주로 미국을 중심으로 하여 이루어져 왔다. 또한 그 연구대상도 미국범죄에 주로 국한되었다. 따라서 이런 범죄연구는 미국실정에 맞는 이론을 개발할 수 있을지는 몰라도 미국이외의 다른 국가들에 그대로 적용하기 힘든 점이 있다. 이런 점을 극복하기 위한 것이 세계 여러 국가의 범죄에 대한 비교연구이다. 이런 국가간의 비교연구는 다른 사회의 문화를 비교한다고 해서 '문화간 교차연구'(cross-cultural studies)라고 부르기도 한다. Plog와 Bates는 문화간 교차연구를 일반법칙을 도출하기 위해 비교적 많은 표본의 사회문화체계들을 비교분석하는 것이라고 정의하였다.[211] 한편 Clinard는 "범죄에 대한 사회학적인 연구가 과학적인 일반자료가 되기 위해서는 가설이나 그 연구결과가 특정한 사회에서 특정한 시기에 발생하는 사건들만 연구해서는 안 된다. 그러나 현재의 범죄학연구는 미국에 치중되어 있다."고 비판했다. 즉 비교범죄연구가 필요한 이유는 과학적 지식이 시간과 공간을 초월해서 일반화할 수 있어야 하기 때문이다. 특히 국가간의 비교연구는 거시적인 관점에서 범죄에 대한 연구를 가능하게 해준다.[212]

(2) 국제범죄통계자료

이 세상에는 다양한 범죄가 존재한다. 그러나 국가간의 비교연구에 있어서 살인이외의 다른 범죄를 이용한 경우는 드물다. 그 이유는 살인은 고의로 사람의 생명을 빼앗는 행위로서 다른 범죄들에 비해 비교적 그 개념이 명확하기 때문이다. 그러나 살인이외의 다른 범죄들에 대해서는 국가들마다 형법상의 개념정의가 차이가 많이 난다. 예를 들면 강도를 어느나라는 강력범죄로, 또 어떤 나라들은 재산범죄로 분류하고 있다. 강도는 다른 사람을 위협하여 재산상의 이득을 취하는 것이다. 즉 강도는 실질적으로는 강력범죄와 재산범죄의 두가지 속성을 동시에 가지고 있기 때문에 그런 일이 발생한다.

---

211) Don Soo Chon, *op. cit*, p.5.
212) *Ibid*, p.6.

기존의 비교범죄학자들은 범죄통계자료를 각 국가로부터 직접 수집하기 보다는 국제기구가 그 회원국으로부터 수집한 통계자료를 간접적으로 이용하여 왔다. 그것은 언어가 다른 여러 국가들로부터 따로 통계를 수집하는 것은 많은 시간이 소요가 될 뿐만 아니라, 기술적으로도 어려운 일이기 때문이다. 그 동안 범죄학자들이 주로 사용하여 왔던 대표적인 국제범죄통계자료는 인터폴(Interpol)이 매년 발행하는 「국제범죄통계」(*International Crime Statistics*)이다. 인터폴은 그 회원국들로부터 자료를 받아서 정리하여 매년 통계자료를 발행하고 있다. 인터폴자료는 세계 각 국가들의 경찰청으로부터 수집한 경찰통계이다. 이 통계자료는 살인(murder), 성범죄(sex offenses), 강간(rape), 가중폭행(serious assault), 절도(theft), 특수절도(aggravated theft), 강도와 폭력적인 절도(robbery and violent theft), 무단침입(breaking and entering), 차량절도(theft of motor cars), 기타절도(other theft), 사기(fraud), 위조지폐제작(counterfeit currency offences), 그리고 마약범죄(drug offences) 등으로 구분하고 있다. 인터폴은 국가별로 범죄유형에 대한 다른 개념정의 문제 때문에 각 범죄유형을 두루뭉술하게 구분하고 있다.[213]

이 인터폴 통계는 몇 가지 문제점이 있다. **첫째,** 다수의 회원국들은 정기적으로 인터폴에 보고하지 않는다. 특히 개발도상국들은 통계를 수집할 수 있는 재정과 인력의 부족으로 정확한 집계를 하는데 어려움을 겪고 있다. **둘째,** 어떤 때는 국가의 위상과 명예 때문에 실제보다 범죄발생을 줄여서 발표할 개연성도 있다. **셋째,** 다수의 인터폴 회원국들이 그들의 살인률에 실제로 피해자가 죽은 경우뿐만 아니라 생존한 살인미수까지 살인률에 포함시키고 있다. 따라서 살인미수까지 살인으로 포함시킨 국가들은 그렇지 않은 국가들보다 과장된 살인사건발생률을 보여주게 된다.

인터폴 자료 이외의 또 다른 범죄통계는 세계보건기구(World Health Organization, WHO)가 발행하는 「세계보건연감」(*World Health Statistics Annuals*)이다. 세계보건기구는 인간의 여러 사망원인에 대한 통계자료를 각국의 통계청과 같은 통계수집 기관으로부터 받아서 정리하여 매년 발행하고 있다. 인터폴자료가 경찰통계인데 반해, 세계보건기구의 자료는 인구 및 보건에 대한 기초 자료에 바탕을 둔 것이다. 일반적으로 대부분의 문명화된 국가에서는 관청에 사망신고를 할 때, 의사로부터 발부받은 사망원인에 대한 진단서와 목격자의 진술을 첨부하도록 하고 있다. 만약 의사나 목격자가 타인의 공격에 의해서 피해자가 사망하였다고 진술한 경우에는 그것을 바탕으로 살인으로 구분하는 것이다. 세계보건기구의 자료는 실제 시체의 숫자를 센 것이기 때문에 인터폴 자료보다 좀 더 정확한 자료

---

213) International Criminal Police Organization, *International Crime Statistics*(Paris, France: Interpol, 1993)를 참고할 것.

라고 평가할 수 있다. 그러나 세계보건기구의 자료도 의사와 목격자의 진술에 상당부분 의존한다. 따라서 그들이 실제 일어난 일을 잘못 진술했을 경우에는 정확한 통계자료가 되지 못할 가능성도 있다.

(3) 기존의 연구결과

기존의 국가간 비교연구는 몇 가지 관점과 이론들을 중심으로 발전되어왔다. 이제 여기서는 그런 것들에 대해서 간략히 살펴보도록 하겠다. 우선 범죄학자들이 가장 먼저 관심을 가졌던 것은 경제발전(economic development)에 따른 현대화(modernization)와 살인발생률이 어떤 관계가 있는지를 조사하는 것이다. 이미 전에도 논의한 것과 같이 일찍이 프랑스의 사회학자 Durkheim은 전통적인 농경사회가 산업사회로 발전하면서 사회구성원끼리의 결속력(social solidarity)이 약화되었다고 주장했다. 이런 결속력의 약화는 개인의 행동에 자유를 가져왔다. 이 자유는 한 개인이 범죄를 저지르기 쉽게 만들었다. 이런 Durkheim의 이론을 바탕으로 과연 경제적으로 발전한 나라가 그렇지 못한 나라에 비해서 살인률이 높은지를 조사하였다. 그러나 국제기구의 통계자료를 이용한 대부분의 국가간 비교연구는 경제발전과 살인발생률과의 정적관계를 찾는데 실패하였다.[214] 다시 말하면 한 나라의 경제발전과 살인발생률의 증가와는 관련이 없다는 결과를 얻었다. 이것은 Durkheim의 이론을 약화시키는 결과이다.

Durkheim을 지지하는 학자들의 주장과는 달리, 경제발전은 오히려 살인범죄의 감소를 불러왔다. 사회가 발달할수록 살인범죄는 줄어들었다. 한 가지 흥미로운 연구는 사회가 현대화되면서 살인은 감소하지만, 자살은 늘어난다는 연구결과들이 있다.[215] 이것은 기존에 살인과 자살은 전혀 다른 별개의 현상이라는 주장을 반박하는 결과이다. 다시 말하면, 살인과 자살은 동전의 양면처럼 동일한 동기로 발생하는 두 개의 현상이라고 보는 것이다. Unnithan과 그의 동료들은 사회가 현대화되고 문명화되면서 타인에게 폭력을 쓰는 것은 잘못된 것이라는 사회적 압력이 강해진다고 주장했다. 그 결과 사람들은 폭력을 다른 사람

---

214) Richard R. Bennett, "Development and Crime: A Cross-National, Time-Series Analysis of Competing Models," *The Sociological Quarterly*, Vol. 32(1991), pp.343~363; Matthew R. Lee & William Bankston, "Political Structure, Economic Inequality, and Homicide: A Cross-National Analysis," *Deviant Behavior: An Interdisciplinary Journal*, Vol. 19(1999), pp.27~55; Jerome L. Neapolitan, "Cross-National Variation in Homicide: The Case of Latin America," *International Criminal Justice Review*, Vol. 4(1994), pp.4~22 등을 참고할 것.

215) N. P. Unnithan, Huff-Corzine, L., Corzine, J., & Whitt, H. P., Thecurrentsoflethalviolence:Anintegrated-modelofsuicideandhomicide.. (Albany, NY: State University of New York Press, 1994).

에게 행사하는 대신에 자신을 향하여 방향을 바꾸게 된다는 것이다. 그렇기 때문에 선진국의 국민일수록 살인보다는 자살을 더 많이 선택하게 된다는 것이다. 이런 것들은 실제 경험주의적 자료들에 의해서 상당부분 지지를 받고 있다.

Durkheim의 경제발전이론 다음으로 많은 연구가 되어왔던 것이 비판적 경제이론 (critical economic theory)이다. 이것은 앞에서 논의했던 Marx계열의 사회주의 범죄학과도 밀접한 관련이 있다. 특히 국가간 비교연구에 있어서는 한 국가국민들 사이에 경제적 불평등이 심화되면 될 수록 소외계층의 좌절이 발생한다는 가설을 설정할 수 있다. 결국 가지지 못한 계층의 좌절은 분노로 이어지고 이것은 살인을 비롯한 범죄행위를 유발할 수 있다는 논리이다. 비교범죄연구에 있어서 경제적 불평등은 주로 개인수입 불균형으로 측정되었다.216) 이 비판적 경제이론은 경험적 연구를 통해서 가장 많은 지지를 받고 있다.217)

세 번째로 비교범죄학자들이 관심을 가진 것은 폭력하위문화이론(cultural theory)이다. 이런 폭력하위문화가 한 나라의 높은 살인발생률을 설명할 수 있다고 보는 것이다. 그 대표적인 학자가 Neapolitan이다. 그는 라틴 아메리카지역에 위치한 국가들이 다른 지역에 비해서 높은 살인률을 보이는 이유가 그 지역의 폭력하위문화 때문이라고 지적하였다. Neapolitan에 따르면 이 지역에는 메치스모(Machismo)라고 불리는 문화가 오랫동안 있어왔다고 주장하였다. '메치스모'는 남성다움을 강조하는 문화로서 여성에 대한 남성의 지배와 공격성을 강조하는 문화라는 것이다. 따라서 이들은 자신들끼리의 갈등을 폭력을 통하여 해결하려고 한다는 것이다.218)

국가간 비교범죄연구는 위와 같은 국제기구의 통계자료를 이용한 방법이외에도 사례를 이용한 연구 등 다양한 방법을 응용할 수 있다. 분명히 비교범죄연구는 한 국가에서만 이루어지는 연구의 한계를 극복할 수 있는 방법이다. 그래서 앞으로도 이런 연구가 계속적으로 진행되어야 한다. 그러나 전에도 언급한 것과 같이 통계자료의 문제에 대한 극복방안이 마

---

216) 경제학에서는 Gini 개인수입불균등계수(Gini-coefficient of income inequality)로서 개인수입의 불균등을 측정한다.

217) William R. Avision & Pamela L. Loring, "Population Diversity and Cross-National Homicide: The Effects of Inequality and Heterogeneity," *Criminology*, Vol. 24(1986), pp.733~749.; Matthew R. Lee & William Bankston, *op. cit.*; Joanne Savage & Bryan Vila, "Lagged Effects of Nurturance on Crime: A Cross-National Comparison," Paper presented at the American Society of Criminology meeting, Boston 등을 참고할 것.

218) Jerome L. Neapolitan, "Homicide Rates in Developing Nations: Result of Research Using a Large & Representative Sample," *International Journal of Offender Therapy and Comparative Criminology*, Vol. 41(1997), pp.358~374를 참고할 것.

련되어야 한다. 그 이유는 이미 기술한 것과 같이 국가별로 각 범죄유형에 대한 개념정의가 차이가 있기 때문이다. 그 밖에도 범죄통계의 수집을 위한 재정과 기술이 국가별로 다르다.[219] Marvin Wolfgang은 이미 오래전에 이런 문제들을 완화시킬 수 있는 방법들을 제시했다. 첫 번째 방법은 인터폴과 같은 국제기구가 각 회원국의 경찰기관에 표준화된 통계기준을 만들어서 배포하는 것이다. 둘째는 법적인 범죄유형의 구분을 없애는 대신에 실제로 발생한 신체적, 물리적, 그리고 재산적 피해를 측정하는 것이다.[220] 그러나 인터폴과 같은 국제기구가 범죄분류를 표준화하여 각 회원국에 제시한다고 하여도 각 회원국들이 그런 기준에 맞추어 범죄를 새롭게 분류하는 것은 대단히 어려운 일이다. 그렇게 하기 위해서는 각 국가들이 법을 새로이 개정해야 할 것이기 때문이다. 법은 한 나라의 역사, 전통, 그리고 그 사회의 특수상황을 반영하는 것이다. 그래서 법적인 개념이 아니라 피해상태에 따라 구분하자고 하는 Wolfgang의 주장은 위와 같은 이유에서 현실성이 없다. 뿐만 아니라 만약 Wolfgang의 주장대로 범죄에 대한 법적구분을 하지 않는다면 범죄를 연구하는 범죄학의 연구영역이 애매모호해질 가능성이 크다.[221] 그렇기 때문에 앞으로 국제범죄통계의 수집과 분석의 발전방안에 대한 연구가 계속되어야 한다.

3. 개인주의이론

전돈수는 개인주의와 범죄와의 관련성을 이론적으로 정립하려는 시도를 하였다. 다음에서는 개인주의와 범죄와의 상관성에 대해서 보다 구체적으로 살펴보고자 한다.

(1) 개인주의와 집단주의의 개념

Geert Hofstede는 문화를 개인주의(individualism)와 집단주의(collectivism)로 구분을 하였다.[222] 한편 개인주의와 집단주의의 개념은 Hui와 Triandis가 잘 설명하였다. Hui와 Triandis는 심리학자들과 인류학자들을 대상으로 설문조사를 하였다. 그 결과 집단주의 사회에 사는 사람들과 개인주의 사회에 사는 사람들은 다음과 같은 몇 가지 중요한 행동양식

219) 전돈수, 「국제기구의 살인발생률 통계자료의 문제점과 극복방안」(용인: 치안연구소, 2003), pp.151~174.
220) Marvin E. Wolfgang, "International Criminal Statistics: A Proposal," *Journal of Criminal Law, Criminology, and Police Science*, Vol. 58(1967), pp.65~69.
221) Piers Beirne & James Messserschmidt, *op. cit*, p.491.
222) Geert Hofstede, *Culture Consequences: International Differences in Work Related Values*(Beverly Hills: Sage, 1989).

의 차이가 있다고 밝혔다. 집단주의 사회에서 사는 사람들은 자신들이 행동을 하기에 앞서서 그 행동이 가져올 수 있는 결과를 염두하고 행동한다. 반면 개인주의 사회에 사는 사람은 개인의 목적달성이 최우선이고 그 행동이 다른 사람에게 가져올 수 있는 결과에 대해서는 무관심하다. 개인주의 사회에 사는 사람은 타인을 생각한다고 하여도 그 범위는 아주 가까운 가족에 국한된다. 반면에 집단주의 사회에 사는 사람은 자신의 행동이 가족뿐만 아니라 가문과 지역사회 전체에 미칠 영향을 생각한다. **둘째,** 집단주의 사회에서는 음식과 같이 서로 필요한 물질을 주고받는다. 반면에 개인주의 사회에서는 자급자족으로 만족한다. 그래서 남에게 의존하는 일은 극히 드물다. **셋째,** 집단주의 사회에서는 남들의 말에 많은 신경을 쓴다. 그래서 다른 사람들의 행동양식과 일치시키기 위해서 노력을 한다. 반면에 개인주의 사회에 사는 사람은 다른 사람의 말에 별로 신경을 쓰지 않고 자신의 가치관에 따라 독자적으로 행동을 한다. **넷째,** 집단주의 사회에 사는 사람들은 체면을 지키는 것을 중요하게 생각한다. 사회규범을 어기는 것은 체면을 손상시키는 것이기 때문에 사회규범을 잘 어기지 않는다. 그러나 개인주의 사회에 사는 사람은 체면을 별로 생각하지 않고 보다 자유롭게 행동한다. **끝으로** 집단주의 사회에 사는 사람은 개인주의 사회에 사는 사람과는 달리 개인의 행동이 자신의 가문과 지역사회에 불명예를 가져올 수 있다는 것을 늘 명심하고 있다.

Harry Triandis와 그의 동료들은 집단주의 사회에서 사는 사람들은 우리 집단(ingroup)의 가치관과 규범을 따르도록 강요를 받는다고 주장하였다. 여기서 '우리집단'의 범위는 가족, 친구집단, 이웃, 그리고 더 나아가서 국가에까지 이를 수 있다고 한다. 그렇기 때문에 집단주의 사회에서 개인은 자신의 목표와 우리집단의 목표 사이에 충돌이 생기면 자신의 목표는 포기하고 집단의 목표를 추구한다는 것이다. 집단주의 사회의 또 다른 특징은 상하의 위계질서가 강하다는 것이다. 반면에 개인주의 사회에서는 개인과 집단사이에는 정서적으로 거리가 멀다. 그러므로 개인주의 사회에서의 개인은 우리집단에 의한 영향을 많이 받지 않는다. 대신에 사회적 성취, 개인적 흥미추구, 그리고 경쟁이 강조된다. 그리고 인간관계도 상당히 평등하다.[223]

(2) 집단주의 국가와 개인주의 국가

집단주의나 개인주의는 한 국가의 특유한 역사적 상황에서 발생하는 것이다. 그것은 특

---

223) Harry Triandis, Robert Bontermpo, & Band Marcelo Villareal, "Allocentric Versus Ideocentric Tendencies: Convergent and Discriminant Validation," *Journal of Research in Personality*, vol. 19(1985), pp.395~415.

별히 그 나라의 종교적 및 철학적인 영향이 크다. 예를 들면 유교의 영향을 받은 중국, 일본, 그리고 한국 등은 집단주의 성향이 강하다고 볼 수 있다. 이와 비슷하게 이슬람 종교는 중동지역의 집단주의 형성에 영향을 미쳤다. 이런 집단주의 사회에서는 개인과 집단이 조화를 이루는 것을 중요하게 생각한다. 이것은 이런 유교문화는 개인이 집단에서 튀는 것을 좋아하지 않는다. 집단주의 사회는 단지 한 개인이 윗사람에게 복종할 것이 강요된다.

위와 같은 집단주의 사회와는 달리, 서구사회는 개인주의가 강조된다. 특히 영국의 영향을 받은 미국과 호주 등도 개인주의 사회라고 볼 수 있다. 미국을 예로 들면 미국은 개척 당시부터 개인주의가 강조되었다. 개인들은 자유의 땅에서 자신들의 행복을 추구할 권리가 보장이 되었다.

(3) 개인주의와 범죄

지나친 개인주의는 자살, 이혼, 아동학대, 정서적 스트레스, 정신이상, 그리고 높은 범죄 발생을 유발할 수 있다.[224] 개인주의에 대한 이해를 돕기 위해 Durkheim의 아노미이론 (anomie theory)을 다시 살펴 볼 필요가 있다. Durkheim은 한 사회가 농경사회에서 산업 사회로 발전하면서 급격한 도시화를 겪는다고 지적하였다. 이런 도시에서 사람들은 분업화 (division of labor)를 통해서만 기능적으로 연결되어 있을 뿐이다. 이런 산업사회에서는 혈연중심의 전통적인 사회에서의 강한 결속력(solidarity)은 찾아보기 힘들다. 그 이유는 집단의 규범이 한 개인을 통제하는 기능이 약화가 되었기 때문이다. 결국 산업사회에서는 한 개인의 행동의 자유가 주어진다. 이것은 한 개인이 범죄를 비롯한 여러 가지 사회문제를 저지르기 쉽게 만든다. 결국 Durkheim의 아노미이론은 산업화와 도시화에 따른 급격한 사회변화가 범죄를 증가시키는 요인이 될 수 있음을 제시했다. 한국도 전통적인 농경사회에서 산업사회로 바뀌면서 범죄가 증가하는 현상을 보였다.

그러나 Durkheim의 아노미이론이 한 가지 보지 못한 것은 개인과 집단의 결속력의 차이는 여러 사회의 문화와 관계가 있다는 사실이다. 예를 들면 일본은 미국과 같이 고도로 산업화된 사회임에도 불구하고 범죄발생률은 상대적으로 많이 낮다. 이것은 산업화가 범죄에 미치는 영향이 국가별로 차이가 있음을 시사해 주는 것이다. 이런 차이는 집단주의와 개인주의 문화의 차이에서 비롯된다. 다시 말하면 일본은 역사적으로 집단주의 성향이 강한 사회이기 때문에 산업화를 겪으면서도 개인주의 사회로 전환하는 것이 상당히 느리다.

Travis Hirschi는 이미 전에 논의한 것과 같이 그의 사회통제이론(social control theory)

---

224) R. Naroll, *The Moral Order*(Beverly Hills: Sage, 1983).

을 통해서 한 개인이 범죄를 저지르려는 본성이 통제되지 않으면 범죄를 저지르게 된다고 주장하였다. 사회통제이론은 한 개인이 범죄를 저지르지 못하게 하는 요인으로 한 개인과 다른 개인 또는 집단과의 결속(social bonds)으로 보았다. 하지만 Hirschi는 이런 결속력이 사회문화에 따라 다르다는 점을 지적하지 못했다. 예를 들면 집단주의 사회인 한국과 일본 에서는 구성원들끼리의 결속력이 강해서 한 개인이 범죄에 대한 유혹을 통제하는 힘이 상 대적으로 강하다. 전에도 지적한 바와 같이 집단주의 사회에서는 한 개인은 자신의 행동이 자신이 속한 집단에 미칠 영향을 생각한다. 그래서 자신의 집단의 명예를 손상시킬 일은 억 제하게 된다. 반면 미국과 같은 개인주의 사회에서는 한 개인과 집단의 결속력이 약하여 범 죄를 통제할 수 있는 힘이 약하다.

개인주의가 범죄와 관계가 있는 것은 범죄에 대한 비공식 사회통제력(informal social control)의 약화와도 관련이 있다. 비공식 사회통제력이란 경찰이나 사법기관에 의한 범죄 통제 이외에 일반사회에 의한 범제통제력을 말한다. 집단주의 사회, 특히 산업화되기 이전 의 사회에서는 한 개인은 자신의 가족, 친구집단, 가문, 그리고 지역사회의 통제를 많이 받 는다. 그래서 웬만한 일은 경찰에 의지하지 않고 지역사회가 자체적으로 사회문제를 해결 한다. 예를 들면 동네 아이가 물건을 훔치면 어른들이 혼을 내준다. 이와는 조금 다른 이야 기이지만 한국에서는 전통적으로 아이가 자다가 오줌을 싸면 켜를[225) 쓰게 하여 이웃에게 가서 소금을 얻어오게 했다. 이것은 아이에게 창피함을 줌으로써 다시는 이불에 오줌을 싸 지 못하도록 하기 위한 일종의 비공식적인 통제방법이다. 비공식적인 방법은 아주 효과적 인 범죄통제의 수단이다. 그러나 개인주의 사회에서는 이런 비공식적인 사회통제력은 상당 히 약해진다. 대부분 경찰과 같은 공식적 사회기관에 의지하게 된다. 그러므로 이런 개인 주의 사회에서 범죄가 보다 많이 발생하게 되는 것이다.

(4) 요 약

개인주의 이론은 개인주의 사회에서 왜 범죄가 상대적으로 많이 일어나는 지를 설명하고 있다. 그 이유는 각 사회별로 집단주의-개인주의 성향이 다르기 때문이다. 즉 개인주의 사 회에서는 한 개인이 다른 개인이나 집단과의 결속력이 약하기 때문이다. 이것은 한 개인이 범죄를 비롯한 사회문제를 좀 더 많이 저지르게 만든다. Durkheim의 아노미이론과 Hirschi 의 사회통제이론이 왜 국가별로 범죄발생률에 차이가 나는지를 설명하지 못하고 있다. 이 런 점에서 개인주의이론은 기존의 범죄학이론을 보충할 수 있는 이론으로 생각이 된다. 그

---

225) 옛날에 한국에서 쌀에서 작은 돌을 골라내기 위해서 쓰던 물건이다.

러나 개인주의이론은 아직 더 연구하고 개발해야할 이론으로 남아있다. 이 이론에 대해서 이론적 및 경험주의적 연구가 좀 더 확대 되어야 한다.

4. 좌 사실주의

좌 사실주의(left realism)는 1980년대 일부 급진주의 학자들이 기존의 Marx계열의 이론을 비판하는 과정에서 등장하였다. 이들은 기존의 Marx계열의 이론을 '좌 이상주의'(left idealism)라고 불렀다. 전통적인 Marx계열의 '좌 이상주의'는 경제적 착취가 하류계층 사람들이 범죄를 저지르게 만든다고 하였다. 즉 범죄는 경제적 착취에 대한 피지배계급의 '저항'(rebel)으로 보았다. 그래서 그들은 범죄문제를 해결하는 길은 '사회 질서의 재편'(changing the social order)으로 보았다. 그러나 Jock Young은 이런 관점은 너무 이상주의적이라고 지적하였다. 그는 기존의 Marx계열의 이론은 하류계층의 사람들에 의한 범죄문제를 너무 단순하게 보았다고 주장했다. 그래서 하류계층에 의해서 저질러지는 범죄문제에 대한 대책의 제시가 미흡하다는 것이다.[226]

위와 같은 Marx계열의 이론에 대한 비판을 토대로 '좌 사실주의'는 다음과 같은 논리를 주장하였다. 재래식 범죄[227]는 근로계층의 사람들에게 심각한 문제이다. 좌 사실주의 학자들은 범죄는 절대적 박탈(absolute deprivation)로 인한 저항으로 범죄가 발생하는 것이 아니라고 한다. 다만 범죄는 반응적, 이기적, 그리고 개인주의적 태도 이외에도 상대적 박탈에 의해서 발생한다. 뿐만 아니라 재래식 범죄는 가난한 자들끼리 싸우게 만드는 결과를 초래한다. 이것은 근로계층 사람들 사이의 결속력을 약화시켜서 지배계층에 대한 투쟁능력을 박탈한다. 재래식 범죄는 이런 부정적 효과를 초래하기 때문에 범죄학자들은 이것을 해결할 대책을 수립해야 한다. 형사사법제도가 점점 더 많은 범죄자를 교도소에 수용하는 것은 범죄에 대한 두려움 때문에 발생하는 감정적인 대응일 뿐이다. 이런 강경대응은 보수적인 정치가, 대중매체, 그리고 법집행기관에 의해서 발생한다.[228] 따라서 범죄자를 감옥에 가두기보다는 사회봉사명령, 범죄피해자의 권리보호와 그들의 피해복구, 그리고 교정시설 밖 처우 등을 대폭 확대시켜야 한다. 또한 경찰과 시민이 합동으로 범죄예방의 노력을 기울여야 한다. 뿐만 아니라 경찰력이 무력에만 의존하는 방식에서 탈피하여 시민을 위해 봉

---

226) Jock Young, *The Failure of Criminology: The Need for a Radical Realism*. In *Confronting Crime*, edited by Roger Matthews & Jock Young(Beverly Hills: Sage, 1986), pp.4~30.

227) 여기서 재래식 범죄는 화이트 칼라범죄와 대조되는 개념으로 사용되었다.

228) Piers Beirne & James Messerschmidt, *op. cit*, p.231.

사하는 기능을 강화시켜야 한다.[229]

5. 평화 만들기 범죄학

평화 만들기 범죄학(peacemaking criminology)은 Harold Pepinsky와 Richard Quinney
가 편저한 「평화 만들기로서의 범죄학」(*Criminology as Peacemaking*)[230]을 통해서 세상
에 알려지게 되었다. 이것은 종교적인 인도주의와 여성인권운동을 가미한 것으로 볼 수 있
다. 평화 만들기 범죄학은 인간이 받는 고통을 줄이기 위해서 범죄를 줄이자는 것이다. 평
화 만들기 범죄학을 옹호하는 범죄학자들은 경제적, 정치적, 그리고 사회적 불평등이 범죄
를 유발한다고 간주하고 있다. 그래서 이들은 '화해'(reconciliation), '갈등해소'(conflict
resolution), '화합'(harmony), 그리고 '지역사회'(community) 등의 용어를 자주 사용한다.[231]
Quinney는 현재 우리의 형사사법제도는 법의 위협과 무력의 사용을 통해서 범죄행위를
억제하려 한다고 주장했다. 다시 말해 형사사법제도의 범죄에 대한 대응은 그 자체가 폭력
이라는 것이다. 그러나 이런 법의 탈을 쓴 폭력은 또 다른 폭력행위를 유발한다. Quinney는
범죄문제를 해결하는 방법은 인간이 겪고 있는 가난, 불평등, 인종차별주의, 그리고 소외와
같은 여러 사회문제의 타파에 있다고 보았다. 달리 말하면 사회정의의 구현이 바로 범죄문
제의 해결과 밀접한 관련이 있다는 것이다.[232] 즉 우리의 형사사법체계는 처벌보다는 범죄
자에 대한 사랑과 관용만이 범죄문제를 해결하는 방법이라고 지적하였다.[233]
평화 만들기 범죄학은 분명히 Marx계열의 범죄학의 영향을 많이 받았다. 평화 만들기
범죄학을 주창한 Richard Quinney 자신 또한 Marx계열의 학자이기 때문이다. 평화 만들기
범죄학자들은 사회적 불평등의 척결을 통한 범죄의 예방을 강조하였다는 점에서 사회운동
적인 성격이 강하다. 뿐만 아니라 평화 만들기 범죄학자들의 주장은 경험적으로 검증하기

---

229) John Lea & Jock Young, *A Realistic Approach to Law and Order.* In *The Political Economy of Crime: Readings for a Critical Criminology* edited by Brian Maclean(Englewood Cliffs, NJ: Prentice-Hall, 1986), pp.358~364.
230) Harold E. Pepinsky & Richard Quinney, *Criminology as Peacemaking*(Bloomington, Ind.: Indiana University Press, 1991)을 참고할 것.
231) Piers Beirne & James Messerschmidt, *op. cit*, p.232.
232) Richard Quinney, *Socialist Humanism and Critical/Peacemaking Criminology: The Continuing Project*, In *Thinking Critically About Crime* edited by Brian D. Maclean & Dragan Milovanovic, (Vancouver, BC: Collective Press, 1997), pp.114~117.
233) Ronald L. Akers, *op. cit*, p.182.

어렵다는 점에서 이론이라기보다는 하나의 철학과 이념이라고 보아야 할 것이다. 그래서 그들의 주장은 왜 사람이 범죄를 저지르는지에 대한 질문에 대답을 줄 수가 없다.[234] 또한 이런 평화 만들기 범죄학이 주장하는 사회적 불평등의 척결은 사회전체를 변혁하는 것을 의미하는 것이다. 따라서 그것을 실질적으로는 성취하는 것은 대단히 어려운 문제이다. 다시 말하면 이런 문제는 형사사법제도가 해결할 수 있는 범위를 넘어선 것이다. 이것은 아마도 인류가 계속해서 추구해 나아가야 할 과제라고 생각된다.

6. 성장과정이론(Developmental Theory)

성장과정이론은 '생애과정범죄학'(Life-Course Criminology)이라고도 불린다. 성장과정이론은 한 개인이 유아시절부터 성인이 되기까지의 모든 과정에 관심을 가진다. 이 이론은 왜 몇 아이들은 다른 아이들에 비해서 더 많이 비행을 저지르는지에 관심을 가진다. 그리고 어린 시절의 어떤 문제점들이 청소년기나 성인이 되었을 때 범죄를 저지르는 원인이 되는지에 대한 연구에 초점을 맞추고 있다. 뿐만 아니라 대부분의 청소년들이 성인이 되면서 범죄를 저지르는 것을 그만두는데 비해 일부 청소년들은 계속해서 직업범죄자로 전락하는지에 대해 관심을 가지고 있다.

이 이론은 여러 가지 요인이 비행을 유발하는 것으로 보고 있다. 그 중에서도 특별히 중요한 요인은 부모의 교육과 가정문제이다. 이런 문제들은 청소년기 초기에 큰 영향을 미친다. 반면 비행동료하고의 관계는 청소년기 후기에 중요한 변수로 작용을 한다.

성장과정이론은 가정과 친구와의 관계를 중요시하였다. 그러나 이런 문제를 가지고 있는 청소년이라고 할지라도 범죄를 저지르지 않는 경우가 많다. 성장과정이론은 한 개인의 성장과정에서 일어나는 여러 가지 일들이 이런 비행에 빠지지 않게 만든다고 주장하였다. 그것의 예로는 좋은 가정교육

---

234) *Ibid*, p.183.

및 학교교육, 그리고 동료집단과의 관계 등이 포함된다. 그렇기 때문에 어린시절에 부모로부터 가혹행위(abuse)를 당했다고 다 비행청소년이 되는 것은 아니다.[235]

1972년 미국 Pennsylvania대학의 Marvin Wolfgang과 그의 동료들은 청소년의 범죄행적을 추적하여 조사하였다. 그 결과 총 조사대상자 9,945명 중에서 6%의 소년들이 전체 비행행위 중 50%이상을 저지른다는 것이 밝혀졌다. 즉 소수가 다수의 비행과 범죄를 저지른다는 것을 알 수 있다. 이런 연구 결과는 우리가 이 6%의 문제 소년들을 조기에 발견하고 교정해야 한다는 것을 알려주고 있다.[236] 한국의 한 연구결과도 위와 같은 미국의 연구결과와 일치한다. 이순래의 연구에 의하면 6%의 소년범들이 전체비행의 44%를 저지르는 것으로 조사가 되었다.[237] 그러나 소년들의 비행은 성장하면서 변화를 보이는 경우가 많다. 그래서 성장과정이론(developmental criminology)이 등장하게 된 것이다. 성장과정이론은 연령변화에 따른 문제행동을 연구하는 것이다.

성장단계에 따른 범죄행위에 대한 연구는 한 개인에 대해서 오랜 기간에 걸친 행동의 변화를 조사할 수 있게 도와준다. Michael Gottfredson과 Travis Hirschi에 의하면 대부분의 비행청소년들은 성인이 되면서 범죄행위를 중단하게 된다고 지적하였다. 이런 현상은 이들이 결혼과 취업을 하면서 두드러지게 나타난다. 이것은 청소년은 결혼과 취업(군입대 포함)으로 인하여 비행친구와 접촉할 기회와 범죄를 저지를 기회가 줄어들기 때문이다. 여기서 범죄학자의 관심은 '왜 청소년기에 사람들은 비행을 많이 저지르게 되는가?'이다.[238] 범죄학자 Moffitt는 청소년기에만 비행을 저지른 집단과 성인이 된 이후에도 범죄를 저지르는 집단으로 구분하여 연구하였다. Moffitt는 청소년기에만 비행을 저지르는 집단은 건강한 소년이 청소년으로 성장하는 과정에서 반사회적 행위를 모방하면서 발생한다고 주장했다. 반면에 평생 범죄자로 사는 청소년은 신경의학적 및 정신적으로 문제가 있는 자들로서 성인이 된 후에 반사회적 성격을 형성하게 된다고 한다.[239]

Robert Sampson과 John Laub는 연령대별로 소년의 행동에 미치는 요인들에 따라서 범죄이론을 구분하였다. 우선 0세부터 10세까지의 아동기에는 부모의 사회계층, 가족규모,

235) Steven E. Barkan, *op. cit*, pp.222~223.
236) Marvin Wolfgang, Robert Figlio, & Tornsten Sellin, *Delinquency in a Birth Cohort*(Chicago, IL: The University of Chicago Press, 1972)를 참고할 것.
237) 이순래, "지속적 소년비행의 원인에 관한 연구: Moffitt의 이질적 비행발생률을 중심으로," 「형사정책연구」 제16호 4호(통권 제 64호, 2005·겨울호).
238) Stephen E. Brown, Finn-Aage Esbensen, & Gilbert Geis, *op. cit*, pp.407~408.
239) T. Moffitt, *Natural Histories of Delinquency*. In E.G.M. Weitekamp & H. Kerner(eds.) *Cross-National Longitudinal Research on Human Development and Criminal Behavior*(Boston, MA: Kluwer Academic Publishers, 1994), p.4.

그리고 부모의 일탈행위 등 사회구조적인 요소가 아동의 행동에 영향을 미친다. 또한 이 시기에는 성격 등 개인적인 차이도 소년의 행동에 영향을 미친다. 한편 10세에서 17세까지의 청소년기에는 가족과 학교친구 등 '사회통제' 및 '사회학습'과 관련된 요인들이 많은 영향을 준다. 그리고 17세부터 32세까지의 초기 성년기에는 취업이나 결혼여부와 같은 '사회결속'과 관련된 요인들이 범죄행위와 관련이 있다.[240] Sampson과 Laub의 이런 이론은 왜 많은 청소년들이 성인이 되면서 범죄행위를 중단하는지를 설명해준다. 왜냐하면 사회구조, 사회통제, 그리고 사회학습에 관련된 요인들은 성인이 된 후에는 범죄에 큰 영향을 미치지 못하기 때문이다. 결국 생애과정범죄학이론은 청소년기의 성장과정이 성인이 된 후의 범죄행위에 어떤 영향을 미치는 지를 설명을 해준다는 장점이 있다.

생애과정범죄이론에서 중요한 세 가지 개념이 있다. 그것은 '활성화 (activation),' '악화 (aggravation),' 그리고 '중지 (desistance)'이다. 활성화는 비행이 어떤 자극에 의해서 시작이 되면 점점 더 자주 비행을 저지르고 한 동안 계속해서 그런 비행을 저지르게 된다. 뿐만 아니라, 이런 과정에서 더 다양한 비행을 체험하게 된다. 둘째 단계는 악화로서 비행이 점점 더 심각한 형태의 범죄로 악화되는 것을 말한다. 끝으로 중지는 비행을 저지르는 빈도가 적어지고, 비행을 저지르는 범위가 좁아지고, 그리고 저지르는 비행의 정도가 약해지는 과정을 말한다. 그래서 생애과정범죄학을 연구하는 학자들은 어떤 요인이 이 세 가지에 영향을 미치는 지를 파악하는데 많은 노력을 기울이고 있다.

David P. Farrington과 Donald J. West는 1951년에 출생한 411명의 소년들의 인생사를 추적해서 조사를 하였는데, 이 연구는 **"케임브리지 연구"**로 널리 알려지게 되었다. 그들은 비행청소년들은 과잉행동장애, 집중력 결여, 그리고 학업부진 등을 보였으며, 반사회적 성격을 가진 아버지, 대가족, 저소득층 가정, 그리고 결손가족에서 성장한 경우가 많았다. 그리고 상습적인 비행소년은 비행소년을 친구로 둔 경우가 많았다. 한편 많은 청소년들이 17-18세 때 가장 많은 비행을 저질렀고 그 이후로는 서서히 비행에서 멀어졌다. 나중에 35세가 되면 대부분은 정상적인 생활을 한다는 것을 발견을 하였다.[241]

한국의 노성호는 성장과정이론을 경험적 연구를 통하여 검증을 하였다. 노성호는 이 이론을 '생애사과정이론'으로 번역을 하였다. 그는 한국의 초등학생과 중학생들의 비행을 한국청소년연구원이 수집한 「한국청소년패널조사」를 이용하여 연구를 하였다. 그 결과 초

---

240) Sampson, R. J. & J. H. Laub. "Turning Points in the Life Course: Why Change Matters to the Study of Crime." *Criminology*, Vol. 31(1993), pp.301~326.

241) D. P. Farrington. "The Twelfth Jack Tizard Memorial lecture: The Development of Offending and Antisocial Behavior from Childhood-key Findings from the Cambridge Study in Delinquency Development," Journal of Child Psychology and Psychiatry, Vol. 360 (1995). pp. 929-964.

등학교시절에는 부모와의 애착과 부모의 감독 등 부모와 관련된 변인들이 비행에 중요한 영향을 미치는 것으로 나타났다. 그러나 중학생이 되면서 비행친구의 존재의 여부 등과 같이 친구나 학교와 관련된 것들이 비행을 저지르는데 보다 큰 역할을 하게 된다. 결국 노성호의 연구결과는 성장과정이론을 뒷받침해 주는 것이다.[242]

미국연방정부의 「소년사법 및 비행방지국은」 (The Office of Juvenile Justice and Delinquency Prevention; OJJDP) 생애과정범죄이론을 바탕으로 비행을 줄이기 위한 여섯 가자의 전략을 마련했다. 그것은 1) 가정이 소년들을 처음으로 가르치는 중요한 역할을 하기 때문에 자녀들에게 제대로 훈육을 시키고 지도를 해 주어야 한다. 2) 학교와 교회와 같은 사회조직을 강화하여 소년들이 비행에 빠질 위험성을 낮추어야 한다. 3) 비행위험이 높은 소년들의 위험요소를 낮추고 반대로 그들을 보호하는 방법을 강구해야 한다. 4) 소년이 비행을 처음 저질렀을 때 즉각적으로 적절한 대처방안을 마련해야 한다. 5) 소수의 폭력성과 상습범 기질을 가진 소년들을 조기에 선별하여 그들의 비행을 통제한다. 6) 폭넓은 처벌 및 처우 방법을 마련하여 비행소년이 자기의 비행에 대해서 적절한 책임을 지게 만든다.

---

242) 노성호, "청소년비행에 대한 생애과정이론과 잠재적 특성이론의 경험적 비교," 「형사정책연구」 제18권 4호 (통권 72, 2007·겨울호).

〈범죄사례연구〉 살인의 축제를 벌인 이단의 종교집단: Charles Manson (1936.11.12–)과 그의 추종자들

성장과정이론가들은 주로 어떤 소년들이 직업범죄자로 전락하는 가? 하는 문제에 관심을 두고 있다. 그 중요한 요인 중에 하나는 몇 살 때 처음 비행을 시작했는가? 하는 것이다. Charles Manson은 이미 어려서부터 범죄의 세계에 깊이 빠져들었다. 그래서 그는 소년원을 자주 드나들었다. 그는 이미 9세가 되던 해에 절도혐의로 소년원에 갔다. 나중에 어른이 되어서는 자신을 추종하는 젊은 여성들을 세뇌시켜서 살인을 뒤에서 교사를 하였다. 피해자는 LA시의 부촌인 할리우드에 사는 사람들이었다. 그것도 아주 잔인한 방법으로 살인을 즐기도록 시켰다. 그는 뛰어난 언변과 마약을 통해서 자신의 추종자들을 자기 마음대로 조종을 하였다. Manson은 자기 아버지가 누구인지도 제대로 모른 채 어린 미혼모에게서 태어났다. Manson을 출산할 때 그의 엄마의 나이는 겨우 16세였다. 그의 어머니는 맥주 한잔에 자신의 아들을 팔정도로 아들에게는 전혀 관심이 없었다. 오히려 아들의 존재를 부담스럽게 여겼다. 그의 엄마는 이 남자 저 남자들과 어울리면서 술독에 빠져서 살았다. 이처럼 Manson의 살인 행위는 한 번에 갑자기 발생한 것이 아니라, 이미 오래된 그의 범죄경력으로부터 예고 된 것이라고 볼 수 있겠다.[243)

7. 후기현대주의

기존의 범죄학자들은 범죄학이 경험과학에 기반을 두어야 한다고 주장하였다. 과학이란 시간과 공간을 초월해서 존재하는 절대적인 진리를 전제로 한다. 그러나 후기현대주의 (postmodernism)는 그런 절대적인 진리의 존재를 부인한다. 다만 진리는 도전받고 해체되어 재편성될 수 있는 것으로 본다. 따라서 후기현대주의자들은 실증주의를 부인하고 주관적인 세계를 인정한다. 즉 확실성이란 없으며 다만 불확실성이 인간의 일상생활에 존재한다고 본다. 그렇기 때문에 범죄에 대한 어떤 이론도 다른 이론보다 우월하지 않다는 것이다. 그 대표적인 학자들이 Henry와 Einstadter이다.[244)

---

243) 전돈수, 「범죄이야기」 (파주: 도서출판 21세기사, 2010), pp. 54~87.

범죄학에 있어서 이런 후기현대주의의 입장을 취하는 것은 본질의 범죄학(constitutive criminology)이다. 이 '본질의 범죄학'은 정치적인 입장을 취하는 것이다. 즉 법은 권력을 가진 자에게 유리하게 제정된다고 보는 것이다. 그 대표적인 학자가 Stuart Henry와 Dragan Milovanovic이다. 그들은 다음과 같은 주장을 하였다.[245] **첫째,** 범죄는 단순히 형법의 표현이 아니다. 대신 범죄는 어느 사람의 의지를 다른 사람에게 강요할 수 있는 권력과 능력일 뿐이다. **둘째,** Henry와 Milovanovic은 기존의 학자들의 범죄원인에 대한 이론을 부인하였다. 다만 이들은 범죄는 인간의 상호작용에 의해서 복잡하게 형성된다고 보았다. 즉 심리적-사회적-문화적 매트릭스(psycho-socio-cultural matrix)와 같이 다양한 요인이 복잡하게 얽혀서 다른 사람에게 위해를 줄 수 있는 매개를 제공한다는 것이다. **끝으로** Henry와 Milovanovic은 범죄를 억제할 수 있는 정책을 제안하였다. 그들은 실제적으로나 잠재적으로 다른 사람에게 피해를 줄 수 있는 인간관계를 광범위하고 주의 깊게 분석하여야 한다고 역설하였다.

위와 같은 후기현대주의자들의 논리를 제대로 이해하기란 대단히 어렵다. 그것은 아마도 후기현대주의가 아직 제대로 체계화되지 않았기 때문일 것이다. 그렇기 때문에 앞으로 후기현대주의가 어떤 식으로 발전해 나갈지를 지켜보아야 할 것이다.

8. 집단 아노미이론과 사회자본이론

Robert Merton의 긴장이론은 한 개인이 겪는 긴장에 초점을 맞춘 개인수준의 범죄이론이다. 그러나 Steven Messner와 Richard Rosenfeld는 이런 긴장이론을 거시론적 이론으로 발전을 시켰다. 이것이 바로 **집단 아노미이론 (Institutional Anomie Theory)**이다. 이들은 미국 사회의 집단 문화의 (institutional culture) 특징을 지나친 물질만능주의와 돈에 대한 집착 (fetishism of money)이라고 보았다. 그 이외에도 "성공 (achievement)"에 대한 지나친 집착이 많은 사람에게 그에 대한 압력을 넣고 (universalism), 이런 것들이 돈을 향해 개인들이 무한경쟁을 벌이게 만든다 (individualism). 이렇게 미국문화가 돈을 성공에 대한 기준으로 삼다가 보니 많은 사람들이 이를 추구하면서 전통적으로 중요한 기관인 가정과 학교가 크게 약화가 되었다. 예를 들면 어머니까지 일자리를 찾아 나선다. 그 결과 아이들

---

244) Stuart Henry & Werner Einstadter, eds. *The Criminology Theory Reader*(New York: New York University Press, 1998), p.417.
245) Stuart Henry & Dragan Milovanvic, "Constitutive Criminology: The Maturation of Critical Criminology," *Criminology*, Vol. 29(1991), pp.293~315.

은 적절한 부모의 돌봄이 없이 자라다 보니 비행에 쉽게 빠지게 된다는 것이다. 즉 사회가 자녀들을 양육하는 전업주부보다는 돈을 버는 엄마를 더 높게 평가한다는 것이다. 이것을 **집단균형에 있어서 경제의 지배** (economic domination in the institutional balance of power)라고 부른다. 부연 설명을 한다면, 미국사회의 돈에 대한 지나친 집착이 사람들이 경제적 소득을 얻기 위하여 자녀 양육에 필요한 가정을 소홀하게 만든다. 그 결과 돈에 대한 지나친 추구를 강조하여 가정과 학교와 같은 전통적인 기관이 약화가 된 것이 범죄발생의 주요 원인이 된다는 것이다. 특히 Messner와 Rosenfeld는 미국이 범죄발생이 많은 것을 집단긴장이론을 이용을 해서 설명을 하였다.[246]

집단 아노미이론과 유사한 면도 있지만, 좀 다른 이론은 **사회자본이론**이다. 사회자본 (social capital)은 사회구성원 사이의 신뢰 (social trust), 사회규범 (social norms), 그리고 시민 및 정치단체에의 참여 (civil and political participation) 등을 포괄하는 개념을 말한다. 이 사회자본이라고 하는 것은 사회구성원들 사이의 사회네트워크를 통해 형성이 된다. 즉 사회자본이 충실한 사회는 구성원들이 서로 신뢰하고 사회규범이 잘 지켜지며, 그리고 시민들이 사회 및 정치단체에의 참여도가 높다. 왜냐하면 이를 통해서 서로 유대관계를 형성하는 건강한 사회가 되기 때문이다. 예를 들면 2007년 Richard Rosenfeld, Eric Baumner 그리고 Steven Messner는 사회신뢰도가 높은 지역이 살인발생률이 낮다는 결과를 발표를 하였다. 노성훈과 이주락이 2012년 발표한 국가간 비교연구에서도 위의 세 가지의 사회자본이 잘 갖추어진 국가가 강도범죄의 발생률이 낮다고 결론을 내렸다.

사회자본이론에 배경을 둔 다른 이론은 **사회지원이론 (social support theory)**이다. 국가가 사회복지제도를 확대를 하여 가난한 사람을 도와주는 것은 사회구성원들 사이의 경제적인 차별을 완화시켜서 사회계층에 관계없이 유대관계를 강화시키고 저소득층의 경제적 긴장을 완화시켜 그들에 의해서 저질러지는 범죄를 예방하는 효과가 있다는 것이다. 따라서 범죄의 예방을 위해서 사회복지정책을 확대해야 한다는 것이다.[247] 사회지원이론은 사회복지정책과 관련이 있으므로 이에 대해서 반론을 제기 하는 연구도 많이 등장을 하였다. 즉 사회복지의 확대가 범죄를 줄이는데 효과가 없다는 연구결과도 발표가 되어 흥미로운 연구대상으로 떠올랐다.

---

246) S. F. Messner & R. Rosenfeld, "Crime and The American Dream," (2007). Belmont, CA: Wadsworth.
247) F. T. Cullen (1994). Social support a an organizing concept for criminology: Presidential address to the academy of criminal justice sciences. *Justice Quarterly*, Vol. 11, 527-559.

9. 범죄이론의 통합

근래의 일부 범죄학자들은 기존의 범죄이론들이 서로 상반되고 경합되는 것이 아니라 서로 보충하고 보완하는 것으로 보려는 시도를 하고 있다. 즉 범죄는 한 가지의 원인과 과정을 통해서만 발생하는 것이 아니라, 여러 가지 원인과 복잡한 과정을 거친다고 보는 것이다. 예를 들면 하위문화이론은 하위계층의 범죄행위를 설명해주고 있지만, 왜 중상류층도 범죄를 저지르는 지에 대한 제시가 부족하다.[248] 이와 비슷하게 Travis Hirschi의 사회통제이론은 범죄행위에 있어서 개인적인 차이를 설명해준다. 즉 왜 어떤 사람은 범죄를 저지르지 않는지를 알려준다. 그 중에서 중요한 것은 사회결속력(social bonds)이다. 그러나 이 통제이론은 왜 어떤 사람들은 전통적인 사회와의 '사회결속력'이 약한지를 설명하지 못하는 단점이 있다.[249]

위와 같은 범죄이론의 통합에 대한 시도 중에 대표적인 것은 개인의 행동을 심리학과 사회학적 이론을 통합하여 설명하려는 것이다. 가장 대표적인 사례는 범죄행위가 발생하는 단계별로 여러 이론들을 동원하여 설명하려는 것이다. 예를 들면 다음과 같은 상황을 가정할 수 있다. A라는 소년은 가정환경이 좋지 않아서 집에 잘 들어가지 않고 친구들과 밖에서 돌아다녔다. 그 결과 A는 초등학교 6학년이 되면서 숙제를 제대로 하지 않기 시작했다. 설상가상으로 A는 고등학교에 들어가면서 술과 담배를 하기 시작했다. 이것으로 인하여 그는 학교에서 정학을 받았다. 물론 그의 성적은 아주 저조했다. A의 주변에 있는 친구들은 A와 비슷한 처지에 있었다. 그리고 그들은 방과 후에 밖에서 빈둥거리거나 파티에 자주 가곤 했다. 한편 그들은 술과 담배를 사기 위해서 남의 물건을 훔치는 일을 시작했다.

위와 같은 A의 성장과정을 여러 가지 범죄이론들을 동원하여 설명할 수 있다. **첫째,** 가정이 가난하고 부모가 제대로 가정교육을 시키지 못했다면 사회통제이론으로서 비행의 초기원인을 진단할 수 있다. 그리고 학교에서의 성적부진과 학교에서 겪는 좌절은 긴장이론의 관점에서 설명할 수 있다. 그 이유는 학교에서 실패를 겪은 A는 주변에서 기대하는 사회적 성공과 자신의 현실 사이에 괴리를 느끼기 때문이다. **끝으로** 자신과 같은 처지에 있는 소년들과 어울리면서 절도와 같은 범죄행위를 저지르는 것은 사회학습이론으로 설명할 수 있다.[250] 왜냐하면 범죄를 다른 친구들로부터 학습하기 때문이다.

여러 범죄이론들을 비교적 체계적으로 통합한 대표적인 사례 중의 하나는 John

---

248) Stephen E. Brown, Finn-Aage Esbensen, & Gilbert Geis, *op. cit*, p.385.
249) *Ibid*, p.386.
250) Stephen E. Brown, Finn-Aage Esbensen, & Gilbert Geis, *op. cit*, p.390.

Braithwaite의 재통합적 수치심이론(theory of reintegrative shaming)이다. 이것은 기존의 낙인이론, 하위문화이론, 기회이론, 통제이론, 차별적 접촉이론, 그리고 사회학습이론을 통합한 것이다.[251] Braithwaite는 수치심(shaming)을 두 가지로 분류하였다. 하나는 낙인적 수치심(stigmatization)으로서 수치를 당한 사람 자신이 일탈행위를 했다는 낙인을 스스로 찍는 경우를 말한다. 이와는 달리 재통합적 수치심은 오히려 수치를 받은 사람이 다른 사람들과 결속을 강화하도록 만들어 준다. 이런 '재통합적 수치심'은 사회규범을 어긴 당사자가 자신의 행동이 잘못되었다는 것을 스스로 깨달았을 때 발생한다. '재통합적 수치심'은 규범을 어긴 사람을 다시 정상적인 생활을 하도록 도와주는 긍정적인 효과가 있다. 결국 '재통합적 수치심'이 많이 발생하면 할수록 범죄발생률이 낮아진다. 반면 '낙인적 수치심'은 범죄발생을 부추기는 효과가 있다.

Braithwaite는 그의 재통합적 수치심이론을 기존의 여러 범죄이론을 통하여 설명했다. 사회결속력이 강한 환경에서 자란 사람은 재통합적 수치심을 받기 쉽다. 그러므로 범죄를 저지를 가능성이 적어진다.[252] 낙인이론과 사회해체이론은 위의 '재통합적 수치심이론'을 설명해 준다. 우선 낙인이론은 '낙인적 수치심'을 설명해준다. 한번 개인이 낙인이 찍히면 하위문화에 빠질 가능성이 커진다. 한번 그렇게 되면 점점 더 범죄를 저지르게 될 가능성이 커진다. 그리고 사회해체이론의 관점에서 보면 도시화에 따른 인구이동이 증가하면 개인들 사이의 의존성이 크게 약화된다. 그렇게 되면 재통합적 수치심이 제대로 이루어지지 못한다. 이렇게 되면 결과적으로 합법적인 성공의 기회가 차단되고 하위문화가 형성된다. 이것은 다시 범죄로 연결이 된다.[253]

다른 한편에서는 생물학, 심리학, 그리고 사회학 등의 여러 범죄이론을 통합하려는 시도가 있다. 생물학적 범죄학(biological criminology)은 주로 유전이 범죄행위에 미치는 영향을 설명하려고 한다. 반면 사회학적 이론들은 주변 환경과 범죄행위와의 관계에 관심을 가졌다. 최근의 일부 생물학 이론은 환경의 영향에도 관심을 가지고 있다. C. Ray Jeffery는 인간의 행동은 일단 부모로부터 물려받은 유전인자에 의해서 영향을 받는다고 주장했다. 그러나 이것은 고정된 것이 아니다. 한 아이가 자라면서 공해물질과 섭취하는 음식과 같은 물리적 환경에 의해서 영향을 받는다. 뿐만 아니라 주변 사람들과 접촉하면서 그들의 행동양식을 학습하게 된다고 주장하였다.[254] 이와 같이 생물학과 사회학을 통합하려는 시도를

---

251) George B. Vold, Thomas J. Bernard, & Jeffrey B. Snipes, *op. cit*, p.303.

252) John Braithwaite, *Crime, Shame, and Reintegration*(Cambridge, U.K.: Cambridge University Press, 1989), p.100.

253) George B. Vold, Thomas J. Bernard, & Jeffrey B. Snipes, *op. cit*, pp.303~304.

254) C. Ray Jeffery, *op. cit*을 참고할 것.

제6장

범죄피해자학의 발달

사회생물학(Sociobiology)이라고 지칭하기도 한다. 이런 용어는 1975년 미국의 생물학자 E. Wilson이 출간한 「사회생물학-새로운 통합」을 통해서 세상에 알려지게 되었다.[255]

    오랫동안 범죄피해자는 범죄학자들의 관심의 대상에서 제외되었었다. 그러나 범죄학자들은 범죄자와 범죄피해자와의 연관성을 연구하면서 범죄피해자에게 관심을 가지기 시작하였다. 다음에서는 범죄학의 일부로 인식되고 있는 범죄피해자학을 간략하게 살펴보고자 한다.

제1절 범죄피해자학의 등장

    범죄학자들은 범죄피해자도 범죄발생과 관련이 있다는 지적을 하였다. 예를 들면 독일의 범죄학자 Hans Von Hentig는 범죄피해자도 범죄를 유발하는데 책임이 있다고 주장하였다. 예를 들면 어리거나 늙고, 약하고, 여성이고, 정신장애가 있는 사람 또는 이민자들이 상대적으로 범죄피해를 많이 당한다는 것이다. 한편 Stephen Schafer는 '기능적 책임'(functional responsibility)을 언급하였다. Schafer는 범죄피해자를 '관계없는 피해자'(unrelated victim), '유발성 피해자'(provocative victim), 그리고 '촉진한 피해자'(precipitative victim) 등으로 구분하였다. '관계없는 피해자'는 범죄발생에 전혀 책임이 없는 피해자를 말한다. 이들은 단순히 운이 없는 피해자일 뿐이다. 둘째, '유발성 피해자'의 경우에는 범인이 단지 피해자의 공격적 행동에 대응한 경우를 말한다. 즉 피해자가 먼저 주먹을 날렸는데 범인이 이에 대항하여 주먹질을 하다가 상대방의 코뼈를 뿌려 트린 경우가 한 예가 될 수 있다. 끝으로 '촉진한 피해자'는 이미 범죄동기를 가지고 있는 범인을 그렇게

---

255) 김상균, 「최신 범죄학」(서울: 양서원, 2004), p.132.

하도록 촉진하는 경우이다. 예를 들면, 한밤중에 우범지역을 걸어서 지나가다가 강간을 당하는 여성이 이에 해당한다고 볼 수 있다.

Marvin Wolfgang은 그의 Philadelphia지역의 살인에 대한 연구에서 전체 살인사건 중 26% 정도는 피해자가 그 발생을 촉진한 책임이 있다고 주장하였다. 한편 Menachem Amir는 1958년부터 1960년 사이의 Philadelphia에서 발생한 강간사건들을 조사한 결과 전체 사건의 19% 정도는 피해자가 그 발생을 촉진했다고 보고하였다. Amir는 그 중에서 특히 여성의 음주가 강간피해의 주된 원인이라고 밝혔다. 여성이 음주를 하게 되면 자기를 방어할 능력을 읽게 된다. 범인은 이처럼 방어능력이 약화된 여성을 선택한다는 것이다. 뿐만 아니라 Amir는 강간의 피해자가 노출이 심한 옷을 입는다거나, 술집에서 늦게 머무는 것을 모두 강간사건을 촉발하는 원인이 된다고 하였다. 심지어 Amir는 여성들이 강간을 당하기를 원한다고까지 주장하였다. 그의 이런 주장은 많은 반향을 일으켰다. 우선 여성들이 술을 많이 먹는 술집에서는 강간사건이 별로 발생하지 않는다. 만약 술이 여성들을 강간의 피해자로 만드는 것이라면 술집과 그 주변에서 강간이 많이 발생하여야 하기 때문이다. 둘째, 일부 강간범들은 사전에 강간을 미리 계획하고 준비한다는 사실이다. 이것은 피해자의 행동이나 옷차림에 관계없이 강간이 발생할 수 있다는 것을 말해준다. 결론적으로 여성이 강간피해를 당하는 것은 피해자가 전적인 책임이 있는 것은 아니다. 다만 그 발생을 촉진한 책임은 경우에 따라서 있을 수 있다.

제2절 여성운동과 범죄피해자학

위와 같이 범죄피해자에게 책임을 돌리는 전통적인 시각에 대해서 여성운동가들은 정면으로 반박을 하였다. 여성운동가들은 여성강간피해자를 오히려 범인처럼 취급해서는 안 된다고 주장하였다. 이런 여성운동의 결과 강간과 가정폭력을 당한 여성들을 위한 쉼터(rape crisis center 또는 shelter for battered women)가 여러 지역에 설치되기 시작하였다. 예를 들면 가정폭력을 당한 여성은 가해자 남편이 아직도 집에 있기 때문에 그곳으로 돌아 갈수가 없다. 쉼터는 이런 여성들에게 무료로 숙식을 제공하고, 때로는 상담서비스도 해주고 있다.

제3절 ▪ 복구사법제도

복구사법제도(Restorative Justice)는 그 동안 소외되었던 범죄의 피해자도 형사사법절차에 참여하게 하여 자신이 입은 물질적·정신적 피해의 일부라도 보상을 받을 수 있도록 하기 위해서 등장하였다. 이것은 그 동안 형사사법제도가 범인을 검거하여 재판을 거쳐 그를 처벌하는 데에만 치중한 것에 대한 비판으로부터 등장한 것이다. 이것은 범죄피해의 당사자뿐만 아니라 해당 지역사회의 보호도 목적으로 하고 있다. 이런 제도는 호주와 미국 등을 포함한 선진국에서 시도되고 있는 것이다. 그 구체적인 방법의 예는 다음과 같다.

첫째, 범죄 피해자는 범인과 화해를 통해서 물질적·정신적 보상을 받을 수 있다. 한편 범인은 자신이 저지른 범죄가 얼마나 심각한 피해를 입혔는지를 깨닫고 자신의 죄를 회개할 수 있는 기회를 가지게 된다.[256] 이 화해가 성공적으로 이루어지려면 범죄 피해자와 범인이 자발적으로 참여해야 한다. 가장 많이 쓰이는 제도가 아마도 배상(restitution)일 것이다. 이것은 법원이 피고인에게 범죄의 피해자에게 일정한 배상을 하라는 명령을 내리는 것이다. 벌금(fine)이 범인이 정부에 돈을 지불하는 것인데 반해, 배상은 법원을 통해서 범죄피해자에게 지불하는 것이다. 만약 범인이 배상할 능력이 되지 않으면 일을 하면서 돈을 차차로 값을 수 있도록 하기도 한다. 한국도 미국과는 좀 다르지만, 사실 이와 비슷한 것들이 행해지고 있다. 예를 들면 폭행의 가해자가 경찰서에서 피해자에게 치료비 명목으로 일정액의 돈을 주고 합의를 보는 경우이다. 이 경우에 가해자는 피해자가 고소를 취하하는 조건으로 그렇게 한다. 이런 좋은 취지에도 불구하고 많은 범인들이 범죄피해자에게 지불할 능력이 없다는 것이 이 제도가 실효를 거두기 어려운 점이다.

둘째, 배상위원회(Reparation Boards)도 종종 이용되는 제도이다. 범인이 유죄판결을 받고 난 이후에 그 범인의 처우를 판사가 아닌 지역에서 존경받는 인사들이 결정하는 것이다. 이 위원회는 판사와 유죄판결을 받은 범인의 사이에서 중간적인 역할을 한다고 볼 수 있다. 그러나 그 처우의 결정이 배상위원회에서 결정된다는 것이 기존의 사법제도와는 사뭇 다른 제도이다.

셋째, 국가차원에서 범죄의 피해자에게 보상을 해주는 제도가 있다. 현재 미국 50개 주 모두 범죄피해자 보상제도(Victim Compensation Program)를 두고 있다. 이것은 범죄피해

---

256) 임상규, 앞의 논문.

를 입은 사람에게 범죄피해로 인한 개인수입의 중단, 장애의 발생, 살인의 피해자를 위한 장례식비용, 그리고 병원치료비와 정신적 충격으로 인한 후유증을 치료하는 비용을 국가에서 지불하는 제도이다. 이 제도는 재산범죄보다는 강력범죄를 당한 범인을 도와주기 위해서 마련된 제도이다. 그러나 60세 이상의 노인이나 장애인인 성인의 경우에는 재산을 도난을 당한 경우에도 그 재산에 대한 보상을 해준다. 뿐만 아니라 범죄피해자나 경찰을 도우려다가 신체적 피해를 입은 사람도 정부로부터 보상을 받을 수 있다. 이것은 일명 '선한 사마리아인제도'(Good Samaritan)라고 불린다. 이 이름은 성경에서 인용된 것으로서 강도를 당한 사람을 도와준 사마리아인의 선행에서 유래한 것이다. 따라서 이 제도는 범죄의 발생을 막거나 또는 범인을 잡는 것을 도와주다가 부상당하거나 사망한 사람에게도 보상제도를 확대한 것이다. 범죄피해자 보상제도를 두는 논리에는 몇 가지가 있다. 그 중에 하나는 국가가 국민을 범죄로부터 보호해야 하는데, 그것에 실패했기 때문에 범죄의 발생과 피해에 대해 일부 책임이 있다는 것이다. 다른 하나는 국가가 책임차원을 넘어서 인도주의적 차원에서 어려움을 당한 피해자를 도와주어야 한다는 것이다.

플로리다주의 경우에 범죄피해자가 주정부로부터 보상을 받으려면 다음과 같은 요건을 만족시켜야 한다. **첫째,** 특별한 이유가 없다면 범죄의 피해자나 목격자는 범죄발생사실을 알게 된 후 72시간 안에 경찰에 신고하여야 한다. **둘째,** 특별한 사유가 없으면 보상신청을 범죄발생 1년 안에 하여야 한다. **셋째,** 범죄피해자는 경찰과 검찰의 수사에 적극적으로 협조하여야 한다. **넷째,** 범죄피해자는 전과가 없어야 한다. **다섯째,** 피해자는 자신의 피해에 대해서 일부의 책임이 있어서는 아니 된다. **여섯째,** 범죄피해자는 개인보험과 산재보험과 같은 것의 혜택을 받지 못하는 상황에 있어야 한다. 그러나 만약 보험의 혜택을 받더라도 그 치료비가 부족하다면 그 부족한 만큼 보상을 받을 수 있다.

넷째, 재판과정의 투명성의 보장을 위해 그 과정을 일반에게 공개한다.[257] 특히 법원은 재판진행과정에 대한 알권리를 보장해 주는 차원에서 범죄피해자에게 재판을 참관할 수 있도록 해준다. 또한 범인의 인적정보에 대한 접근을 보장해 준다. 뿐만 아니라 법원은 피해자가 사건기록을 열람하고, 심리결과를 통지받고, 그리고 재판에서 범인의 처벌에 대해 개인적인 의견을 진술할 수 있는 기회 등을 보장해 준다.[258] 만약 범인이 교도소에서 탈옥하여 피해자에게 보복의 위험이 발생하는 경우에는 지체 없이 범죄피해자에게 이 사실을 통보해 준다. 그렇지 않더라도 범인이 만기로 교도소를 나오는 경우에도 피해자와 그의 가족

---

257) 윤용규·최종식, 한국 소년사법의 운용실태와 개선방안에 관한 일고찰, 「형사정책연구」, 제11호(2000), pp.51~78.
258) 윤용규·최종식, 앞의 논문.

에게 통보해 주도록 되어 있다.

위와 같이 일반적으로 공개재판의 원리가 대부분의 재판에 적용이 된다. 그러나 성범죄의 경우에는 피해자의 사생활의 비밀을 보호하기 위하여 공개재판의 원리를 적용하지 않을 수도 있도록 하고 있다. 즉 강간과 같은 사건의 경우에는 제한된 인원들만 재판과정을 지켜볼 수 있도록 하고 있다. 뿐만 아니라 성범죄자의 피해자는 범인이 HIV 또는 AIDS를 비롯하여 기타 성병에 감염된 자인지를 알 수 있는 권리가 있다. 이것은 성범죄로 인하여 발생할지 모르는 성병의 전염에 대하여 인지하고 대처할 수 있도록 만든 제도이다.

다섯째, 미국에서 범죄피해자는 범인이 자신에게 입힌 신체적, 재산적, 그리고 정신적 피해 등에 대해서 보호관찰관(probation officer)을 통해서 판사에게 진술서를 제출할 수 있다. 그것은 일명 범죄피해자 충격진술서(victim-impact statement)라고 한다. 판사는 그것을 검토하여 형량을 부과하는데 참고한다.

끝으로 지역사회에 큰 피해를 주는 범죄를 상습적으로 저지른 사람에 대해서는 공익을 위해 그들의 신상을 일반인에게 공개한다. 이와 같은 것은 소위 Megan법이라고 불린다. 1994년 당시 7세였던 Megan Kanka는 같은 동네의 한 성인남자에게 유인을 당하였다. Megan Kanka는 그 성인남자에게 성폭행을 당한 후에 살해되었다. 이 사건은 당시 시민들을 크게 분노하게 만들었다. 왜냐하면 누구도 범인이 아동성폭행의 전과를 가지고 있는 사람이라는 것을 몰랐기 때문이다. 이 사건을 계기로 New Jersey주는 1994년 「성범죄자 등록법」(Sexual Offender Registration Act)을 만들었다. 이 법에 따라서 정부는 성범죄자의 거주지역 주민들에게 그의 전과사실을 공개하도록 하였다. 이것은 그 주역주민들에게 성범죄 전과자에 대한 경각심을 가지도록 유도하기 위한 것이다. 이를 계기로 1996년 미국의 거의 대부분의 주들은 이런 법을 채택하기에 이르렀다.[259] 그 결과 FBI나 각 주립경찰기관의 홈페이지를 보면 성범죄자들의 이름, 주소, 신체크기, 인종, 그리고 죄목 등이 구체적으로 일반인들에게 공개되어 있다. 주소만 컴퓨터에 입력하면 자신의 동네에 사는 성범죄자가 누구인지를 알 수 있다. 그러나 이 법에 대해서 일부에서는 범인의 범죄사실과 거주지역을 일반 시민들에게 공개함으로써 그의 사생활의 자유와 인권을 침해한다는 비판을 하고 있다.

---

259) Sue Titus Reid, *op. cit.*, pp.461~462.

■■■■ 제4절 ■ **범죄에 대한 공포**

　　시민들이 범죄에 대한 두려움을 많이 느끼면 느낄수록 그들의 삶의 질은 저하가 된다. 그래서 범죄피해자학과 관련하여 범죄의 공포에 대한 연구가 활발하게 진행이 되고 있다. **범죄에 대한 공포 (fear of crime)**는 범죄피해를 당할 까 봐 느끼는 심리적 공포를 말한다. 여성과 노인들은 실제로는 범죄피해를 남성과 젊은 사람들에 비해서 적게 당하지만 그들이 가지는 범죄에 대한 공포는 높다. 이것은 범죄학에서는 **"범죄의 공포의 패러독스 (fear of crime paradox)"**라고 한다. 여성과 노인들이 범죄에 대해서 많은 공포를 느끼는 것은 그들이 신체적으로 약하기 때문으로 판단이 된다. 특히 여성은 성폭행에 대해서 늘 잠재적인 위협을 느끼고 있다고 보고 있다.

　　범죄의 공포에 영향을 미치는 요인으로는 이미 언급한 성별과 연령 이외에도 자신이 직접 경험한 범죄, 주변의 다른 사람이나 언론을 통해 들은 범죄사례, 자기가 사는 지역의 범죄발생률, 지역의 청결 및 정리정도 상태, 그리고 지역주민들 사이의 유대관계 등이 지속적으로 연구되고 있다. 즉 자신이 직접 범죄를 당하거나 주변에서 범죄를 당한 사례를 많이들은 사람일수록 공포를 많이 느낀다. 반대로 대체로 지역이 잘 정돈이 되어있고 주민들 사이에 유대관계가 높고 서로 신뢰하는 지역에 사는 주민들은 공포를 적게 느낀다.

■■■■ 제5절 ■ **범죄피해자에 대한 지원**

　　복구사법제도를 소개하면서 이미 범죄피해자를 위한 보상제도를 소개를 하였다. 미국정부는 그 이외에도 범죄피해자를 위한 여러 가지 제도를 마련하고 있다. 우선 주정부나 경찰서에 **범죄피해자지원 전문가 (victim advocate)**가 있어서 범죄피해자를 도와주고 있다. 예를 들면 강간사건 발생 즉시 이들은 경찰과 같이 출동하여 피해자를 진정을 시키고 간단하게 필요한 물품도 지원을 해준다. 필요하면 재판에도 같이 출석해서 충격과 혼란에 빠진 피해자가 심리적으로 안정을 하도록 도와준다. 어린이가 관련된 사건에서는 재판을 위해서 **가디언 제도 (guardian ad litem)**를 두고 있다. 이들은 부모이외의 제3자로서 법률을 잘 이해를 하지 못하는 어린이를 도와준다. 다만 이들은 변호사가 아니며 가디언은 급료를 받는 경우도 있고 그렇지 않은 경우도 있다. 또한 원하지 않는 아기를 출산을 하고 몰래 신생아를 유기하는 것을 방지하기 위하여 **"안전한 천국법 (safe haven laws)"**을 만들어서 출산한 아기를 원하지 않으면 산모에게 이유를 묻지 않고 아기를 정부에서 받아서 입양의 절차를 밟게 한다. 물론 산모의 신원에 대한 비밀도 지켜주고 처벌도 부과하지 않는다. 그 이유는 이 법의 목적이 무고한 신생아의 생명을 보호하기 위한 것이기 때문이다. 그 이외에도 아동납치 사건을 신속하게 해결하기 위해서 **"납치경보제도 (Amber Alert)"**를 두고 있다. 아동납치 사건이 경찰에 접수가 되면 그 지역의 언론을 통해서 신속하게 납치아동의 인상착의를 비롯한 정보를 전파하여 납치사건에 관한 정보를 알고 있는 사람을 찾는 것이다. 그 이유는 납치 사건에서 신속한 대응이 범인을 찾고 납치아동을 구하는데 중요하기 때문이다.

한편 미국은 주마다 형법을 개정하여 강간범죄의 규정과 재판절차에 대해서 피해자를 보호하도록 하도 있다. 이것은 흔히 **강간범죄피해자 보호법 (rape shield law)**이라고 불린다. 전통적으로 강간은 범인이 자신의 성기를 피해자의 성기 안으로 강제로 삽입하는 경우만 포함이 되었으나 많은 주들이 법을 개정하여 다른 폭넓은 성폭력 행위도 강간에 포함시키고 있다. 예를 들면 강요된 오랄 섹스, 물건이나 손가락을 여성의 성기에 삽입하는 것 등이다. 뿐만 아니라 재판과정에서 해당사건과 직접적으로 관계가 없는 피해 여성의 과거 남자관계 등을 묻지 못하도록 하고 있다. 이것은 그 전에는 피고인 측에서 피해여성을 성적으로 문란한 여성으로 몰아서 강간사건이 아님을 간접적으로 증명하려도 시도가 많았기 때문이다.

경찰수사 단계에서도 사건과 직접관계가 없는 것을 피해자에게 질문을 함으로써 피해자는 고통을 겪게 된다. 이와 마찬가지로 언론도 피해자를 피해자로 보지 않고 범죄를 유발한 좋지 않는 사람으로 보도할 때가 종종 있다. 예를 들면 강간의 피해자를 "꽃뱀'으로 몰아세우는 것 등이다. 이것을 범죄학에서는 **"제2차 피해 (secondary victimization)"**라고 한다. 즉 피해자는 범죄에 의해서 1차 피해를 입고 그 이후에 경찰수사, 재판, 그리고 언론에 의하여 2차 피해를 당하는 것이다. 그 이외에도 범인을 재판정에서 직접 대면을 하는 것이 두려운 강간피해자에게 법원에 마련된 별도의 방에서 CCTV를 통해 증언하도록 하게 하는 방법도 이용이 되고 있다. 뿐만 아니라, 강간피해자는 강간범과의 성적접촉으로 HIV나 에이즈가 전염이 될 가능성이 있어서 국가차원에서 무료로 감염여부 검사를 해주고 있다. 끝으로, 정부 차원에서 강간사건의 물증확보를 위해서 **"강간 킷 (rape kits)"**을 마련해 두고 있다. 이것은 병원에서 의사나 간호사에게 강간피해자의 신체에서 범인의 정액을 비롯한 강간 증거물을 어떻게 채집하느냐? 하는 방법에 대한 구체적인 방법을 기술해 놓은 것이다.

범죄대책론과 범죄학의 전망

제 6 장

C·R·I·M·I·N·O·L·O·G·Y

제6장

범죄대책론과 범죄학의 전망

제3, 4, 그리고 5장에서는 주로 범죄의 원인에 관한 다양한 이론들에 대해서 살펴보았다. 이제는 그것을 바탕으로 범죄에 대한 대책에 관해서 논의하려고 한다. 그리고 이어서 현재 범죄학의 과제와 앞으로의 전망에 대해서 살펴보고자 한다. 우선 범죄통제에 대한 이념적 변천을 인류역사를 통해서 간략하게 살펴보고자 한다.

제1절 사회통제

인류의 역사를 통해서 살펴보면 일탈행위와 범죄를 통제하는 주된 방법은 몇 가지로 변화하여 왔다. 그런 통제의 이념은 복수, 범죄억제, 그리고 교정 및 교화의 단계로 발전하여 왔다. 그러나 최근에는 교정 및 교화의 이념에 대한 비판이 일기 시작하였다. 이에 대해서는 앞에서 범죄이론을 논의하면서 살펴보았다. 그러나 범죄대책과 관련하여 여기서 다시 정리해 볼 필요가 있다.

1. 복 수

가장 오래된 형태의 사회통제의 수단은 복수(revenge, retribution, 또는 just desert)이다. 구약성경과 함무라비 법전에 나와 있는 것과 같이 '눈에는 눈, 이에는 이'라는 식으로 복수하는 것이다. 이 시기에는 자기가 당한 만큼 가해자에게 복수를 하는 것이 허락되었다. 흔히 말하는 자력구제(自力救濟)가 인정되었던 것이다. 예를 들면 자신의 가족이 살인을

당했으면 그 가해자를 잡아서 복수했다. 또한 남의 물건을 훔친 자는 그에 상응하는 재화로 돌려주어야 했다. 그 결과 이 시대에는 개인 또는 집단 사이의 갈등은 흔히 무력충돌로 연결되었다. 그러나 이런 개인적 복수는 사회가 발전하면서 더 이상 용납되지 않았다. 이제 국가가 범인을 잡아서 처벌을 하게 된 것이다.

2. 범죄억제

문명이 발달하면서 인류는 단순히 복수의 차원을 넘어서 범제억제(deterrence)를 추구하게 되었다. 이 시기의 범죄억제는 주로 형벌에 의해서 이루어졌다. 이 범죄억제가 복수와 다른 점은 복수가 과거 지향적인데 반하여, 범죄억제는 미래지향적이라는 것이다. 즉 복수는 과거의 잘못된 행위에 대한 대가를 지불하게 하는 것으로 끝난다. 그러나 범죄억제는 형벌을 통하여 미래에 다른 범죄행위가 발생하지 못하도록 하기 위한 목적을 가지고 있다.[1]

위와 같은 범죄억제는 Beccaria(1738~1794)와 Bentham(1748~1832)과 같은 고전주의 범죄학파의 영향을 받은 것이다. 다시 말하면 인간은 이성적이기 때문에 범죄를 저지르면 그에 따라서 처벌이란 고통을 주어서 범죄를 억제해야 한다는 것이다. 처벌은 범제억제의 효과를 기대하는 것 이외에도 자신의 이성적인 선택으로 행한 잘못된 행위에 대한 책임을 묻는 것이기도 하다.[2]

범죄억제를 그 기대되는 대상에 따라 구분하면 일반예방효과(general deterrence)와 특별예방효과(specific deterrence)가 있다. '일반예방효과'는 범죄자를 처벌하여 그 사람 이외의 다른 일반사람들에게 범죄를 저지르지 못하도록 하는 것을 말한다. 한편 '특별예방효과'는 범죄를 저지른 당사자를 처벌함으로써 그가 다시는 그런 행동을 하지 못하도록 억제하는 효과를 말한다. 이처럼 처벌은 범죄행위에 대한 제재를 보여줌으로써 미래의 범죄행위를 억제하기 위한 것이다.

흔히 범죄학자들은 처벌이 범제억제의 효과를 가지기 위해서는 확실성(certainty), 신속성(promptness), 그리고 엄중성(severity) 등의 세 가지 요소가 필요하다고 한다. 즉 경찰은 범인을 반드시 체포하여 처벌을 받도록 해야 한다(확실성). 또한 경찰은 범인을 최대한 빠른 시일 안에 체포하여 재판을 받도록 해야 한다. 신창원이처럼 탈옥한 후에 1년 가까이 도주한 사건이 자주발생 한다면 법이 제대로 집행된다고 보기 어려울 것이다. 그러면 처벌

---

1) C. Ray Jeffery, *op. cit*, p.68.
2) John E. Conklin, *op. cit.*, p.433.

의 범죄억제효과는 기대하기 어려 울 것이다. 끝으로 처벌은 그 죄 질에 맞게 적절히 엄중해야 한다 는 것이다. 만약 흉악한 살인죄를 저지른 사람이 겨우 벌금 100만원 만 내고 풀려난다면 범죄억제효과 를 기대할 수 없을 것이다. 그러 나 무작정 가혹한 처벌을 한다고 해서 범죄의 억제효과가 있는 것

은 아니다. 예를 들어 사형제도가 살인을 예방하는 효과가 있다는 경험적 연구는 드물다. 미국에서의 사형제도를 두고 있는 주들과 그렇지 않은 주들의 살인사건발생률을 통계적으 로 분석한 연구들이 있다. 그 결과 많은 연구들이 사형제도와 사형집행이 살인사건발생과 는 통계적으로 유의미한 관계를 갖지 않는다고 보고하였다.[3] 이에 대해서는 후에 사형제 도의 존폐에 대한 논의에서 보다 구체적으로 살펴보겠다.

　정리한다면 위와 같이 처벌이 신속, 확실, 그리고 엄중하게 부여될 때 범죄의 억제효과가 극대화 될 수 있다고 보는 것이다. 이런 관점에서 본다면 범죄에 대한 주민들의 신고가 신 속하고 정확하게 이루어져야 한다. 이를 바탕으로 경찰은 신속하게 피의자를 체포하여 가 급적이면 조속한 시일 안에 재판을 받을 수 있도록 해야 한다. 그리고 판결이후에는 신속하 게 처벌이 이루어질 수 있도록 해야 한다. 어떤 학자는 범죄억제는 범죄의 유형과 사람에 따라 다른 효과가 있다고 지적한다. 즉 이성적인 판단에 의해서 저질러지는 많은 재산범죄 는 형벌로 인한 범죄억제의 효과를 어느 정도 기대할 수 있다. 그러나 격정범죄는 순간적인 격분에 의해서 저질러지는 것이기 때문에 형벌로 인한 범죄억제의 효과가 미미하다는 것이 다. 사람에 따라서도 범죄억제 효과가 다를 수 있다. 예를 들면 단기적인 만족보다는 장기 적인 만족을 중요시하는 사람에게는 범죄억제 효과가 클 수 있다. 그 이유는 당장 범죄를 통해서 얻을 수 있는 재화보다는 나중에 좋은 직장에 취직해서 월급을 받는 것이 더 큰 이 득이 된다는 것을 인식할 수 있는 사람이라면 범죄를 잘 저지르지 않을 것이기 때문이다. 이에 반해서 당장 눈앞의 이익밖에 생각하지 못하는 사람이라면 형벌의 범죄억제의 효과는 약할 수밖에 없을 것이다. 이와 마찬가지로 스릴을 일부러 즐기는 사람은 범죄행위로 인한 처벌의 가능성에 대해서 두려워하지 않을 것이다.[4]

---

3) *Ibid*, pp.455~456.
4) Stephen E. Brown, Finn-Aage Esbensen, & Gilbert Geis, *op. cit*, pp.198~209.

3. 교정 및 교화

교정 및 교화를 통한 사회통제 모델은 실증주의 범죄학(positivist criminology)의 영향을 받은 것이다. 실증주의 범죄학자들은 고전주의 범죄학자들과는 달리 인간은 그렇게 이성적이지 못하다고 본다. 왜냐하면 인간은 생물학적, 심리학적, 그리고 사회학적 등 여러 요인들에 의해서 이성적인 판단이 제한을 받기 때문이다. 그러므로 범인을 단순히 처벌해서는 범죄예방을 기대하기 어렵다. 범죄자를 단순히 처벌하기보다는 범죄행위를 유발한 원인을 찾아서 그들을 교정 및 치료하여 사회에 복귀시켜야 한다는 것이다.

대부분의 문명화 된 국가에서는 최소한 표면적으로는 교정 및 교화의 이념을 표방하고 있다. 그래서 '감옥'(prison)이란 용어대신 '교도소'(correctional institution)란 말을 더 많이 사용한다. 그리고 단순히 범죄자를 사회에서 격리시키는 것에서 벗어나서 직업교육, 상담, 그리고 술과 마약중독자들을 위한 치료 프로그램 등과 같은 여러 가지 교정제도를 마련하여 실시하고 있다. 한편 법원은 정기형 대신에 부정기형(indeterminate sentence)을 많이 사용한다. 예를 들면 5년에서 10년의 징역형을 선고하는 것이다. 그 이유는 유죄판결을 확정 받은 사람이 교정되는 경과를 보면서 그 기간의 범위 안에서 석방여부를 결정하기 위해서이다. 또한 가석방제도(parole)를 두어서 재소자가 사회로 복귀하여 잘 적응할 수 있도록 도와준다. 이것은 만약에 재소자가 가석방 기간 동안 별다른 문제를 저지르지 않는다면, 완전한 석방을 해주는 제도이다. 이런 교정제도에 대한 자세한 내용은 뒤에 교정제도를 논의할 때 다루도록 하겠다.

제2절 형사사법체계

이제는 범죄대응에 주도적인 역할을 하는 경찰, 법원, 그리고 교정제도에 대해서 알아 볼 필요가 있다. 우선 형사사법체계에 대한 일반적인 구성의 분류에 대해서 논의 하도록 하겠다. 그런 다음 형사사법제도를 개괄적으로 살펴보겠다. 이어서 미국과 한국의 제도를 중심으로 경찰, 법원, 그리고 교정제도를 차례대로 간략하게 살펴보고자 한다.

1. 형사사법체계의 구성

현대의 형사사법체계는 대상자의 연령에 따라 일반형사사법제도와 소년사법제도로 구분할 수 있다. 또한 범죄의 진압을 강조하는 범죄통제모델과 개인의 인권을 존중하는 적법절차모델로도 구분할 수 있다. 이에 대해서 좀 더 자세하게 살펴보도록 하겠다.

(1) 소년사법제도

여기서는 전통적인 소년사법제도가 탄생하게 된 이념적 배경, 전통적인 소년사법제도의 형성, 그리고 전통적인 소년사법제도에 대한 비판 등을 차례대로 살펴보겠다.

1) 전통적인 소년사법제도의 이념적 배경

미국에서 보호주의 소년사법제도가 등장하게 된 중요한 이념적 배경은 다음과 같다. 그것은 소년의 육체적·정신적 미성숙으로 인한 법적책임의 감경, 소년의 교정 가능성, 그리고 '국친사상'(Parens Patriae) 등을 포함한다. 위의 세 가지 이념적 배경을 차례대로 설명하면 다음과 같다.

첫째, 소년은 육체적·정신적 미성숙으로 인하여 옳고 그름을 판단할 수 있는 능력이 부족하다. 그래서 그들은 자신들의 행동이 가져올 결과에 대한 예측능력이 약하다. 그렇기 때문에 그들의 범죄행위에 대한 책임도 감경되어야 한다는 것이 많은 나라에서 일반적으로 받아들여지고 있는 원칙이다.[5]

둘째, 실증주의는 소년사법제도의 등장에 큰 영향을 미쳤다. 19세기 초반까지만 해도 소년 범죄자들은 무거운 처벌을 받았으며 성인들과 동일한 감옥에 수감되었다. 그러나 19세기 후반 실증주의의 등장으로 인해 인간의 행위가 개인이 통제할 수 없는 외부의 환경적인 요인에 의해 결정된다고 보기 시작하였다. 따라서 국가는 범죄인에게 도덕적 책임을 묻기보다는, 그를 범죄인이 되게 한 환경을 개선해야 한다고 보았다.[6] 특히 소년은 아직 배움의 과정에 있으므로 그들의 행동을 교정할 수 있는 가능성이 높다는 것이다.[7]

---

5) Irene Rosenberg, "Leaving Bad Enough Alone: A Response to the Juvenile Court Abolitionists," *Wisconsin Law Review*, Vol. 1(1993), p.163.

6) Randie Ullman, "Federal Juvenile Waiver Practices: A Contextual Approach to the Consideration of Prior Delinquency Records," *Fordham Law Review*, Vol. 68(2000), pp.1329~1369.

7) Steinberg Laurence, "Should Juvenile Offenders be Tried as Adults?," *USA Today*, Vol. 129(2001).

마지막으로는 판사는 국가를 대표해 소년의 아버지와 같은 역할을 해야 한다는 '국친사상'(Parens Patriae)이다. 국가는 아버지로서 역할을 해야 되기 때문에 소년의 생활에 적극적으로 간섭하여 적절한 조치를 취해야한다. '국친사상'은 엄격히 따져 범죄행위라고 보기 어려운 소년의 흡연, 성생활, 학교무단 결석, 그리고 게으름 등의 신분비행까지도 간섭하는 것을 합리화시키는 결과를 가져왔다. 위와 같은 이념들은 결국 소년법원을 민사법원과 유사한 형태로 변형시켰다.

2) 전통적인 소년사법제도의 형성

위와 같은 철학적 및 이념적 배경을 바탕으로 미국 Illinois주는 1899년에 성인을 위한 형사법원과는 독립된 소년법원을 설립하였다. 지금은 미국을 비롯한 많은 국가들이 일반형사사법과는 구별되는 소년사법제도를 가지고 있다.[8] 이런 전통적인 소년사법제도의 특징은 범죄소년의 이익을 최우선적으로 고려하기 때문에 그들의 처벌보다는 교정과 재사회화에 목표를 두고 있다는 것이다. 그 이외의 특징으로는 약식절차의 활용, 부정기형 처분의 확대, 소년법원 및 소년원의 등장, 다이버젼(diversion) 프로그램의 적극 활용, 그리고 소년의 재판과 전과기록의 비밀보장 등이 있다. 여기에서는 그런 특징들을 간략히 논의하고자 한다.

첫째, 소년사법제도는 일반형사사법 절차와는 다른 용어들을 사용한다. 예를 들면 일반형사사법제도는 범죄(crime), 소송(trial), 판결(sentence) 그리고 기소(charge)라는 용어를 사용한다. 그러나 소년사법제도는 이런 것들 대신에 각각 비행(delinquency), 심리(adjudication), 처분(disposition) 그리고 주장(allege) 등을 사용한다.[9]

둘째, 전통적인 소년사법제도에서 판사는 소년 개인이 처한 상황을 고려하여 가장 소년의 이익에 부합하는 판결을 내리도록 하고 있다. 여기서 판사는 법이라는 칼을 든 사람이 아니라 자상한 아버지로서의 역할을 하게 된다.[10] 이것은 결국 범죄소년에 대한 처분을 결정하는데 있어서 판사에게 폭넓은 재량권을 부여하는 결과를 가져왔다.[11] 한편 검사나 소년법원 판사도 가능하면 소년문제에 전문적인 지식이 있는 사람들이 담당할 수 있도록 하

---

8) Randie Ullman, *op. cit.*

9) *Ibid.*

10) Barry Feld, *Criminalizing the American Juvenile Court*, In *Crime and Justice: A Review of Research*, Vol. 17, pp.197~280, edited by Michael Tonry(Chicago: The University of Chicago Press, 1993).

11) Randie Ullman, *op. cit.*

였다. 뿐만 아니라 소년법원 판사는 보통 소년문제에 전문적 지식이 있는 보호관찰관으로부터 조력을 받을 수 있도록 하였다.12)

셋째, 소년사법제도는 성인을 위한 형사사법제도와는 달리 엄격한 법절차를 적용하지 않고 약식절차 및 비공식절차(informal procedure)에 의해서 진행된다.13) 따라서 일반적으로 소년은 변호사 선임권, 증거에 의한 재판, 자기에게 불리한 진술을 거부할 권리, 그리고 반대신문 할 권리 등을 보장받지 못한다.

넷째, 전통적인 소년사법제도는 소년의 치료 및 재사회화를 모토로 가석방, 집행유예, 보호관찰, 그리고 부정기형 등을 적극적으로 활용하게 되었다. 또한 많은 주들이 다이버전(diversion) 프로그램을 통하여 비행소년들에게 교도소가 아닌 사회 안에서 처우를 받도록 하고 있다. 따라서 소년들은 사회봉사명령이나 보호관찰 명령을 받는 일이 많아졌다.14) 미국의 많은 주들은 정부가 설립한 소년원 이외에도 사립수용시설, 대리부모에 의한 보호(foster care), 소년을 위한 목장(youth ranches), 그리고 병영식 캠프(boot camps) 등의 프로그램을 마련하여 시행하고 있다.

끝으로 1960년대 등장한 낙인이론(labeling theory)의 영향으로 소년이 범죄자로 낙인이 찍혀서 직업범죄자로 발전하는 것을 방지하기 위하여 경찰과 법원의 기록 모두에 대한 비밀이 보장되었다. 따라서 재판과정도 비공개로 진행되어서 일반인이 참관할 수가 없다.15)

3) 전통적인 소년사법제도에 대한 비판

최근에 교정 및 교화이념에 바탕을 둔 교정제도는 그 좋은 취지에도 불구하고 실패하였다는 비판을 받고 있다. 그 비판은 형사사법제도도 포함하지만, 특별히 소년사법제도가 많

12) Barry Feld, 1993, *op. cit.*
13) Randie Ullman, *op. cit.*
14) Don Reader, "The Laws of Unintended Results," *Akron Law Review*, Vol. 29(1996), pp.477~489.
15) Barry Feld, 1993, *op. cit.*

은 비판을 받고 있다. 이런 비판은 범죄학자들로부터 보다는 정치가와 일반시민들로부터 주로 발생하였다. 그래서 미국의 일부 주들은 교정 및 교화의 이념을 포기하는 경우도 발생하고 있다.

① 비판의 원인

교정 및 교화의 이념에 바탕을 둔 교정제도에 대한 비판이 등장한 첫 번째 이유는 그 효과에 대한 의심 때문이다. 미국 연방대법원은 켄트사건을[16] 통해서 현재의 교정제도는 재소자를 재사회화시키지 못할 뿐만 아니라 법적절차에 의한 보호도 해주지 못하고 있다고 선언하였다. 이 같은 판결은 전통적인 교정과 교화의 이념에 바탕을 둔 사법제도가 실패하였다는 것을 시인하는 것이다.[17]

전통적인 사법제도가 실패하였다고 비판받는 가장 큰 이유는 계속되는 청소년 비행의 양적인 팽창과 흉악화이다.[18] 지난 10년 동안 소년에 의한 강력범죄가 93%나 증가하였다. 또한 미국 전체 범죄자의 4분의 1가량이 21세 이하의 청소년들이다.[19] 이미 1970년대에 Robert Martinson은 교정 및 교화에 철학적 배경을 둔 각종 교정 프로그램은 모두 재범률을 줄이는데 실패하였다고 보고하였다. Martinson이 조사한 교정 프로그램들에는 집단상담, 심리치료, 사회처분 및 보호관찰 등이 포함되어 있다.[20] 한편 미국 워싱턴주의 재범율을 조사한 한 연구에 의하면 수용시설에서 형 집행을 마감한 소년 총 926명 중 60%가량이 1년 이내에, 그리고 70%가까이가 2년 이내에 다시 범죄를 저질렀다고 한다.[21]

일반인들이 소년범죄를 심각하게 인식하기 시작한 것은 위와 같은 통계와 아울러 언론에 보도된 흉악한 범죄 사건들 때문이다. 예를 들면 여러 명의 흑인소년들이 뉴욕 센트럴 공원에서 조깅하고 있던 한 백인 여성을 윤간(輪姦)하고 살해한 사건이 벌어졌다. 그 결과 연방

---

16) *Kent v. United States*, 383 U. S. 541, 55(1966).

17) Barry Feld, *Criminalizing the American Juvenile Court*, In *Crime and Justice: A Review of Research*, Vol. 17, pp.197~280, edited by Michael Tonry(Chicago, IL: The University of Chicago Press, 1993).

18) Lamar Empey, *American Delinquency: Its Meaning and Construction*(Homewood, IL: Dorsey Press, 1982)을 참고할 것.

19) Randi-Lynn Smallheer, "Sentence Blending and the Promise of Rehabilitation: Bringing the Juvenile Justice System Full Circle," *Hofstra Law Review*, Vol. 28(1999), pp.259~89.

20) Robert Martinson, "What Works? Questions and Answers about Prison Reform," *The Public Interest*, Vol. 35(1974), pp.22~54.

21) John Steiger & Cary Dizon, *Rehabilitation, Release, and Reoffending: A Report on the Criminal Careers of the Division of Juvenile Rehabilitation "Class of 1982"*(Olympia, WA: Department of Social and Health Services, 1991)를 참고할 것.

및 주 의원들은 소년 범죄자에 대한 강력한 처벌을 목적으로 하는 법을 제정하였다.

둘째, 전통적인 소년사법제도를 비판하는 학자들은 교화 및 치료위주의 정책이 소년 범죄자에게 너무 가벼운 처벌을 내려서 소년들이 법의 권위를 무시하게 되었다고 주장하였다. 그들은 일반형사법원의 재판관할권을 소년범죄사건까지 대폭적으로 확대시켜 소년범죄자들에 대한 처벌을 강화할 것과, 심지어 소년사법제도 자체를 전면 폐지할 것을 주장하였다. 이에 대해서는 추후 자세히 논의하기로 하겠다.

셋째, 전통적인 소년사법제도에 대한 또 다른 비판은 소년의 인권보호 측면에서 등장하기 시작하였다. 전통적인 제도는 법원에 너무 많은 재량권을 부여하였으며 비공식적인 (informal) 약식절차를 너무 많이 활용하였다. 그 결과 전통적인 제도는 적법절차(due process of law)에 의한 인권의 보호를 소홀히 하게 되었다.[22)]

위와 같은 비판은 점차 법원의 판결에도 영향을 미쳤다. 1967년 미국 연방대법원은 Gault사건[23)]에서 소년에게도 적법절차에 의한 법적보호를 해주어야 한다고 판결을 내렸다. Gerald Gault라는 소년은 음란전화를 한 혐의로 경찰에 체포되었다. Gault의 변호사는 경찰이 Gault가 가지고 있는 적법절차에 의한 보호를 받을 권리를 박탈하였다고 법원에 이의를 제기하였다. 그 구체적인 내용으로는 경찰이 Gault의 부모에게 그를 체포한 죄명을 알려주지 않았다. 뿐만 아니라 체포 즉시 변호사를 선임할 기회를 주지 않았다. 그 이외에도 경찰은 Gault에게 자신에게 불리한 증언을 거부할 권리를 사전에 고지하지 않았다는 것이다. 법원은 이에 대해서 소년은 변호인이 주장한 것처럼 적법절차에 의한 보호를 받을 권리가 있다고 판시하였다.

위 사건을 담당했던 대법관 Fortas는 판결문에서 다음과 같이 밝혔다.

> 소년법원의 역사를 되돌아 볼 때 법원은 무한정한 재량권을 행사하였다. 그 결과 법원은 법원칙과 절차를 무시하게 되었다. 헌법이 보장한 절차를 무시함으로써 불공정하고 비효율적인 소년사법제도가 되었다. 결국 적법절차의 무시는 제멋대로의 법집행을 가져왔다.

또 하나의 중요한 연방대법원의 판결은 Winship사건이었다. 대법원은 소년사건에 있어서도 일반형사사건과 마찬가지로 범인이 아닐 수도 있다는 합리적인 의심이 없을 정도의 증거(beyond a reasonable doubt)라는 법 원칙을 준수해야한다고 밝혔다.

---

22) Randie Ullman, "Federal Juvenile Waiver Practices: A Contextual Approach to the Consideration of Prior Delinquency Records," *Fordham Law Review*, Vol. 68(2000), pp.1329~1369.
23) *Gault v. United States*, 387 U. S. 1(1967).

1960년대와 1970년대의 위와 같은 일련의 연방대법원의 판결은 기존의 교정 및 교화의 이념에 기초한 소년사법제도를 약화시키는 결과를 초래하였다. 결국 미국 법원은 적법절차를 강조함으로써 소년사법제도를 일반형사사법제도와 유사하게 변화시켰다. 그 이유는 소송절차가 소년의 복지보다는 그의 유죄여부를 판단하는데 치중하게 되었기 때문이다. 이런 변화는 국가가 부모의 입장에서 소년의 이익을 우선적으로 고려해야한다는 전통적인 소년사법제도의 이념을 약화시키는 결과를 가져왔다.[24]

넷째, 신분비행(status offenses)과 같은 경범죄를 저지른 소년이 교정 및 교화라는 미명하에 장기간 처벌을 받는 경우가 다수 발생한다는 사실이다.[25] 다시 말하면 소년보호주의 제도가 아니면 사법제도 안에 들어오지 않았을 소년들이 사법제도에 들어옴으로써 망의 확대(Net-Widening)효과가 발생한다. 결국 한번 사법제도 안에 유입된 소년은 교정을 제대로 받지 못해서 재범자가 되기 쉽다.

다섯째, 전통적인 소년사법제도에 대한 또 다른 비판은 판사가 소년의 죄질보다는 가정형편을 우선적으로 고려하여 처우를 결정하다보니 불공평한 법적용이 발생한다. 즉 판사는 가난한 결손가정 출신의 소년을 차별적으로 교정시설에 많이 수용한다는 것이다. 특히 미국에서는 가난한 흑인소년들이 백인소년들에 비해서 중한 처벌을 받고 있다는 지적이 있다.[26] 1996년과 1997년 사이에 흑인소년은 전체 소년인구(10세~17세) 중 약15% 정도를 차지한 반면, 그들은 경찰에 체포된 소년의 26%가량을 차지하였다. 또한 흑인소년이 교정시설에 수용된 전체인원 중 약 45%를 차지하고 있다.[27] 이것은 흑인소년이 범죄를 많이 저지르기 때문일 수도 있지만, 소년사법제도가 그들에게 차별적으로 대우하는 것일 가능성도 크다. 이 현상은 "만인은 법 앞에 평등해야 한다."는 법원칙에 위배되는 것이다.

끝으로 일부 학자들은 소년범죄와 함께 증가하는 범죄 피해자들에게 적절한 물질적·정신적 보상을 해주어야 한다는 주장을 하고 있다. 그들은 동시에 지역사회를 범죄로부터 보호하는 것에 대해 이전보다 더 관심을 가져야 한다고 주장했다.[28] 이와 같은 '복구사법제도'에 대해서는 이미 자세히 논의하였다.

24) Randie Ullman, *op. cit.*
25) Barry Feld, 1993, *op. cit,*
26) Alvin Cohn, 1999, "Juvenile Justice in Transition: Is There a Future?," *Federal Probation*, Vol. 6(1999), pp.61~67.
27) Brian O'Neill, "Influences on Detention Decisions in the Juvenile Justice System," *Juvenile and Family Court Journal*, Winter(2002), pp.47~58.
28) Randi-Lynn Smallheer, *op. cit.*

〈범죄사례연구〉 고등학교에서 벌어진 대학살: Columbine 고등학교 총기난사사건

중산층이 거주하는 비교적 안전하고 한적한 지역에 위치한 미국의 Colorado주의 Columbine 고등학교에서 1999년에 벌어진 총기 난사 사건은 전 세계에 큰 충격을 주었다. 범인 두 명이 그 학교 학생이었기 때문이다. 범인학생들은 학교에서 다른 학생들에게 왕따를 당한 것으로 알려졌다. 특별히 운동부 아이들에게 왕따를 당한 것으로 보인다. 그들은 사건을 저지르기 전에 인터넷에 학교를 욕하면서 학교를 날려버리겠다는 내용의 글을 올렸다. 그리고 학교에서 과제로 내준 비디오 만들기 프로젝트에서 학교에 들어가서 동료학생들을 무차별적으로 총으로 쏘아 죽이는 장면을 담았다.

그러던 그들은 어느 날 반자동 총기로 무장을 하고, 사제폭발물을 소지한 채 자신이 다니는 학교로 안으로 들어갔다. 그리고 학교에 들어가자마자 닥치는 대로 학생들을 총으로 쏘았다. 그 결과 13명을 사망에 이르게 하고 25명에게 부상을 입혔다. 끝으로 그들은 자신을 향해 총을 쏘는 것으로 살인의 행진을 마무리 했다. 그러나 경찰은 이런 상황을 전혀 예측을 하지 못해서 속수무책으로 당하고 말았다.[29]

이 사건에 대한 책임을 놓고 경찰, 학교, 그리고 범인학생들의 부모 사이에 책임공방이 있었다. 이 사건으로 청소년 범죄에 대한 강력한 처벌과 대책을 요구하는 시민들의 목소리가 커졌다. 뿐만 아니라, 총기규제에 대한 논란을 다시 일으키는 계기가 되었다. 이런 일련의 대형 청소년 범죄들로 인하여 미국은 소년들의 범죄에 대한 처벌을 한층 강화하게 되었다. 결국 이런 변화는 소년사법제도가 성인들을 위한 일반사법제도와 거리를 좁히는 계기가 되었다.

② 비판의 결과

앞에서 언급한 이유들 때문에 최근의 소년사법제도는 성인들을 위한 일반 형사사법제도에 점점 더 가까운 모습으로 변모해가고 있다. 즉 소년사법제도는 소년을 교정 및 치료하고 도와주기보다는 사회의 안전의 보호에 치중하는 방향으로 정책을 바꾸고 있다. 그 결과 범죄소년은 전보다 중한 처벌을 받고 있으며 다른 한편으로는 적법절차에 의한 보호를 받고 있다.[30] 비판의 결과는 다음과 같이 정리할 수 있다.

---

29) 전돈수, 「범죄이야기」 (파주: 도서출판 21세기사, 2010), pp. 103~117.
30) Alvin Cohn, *op. cit.*

첫째, 일부 주들은 소년법을 개정하여 교정 및 교화의 이념에서 사회방호를 강조하는 쪽으로 그 법의 취지를 바꾸었다. 이 소년법 개정은 소년사법제도가 교정 및 교화의 철학에서 처벌위주의 제도로 궤도를 수정하였음을 나타내고 있는 것이다.[31] 다른 말로 바꾸어 말하면 개정된 소년법은 범죄소년보다는 사회 전체의 이익을 우선시한다.[32]

둘째, 전통적인 소년사법제도가 범죄소년에 대해 너무 관대하다는 비판으로 인하여 각 주들은 점점 더 많은 소년들을 형사법원으로 이송하기 시작하였다.[33] 또한 1995년 42개 주들에서는 형사법원으로 이송되어 유죄판결을 받은 소년을 성인 교정시설로 이송하는 것을 허용하였다.[34] 한편 많은 주들은 한번 형사법원으로 이송된 경력이 있는 소년의 추후 범죄행위에 대해서는 죄질을 불문하고 자동으로 형사법원으로 이송하도록 법을 개정하는 추세이다. 이런 결과로 1985년과 1994년 사이에 소년법원에서 일반형사법원으로 이송된 사건이 71%나 증가하였다.[35]

현재 사용되고 있는 소년의 형사법원으로의 이송방법은 크게 세 가지로 구분할 수 있다. 그것은 법규정에 의한 이송(legislative transfer), 검사에 의한 이송(prosecutional transfer), 그리고 법원의 판사에 의한 이송(judicial transfer) 등이다. **첫째,** 법규정에 의한 이송은 일정한 범죄행위를 저지른 소년에 대해서는 형사법원이 자동으로 재판을 관할하도록 법으로 아예 규정하고 있는 경우를 말한다.[36] **둘째,** 검사에 의한 이송은 검사가 소년의 죄질, 연령, 그리고 재범여부 등을 고려하여 형사법원이나 소년법원 중 선택하여 기소를 결정하는 것이다. 현재 미국의 주들은 검사에 의한 이송제도를 점점 더 선호하고 있다. **끝으로,** 판사에 의한 이송여부의 결정은 소년법원 판사가 소년에 관한 여러 가지를 종합적으로 심사하여 결정하는 것이다. 그 결과 최근의 이송결정은 연령보다는 죄질을 더욱 중요시한다.[37] 한편 미국 23개주들은 역이송제도(reverse waiver)를 두고 있다. 이 제도는 일반형사법원 판사가 이송된 소년사건을 심사하여 자신들이 다루기가 적당하지 않다고 판단하면 소년법

---

31) Alida Merlo, Peter Benekos, & William Cook, "Legislative Waiver as Crime Control," *Juvenile and Family Court Journal*, Fall(1997), pp.1~15.
32) Florida Statue (section) 985.02(3)(West Supp. 1999).
33) Marcy Rasmussen Podkopacz & Barry C. Feld, "Judicial Waiver Policy and Practice: Persistence, Seriousness and Race," *Law and Inequality Journal*, Vol. 14(1995), p.73.
34) Robert Shepherd Jr., "The Rush to Waive Children to Adult Court," *Criminal Justice*, Vol. 10(1995).
35) Randie Ullman, *op. cit.*
36) Jeffrey Butt & Daniel Mears, "Reviving Juvenile Justice in a Get-Tough Era," *Youth and Society*, Vol. 33(2001), pp.169~198.
37) Laurence Steinberg, "Should Juvenile Offenders Be Tried as Adults?," *USA Today*, Vol. 129(2001), pp.34~35.

원으로 되 돌려보낼 수 있는 제도이다.38) 많은 주들은 이런 제도들 중 두세 가지를 적절히 혼합하여 사용한다.39)

셋째, 소년의 죄질과 전과여부만을 기준으로 하여 정기형을 부과하는 추세에 있다. 전통적인 소년사법제도는 소년의 개인적인 특성과 가정환경을 고려하여 그에게 최선의 이익이 될 수 있도록 판결을 내렸었다. 그러나 이제는 많은 주에서는 각종 범죄의 최소한의 강제 의무형량을 정해 놓고 있다.40) 이전에는 소년법원 판사가 임의대로 판결을 내렸으나 이제는 법률로서 판사의 재량권을 제한하고 있는 것이다.41)

이미 알다시피 미국에서 각 주들은 어떤 행위를 범죄로 규정하고 또 그에 대해 어떤 형벌을 부과할 것인지에 대한 고유한 권한을 가지고 있다. 미국 42개주들은 사형제도를 인정하고 있으며 그 중 23개주에서 소년에 대해서도 사형을 시킬 수 있다. 1999년 한 해 동안만해도 73명의 소년들이 사형집행을 기다리고 있다.42) 아직 미성숙한 소년에 대한 사형 제도는 소년의 인권에 대한 침해라는 측면에서 많은 비판을 받아왔다. 하지만 소년범죄의 흉악화로 인하여 소년에 대한 사형제도철폐의 주장은 힘을 얻지 못하고 있다.

근래에 미국이 도입하고 있는 제도는 '삼진아웃제도'(three strikes and you are out)이다. 이것은 만약에 범인이 세번 중요범죄(1년 이상의 징역형에 해당하는 범죄)를 저지르게 되면 가석방의 기회를 박탈하고 최소한 25년의 징역형 또는 종신형까지 부과할 수 있는 제도를 말한다. 이 제도는 미국 Washington주에서 1993년에 최초로 채택되었다.43) 이런 제도를 둔 취지는 강력한 처벌을 통해서 재범을 막겠다는 것이다. 다수의 미국 주들이 이런 제도를 채택하고 있다.

넷째, 소년의 재판기록에 대한 비밀의 보장이 완화되었다. 전통적인 소년사법제도 하에서는 법원은 재판기록에 대한 비밀보장의 원칙으로 인하여 소년의 전과기록을 열람할 수가 없었다. 따라서 법원이 보석이나 최종판결을 내릴 때 필요한 소년에 대한 평가 자료가 부족했다. 또한 일부 학자들은 재판이 비공개로 진행되어 재판의 공정성과 투명성도 보장하기

---

38) Donna Bishop, "Juvenile Offenders in the Adult Criminal Justice System," *Crime and Justice*, Vol. 29(2000), pp.81~168.

39) Alida Merlo, Peter Benekos, & William Cook, *op. cit.*

40) Barry Feld, "Juvenile and Criminal Justice System's Responses to Youth Violence," *Crime and Justice*, Vol. 24(1998), pp.194~220.

41) Thomas Bernard, "Juvenile Crime and the Transformation of Juvenile Justice: Is There a Juvenile Crime Wave?," *Justice Quarterly*, Vol. 16(1999), pp.337~356.

42) Cathleen Hull, "Enlightened by a Humane Justice: An International Law Argument Against the Juvenile Death Penalty," *The University of Kansas Law Review*, Vol. 47(1999), pp.1079~1110.

43) Stephen E. Brown, Finn-Aage Esbensen, & Gilbert Geis, *op. cit*, p.552.

어렵다고 주장했다.[44] 이런 비판의 결과 미국「소년법원 및 가정법원 판사협의회」는 언론, 학생, 소년사법제도에 관심 있는 사람들, 그리고 일반인이 소년법원에서 일어나는 재판과정을 알 권리가 있다고 주장하였다. 이렇게 함으로써 일반인이 소년사건재판을 신뢰할 수 있게 된다.[45]

1997년에 이르러서는 미국의 47개주와 Washington, DC가 범죄소년에 대한 비밀보장의 원칙을 완화하거나 전면적으로 폐지하기에 이르렀다. 그러나 소년의 전과기록에 대한 공개 범위를 어디까지 허용할 것인가에 대해서는 논란이 되고 있다. 즉 법원에서 최종적으로 유죄판결을 받은 부분만을 공개할 것인지, 아니면 경찰에 체포된 것이나 재판기록 전체를 포함할 것인지에 대해서는 의견이 분분하다. 하지만 소년을 제대로 평가하기 위해서는 경찰 기록까지도 모두 포함되어야 한다고 보는 견해가 지배적이다. 그 결과 많은 주들에서 경찰, 검사 그리고 판사들뿐만 아니라 사회복지기관의 직원, 학교 선생님, 범죄피해자 또는 일반 인들도 소년의 경찰과 법원의 기록에 대한 접근이 가능하게 되었다.[46] 한편 일부 형사법원 에서는 성인피고인이 소년이었을 때의 경찰과 법원의 기록을 보석, 기소, 그리고 최종판결 등을 결정할 때 참고하고 있다.[47]

어떤 주에서는 살인, 강도, 강간, 그리고 기타 성폭행 등의 일부 강력범죄를 저지른 소년 의 이름, 현거주지 그리고 범죄사실 등을 일반시민들에게 공개하고 있다.[48] 예를 들면「플 로리다 주립 법집행부」(Florida Department of Law Enforcement, FDLE)는 유아 성추행 범이나 강간범의 구체적인 신원을 자신의 홈페이지에 사진과 함께 공개하고 있다. 이것은 그들의 추가 범죄행위로부터 사회를 보호하기 위한 조치이다.

끝으로 신분비행(status offenses)과 보호가 필요한 소년(children in need of supervision) 에 대해서 소년법원이 재판관할권을 포기하였다. 그 이유는 미국에서는 '신분비행'과 '보호 가 필요한 소년'을 소년법원의 관할로 두는데 대한 비판이 일었기 때문이다. 전에도 지적한 것과 같이 경범죄를 저지른 많은 소년들을 사법제도 안으로 들어오게 함으로써 결국 망의 확대효과(net-widening)를 초래한다.[49] 또 다른 문제는 '신분비행소년'이나 '보호가 필요

---

44) Barry Feld, 1998, *op. cit.*

45) Danielle Oddo, "Removing Confidentiality Protections and the 'Get Tough' Rhetoric: What Has Gone Wrong with the Juvenile Justice System?," *Boston College Third World Law Journal*, Vol. 18(1998), pp.105~135.

46) Office of Juvenile Justice and Delinquency Prevention, *Update on Violence*, Vol. 29(1997).

47) Katherine Federle, "Juvenile Court Abolition: A Look at a Theory of Children's Rights that Accommodates Notions of Power," *Update on Law-Related Education*, Vol. 18(1994), pp.32~36.

48) Danielle Oddo, *op. cit.*

49) Mark Moore & Stewart Wakeling, "Juvenile Justice: Shoring Up the Foundations," *Crime and Justice,*

한 소년'의 처분에 있어서 법원이 결손가정의 출신이나 경제적으로 불우한 소년에 대해 차별적으로 불리한 처분을 내릴 가능성이 증가한다. 이것은 자칫하면 법 앞의 평등원칙을 위반할 우려가 있다.[50] 따라서 일부 학자들은 '신분비행소년'이나 '보호가 필요한 소년'들에 대해서 사법제도가 관여 할게 아니라, 오히려 이들을 민간 사회복지기관들이 보호하도록 놔두어야 한다고 주장한다.

(2) 범죄통제모델과 적법절차모델

형사사법제도를 그 운용하는 방식에 따라서 범죄통제모델(crime control model)과 적법절차모델(due process model)로 구분하여 논의할 수 있다.[51] '범죄통제모델'은 형사사법제도의 운용이 범죄억제에 그 초점이 맞추어진 것을 말한다. 즉 범죄통제모델에 바탕을 둔 형사사법제도의 목표는 범인을 최대한 빨리 체포하는 것이다. 그래서 범인을 신속히 재판을 받게 만들어서 교도소에 가둠으로써 사회에서 격리시키는 것이 목적이다. 이것은 형사사법절차가 자동차 조립공장의 컨베이어 벨트가 움직이는 것과 같이 신속하게 돌아가도록 만든 것이다. 범죄통제모델의 관점에서 보면 범인을 최대한 많이 체포해서 유죄판결을 받도록 하는 것이 효과적인 형사사법체제이다. 범죄통제모델 하에서는 경찰에서의 심문이 법정에서의 재판절차보다 더 중요한 위치를 차지한다. 그래서 경찰은 범죄자를 심문하여 자백을 얻어내려고 많은 노력을 기울인다.

위와 같은 범죄통제모델과는 달리 '적법절차모델'은 피의자의 개인적 권리와 인권보호에 그 초점이 맞추어져 있다. 적법절차모델은 인간이 실수할 수 있다는 것을 전제로 하고 있다. 다시 말하면 경찰은 용의자를 강압적으로 수사하여 무고한 사람을 범인으로 몰 수 있다. 또한 범죄의 증인도 잘못된 기억으로 엉뚱한 사람을 범인으로 지목할 수 있다. 따라서 적법절차모델을 선택한 국가는 이런 인간의 실수로 인한 피의자의 권리침해를 방지하기 위한 여러 가지 장치를 마련하고 있다. 경찰과 검사는 여러 법적인 절차와 장애물을 통과하고 피고인의 유죄를 입증하여야만 그들을 처벌할 수가 있는 것이다. 예를 들면 현행범인 경우를 제외하고는 원칙적으로 영장 없이 피의자를 체포할 수 없도록 되어있다. 뿐만 아니라 경찰이 피의자를 체포할 경우에는 미란다원칙(Miranda Warning)에 따라서 변호사를 선임할 권리와 묵비권을 행사할 수 있는 권리 등을 고지해 주도록 되어있다. 한편 재판과정에서도

Vol. 22(1997), pp.253~301.

50) Barry Feld, 1998, *op. cit.*
51) Sue Titus Reid, *Criminal Justice*, 2nd eds.(New York: Macmillan Publishing, 1990), p.12.

피고인은 변호인을 통해서 자신의 무죄와 법적권리를 주장하도록 하고 있다. 즉 약자인 피고인이 변호사를 선임하여 자신의 유죄를 입증하려는 검사에 대해서 대등한 입장에서 대항하도록 하는 것이다. 이처럼 적법절차모델은 피의자의 인권보호에 치중한다. 그러다 보니 범인을 최종적으로 유죄의 확정을 받게 하기까지는 많은 시간이 소요된다. 적법절차모델은 효율성과 생산성을 강조하는 범죄통제모델과는 달리 제품의 질을 훨씬 더 중요하게 생각한다. 즉 적법절차모델은 그 절차가 더디더라도 무고한 사람을 처벌하는 것을 막는데 더 많은 관심을 가진 형사사법제도라고 볼 수 있다. 결과적으로 적법절차모델을 선택한 국가는 법원이 경찰과 검사의 권력남용을 통제하는 기능을 한다. 그래서 형사사법절차의 중심이 법원에서 이루어지는 재판과정에 있다. 그것은 결국 적법절차모델의 형사사법제도를 선택한 국가에서는 범인을 처벌하기가 상대적으로 어렵다는 것을 의미한다.[52]

실질적인 면에서 보면 범죄통제모델과 적법절차모델은 다음과 같은 중요한 차이가 있다. 범죄통제모델은 범인을 체포할 당시부터 그가 유죄인 것으로 추정한다. 물론 최종 재판결과를 유죄로 예측한다는 뜻은 결코 아니다. 다만 그가 법원에서 무죄판결을 받기 전까지는 그런 점을 염두에 두고 그 사람을 그렇게 대우한다는 뜻이다. 유죄추정은 재판이 시작되기 전에 경찰에 체포되어 수사를 받을 때부터 이미 시작된다. 반면 적법절차모델은 법원에 의해서 최종적으로 유죄판결을 받기 전에는 피고인을 무죄로 추정한다. 그래서 그의 유죄를 입증할 책임은 국가(검사)에게 있는 것이다. 한편 범죄통제모델은 사실관계만으로 피고인의 유죄를 판단한다. 즉 피고인이 해당 범죄사실을 한 것이 사실로 들어날 경우에 그에 따라서 처벌하는 것이다. 반면 적법절차모델은 사실관계의 확인만으로는 범인을 처벌할 수 없다. 예를 들면 경찰이 범죄의 증거물을 불법적인 방법을 통해 획득을 하는 등의 절차상의 법적인 문제가 있었다고 가정할 수 있다.

그런 경우에는 법원은 피고인의 유죄를 인정하지 못한다. 특별히 경찰이 증거물을 수집, 처리, 또는 관리하는데 문제가 있다면 그 증거물은 법원에서 사용되어지지 못한다. 이것은 범인에 대한 불법체포와 불법수색 등이 모두 포함된다. 또한 피고인은 동일한 범죄행위에 대해서 또 다른 별개의 기소와 재판을 받지 않을 권리(double jeopardy)가 있다. 뿐만 아니라 어떤 개인이 범행을 저질렀다고 하더라도 그가 아주 어린 소년이거나 정신이상자일 때는 그 행위에 대한 책임을 면할 수 있다. 이것은 사실관계에서는 유죄이지만 법적인 관계에서는 무죄가 되어서 결국 처벌을 받지 않는 사례가 종종 발생한다는 것을 의미한다.

---

52) Herbert L. Packer, *The Limit of the Criminal Sanction*(Stanford University Press, 1968), pp.149~173.

정리해서 말하면 범죄통제모델은 공공의 안녕과 질서를 우선시하는 것이다. 반면 적법절차모델은 개인의 인권존중을 강조하는 형사사법제도의 운용방식이다. 공공의 질서와 개인의 권리를 동시에 존중하는 정책은 이론적으로는 가능하다. 그러나 공공의 안녕과 개인의 권리를 동시에 존중한다는 것은 실질적으로 대단히 어렵다. 그 이유는 만약에 공공질서를 중시하다 보면 개인의 자유가 침해될 가능성이 커진다. 반면 개인의 자유를 강조하다보면 공공의 안녕과 질서의 유지가 소홀해질 수밖에 없다. 예를 들어 1980년대 전두환 전(前)대통령 시절에는 길거리에 돌아다니는 주거가 일정하지 않은 사람들을 마구 잡아서 청송교도소로 보내기도 했다. 이처럼 서슬이 퍼런 군사정권시절에는 불량배들이 얼씬거리기도 힘들 정도로 범죄가 일시적으로 줄었다. 그러나 이런 극한적인 범죄통제모델은 개인의 인권을 침해하게 된다. 왜냐하면 무고한 시민까지도 억울하게 청송교도소로 끌려가서 모진 고초를 겪어야했기 때문이다. 이와는 반대로 개인의 인권을 존중하여 피의자의 인권보호를 위한 엄격한 절차를 만들어 놓으면, 피의자를 처벌하는 것이 상대적으로 어려워진다. 따라서 공공의 질서유지와 개인의 권리의 존중이라는 두 가지의 이념을 한 사회의 실정에 맞게 적절한 선에서 조정할 수밖에 없다.

위와 같은 범죄통제모델과 적법절차모델로의 분류는 법체계 자체에 의한 구분보다는 경찰, 법원, 그리고 교정제도가 실제로 어떻게 운용되느냐와 관련이 더 많다. 적법절차모델은 미국인들이 북아메리카 식민지를 개척하는 과정에서 본격적으로 확립되기 시작하였다. 미국인들은 유럽에서 자유를 찾아 미국대륙에 왔다. 그러므로 미국인들은 개인에 대한 정부로부터의 간섭을 최소화하려는 제도를 강구하였다. 미국의 영향을 받아 현재 대부분의 문명화된 국가에서는 자신들의 법체계에 적법절차의 원칙을 반영하고 있다. 다만 국가별로 차이가 있는 것은 실지로 그것을 어떻게 적용하는가의 문제이다. 예를 들면 한국은 불심검문을 통한 음주운전 단속을 많이 하고 있다. 그러나 미국에서는 이런 식의 단속은 한국보다 드물다. 그 이유는 이런 식의 불심검문은 국민들에게 불편을 초래하고 더 나아가 인권침해의 소지가 있기 때문이다. 한국의 사법부는 로스쿨제도와 배심원제도를 도입하려고 하고 있다. 이것은 공판중심주의를 확고히 하겠다는 의지의 표명이다. 이렇게 된다면 한국은 좀 더 적법절차모델에 가까운 형사사법제도를 가지게 되리라고 예측한다.

[표 6-1] 적법절차모델과 범죄통제모델의 비교

범죄통제모델	적법절차모델
법집행에 있어서 효율성을 증가시켜서 공공의 질서를 유지	개인의 자유와 존엄성의 존중
사회와 범죄피해자의 이익이 우선. 범인에 대한 처벌과 범죄억제를 중요시	피의자의 인권존중과 무고한 사람에 대한 잘못된 유죄판결 방지
법집행을 사무적으로 신속히 처리	검사측과 피고인측의 공방을 통한 사법절차의 존중
무죄로 확정 받을 때까지 유죄로 추정	유죄확정 판결을 받기 전까지 무죄로 추정
사실관계만으로 유죄입증이 충분함	유죄는 법과 사실관계에 의해서 동시에 입증이 되어야 함
유죄추정의 원칙에 입각하여 자동차 조립 공장처럼 신속한 사법절차가 진행됨	정부는 피의자(피고인)의 유죄를 입증하기 위해서 많은 법적 그리고 제도적 장애를 극복해야 함
경찰수사 과정에서부터 수사기관의 범죄사실관계의 확인에 대한 높은 신뢰성을 유지	경찰의 수사나 검사의 기소과정에서 인간의 실수나 부패가 개입될 수 있다는 가능성을 인정
피고인은 비공식적으로 플리바게닝(plea-bargaining)을 할 수 있는 기회가 제공됨	재판절차는 일반에게 공개되며 피고인은 재판절차 중에 모든 문제에 대해서 항변과 방어를 할 수 있음
범죄예방이 최우선으로서 효율적인 법집행을 통해 사회에 피해를 주는 자를 사회로부터 격리시킴	피고인이 처한 사회적 환경이 피고인에게 불리하게 작용하지 못하도록 함
법절차에 있어서 정부는 상당한 재량권을 행사함	법절차를 통한 정부의 권한은 제한적임

(3) 형사사법절차의 개관

여기서는 한국과 미국의 형사사법절차를 개괄적으로 설명하도록 하겠다.

1) 한국의 형사사법절차

우선 한국의 형사사법절차를 살펴보겠다. [도표 6-1]을 참고하기 바란다. 범죄가 발생하면 주로 피해자나 현장의 목격자의 신고를 통해 범죄사실을 인지하게 된다. 그러나 많은 범죄가 경찰에 신고 되지 않는다. 그 이유는 다양한데 범죄의 피해가 경미하거나 범인으로부터의 보복이 두려운 때에는 범죄를 목격한 사람이 경찰에 신고를 하지 않는 때도 많다. 성범죄의 경우에는 수치심 때문에 피해자가 경찰에 신고를 하지 않는 경우도 있다. 간혹 경찰이 순찰 중에 현행범을 체포하여 경찰이 시민의 도움이 없이 직접 범죄를 인지하기도 한다.

만일 경찰이 사건을 신고를 받으면 그 사건을 접수한다. 이것을 '입건'이라고 한다. 일반적으로 사건이 입건이 되면 수사가 개시된다. 만약 범인이 현장에서 바로 잡히지 않은 경우에는 범인이 누구인지를 밝히고 그의 신병을 확보하기 위한 수사가 시작된다. 상당수의 사건은 가해자와 피해자가 합의를 하고 사건을 마무리 한다. 예를 들면 폭행의 가해자가 피해자의 치료비를 지불하기로 하고 고소를 취하함으로써 합의를 보는 것이다. 이렇게 되면 사건이 검찰로 송치되지 않고 경찰단계에서 마무리가 된다. 또 범죄의 내용이 경미한 경우는 경찰이 훈방조치를 하기도 한다. 예를 들면 청소년이 소액의 돈을 다른 사람으로부터 훔친 경우가 이에 포함될 수 있다. 특별히 범죄의 피해자가 범인을 처벌하는 것을 원하지 않을 경우에는 경찰은 재량으로 훈방조치로 사건을 마무리하기도 한다. 그 이외에도 경찰은 조세법, 도로교통법, 관세법, 그리고 출입국관리법 등을 어긴 행정범(行政犯)에 대해서 벌금, 과료, 몰수, 그리고 추징금 등을 지불할 것을 조건으로 방면해 주는 조치가 있다. 이것은 비교적 경미한 사건을 정식재판에 넘기는데 드는 번거로움과 비용의 낭비를 막기 위한 제도이다.

어느 정도 중요한 사건은 경찰이 수사를 한 후에 수사보고서와 함께 사건을 검찰에 넘긴다. 검찰은 범죄와 관련된 서류를 경찰로부터 넘겨받으면 이를 접수한다. 검찰은 사건을 접수했다고 하여서 무조건 기소하여 법원에서 재판을 하는 것은 아니다. 검찰은 사건을 심사하여 여러 가지 이유로 인한 불기소처분을 내리기도 한다. 그것에 대표적인 것은 '기소유예', '혐의없음', 그리고 '공소권없음' 등이 있다. 예를 들면 검사의 재량으로 기소를 유예하는 것이다. 이것은 주로 범죄내용이 경미하고 범인이 자신의 죄를 뉘우치고 있는 경우에 많이 사용한다. 검사는 범인이 다시 재범을 하면 기소한다는 경고를 주고 그냥 사회로 복귀를 시키는 것이다. '혐의없음'은 검사는 피고인이 해당사건을 저질렀다는 혐의가 없다고 판단하면 그를 방면하는 것이다. '공소권없음'은 동일한 사건에 대해서 이미 확정판결이 있는 경우, 사면이 있는 경우, 공소시효가 완성된 경우, 범죄가 저질러진 후에 법령의 개폐로 형이 폐지된 경우, 법률의 규정에 의하여 형이 면제된 경우, 피의자에 대하여 재판권이 없는 경우, 동일사건에 대하여 이미 공소가 제기된 경우, 친고죄의 경우 고소가 무효 및 취소된 경우, 반의사불벌죄의 경우에 처벌을 원하지 않는다는 피해자의 요청이 있는 경우, 또는 피의자가 사망한 경우에는 검사는 '공소권없음'을 이유로 기소를 하지 않을 수 있다. 즉 그것은 검사가 공소를 제기할 수 있는 권한이 없는 경우이다.

불기소처분과 다른 것이 있는데 그것은 '기소중지'이다. 예를 들면 범인이 도주하여 신병을 확보하지 못했거나 참고인이 확보되지 않아 수사를 종결할 수 없을 때에는 기소할 수

없다. 따라서 이런 경우에는 그들의 신병을 확보할 때까지 기소를 중지하는 것이다. 만약 피의자가 도주한 경우에는 지명수배를 하게 된다. 그리고 범인이 체포된 때에는 기소를 하게 된다.

범인이 저지른 범죄가 중하거나 도주의 우려 또는 증거를 인멸할 우려가 있다고 판단되는 때에는 법원에 구속기소를 청구한다. 만약 그런 위험성이 없다고 판단되는 때에는 불구속기소를 할 수도 있다. 피해가 비교적 적은 사건인 때에는 검사는 '약식기소'를 이용하기도 한다. 약식기소된 사건에 대해서 판사는 주로 벌금이나 과료와 같은 재산형을 부과한다. '약식기소'란 재산형에 해당하는 범죄를 저지른 피의자에 대해서 법원에 약식절차를 청구하는 것이다. 이런 사건에 대해서 판사는 피고인의 출석 없이 서류만을 심사하여 판결을 내리는 것이다. 위의 것을 종합해 보면 한국의 검사는 기소결정에 있어 상당한 재량권을 행사하는 것을 알 수 있다. 이것을 기소편의주의라고 한다.

한 가지 주목해야 할 것은 검사는 경찰로부터 넘어 온 사건만을 다루는 것이 아니라는 점이다. 검찰은 자신들에게 바로 고소 및 고발된 사건은 직접 수사를 하기도 한다. 검찰은 검사 이외에도 검찰수사직 공무원들을 두고 있다. 검찰이 직접 수사하는 사건은 주로 굵직한 사건들이 많다. 예를 들면 고급공무원, 정치인, 그리고 대기업체 사장 등이 연루된 범죄 등이다.

법원은 약식기소 된 사건을 제외하고는 정식공판절차를 연다. 판사는 검사와 변호인 측의 주장과 증거물 및 증인의 진술을 근거로 하여 법과 양심에 따라 유죄 또는 무죄의 판결을 내린다. 판사가 무죄판결을 한 때에는 피고인은 지체 없이 석방된다. 반대로 피고인이 유죄를 선고받은 때에는 그에 해당하는 형량도 같이 부과하게 된다. 판사는 죄질과 피고인의 사정에 따라 여러 가지 형량을 부과할 수 있다. 죄가 무거운 경우에는 자유형을 그렇지 않은 경우에는 벌금, 선고유예, 집행유예, 보호관찰, 또는 사회봉사명령을 부과할 수도 있다. 피고인이 자유형을 선고받은 때에는 교도소에 주로 수감된다. 선고유예는 피고인의 죄가 비교적 경미하여 선고를 미루는 것이다. 만약 범인이 선교유예기간 동안 특별히 잘못을 저지르지 않으면 형을 면제해 주는 제도이다. 그러나 만약 범인이 다시 범죄를 저지르면 그때는 실형을 부과하게 된다. 형법 제59조는 "1년이하의 징역이나 금고, 자격정지 또는 벌금의 형을 선고할 경우에 양형의 조건을 참작하여 개전의 정상이 현저한 때에는 그 선고를 유예할 수 있다."라고 하고 있다.

집행유예는 3년 이하의 징역 또는 금고의 형을 선고할 경우에 형법 제51조의 내용에 의거하여 "그 정상에 참작할 만한 사유가 있는 때에는 1년이상 5년이하의 기간의 형의 집행을 유예할 수 있다"(형법 제62조). 다만 집행유예기간 동안에 다른 범죄를 저지르거나 일정한 규칙을 어기면 자유형을 받게 될 가능성이 커진다. 유죄를 선고받은 피고인은 판사의 선고에 이의가 있는 경우에는 자신의 선택에 의하여 상급법원에 항소할 수도 있다.

이미 앞에서 언급한바와 같이 자유형을 선고받은 피고인은 교도소에 수감된다. 교도소의 관리는 법무부 산하의 「교정국」에서 담당한다. 교도소 재소자는 일정기간의 복역을 마치고 모범수로 분류된 때에는 만기를 채우기 전에 가석방을 통해 집으로 돌아갈 수 있는 기회가 주어진다. 만약 그 재소자가 별 문제 없이 잔류기간을 채우면 자동적으로 석방이 된다. 가석방의 기회가 주어지지 않은 자는 만기가 되면 석방을 하게 된다. 경우에 따라서는 8.15와 같은 일정한 날에 사면을 받아서 교도소에서 석방되는 경우도 있다.

선고유예나 집행유예를 받은 사람은 보통 보호관찰도 함께 부과되는 사례가 많다. 이런 범인들은 교도소가 아니라 자신들의 집으로 돌아간다. 그러나 그들은 보호관찰공무원의 일정한 통제를 받도록 되어 있다. 새로운 범행을 저지르거나 보호관찰의 규칙을 어기게 되면 자유형과 같이 보다 무거운 형벌을 받을 수도 있다. 이와 같은 보호관찰은 법부무 산하의 「보호국」에서 담당한다. 지역마다 보호관찰소가 있다. 보호관찰소는 사회봉사명령을 받은 범인들의 관리도 담당한다. 이에 대해서는 뒤에서 보다 자세하게 논의하게 될 것이다.

[도표 6-1] 한국의 형사사법제도의 절차(성인)

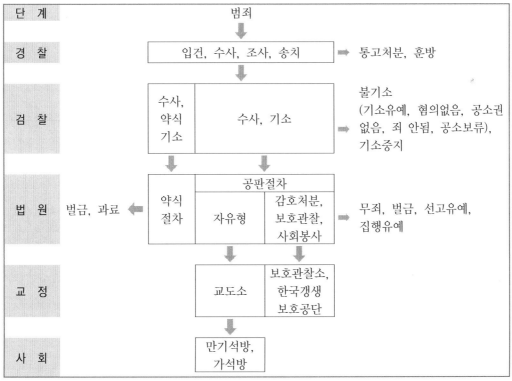

출처 : 이윤호, 「범죄학개론」(서울: 박영사, 2002), p.462.

2) 미국의 형사사법절차

지금까지는 한국의 형사사법절차에 대해서 살펴보았다. 다음에서는 미국의 형사사법절차를 개괄적으로 살펴봄으로써 한국과 비교하는 것도 의미 있는 일이라고 생각한다. 미국의 형사사법절차도 기본 틀은 경찰-검찰-법원-교정으로 이어지는 한국의 형사사법절차와 유사하다. 그러나 미국의 제도는 좀 더 복잡하고 한국이 가지지 않는 제도들도 있다. 경찰은 범인을 체포하면 유치장(jail)에 가둔다. 유치장은 보통 지역의 보안관(sheriff)이 관리한다. 피의자를 유치장에 가두는 절차를 부킹(booking)이라고 한다. 이 과정에서 범인의 사진과 지문을 채취한다.

경찰의 수사를 거쳐 검사가 사건을 접수하면 검사는 기소할 것이지를 결정한다. 미국에서는 경찰, 검찰, 그리고 법원단계에서 다이버젼(diversion)제도를 활용하고 있다. 즉 범인을 정식재판을 통해 유죄판결을 받기 전에 형사사법제도 밖으로 내보내는 것이다. 예를 들면 마약중독자에게 의사를 통해 치료를 받을 것을 조건으로 방면하는 것이다. 이에 대해서는 뒤에서 보다 자세하게 논의하게 될 것이다.

검사가 기소하기로 결정한 경우에는 예비신문(preliminary hearing)을 한다. 이 과정에서 판사는 사건을 기각시킬 수 있다. 예를 들면 죄질이 경미하거나 증거가 불충한 경우 등이 좋은 예이다. 제일 중요한 것은 피의자가 범죄를 저질렀다고 생각할 수 있는 충분한 사유(probable cause)가 있는지를 심사한다. 또 정식재판을 시작하기 전에 경찰유치장에 구금된 피의자에 대한 보석심사(bail hearing)를 한다. 판사는 죄의 경중, 피의자의 도주의 위험, 그리고 증거의 인멸 등의 위험도를 고려하여 보석을 허락할지를 결정한다. 미국은 보석에 필요한 돈을 융자해 주는 회사들이 많이 있다. 만약 범인이 보석금을 갚지 않고 도주하면 일명 보석사냥꾼(bail hunters)을 동원하여 도주자를 추적한다. 다음의 절차는 대배심원(grand jury)에 의한 정식기소에 대한 결정신문(indictment hearing)이다.

대배심원은 직업판사가 아니라, 일반시민들로 구성된 것이다. 대배심원들은 검사와 피고인 측 변호인의 주장을 듣고 정식으로 범인을 기소할 것이지를 결정한다. 만약 대배심원이 불기소 결정을 내리면 피의자는 석방된다. 반대로 대배심원이 기소결정을 내리면 플리바겐닝(plea bargaining)이란 과정을 걸친다. 미국은 이것을 'arraignment'라고 한다. 이 과정에는 검사, 변호인, 그리고 판사 등이 참석한다. 피고인과 그의 변호인은 크게 두 가지의 선택이 있다. 하나는 유죄주장(guilty plea)이고 다른 하나는 무죄주장(not guilty plea)이다. 유죄주장은 자신은 기소된 내용의 범죄를 저질렀다고 인정하는 것이다. 반면 무죄주장은 그렇지 않다는 것이다. 범인이 유죄임을 인정하면 정식재판의 절차를 생략하고 바로 판사에 의

한 선고공판을 하게 된다. 한 통계에 의하면 미국 전체 형사사건의 약 82% 정도가 유죄주장(guilty plea)이 제기된다고 한다. 반대로 무죄 주장을 하면 판사, 배심원, 검사, 그리고 변호인 등이 참여하는 정식재판이 이루어진다.

정식재판에서 배심원들은 심리를 듣고 나서 자기들끼리 토의를 거쳐 최종적으로 피고인의 유죄와 무죄를 결정한다. 이것을 '평결'(verdict)이라고 한다. 물론 무죄평결이 나면 피고인은 바로 석방이 된다. 하지만 유죄평결이 나면 보통 그것을 토대로 판사에 의한 선고공판이 따로 벌어지게 된다.

미국에서의 교정제도는 벌금과 같은 재산형처우를 비롯하여 무척 다양하다. 그러나 그것은 크게 교정시설에 의한 처우와 사회형 처우로 구분할 수 있다. 교정시설에 의한 처우는 교도소가 대표적인 것이다. 반면 사회형처우의 대표적인 것은 보호관찰처분(probation)이다. 범인이 보호관찰처분을 받게 되면 보호관찰 규칙을 잘 지켜야 할 뿐만 아니라, 새로운 범죄를 저질러서는 아니 된다. 만약 그런 일이 발생하면 보호관찰처분의 취소(revocation hearing)를 위한 공판을 열어서 자유형을 포함하는 보다 강력한 처분을 내릴 수 있다. 그러나 요즘은 위의 두 가지를 섞은 중간형처우(intermediate sanctions)도 많이 사용되고 있다. 뿐만 아니라 교도소에 수감되어 일정기간을 복역한 자에 대해서는 가석방(parole)도 많이 사용되고 있다. 이와 같은 교정제도에 대해서는 뒤에서 보다 더 자세하게 다루게 될 것이다.

결론적으로 보면 미국의 형사사법절차는 한국보다 더 복잡하다. 이것은 무고한 사람을 처벌하는 일을 방지하기 위한 안전장치라고 볼 수 있다. 미국은 전체적으로 피의자 개인의 법적권리를 보다 철저하게 보장한다고 볼 수 있다.

2. 경 찰

전에도 논의한 것과 같이 사회가 고도로 발전해서 복잡해지기 전에는 일반 시민들에 의한 비공식적 사회통제가 비교적 원활하게 이루어졌다. 그러나 산업화와 도시화가 급속하게 이루어지면서 시민들 사이의 익명성이 증가하였다. 이제 더 이상 비공식적 통제만으로 범죄에 대응하기에는 역부족이 되었다. 그래서 공식적 통제 수단인 경찰이 등장하게 되었다. 여기서는 이런 경찰의 역사, 조직, 그리고 활동 등에 대해서 간략하게 살펴보도록 하겠다.

(1) 역 사

현대식 경찰이 등장하기 이전에 대부분의 국가에서는 경찰과 비슷한 역할을 하는 기관이 있었다. 영국에서는 12세기경에 치안관(constables)이라는 것이 등장하였다. 이 당시 '치안관'은 월급을 받지 않고 치안업무를 맡았다.[53] 학자들은 1829년 설립된 영국 런던경찰을 현대적인 경찰의 효시로 보고 있다. 이때부터 경찰관은 하나의 직업으로 정착되기 시작하여 급료를 받았다. 당시 초대 런던 경찰서장을 맡았던 Robert Peel경은 자신의 부하들에게 경찰복을 입게 함으로써 시민들에게 경찰의 존재를 알게 했다. 잠재적인 범인에게 경찰의 존재를 알림으로써 범죄를 방지하기 위한 목적이 있었던 것이다. Robert Peel경은 다음과 같은 것들을 내세웠다. **첫째,** 경찰의 제일 중요한 임무는 범죄예방이다. 그 범죄예방의 제일의 수단은 방범순찰이다. **둘째,** 경찰은 시민들로부터 완전한 존경을 받아야 한다. **셋째,** 시민들의 경찰에 대한 존경은 곧 법에 대한 존중의 표현이다. **넷째,** 경찰이 무기를 많이 사용하면 할수록 시민들의 협조를 구하기가 어려워진다. 그러므로 경찰의 무력행사는 최소화되어야 한다. **다섯째,** 경찰은 법을 형평성 있게 집행해야 한다. **여섯째,** 범죄발생의 감소와 질서의 유지가 경찰활동의 성공여부를 결정하는 기준이다.

다음은 미국의 경찰의 역사를 살펴보겠다. 미국의 초기경찰의 역사를 살펴보면 다음과 같다. 식민지시대 초기에는 무법이 활개를 쳤다. 그래서 시민들은 스스로를 보호하기 위해서 각 시와 마을 단위로 자치경찰대를 조직하였다. 그들은 북동부에서는 '파수꾼'(Watchman)으로 불렸다. 한편 남부에서는 '노예순찰대'(Slave Patrols)를 조직하여 노예의 도주를 단속했다. 그리고 시단위에는 경찰과 같은 역할을 하는 '마셜'(Marshal)과 군(county)단위에는 '보안관'(Sheriff)을 두었다.

미국 현대경찰의 출발은 1883년에 창립된 Philadelphia시 경찰로 보는 경우가 많다. 최초에는 25명의 주간 근무경찰관과 120명의 야간근무경찰관들로 편성이 되었다. 나중에 1870년에 이르러서는 미국 대부분의 대도시들이 현대적인 경찰을 창립하였다. 그래서 경찰관들은 정식으로 월급을 받게 되었다. 최초에는 자동차가 보급되기 전이라 경찰들이 도보와 말을 이용하여 순찰활동을 하였다. 초기에는 무장을 하지 않았으나, 범인들이 총기를 사용함에 따라 경찰도 자신들을 보호하기 위해서 총기로 무장하기 시작하였다. 1930년대 들어와서는 자동차, 무전기, 그리고 911시스템의 보급에 따라서 경찰순찰활동의 기동성이 확보되었다. 이로 인하여 경찰활동에 큰 변화가 발생하였다. 즉 911 긴급전화를 통한 경찰

---

53) Sue Titus Reid, *op. cit.*, p.141.

관 배치활동이 자리를 잡는 계기가 되었다.

　미국에서의 직업경찰제도(Police Professionalism)가 확립되기 시작한 것은 20세기로 접어들면서부터이다. 직업경찰제도의 확립에 중요한 역할을 했던 대표적인 인물이 August Vollmer이다. 그는 1905년부터 1932년까지 California주의 Berkeley시의 경찰서장을 역임했다. 그의 가장 큰 업적은 경찰관의 학력수준을 높인 것이었다. 그는 자기 부하들에게 대학교육을 받도록 적극적으로 권장하였다. 또한 Vollmer는 1916년에 서부의 명문 대학 중하나인 버클리 대학(University of California at Berkeley)에 미국 최초로 경찰학(Police Science) 과정을 개설하는 데 중요한 역할을 하였다.

　Vollmer는 1931년에 미국 형사사법제도의 실태와 발전방향에 대한 연구를 담당했던 「위커샘 위원회」(Wickersham Commission)의 책임자 역할을 맡았다.54) 「위커샘 위원회」의 보고서를 보면 당시의 경찰실태를 잘 알 수 있다. 그 보고서가 지적한 당시 경찰의 몇 가지 문제점들을 살펴보면 다음과 같다. **첫째**, 경찰관이 용의자를 수사하는 과정에서 물리적인 힘을 남용한다는 것이다. 경찰관은 자백을 얻어내기 위해 종종 피의자를 고문하였다. **둘째**, 정치적 부정부패가 경찰 안에 널리 퍼져 있었다. 이 당시에는 정치인을 도와주는 대가로 경찰직을 얻기도 하였다. **셋째**, 경찰관의 자질이 좋지 않았다. 경찰관 중에는 전과자도 많았다. 뿐만 아니라 대부분 경찰관들이 저학력자들이란 것이다. 경찰관들 중에서 초등학교만 겨우 마친 경우도 많았다.

　미국정부는 이 보고서를 통해서 당시 경찰의 실태를 정확히 알게 되었다. 이에 대한 대책으로 미국정부는 직업경찰제도의 확립을 추진했다. 이를 위해 다음과 같은 몇 가지 접근방법을 이용하였다. **첫째**, 우선 신임 경찰관을 선발할 때에 보다 엄격한 기준을 마련하였다. **둘째**, 신임 경찰관에 대한 정규교육과 훈련을 강화하였다. **셋째**, 무전기, 전화기, 그리고 자동차의 보급을 통하여 경찰관들끼리의 의사소통을 용이하게 하는 동시에 기동력을 높여 신속한 범죄대응이 가능하도록 하였다.55) 미국 정부는 이런 새로운 정책을 통해서 직업경찰제도를 정착시켜 나갔다. 이제 경찰활동에 있어서 새로운 전기를 맞이하게 된 것이었다.

　위에서는 미국을 살펴보았다. 이제는 한국의 경찰역사를 간략하게나마 되짚어 보고자 한다. 한국은 조선시대인 1529년에 '포도청'이 설립되었다. '포도청'의 임무는 도적을 체포하고 야간순찰을 담당하기 위한 것이었다. 한국에서의 현대적인 경찰은 1894년 갑오경장과 함께 등장했다. 이 시기에 한국에 '경무청'이 설치되었는데 이것은 일본의 경찰제도를 그대로 도입한 것이었다. 그러나 1910년 6월 24일 「한국경찰사무위탁에관한각서」를 통해서 한

54) Gene Carte & Elaine Carte, *Police Reform in the United States: The Era of August Vollmer* (Berkeley: University of California Press, 1975).
55) William G. Doerner, *op. cit.*, pp.21~22.

국의 경찰권이 일본에 완전히 넘어갔다. 그러면서 일본「조선주답헌법조령」에 의해 일본헌병이 조선의 치안을 담당했다. 일본헌병의 중요한 임무 중의 하나는 독립운동을 하는 한국 사람들을 체포하고 고문하는 일이었다. 그러나 1919년 3·1운동 이후로 일본은 보통경찰 시대로 바뀌었다. 즉 군경찰 시대에서 민간경찰시대로 바뀌었다. 하지만 그들이 독립투사들을 탄압하는 것에는 별 다른 변화가 없었다. 1945년 해방이 된 후에 미군정하에서「경무국」이 설치되었다. 그러나 이 당시 경찰간부들의 대부분은 일제시대 때 일본 경찰 밑에서 근무하던 사람들이 맡게 되었다. 경위 이상의 간부 1,157명 중 949명(82%)이 일제경찰 출신 한국인이었다.[56] 해방후 초창기에는 공산주의자들을 통제하는 일에 치중하였다. 그 중에 하나는 지리산 일대에서 활동하던 빨치산을 토벌하는 임무였다. 이 토벌작전에 투입된 많은 경찰관들이 순직을 하였다. 1948년에는 내무부 산하의「치안국」으로 명칭이 변경되었다. 1950년에 한국전쟁이 발발하면서 한국경찰은 전투경찰체제로 개편되면서 전시상황에서 북한군가 싸워야 하는 상황에 직면하였다. 한국전쟁의 휴전이 북한측과 유엔군 사이에 체결된 해인 1953년에는「국립과학수사연구소」와「해양경찰대」가 설립되었다. 이승만 대통령 시절에는 경찰이 부정선거에 개입하는 불미스러운 일이 발생하기도 하였다. 박정희 전대통령의 재임시절인 1972년에는「치안본부」로 그 명칭이 변경되었다. 박정희 대통령 시절에도 경찰은 유신체제(維新體制)를 유지하는데 앞장섰다는 비판을 받아왔다. 그래서 그 당시 경찰이 권력의 시녀라는 비판을 받기도 하였다. 1991년 내무부「치안본부」에서 행정자치부 산하의「경찰청」으로 개편되어서 오늘에 이르고 있다.

(2) 중앙집권식 및 지방분권식 조직

경찰조직은 크게 중앙집권식 국가경찰제도와 지방분권식 자치경찰제도로 나눌 수 있다. 중앙집권식 국가경찰제도는 한국과 같이 지방의 여러 경찰기관들이 중앙 경찰청 아래 일사불란한 상명하복의 관계를 가지는 경찰조직이다. 중앙집권식 국가경찰제도의 장점은 다음과 같은 몇 가지를 들 수 있다. **첫째,** 경찰조직의 주체가 중앙정부이므로 보다 강력한 힘을 갖는다. **둘째,** 주체가 중앙정부이므로 타 기관과의 협조가 용이하다. **셋째,** 여러 지역으로 도주하는 범인의 체포가 용이하다. **넷째,** 경찰이 전국을 일괄적으로 관리하므로 경찰관들에게 전보와 승진의 기회가 많이 주어진다. **끝으로** 지역정치인이나 인사들과의 유착관계를 방지할 수 있다.

중앙집권식 제도와는 달리 지방분권식 자치경찰제도는 국가경찰의 직접적인 통제를 받

---

56) 김상호 외 8인, 상게서, pp.41~42.

지 않는 독립된 많은 지방경찰이 존재하는 것을 말한다. 미국이 고도로 지방 분권화가 된 지방자치경찰제도를 가진 대표적인 국가이다. 미국은 각 시나 마을 단위로 수많은 독립된 지방경찰이 존재한다. 한 개의 주는 여러 행정구역들로 나누어지는데 그것이 '군'(county) 이다. 일반적으로 말하면 군 안에 여러 시(city)들이 존재한다. 하지만 시카고(Chicago)와 같은 대도시의 경우는 시가 한 군을 차지하는 경우도 더러 있다. 군은 주로 보안관(sheriff) 형식으로 경찰기관을 두고 있다. 이 보안관 제도는 미국의 독특한 제도로서 각주의 법으로 써 그 조직을 규정하고 있다. 이 군보안관 제도의 특징은 대부분의 주에서 군경찰의 최고책 임자인 보안관은 해당 군 지역 주민의 선거를 통해 직접 선출된다는 점이다.

현재 미국 전체 50개 주들 중에서 Rhode Island와 Hawaii의 2개주만 제외하고 군보안 관은 해당 지역주민에 의해서 직접 선출된다.[57] 이것은 보안관은 지역주민에 의해서 직접 평가를 받고, 또 그에 대해 책임을 진다는 것을 의미한다. 한편 시경찰도 치안유지에 아주 중요한 역할을 하고 있다. 시경찰관들은 실제로 크고 작은 도시들에서 순찰활동을 하면서 치안유지의 일선에 있는 사람들이다. 이들은 일반 범죄예방순찰, 교통단속, 그리고 범죄수 사 등 폭넓은 활동을 벌이고 있다. 이들 경찰책임자(서장)는 보통 시장(mayor)에 의해서 임명되며 시장에 대해서만 책임을 진다. 따라서 시경찰서장은 군보안관(county sheriff)보 다 덜 독립적이다. 아울러 시장은 시민들의 선거에 의해서 선출되기 때문에 보통 경찰서장 은 시장의 정치생명과 함께 한다. 또한 대도시의 경찰은 일반적으로 군경찰보다 더 많은 재정과 장비를 가지고 있다.[58] FBI에 의하면 미국에는 17,000개가 넘는 독립된 경찰서가 존재하는 것으로 알려졌다. 이런 지방경찰은 연방국가나 주정부로부터 직접적인 간섭과 통 제를 받지 않는다. 다시 말하면 인사와 그 활동에 대해서 각 지방경찰서장은 독자적인 권 한을 행사한다.[59]

지방분권적 자치경찰제도의 특징을 다음과 같은 몇 가지로 요약할 수 있다. **첫째,** 지역특 성과 지역주민들의 요구에 맞는 경찰서비스를 제공할 수 있다. **둘째,** 경찰관들은 그 지역주 민이기도 하므로 지역현안 문제에 대해서 관심이 높다. **셋째,** 지역사정에 밝은 지역인사를 경찰책임자로 임명할 수 있다. **끝으로** 지역사회의 변화에 따라서 경찰의 조직과 근무방법 을 탄력적으로 운용할 수 있다.

한국도 최근에 지방자치 경찰제도를 적극적으로 도입하기 위한 노력을 진행 중이다. 한

57) Charles Swanson, *op. cit.*, p.95.
58) Sue Titus Reid, *op. cit.*, p.150.
59) 전돈수 외 8인, 「경찰학개론」(서울, 법문사, 2004), p.387.

국은 1997년 12월 김대중씨가 대통령이 되면서 지방자치경찰제도에 대한 논의가 본격화되었다. 이제 권위주의적 통치시대를 종식하고 개인의 자유와 권리를 존중하고, 각 지역의 특색에 맞는 경찰제도와 활동을 보장할 필요성이 대두되었다. 근래에 논의되었던 한국의 지방자치경찰제도는 각 지역에 민간인으로 구성된 경찰위원회가 경찰의 주요정책을 결정하도록 하였다. 이런 논의는 1999년 3월「경찰청」산하의 개혁위원회의 제도개선분과위원회가 주도하였다. 단지 실시 방법에 대해서 특별시, 직할시, 그리고 도 단위의 광역자치단체 단위로 할 것인지, 아니면 시단위로 할 것인지에 대한 논란이 있었다. 지금까지 알려진 바에 따르면 미국과 같은 완전한 지방경찰제도와는 다른, 중앙 집권식 국가경찰제도와 지방분권식 자치경찰제도를 혼합한 절충형 제도를 도입하려는 안을 마련해 놓고 있다. 즉 기초단체단위(대도시의 구, 중소도시, 그리고 군)에 독립된 지방경찰을 두겠다는 것이다. 경찰의 재정은 지방정부가 충당하는 것을 원칙으로 하되, 일부는 국가가 지원한다는 것이다. 그러나 국가경찰조직은 국무총리하에 두어「국가경찰위원회」로 운용한다는 것이다. 한편 경정이상의 경찰관은 국가공무원으로 그 이하는 지방공무원으로 한다는 것이다.

위와 같은 자치경찰제도의 논의 끝에 2006년 7월 1일부터 제주도에 한하여 대한민국 정부 수립 이후에 최초의 지방자치경찰제도가 시작이 되었다. 제주자치경찰은 도지사의 보조기관으로서의 성격을 가진다. 제주도에 '자치경찰단'이 그리고 제주시와 서귀포시에는 각각 '자치경찰대'가 설치되어 있다. 자치경찰단장은 총경급으로 그리고 자치경찰대장은 경정 또는 경감급으로 임명하도록 제주특별법에 규정하고 있다. 서귀포시의 예를 살펴보면 자치경찰대장 밑에 경찰행정팀, 교통생활안전팀, 그리고 수사팀의 부서로 나뉘어져 있다.

제주자치경찰의 인원현황을 살펴보면 2010년 현재 자치경찰공무원 150명과 일반직 공무원 68명으로 편성이 되어 있다. 그러나 자치경찰공무원은 중앙정부로부터의 예산지원의 부족으로 말미암아 필요한 정원보다 45명이 부족한 상태이다. 무엇보다도 인력확충이 시급한 문제로 부각이 되고 있는 것이다.[60] 또한 제주도에서는 국가경찰과 자치경찰의 이원화된 체제로 운영이 되다보니 두 경찰조직 사이의 업무 관할문제가 명확하지 않은 경우가 많다. 특별히 자치경찰은 범죄수사에 있어서 실질적인 권한을 가지고 있지 못하다. 다시 말하면 자치경찰은 일반적인 범죄수사권을 가지고 있지 못하다. 그래서 자치경찰이 범죄가 발생한 것을 안 때에는 국가경찰에 인계하도록 되어 있다. 또한 만약 자치경찰이 현행범을

---

60) 오충익, "제주자치경찰제도의 합리적 운영방안 연구,"「자치경찰연구」제2권. 2호(2009·가을/겨울호), pp. 26 ~66.

체포한 경우에도 국가경찰에 넘기도록 되어있다. 때로는 국가경찰과 지방경찰의 업무가 중복이 되는 경우도 많다. 이는 예산의 낭비와 업무분담에 있어서 혼란을 가져올 수도 있다.[61] 위와 같은 문제가 있기 때문에 국가경찰과 자치경찰로 이원화할 것이 아니라, 지역의 경찰서비스는 모두 자치경찰에 위임을 하는 방향으로 개혁이 되어야 한다. 그리고 아직 자치경찰제도가 도입이 되지 못한 전국의 시도지역도 빠른 시일 안에 자치경찰제도가 도입이 되어야 한다. 다른 행정은 자치행정이 이루어져 있는데 치안행정만 아직 그것이 실현이 되지 못한 것은 전체적으로 조화가 맞지 않는 것이다.

결국 한국이 지방자치경찰 제도를 도입하려는 이유는 지역특색에 맞고 지역주민들의 요구에 부응하는 경찰서비스를 제공하기 위해서이다. 물론 바람직한 경찰개혁 방안이라고 생각된다. 그러나 한 가지 고려해야할 문제도 있다. 그것은 미국의 연방수사국(FBI)과 유사한 조직을 한국에도 설립해야할 필요성이 있다는 것이다. **첫째,** 지방경찰의 부족한 과학수사 능력을 보완하고 소위 대형사건으로 인한 지방경찰의 과다한 수사부담을 덜어줄 필요성이 있기 때문이다. 뿐만 아니라 앞으로 검찰로부터의 수사권독립이 이루어지면 검찰의 수사능력을 대신할 수 있는 강력한 중앙수사기구가 필요할 것이기 때문이다. 이런 「중요범죄수사국」(가칭)은 전국을 대상으로 하는 범죄에 대한 대응과 범인의 검거를 맡아야 한다. 「중요범죄수사국」의 주요수사 대상으로는 테러범죄, 연쇄살인, 마약, 유괴, 은행 강도, 사이버범죄, 그리고 위조지폐제작 등 사회에 큰 해악을 끼치는 범죄들이다. 「중요범죄수사국」의 구성은 법률, 회계, 컴퓨터, 범죄심리, 그리고 법의학 등의 여러 분야의 전문가들로 구성이 하여야 한다. 그리고 특수수사요원은 수사경험이 풍부하고 학력수준이 높은 우수인원을 엄선하여야 한다.[62]

(3) 경찰의 내부조직

미국에서 일상 경찰업무는 정복경찰과 사복형사들이 수행한다. 정복경찰은 방범순찰, 교통단속, 그리고 공항경비 등을 담당하고 있다. 한편 사복형사 팀은 범죄사건의 수사를 담당하고 있다. 경찰서에 따라서는 마약이나 청소년범죄 등의 전문 담당형사를 두고 있는 경우도 있다. 특히 대도시와 같이 청소년 갱(youth gangs)의 활동이 활발한 곳에서는 갱전담형사를 편성해 두기도 한다. 한편 지원국을 두어서 기술적 또는 행정적으로 정사복 경찰관을 도와주고 있다. 지원국은 법의학 담당 부서와 각종 기록을 관리하는 곳도 있다. 또한 범

61) 윤상호, "제주자치경찰제도에 관한 고찰," 「자치경찰연구」 제2권 제1호(2009·여름호), pp. 63~92.
62) 전돈수, "경찰청 수사국·국과수 통합 중요범죄 수사국 신설해야," 「매일신문」, 2003년 1월 14일자 26면.

죄에 대한 신고를 접수하는 부서도 있는데 이들은 보통 민간인 직원이 담당하는 경우가 많다. 행정지원 팀은 감사과(Internal Affair Unit), 경찰관 교육훈련과, 그리고 인사과 등이 있다. 관리국은 경찰업무의 기획, 인사, 그리고 재무 등을 담당한다.[63]

한국경찰은 경찰서의 규모에 따라 내부조직이 다소 차이가 난다. 다음에서는 규모가 큰 서울 강남구 서초경찰서의 예를 들어서 설명하겠다. 서초경찰서는 경찰서장 밑에 경무과, 생활안전과(구 방범과), 수사과, 형사과, 경비과, 교통과, 그리고 정보보안과 등으로 이루어져 있다. 추가적으로 서장 직속의 청문감사관이 별도의 조직으로 되어있다.[64] 다음에서는 각 과들의 주요기능을 간략하게나마 살펴보겠다.

첫째, 경무과는 경무계, 경리계, 그리고 정보통신계 등으로 이루어져 있다. 경무계는 주로 경찰의 인사와 교육을 담당한다. 경리계는 경찰서의 예산을, 그리고 정보통신계는 유무선 정보통신장비의 관리를 맡는다.

둘째, 생활안전과는 전에 방범과로 불렸던 곳이다. 생활안전과는 생활안전계, 생활질서계, 그리고 여성청소년계 등으로 이루어졌다. 생활안전계는 외근/방범 업무계획과 지도 및 감독 그리고 지구대 외근경찰관의 배치 및 이동발령 등을 담당한다. 생활질서계는 즉결심판관련 업무, 총포화약류, 그리고 윤락행위 등을 단속한다. 여성청소년계는 여성상담실을 운영하고 대여성 범죄를 수사한다. 뿐만 아니라 비행소년을 지도 및 단속을 한다.

셋째, 수사과는 수사지원팀, 지능범죄수사팀, 경제범죄수사팀, 그리고 사이버범죄수사팀 등으로 구성되어 있다. 수사지원팀은 유치장 관리와 피의자 호송에 관한 업무를, 그리고 지능범죄수사팀은 시위관련 사범, 밀수, 금융 및 경제사범, 그리고 지능범 및 공무원 범죄에 대한 수사를 한다. 한편 사이버범죄수사팀은 인터넷과 컴퓨터관련 범죄를 수사한다.

넷째, 형사과는 형사지원팀, 과학수사팀, 강력팀, 마약팀, 그리고 폭력팀 등으로 편성되어 있다. 형사지원팀은 사건송치 및 발생사건관리를 주요업무로 한다. 과학수사팀은 사건현장에서 증거수집 및 감식활동을 벌인다. 강력팀은 살인, 강도, 방화, 성폭력, 그리고 납치사건을 비롯한 강력사건을 담당한다. 마약팀은 마약사범의 단속을 그리고 폭력팀은 각종 폭력범죄의 수사를 담당한다.

다섯째, 경비과는 중요인물 및 시설에 대한 경호경비를 한다. 또한 경비과는 전의경의 관리 및 시위 진압업무도 맡는다. 대테러업무와 청원경찰의 관리에 대한 책임이 있다. 기타 큰 행사에 대비한 질서유지업무도 경비과에서 담당한다.

여섯째, 교통과는 교통관리계, 교통조사계, 그리고 교통안전계 등이 있다. 교통관리계는

63) William G. Doerner & M. L. Dantzter, *Contemporary Police Organization and Management*(Boston: Butterworth & Heinemann, 1999), pp.4~5.
64) 자세한 것은 서초경찰서 홈페이지(http://sc.smpa.go.kr/)를 참고할 것.

관내 교통업무 및 교통사고와 면허관련 사무를 한다. 교통조사계는 뺑소니사고를 비롯한 각종 교통사고를 접수하여 조사한다. 그 이외에도 음주운전을 비롯한 도로교통법 위반 사건을 단속 및 처리한다. 교통안전계는 교통소통 및 통제에 대한 책임이 있다. 기타 교통안전교육과 홍보도 담당한다.

일곱째, 정보보안과는 정보계, 보안계, 그리고 외사계로 이루어져 있다. 정보계는 치안정보를 수집하고 분석한다. 그 이외에도 신원조사 및 기록을 관리한다. 보안계는 중요방첩수사에 관한 업무를 한다. 기타 간첩신고에 대한 처리를 한다. 한편 외사계는 외사사범의 단속, 국제 공조수사, 그리고 외사정보의 수집 등을 담당한다. 기타 재외국인 및 외국인 관련 신원조사를 한다.

끝으로 청문감사관실은 경찰서 자체에 대한 감찰 및 감사를 한다. 추가적으로 경찰관 선행 및 공적사항을 조사한다.

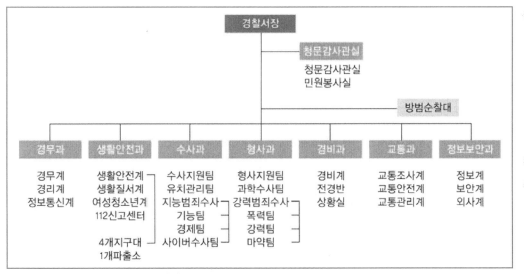

출처 : 서울 서초경찰서 홈페이지, http://sc.smpa.go.kr/

(4) 경찰관

미국에서 신임경찰관으로 입직하는 것은 보통 순경부터 시작한다. 그래서 경찰서장들도 대부분 순경부터 시작해서 올라간다. 미국은 고도로 분권화된 지방자치 경찰제도를 가지고 있기 때문에 각 경찰서마다 인사제도가 다를 수 있다. 그러나 흔히 신임 경찰관 모집은 심리검사, 신원조회, 면접, 그리고 약물검사를 포함한 건강검진 등으로 이루어진다.[65]

---

65) 전돈수 외 8인, 「비교경찰제도론」(서울: 법문사, 2003), p.396.

한국경찰의 신규임용은 공개채용과 특별채용이 있다. 공개채용에는 순경과 간부후보생이 포함된다. 한편 특별채용은 임용예정직에 상응한 전문지식, 연구실적, 그리고 학위 등의 자격을 갖춘 사람을 대상으로 선발한다. 한국의 공개채용시험은 다음과 같은 것을 포함한다. 그것은 제1차 신체검사, 제2차 필기시험, 제3차 체력검사, 제4차 적성검사, 제5차 면접시험 등으로 이루어

진다. 순경공채의 필기시험과목은 2003년을 기준으로 보면 경찰학개론, 수사I, 영어, 형법, 그리고 형사소송법 등 5개 과목이 포함되었다.[66]

한국경찰의 신규임용제도의 특징은 순경으로 입직하는 것 이외에도 바로 간부로 입직하는 길도 열려있다. 그 중에 대표적인 것이 경찰대학 출신자들과 경찰간부후보생 시험에 합격한 자원을 경위로 임관시키는 것이다. 여기서 경찰간부후보생 시험에 합격한 자는 1년 동안 소정의 신임교육과정을 이수한 후에 경위로 입직하게 된다. 이런 간부입직제도는 다른 국가에서 많이 시행하지 않고 있는 한국특유의 제도라고 볼 수 있다.

(5) 경찰활동

이제 본격적으로 경찰활동에 대해서 논의할 차례이다. 경찰활동은 그 강조하는 목적에 따라 '범죄진압자 모델'과 '시민서비스 모델'로 크게 구분할 수 있다. 그리고 최근에 한국에도 많이 소개된 지역사회경찰활동과 계속해서 논란이 되고 있는 경찰의 수사권 독립문제에 대해서도 논의할 필요가 있다.

1) 범죄진압자 대 시민서비스 모델

전통적인 경찰의 임무는 범죄 진압자(crime fighter)로서의 이미지가 강하였다. 그것을 부추기는 것은 영화에 나오는 경찰관의 이미지이다. 그 이유는 경찰관은 범죄자와 목숨을 내놓고 싸우는 전사의 모습으로 비춰지기 때문이다. 물론 경찰의 가장 중요한 임무는 범죄

---

66) 김상호 외 8인, 상기저서, pp.194~205.

자를 체포하여 재판을 받게 함으로써 사회정의를 실현하는 것에 있음은 의심의 여지가 없을 것이다. 그러나 최근에 경찰은 이런 범죄 진압자로서의 임무뿐만 아니라, 시민에 대한 봉사(serve)를 강조하고 있다. 그래서 한국의 「경찰관직무집행법」 제4조는 경찰관이 정신 착란자, 술 취한 자, 자살 기도자, 미아, 병자, 그리고 부상자 등에 대한 보호조치를 해야 할 권한을 규정하고 있다. 경찰조직에 따라서 시민에 대한 서비스를 상대적으로 강조하는 경우도 많다. 심지어 경찰은 시민의 불편을 최소화하기 위한 봉사자로 보기도 한다. 그런 배경에서 등장한 것이 지역사회 경찰활동이다. 지역사회 경찰활동에 대해서는 조금 있다 살펴보도록 하겠다.

2) 경찰활동의 유형

경찰활동의 유형은 학자에 따라서 몇 가지로 나눈다. John Broderick은 개인 경찰관의 유형을 '법집행 강조형'(Enforcers), '이상주의자형'(Idealists), '낙천주의자형'(Optimist), 그리고 '현실주의자형'(Realists) 등 네 가지로 분류하였다. **첫째,** '법집행 강조형'은 불법행위의 단속을 가장 우선순위에 두는 경찰관이다. 이들은 범죄자와의 싸움이 자신이 해야 할 가장 중요한 일로 간주한다. 이들은 자칫하면 자신들의 무력을 남용할 우려도 있다. **둘째,** '이상주의자형'은 시민의 인권과 법적권리의 보호에 중점을 두는 경찰관이다. 이들은 범죄인이라 하더라도 그들의 인권을 최대한 보장해 주어야 한다고 믿는다. **셋째,** '낙천주의자형'은 시민들에 대한 봉사의무를 우선적으로 생각하는 경찰관이다. 그러므로 시민이 운전을 하다가 길거리에서 타이어가 펑크가 나면 가서 도와주는 것을 주저하지 않는다. **끝으로** '현실주의자형'은 낙천주의자와 비슷하지만, '낙천주의자'보다는 시민을 돕는 것을 조금 덜 즐기는 경찰관의 스타일이다.

Borderick은 각 개인경찰관의 유형을 제시했지만, James Q. Wilson은 각 경찰서별로 몇 가지 유형을 구분하였다. 그 경찰서 유형은 '야경꾼 스타일'(Watchman Style), '법존중 스타일'(Legalistic Style), 그리고 '서비스 스타일'(Service Style) 등으로 나누었다. **첫째,** '야경꾼 스타일'은 경찰이 법률보다는 각각의 상황에 따라 법률의 적용을 달리하는 것을 말한다. 이 경우 경찰은 자유재량(discretion)에 의한 의사결정을 많이 하게 된다. 예를 들면 운전자가 대학생인데 학기말 시험에 늦어서 과속하였다고 하면, 딱지를 떼지 않고 그냥 보내줄 가능성이 크다. **둘째,** '법존중 스타일'은 법에 쓰여 진 그대로 단속활동을 벌이는 경찰이다. 따라서 법을 어긴 사람이 누구이건 상관없이 법을 누구에게나 똑같이 적용하려고 노력한다. 예를 들면 과속을 한 운전자가 설사 자신이 잘 아는 이웃사람이라도 법을 어겼으므로 그대로 단속할 가능성이 크다. **셋째,** '서비스 스타일'은 시민들의 여러 가지 문제를 해결해

주는 것을 최우선 과제로 삼는 것이다. 이런 유형은 주로 범죄문제가 심각하지 않는 중산층이 사는 지역에서 많이 존재한다.

3) 지역사회 경찰활동

시민에 대한 봉사를 강조하면서 등장한 것이 지역사회 경찰활동(Community Oriented Policing, COPS)이다. 이것은 미국에서 등장한 것으로서 경찰전문화를 모토로 한 전통적인 경찰활동을 비판하면서 등장하였다. 전통적인 경찰활동은 자동차순찰을 중심으로 하였다. 그렇기 때문에 경찰관이 지역주민들과 접촉할 수 있는 기  회가 적었다. 그 결과 경찰관과 지역주민들의 유대관계는 약화되었다. 그리고 시민들로부터 범죄 신고를 받고 빨리 출동하는 것이 범죄해결에 중요한 것이 아니라는 비판이 일기 시작하였다. 이제 경찰은 범죄문제해결에 있어서 주민들의 협조가 중요하다는 것을 인식하기 시작한 것이다. 그래서 자동차순찰 이외에도 도보순찰을 강화하기 시작했다. 그런 도보순찰을 용이하게 하기 위해서 한국의 파출소와 유사한 순찰거점을 두는 곳이 많아졌다.[67]

위와 같은 지역사회 경찰활동의 두 가지 중요한 이념적 배경은 문제 지향적 경찰활동(problem oriented policing)과 예방위주의 경찰활동(proactive policing)이다. '문제 지향적 경찰활동'은 경찰활동의 대상을 범죄뿐만 아니라 지역사회의 다른 여러 가지 문제까지 폭넓게 포함시키는 것이다. 따라서 경찰은 지역사회의 문제해결사로서의 역할을 해야 한다는 것이다. 즉 경찰은 지저분한 환경, 십대 청소년들의 소란행위, 매춘, 그리고 거지들에 관한 문제까지 간섭해야 한다는 것이다. 이것은 범죄이외에도 지역사회의 질서유지가 지역주민들의 삶의 질의 향상과 관련이 된다는 믿음에 바탕을 두고 있다. 이처럼 지역사회경찰활동은 주변 환경과 기본적인 질서의 유지가 범죄의 예방과 직접적인 관련이 있다고 본다.

지역사회 경찰활동에서 두 번째로 중요한 이념인 '예방위주의 경찰활동'은 범죄사건이 발생한 이후에 사후적으로 범인을 검거하는 종전의 전략에서 탈피하자는 것이다. 왜냐하면

---

67) 미국에서는 대형 쇼핑몰에 작은 규모의 파출소를 두어 범죄예방과 대응에 나서는 경우가 있다.

범죄피해가 일단 발생하면 그것을 회복시키는 것은 대단히 어려운 것이기 때문이다. 살인의 피해자를 다시 살릴 수는 없는 일이기 때문이다. 재산범죄의 경우에도 범인이 절도로 챙긴 돈을 이미 다 써 버렸다면 피해자가 그로 인해 얻은 손실을 다시 회복할 가능성은 그리 많지 않다.

지역사회 경찰활동은 위와 같은 좋은 취지에도 불구하고 실현하기에는 많은 문제점들이 있다. 그 대표적인 문제점으로는 다음과 같은 것들을 들 수 있다. **첫째,** 지역사회 경찰활동의 개념 자체가 불명확하다는 것이다. 그 이유는 지역사회 경찰활동은 어떤 특정한 제도라기 보다는 경찰활동에 관한 철학과 이념이기 때문이다. 미국에서도 같은 지역사회 경찰활동을 표방하더라고 경찰서별로 그 실천방식이 다른 것은 바로 이런 이유 때문이다. **둘째,** 경찰관의 역할에 대한 혼란이 발생한다는 점이다. 종전에는 범죄의 진압과 치안유지가 경찰의 주요업무였다. 그러나 지역사회 경찰활동은 경찰에게 지역사회의 다양한 현안문제의 해결사로의 역할을 할 것을 기대하고 있다. 이것은 경찰관의 업무범위를 무한정 확대시킨다. 그래서 경찰관은 사회복지사의 역할까지 감당하기를 요구받고 있는 것이다. **셋째,** 지역사회 경찰활동에 대한 의문이 제기되고 있다. 다시 말해서 지역사회 경찰활동이 범죄발생률을 줄이는 효과가 있는지에 대해서 회의적인 반응이 많다. **끝으로** 자칫 경찰관과 지역주민들과의 유대관계의 증진은 그들 사이의 부정부패의 고리를 강화시킬 수 있다는 우려가 있다. 한국경찰은 지역사회 경찰활동을 추구해야 할 목표로 내세우고 있다. 하지만 정부는 위와 같은 지역사회 경찰활동의 문제점들도 있음을 유의하여야 한다.[68]

4) 경찰순찰(Patrol)

경찰이 범죄예방을 위해 이용하는 가장 대표적인 방법은 바로 순찰이다. 경찰순찰의 목적은 크게 다음과 같은 세 가지이다. **첫째,** 법집행이다. 즉 교통법규위반을 비롯하여 범죄발생에 대해서 즉각적으로 대응하기 위한 것이다. **둘째,** 경찰의 존재를 잠재적인 범인들에게 알려서 범죄의 실행을 미연에 방지하기 위한 것이다. **셋째,** 순찰활동을 통해서 시민들을 도와주기 위한 것이다. 예를 들면 타이어가 펑크가 나서 도로에서 곤경에 처한 운전자의 안전을 보호해주고 도와주는 것이다.

순찰은 순찰노선에 따라서 크게 정선순찰, 난선순찰(random patrol), 그리고 요점순찰(directed patrol)로 구분할 수 있다. '정선순찰'은 미리 순찰로를 정해놓고 그대로 순찰을 하는 것이다. 이런 순찰방법은 순찰노선이 일정하고 경찰관의 행동이 규칙적이기 때문에 순찰경찰관에 대한 통제 및 감독이 용이하다는 장점이 있다. 그러나 이것은 범인이 경찰의

---

68) 전돈수 외 8인, 「경찰학개론」(서울: 법문사, 2004), pp.489~519.

출현을 미리 예측할 수 있다는 단점이 있다. 즉 범인은 경찰의 순찰을 피해 범행을 저지를 가능성이 있다. 한편 '난선순찰'은 미리 순찰루트를 정해놓지 않고 경찰관이 마음대로 순찰을 도는 것이다. 이것은 잠재적인 범인이 경찰관이 어디에서 나올지 모르게 만듦으로써 범죄를 저지르지 못하게 만드는 것이다. 반면 '요점순찰'은 우범지역에 대해서 집중적으로 순찰을 도는 것이다. 경찰관은 요점순찰 지역 안에서는 난선순찰의 방법을 이용하여 순찰을 하게 된다. 따라서 요점순찰은 정선순찰과 난선순찰의 중간적인 방법이라고 볼 수 있다.

순찰은 기동력에 따라서 도보순찰, 자동차순찰, 그리고 자전거순찰 등으로 구분된다. 도보순찰은 경찰관이 걸어서 순찰하는 것이다. 도보순찰은 지역주민들과의 친분관계의 유지와 그들로부터 범죄정보를 얻는데 효과적인 방법이다. 그래서 미국에서는 지역사회경찰활동을 도입하면서 도보순찰을 조금씩 늘려가는 추세이다. 그러나 도보순찰은 몇 가지 단점이 있다. 도보순찰은 기동력이 느릴 뿐만 아니라, 광범위한 지역을 커버하기가 어렵다. 또한 경찰관이 도보로 순찰해야 하기 때문에 신체적으로 많은 부담이 된다. 특히 더위나 추위에 직접적인 영향을 받게 된다. 자동차순찰은 기동력에 있어서 뛰어나다. 그래서 광범위한 지역을 비교적 적은 인원으로 커버할 수 있다. 하지만 자동차순찰은 지역주민과 경찰이 효과적인 의사소통을 하는 데에는 크게 도움이 되지 못한다. 미국 경찰은 순찰의 90%이상을 자동차에 의존하고 있다. 기타 자전거나 말을 이용한 순찰이 있는데, 이런 방법은 대학 캠퍼스와 공원 같은 제한된 지역에서 실시되고 있다. 이와 같은 순찰방법은 자동차와 도보순찰의 중간의 기동력을 가진다.

한국은 2003년 8월부터 순찰지구대를 전면적으로 실시하였다. 이 방식은 기존의 파출소 세개를 하나로 통합하여 운용하는 것이다. 이것은 경찰관 3교대제 정착, 파출소의 현장대응능력 강화, 그리고 선택과 집중을 통한 경찰력의 효율적 배치를 위해 경찰청이 마련한 제도이다. 순찰지구대는 파출소장 세명이 각기 순찰팀의 팀장이 된다. 한 순찰지구대의 인원은 보통 50~70명 선이다. 순찰지구대장은 대개 경감급이 맡는다. 기존 파출소는 치안센터로 명칭을 변경하여 주간에만 민원담당관 1~3명이 근무한다. 그러나 최근에는 농어촌지역을 중심으로 다시 파출소제도를 부활하고 있다. 이것은 순찰지구대제도로 인해서 농어촌지역에 치안부재 현상이 발생하기 때문이다.

5) 범죄수사(Criminal Investigation)

다음에서는 범죄수사의 의의와 범죄수사의 발전방안에 대해서 살펴보겠다.

① 범죄수사의 의의

범죄수사는 피의자의 발견 및 그 신병을 확보하고 공소제기 및 그 유지를 위하여 증거를 수집 및 보전하는 활동을 말한다. 우리 현행법상 수사를 담당하는 주체는 검사와 사법경찰관리가 있다. 검사는 수사의 주재자이고 사법경찰관은 검사의 지휘를 받아 수사를 진행하며 사법경찰리는 사법경찰관의 지휘를 받아 수사를 보조하도록 되어 있다. 이것은 수사를 담당하는 것이 경찰인 미국의 제도하고는 차이가 있다. 한국경찰은 수사권의 독립을 주장하고 있다. 그러나 검찰의 반발이 심하여 아직까지 경찰의 수사권독립은 이루어지지 못하고 있다.

　수사의 개시는 크게 경찰이나 검찰과 같은 수사기관의 체험에 의한 경우와 타인의 체험에 의한 경우로 구분하여 볼 수 있다. 수사기관의 직접적인 체험에 의한 경우는 현행범을 체포하거나, 변사자를 검시하여 타살로 추정되는 경우, 그리고 불심검문을 통해 범죄를 저질렀다고 판단되는 경우 등이다. 여기서 변사자란 죽음의 원인이 불분명한 자를 말한다. 다음으로 타인의 체험에 의한 수사의 개시는 피해자 등에 의한 고소, 고소권자 이외의 사람이 수사기관에 범죄사실을 신고하는 고발, 그리고 범인이 자수함으로써 발생한다.

② 한국범죄수사의 발전방안

　전돈수는 한국경찰의 수사능력의 극대화를 위해서 다음과 같은 분야에서 좀 더 박차를 가해야 한다고 주장하였다. **첫째,** 과학수사 인력의 확충이다. 현장감식을 비롯해서 한국경찰이 수사에 어려움을 겪고 있는 이유는 전문 과학수사 인력이 부족하기 때문이다. 한국경찰은 법의학자를 부검시에나 필요한 존재로 여기고 있지만, 법의학자가 현장감식에 직접 참여했을 경우 그 정확도를 높일 수 있다. 그러나 한국 법의학자의 숫자는 선진국에 비해서 적다. 그래서 큰 사건이 발생할 때마다 외국에 있는 법의학자의 도움을 받아야 할 때가 많다. 법의학자를 배출하는 대학도 일부 소수 대학으로 제한되어 있다. 그리고 「국립과학수사연구소」에 근무하는 법의학자는 다른 의사에 비해서 대우가 좋지 못하다. 이런 상황에서 법의학자의 숫자를 늘리는 것은 어려운 일이다. 따라서 좀 더 많은 대학에 법의학 과정이 설치되어야 하며, 그들에 대한 대우도 크게 개선되어야 한다.

　다른 한편으로 경찰은 형사들에게 수사 분야에 대한 보수교육을 정기적으로 시켜야 한다. 미국 New York에 있는 Suffolk County에서는 수사경력 3년 이상이 된 경찰관들을 대상으로 한 보수교육을 실시하고 있다. 과목은 필수과목과 선택과목으로 나누어진다. 필수과목은 고급 법의학, 전자장비를 이용한 감시, 법원에서의 증언, 첨단기술을 이용한 범죄, 개정된 법령, 탐문수사, 그리고 피의자 심문조사 등이다. 그리고 선택과목으로는 범죄정보, 고급 범죄예방, 그리고 어린이 성추행 수사기법 등이다. 교육은 내외부 전문가의 강의와 형사들이 자신들의 경험을 토론하는 것 등으로 다양하게 이루어진다. 형사들은 DNA 검사방법과 '타임 라인분석'(Time-Line Analysis)과 같은 첨단과학 수사기술도 배우고 있다.[69] 우리 경찰도 2002년에 「경찰수사보안연수소」에 17개 수사과정을 통해서 총 2,800명의 요원이 교육을 이수하였다.[70] 그리고 각 지방경찰청에서도 수사직무교육을 실시하고 있다. 그러나 교육이 너무 형식적으로 흐르는 것을 피하기 위해서는 과감하게 예산을 투자해야 한다. 그래서 법의학과 첨단수사기법에 대한 교육이 집중적으로 이루어져야 하며 교육기간도 확대하여 실시할 필요가 있다.[71]

둘째, 수사기술의 현대화이다. 과학기술의 발달과 함께 수사기술도 첨단화되고 있다. 그 대표적인 예가 DNA지문감식, 영상정보처리, 그리고'타임라인분석'(Time Line Analysis) 등이다. 우선 DNA가 범죄수사에 유용하게 활용되고 있다. DNA가 범인식별에 최초로 이용된 것은 1986년 영국의 작은 마을에서 발생한 두 명의 10대 소녀에 대한 강간살인 사건에서부터이다. 한편 한국은 1991년 8월에 「국립과학수사연구소」에 유전자분석실이 설치되어 DNA감식을 실시해오고 있다. 그 후 DNA분석은 범죄해결에 많은 도움을 주었다. 2002년 한 해 동안 12,621건을 처리하였다. 그리고 2002년 김해 중국민항기 추락사건에서 승객과 승무원 121명 전원의 신원을 확인하는 성과를 거두었다. 특히 이런 방법은 강간과 같은 성범죄에서 범인의 정액에서 추출한 DNA를 분석하여 범인을 검거하는데 크게 도움이 된다. 이 밖에도 담배에 묻은 체액과 체모의 모근세포로부터도 DNA 추출이 가능하다.[72]

미국 Florida주에서는 신생아가 병원에서 태어나면 부모의 동의를 얻어 그 아기의 혈액을 추출하여 부모가 그것을 보관하도록 하고 있다. 이것은 만약 아기가 나중에 범죄나 사고로 실종되었을 경우에 친자확인을 위해서 유용하게 이용되고 있다. 한편 1991년 대이라크 전쟁 당시 미군은 참전 군인들의 혈액에서 DNA를 추출하여 데이터베이스를 구축하였다. 이것은 희생당한 미군의 신원을 확인하는데 이용되었다. 이런 유사한 방법으로 경찰은 DNA분석을 범죄수사에 유용하게 활용할 수 있다. 미국의 많은 주들이 새로이 법을 제정하여 유죄확정 직후나 또는 교도소에서 석방되기 전에 중요 범죄자들의 혈액에서 DNA를 채취할 수 있도록 하고 있다. 그들 주들은 이렇게 추출된 DNA를 가지고 컴퓨터 데이터베이스를 구축하고 있다. 미국 연방수사국(Federal Bureau of Investigation, FBI)은 이들 주들의 자료를 바탕으로 1998년부터 전국 규모의 DNA 데이터베이스를 만들어 놓았다. 이것은

---

69) Kiley, William P., "The Advanced Criminal Investigation Course: An Innovative Approach to Detective In-Service Training," *FBI Law Enforcement Bulletin*, Vol.67(no10), 1998, p.16~17.
70) 경찰청 홈페이지, www.police.go.kr 참조.
71) 대구지방경찰청의 경우에 3일의 교육과정으로 편성되어 있다.
72) 한면수, 과학수사와 증거재판에서 DNA프로필의 역할, 「경찰학연구」, 제3호, 2002, p.265~167.

CODIS(Combined DNA Identification System)로 불리고 있다. CODIS는 범인의 것뿐만 아니라 현장에서 발견된 것, 그리고 실종자의 가족으로부터 채취한 DNA까지 포함하는 광범위한 자료를 담고 있다. FBI는 1999년까지 약 60만 명의 DNA자료를 보유하고 있는 것으로 알려졌다. 이렇게 함으로써 전과자의 DNA와 범죄현장에서 발견된 DNA정보를 비교하여 일치하는 것을 찾을 수 있게 되었다.[73]

한국도 미국의 제도를 도입하여 살인, 강간, 그리고 강도 등과 같은 강력범의 혈액에서 DNA를 채취하여 「국립과학수사연구소」에 DNA데이터베이스를 구축하여 보관하는 방법도 연구해 볼 가치가 있다. 이렇게 하면 범인이 다시 재범을 하지 않도록 억지하는 효과도 기대할 수 있다. 그 이유는 범인이 재범을 할 경우에 「국과수」에 등록된 자신의 DNA정보를 통해 경찰에 검거될 확률이 높기 때문이다. 이 방법은 인권침해의 소지가 있다. 그러나 해당자의 신원비밀을 철저히 보장하고 그 자료의 접근을 「국립과학수사연구소」의 일부 제한된 요원만 할 수 있도록 하면 될 것이다. 따라서 흉악범에 대해서 석방 전에 혈액을 채취하는 것을 의무화할 필요가 있다. 이렇게 하면 화성부녀자연쇄살인 사건에서와 같이 범죄현장에서 DNA를 채취하고도 용의자가 없어 범인을 잡지 못하는 일은 줄일 수 있을 것으로 기대된다. 다음으로 CCTV와 같은 영상정보의 처리기술의 도입이다. 요즘은 디지털 CCTV가 은행과 아파트 등 여러 곳에 설치되어 범인을 식별하는데 많은 도움을 주고 있다. 그러나 CCTV로 얻은 영상은 화질이 떨어지는 경우가 많다. 그래서 전문가에 의한 영상개선(image enhancement) 과정을 거쳐야 한다. 이것은 영상에 있는 잡음과 필요 없는 배경을 제거하는 과정을 포함한다.[74] 한국은 최근에 각 지방경찰청에 CCTV판독 시스템을 보급하여 운영 중에 있다.[75] 비록 범인이 복면을 착용한 경우에도 범인이 착용한 의상의 특징을 단서로 하여 범인을 식별한 사례도 있다. 더 정밀한 분석이 요구되는 경우에는 한국과학기술원(KAIST)에 의뢰하는 방법도 있다.

위와 같은 것 이외에도 타임 라인분석(Time Line Analysis)이란 것이 있다. 미국과 같은 선진국에서는 이와 같은 방법으로 범죄수사에 컴퓨터를 이용하고 있다. '타임 라인분석'은 경영학이나 심리학분야에서 이미 오랫동안 이용되어 왔다. 이것은 경찰관이 자신이 담당한 사건의 수사과정을 일자별로 멀티미디어 소프트웨어를 이용하여 컴퓨터에 입력하는 것이다. 수사 경찰관은 탐문수사, 피의자 심문조사, 현장사진, 용의자 사진, 그리고 기타 사건과

73) Stevens, Aaron P., "Arresting Crime: Expanding the Scope of DNA Databases in America," *Texas Law Review*, Vol. 79(no4), 2001, p.921~922.
74) 김은주, 디지털 영상처리 기술을 이용한 과학적 범죄수사, 「수사연구」, 8월호, 2002, p.38.
75) 경찰청 홈페이지, *op cit.*, 참조.

관련된 모든 자료를 자신의 컴퓨터에 입력시킬 수 있다. 타임 라인분석은 많은 분량의 복잡한 정보를 일자별로 일목요연하게 정리해 주는 편리함이 있다. 또한 수사관은 언제든지 원하는 정보를 손쉽게 검색할 수 있다. 이것은 다른 용도로도 활용할 수 있다. 예를 들면 수사관은 피의자를 심문할 때 '타임 라인분석'에 나타난 객관적인 정보들을 토대로 자백을 유도할 수도 있다. 뿐만 아니라 이것은 상관에게 사건에 대한 보고서를 작성하여 제출하는 데에도 도움이 된다.[76]

셋째, 효과적인 언론에 대한 대응이다. 대구 개구리소년의 유골 발견 당시 수사책임자는 언론에 소년들이 자연사했을 것으로 단정적으로 말했다. 이렇게 신중하지 못한 행동으로 인해서 경찰은 나중에 사건을 자연사로 단정 지어서 조기에 마무리 해 버리려고 한다는 비난을 받았다. 이렇게 편향된 관점을 '터널 시각효과'(Tunnel Vision)라고 한다. 이것은 사람이 터널을 통해서 사물을 보면 아주 한정된 것만 보고 그에 집착하는 것을 말한다. 따라서 이런 것을 극복하기 위해서 유능한 수사관은 항상 여러 가지 가능성을 열어놓고 사건을 바라보아야 한다.[77] 이렇게 함으로써 무고한 사람을 범인으로 몰거나 사건을 미궁에 빠뜨리는 것을 미연에 방지할 수 있다. 무엇보다도 경찰은 언론기자들을 상대할 때 수사를 마무리하기 전에는 아직 어떤 판단도 할 수 없다고 밝히는 편이 가장 안전하다.

넷째, 피의자의 인권보호이다. 지금까지 우리 경찰은 증거보다는 수사관의 직감에 의한 수사를 하였다. 그래서 때로는 수사관이 자신의 직감만을 믿고 수사를 하다가 피의자에게 가혹행위를 하여 허위자백을 강요하는 경우가 종종 발생했다. 경찰의 입장에서는 먼저 자백을 받아내고 그것을 토대로 증거를 수집하는 것은 쉬운 일이다. 그러나 그것은 자칫하면 피의자의 인권을 침해하기 쉽다.[78] 그러나 경찰은 피의자가 유죄를 확정받기 전까지는 무죄추정의 원칙에 따라서 무죄로 간주하고 그의 기본적인 인권을 보호해주어야 한다. 경찰관은 범죄해결 못지않게 피의자의 인권보호도 중요하다는 것을 새롭게 인식해야 한다. 영국은 경찰조사의 전 과정을 녹취하는 것을 제도화하고 있다. 이것은 피의자 조사과정에서 발생하는 논란을 방지할 수 있게 해준다.[79] 최근에 한국도 수사 중에 발생하는 가혹행위와 강압수사에 대한 논란을 방지하기 위해서 조사실에 CCTV를 설치하여 운영하고 있는 것은

---

76) Meyer, Craig W. & Morgan, Gary M., "Investigative Uses of Computers: Analytical Time Lines," *FBI Law Enforcement Bulletin*," Vol.69(no8), 2000, p.1~5.
77) Heck, William P., "Basic Investigative Protocol for Child Sexual Abuse," *FBI Law Enforcement Bulletin*, Vol.68(no10), 1999, p.19~20.
78) 여기서 '피의자'란 알려진 사실과 증거 등을 통해서 범죄혐의가 유력하다고 인정되는 자를 말한다.
79) 양문승, 수사경찰의 과제 및 강화방안, 「수사연구」, 2월호, 1998, p.17.

바람직한 일이라는 생각한다. 이를 모든 경찰관서에 확대하여 실시할 필요가 있다.

피의자의 인권을 보호하기 위한 또 다른 방법은 현행 긴급체포제도의 남용을 막는 것이다. 현행 긴급체포제도는 사전영장주의의 예외적인 경우이다. 그러나 현행범이 아닌 경우에도 영장 없이 체포할 수 있는 길을 열어 놓음으로써 경찰의 긴급체포제도의 남용으로 인한 인권침해가 발생하고 있다. 그래서 긴급체포 된 피의자 중 다수가 구속영장이 청구되지 않는다.[80] 따라서 피의자의 인권보호를 위해서 긴급체포의 요건을 엄격하게 제한할 필요가 있다.

위와 같은 방법이외에도 피의자의 인권보호를 위해서 피의자가 경찰과 접촉한 순간부터 변호사의 조력을 받을 수 있도록 여건을 보장해 주어야 한다. 우리 형사소송법 제200조는 미국의 미란다원칙을 적용하여 피의자를 체포·구속할 때는 범죄사실의 요지, 체포·구속의 이유와 변호인을 선임할 수 있는 권리를 고지하도록 하고 있다. 따라서 피의자는 재판과정에서뿐만 아니라 경찰의 수사과정에서도 변호인의 조력을 받을 수 있도록 보장하여야 한다. 그리고 변호인에게는 경찰의 수사기록을 열람할 수 있는 권리를 주어야 한다. 이와 같이 함으로써 경찰의 밤샘조사나 다른 가혹행위로부터 피의자의 인권을 보호할 수 있다.[81] 이런 취지에서 우리 경찰은 1999년 6월부터 피의자 신문과정에서 변호인 참여제도를 홍보하여 왔으나, 변호인의 참여저조로 큰 성과를 거두지 못했다. 앞으로 한국경찰이 추진하는 바와 같이 국선변호인을 경찰수사과정에 참여시키는 방법도 고려해 볼만하다고 본다.[82] 그러나 보다 근본적인 해결책은 변호사를 양적으로 증가시키는 것일 것이다.

다섯째, 경찰의 외국어 및 국제공조수사 능력의 배양이다. 외국인 범죄는 해마다 증가하고 있다. 경찰청 통계자료에 의하면 1995년 외국인 범죄건수는 총 572건에 불과하였으나, 2000년에는 1,484건, 그리고 2001년에는 1,745건으로 급증하였다.[83] 이런 외국인 범죄의 급격한 증가에도 불구하고 한국 경찰의 대응은 아직 미흡한 부분이 많다. 한 예로써 이태원에 있는 버거킹에서 발생한 홍익대생 살인 사건에서도 경찰은 피의자 Patterson을 조사하는데 어려움이 있었다. 그 이유는 영어를 잘하는 경찰을 찾기가 어려웠기 때문이다. 그리고 위 사건에서 미국육군범죄수사대(CID)는 Patterson을 범인으로 지목하였으나, 한국경찰은 Lee를 유력한 피의자로 수사방향을 잡았다. 이것은 주한미군과 한국경찰 사이에 수사공조가 제대로 이루어지지 않았기 때문이다. 이런 문제를 극복하기 위해서 현재 한국경찰은 영어 특기자를 국내 대학에서 연수를 받게 하고 있다.[84] 그리고 14개 지방경찰청에

---

80) 하태훈, 인신구속제도 및 수사절차의 개선,「수사연구」, 2월호, 2000, p.24.
81) 강석복, 범죄수사와 인권,「인권과 정의」, 제167권, 1990, p.60.
82) 경찰청 홈페이지 참조.
83) 경찰청 홈페이지 참조.

약 3,152명의 민간인을 포함하는 통역위원을 위촉해 놓고 있다.[85] 그러나 외국어는 그 나라의 문화까지 알아야 제대로 습득할 수 있다. 그러므로 더 좋은 방법은 경찰관을 일정기간 동안 외국으로 어학연수를 보내는 것이다.

외국인 관련 범죄수사에서 무엇보다도 중요한 것은 우리 경찰의 범죄해결을 위한 적극적인 의지이다. 또한 중앙 경찰청과 각 지방경찰청에 외국인범죄 전담반의 활동을 강화하는 방안을 강구하여야 한다. 그리고 형이 확정된 외국인에게는 강제출국명령으로 끝낼 것이 아니라, 국내법을 엄격하게 적용하여 형을 집행하여야 한다. 이렇게 해야 외국인이 한국의 법을 잘 준수할 것이다.

현재 우리 경찰이 범죄인 인도조약 및 형사사법 공조조약을 체결한 국가는 발효 중인 국가 14개국을 포함하여 16개 국가이며, 협약중인 국가는 러시아와 홍콩의 두개 국가이다. 뿐만 아니라 2002년 말 현재 15개 국가에 16명의 경찰해외주재관이 파견되어 활동을 하고 있다.[86] 국제수사공조체제는 범인의 소재파악, 각종 서류의 요청, 증거수집과 압수, 증거물의 보존과 인도, 그리고 관계인의 증언을 요청할 때 필요하다. 이런 공조체제가 좀 더 많은 나라와 국제협약을 통해서 이루어져야 한다.[87]

여섯째, 수사기법의 개발이다. 앞으로 더 발전시킬 수 있는 수사기법은 수법수사와 범죄 프로파일링 등을 들 수 있겠다. 인간은 자신도 모르는 습관을 가지고 있다. 이것을 이용한 것이 수법수사이다.[88] 연쇄살인, 상습 성범죄, 그리고 상습 절도 등과 같이 동일범이 연속해서 범죄를 저지르는 경우에는 수법수사가 유용하다. 이것은 범죄사건을 발생장소, 시간, 수단, 방법, 그리고 대상 등 여러 가지로 세분화하여 기록하는 것이다. 그리고 이와 유사한 사건이 발생했을 경우에 이전의 사건과 대조하면 된다. 수법수사는 컴퓨터를 이용하여 데이터베이스화하였을 경우에 보다 신속하고 정확하게 유사사건을 검색할 수 있다. 예를 들면 사건 발생장소에 대한 검색어를 입력하여 그 지역에서 일어난 살인사건을 모두 찾을 수 있는 것 등이다. 우리 경찰은 2003년 3월 1일부터 「수사종합 검색시스템」을 운영하여 4월 말까지 총 147,081건을 검색하여 범인을 발견한 것이 13건에 달한다.[89]

범죄 프로파일링(Criminal Profiling)이라는 말이 한국에도 요즘 유행하고 있다. '범죄 프

---

84) 경찰청 홈페이지 참조
85) 이 중 민간인이 1,911명, 경찰관이 954명, 그리고 전·의경이 287명 등이다.
86) 경찰청 홈페이지 참조
87) 김주덕, 외국인범죄에 대한 국제수사공조, 「형사정책연구」, 제3권 제3호, 1992, p.5~10.
88) 이상현, 범죄수사에 관한 심리학적 고찰, 「형사정책연구」, 제8권 제2호, 1997, p.9.
89) 경찰청 홈페이지, *op cit.*, 참조.

로파일링'이란 범죄의 세부사항과 범행동기 등을 파악하여 범인을 추론하는 일련의 행위를 말한다. 범죄 프로파일링은 자료수집, 수집된 자료의 정리, 범죄의 재구성 및 평가, 범죄 프로파일링, 수사, 그리고 체포의 5단계로 이루어진다. 이 중 범죄의 재구성 및 평가는 자료의 분석을 통해서 범죄자와 피해자의 행동을 재구성한다. 그래서 살인이 계획적으로 이루어졌는지의 여부 등을 추리한다. 그리고 범죄 프로파일링 단계에서는 범인에 대해서 묘사를 하게 된다. 즉 범인의 성별, 인종, 연령, 결혼상태, 생활능력 및 직업, 심리적 특성, 신념과 가치, 심리적 특성, 그리고 유사범죄를 했을 가능성에 대한 판단을 내리게 된다.[90] 실제로 한국에서 있었던 한 사건은 어린이가 토막 난 상태로 비닐봉지에 담겨져 골목에 버려진 것이다. 경찰은 그 사체가 냉동되어 보관된 것으로 보이는 흔적을 발견하였다. 경찰은 범인이 시체를 냉동실에 보관할 수 있었던 점으로 미루어 혼자 사는 사람임을 알 수 있었다. 이를 바탕으로 주변에 혼자 사는 사람들을 대상으로 탐문수사를 하여 범인을 체포하였다.

범인의 언어를 분석하여 범인의 신상에 대한 정보를 얻어내는 '언어심리학'(psycholinguistics)도 범죄 프로파일링의 한 방법으로 사용된다. 때로는 경찰이 이런 방법에 전적으로 의존해야 하는 경우도 있다. 예를 들면 어린이 납치범과 테러범의 협박전화를 들 수 있다. 언어는 그 사람의 출신지역, 연령대, 성별, 직업, 그리고 교육수준 등을 알려주기도 한다.[91] **첫째,** 사투리를 파악하여 출신지역을 대략 짐작할 수 있다. **둘째,** 목소리 톤이나 말투의 분석을 통해서 연령대를 어느 정도 추측할 수 있다. 특히 요즘 신세대는 그들 특유의 어휘를 구사하는 경우가 많다. **셋째,** 말은 그 사람의 건강상태를 알려준다. 강하고 큰 목소리는 건강하다는 것을 말해주지만, 약하고 또렷하지 못한 목소리는 그 사람의 건강상태가 좋지 못하다는 것을 시사해 준다. **넷째,** 목소리는 성별을 알게 해준다. 대체적으로 여성은 남성보다 높은 톤의 목소리를 가지고 있다. **다섯째,** 치과의사는 말소리만 들어도 틀니의 착용여부를 포함하여 치아의 상태를 어느 정도 알 수 있다. **여섯째,** 직업에 따라서 사용하는 어휘와 말투가 다르다. 예를 들면 군인인 경우에 상당히 절도 있는 말투와 군대용어를 사용한다. **일곱째,** 말은 그 사람의 교육수준을 알려준다. 고등교육을 받은 사람은 사용하는 어휘가 다양하며, 문장구성도 좀 더 복잡하고 세련되게 한다. **끝으로** 언어는 사람의 성격이나 심리상태도 나타낸다. 차분한 말투는 침착한 성격을, 그리고 빠르거나 더듬는 말투는 그 사람이 성급한 성격이거나 심리적으로 흥분한 상태임을 알게 해준다.

---

90) 국립과학수사연구소 범죄분석실, 범죄 프로파일링의 소개, 「수사연구」, 12월호, 2001, pp.42~44.

91) Smith, Sharon S. & Shrub, Roger W., "Forensic Psycholinguistics: Using Language Analysis for Identifying and Assessing Offenders," *FBI Law Enforcement Bulletin*, April, 2002, p.17.

이런 언어심리는 말뿐만 아니라 범인의 필적 분석에도 사용할 수 있다. 특히 범인의 협박편지 분석은 범인에 대한 정보를 얻는데 큰 도움이 된다. 일반적으로 남성과 여성의 필체는 차이가 난다. 설사 범인이 자필이 아니고 신문과 잡지의 글자를 오려붙인 경우에도 범인을 분석하는데 도움이 된다. 한 예로 1932년 미국에서는 당시에 최초로 대서양 횡단비행을 해서 유명해진 Linbergh란 사람의 1살짜리 아기가 집에서 납치된 사건이 발생했다. 이 사건은 곧 바로 미국 사람들의 관심의 대상이 되었다. 이 사건해결의 실마리는 범인이 보낸 협박편지로부터 찾을 수 있었다. 협박편지에는 어색한 영어표현과 오탈자가 많이 발견되었다. 그리고 그 편지에는 독일어식으로 표기를 한 부분이 많았다. 이것을 근거로 해서 당시 심리학자는 범인은 독일에서 이민 온지가 얼마 안 되는 사람일 것이란 점을 지적하였다. 그래서 경찰은 주변에 탐문수사를 하여 독일에서 최근에 불법이민 온 사람이 범인임을 밝혀냈다.

위에서 살펴본 것과 같이 이렇게 언어분석 하나만으로도 범인에 대한 많은 정보를 얻을 수 있다. 이런 정보는 범인과의 대화내용이 길면 길수록 보다 정확하다. 따라서 경찰은 범인과의 대화내용을 녹취하여 나중에 언어심리 전문가의 도움을 받아서 분석에 사용할 수 있도록 해야 한다.

일곱째, 유아 성추행 사건에 대한 수사능력의 배양이다. 어린이를 대상으로 한 성추행을 엄하게 다스리고 있는 선진국에 비해서 한국은 아직까지 이런 유형의 범죄에 대한 대처가 무척 미흡하다. 미국은 성인이 아이 앞에서 일부러 성기를 노출시키거나 자위행위를 하는 것까지도 성추행(sexual abuse of a child)으로 인정하고 있다. 뿐만 아니라 의사, 간호사, 학교 및 유아원 선생님, 그리고 사회복지사 등은 해당 어린이가 성인에 의해서 가혹행위를 당한 것이 의심되면 의무적으로 경찰에 신고하도록 법제도화하고 있다.

성추행을 당한 경험은 어린이에게 큰 마음의 상처를 주어 정상적인 성인으로 자라는데 많은 지장을 초래하고 있음이 연구에 의해서 밝혀지고 있다. 그렇기 때문에 어린이 성추행 사건에 대해서 보다 효과적인 수사방법을 모색할 필요가 있다. 중요한 것은 어린이에게 맞는 새로운 수사기법을 개발해야 한다. 예를 들면 성추행 사실에 대한 정확한 진술을 얻어내기 위해서 남자와 여자의 인체를 본 뜬 인형을 이용하여 성추행 당한 사실을 구체적으로 설명하도록 하는 것이다. 뿐만 아니라 피해 어린이는 심리적 안정을 위해서 부모와 함께 조사를 받을 필요가 있다. 그러나 여기서 주의할 것은 경찰관은 부모가 피해 어린이에게 자신이 원하는 방향으로 답변을 유도하도록 나둬서는 안 된다. 또한 경찰관은 피해 어린이가 용의자와 직접 대면하는 것을 금지시켜야 한다. 그 이유는 피해 어린이가 용의자를 보고 두려워서 제대로 진술을 하지 못할 수 있기 때문이다.

어린이 성추행사건 수사에서 가장 어려운 것은 피해자가 아직 어리기 때문에 그들의 진술은 그 신빙성을 보장받기 어렵다는 것이다. 그리고 때때로 어린이는 두려워서 사실을 제대로 말하지 못하는 경우가 있다. 그래서 어린이를 제대로 조사할 수 있도록 전문교육을 받은 경찰관이 있어야 한다. 또한 경우에 따라서는 어린이의 정확한 진술을 받아내기 위해서는 아동심리학자의 전문적인 식견이 필요하다. 아동심리 전문가는 피해 어린이의 진술에 대한 신빙성 여부도 진단해 줄 수 있다.

　아동을 대상으로 한 범죄에 더 효과적으로 대처하기 위해서는 전담팀의 설치도 고려해 볼 만하다. 미국의 Oklahoma를 비롯한 많은 주들은 어린이를 대상으로 한 성폭력 행위에 대해서 여러 전문가들이 팀을 구성하여 사건을 조사하고 범인과 피해 아동에 대한 처리를 담당하도록 하고 있다. 그 팀에 포함되는 사람은 정신과 의사나 심리상담전문가, 아동문제에 훈련을 받은 경찰관, 피해의 진단을 위한 의사, 사회복지사, 어린이 인권보호 단체 대표, 그리고 지방 검사나 그의 대리인 등을 포함하고 있다. 이렇게 함으로써 각 기능별로 의사소통과 협조가 원활하게 이루어질 수 있다. 뿐만 아니라 서로 중복을 피함으로써 시간 낭비를 막을 수 있다. 여기서 정부의 사회복지 부서[92]는 어린이의 복지를 위한 민사법적인 대응을 모색한다. 반면 경찰은 진상규명과 범인의 처리를 목적으로 수사 활동을 벌인다.[93] 그 만큼 미국은 아동에 대한 폭력행위를 상당히 심각한 문제로 생각하고 철저하게 다룬다. 한국은 2001년 1월 17일 경찰청 방범국에 여성청소년기획계, 여성계, 그리고 청소년계로 이루어진 「여성청소년계」를 신설하였다. 그리고 각 지방청에는 여경기동수사반이 편성되어 여성과 아동을 대상으로 한 범죄에 대응하고 있다.[94]

　끝으로는 수사에 있어 범죄피해자의 보호가 중요하다. 한국은 범죄피해자의 보호를 위해서 여러 법령을 제정하였다. 「범죄수사규칙」 제10조는 수사기관은 수사를 할 때 언동을 삼가고 관계자의 편리를 고려하여 필요이상으로 불편을 주거나 혐오감을 주는 일이 없게 주의하도록 하고 있다. 한편 「형사소송법」 제198조는 사건관계자의 인권을 존중하고 수사에 방해가 되는 일이 없도록 수사의 기밀을 지키도록 하고 있다. 특히 성폭력 피해자에게는 자신이 원하는 사람을 수사과정에 동석시킬 수 있는 권리도 부여하고 있다(「성폭력특별법」 제22조의2 제2항).

---

92) 미국 대부분의 주에서는 명칭은 조금씩 다르더라도 어린이와 가정 복지를 위한 정부행정 부서를 두고 있다. Florida주의 경우는 1998년에 담당부서가 Department of Family and Children에서 Department of Health로 바뀌었다.

93) Heck, William P., *op cit.*, p.19~20.

94) 경찰청 홈페이지, *op cit*, 참조.

그 동안 성폭력 범죄의 수사는 대부분 남성 경찰관에 의해서 이루어지는 경우가 많았다. 그리고 경찰은 피해자에게 동의한 성관계를 감추기 위해서 폭행당한 것으로 위장하는 것이 아니냐는 의심의 눈으로 바라보기도 했다. 뿐만 아니라 수사경찰관은 피해자가 자신의 잘못으로 성폭행을 유발한 것으로 피해자에게 책임을 돌리는 경우도 더러 있다. 더욱이 수사관은 사건과 직접관련이 없는 피해자의 성적 경험을 물어보는 등 사생활을 침해하기도 한다. 이렇게 되면 성폭력 피해자는 경찰수사 과정에서 이차적 피해를 입게 된다.[95] 이런 것을 막기 위해서는 성범죄 수사에는 최소한 1명의 여성경찰관을 포함하도록 하는 것이 바람직하다. 이를 위해서 최근에 한국경찰도 여성관련 사건 전담 여성경찰관제도를 도입하고 있다.[96] 뿐만 아니라 피해자의 사생활비밀이 보장될 수 있도록 해당 경찰관만 참석하여 독립된 방에서 조사하도록 하는 규정을 두어야 한다.

한 연구조사에 의하면 성폭력 피해자는 보통 3~4차례나 경찰과 검찰에 소환되었다고 한다. 따라서 피해자 조사는 필요한 최소한도로 줄여야 한다. 필요하다면 성폭력 피해자에 한해서는 경찰조사과정을 비디오카메라나 녹음기로 기록해서 검찰수사에서 똑같은 과정을 반복해서 범죄피해자에게 정신적 충격을 가하는 일이 없도록 하여야 한다. 또한 성폭행의 피해자에게는 언론 등에 피해자의 신분이 노출되는 일이 없도록 세심한 배려를 할 필요가 있다.

선진국들은 범죄 피해자의 권익보호를 위해서 여러 가지 제도를 마련하고 있다. 일본은 범죄피해자를 위해서 팸플릿을 제작하여 배포하고 있다. 그 내용은 앞으로 있게 될 형사절차와 피해자를 위한 법적구제 방법 등을 소개하고 있다. 또한 일본은 성폭력 사건의 경우에 정복경찰이 아니라 사복경찰관이 피해자의 가정을 방문하여 조사하는 세심한 배려를 한다.[97] 한편 미국 경찰은 범죄피해자(특히 성폭력과 가정폭력)를 사회복지기관에 연결시켜서 그들을 긴급하게 수용하여 보호할 수 있도록 하고 있다.

한국경찰도 최근에 선진국제도를 일부 도입하여 성폭력 피해자에게 「가정폭력 피해자 안내카드」를 제작해서 배포하고 있다. 또한 각 경찰서에 「여성상담실」을 설치하여 운영하고 있다.[98] 그리고 우리 경찰은 중앙 경찰청과 14개 지방경찰청에 교수, 상담치료전문가, 의사, 변호사, 그리고 NGO 대표 등으로 구성된 「여성대책자문위원회」를 운영하고 있다.[99] 한편 2005년에 김천시는 국내에서는 처음으로 범죄피해자 지원센터를 설립하였다.

95) 정현미, 성폭력범죄 수사와 피해자의 인권보호, 「수사연구」, 2월호, 2002, pp.51~52.
96) 경찰청 홈페이지, *op cit.*, 참조.
97) 김용세, 범죄수사와 피해자보호, 「형사정책연구」, 제10권 제3호, 1999, pp.113~144.
98) 경찰청 홈페이지, *op cit.*, 참조.
99) *Ibid*

이런 것을 전국적으로 확산될 필요가 있다.

③ 한국의 수사권독립 문제

많은 선진국들에서는 경찰이 검찰로부터 독립된 수사권을 행사하고 있다. 즉 경찰은 수사업무를 담당하고 검사는 기소업무만을 담당하는 것이다. 독일의 경우 검사가 수사지휘를 할 수 있으나, 실질적으로 수사 인력을 가지고 있지 않기 때문에 경찰이 대부분의 수사업무를 담당한다. 그러나 한국에서는 아직까지 경찰은 검찰로부터 수사의 지휘를 받도록 되어 있다. 한국 「형사소송법」은 제195조와 196조를 통해 경찰이 검사의 지휘를 받아 수사하도록 하고 있다. 이것은 검사와 경찰 사이에 상명하복의 관계가 있음을 나타내는 것이다. 이것은 경찰의 사기저하, 수사에 대한 책임의식의 부족, 그리고 독자적인 수사능력의 향상에 대한 노력의 부족 등으로 연결된다. 뿐만 아니라 경찰수사단계에서 조사를 받은 피의자, 피해자, 그리고 기타 참고인 등이 검사의 수사 단계에서 다시 동일한 조사를 받는 경우가 자주 발생한다.[100]

위와 같이 경찰이 독자적인 수사권을 가지지 못함으로써 여러 가지 문제들이 발생하고 있다. 그럼에도 불구하고 경찰의 수사권독립을 반대하는 학자나 시민들은 경찰의 자질이 아직 우수하지 못하기 때문에 수사권독립은 시기상조라고 주장한다. 그래서 사법고시에 합격한 검사가 부정부패 문제로부터 비교적 자유로울 수 있고 국민의 인권을 더 잘 보호할 수 있다는 것이다. 그러나 이런 식으로 주장한다면 경찰의 수사권 독립은 요원한 이야기가 될 수밖에 없을 것이다. 오히려 조속히 경찰에게 독자적인 수사권을 주어서 경찰 스스로가 인권을 보호하고 부정부패를 척결할 수 있는 기회를 제공하는 것이 타당하다고 본다. 다시 말해서 경찰이 성숙할 수 있는 기회조차 주지 않고 걱정하는 것은 잘못된 것이다.

(6) 경찰의 부정부패

우선 경찰관의 부정부패를 어떻게 개념정의 할 것인지의 문제를 다루도록 하겠다. 이어서 경찰관 부정부패의 실태와 유형, 부패의 해악, 그리고 부패의 원인에 대해서 차례대로 검토해 보도록 하겠다. 경찰관 부패의 개념을 크게 광의와 협의로 나누어서 살펴 볼 수 있다. 학자들의 이런 구분은 나름대로 장점이 있다. 특히 논란이 되고 있는 것은 경찰관에게 주어지는 공짜 커피와 같은 작은 호의를 부패로 볼 것인가이다. 이 문제에 대해서도 검토해 보겠다. 표창원은 "경찰부패란 경찰관이 그 지위와 권한을 불법적으로, 부당하게, 또는 편파적으로 사용하는 모든 행위(그 대가성에 상관없이)와 이를 알면서도 방관하는 행위 및

---

100) 표창원 외8인, 「경찰학개론」(서울: 법문사, 2004), pp.804~806.

이의 원인이 되거나 이에 조력하는 경찰관이 아닌 자의 행위"라고 하고 있다.[101] 표창원의 정의에 따르면 대가성의 여부를 불문하고 있다. 이런 부패의 정의는 경찰학자 Lynch의 주장과도 맥락을 같이 한다. Lynch는 동료 경찰관의 부정을 보면서 모른 척 하는 것도 부정부패로 보아야 한다고 주장하였다.[102] 이것은 경찰관의 부정부패를 그 근본 원인부터 제거하여 척결하겠다는 강력한 의지가 나타나 있다. 그러나 대가성 여부와 관계없이 규정할 경우 부패의 범위가 너무 넓어진다. 다시 말하면 어느 행위까지를 부패로 볼 것인지가 불분명해 진다. 그래서 부패와 기타 일탈행위(가혹행위, 인권침해, 그리고 직위남용 등)와의 구분이 모호해 진다.

Herman Goldstein은 "경찰부패는 개인적인 이익을 위해서 권력을 남용하는 것"이라고 정의 하였다.[103] 경찰관이 사리사욕을 위해서 공권력을 남용하거나 영향력을 직접 또는 간접으로 행사함으로써 법규를 위반하는 경우, 의무를 불이행하는 경우, 또는 부당행위(비윤리적 행위 포함)를 하는 것 등을 포함한다.[104] 여기에는 어느 개인의 이득뿐만 아니라 개인이 속해 있는 집단을 위한 권한남용이나 공직의 의무에 대한 사회적 기대를 저버리는 행위도 포함된다.[105] 따라서 이 정의에 따르면 대가성이 없는 권력의 남용과 직무태만은 부정부패의 범주에 속하지 않는다. 예를 들면 대가성이 없이 행해진 가혹행위, 불법수색과 체포, 그리고 불법도청 등은 경찰의 불법내지 일탈행위이기는 하지만 부정부패에 해당하지는 않는다.[106]

지역주민들은 경찰관에게 호의의 표시로 공짜 커피나 음식을 대접하는 경우가 있다. 이것을 부패로 볼 것인지에 대해서 오랫동안 논란이 되어 왔다. 그것을 부패로 보아서는 안 된다는 입장은 작은 호의는 지역주민과 경찰관의 유대관계를 증진하기 위한 것이라는 점을 지적하고 있다. 특히 한국은 손님에게 커피나 음식을 대접하는 것은 오랜 미풍양속이란 점을 강조하고 있다. 1999년 국무조정실과 행자부가 합작하여 제정한 「공직자 10대 준수사항」이 발표되었다. 그 내용 중 하나는 공무원의 축·조의금의 접수를 금지한 것이었다. 이것은 직무와 관련된 단체로부터 일체의 축·조의금을 받지 못하도록 하는 것이었다. 그러나 공무원들은 축·조의금은 사회 보험적 성격과 미풍양속인 점을 들어 이런 법의 제정을 반

101) 표창원, "경찰 부정부패: 바람직한 한국형 경찰부정부패 방지책의 모색," 「경찰관 직무관련 부정부패 사례와 개선대책」보고서 9, p.50.
102) Gerald W. Lynch, "Police Corruption from the United States Perspective," *Police Studies*, Vol.12, 1986, p.166.
103) Herman Goldstein, *Police Corruption*(Washington, D.C.: Police Foundation, 1975), p.3.
104) 전수일, "공무원의 윤리규범과 행동기준에 관한 연구: 선물, 접대 및 이익수의 한도를 중심으로" 「한국부패학회보」제4호, 1999, pp.22~26.
105) 한국형사정책연구원, 「경찰 분야 부패방지 대책」 국무조정실 의뢰 연구용역 보고서4, 1999, p.16.
106) Samuel Walker, *The Police in America: An Introduction*(Upper Saddle, New Jersey: Prentice-Hall, 2001), pp.175.

대하였다. 그 결과 적용 대상이 1급 이상의 고급공무원으로 한정되었다.[107]

작은 호의를 부패로 보아야 한다는 주장은 작은 호의가 나중에 심각한 부정부패 관계로 발전할 가능성이 크다는 것이다. 이렇게 작은 호의가 심각한 부패로 발전할 수 있다고 보는 주장을 미끄러지기 쉬운 경사이론(slippery slope theory)이라고 한다. 시민이 단순한 성의의 표시로 커피나 음식을 대접하는 것이라고는 하지만, 시민은 은연중에 경찰의 호의와 보호를 기대하게 된다는 것이다.[108] 실제로 미국에서는 몇 년 동안 한 경찰관에게 공짜 커피를 제공했던 식당 주인이 있었다. 그런데 호의를 받았던 경찰관이 자신의 음주운전을 봐주지 않았다. 식당주인은 그 경찰관에게 앙심을 품었다. 그리고 그는 해당 경찰관이 오랫동안 무료 커피를 제공받은 사실을 경찰서장에게 일러바쳤다.[109]

앞의 논의들을 정리하면 다음과 같다. 표창원의 부패에 대해 폭넓게 해석하는 것은 부정부패와 다른 일탈행위와의 구별을 불분명하게 만든다. 또한 법적으로 형법 제129조의 수뢰죄를 놓고 판단하는 데에도 논란이 발생할 수 있다. 즉 대가성이 없이 어떤 물건을 받았는데도 법적으로 처벌할 수 있는지의 문제가 발생한다. 따라서 경찰관 부패가 성립되기 위해서는 경찰관, 공권력, 사적이익, 그리고 부당성의 네 가지 요소를 만족시켜야 한다. **첫째,** 행위의 주체에는 경찰관이 포함되어야 한다. **둘째,** 경찰관이 자신의 업무상에 있어서 공권력을 잘못 사용하거나 당연히 해야 할 일을 대가를 받고 한 것이다. **셋째,** 경찰관이 업무를 수행함에 있어서 공익을 우선해야 함에도 불구하고 사적이익을 위해서 하는 경우에 부정부패가 성립한다. 여기서 사적이익이란 해당경찰관 자신뿐만 아니라 다른 경찰관의 사적이익을 도모한 경우도 해당한다. **끝으로** 부당성이란 좁게는 법규를 위반한 경우를 말하며, 넓게는 주어진 재량권의 범위를 넘어서 권한을 행사하는 것을 말한다.[110]

1970년대 미국 New York시에서 발생한 경찰관 부패를 계기로 결성된 냅프위원회(Knapp Commission)는 부패경찰관의 유형을 '육식성'(meat eater)과 '초식성'(grass eater)으로 구분하였다. '육식성' 경찰관은 적극적으로 돈 생기는 일을 찾아다니면서 비리를 저지르는 자들을 말한다. 이에 비해서 '초식성' 경찰관은 소극적으로 기회가 주어지는 경우에

---

107) 전주수, 전게논문, p.301.
108) Jeffrey Reiman, "The Scop and Limits of Police Ethics," *Criminal Justice Ethics*, Vol. 16no2(1997), p.42. pp.41~45.
109) Mike White, "The Problem with Gratuities," *FBI Law Enforcement Bulletin*, Vol. 71, no7(2002), p.21.
110) 윤태범, "경찰 공무원 부패의 구조에 대한 탐색적 논의: Klitgaard 모델의 응용," 「한국정책학회보」, 제10권 제2호, 2001, pp.89~90. pp.87~109.

한하여 부패를 행하는 경우이다. 다시 말하면 '초식성' 경찰관은 시민이 뇌물을 제공하면 거절하지 않고 받지만, 고의로 뇌물을 받기 위해 노력하지는 않는다.[111] 그러나 '초식성' 경찰관이 언제든지 '육식성' 경찰관으로 발전할 가능성은 많다.

한국에서 제일 많이 발생하는 부패의 유형은 불법영업(매춘, 도박, 불법심야영업, 그리고 미성년자를 고용한 술집 등)을 돈이나 다른 대가를 받고 봐주는 것이다. 경찰관이 불법유흥업소 일제단속에 대한 정보를 미리 업주에게 누설하는 경우도 있다.[112] 기타 대가를 받고 교통법규 위반자나 일반형사사건 피의자를 놓아주는 경우도 있다. 일반 직장인을 대상으로 한 설문조사에 따르면 교통단속 및 교통사고처리와 관련한 경찰관의 금품수수가 가장 많은 것으로 드러났다. 심지어는 대가를 받고 사건에 대한 기밀을 누설하거나 뇌물 제공자에게 유리하게 위증을 해주는 경우도 있다. 또한 일부 파출소에서는 관할 지역주민들에게 운영비를 수금하기도 한다.[113]

전수일은 한국 경찰관 부패의 특징을 총체화, 구조화 및 관행화, 그리고 일상화의 세가지로 정리하고 있다. 총체화란 한국의 경찰부패가 어느 한 부분이 아니라 전체 경찰의 문제라는 것이다. 1998년 한 해 동안 7,420명의 징계 받은 전체 공무원 중 경찰공무원이 46% 가량을 차지하고 있다. 이 중 금품수수가 18.5%를, 무사안일이 23.4% 가량을 차지하고 있다. 그리고 구조화와 관행화란 경찰의 부정부패가 개인 경찰관들에 의해서 산발적으로 발생하는 것이 아니라 여러 명이 조직적으로 비리를 저지른다는 것이다. 부패로 챙긴 돈을 자신의 상사에게 상납하는 것이 관행화가 되었다는 것이다. 끝으로 경찰관은 부정부패를 자연스러운 일상생활의 일부로 여기고 있다. 뿐만 아니라 경찰관은 부패행위를 좀 더 용이하게 하기위해 동물세계의 먹이사슬과 같은 일정한 연결고리를 가지고 있다.[114]

부패의 유형을 비조직화 된 경우와 조직화 된 것으로도 구분할 수 있다. 비조직화 된 경우는 경찰관들이 개인적으로 비리를 저지르고 거기에서 끝나는 경우를 일컫는다.[115] 이와는 달리 조직화 된 경우는 경찰관이 일정한 뇌물을 받고 그 중의 일부를 상사에게 상납하는 경우이다. 실제 사례를 살펴보면, 한 고속도로 순찰대원이 교통법규 위반자를 그냥 돌려보내는 대가로 운전자로부터 1~2만원씩을 받은 뒤에 모은 돈을 자신의 상급자에게 매달 20~30만원 정도 상납하였다.[116] 이렇게 직접적인 명령체계에 있는 경찰관들 사이에 돈을

---

111) Samuel Walker, *op. cit.*, pp.175.
112) 전수일, "경찰부패사례에 대한 연결망 이론적 접근," 「한국부패학회보」, 제5호, 2001, p.165. pp.161~197.
113) 전수일, 전게논문, p.165.
114) 전수일, 전게논문, p.162.
115) Samuel Walker, *op. cit.*, p.178.
116) 전수일, 전게논문, p.170.

주고받는 관계가 성립되면 승진에도 영향을 미칠 수 있다. 예를 들면 돈을 자신에게 상납하는 부하를 우선적으로 승진시키는 것이다. 이렇게 되면 부패가 경찰조직 전체로 급속하게 확산된다. 그래서 비조직화된 부패행위가 조직화 될 수 있는 개연성은 많다고 하겠다.

경찰관이 부패하게 되는 원인을 경찰관 개인의 문제, 경찰을 둘러싸고 있는 사회의 환경, 그리고 경찰조직 안에 내재한 문제 등으로 구분할 수 있다. 이런 세 가지 원인에 대해서 좀 더 논의해 볼 필요가 있다. 경찰관 개인에게서 원인을 찾는 관점은 일부 부정직한 경찰관이 경찰로 입문하게 된다고 가정한다. 이런 부정직한 경찰관이 '썩은 사과'(rotten apple)처럼 선량한 경찰관들을 물들게 만든다는 것이다. 그러나 이 설명은 왜 어느 경찰기관에는 유난히 많은 부패 경찰관이 존재하느냐를 설명하지 못한다. 뿐만 아니라 이런 관점은 경찰관리자가 경찰부패문제를 일부 타락한 경찰관의 잘못으로 돌리면서, 책임을 모면하려고 하는데 악용될 소지가 있다. 이렇게 된다면 경찰관리자는 단지 적발된 소수의 경찰관들만 징계하고 사건을 무마해 버리려고 할 것이다.[117] 이것은 결과적으로 부패가 발생하는 보다 근원적인 문제를 도외시하게 될 위험성이 있다.

두 번째의 관점은 부패의 원인을 경찰을 둘러싸고 있는 사회에서 폭넓게 찾는 것이다. 이 관점은 다음과 같이 세부적으로 설명할 수 있다. **첫째,** 경찰의 부정부패는 사회 전체에 만연한 부패에 기인한다는 것이다. 현재 언론에 보도되고 있는 비리사건을 보면 정치인, 경제인, 그리고 연예인 등 사회 전 분야에 걸쳐서 발생하고 있다는 느낌을 받는다. 이런 상황에서 경찰만의 청렴결백을 기대하기는 어렵다. **둘째,** 일반 시민들도 부패문화에 많이 물들어 있다는 점이다. 교통법규를 위반한 차량 운전자가 돈을 제공했을 경우에 경찰이 그것을 뿌리치기가 쉽지 않다. 이것은 부패문화로 인하여 일부시민과 경찰관 사이의 공생공존의 관계가 성립함을 말해 준다. 관련 시민은 법의 단속망을 피해서 좋고, 경찰관은 알짜 돈을 챙겨서 이익을 얻는 것이다.[118] 경찰의 부정부패를 심화시키는 것은 한국사회에 너무나도 많은 불법퇴폐업소가 존재한다는 점이다. 이들 업소 주인들은 경찰단속을 피하기 위해서 경찰관에게 뇌물을 주는 경우가 많다. 일단 한번 경찰관과 시민 사이에 부정부패의 고리가 성립되면 이런 관계가 지속적으로 심화되는 악순환을 겪게 된다.[119] 또 다른 관점은 경찰관은 다른 직종의 사람들에 비하여 낮은 보수를 받고 있기 때문에 상대적 박탈감을 가지기 쉽다는 것이다. 그래서 경찰관은 뇌물의 유혹을 쉽게 뿌리치지 못하는 것이다. 경찰의 부

---

117) Samuel Walker, *op. cit*, p.180.

118) Cheryl W. Gray & Daniel Kaufmann, "Corruption and Development," *Finance and Development*, Vol 35(1998), p.8.

119) 윤태범, 전게논문, p.96.

정부패가 선진국들보다 개발도상국들에서 많이 일어나는 것도 이런 것과 관계가 있다.[120]

세 번째의 관점은 경찰의 하위문화를 부패의 원인으로 보는 것이다. 경찰조직 안에는 비공식적 조직들이 존재한다. 이것은 계급에 따른 공식적인 명령체계와는 다른 것이다. 만약 이 비공식적인 조직이 부패된 조직이라면 문제가 된다. 이것은 곧 경찰의 하위문화(police subculture)의 형성과 연결된다. 신임 경찰관은 부패를 저지르는 동료나 선배경찰관을 우연히 목격하면서 심각한 도덕적 딜레마에 빠지게 된다. 그는 정직하고 청렴한 경찰관으로서의 길을 갈 것인지, 아니면 그들과 함께 비리를 저지를 것인지의 기로에 놓이게 된다.[121]

정직한 경찰관으로 살기위해 동료의 부정부패를 상부에 보고하는 것은 현실적으로 극히 어려운 선택이다. 만일 그렇게 한다면 동료경찰관으로부터 '밀고자' 내지는 '배신자'로 낙인이 찍힐 것이다. 그 결과 그는 동료들로부터 소위 말하는 '왕따'를 당하게 된다.[122] 경찰관들은 세상 사람들을 '우리와 저들'(*us against them*)이라는 이분법적인 시각으로 보기 쉽다. 그 이유는 경찰관 개인은 업무를 수행하면서 뿐만 아니라 개인생활에 있어서도 민간인들과 어울리기 힘든 상황에 처해 있다. 일반시민들은 자신들의 비리가 드러날 까봐 속을 드러내 놓고 경찰관과 친분을 쌓기가 힘들다.[123] 그래서 경찰은 조직의 특성상 개인경찰관들에게 조직내부의 단합, 충성, 그리고 의리를 강조하게 된다. 따라서 경찰관은 동료경찰관의 비리를 고발하기 보다는 묵과하거나, 아니면 적극적으로 같이 동조하는 길을 선택하기가 쉽다. 그래서 경찰조직 안에 '침묵의 규범'(code of silence)이 존재하게 된다. 이것은 경찰관들 사이에 묵시적으로 존재하는 것으로서 동료의 비리행위를 절대 밖으로 누설해서는 안 된다는 원칙이다. 이것은 경찰 안에 비공식적인 조직이 활성화될수록 더욱 강하게 나타난다.

(7) 경찰장비

다음은 미국경찰의 최신 장비와 기술에 대해서 살펴보겠다. 이에 대한 논의를 긴급배치 장비, 수배자 확인장비, 순찰차 장비, 교통단속 및 차량추적 장비, 경찰관 휴대용 무기, 그리고 대테러 특수 장비 등으로 나누어서 살펴보겠다.

---

120) Cheryl W. Gray & Daniel Kaufmann, *op. cit.*, p.8.
121) Timothy O'Malley, "Managing for Ethics: A Mandate for Administrators," *FBI Enforcement Bulletin*, Vol. 66(1997), p.21. pp.20~26.
122) John R. Schafer, "Making Ethical Decisions: A Practical Model," *FBI Law Enforcement Bulletin*, Vol. 71, no5(2002), p.14. pp14~18.
123) 경찰대학, 전게자료, p.194.

1) 경찰관 긴급배치 장비

미국경찰은 시민으로부터의 범죄신고 접수의 단계부터 첨단장비를 사용하고 있다. 범죄의 신고가 유선전화를 통해 접수된 경우에 경찰은 「전화번호자동인식장치」(Automatic Identification Number, AIN)를 통해서 전화를 건 상대방의 전화번호를 바로 알 수 있다. 전화번호가 바로 컴퓨터 화면에 뜨기 때문이다. 뿐만 아니라 경찰은 신고자의 주소까지도 자동으로 알 수 있다. 그것은 경찰이 특정 전화번호와 관련된 주소를 전화번호부 책을 통해서 미리 입력시켜 놓았기 때문에 가능하다. 이 기술은 「자동위치정보장치」(Automatic Location Information, ALI)라고 한다. 만약 상대방이 휴대폰으로 신고를 한 경우에는 유선전화처럼 아주 정확한 위치를 찍어내기는 힘들지만, 다양한 방법으로 그 발신 위치를 추적할 수 있다. 그래서 미국연방정부는 휴대폰 제조업체들에게 특수한 장비를 내장하도록 규정하고 있다. 경찰은 그 특수한 장비를 통해서 휴대폰 발신자의 위치를 파악할 수 있다. 그 중에 하나는 휴대폰에 GPS를 장착하는 것이다.

미국경찰관 긴급배치 장비의 또 다른 특징은 경찰서의 직원과 순찰경찰관이 컴퓨터를 통해서 연락을 주고받는 기술이 발달되어 있다는 것이다. 이것을 「컴퓨터를 통한 배치」(Computer-Aided Dispatch, CAD)라고 한다. 경찰서 본부에 있는 직원은 시민으로부터 범죄 신고가 접수되면 우선 사건현장에서 가장 가까운 곳에 있는 경찰관이 누구인지를 컴퓨터 모니터를 통해서 알 수 있다. 이것은 순찰차에 장착된 「순찰차위치자동추적장치」(Automatic Vehicle Locator, AVL)에 의해서 가능하다. 이 자동장비는 전파를 통해서 수시로 순찰차의 위치를 경찰서 본부에 알려준다. 이것을 통해서 경찰서의 직원은 어느 경찰관이 어느 지역을 순찰하고 있는지를 컴퓨터를 통해서 항시 파악하고 있는 것이다. 이것은 마치 공항의 관제소에서 비행기들의 현재 위치를 알 수 있는 것과 같은 효과가 있다. 그 이외에도 경찰서는 「교통정보장치」(Intelligent Transportation Systems, ITSs)를 통해서 시내의 교통상황을 파악해서 출동하는 경찰관에게 차량소통이 원활한 도로를 알려준다. 이 「교통정보장치」는 주요 교차로에 설치된 CCTV를 통해서 실시간으로 시내의 교통상황을 경찰서의 직원에게 알려주는 것이다. 그렇기 때문에 이 「교통정보장치」는 경찰관이 현장에 보다 신속하게 도착하도록 도와준다.

순찰 중인 경찰관도 순찰차 안에 노트북 컴퓨터를 가지고 있다. 이것은 무선인터넷으로 경찰서와 연결되어 있다. 그래서 사건의 내용과 발생장소를 노트북컴퓨터를 통해서 구체적으로 알 수 있다. 이 장비의 장점은 경찰관이 사건발생 장소를 컴퓨터에 내장된 전자지도에 표시할 수 있다. 따라서 경찰관은 그곳으로 신속하게 출동할 수 있다. 이 노트북은 현장출

동뿐만 아니라 수배자의 신원확인에도 중요한 기능을 한다. 아래에서는 그것에 대해서 보다 자세하게 소개하고자 한다.

▲ 미국경찰의 컴퓨터를 통한 긴급배치

▲ 순찰차 안의 컴퓨터통신장비

2) 수배자 확인 장비

순찰중인 미국경찰관은 무전뿐만 아니라, 컴퓨터 단말기(노트북 컴퓨터)를 통해서 수배자와 도난차량을 확인한다. 즉 용의차량의 번호판과 운전자의 주민번호(social security number)를 노트북을 통해서 입력시키면 수배자 및 수배차량인지의 여부를 실시간으로 확인할 수 있다. 「운전면허데이터베이스」(Driver's License Database)는 운전자의 사진을 포함하여 그의 과거의 교통법규 위반내용과 같은

▲ 휴대용무선지문자동감식장치

정보를 포함하고 있다. 뿐만 아니라 순찰경찰관은 즉석에서 FBI가 운용하는 「국가범죄정보센터」(National Crime Information Center, NCIC)의 데이터베이스와 연결하여 운전자가 수배자인지의 여부를 확인할 수 있다. 만약 위와 같은 방법으로 확인할 수 없는 경우에는 「휴대용무선지문자동감식장치」(Portable Wireless Fingerprint Identification System)를 통해서 운전자가 수배자인지의 여부를 확인할 수 있다. 이것은 용의자가 이 장비에 손가락을 대면 전자장비가 지문을 스캔을 한다. 그러면 경찰관은 순찰차 안의 노트북컴퓨터

를 통해서 이 지문정보를 FBI의 「국가범죄정보센터」가 가지고 있는 「범죄자지문자동확인장치」(Automatic Fingerprint Identification System, AFIS)와 연결해서 비교하게 된다.

또 한 가지 범죄수사와 관련하여 중요한 것이 있다. 그것은 FBI의 강력범죄자와 실종자들에 대한 DNA데이터베이스, 즉 「Combined DNA Information System」(CODIS)이다. 현재 FBI는 5백만 명 이상의 DNA지문 자료를 가지고 있는 것으로 알려졌다. 이것은 경찰이 현장에서 용의자로부터 채취한 지문을 FBI의 데이터베이스의 자료와 자동으로 비교분석하도록 한 것이다. 여기서 문제는 정부가 죄수들의 DNA 자료를 얻기 위해서 강제로 그들의 혈액을 채취하는 것이 법적으로 허용되느냐하는 것이다. 이와 관련하여 미국법원은 지나친 물리력의 사용만 아니면 어느 정도의 강제력을 사용한 DNA 채취는 불법이 아니라고 보는 판결들이 있다.

한국도 소위 'DNA법'이 2009년 12월에 국회에서 통과가 되어 2010년 7월에 시행이 되었다. 이 법안은 미국과 같은 선진국의 제도를 본받아서 강력범죄를 저지른 일정한 범죄자에 대한 DNA 데이터베이스를 구축하는 것이다. 흔히 사용되는 방법은 범죄자의 머리카락을 통해서 DNA 정보를 획득하는 방법이다. 'DNA법'은 만약에 범죄자가 DNA 자료의 채취를 위한 머리카락 표본의 제출을 거부하면, 당국은 법원으로부터 강제명령, 즉 영장을 청구를 한다. 법원이 영장을 발부하면 당국은 강제로 DNA 표본을 해당범죄자로부터 채취할 수 있다. DNA 데이터베이스는 2010년에 김길태가 여중생을 강간 및 살해한 사건에서 볼 수 있는 것과 같이, 성폭력재범자를 검거하는데 아주 효과적인 방법이다. 요즘은 범죄자가 범죄현장에 지문을 잘 남기지 않는다는 점을 고려하면 DNA는 범인을 찾는데 중요한 단서를 제공한다.

수배자 확인과 관련하여 또 한 가지 관심을 가질 수 있는 것이 있다. 그것은 CCTV로 촬영한 영상의 질을 개선하는 기술이다. 경찰은 CCTV로 촬영된 내용물을 통해서 용의자의 얼굴이나 용의차량의 번호판을 정확하게 식별하기 어려운 경우가 있다. 그래서 미국은 연방정부 차원에서 이에 대한 연구를 활발히 진행하고 있다. 그 중에서 현재 실용화되고 있는 소프트웨어는 'Restoretool'이다. 현재 한국도 국립과학수사연구소와 한국과학기술원(KAIST) 등에서 이와 비슷한 영상향상기법을 사용하고 있는 것으로 알려져 있다.

3) 순찰차 장비

미국경찰의 순찰차에는 위에서 소개한 컴퓨터 단말기 이외에도 캠코더와 스피드 건 등이

있다. 캠코더는 순찰 중에 일어나는 중요한 사건들을 촬영한다. 그 영상자료들은 순찰차 컴퓨터에 저장된다. 그러나 경찰관이 24시간 상시 촬영하기에는 컴퓨터의 메모리가 부족하다. 따라서 많은 경찰서들은 순찰경찰관이 교통위반자나 용의차량을 정차시킬 때에 한해서 촬영에 들어가도록 의무화 한 경우가 많다. 경찰은 이런 영상자료를 통하여 교통단속과 기타 순찰활동 중에 일어나는 실제 상황을 법정에서 증거로 활용할 수 있다. 뿐만 아니라 시민들이 무고한 경찰관을 직권남용으로 고소하는 것을 방지할 수 있다는 장점도 있다. 즉 경찰관은 이 영상자료를 통해서 자신이 피의자를 폭행하지 않았다는 것을 증명할 수 있다. 위와 같은 것 이외에도 이 캠코더는 순찰차로부터 손쉽게 분리가 가능하므로 경찰관은 이것을 통해서 교통사고나 기타 범죄사건현장에 대한 즉석촬영이 가능하다.

미국경찰의 스피든 건은 성인 주먹정도의 소형이다. 요즘은 주파수(radio frequency)를 이용하는 방식이외에도 레이저(laser)를 사용한 방식도 많이 사용하고 있다. 이 레이저 방식은 도로에서 달리는 차량 중에 특정한 것만을 대상으로 사용할 수 있다. 뿐만 아니라 주파수 방식보다 훨씬 더 먼 거리 (약 610미터)에 있는 차량에 까지도 사용할 수 있다는 장점이 있다. 또한 주파수 방식에서 발생하는 오류도 많이 줄일 수 있다. 이런 스피드 건을 통해서 대상차량의 속도가 순찰경찰관의 노트북 컴퓨터에 수시로 표시가 된다. 경찰관은 이것을 근거로 하여 과속차량을 단속하게 된다. 레이저 스피드 건의 한 가지 단점은 주파수 방식보다 훨씬 비싸다는 것이다.

위와 같은 것 이외에도 한 가지 재미있는 미국 경찰의 시도는 경찰관이 신용카드를 읽을 수 있는 스캐너(단말기)를 가지고 다니는 것이다. 이것을 통해서 경찰관은 교통법규를 위반한 운전자에게 즉석에서 신용카드로 범칙금을 받는 것이다. 이것은 운전자나 경찰 모두에게 편리한 방법이다. 다시 말하면 운전자는 나중에 우편으로 벌금을 내는 번거로움을 피할 수 있다. 한편 경찰측면에서 보면 범칙금을 미납하는 사례를 혁신적으로 줄일 수 있게 된다. 하지만 물건을 사는 것도 아닌데, 신용카드로 범칙금을 낸다는 것이 아직 일반인들에게는 생소하게 느껴질 수도 있다.

4) 교통단속 및 차량추적 장비

미국경찰은 교통단속과 차량추적에도 첨단장비를 사용하고 있다. 만약에 어느 차량이 적색신호등을 어기고 교차로를 통과하게 되면 CCTV가 자동으로 그 차량의 번호판을 촬영한다. 이것은 「적색신호등위반사진」(Photo Red Light)이라고 한다. 이 장비는 다음과 같은 방법을 통해서 가능하다. **첫째,** 전자감지용 전선이 도로 밑에 묻혀 있다. 만약 차량이 적색신호등임에도 불구하고 그 위를 지나가면 이 전선에서 신호를 보내서 CCTV가 그 차량번호를 촬영한다. 그런 다음에는 그 영상정보와 함께 촬영시간과 장소 등이 컴퓨터에 저장된다.

차량추적 장비는 고속으로 도주하는 차량을 정지시키는 기술이다. 그 대표적인 것은 미리 예상 도주로에 '스파이크'(spikes)를 설치하는 것이다. 경찰관은 예상도주로에 대기하고 있다가 용의차량이 지나가면 못처럼 생긴 스파이크를 작동시켜 용의차량의 타이어에 펑크를 내는 것이다. 다른 또 하나의 방법은 경찰차에 특수 장비를 설치하는 것이다. 이런 특수 경찰차는 용의차량의 뒤로 접근하여 용의차량의 타이어에 펑크를 내서 정지시킨다. 그러나 위와 같은 두 가지 방법은 자칫 다른 무고한 시민들까지도 다치게 할 수가 있다. 그래서 지금은 레이저나 전자기파 총으로 용의차량의 컴퓨터 칩을 망가뜨려서 서서히 정차하게 만드는 기술을 연구 중에 있다. 연구 중인 또 다른 방법은 자동차 제조업체에게 사전에 특수한 칩을 차량에 내장토록 하는 것이다. 만약 그 차량이 도난당한 경우에는 원래 그 차량의 소유자나 경찰이 원격으로 신호를 보내서 그 차량의 시동을 걸지 못하게 하는 방법이다.

5) 경찰관 휴대용 무기

미국 경찰관은 권총이외에도 다른 몇 가지 무기를 휴대한다. 왜냐하면 권총은 상대방에게 치명상을 입히기 때문에 꼭 필요한 경우가 아니면 그 사용이 제한되어야 하기 때문이다. 그래서 미국경찰은 '비치명상무기'(less-than-lethal weapons)에 대한 연구개발을 활발하게 진행하고 있다. 그 중에 하나는 'Taser Gun'이다. 이 무기는 권총과 같이 휴대가 용이하다. 이것은 경찰관이 각각 양극과 음극의 고압의 전원이 흐르는 전선을 발사기를 통해서 범인에게 쏘는 것이다. 경찰관은 이것을 통해서 어느 정도 거리에 떨어져 있는 범인도 제압할 수 있다. 전기충격이 발생하는 동안 범인은 전혀 저항할 수 없게 된다. 반면에 그 사용이 중지되면, 범인에게 별다른 상처와 고통을 남기지 않는다. 또 다른 장비는 'Beanbag Shotgun'이다. 이것은 일반 산탄총(shotgun)에 콩알처럼 생긴 수십 개의 플라스틱 볼을 넣어서 발사할 수 있도록 된 것이다. 이 장비는 여러 군중이 모인 다중범죄의 진압에 효과적이다. 너무 근거리에서 사용하지 않는 한은 상대방에게 크게 부상을 입히지 않는 것으로 알려졌다.

경찰관의 무기사용에 있어서 중요한 것은 어떤 상황에서 무기를 사용하고, 또 사용한다면 어떤 무기를 사용해야 하는 가? 하는 문제이다. 즉 무기사용에 있어서는 경찰관의 판단이 대단히 중요한 것이다. 경찰관의 정확한 판단력을 향상시키기 위해서 미국의 일부 경찰은 전자총, 대형 스크린, 그리고 음향장비를 사용한 인터액티브 시뮬레이션 훈련(interactive simulation training)을 하고 있다. 이것은 여러 가지 상황을 설정해 놓고 경찰관이 그때마

다 적절한 무기를 선택하여 사용하도록 훈련시키는 것이다.

6) 대테러 특수 장비

미국경찰은 9·11사건 이후에 테러에 보다 많은 관심을 가지게 되었다. 대테러 노력의 일환으로 대도시의 많은 경찰서들이 폭발물 처리전담반을 두고 있다. 과거에는 처리반원이 직접 가서 폭탄을 해체하였다. 그러나 해체하는 과정에서 폭발사고가 발생하여 처리반원이 목숨을 잃거나 크게 다치는 경우도 발생하였다. 그래서 미국경찰은 이런 인명피해를 줄이기 위해서 요즘은 로봇을 많이 이용하고 있다. 로봇에 카메라가 설치되어 있어서 경찰관이 원격으로 조정하면서 폭발물을 해체 한 후에 옮길 수가 있다. 최근에는 폭발물을 현장에서 바로 처리할 수 있는 특수 경찰차량도 나와 있다. 이 차량은 아주 두꺼운 철로 된 탱크가 장착되어 있다. 그래서 경찰은 폭발물을 이곳에 넣고 폭파시켜 시내 한복판에서도 처리할 수가 있는 것이다.

3. 법 원

법원은 피고인의 유무죄를 판단하여 정의를 실현하고, 동시에 피고인의 인권을 보호하는 중요한 역할을 하는 기관이다. 여기서는 법원의 역사, 구조, 그리고 재판과정에 대해서 논의하겠다.

(1) 역 사

현재 대부분의 문명화된 국가의 권력은 세 가지로 나뉘어져있다. 그것은 행정부, 입법부, 그리고 사법부이다. 이것은 프랑스의 철학자 Montesquieu의 삼권분립론의 영향을 받은 것이다. 이렇게 나눈 것은 권력을 분산함으로써 국가권력이 한 곳으로 집중하는 것을 막기 위해서이다. 다시 말해서 이와 같은 세 가지의 권력이 서로 견제와 균형(checks and balances)을 이루게 하기 위한 것이다.[124] 왜냐하면 절대 권력은 절대 부패한다는 것을 역사가 증명하기 때문이다. 이 중에서 사법부는 법원에 해당한다.

---

124) 이극찬, 「정치학」, 제6전정판(서울: 법문사, 2002), pp.435~437.

(2) 구 조

미국과 같은 나라는 연방법원과 주법원의 이중구조로 형성되었다. 연방법원은 연방법을 위반한 사건을 담당한다. 그 이외에도 연방형법상 연방법원의 재판관할권을 인정하는 경우는 해상(海上)범죄, 여러 주들의 관할권이 중복되는 경우, 그리고 연방법원과 주법원의 관할권이 중복되는 경우이다. 연방법원은 심리법원으로서 지방법원(district court)과 항소심법원으로서 항소심법원(court of appeals), 그리고 대법원(Supreme Court)의 삼중구조로 이루어져 있다. 여기서 심리법원은 증거를 바탕으로 사실심리를 함으로써 피고인의 유무죄를 판단한다. 이에 반해서 항소심법원은 심리법원의 재판과정에 대한 법적문제를 주로 다룬다.

주법원의 구조는 주마다 다소 차이가 있다. 그 이유는 주법원의 편성은 각 주에 위임되어 있기 때문이다. Florida주를 예로 들면 다음과 같다. 심리법원으로서 군법원(county court)과 순회법원(circuit courts)이 있다. '군법원'은 각 군(county)마다 1개씩 있다. 군법원은 주로 교통법규위반과 경범죄를 다룬다. 한편 현재 Florida주에 20개의 순회법원이 있다. '순회법원'의 판사는 지역주민들이 선거로 선출한다. 이런 '순회법원'은 '군법원'에서 항소한 사건, 청소년과 관련된 사건, 그리고 기타 군법원의 관할에 속하지 않는 중범죄(felonies)[125] 등이다. 한편 항소심법원으로서 지방항소심법원(district courts of appeal)이 있다. 이런 '지방항소심법원'은 Florida주의 수도인 Tallahassee를 비롯하여 5개 대도시 지역에 있다. 그리고 최고 항소심법원인 대법원(Florida Supreme Court)은 주의 수도인 Tallahassee에 하나가 있다. 주대법원은 7명의 대법관으로 구성되며, 5명 이상의 대법관이 구성되면 심리를 개시할 수 있다. 그리고 판결은 참석 대법관의 다수결로서 결정한다. 이들 대법관은 「사법임명위원회」(Judicial Nominating Commission)의 추천을 받은 자들 중에서 주지사가 임명한다.[126]

미국에서는 한 번 법원으로부터 무죄판결을 받은 사건을 검사가 항소를 할 수 없다. 즉 피고인은 동일한 사건으로 두 번 재판을 받지 않을 권리가 있는 것이다. 이것을 미국에서는 '이중위험금지원칙'(double jeopardy)이라고 부른다. 미국과는 달리 한국은 검사가 항소할 수 있는 권리를 인정하고 있다.

한국은 미국과 같이 연방법원과 주법원의 이중구조로 되어 있지 않다. 즉 한국은 하나의

---

125) 미국에서 'felonies'라고 하면 통상 1년 이상의 자유형에 해당하는 범죄를 말한다.
126) 전돈수외 8인, 「비교경찰제도론」(서울: 법문사, 2003), pp.374~379.

국가법원으로 일원화되어 있다. 형사사건을 담당하는 법원은 지방법원, 고등법원, 그리고 대법원으로 삼중구조를 가지고 있다. 한국의 지방법원은 전국에 18개가 있으며 1심 재판을 담당한다. 여기서 합의부가 담당하는 사건은 1년 이상의 징역 및 금고에 해당하는 범죄이다. 그리고 나머지 비교적 경미한 사건은 단독판사가 재판을 주재하고 판결을 내린다. 한편 고등법원은 서울, 부산, 대구, 대전, 그리고 광주 등 다섯 군데에 위치하고 있다. 고등법원은 1심법원에서 항소한 사건을 다룬다. 그리고 심리는 3명의 판사로 구성된 합의부에서 이루어진다. 고등법원의 판사는 대법관회의를 거쳐 대법원장이 임명한다. 끝으로 대법원은 대법원장 1인과 대법관 13인으로 구성된다. 대법원장과 대법관의 임기는 6년이다. 대법원장은 연임할 수 없으나 대법관은 연임할 수 있다. 대법원장은 국회의 동의를 얻어 대통령이 임명한다. 한편 대법관은 대법원장의 제청으로 국회의 동의를 얻어 대통령이 임명한다. 법관은 탄핵 또는 금고이상의 형의 선고를 받은 경우가 아니면 파면되지 않도록 신분의 보장을 받는다. 대법원의 심리는 총 대법관의 3분의 2이상의 출석으로 개시할 수 있다. 대법원은 고등법원에서 상고된 사건의 심리를 담당한다. 그 밖에도 대법원은 판사의 임명에 대한 동의, 대법원 규칙의 제정, 그리고 한국 법원 전체에 대한 행정업무 등을 담당한다.[127]

(3) 재판과정

법체계에 따라 법원의 역할이 조금 다르다. 크게 법체계를 독일과 프랑스를 중심으로 한 대륙법계와 영국과 미국을 중심으로 한 해양법계 또는 영미법계로 불리기도 하는 체계로 구분할 수 있다. 앞의 두 체계의 가장 큰 차이점은 불문법의 구속력의 인정여부이다. 영미법계를 도입한 국가에서는 앞의 사건에서 결정한 법원의 결정, 즉 판례가 그 이후의 재판의 판결을 구속한다. 물론 미국도 각 주별로 형법전이 있다. 즉 실체법은 성문법화가 되어있다. 그러나 절차법인 형사소송법은 판례에 근거하고 있다. 또 한 가지의 중요한 차이점은 영미법계의 국가에서는 1년 이상의 징역형에 해당하는 범죄를 저지른 사람은 배심원에 의한 재판을 받을 권리가 인정된다는 것이다. 배심원은 일반 시민들 중에서 무작위로 위임하게 된다. 피고인의 유무죄는 바로 이런 배심원들이 최종적으로 결정한다. 여기서 판사는 재판을 진행하고 배심원에게 수시로 법률적 자문을 해주는 역할을 한다. 그리고 판사는 증거의 법정 채택여부 등을 결정하게 된다.

위와 같은 영미법계 국가와는 달리 대륙법계를 채택한 한국에서는 판례는 구속력이 없으며 다만 법을 해석하는데 참고자료로만 활용되고 있다. 근래에 양심적 병역거부를 한 청년

---

127) 자세한 내용은 대법원 홈페이지 www.scourt.go.kr을 참고할 것.

에 대해서 판사가 무죄라는 판결을 내렸다. 그러나 그렇다고 해서 그 이후의 비슷한 사건에 대해서 다른 판사가 반드시 무죄로 판결해야 할 의무는 없는 것이다. 형사재판은 원칙적으로 검사의 공소제기가 있어야 개시할 수 있다. 재판은 재판장이 피고인의 성명과 연령 등을 묻는 인정신문부터 시작된다. 이어서 검사의 기소요지의 진술, 검사의 피고인에 대한 직접신문, 변호인의 반대신문, 증거조사, 검사의 구형, 변호인의 변론, 그리고 피고인의 최후진술 등의 순서로 진행된다. 판사는 이러한 절차가 모두 끝난 후에 2주일 이내에 판결을 내려야 한다.[128] 한국은 아직 배심원제도를 두고 있지 않다. 따라서 판사가 검사측과 변호인측의 공방을 토대로 법과 양심에 따라 판결을 내린다.

모든 피고인은 변호인의 조력을 받을 권리를 가진다. 그런 경제적 능력이 없는 자는 국선변호인을 선임 받을 수 있다. 피고인 측은 판사에 의해서 최종 유죄판결을 받기 전까지는 무죄의 추정을 받을 권리, 대질신문을 할 권리, 그리고 불리한 진술을 거부할 권리 등을 가진다. 뿐만 아니라 피고인의 자백이 범죄를 입증할 유일한 증거일 경우에는 유죄를 선고할 수 없다. 또한 자백이 고문, 폭행, 협박, 그리고 신체구속의 부당한 장기화로 이루어진 경우에는 이를 유죄의 증거로 삼지 못한다. 끝으로 피고인의 유죄를 증명할 책임은 검사에게 있다. 이것을 증명에 대한 부담(burden of proof)이라고 한다.

전에도 지적한 것과 같이 소년범죄사건의 경우에는 별도의 소년법원을 두고 있다. 즉 피의자가 12세 이상 20세미만인 소년사건은 가정법원 소년부 또는 지방법원 소년부에 송치할 수 있도록 하고 있다. 소년부는 소년조사관으로 하여금 소년의 범죄사실과 가정환경 등에 대한 조사를 하도록 하고 있다. 그것을 토대로 소년법원 판사는 사건에 대한 처분을 결정한다. 소년사건에 대해서는 소년원에서의 처우, 보호관찰, 사회봉사명령, 그리고 사회복지시설에 위탁을 명령할 수 있다. 소년사건에 대한 재판은 비밀을 보장하여 소년의 장래에 지장을 초래하지 않도록 배려하고 있다.

최근 한국에서도 영미법계 제도를 일부 도입하는 사법개혁을 추진 중에 있다. 그 중에 대표적인 것이 법과대학원의 설립이다. 즉 미국의 법과대학원(law school)처럼 대학원 과정에 법학과정을 설치하여 이곳을 졸업한 자 중에서 사법시험을 거쳐 판사, 검사, 그리고 변호사로 배출하려는 것이다. 또한 한국정부는 영미법계 국가에서 활용하고 있는 배심원제도의 도입도 연구 중에 있다. 현재로서의 대안은 기존의 판사제도와 배심원제도를 혼합하는 것을 검토하고 있는 것으로 알려졌다. 즉 정식 판사이외에 일반 시민 중에서 소수 인원을 선임하여 재판과정과 판결에 참가하도록 하는 것이다. 결국 일반 판사와 '시민 판사'는 토의와 합의를 거쳐 최종 판결을 내린다는 것이다.

---

128) 대법원 홈페이지 www.scourt.go.kr.

4. 교정제도

법원에 의해 유죄판결을 받은 범죄자를 처우하는 것이 형사사법제도의 최종 단계인 교정이다. 교정제도의 성공여부가 범죄의 발생을 억제하는데 중요한 역할을 한다. 이런 교정제도에 대해서 알아보도록 하겠다.

(1) 역 사

동서양을 불문하고 과거에는 범죄자에게 가혹한 처벌방법을 사용하기도 했었다. 그 사례는 일일이 열거하기도 힘들 정도로 많다. 다음에서는 그 중 몇 가지 사례만 살펴보도록 하겠다. 예를 들면 범인으로 지목된 사람을 펄펄 끓는 물속에 넣어서 죽으면 유죄, 혹시 살아남으면 무죄로 판정하는 시죄법(試罪法)이 시행되기도 했었다.[129] 그 이외에도 채찍 끝에 못을 달아서 죄인에게 형벌을 가하기도 하였다. 때로는 죄인임을 표시하기 위해서 몸에 낙인을 찍는 경우도 있었다. 또한 고대 그리스 아테네에서는 주인은 자신의 노예에게 사형과 고문을 포함하는 모든 형벌을 자유롭게 가할 수 있었다. 한편 중세 영국에서는 신체의 절단과 사형을 포함한 신체형이 널리 행하여졌다. 뿐만 아니라 죄수들을 노예선에 타게 하여 노를 젓게 만들거나 고된 노역에 종사하도록 하였다. 이것은 사업을 하는 사람들에게는 값싼 노동력을 제공하는 수단이기도 하였다.[130] 심지어 산사람을 그대로 화형시키는 잔인한 행위를 하였다. 앞의 것과 성격이 조금 다른 처벌이 있다. 그것은 죄수를 외국으로 추방시켜서 노역에 처하는 형벌도 시도되었다. 1597년에 영국정부는 법을 통과시켜서 죄수들을 호주와 뉴질랜드 등에 보내서 노역을 시켰다. 이것은 본국의 감옥의 공간을 절약하고 신대륙을 개척하는데 중요한 노동력을 제공하기 위한 조치였다.

한국도 역사를 통해 살펴보면 죄인을 곤장으로 때리거나 주리를 틀어서 형문하기도 했다. 심지어는 인두로 지져서 고문하는 일이 많았던 것은 이미 잘 알려진 사실이다.[131] 그 이외에도 팔과 다리를 각각 말에 묶어서 사지를 찢어서 죽이는 처형까지도 행해졌다. 결국 초기의 교정제도는 잔혹하고 비인간적인 방법으로 신체에 직접적으로 고통을 주는 체형(體刑)이 중심이었다.

129) 이황우·조병인·최응렬, 「경찰학개론」(서울: 한국형사정책연구원, 2001), p.62.
130) John F. Galliher, op. cit, pp.275~276.
131) 이윤호, 「교정학개론」(서울, 박영사, 2002), pp.48~54.

감옥이 본격적으로 만들어 진 것은 18세기경이다. 1704년 교황 Clement 11세는 로마에 감옥을 설치하였다. 1773년에는 벨기에에도 감옥이 세워졌다. 한편 영국에서는 1776년부터 전쟁으로 부서진 배들을 감옥처럼 사용하였다. 그러나 이 당시의 감옥은 비위생적이었으며 재소자에 대한 가혹한 대우가 행해졌다. 재소자들이 영양실조나 병에 걸려 죽는 경우가 허다했다. 뿐만 아니라 죄수들은 연령과 죄질에 따른 구별이 없이 함께 수용되었다. 이런 비인도적인 처벌은 18세기 중엽까지 이어졌다.

이제 위와 같은 비인도적인 처우에 대한 반성이 일기 시작하였다. 영국인 John Howard(1726~1790)는 감화소(penitentiary)제도를 도입한 사람으로 잘 알려졌다. Howard는 유럽 여러 국가들의 감옥을 돌아보면서 열악한 환경과 재소자들에 대한 가혹한 대우를 목격하였다. 그는 죄수들은 위생적인 시설에서 깨끗한 옷을 입어야 한다고 주장하였다. 그리고 그는 여자와 아이들은 남자와 성인들로부터 분리해서 수용할 것을 주장하였다. 뿐만 아니라 감호소 직원들은 잘 훈련받고 월급을 받는 전문직업인들로 구성되어야 한다고 역설하였다.

미국에서도 교정시설에 가두는 제도는 신체에 직접적인 고통을 가하는 '체형'(corporal punishment)을 대신하는 제도로서 확립되었다. 미국에서는 Pennsylvania주의 퀘이커교도(Quakers)들에 의해서 감화소(Penitentiary)제도가 시작되었다. 퀘이커 교도들은 체형(corporal punishment) 대신에 죄수들이 성경을 읽고 회계하도록 기회를 주었다. 교도소제도가 확립된 것은 개인의 자유를 속박하는 것 자체만으로도 충분한 처벌이라는 인식이 확산되었기 때문이다. 이런 영향을 받은 미국 최초의 교정시설은 Pennylvania주의 Philadelphia시에 설립된 Walnut Street Jail이다. 이 당시 죄수들은 체형대신에 노동을 하였으며 독방에 감금되었다. 1787년 Walnut Street Jail은 재소자 분류제도를 도입하여 그에 따른 개별적인 처우를 시작하였다. 그래서 죄질이 무거운 죄수는 독방에 별도로 수용하였다. 뿐만 아니라 일반 재소자들은 성별, 연령, 그리고 최종판결 확정의 유무 등을 기준으로 분리하여 수용되었다.[132]

19세기 중반에 들어서면서 교정제도에 변화가 일기 시작하였다. 이것은 실증주의 범죄학의 영향을 받은 것이다. 이런 변화는 영국에서부터 일기 시작하였다. 19세기에 영국정부는 죄수들을 호주로 보내기 시작하였다. 이런 업무를 담당하였던 Alexander Maconochie는 죄수에게 신체적으로 고통을 주는 깃만으로 끝나서는 안 된다고 주장하였다. 이제는 죄수를 교정하고 감화시켜야 한다는 것이다. 이에 따라서 부정기형과 교도작업이 부과되었다. 그 이외에도 가석방, 직업교육, 그리고 학교교육 등으로 확대되어 실시되었다. 영국정부는

---

132) Sue Titus Reid, *op. cit*, pp.473~475.

이런 여러 가지 프로그램들을 통해서 재소자들을 교정 및 교화시키고자 한 것이다. Maconochie의 교정철학을 따르는 아일랜드 사람 Walter Crofton경은 재소자의 모범수형에 대해서는 조기석방을 비롯한 대가를 주었다. 재소자의 복지를 위해서 각 방마다 소수의 인원만을 수용하였다. 한편 재소자들에게는 복역기간에 따라서 점차적으로 활동상의 제약을 해제시켰다. 뿐만 아니라 보호관찰제도의 하나인 가석방이 실시되었다.

미국도 이런 영국의 영향을 많이 받았다. 그 결과 설립된 것이 「미국교정협회」(American Correctional Association)이다. 이것은 나중에 「전국교도소협회」(National Prison Association)로 명칭이 변경되었다. 미국의 일부 교도소들은 재소자들을 일정한 기준에 따라 분류하는 제도를 도입하였다. 또한 이 시기에 주목할 내용은 소년을 위한 별도의 교정시설과 프로그램들이 등장하였다는 것이다. 그 이유는 소년들을 성인범죄자들과 함께 수용하면 범죄를 학습할 수 있을 뿐만 아니라 성인들로부터 가혹행위를 당할 가능성이 있기 때문이다. 또 다른 이유는 소년은 성인과는 달리 재사회화 될 수 있는 여지도 많기 때문이다. 특히 소년범죄자들은 교정시설 안에서 뿐만 아니라 외부에서도 직업교육과 학교교육을 많이 받고 있다.

위와 같은 좋은 취지에도 불구하고 교정 및 교화의 이념을 표방한 현재의 교정제도는 최근에 미국에서 많은 비판을 받고 있다. 그 이유는 이미 앞에서 구체적으로 논의하였기 때문에 여기서는 그에 대한 논의를 생략하도록 하겠다.

(2) 처우의 종류

현대 선진국들은 실로 다양한 교정 프로그램들을 개발하여 실행하고 있다. 아마도 교정 프로그램을 가장 많이 개발한 국가들 중의 하나가 미국일 것이다. 따라서 여기서는 미국의 제도를 중심으로 해서 처우의 종류를 설명하도록 하겠다. 처우는 크게 시설내 처우, 개방형 처우, 그리고 사회내 처우, 그리고 중간형 처우 등으로 구분할 수 있다.

1) 시설내 처우

다음은 시설내 처우의 정의, 죄수의 생활, 그리고 교도소직원에 대해서 차례대로 살펴보도록 하겠다.

① 시설내 처우의 정의

시설내 처우는 일정한 교정시설 안에 범죄자를 가두는 제도이다. 이것은 가장 전통적인 교정제도이다. 재소자들은 외부출입이 엄격히 통제되며 일정한 규율에 따라서 행동해야 한다. 가장 대표적인 것이 교도소와 소년원이다. 교도소는 성인범죄자들을 수용하는 곳이다. 미국은 50개주에서 많은 주립교도소를 운영하고 있다. 미국연방정부는 「교도소청」(Bureau of Prisons)을 통해서 연방교도소를 운영한다. 미국 연방교도소만 하다라도 전국에 106개가 있는 것으로 알려졌다. 그것을 유지하기 위한 연방공무원만 해도 34,000명에 이른다.

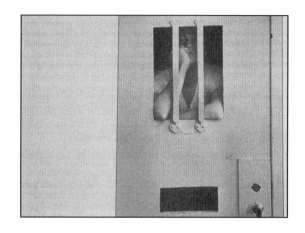

미국은 수용된 재소자들의 죄질에 따라서 최상급, 중급, 그리고 최하급 보안시설 등으로 보안등급이 정해져 있다. 최상급 보안시설은 상대적으로 장기형을 받은 사람들을 수용하고 그들의 행동에는 많은 규제가 따른다. 특히 악명 높은 미국 교도소는 San Francisco시의 앞에 있는 Alcatraz섬이다. 이곳은 사면이 바다로 둘러싸인 천연적인 보안시설이다. 그런 이유 때문에 죄수들이 탈옥한다는 것은 극히 힘들다. 한때 마피아 두목 알 카포네를 비롯한 악명 높은 죄수들이 수감되었던 곳으로 잘 알려졌다.[133] 이 교도소는 '바위'(Rock)라는 별명이 붙었는데 그 이유는 이 섬이 바위로 이루어졌기 때문이다. 하지만 이곳은 1960년대에 폐쇄가 되었다.

현재도 미국 여러 곳에 최상급의 보안시설을 갖춘 교도소가 있다. 이들 교도소들은 「수퍼맥시멈교도소」(super maximum security prisons)로 불린다. 이곳은 이중 삼중의 최첨단 보안장비가 설치되어 있다. 중앙통제센터(central control center)에서는 교도소 안의 문의 개폐뿐만 아니라, 물과 전기도 중앙에서 조절할 수 있도록 되어 있다. 폐쇄회로TV(CCTV)를 통해서 죄수들이 있는 방을 비롯하여 교도소 안의 감시를 한 눈에 할 수 있다. 외각철조망은 센서가 설치되어 있어서 죄수가 탈옥을 시도하면 바로 중앙통제센터에 경보가 울린다.

한국의 교도소에 관한 사무는 법무부 산하의 교정본부에서 담당한다. 한국의 경우를 살펴보면 전국의 교정시설에 2008년 9월 기준으로 총 47,408명이 수용이 되어 있다. 죄수들의 저지른 범죄들을 분석해 보면 절도가 제일 많았다. 그 다음이 강도, 살인, 그리고 사기 및 횡령의 순서였다. 연령대별로 보면 역시 30대와 40대가 가장 높은 비율을 차지하였다.

---

133) Sue Titus Reid, *op. cit*, pp.482~484.

그들 중에 초범자는 15,301명이었고 두 번 이상 범죄를 저지른 누범자는 16,177이었다. 즉 이것은 교정시설에 있는 과반수이상이 교도소에 들어오기 전에 이미 한 번 이상의 전과가 있었다는 것을 말해 준다.[134]

② 죄수의 생활

일단 죄수가 교도소에 들어오게 되면 그 죄수의 죄질과 형량, 보안위험도, 그리고 죄수의 특성 등을 종합적으로 고려하여 교도소 안의 동, 간방, 그리고 일 등을 결정한다. 이것을 죄수의 분류(classification of the inmates)라고 한다. 미국에서는 죄수의 분류만 하는 교정 공무원이 따로 있다. 재소자들에게도 일을 주는 경우가 많다. 어떤 곳은 죄수에게 교도소 안의 잡일을 돕도록 한다. 즉 교도소 안에서 주방 일, 청소, 그리고 도서관 등을 관리하는 일을 재소자들에게 맡기는 것이다. 뿐만 아니라 일정한 시간에 밖에 나가서 길거리를 청소하는 등의 사회봉사활동을 시키기도 한다. 끝으로 교도소 안에 공장이 있어서 거기서 작업을 시키는 사례도 있다. 미국에서는 많은 죄수들이 제대로 학교교육을 받지 못한 점을 감안하여 그들에게 읽기와 쓰기 등의 기초 영어과정을 가르치는 경우가 많다. 한 통계에 따르면 미국 주립교도소에 있는 재소자의 40%정도가 고등학교 졸업장이 없다.

Erving Goffman은 교도소를 '총체적 기관'(Total Institution)이라는 말로 묘사를 하였다. 그 이유는 죄수들은 일정한 기간동안 같이 먹고, 자고, 교육받고, 그리고 운동을 하기 때문이다. 교도소 안에서의 생활은 교도관에 의해서 철저히 계획되고 통제된다. 이것은 죄수는 자기가 좋건 싫건 간에 그런 생활을 할 수 밖에 없다는 것을 의미한다. 교도소 생활은 곧 자유를 박탈당하는 것을 의미한다.

범죄학자 Gresham M. Sykes는 교도소에 갇히면서 겪는 고통(Pains of Imprisonment)을 다음과 같이 몇 가지로 정리를 하였다. 그것은 신체자유의 구속, 가지고 싶은 물건을 얻지 못함, 이성과의 성관계를 가질 수 있는 기회의 박탈, 그리고 신체의 안전에 대한 위협 등이다. 신체의 자유의 박탈은 가장 치명적인 것이다. 신체의 자유의 박탈은 가족이나 친구하고의 관계단절을 의미하기 때문이다. 특별히 여성죄수들은 어린 자식과 떨어지는 사례가 있다. 이것은 여성죄수들에게 큰 고통을 주는 것이다. 물론 가족이나 친구들과의 면회가 허락되지만 그것은 어느 정도 제한이 된다. 미국 뉴저지 주립교도소의 1년 면회기록을 살펴본 결과 한번도 면회자가 없었던 경우가 41%나 되었다고 한다.

다음은 물건을 가지지 못하는 것이다. 자기가 좋아하는 음식을 골라먹지 못한다. 교도소에서 주는 대로 먹어야 한다. 최소한 살기 위해서는 그렇게 해야 한다. 물론 자신들이 좋아

---

134) 교정본부 (법무부), 「교정통계」,http://www.corrections.go.kr.

하는 술과 담배는 얻기가 힘들다. 특히 마약중독자들은 마약을 감옥 안에서 구하기가 어렵게 된다. 그러나 일부 죄수들은 다양한 방법으로 마약을 교도소 안으로 유입하기도 한다. 예를 들면 교도관이나 교도소에 들어 온 인부들을 매수하거나, 또는 방문 온 사람들을 통하여 마약을 구하는 것이다. 2007년에 미국 플로리다주의 탈라하시에 있는 미국 연방교도소에서 있었던 사건이다. 남자교도관들은 여성 죄수와의 성관계를 조건으로 마약을 여자죄수들에게 주었다. 미국 FBI가 그 사실을 알게 되어 수사를 진행하였다. FBI 수사관이 교도소 안으로 들어와서 수사를 진행하자, 이들 두 명의 교도관들은 자신의 차에 있던 총을 꺼내서 FBI 수사관을 살해하였다.

교도소 생활로 인하여 겪는 또 다른 고통은 이성과의 성관계를 가질 수 있는 기회의 박탈이다. 이런 이유 때문에 교도소에서 동성끼리의 성관계가 발생한다. 물론 교도소에 들어오기 전부터 동성애를 즐기는 사람도 있다. 그러나 보다 많은 죄수들은 이성과의 접촉기회가 없기 때문에 동성과의 성관계를 선택하는 경우가 많다. 신체적으로 약한 사람은 다른 죄수들에 의해서 강간을 당하는 경우가 있다. 이렇게 남자들 사이에 벌어지는 강간은 상대방을 지배하려는 방법으로서 많이 이용된다. 이런 강간을 피하기 위해서는 강한 남자죄수의 섹스 파트너가 되는 것을 선택할 수밖에 없는 경우가 많다. 그렇게 되면 그 약한 죄수는 강한 죄수의 보호를 받기 때문에 다른 죄수들이 함부로 건드릴 수가 없게 된다. 남성 사이의 성관계는 자칫 HIV를 전염시킬 우려도 있다. 미국에서는 여자죄수들끼리도 동성애가 자주 발생한다. 이들은 성적으로 뿐만 아니라 정서적으로 서로 의지하는 관계로 발전한다. 서로 남편과 부인의 역할을 해주는 것이다.

교도소 생활이 주는 또 다른 위험은 다른 죄수로부터 공격을 당하는 것이다. 죄수들 중에 상당수가 폭력전과자인 점을 고려한다면 죄수들은 항상 폭행을 당할 위험성이 있다고 보아야 한다.[135] 특별히 미국에서는 갱단이 많이 있으므로 그들 사이의 폭력사건이 종종 발생한다. 죄수들은 여러 가지의 방법을 동원하여 칼과 같은 흉기를 만들어 낸다. 예를 들면 수저나 칫솔을 갈아서 흉기로 사용하기도 한다.

교도소를 짓고 유지하는 데에는 많은 비용이 소요가 된다. 재소자를 먹이고, 재워주고, 그리고 입혀야 하기 때문이다. 그 이외에도 기타 운동시설과 같은 보조시설을 운영하는 데에도 돈이 든다. 무엇보다도 죄수가 질병이 있을 경우에 정부는 많은 비용을 그들을 돌보는 데 소모한다. 특별히 암과 AIDS의 치료는 많은 의료비용이 소요된다. 죄수 중에 에이즈 바이러스인 HIV를 가진 경우가 있다. 이 경우에는 그 환자의 건강뿐만 아니라, 다른 재소자

---

135) Gresham M. Sykes, *The Society of Captives: A Study of a Maximum Security Prison*(Princeton University, 1958), pp.63~78.

에게도 전염될 가능성이 있다. 그렇기 때문에 그런 재소자는 아주 특별한 관리가 필요하다. 미국의 한 통계에 의하여 한 죄수를 교도소에 수용하는데 연평균 $22,650(약 2천3백만 원)이 든다고 한다.

죄수들이 처음에 교도소에 들어오면 밖의 세상과 전혀 다른 생활에 적응하기가 어렵다. 교도소는 죄수들이 모여 있는 장소로서 그들만의 특유한 하위문화(subculture)를 공유한다. 그 하위문화란 죄수들끼리 눈에 보이지 않는 일종의 행동규범이 있다는 것이다. Gresham M. Sykes와 Sheldon L. Messinger는 교도소의 하위문화의 사례를 다음과 같이 보고하였다. **첫째,** 다른 죄수들의 이익을 해치는 일을 하지 말라. **둘째,** 다른 죄수와 싸우지 말라. **셋째,** 다른 죄수를 속여서 이득을 취하지 말라. **넷째,** 먼저 남을 공격하지 말아야 한다. 그러나 남이 자신을 공격했을 경우에는 피하는 겁쟁이가 되지 말라. 교도소 직원들은 믿을 사람들이 못된다. 그들과 내통해서는 아니 된다. 다만 죄수들끼리 의지해야 한다.

죄수들은 저질언어와 행동을 보이는 경우가 많다. 특별히 죄수들끼리 통하는 언어를 교도소 은어(Prison Argot)라고 한다. 교도소 안에는 갱단이 조직되어 있어서 그들끼리 폭력이 종종 발생한다. 죄수가 갱단에 가입하는 이유는 갱을 통해서 다른 죄수들의 공격으로부터 보호를 받기 위해서이다. 그러나 점차 교도소 생활에 익숙해 간다. 이런 현상을 Donald Clemmer는 '교도소적응화현상'(Prisonization)이라고 불렀다. 교도소적응화현상은 죄수가 교도소의 문화와 행동양식을 배우는 것이다. 이런 교도소 적응과정에서는 바람직한 것도 있고 그렇지 않은 것도 있다. 바람직한 것은 교도소의 규칙과 교도관에 순응하는 것 등이다.

반면 바람직하지 않은 것은 교도관을 멀리하고 재소자들끼리의 세계만을 강조하는 것이다. 만약 한 죄수가 다른 죄수의 교도소 안에서의 규칙위반을 교도관에게 고발하면 그는 다른 죄수들로부터 '쥐새끼'(rat)란 딱지가 붙게 된다. 그러면 그 밀고한 재소자는 다른 죄수들에게 '왕따'를 당하게 된다. 재소자들은 다음과 같은 것 중에 하나의 방식으로 교도소에 적응한다.[136] **첫째,** 일부 재소자들은 교도관의 지시에 순응하며 모범적인 수형생활을 한다. 이들은 교도관의 관점에서 보면 가장 다루기 쉬운 사람들이다. **둘째,** 일부 재소자들은 교도소 생활에 제대로 적응을 하지 못한다. 그들은 우울증에 빠져서 다른 사람들과 제대로 어울리지 못한다. **셋째,** 일부 죄수들은 자신들이 사회에 있었을 때의 가치관과 행동양식을 교도소 환경이 요구하는 것과 적절히 균형을 맞추려는 재소자들이 있다. **넷째,** 이런 사람은 가장 문제가 많은 부류들이다. 이들은 교도소의 규칙을 어기는 일이 많다. 그래서 교도관들과 상당히 적대적인 관계를 가지고 있다. 이들은 소위 반항자(rebel)로 불리기도 한다.

---

136) Donald Clemmer, *The Prison Community*(Holt, Rinehart & Winston, 1958), pp.298~304.

③ 교도소 직원

교도소에서 근무하는 직원은 다음과 같이 몇 가지로 분류할 수 있다. **첫째,** 관리직원은 교도소장과 그 밑에 있는 과장들을 들 수 있다. **둘째,** 행정직원은 서류를 다루는 공무원들이다. **셋째,** 교정프로그램 직원은 교도소에서 행하여지는 각종 교육, 교정, 및 직업교육 프로그램을 만들고 실시하는 일을 담당한다. **넷째,** 보안직원은 죄수의 탈주와 교도소 안의 폭력을 방지한다. 특별히 교도소에서 발생할지 모르는 폭동진압을 위해서 중무장을 한 진압팀이 교도소 안에 편성되어 있다. 이들은 유사시 권총, 방패, 전기충격기, 가스총, 방독면, 그리고 경찰봉 등으로 무장을 한다. **다섯째,** 그 이외에도 교도소를 관리 및 보수하기 위한 기술자들도 있다. 물론 큰 공사가 필요한 경우에는 외부에 용역을 준다.

2) 개방형 처우

개방형처우는 시설 안에 죄수를 수용하되 사회로부터 완전히 격리시키지 않는 것이다. 따라서 이런 개방형처우를 받는 재소자들은 여러 가지 형태로 외부인과 접촉할 수 있는 기회를 가지게 된다. 개방형 처우의 방법에는 개방형교도소, 외부통근과 통학, 휴가, 부부접견제도, 그리고 주말구금제도와 같은 것들이 있다. **첫째,** 개방형교도소가 있다. 이것은 전통적인 교도소와 같은 보안시설을 가지고 있지 않은 시설을 말한다. 개방형교도소는 교정에 대해서 인도주의적으로 접근하고 재소자들의 재사회화를 돕는데 그 목적이 있다. 또한 불필요하게 엄중한 보안시설에 수용함으로써 발생하는 경비를 절감하는 효과도 기대하고 있다. 물론 이곳에 수용할 수 있는 대상은 죄질이 비교적 가볍고 재사회화의 가능성이 높은 사람들이다. **둘째,** '외부통근과 통학'은 교정시설에 수용된 재소자가 외부의 직장이나 학교로 출입하는 것을 허락하는 제도이다. 이것은 교도소 안에서 이루어지는 노동이나 교육과는 다른 것이다. **셋째,** '휴가'(furlough)는 도주의 위험이 없는 재소자가 일정기간 동안 집에 가서 가족과 함께 지낼 수 있도록 하는 것이다. 이것은 오랜 교도소 생활로 인한 권태를 일부 해소하고 석방 후에 사회에 잘 적응할 수 있도록 유도하는데 그 목적이 있다. 또한 가족과의 유대관계를 유지하게 도와준다. 뿐만 아니라 모범수형자에게 그에 대한 대가로 휴가를 주기도 한다. **넷째,** '부부접견제도'가 있다. 이것은 기혼자인 재소자가 오랜 교도소 생활로 인해서 부부간의 성관계를 가지지 못함으로써 발생할 수 있는 부부간의 유대관계의 문제를 해소할 목적으로 실시하고 있다. 교도소 안에 일정한 시설을 만들어서 부부간에 잠자리를 가질 수 있도록 보장하는 것이다. **끝으로** '주말구금제도'를 들 수 있다. 주말구금은 평일에는 집과 직장에서 생활하다가 주말에만 일정한 시설에서 생활하도록 함으로써 자유를 제한하는 제도이다.

3) 사회내 처우(Community-Based Corrections)

사회내 처우(community-based corrections)는 사회형 처우와도 비슷한 개념으로 쓰이고 있다. 이런 처우는 실증주의 범죄학파와 낙인이론의 영향을 많이 받은 것이다. 즉 범인이 교정시설 안에 수용됨으로써 교화되기 보다는 오히려 범죄를 학습한다는 비판이 있었다. 또한 교도소에 수용됨으로써 범죄자로 영원한 낙인이 찍힌다는 우려가 있었다. 뿐만 아니라 죄수들을 사회로부터 격리시켜서 교도소에 구금하는 것은 오히려 재사회화를 방해한다는 주장이 강하게 일었다. 이런 배경 때문에 비교적 죄질이 가볍고 재사회화의 가능성이 많다고 판단되는 범죄자들은 자신의 지역사회에 거주하면서 형을 마치도록 하는 것이다.

다이버젼(Diversion)은 사회내 처우의 하나이다. 다이버젼은 법원으로부터 최종 선고를 받기 전에 경찰, 검사, 그리고 재판의 어느 단계에서나 행하여 질 수 있다. 다이버젼의 가장 근본적인 취지는 범죄자를 형사사법제도 안으로 끌어들이는 것은 그들을 범죄자로 낙인을 찍는 결과 밖에 없다고 믿기 때문이다. 뿐만 아니라 교도소보다 지역사회에 범인을 위한 전문치료인력과 시설이 많기 때문에 그것을 충분히 이용하도록 유도하는 것이다. 그래서 비교적 경미한 범죄를 저지른 사람들에게는 가급적이면 사회에 돌아가도록 유도하는 것이다. 예를 들면 마약이나 알코올중독자를 교도소에 보내는 대신에 의사로부터 마약치료를 받는 조건으로 사회로 돌려보내는 것이다. 그러나 그 약속을 지키고 못하고 다시 체포되면 실형을 내릴 수도 있다.

집행유예제도(probation)도 사회내 처우 중의 하나이다. 유죄판결을 받은 피고인이 교도소와 같은 교정시설에 수용되는 것이 아니라 일정한 기간 동안 사회에 복귀하여 생활할 수 있도록 해 주는 것이다. 이 경우에는 보통 교정공무원에 의한 보호관찰이 이루어진다. 교정당국은 보호관찰기간 동안에는 일정한 행동을 금지하는 규칙을 부여하고 있다. 만약 이를 위반했을 경우에는 사정에 따라서 실형을 살아야 하는 경우도 있다. 미국에서 집행유예는 위와 같은 교정목적뿐만 아니라, 교도소의 공간을 절약하고 죄수들을 교도소에 수감하는데 따르는 국고의 지출을 줄이기 위한 목적으로 많이 사용되고 있다. 미국의 경우를 예를 들면, 보호관찰 중에는 그 동안 재범하지 않고 모든 보호관찰의 규칙을 잘 지켜야 한다. 그 규칙은 밤에 정해진 시간까지 귀가하는 것, 마약치료를 받는 것, 그리고 고용이 되서 일하는 것 등 여러 가지를 포함한다. 만약 보호관찰명령 중에 있는 자가 위와 같은 것을 어기면 판사의 주재 아래 보호관찰 취소재판(revocation hearing)이 열려 자유형과 같은 좀 더 무거운 형벌을 부과할 수 있다.

가석방(parole)도 미국에서 많이 사용되고 있는 제도이다. 집행유예제도와는 달리 가석방은 일정한 기간 동안 교도소에서 복역한 사람을 정해진 규칙을 준수할 것을 조건으로 사회로 복귀시키는 것이다. 물론 이 경우에도 가석방기간 동안 보호관찰관의 감시와 지도를 받는다. 미국에서는 부정기형을 부과하는 경우에 가석방을 많이 사용한다. 예를 들면 범인에게 최소 5년에서 최대 10년 교도소형을 부과한다. 만약 재소자가 교도소 안에서 모범생활을 하고 교정프로그램에 적극적으로 참여하여 진전을 보이면 가석방을 줄 수 있다. 가석방의 결정은 각 주에 있는 「가석방위원회」(parole board)에서 심사하여 결정한다. 이렇게 해서 모범수들은 최소 5년의 교도소형만 마치고도 가석방을 받을 수 있는 것이다. 이 가석방제도도 집행유예제도와 마찬가지로 재소자가 빨리 사회에 복귀하여 교화 및 적응하는데 도움을 주기 위한 것이다. 그러나 그에 못지않게 교도소의 부족현상을 해결하기 위한 실질적인 대책으로도 많이 사용된다. 그렇기 때문에 교도소가 많이 부족한 시기에는 가석방을 좀 더 쉽게 받을 수 있다. 가석방제도에 반대하는 사람들은 교도소에서 보다 오래 복역하여야 할 사람을 사회로 너무 일찍 복귀시키는 것은 형벌의 기능이 약화되는 것이라고 주장한다.

한국은 보호관찰에 관한 사무를 법무부 산하의 범죄예방정책국에서 담당한다. 범죄예방정책국 안에는 보호관찰과가 있다. 이 보호관찰과는 전국 각 지역에 있는 보호관찰소들에 대한 행정업무를 담당한다. 보호관찰소가 담당하는 업무는 보호관찰처분, 사회봉사명령, 수강명령의 집행을 한다. 그 이외에도 판결전조사, 환경개선 및 시안조사, 그리고 범죄예방활동 등도 한다. 이 중에서 '사회봉사명령'은 교도소에 가는 대신에 일정한 기간 동안 공공분야에서 무료로 봉사를 하는 것이다. 예를 들면 장애인을 보조하거나 재난복구작업을 도우는 것 등이다. '수강명령'은 약물중독자나 가정폭력범, 그리고 성폭력범에게 보호관찰소 또는 그곳에서 지정한 기관에 가서 교육을 받는 것이다. 한편 '판결전 조사'는 판사가 최종 선고를 내리기 전에 보호관찰관이 소년 피고인의 가정환경과 개인특성에 관한 내용 등을 종합적으로 조사하여 판사에게 제출한다. 판사는 이 자료를 보고 어떤 형을 선고할 것인지를 참고하게 된다. 그리고 부산여중생 납치 및 살해사건의 범인 김길태로 인하여 다시 사회적인 이슈가 된 전자감독도 보호관찰소의 업무 중에 하나이다. 이것은 보호관찰 대상자가 전자장치를 부착하도록 법원이 명령하도록 함으로써 그의 위치를 실시간으로 추적할 수 있도록 한 것이다.[137)

2010년 기준으로 서울에 세 곳을 비롯하여 전국에 총 16개의 보호관찰소들이 있다. 또

---

137) 보호관찰소, 홈페이지, 2010, www.probation.go.kr

한 보호관찰소들은 지소를 두고 있다. 그래서 지소까지 합치면 전국에 보호관찰소와 지소가 총 37개가 있는 셈이 된다. 2006년 한 해 동안 전국의 보호관찰소 및 지소에서 총 15만명 정도의 범죄자들을 보호하고 있다. 그 중에 집행유예를 받은 범죄자들이 가장 많았다 (54.2%). 그 다음으로 소년법상의 보호처분을 받은 소년들(24.0%) 그리고 가석방을 받은 인원(5.4%)의 순서로 많았다.[138)

4) 중간형 처우(Intermediate Sanctions)

중간형 처우는 죄수가 시설내(교도소)처우보다는 자유를 좀 더 많이 누리지만, 보호관찰보다는 자유가 좀 더 제약되는 처우들을 말한다. 미국에서는 중간형 처우로서 중간집 (halfway house), 대리가정(foster home), 붓트 캠프(boot camps), 가택구금, 그리고 일수벌금제도 등이 있다.

첫째, 미국은 일반 교정시설이외에 중간처우소를 두고 있다. 이것은 재소자가 교도소에서 형기를 마치기 전에 교도소 이외의 시설에 수용하여 사회복귀와 적응을 보다 용이하게 하기 위한 것이다. 이것은 재소자들이 오랫동안 교도소에서 생활을 하다가 갑자기 사회로 복귀할 때 발생할 수 있는 정신적 충격과 부적응현상을 완화시키기 위한 것이다. 대표적인 중간처우소는 '중간집'이다. 이것은 완전한 구속과 완전한 자유의 중간형태라고 볼 수 있다. 건물은 보통 규모가 큰 일반주택형식으로 만들어진 곳이 많다. 이런 중간처우소에 있는 재소자들은 어느 정도 자율성이 주어진 가운데서 집단생활을 한다. 어떤 경우에는 중간처우소가 외부통근과 통학의 수단으로 쓰이기도 한다. 다른 경우에는 마약 및 알코올중독자만을 수용하여 상담과 의학적인 치료를 동시에 하는 형태도 있다.[139)

둘째, 위에서 논의한 것 이외에도 비행청소년을 위한 처우가 있다. 그 중에 대표적인 것이 '대리가정'(foster home)이다. '대리가정'은 청소년을 제대로 돌볼 보호자가 없는 경우에 가족이외의 다른 사람에게 소년의 보호를 맡기는 제도이다. 이것은 대리부모로 하여금 부모의 역할을 하게 하여 비행청소년이 올바른 가정교육을 받을 수 있도록 유도하는 것이다.

셋째, '붓트 캠프'(Boot Camps)는 주로 비행청소년을 위한 것이다. 이것은 야외에 병영식 기초훈련장을 만들어서 청소년들을 군대식으로 교육시키는 것이다. 이것은 청소년들에게 법의 권위에 대한 복종심을 키워주기 위해서 만든 제도이다. 많은 경우 이곳에 수용된 청소년들은 군대식 복장과 언어를 사용하여야 한다. 그러나 이를 비판하는 사람들은 어린

---

138) 보호관찰소, 홈페이지, 2010, www.probation.go.kr
139) 이윤호, 전게저서, pp.313~315.

청소년들에게 군대식 훈련을 시키는 것을 반대한다. 무엇보다도 그들은 그런 훈련은 청소년비행을 줄이는데 별로 도움이 되지 않는다고 믿는다.

넷째, '가택구금'은 유죄판결을 받은 사람을 보호관찰관의 허락 없이 함부로 집밖으로 나가지 못하게 하는 처우이다. 미국에서는 전자감시 장비(electronic monitoring)를 이용하는 경우가 많다. 최근에는 GPS장비를 이용하기도 한다. 이것은 가택구금 된 자가 발목에 전자송신장치를 하루 24시간 착용하도록 한 것이다. 아주 단단한 재질로 되어 있어서 함부로 이것을 벗기지 못한다. 만약 가택구금 된 자가 무단으로 자기 집을 나가게 되면 즉시 보호관찰관이 알 수 있도록 신호가 온다. 한국도 국회에서 전자 팔찌에 관한 법률을 제정하여 2008년 9월 1일부터 발효가 되었다. 한국은 아동성폭행범과 같이 법률이 정하는 특정한 성폭행범에게 주로 사용하고 있다. 범인이 학교근처 등과 같이 위험지역에 접근하면 경고신호가 중앙관제센터에 가도록 되어있다.

끝으로 '일수벌금제도'(Day Fines)가 있다. 이것이 일반 벌금제도와 다른 점은 '일수벌금제도'는 범인의 경제적인 능력을 보다 엄격하게 고려하여 벌금액을 정하는 것이다. 다시 말하면 동일한 범죄를 저지른 자라 할지라도 개인수입이 더 많은 사람은 그 만큼 더 많은 벌금을 내게 하는 제도이다. 이 제도의 취지는 같은 범죄를 저지른 사람에게 동일한 고통을 주자는 것이다. 예를 들면 한 범인은 월급이 400만원이다. 다른 한 범인은 겨우 100만원의 수입밖에 없다. 만약 벌금 100만원을 두 사람에게 부과한다면 월급이 100만원인 사람은 월급 전부를 몽땅 주어야 할 정도를 큰돈이다. 반면 월급이 400만원인 사람은 자신의 월급의 4분의 1만 주면 되는 것이다. 일수벌금제도는 범인의 하루 평균 개인수입을 계산한다. 그런 다음에 죄의 경중을 따져서 10, 50, 90과 같이 환산을 한다. 그런 다음에 하루 평균 개인수입과 죄의 경중을 따져 환산한 숫자를 곱한다. 그러면 범인이 지불해야 할 총 일수벌금이 계산이 되는 것이다. 이런 일수벌금제도의 장점은 이미 지적한 것과 같이 동일한 죄질이 있는 범인에게 그들의 수입의 정도를 고려하여 동일한 고통을 준다는 것이다. 또한 범인의 개인수입을 고려하여 벌금액수를 결정하기 때문에 벌금회수율이 상대적으로 높다. 그 결과 정부의 예산을 확보하는데 도움이 된다는 것이다.

⑶ 사형제도에 대한 논란

살인범과 같은 흉악범의 행형과 관련하여 사형제도는 오랫동안 논란이 되어왔다. 사형제도를 둔 나라도 있고 그렇지 않은 나라도 있다. 국제 Amnesty (Amnesty International)이 2009년 전 세계 197개 국가들의 사형제도를 조사한 결과 모든 범죄에 대해서 사형제도

를 두고 있지 않은 나라가 95
개, 아주 특별한 범죄에 대해서
만 사형제도를 인정한 국가가 9
개, 그리고 사형제도를 두고 있
지만 지난 10년간 동안 집행을
하지 않아서 실제적으로 사형제
도를 폐지한 나라가 한국을 비
롯하여 35개국에 이르고 있다.
아직 사형제도를 유지하고 집행

하고 있는 나라는 58개국밖에 되지 않는다. 결국 여전히 사형제도를 두고 집행하고 있는
나라는 전 세계의 3분의 1정도 밖에 되지 않는다.[140] 가장 사형을 많이 시키는 국가들은
중국, 이란, 미국, 그리고 베트남으로서 전 세계의 사형집행의 84%에 해당한다. 심지어 한
나라 안에서도 지역별로 다른 경우도 있다. 미국은 사형제도를 채택하고 있는 주들도 있고
그렇지 않은 주들도 있다. 현재 미국연방정부와 38개주들이 사형제도를 법적으로 인정하
고 있다. 텍사스주(Texas)가 미국 전체 사형집행의 35%를 차지해서 가장 사형을 많이 시
켰다. 2005년 10월 1일을 기준으로 미국에서는 3,383명이 사형을 선고 받았다. 사형을 집
행하는 방법도 주사, 전기의자, 가스, 교수(목매어 죽임), 그리고 총살 등의 여러 가지 방
법들이 사용되고 있다. 미국에서 가장 많이 사용되는 방법은 주사를 이용하는 것이다. 현
재는 미국 37개주가 주사를 이용해 사형을 집행하고 있다. 전기의자는 잔인한 사형방법으
로 알려졌는데 미국에서 네브래스카 주(Nebraska)가 유일하게 아직도 그 방법을 유지하고
있다.

성인범죄자들에 대한 사형제도를 두고 있는 위의 38개의 주들 중에서 23개주는 2005년
전까지는 소년범에 대해서도 사형 제도를 인정하였다. 그래서 2005년 미국연방대법원의
위헌판결이 있기까지는 소년범에 대해서도 사형이 집행이 되었다. 미국에서는 1642년부터
2004년까지 총 325명이 그들이 18세 이전에 저지른 범죄를 사유로 하여 사형집행을 받았
다. 그리고 2004년 한 해 동안만 하더라도 집행을 기다리는 19세 이하의 사형수가 440명
이나 되었다. 그러나 미국 연방대법원은 2005년 *Roper v. Simmons*의 사건을 통해서 소년
범에 대한 사형제도는 '잔인하고 비정상적인 형벌'(cruel and unusual punishment)을 금
지하고 있는 연방수정헌법 제8조를 위반하는 것이라고 판결을 내렸다. 따라서 미국에서는

---

140) Amnesty International, 2009 Death Sentences and Executions, www.amnesty.org

이 대법원 판결이후에는 18세 이전의 나이에 저지른 범죄에 대해서는 사형집행을 하지 못하도록 되었다. 대신에 그들에 대한 법정 최고형은 종신형이다.

사형제도를 반대하는 사람들은 우선 사형제도의 비인도성을 지적하고 있다. **첫째,** 그들은 과연 '법이란 이름으로 동료 인간의 목숨을 빼앗는 것이 정당한가?'라는 의문을 제기한다. **둘째,** 만에 하나라도 재판관의 잘못된 판단으로 인해 무고한 사람에게 사형을 집행했을 경우에 그를 다시 살릴 방법이 없다는 것이다. 미국 Illinois의 주지사였던 George Ryan은 사형수들을 일제히 종신형이나 장기교도소 형으로 감형을 시켜주었다. 그는 무고한 사람이 사형을 당하는 일이 있어서는 아니 된다고 강조하였다. 더불어 그는 현재의 형사사법제도가 무고한 사람이 사형을 당하는 것을 막을 정도로 완벽하지 않다고 주장하였다. **셋째,** 사형제도와 그의 실행은 살인과 같은 흉악범죄에 대한 억제효과가 없다는 것이다. 즉 사람은 사형당할 것이 무서워서 살인행위를 억제하지 않는다는 것이다.[141]

위와는 달리 사형제도를 지지하는 학자들은 다음과 같은 이유를 들고 있다. **첫째,** 만약 사형대신에 종신형으로 대체한다면 그 비용이 과다하게 든다는 것이다. 참고로 미국에서는 죄수 1인을 교도소에 수용하기 위해서 드는 비용은 대학생 1명을 교육시키는 것과 같은 비용이 든다고 한다. **둘째,** 다른 사람의 목숨을 빼앗은 자는 그에 상응하는 처벌을 받아야 한다는 것이다. **셋째,** 사형제도는 일반시민들이 지지하고 있는 제도라는 점이다. 미국 시민의 거의 70%에 해당하는 사람들이 여전히 사형제도를 지지하고 있다. **끝으로** 사형제도는 살인과 같은 흉악범죄를 억제하는 효과가 있다는 것이다.

범죄학자들은 사형제도가 과연 살인범죄를 억제하는 효과가 있는가에 대한 연구에 집중하였다. Ehrlich와 같은 경제학자는 1년에 한건의 사형집행을 하면 평균적으로 1년에 7~8건의 살인사건을 억제하는 효과가 있다고 주장했다. 반면 다른 학자들은 사형제도의 살인범죄에 대한 억제 효과는 미미하다고 주장한다. 그 이유는 살인사건은 대부분 순간적인 격정에 의해서 일어나기 때문이다. 그렇기 때문에 미국의 한 연구는 사형제도를 두고 있는 주들과 그렇지 않은 주들 사이에 살인발생률에 있어서 별다른 차이가 없다고 지적했다. 이것은 사형제도의 살인억제 효과를 의심하게 하는 결과이다.

위와 같은 사형제도의 살인억제 효과에 대한 부정적인 연구결과에 대해서 어떤 학자는 살인범죄자들 중에 소수만이 사형집행을 당하기 때문이라고 밝혔다. 뿐만 아니라 사형선고

141) Freda Adler, Gerhard O. W. Mueller, & William S. Laufer, *op. cit*, pp.429~434.

를 받고 사형집행이 실시되기까지 많은 시간이 지체된다. 이런 사실은 형벌이 확실하고 신속하게 집행되어야 한다는 원칙에 어긋난다. 그러므로 사형제도의 범죄예방효과가 약하다고 주장했다.[142] 이처럼 사형제도의 흉악범죄에 대한 억제효과에 대해서 엇갈린 주장이 팽팽하게 맞서고 있다.

사형제도에 대한 또 다른 논란은 사형이 흑인을 비롯한 가난 한 소수민족에게 집중되어 집행된다는 점이다. Wolfgang과 Riedel은 1930년 이후 사형집행을 당한 3,859명 중에서 54.6%가 흑인이나 기타 소수민족이라고 지적하였다. 강간만의 죄목으로 사형당한 사람들 중에 89.5% 가량이 흑인을 비롯한 소수민족이었다.[143] Wolfgang과 Riedel은 이것은 불공평한 형사사법제도의 운영을 시사해주는 것이라고 주장했다. 그러나 이에 대한 논의는 "닭이 먼저냐 아니면 계란이 먼저"냐 하는 논쟁과 같다. 즉 과연 흑인들이 흉악범죄를 많이 저지르기 때문에 사형선고를 많이 받는지, 아니면 법원이 상대적으로 흑인에게 불리하게 판결을 내리기 때문인지의 문제인 것이다. 그래서 이 역시 뚜렷한 결론이 없이 계속해서 논란거리가 되고 있다.

한국은 2010년 3월 17일을 기준으로 형이 대법원을 통해 확정된 사형수는 모두 57명이었다. 그들은 서울, 부산, 대구, 광주, 그리고 대전 등의 사형집행시설이 설치되어 있는 다섯 개의 교정시설에 분산되어 수용이 되어있다. 한국에서는 1948년 대한민국 정부가 수립된 이후에 총 920명이 사형집행을 받았다. 그러나 한국은 김영삼 대통령 정권 말기인 1997년 12월 말에 23명의 사형수에 대한 집행이 이루어진 이후에 13년째 사형집행을 하지 않은 '실질적 사형폐지국'이 되었다. 그래서 사형판결이 확정이 된 후에 10년 이상 동안이나 사형이 집행이 되지 않는 사형수도 21명에 달하고 있다.[144]

(4) 수치심처벌(Shaming Punishment)

미국은 지역에 따라서 수치심처벌을 사용하고 있다. 수치심처벌은 사실 옛날에 많이 사용되던 것이 최근에 다시 부활한 것이다. 예를 들면 음주음전을 한 사람에게는 색깔이 일반 것과는 다른 자동차번호판을 달도록 의무화하는 것이다. 사람들이 그런 번호판을 보면 그가 과거에 음주운전을 했던 사람이란 것을 한 눈에 알 수 있다. 또는 차의 뒤 범퍼에 "나는 음주운전전과가 있는 사람입니다."라고 스티커를 달도록 하기도 한다. 이런 처벌은 Scarlet

---

142) John F. Galliher, *op. cit*, pp.261~262.

143) Marvin Wolfgang & Mark Riedel, "Race, Judicial Discretion, and the Death Penalty," *Annals of the American Academy of Political and Social Sciences*, (1973), pp.119~133.

144) 동아일보, 2010년 3월 17일자.

Letter처벌이라고도 불린다. 심지어는 강력범에게는 집 앞에 과거 내가 어떤 범죄를 저지른 사람이라는 푯말을 설치하도록 한 경우도 있다. 이것은 사람이 자신의 명예를 중요하게 생각하는 것을 이용하여 그것에 손상을 줌으로써 범죄행위를 억제하기 위한 목적으로 사용되고 있다. 이것은 단독의 처벌로써 뿐만 아니라 벌금과 같은 다른 형벌과 같이 부과할 수도 있다. 어떤 학자들은 이런 처벌이 효과적이라고 주장한다. 그러나 이런 처벌에 대해서 반대하는 사람들은 이것이 인권을 침해할 소지가 있다고 한다. 잘못하면 한두 번의 범죄행위로 범죄자란 낙인이 찍히는 결과를 가져올 수 있기 때문이다.

제3절 미래의 범죄현상과 범죄학에 대한 전망

이제는 미래의 범죄현상을 전망해 보고, 이어서 범죄학의 발전방향에 대해서 논의를 하고자 한다.

1. 미래의 범죄현상에 대한 전망

한 가지 분명한 것은 기술발전에 따라서 앞으로도 계속해서 새로운 형태의 범죄가 나타날 것이란 점이다. 현재도 컴퓨터, 인터넷, 그리고 휴대전화의 대량 보급에 따라서 여러 가지의 신종범죄들이 등장하고 있다. 예를 들면 인터넷 사기, 인터넷을 통한 명예훼손, 인터넷이나 휴대폰을 통한 성매매, 그리고 신용카드 사기 등을 들 수 있다. 심지어 몇 년 전에 한국에서는 휴대폰을 이용한 수능시험 부정행위까지 등장하게 되었다. 경찰은 이런 신종범죄의 등장을 미리 예측하고 그에 대비할 수 있는 조직, 인력, 그리고 과학 장비 등을 마련해야 할 것이다.

또 하나 주목해야할 것은 한국이 경제적으로 발전해가면서 범죄도 선진국과 같은 형태로 변화될 것으로 보인다. 특히 각종 성범죄가 많이 증가할 것으로 예상된다. 그 동안 아직까지 낯설게 여겨져 온 근친상간, 유아성추행, 동성 사이의 강간(homosexual assault), 그리고 아동포르노 등의 문제가 심각해질 것으로 보인다. 그 이유는 사람들이 경제적으로 어느 정도 안정이 되면 성(sex)에 몰입하는 것이 일반적인 현상이기 때문이다. 한국의 한 언론기관에 따르면, 지금 한국에서는 강간사건이 하루에 41건이 발생하여 35분에 한 번꼴로 발

생한다고 한다. 이제 대한민국은 강간공화국이라고 불릴 만도 하다.[145] 2008년 경기도 안산에서 있었던 조두순이의 나영이에 대한 성폭행사건은 사회적으로 큰 파장을 일으켰다. 범인 조두순이는 당시 8세의 나영이를 인근에 있는 화장실로 끌고 가서 성폭행을 하였다. 그 과정에서 범인 조두순이는 나영이의 생식기와 대장 및 소장에 치명적인 손상을 입혀서 영구히 불구로 살게 만들었다. 또한 2010년 3월에는 김길태가 부산에서 여중생을 집 근처로 끌고 가서 성폭행을 한 다음에 살해하고 시체를 유기한 사건이 발생하였다. 이 사건은 이명박 대통령도 직접 큰 관심을 보이고 경찰청장까지 범행현장을 들러보는 등 세상의 큰 주목을 받았다.

심영희는 지난 20년간 한국에서 발생한 성폭행 통계를 조사를 하였다. 그 결과 정부의 공식통계만 보더라도 1997년에 발생한 총 강간범죄는 7,120건으로 인구 10만 명당 15.1꼴로 발생을 하였다. 그러던 것이 2007년에는 13,482건이 발생을 하여 인구 10만 명당 27.2건이 발생하여 10년간 거의 2배의 증가를 보이고 있다. 그 중에서는 20세 이하의 어린이 및 청소년을 대상으로 발생한 것은 1997년에 3,097건이던 것이 2007년에는 4,193건으로 증가를 하였다. 그러나 설문조사에 의하면 실제로 아동 및 청소년들을 대상으로 하는 성폭행은 정부의 공식통계보다 훨씬 많은 것으로 밝혀졌다. 심영희는 이렇게 최근에 대두되고 있는 어린이를 대상으로 한 성범죄를 한국의 세계화에 따른 현상으로 보았다. 즉 세계화에 따른 경제위기와 포르노의 세계적인 보급이 어린이를 대상으로 한 성범죄를 증가시킨 요인으로 보고 있는 것이다. 즉 IMF시대이후에 증가한 어린이 대상 성폭력은 실직과 그에 따른 가정의 파탄의 결과이다. 즉 좌절을 겪은 사람들이 자기보다 약한 어린이들을 대상으로 불만을 표출하였다는 것이다. 한편 2000년대 이후에 급속하게 퍼지기 시작한 포르노의 유통은 어린이 및 청소년 사이에 발생하는 성폭행을 유발하는 한 요인이 되었다. 심영희는 2003년 설문조사를 한 결과 한 고등학교의 남학생들 중의 93%이상이 포르노를 본 적이 있다고 응답을 하였다.[146]

끝으로 경제발전에 따른 물질적 풍요는 한편으로는 많은 사회병리 현상을 초래하기도 한다. 그래서 반인륜적인 범죄가 더욱 기승을 부릴 가능성이 있다. 예를 들면 연쇄살인 사건과 다중살인 사건 등이다. 한 예로 강호순이는 2006년부터 2008년까지 경기도 군포 일대에서 7명의 부녀자들을 납치하여 성폭행을 일삼았다. 그런 다음에 그들을 살해를 하였다. 그래서 특정한 이유 없이 사람을 죽이는 범죄도 증가할 것이다. 예를 들면 증오범죄(hate

145) CBS 노컷뉴스, (사설) "성범죄와 전쟁이라도 벌이자," 2010년 3월 18일 www.cbs.co.kr.
146) 심영희, "어린이 성폭력의 변화와 요인: 지구화의 관점에서," 「한국형사정책연구」 제20권 1호 (통권 77호, 2009·봄호).

crimes)와 같이 득정한 인종, 종교, 그리고 정치적 신념을 가진 사람들을 무차별적으로 테러하는 것 등이다.

2. 범죄학의 발전방향

여기서는 한국 범죄학이 나아가야 할 방향을 모색하고자 한다. 그것들에는 경험주의적 연구방법의 확대, 생물학적 및 심리학적 연구방법의 확대, 간학문적(間學問的) 접근방법의 도입, 그리고 윤리적인 문제의 극복 등을 들 수 있겠다.

(1) 경험주의적 연구의 확대

물론 범죄학을 넓게 해석하여 법을 만드는 과정까지를 포함시킬 경우에는 어느 행위가 범죄가 되어야 하는가에 대한 가치관의 논의는 '당위'(sollen)와 관련이 있다. 따라서 이것은 규범학적인 성격이 포함되었다고 보아야 할 것이다. 그러나 범죄학을 좁게 해석하여 범죄원인에 대한 연구로 한정한다면 그것은 분명히 경험주의적 접근방법을 지향하여야 한다. 인간행동에 관한 연구는 '존재'(sein)와 관계가 있는 것이지 '당위'(sollen)와 관계가 있는 것이 아니기 때문이다. 즉 범죄원인에 대한 연구는 인간행동에 대한 사실을 규명하는 것이지, 미래의 연구방향을 설정하는 가치관의 문제를 다루는 것이 아니다. 그리고 가치관에 대한 논쟁에 과학이 해답을 줄 수는 없다.[147] 특히 현재의 범죄연구에서 부족한 것은 실험이다. 실험은 다른 연구방법에 비해서 인과관계를 파악하는데 보다 효과적이다. 따라서 실험은 범죄행위를 예측하고 통제 하는데 많은 기여를 할 수 있다.

(2) 생물학적 및 심리학적 연구방법의 확대

범죄에 대한 연구는 유럽에서 Garofalo,[148] Ferri,[149] Goring,[150] 그리고 Lombroso[151]

147) K. R. Hoover, *The Elements of Social Scientific Thinking*(New York: St. Martin's Press, 1992).
148) R. Garofalo, *Criminology*(Monclair, NJ: Patterson Smith, 1914), Translated by R. W. Millar.
149) E. Ferri, *Socialism and Modern Science(Darwin, Spencer, Marx)*(Chicago: Kerr. 1917), Translated by R. R. L. Monte
150) C. Goring, *The English Convict: A Statistical Study*(Monclair, NJ: Patterson Smith, 1913).
151) C. Lombroso, *Crime, Its Causes and Remedies.*(Boston: American Institute of Criminal Law, 1911), Translated by H. P. Horton.

에서 볼 수 있는 것과 같이 주로 생물학적 접근방법과 함께 시작되었다. 특히 Lombroso는 범죄성은 유전된다고 보았다. 그러나 1900년대 초에 들어서면서 Shaw와 McKay, 그리고 Sutherland 등과 같은 미국의 시카고학파 사회학자들이 범죄연구를 주도하였다. 특히 Sutherland는 사회학습이론을 소개하면서 범죄도 다른 일반 행위와 마찬가지로 학습된다고 주장하였다.[152] 그러면서 이들 시카고학파 사회학자들은 유전이나 생물학적 요인이 범죄에 미치는 영향을 부인하였다. 이런 이유로 인해서 생물학적 연구가 범죄학에서 터부(taboo)시 되기까지 하였다. 한 예로 1987년부터 1996년까지 미국에서 발행된 35개의 범죄학 교재들을 조사한 결과 그 교재들은 4.6% 정도의 공간만을 생물학적 이론들을 소개하는데 그치고 있다.[153]

August Comte는 사회연구(social studies)는 생물학의 완전한 지식에 기반을 두어야 한다고 지적하였다.[154] 한편 Walsh[155]는 현재 범죄학의 위기는 사회학자들이 범죄행위에 있어서 생물학의 중요성을 외면하고 있기 때문이라고 주장했다. 뿐만 아니라 Zahn[156]은 1998년 미국 범죄학회(American Society of Criminology)의 회장 취임사에서 생물학적 연구방법의 도입은 범죄학분야를 발전시킬 것이라고 역설하였다.

Carlson[157]은 "우리의 마음은 뇌의 기능이외에는 아무것도 아니라는 것은 심리학의 기본전제이다. 마음이 뇌를 통제하는 것도 아니고 또 뇌가 마음을 통제하지도 않는다. 오히려 뇌는 마음을 불러일으킨다."라고 주장하였다. 요즈음은 생물학과 의학의 발전으로 정신불열증과 같은 정신이상이 뇌나 신경계의 문제와 관련이 있다는 것이 밝혀지고 있다.[158] 인간은 뇌가 없다면 정신작용을 할 수 없을 것이다. 결국 뇌와 신경계를 연구하는 것이 인간의 행동을 이해하는데 있어서의 핵심과제이다.[159]

범죄에 대한 생물학적 연구의 또 다른 중요성은 유전이 어떻게 인간행동에 영향을 미치

---

152) E. Sutherland, *The Professional Thief*(Chicago: The University of Chicago Press, 1937).

153) R. A. Wright & J. M. Miller, "Taboo Until Today? The Coverage of Biological Arguments in Criminological Textbooks, 1961 to 1970 & 1987 to 1996," *Journal of Criminal Justice*, Vol. 26(1998), pp.1~19.

154) J. Mayer, *Social Science Principles in the Light of Scientific Method with Particular Application to Modern Economic Thought*(Durham, NC: Duke University Press, 1941).

155) A. Walsh, "*Behavior Genetics and Anomie*/Strain Theory," *Criminology*, Vol. 38(2000), pp.1075~1109.

156) M. A. Zahn, "Thoughts on the Future of Criminology—The American Society of Criminology 1998 presidential address," *Criminology*, Vol. 37(1999), pp.1~15.

157) N. Carlson, *op. cit.*

158) 전돈수, "범죄행위에 대한 생물학적 연구의 필요성"「수사연구」, 제2월호, 2003, pp.43~50.

159) C. R. Jeffery, *op. cit.*, 1990.

는지를 조사할 수 있게 해준다는 것이다. 이미 유전이상이 범죄행위와 관련이 있다는 사실이 조금씩 밝혀지고 있다. 예를 들면 정상적인 남자가 XY의 성염색체를 가지고 있는데 비해 수퍼 남성(supermale)은 XYY로서 남성 염색체인 Y를 하나 더 가지고 있다. 이런 이유 때문에 '수퍼 남성'은 정상적인 남자보다 더 폭력성이 있다는 연구결과가 나와 있다. 또한 인간이 섭취하는 음식은 행동에 영향을 미친다. 설탕의 과다섭취로 발생하는 저혈당증은 여러 가지 이상행동을 유발할 수 있다는 연구보고가 있다. 알코올이나 마약의 상습복용도 범죄행위와 관련이 있음이 밝혀지고 있다. 그 이외에도 납(lead)과 카드뮴(cadmium)과 같은 공해물질에 노출된 사람의 폭력성이 강하다는 연구결과도 있다.[160] 결론적으로 인간은 사회적인 환경에 의해서만이 아니라 생물학적 요인에 의해서도 영향을 받는다.

(3) 간학문적(間學問的) 접근방법의 도입

앞에서 논의한 것처럼 범죄행위에 대한 생물학적 연구도 일부 있다. 그래서 현재의 범죄학 연구는 어느 정도는 여러 학문분야에서 나름대로 범학제적(汎學諸的) 접근방법(multidisciplinary)을 사용하고 있다고 볼 수 있다. 그러나 이런 생물학적 연구들은 범죄행위를 설명하는데 있어 심리학이나 사회학적 연구들과 체계적인 연관성을 맺지 못하고 있다. 그 결과 여러 분야의 범죄학 연구업적들은 하나의 일반이론으로 체계화되지 못하고 있다. 미국의 저명한 범죄학자 C. Ray Jeffery[161]는 '체계이론'(system theory)을 범죄연구에 소개하였다. 체계이론에 의하면 이 세계는 여러 가지의 하위체계(subsystem)와 상위체계로 복잡하게 구성되어 있다고 한다. 한편 이런 하위체계와 상위체계는 서로 밀접하게 관련되어 있다는 것이다. 다시 말하면 어느 한 하위체계의 변화는 상위체계에 영향을 미친다. 이와 마찬가지로 상위체계의 변화는 하위체계의 변화를 초래한다. 이런 상·하위체계 사이의 상호작용은 어느 하나가 원인이고 다른 것이 그의 결과인 일방적인 인과관계 하고는 다른 것이다. Jeffery는 인간의 행위에 영향을 미치는 것은 인간의 세포, 생체조직, 개인, 집단, 그리고 국가 등이라고 주장했다. 따라서 그는 이런 복잡한 인간의 행위를 연구하기 위해서는 화학, 생물학, 의학, 심리학, 사회학, 그리고 정치학 등의 여러 학문들이 총 동원되어야 한다고 주장했다.

위와 같은 이유 때문에 범죄학자는 단순히 '범학제적 접근방법'(multidisciplinary)으로만 그칠 것이 아니라, 한 발 더 나아가서 간학문적인 접근방법(interdisciplinary)을 동원하여야 한다. 흔히 학자들은 영어의 'multidisciplinary'와 'interdisciplinary'란 말을 같은 의미로

---

160) 전돈수, 2003, 상게논문.
161) C. R. Jeffery, *op. cit.*

사용하는 경우가 많다. 또한 학자들마다 그것들을 우리말로 각각 다르게 번역하고 있다. 그러나 엄밀히 말하면 'multidisciplinary'는 하나의 연구주제(분야)에 대해서 여러 학문분야의 지식과 접근방법을 동원하여 연구하는 것을 말한다. 이와는 달리 'interdisciplinary'는 하나의 연구주제에 대해서 단순히 여러 학문분야들의 지식과 접근방법을 이용하는 것 이상을 의미한다. 즉 'interdisciplinary'는 여러 학문을 통하여 연구하는 것이 하나의 체계화된 이론으로 통합되도록 노력하는 것을 일컫는다.

[표 6-2]는 체계이론에 근거해서 여러 학문분야가 어떻게 범죄현상을 이해하도록 도와줄 수 있는지를 보여주고 있다. 생물학적인 수준에서는 유전학, 신경학, 그리고 생화학을 통해서 범죄현상과의 관련성을 연구할 수 있도록 해준다. 한편 심리학적인 수준에서는 학습과정, 성격발달, 그리고 집단화 등을 통한 조사를 할 수 있게 해준다. 끝으로 사회수준에서는 나이, 성(sex), 민족, 또래집단, 가족, 그리고 학교 등을 통해 범죄를 연구할 수 있게 도와준다. 그러나 한 가지 명심해야 할 것은 여러 수준의 요인들이 계속해서 상호작용을 한다는 사실이다. 유전자는 뇌에 영향을 미친다. 다시 뇌는 학습, 그리고 성격발달과 관련을 갖는다. 이번에는 이런 것들이 가족, 또래집단, 그리고 학교 등과 관련된 문제에 영향을 미치게 된다. 끝으로 이것들은 정치과정과 형사사법제도에 영향을 미친다. 이와 마찬 가지로 상위체계의 변화는 하위체계에 영향을 준다.[162]

[표 6-2] 체계이론의 관점에서 본 각 학문수준별 범죄행위에 대한 설명가능성

체 계	개 념	학문분야
사 회	국제기구, 국가, 정치과정, 형법, 법원, 교도소	사회학, 형법학, 정치학
인 구	연령, 성(性), 민족(인종)집단, 도시, 농어촌	지리학, 인구학
조 직	종교, 민족, 사회, 정치	사회학, 정치학
집 단	친구집단, 가족, 학교	사회학, 교육학
개 체 (Organism)	학습, 성격, 범죄행위	심리학, 사회심리학
생체조직 (Organ)	뇌, 신경전달물질	신경학, 생정신의학(biopsychiatry), 정신생물학(psychobiology), 정신약학(psychopharmacology), 생화학
세 포	유전자(Genes)	유전학, 생물학

출처 : C. Ray Jeffery. *op. cit.*, p.29.

---

162) C. Ray Jeffery, *op. cit.*

전에도 이미 언급한 것과 같이 '인간의 행동이 유전에 의해서 결정되는가?' 아니면 '자라난 환경에 의해서 결정되는가?' 하는 것은 오랫동안 논란거리가 되어왔다. 그러나 이런 문제는 간학문적 접근방법을 추구할 때 해답을 얻을 가능성이 보여 진다. Gibbons[163]는 "법을 어기는 것은 생물학적, 심리학적, 그리고 사회학적 요소들이 합쳐져서 복잡한 과정을 통해 발생한 결과라는 경험주의적 증거들이 있다."라고 주장하였다. 그 이외에도 Adler, Mueller, 그리고 Laufer[164]는 인간은 유전과 환경적 요인의 상호작용에 의한 산물이란 것은 일반적으로 받아들여진 원칙이라고 주장하였다. 한 예로 Jeffery는 인간의 행위는 일단 부모로부터 물려받은 유전적 요인(genotype)에 의해서 결정되며 이것은 다음과 같은 두 가지 환경(environment)과의 상호작용에 의해서 영향을 받는다고 지적하였다. 하나는 사회환경(사회학습과 사회계층 등)이고 다른 하나는 물리적 환경(공해물질, 음식, 약물과 술 등)이다.

여기서 한 가지 유의할 것은 생물학적 연구가 기존의 사회학적 연구를 대신하는 것이 아니라는 점이다. 오히려 생물학을 포함시킨 '간학문적 접근방법'은 기존의 사회학적 연구를 보완할 수 있다. 예를 들면 Sutherland는 '차별접촉이론'(differential association theory) 또는 '사회학습이론'(social learning theory)이라고 불리는 이론을 만들었다. 이 이론은 범죄행위도 다른 일반 행위와 마찬가지로 타인으로부터 배운다는 것이다. 그러나 Sutherland의 사회학습이론은 몇 가지 중요한 결점이 있다. **첫째,** 학습에도 개인적인 차이가 있다는 것이다.[165] 동일한 조건에서 비행소년과 접촉한 소년이라도 모두 범죄자가 되지는 않는다. **둘째,** 사회학습이론은 살인, 강도, 그리고 강간 등에서 흔히 볼 수 있는 격정범죄를 제대로 설명하지 못한다. 격정 범인은 선량한 사람들과 주로 접촉하면서 자란 사람들에게서도 나타나기 때문이다. **끝으로** Sutherland의 이론은 학습이 구체적으로 어떤 과정을 거쳐서 일어나는지를 설명하지 못하고 있다.

위와 같은 사회학습이론은 생물학이나 심리학의 도움을 받으면 보다 더 명확하게 설명할 수 있다. 심리학자인 Skinner가 주장한 조작적 조건이론(operant conditioning)에 의하면 강화와 처벌의 원칙에 의해서 학습이 발생한다고 한다.[166] 따라서 사람도 잘한 행동은 상을 주고 잘못한 것에 대해서는 벌을 줌으로써 올바른 방향으로 행동을 유도할 수 있다.

163) D. C. Gibbons, *Society, Crime, and Criminal Behavior*(Englewood Cliffs, NJ: Prentice Hall, 1992), p.16.
164) F. Adler, G. O. W. Mueller, & W. S. Laufer, *Criminology*(New York: McGraw-Hill, 1995).
165) J. Q. Wilson, & R. J. Herrstein, (1985). *Crime and Human Nature*(New York: Simon & Schuster, 1985).
166) 김현택 외 8인, 「인간의 이해 심리학」(서울: 학지사. 1996).

이처럼 사회학자인 Sutherland가 하지 못한 것을 Skinner의 심리학적 이론을 통해 보다 구체적으로 학습과정을 설명할 수 있는 것이다. 그러나 이런 심리학적 이론도 더 구체적으로 신체의 어느 부위가 학습과 관계가 있는지를 충분히 설명하지 못한다. 이에 대해서 생물학적 연구가 아직은 많이 부족하지만 뇌와 신경계의 어느 부분이 학습(기억과 판단)을 담당하는지를 설명해 줄 수 있다. 지금까지 알려진 바로는 인간의 기억장치는 시냅스(synapses)와 신경전달물질(neurotransmitters)과 관계가 있다고 한다.[167] 달리 말하면 뇌와 신경계의 이상이 학습장애를 불러 올수도 있다.

위와 같이 사회학뿐만 아니라, 생물학과 심리학 등의 여러 분야를 동원한다면 한 가지 시각에서 볼 때보다 범죄현상에 대한 설명이 보다 구체화 될 것으로 보인다. 만약 이렇게 된다면 범죄에 대한 예측과 통제가 보다 효과적으로 이루어질 것으로 기대된다.

⑷ 한국 실정에 맞는 이론의 개발

1960, 70년대의 한국 범죄학은 미국의 범죄이론을 소개하는 수준에 머물렀다. 그러다가 1980년대에 들어서 「한국형사정책연구원」이 설립되면서 미국의 범죄이론을 경험적으로 검증하기 시작했다. 그러나 미국과 한국은 사회실정이 많이 다르다. 우선 미국은 우리 남한의 93배가 넘는 광활한 영토를 가지고 있다. 또한 미국은 이민으로 이루어진 다인종 사회로써 흑백간의 갈등이 범죄를 비롯한 사회문제에 중요한 변수로 작용하고 있다. 뿐만 아니라 미국은 자유로운 총기소유가 보장되어 있기 때문에 범죄에 총기가 자주 사용된다.

위와 같이 우리와는 실정이 많이 다른 미국에서 나온 범죄이론을 그대로 한국사회에 적용하는 것은 문제가 있다. 따라서 우리도 한국 사회특성에 맞는 이론을 개발할 필요가 있다. 한국의 특성으로 들 수 있는 것은 작은 영토에 많은 인구가 집중하여 살기 때문에 제한된 자원과 기회를 놓고 치열하게 경쟁한다는 것이다. 경쟁은 어느 나라에나 있기 마련이지만 한국은 다른 나라보다 훨씬 더 그 정도가 심하다. 이런 와중에 한국은 소위 'IMF시대' 이후부터는 경제난과 그에 따른 실업문제 때문에 시달리고 있다. 여기에 문제를 더욱 복잡하게 만드는 것은 한국이 급속한 사회문화적 변화를 겪고 있다는 것이다. 특히 미국과 일본으로부터 수입된 문화가 우리사회에 급속하게 침투하고 있다. 그렇기 때문에 우리문화의 정체성을 점점 찾기가 어려워진다. 생물학적인 관점에서 보아도 우리는 미국과는 식생활 습관이 다르다. 뿐만 아니라 공해문제도 상당히 심각하다. 다시 말하면 한국 대도시에 많은 일산화탄소, 카드뮴, 그리고 수은 등과 같은 공해물질은 인간의 두뇌와 행동에 문제를 일

---

167) C. Ray Jeffery, 1990, *op. cit.*

으킬 수 있다.[168]

서양의 이론을 한국 실정에 맞도록 변형하여 적용한 예를 하나 들어 보겠다. Merton은 자신의 긴장이론(strain theory)을 통해서 '문화목표'(culture goals)와 그것을 성취하기 위한 '합법적 수단'(legitimate means)간의 괴리에서 오는 긴장상태가 범죄와 관련이 있다고 설명했다. 즉 일반적으로 사회가 요구하는 사회적 성공과 이것을 합법적으로 이룰 수 있는 수단과의 차이가 크면 클수록 범죄를 저지를 가능성이 커진다는 것이다. 김준호 등은[169] 청소년비행을 설명하기 위해서 Merton의 이론을 일부 수정하여 적용하였다. 즉 한국의 청소년들은 부모로부터 소위 명문대학에 들어가라고 하는 큰 공부압력을 받고 있다. 따라서 현재 자신의 성적이 부모의 기대와 큰 차이가 발생할 때 청소년은 비행에 빠지기 쉽다는 것을 경험적 연구에 의해서 밝히고 있다. 즉 김준호 등은 부모로부터의 공부압력과 학생의 현재 성적과의 차이를 긴장상태로 재해석하여 적용한 것이다.

(5) 범죄학과와 범죄학회의 설립 및 활성화

한국은 현재 40개 이상의 4년제 대학과 30개 이상의 2년제 대학에 경찰관련 학과가 설치되어 있다. 이들 중 상당수의 대학들이 '경찰행정학'이란 학과명칭을 사용하고 있다. 그리고 교육과정도 법학과 경찰학과목에 치중하고 있다. 그러나 한국도 미국과 같이 범죄학의 중요성을 새롭게 인식하여야 한다. 그래서 간학문적 접근방법에 의한 범죄연구를 위해서 다양한 학문배경을 가진 교수와 학생으로 구성된 '범죄학 및 형사사법학'으로 학과명칭을 변경하는 것이 바람직하다고 생각한다.[170] 여기서 '경찰행정학' 대신에 '형사사법학'이 적합한 이유는 그 학과가 경찰공무원뿐만 아니라 교정공무원을 비롯하여 형사사법체계에 근무하는 사람을 양성하는 것을 목적으로 할 필요가 있기 때문이다.

최근에 전국적인 규모의 범죄학과가 설립된 것은 무척 다행스러운 일이다. 이제는 생물학, 정신의학, 심리학, 사회학, 그리고 법학 등 여러 분야의 학문적 배경을 가진 전문가들을 모두 아우르는 간학문적 접근방법(interdisciplinary approach)을 지향하는 범죄학회가 되어야 한다. 그리고 회장단은 비교적 여러 분야에 두루 식견을 가지고 있는 학자가 맡아서

---

168) D. G. LeVine & A. C. Upton,(1994). *The City as a Human Environment*(Westport, CT: Praeger, 1994).

169) 김준호, "범죄학 연구에 있어서 계량적 연구방법의 평가와 전망," 「형사정책연구」, 제6호(1995), pp.5~30.

170) 미국에서 학과 명칭을 '범죄학 및 형사사법학'(Criminology and Criminal Justice)으로 한 대표적인 대학은 플로리다 주립대학교(Florida State University), 메릴랜드대학교(University of Maryland), 그리고 미시건 주립대학교(Michigan State University) 등이 있다.

지도력을 발휘할 수 있도록 해야 한다. 또한 범죄학회에서 발행하는 학술지는 이처럼 여러 학문배경을 가진 사람들의 논문을 게재하여 학문분야들 간의 교류를 활성화시켜야 한다.

위에서 언급한 것에다 한 가지 더 추가한다면 경찰관 시험과목에도 문제가 있다. 현재의 경찰관(일반 순경) 시험과목에는 경찰학개론, 영어, 수사학, 형법, 그리고 형사소송법 정도가 포함되어 있다. 그러나 경찰관은 일선에서 근무하면서 다양한 부류의 사람들을 만난다. 그리고 경찰관은 간혹 그들과 언어적 및 물리적 충돌을 하게 된다. 결국 우수한 경찰관은 사람을 잘 다루는 기술을 갖춘 자라고 볼 수 있다. 범죄학은 인간행위에 대한 깊이 있는 이해를 하도록 도와주므로 예비 경찰관은 이를 많이 공부해야 한다. 따라서 대학에 설치된 경찰 관련학과 교과과정에 범죄학 과목이 좀 더 많이 들어가야 한다. 이를 유도하기 위해서는 경찰관 시험에 '범죄학개론'이 필수과목으로 포함되어야 한다. 이렇게 함으로써 대학들이 범죄학에 대한 관심을 더욱 가져서 범죄학이 학문으로서 발전하는데 도움이 될 것으로 기대한다.

(6) 형사사법법체계에 과학적 원리의 도입

현재 우리의 형사사법체계는 Beccaria[171]와 Bentham[172]과 같은 고전주의 범죄학자들의 영향을 많이 받았다. 고전주의 범죄학파에 의하면 인간은 어떤 것이 옳고 그른 지를 판단할 수 있는 이성을 가지고 있다고 가정한다. 그래서 인간은 자신의 이익은 최대화시키고 고통은 최소화하는 방향으로 행동한다고 한다. 이런 이유 때문에 인간은 자신이 선택한 행동에 대해서 도덕적 책임이 있다는 것이다. 현재의 형사사법제도는 기본적으로 여기에 처벌의 정당성을 두고 있다. 반면 과학적인 연구를 주장하는 실증주의 범죄학파는 인간의 이성은 유전이나 환경적인 요인 등에 의해서 제한된다고 본다. 따라서 범죄인을 처벌하기보다는 교화 및 교정치료를 해야 한다고 주장한다. 우리의 형사사법체계가 실증주의의 영향을 받아 표면적으로는 교정의 이념을 표방하고 있다. 그러나 실질적으로는 아직도 고전주의 학파의 원리에 근간을 두고 있다. 그래서 우리의 형사사법체계는 범인의 범행사실을 입증하여 처벌하는데 치중하고 있다.

이제는 범죄예방에 있어 과학적인 원리가 도입되어야 한다. 다음에서는 범죄학과 형사사법체계와의 충돌문제를 범죄예방, 법원, 그리고 교정의 단계로 나누어서 간략히 살펴보겠다.

---

171) C. Beccaria, *On Crime and Punishment*. Translated by H. Paolucci(Indianapolis: Bobbs-Merrill Educational Publishing, 1967).
172) J. Bentham, *The Limit of Jurisprudence Defined: Being Part Two of an Introduction to the Principles of Morals and Legislation*(New York: Columbia University Press, 1945).

첫째, 현재 우리의 범죄대응 전략은 범죄가 이미 발생한 이후에 그에 대한 사후적 대응에 그치고 있다. 한국의 범죄대응 전략이 사후적이라는 의미는 경찰이 시민들의 범죄신고 전화에 의존해서 사후적으로 대처하는 것이 대부분이라는 것이다. 또한 범죄를 저지를 위험성이 높은 사람들에 대한 범죄예방 전략이 미비하다. 그래서 대중매체를 통해서 범죄문제에 대한 심각성이 대두되면 의례히 나오는 말이 처벌의 강화이다. 그러나 중형선고를 통한 처벌의 강화는 일시적인 효과는 있을지는 몰라도 범죄문제를 지속적으로 해결해 주지는 못한다. 뿐만 아니라 일단 범죄피해가 발생하면 그것을 회복할 방법을 찾기 어렵다. 강력범죄의 경우는 더욱 그렇다. 예를 들면 살인으로 죽은 사람의 목숨을 다시 살릴 수는 없는 것이다.

이제 우리는 범죄의 피해가 이미 발생한 후에 그에 사후적(reactive)으로 대응하는 것에서 벗어나 사전 예방적(proactive) 전략으로 전환해야 한다. 이를 위해서는 과학적인 범죄학연구가 선행되어야 한다. 그 이유는 인간의 범죄행위에 대한 충분한 이해가 없이 범죄예방정책을 수립하는 것은 어렵기 때문이다. 미국의 경우를 보면 전체 비행소년의 5% 정도가 중범죄의 50% 이상을 저지른다고 한다.[173] 이런 점으로 미루어 볼 때 범죄를 저지를 위험성이 높은(high risk offenders) 사람을 조기에 발견하고 치료하는 것이 필요하다. 특히 정신병 환자의 조기발견과 치료는 범죄예방에도 기여할 수 있다.

둘째, 현재 재판과정에서 피고인이 범죄를 저지른데 영향을 끼친 생물학적, 심리학적, 그리고 사회학적 배경에 대한 내용은 그의 처분에 별로 영향을 미치지 못하고 있다. 예를 들면 피고인에 대한 전문의사의 신경정신과적 진단을 통해서 적절한 처우를 내리는 것은 재범을 막는데 기여할 수 있다.[174] 전 미국 대통령 Reagan에게 총격을 가한 Hinckley에 대한 재판과정에서 뇌의 단층사진이 그의 정신이상을 입증한 것이 하나의 좋은 예이다. 그 결과 Hinckley는 교도소에 가는 대신에 정신병원에 입원하였다.[175]

셋째, 우리의 교정제도는 교정 및 교화의 이념을 포기하고 있다. 이미 앞에서도 논의한 것과 같이 미국에서는 1974년도에 Martinson이 논문을 발표하였다.[176] 그는 당시의 여러 교정 프로그램들이 범죄발생과 재범을 막는데 모두 효과가 없다고 지적하였다. 이것은 '아무것도 효과 없다'(Nothing Works)라는 원칙으로 세상에 널리 알려지게 되었다.[177]

173) C. R. Jeffery, *An Interdisciplinary Theory of Criminal Behavior*. In W. S. Laufer & F. Adler(ed.). *Advances in Criminological Theory*(New Brunswick, NJ: Transaction Books, 1989).

174) Group for the Advancement of Psychiatry, *Psychotherapy in the Future. Report No.133.* (Washington, DC: American Psychiatric Press, 1993).

175) C. Ray Jeffery,1990, *op. cit.*

176) Robert Martinson, "What Works? Questions and Answers about Prison Reform," *The Public Interest*, Vol. 35(1974), pp.22~54,

Martinson의 논문이 발표된 이후에 교정 및 교화이념을 앞세운 교정정책에 대한 비판이 끈임 없이 일었다. 그리고 최근에는 교정이념을 아예 포기하는 주(州)들도 등장하고 있다. 즉 범인의 개인적인 환경과 특성에 따른 처우를 하기보다는 죄질과 전과만을 근거로 하여 형벌을 부과하고 있다. 이것은 교정이념이 등장하기 이전의 단계인 응보형(應報刑) 시대로 복귀하는 것을 의미한다. 그 결과 불행하게도 교정 프로그램 개발에 대한 과학적 연구가 침체되었다.[178]

위와 같은 교정제도의 실패는 과학적인 원리를 추구하는 교화 및 교정이념 자체가 잘못됐다는 것을 증명하는 것은 아니다. 다만 아직까지 우리가 과학적인 방법을 교정정책에 제대로 적용하지 못했기 때문에 발생하는 것이다. 미국의 한 연구에 의하면 전체 교도소 재소자의 40% 이하만이 교정 프로그램에 참여하고 있다고 한다.[179] 특히 한국의 경우는 교정 프로그램이라고 해야 직업훈련과 학과교육 정도가 고작이다.[180] 그리고 과거의 교정 프로그램들은 범죄학의 연구업적에 기반을 두고 만들어진 것이 아니다. 대부분의 교정제도는 정치권력과 여론에 의해서 좌지우지 되었다. 이것은 범죄학과 교정제도간의 괴리가 있음을 시사해 주는 것이다.[181] 이런 이유 때문에 효과적인 교정 프로그램을 개발하기 위해서는 '증거에 근거한'(evidence based) 연구가 필요하다. 이렇게 함으로써 효과가 있는 교정 프로그램을 선별할 수 있다.[182] 예를 들면 약물치료, 심리치료, 그리고 행동치료 등을 들 수 있다.[183]

3. 범죄예방 전략의 모색

다음은 C. Ray Jeffery 교수가 제시한 범죄에 대한 예방의 전략에 대해서 살펴보겠다. Jeffery는 범죄예방 전략을 형사사법제도 밖에서 하는 방법과 형사사법 제도를 통한 방법으로 구분하였다. 또한 앞의 두 가지 방법은 각각 1차(primary prevention), 2차(secondary prevention), 그리고 3차 예방(tertiary prevention)으로 구분할 수 있다. 1차 예방은 조기

---

177) F. T. Cullen & P. Gendreau, "From Nothing Works to What Works: Changing Professional Ideology in the 21st Century," *The Prison Journal*, Vol. 81(2001), pp.313~338.

178) *Ibid.*

179) C. Bartollas, *Rehabilitation Should be the Goal of Crime Control.* In R. Boostrom(ed.). *Enduring Issues in Criminology*(San Diego: Greenhaven Press, 1995).

180) 이윤호, 2002, 상게저서.

181) R. Hood, "Penal Policy and Criminological Challenges in the New Millennium," *The Australian and New Zealand Journal of Criminology*, Vol. 34(1999), pp.10~16.

182) F. T. Cullen & P. Gendreau, *op. cit.*

183) 김현택 외 8인, 「인간의 이해 심리학」(서울: 학지사. 1996).

에 비행의 원인이 될 수 있는 근본 요인을 찾아내어 제거하거나 줄이는 일련의 활동을 말한다. 한편 2차 예방은 사회적으로 문제가 되는 행위를 하는 개인을 찾아내어 더 심한 범죄 행위를 하지 않도록 차단하는 활동을 말한다. 끝으로 3차 예방은 이미 발생한 범죄행위에 대해서 그런 유사한 행위가 다시 재발하지 않도록 하려는 활동을 말한다. 그러나 Jeffery는 1차 예방이 제일 중요하다고 지적하였다. 그 이유는 범죄피해가 이미 발생한 후에 그에 대처하는 것은 비효율적이기 때문이다.[184]

우선 먼저 형사사법제도 밖에서의 범죄예방 전략에 대해서 알아보도록 하겠다. **첫째,** 1차 예방 방법으로서 시민은 가정에서 각종 범죄예방기법을 적용할 수 있겠다. 예를 들면 도난 경보기와 CCTV를 설치하여 절도를 방지하는 것을 들 수 있다. 그 밖에도 극빈자를 위해서 자선을 배품으로서 빈부의 격차를 줄이고 부자들에 대한 적개심을 완화시키는 방법 등이 있을 수 있다. 한편 학교교육을 정상화시켜서 학생들이 학교생활에 제대로 적응하게 함으로써 범죄에 대한 유혹을 뿌리칠 수 있도록 도와주어야 한다. 기업체도 일반 가정과 마찬가지로 여러 가지 장비를 동원하여 스스로 범죄예방에 노력을 기울일 수 있다. 범죄예방 정책을 입안하는 사람은 환경설계를 통해서 범행기회를 줄이고, 각종 사회문제를 완화시키는 정책을 만들어서 범죄예방에 기여할 수 있다. 종교단체는 도덕교육을 강화하고 사회단체는 빈민들을 위한 구제활동을 할 수 있다. 그럼으로써 범죄를 발생시키는 사회문제를 완화시킬 수 있다.

둘째, 2차 예방 방법으로서 일반시민은 특정 범죄의 발생을 미연에 방지하기 위한 여러 가지 활동을 할 수 있다. 예를 들면 마약남용을 방지하기 위한 마약퇴치운동을 들 수 있겠다. 학교는 비행의 소질이 있는 학생을 사전에 감지하여 그에 필요한 조치를 취해야 할 것이다. 뿐만 아니라 학교교육을 통해서 비행을 퇴치하는 것 등을 들 수 있다. 기업체에서는 신입직원들의 채용에 있어 사전에 신원조사를 통해서 범죄경력이 있는 사람들을 미리 걸러내야 한다. 한편 범죄예방기획가는 범죄다발지역에 대해서 철저히 분석하여 주민들에게 범죄예방 교육을 시킨다. 또한 새로운 범죄예방기법을 개발하여야 한다. 종교 및 사회단체는 불우아동에 대한 보호를 위해서 각종 복지시설을 설치하여 운영하여야 한다.

---

184) C. Ray Jeffery, *op. cit*, pp.441~468.

[표 6-3] 형사사법제도 밖에서의 범죄예방 전략

구 분	1차 예방	2차 예방	3차 예방
일반시민	• 가정에서 범죄예방 기법 적용(도난 경보기 등) • 자선 베풀기	• 특정 비행의 방지를 위한 사회운동과 활동(마약퇴치 운동)	• 교정기관에 자원봉사자로 활동(소년원 교사, 교정위 원 등)
학 교	• 일반학교 교육	• 비행소질 있는 자를 조기에 발견하여 걸러내기 • 교육을 통한 비행퇴치	• 비행소년과 장기결석 학생을 처벌, 비행소년들을 위한 교육 프로그램
기업체	• 범죄예방 기법 도입(도난 경보기와 CCTV 등)	• 직원들을 사전에 신원 조회하여 문제성 있는 자를 걸러냄	• 범법자를 처벌, 전과자를 고용
범죄예방 기획가	• 범행기회를 줄이기 위해서 주변 환경을 재모델링 • 범행으로 유도하는 사회 환경을 수정(극빈자와 노숙자 문제 등)	• 범죄다발지역에 대한 분석을 통해서 지역주민을 교육하고 범죄예방 프로그램 개발 • 범죄자의 거주지역에 대한 분포를 연구하여 사회복지 정책에 반영	• 교정시설에 대한 새로운 디자인 개발
종교 및 사회단체	• 도덕교육, 가정교육, 일반 사회복지 활동	• 각종 사회복지 프로그램 (불우아동을 위한 보호제 도, 문제아에 대한 복지제 도 등)	• 비행소년에 대한 각종 보호제도(대리부모, 미혼모 시설, 마약치료센터 등)

셋째, 3차 예방 전략으로서 일반시민은 교정기관에 자원봉사자로서 참여할 수 있다. 예를 들면 일반시민이 소년원에 있는 소년들을 위해서 교사로서 봉사하는 것을 들 수 있다. 학교는 비행소년에 대한 자체 징계와 그들을 위한 교육프로그램을 개발하는 것을 예로 들수 있다. 기업체는 재사회화의 가능성이 높은 전과자를 선별하여 취업기회를 줌으로써 사회로 복귀할 수 있는 기회를 제공해 주어야 한다. 범죄예방기획가는 보다 효과적인 교정 프로그램을 개발하기 위해서 노력하여야 한다. 끝으로 종교 및 사회단체는 비행소년을 위한 대리부모, 미혼모를 위한 보호시설, 그리고 마약퇴치시설을 운영할 수 있다.

지금까지는 형사사법제도 밖에서의 범죄예방 전략에 대해서 알아보았다. 이제는 형사사법제도를 통한 범죄예방 전략에 대해서 논의해 보도록 하겠다. 이런 방법도 1, 2, 그리고 3차 예방 전략으로 나누어서 논의하도록 하겠다. **첫째,** 1차 예방 전략으로서 경찰은 순찰활동을 강화하여 범죄발생을 사전에 방지하는데 기여할 수 있다. 법원은 범죄자에게 유죄 판결을 내림으로써 잠재적인 범인에게 경고의 메시지를 주게 된다. 교정제도는 교정시설의 존재를 알림으로써 범죄를 억제하는 효과를 기대할 수 있다.

[표 6-4] 형사사법제도 안에서의 범죄예방 전략

구 분	1차 예방	2차 예방	3차 예방
경 찰	• 경찰관의 순찰활동을 통한 일반범죄억제	• 범죄정보수집 활동 • 사회복지 프로그램(소년들과 체육활동, 가족위기 대처활동 등) • 순찰활동 중 치안유지 활동(불심검문과 검색) • 사회문제 개입 및 질서유지 활동(술 취한 자를 보호, 문제소년 선도활동-심야에 귀가유도)	• 범인 체포와 조사
법 원	• 범죄자 유죄판결을 통한 일반 범죄억제	• 판결이전의 다이버전(diversion) 프로그램 활용	• 판결을 통한 다이버전 프로그램의 선고
교정 제도	• 교도소의 존재를 통한 일반 억제(범죄자 처벌)	• 다이버전 프로그램의 활용	• 범죄자 교정(처벌, 사회내 처우, 시설내 처우 등) • 재사회화 유도(학교 및 직업교육, 보호관찰 등) • 시설내 수용을 통해서 범죄자를 사회로부터의 격리

둘째, 2차 예방 전략으로써 경찰은 범죄정보수집활동, 소년들과의 체육활동, 그리고 범죄예방 교육을 통해서 범죄를 예방할 수 있다. 그 밖에도 각종 질서유지활동을 통해서도 범죄예방에 기여할 수 있다. 예를 들면 술 취한 시민을 경찰서에서 보호하고 밤늦게 유흥가에서 서성거리는 청소년을 조기에 귀가시키는 것 등이다. 한편 법원은 유죄판결을 내리기 전에 가급적이면 다이버전 프로그램을 활용하여 형사사법제도 이외의 방법으로 범죄에 대처하는 것이다.

셋째, 3차 예방 전략으로써 경찰은 범인을 조기에 체포하고 조사하여야 한다. 법원은 사건을 심리하여 유죄를 확정하여 처벌을 받도록 해야 한다. **끝으로** 교정기관은 여러 프로그램들을 개발하여 유죄의 확정을 받은 자를 효과적으로 처우하는 것이다. 교정기관의 가장 전통적인 역할은 범죄자를 사회로부터 격리시켜서 사회를 보호하는 것이다. 근래에는 재래의 시설내 처우이외에도 시설외 처우와 개방형 처우도 많이 이용되고 있다. 뿐만 아니라 교정기관은 재소자들의 빠른 사회적응을 위하여 학교교육과 직업교육을 활성화시켜야 한다.

참고문헌

1. 국내문헌

강석복, "범죄수사와 인권", 「인권과 정의」, 제167권, 1990.

경찰청 홈페이지, www.police.go.kr.

경찰청, 「범죄백서」(2007), http://www.police.go.kr/infodata/whitepaper/사이버경찰청_2009 백서2-1.pdf

교정본부 (법무부), 「교정통계」,http://www.corrections.go.kr.

국립과학수사연구소 범죄분석실, "범죄 프로파일링의 소개,"「수사연구」, 12월호, 2001, pp.42~44.

기광도, "결손가정과 청소년비행간의 관계분석,"「한국형사정책연구」, 제20권 1호(통권 제77호, 2009·봄호).

김동석, 「법과 현대생활」(서울: 일조각, 1999).

김상균, 「최신 범죄학」(서울: 양서원, 2004).

김상원, "아노미의 입장에서 바라본 러시아의 범죄현상," 「형사정책연구」 제 16권 3호(통권 63, 2005·가을호).

_____, "아동과 청소년 비행의 원인비교: 허쉬의 사회유대이론을 중심으로,"「한국형사정책연구」, 제18권 2호(통권 제70호, 2007·여름호)

김상호 외 8인, 「경찰학개론」(서울, 법문사, 2004).

김용세, "범죄수사와 피해자보호", 「형사정책연구」, 제10권 제3호, 1999, pp.113~144.

김은주, "디지털 영상처리 기술을 이용한 과학적 범죄수사", 「수사연구」, 8월호, 2002.

김주덕, "외국인범죄에 대한 국제수사공조", 「형사정책연구」, 제3권 제3호, 1992, pp.5~10.

김준호, "범죄학 연구에 있어서 계량적 연구방법의 평가와 전망,"「형사정책연구」, 제6호, 1995, pp.5~30.

_____, "법에 대한 태도와 비행,"「형사정책연구」, 제18권 3호(통권 제71호, 2007·가을호).

_____, "청소년 비행의 원인에 관한 연구: 공부에 대한 압력을 중심으로,"「형사정책연구」, 제1호(1990), pp.113~147.

_____, "친구와 비행간의 관계에 관한 연구,"「형사정책연구」 제15권,, 가을호, 1993, pp.5~43.

김준호, 노성호, 고경임, 최원기, "청소년비행의 원인에 관한 연구: 공부압력을 중심으로,"「

한국형사정책연구원 연구보고서: 89-03」(청소년범죄 연구 1, 1990).

김준호·정혜원, "부모애착과 비행사이의 자기회귀교차지연 효과 검증: 성별간 다집단 분석," 「한국형사정책연구」, 제20권 2호(통권 제78호, 2009·여름호)

김준호·김선애, "가족의 구조 및 기능과 반사회적 행동," 「한국형사정책연구」, 제7권 1호 (통권 제25호, 1996·봄호), pp.109~141.

김현택 외 8인, 「인간의 이해 심리학」(서울: 학지사. 1996).

남재봉, "청소년비행의 원인에 관한 경험적 연구: 원인변인간의 중요성을 중심으로", 「형사정책연구」 통권 3·4 합병호, pp.73~102.

노성호, "청소년비행에 대한 생애과정이론과 잠재적 특성이론의 경험적 비교," 「형사정책연구」 제18권 4호(통권 72, 2007·겨울호).

_____, "한국의 청소년 비행화에 관한 연구," 「한국형사정책연구」, 제5권 제2호(통권 제18호, 1994·여름호), pp.145~187.

대검찰청, 「범죄분석」(서울: 대검찰청, 1999).

대검찰청, 범죄분석(서울: 대검찰청, 2006, 2008).

동아일보, 2010년 3월 17일자.

민수홍, "여자청소년의 자기통제력이 비행과 범죄에 미치는 영향," 「형사정책연구」, 제13권 제1호(통권 제49호, 2002·봄호), pp.35~66.

배종대·이상돈, 「형사소송법(제3판)」(서울: 홍문사, 1999).

보호관찰소, 홈페이지, 2010, www.probation.go.kr.

심영희, "어린이 성폭력의 변화와 요인: 지구화의 관점에서," 「한국형사정책연구」 제20권 1호 (통권 77호, 2009·봄호).

양문승, "수사경찰의 과제 및 강화방안", 「수사연구」, 2월호, 1998.

오충익, "제주자치경찰제도의 합리적 운영방안 연구," 「자치경찰연구」 제2권. 2호(2009·가을/겨울호), pp. 26~66.

윤상호, "제주자치경찰제도에 관한 고찰," 「자치경찰연구」 제2권 제1호(2009·여름호), pp. 63~92.

윤용규·최종식, 한국 소년사법의 운용실태와 개선방안에 관한 일고찰, 「형사정책연구」, 제11호(2000), pp.51~78.

윤태범, "경찰 공무원 부패의 구조에 대한 탐색적 논의: Klitgaard 모델의 응용," 「한국정책학회보」, 제10권 제2호, 2001, pp.87~109.

이극찬, 「정치학」, 제6전정판(서울: 법문사, 2002).

이동원, "청소년의 긴장과 비행친구가 비행에 미치는 상호작용 효과,"「형사정책연구」, 제8
　　　　권 제3호(통권 제31호 1997・가을호), pp.233~272.

이상현, "범죄수사에 관한 심리학적 고찰",「형사정책연구」, 제8권 제2호, 1997.

이성식, "가정, 비행친구, 비행의 상호인과관계,"「형사정책연구」, 제13권 제1호(통권 제49
　　　　호, 2002・봄호), pp.67~87.

＿＿＿, "가정과 청소년비행: 주요 이론들의 매개과정을 통한 검증,"「형사정책연구」, 제14
　　　　권 제3호(통권 제55호, 2003・가을호), pp.175~207.

＿＿＿, "낮은 자기통제력과 성인의 약물남용, 그 매개 및 상호작용효과에 관한 논의,"「형사
　　　　정책연구」, 제17권 4호(통권 제68호, 2006・겨울호).

＿＿＿, "비행친구와 비행과의 관계: 통합론적 논의를 중심으로,"「형사정책연구」, 제10권
　　　　제1호(통권 제37호, 1999・봄호), pp.193~222.

＿＿＿, "청소년들의 폭력환경이 상황인지와 분노, 폭력행동에 미치는 영향력: 가정, 학교,
　　　　지역환경의 비교,"「형사정책연구」, 제14권 제2호(통권 제54호, 2003여름호), pp.357~381.

＿＿＿, "청소년비행 원인의 성별차이에 관한 연구: 청소년패널 두 연령집단에서의 검증,"「형
　　　　사정책연구」, 제18권 2호(통권 제70호, 2007・여름호).

＿＿＿, "청소년비행론에 있어서 허쉬의 사회통제이론에 대한 수정된 논의,"「형사정책연구
　　　　」, 제6권 제4호(통권 제24호, 1995・겨울호), pp.183~204.

이순래, "지속적 소년비행의 원인에 관한 연구: Moffitt의 이질적 비행발생률을 중심으로,"
　　　　「형사정책연구」 제16호 4호(통권 제 64호, 2005・겨울호).

＿＿＿, "학교폭력의 원인 및 대처방안에 관한 연구,"「한국형사정책연구원 연구보고서」,
　　　　02-40.

이윤호,「교정학개론」(서울: 박영사, 2002).

이철, "순응자 일탈에 관한 중화기술의 영향에 관한 연구,"「형사정책연구」, 제19권 1호(통권
　　　　제73호, 2008・봄호).

이황우・조병인・최응렬,「경찰학개론」(서울: 한국형사정책연구원, 2001).

전대양,「현대사회와 범죄」(서울: 형설출판사, 2002).

전돈수 외 8인,「경찰학개론」(서울: 법문사, 2004).

＿＿＿＿＿＿「비교경찰제도론」(서울: 법문사, 2003).

전돈수, "경찰청 수사국・국과수 통합 중요범죄 수사국 신설해야,"「매일신문」, 2003년 1
　　　　월 14일자 26면.

＿＿＿, "국제기구의 살인발생률 통계자료의 문제점과 극복방안,"「치안정책연구」, 2003,

pp.151~174.

_____, "국제기구의 살인발생률 통계자료의 문제점과 극복방안,"「치안정책연구」, 제17호 (2003), pp.151~174.

_____, "미국에 사는 한국이민자들 부부사이의 폭력에 대한 분석의 틀: 가부장적 사회문화, 이민스트레스, 그리고 사회신분의 좌절,"「자치경찰연구」제2권 2호(2009·가을/겨울 호), pp. 94~112.

_____, "범죄행위에 대한 생물학적 연구의 필요성,"「수사연구」, 제2월호(2003), pp.43~50.

_____, "상황적 범죄예방이론을 응용한 은행 강도 예방대책,"「경찰학연구」, 제4호(2003), pp.113~140.

_____, "최근 미국 소년사법제도의 변화가 주는 교훈,"「한국경찰연구」, 제1권 제2호(2003).

_____, 「범죄이야기」(파주: 도서출판 21세기사, 2010), pp. 88~102.

전수일, "경찰부패사례에 대한 연결망 이론적 접근,"「한국부패학회보」, 제5호, 2001, pp.161~197.

_____, "공무원의 윤리규범과 행동기준에 관한 연구: 선물, 접대 및 이익수의 한도를 중심 으로"「한국부패학회보」제4호, 1999, pp.22~26.

정영석, 「형사정책」(서울: 법문사, 1986).

정현미, "성폭력범죄 수사와 피해자의 인권보호",「수사연구」, 2월호, 2002, pp.51~52.

조철옥, 「경찰행정학: 이론과 실천의 만남」(서울: 대영문화사, 2000).

최수형, "비행경력과정에서 나타난 부모의 폭력적 훈육효과: 남녀차이를 중심으로,"「형사정책 연구」, 제19권 1호(통권 제73호, 2008·봄호)

최인섭, "한국의 사회변동과 범죄,"「형사정책연구」, 제8권 제3호(통권 제31호, 1997·가 을호), pp.13~20.

최인섭·기광도, "가구 및 개인절도피해에 영향을 미치는 요인연구: 일상활동이론과 사회 해체이론을 중심으로,"「형사정책연구」, 제9권 제4호통권 제36호(1998·겨울호), pp.61~80.

통계청, 「범죄분석통계」, 2010년 3월 22일, www.kosis.co.kr.

표창원, "경찰 부정부패: 바람직한 한국형 경찰부정부패 방지책의 모색,"「경찰관 직무관련 부정부패 사례와 개선대책보고서」9.

하태훈, "인신구속제도 및 수사절차의 개선",「수사연구」, 2월호, 2000.

한국형사정책연구원, "가정폭력이 자녀의 비행에 미치는 영향,"「연구보고서」97-18.

_____, 「경찰 분야 부패방지 대책」국무조정실 의뢰 연구용역 보고서4,

1999, p.16.

한면수, "과학수사와 증거재판에서 DNA프로필의 역할", 「경찰학연구」, 제3호, 2002, p.265~167.

홍성열, "엄마를 살해하고 머리를 자르고 성관계를 한 괴물인간"「수사연구」, 제3월호(2003),
       pp.125~129.

2. 외국문헌

Adler, F., G. O. W. Mueller, & W. S. Laufer, *Criminology*(New York: McGraw-Hill, 1995).

Adler, F., *Sisters in Crime: The Rise of the New Female Criminal*(New York: McGraw-Hill, 1975).

Akers., R. L., *Criminological Theories : Introduction and Evaluation*, 2nd ed(Los Angeles, CA: Roxbury Publishing, 1997).

American Psychiatric Association, *Diagnostic and Statistical Manual of Mental Disorders*, 2nd ed. (Washington, DC: American Psychiatric Association, 1968).

Avision, W. & P. L. Loring, "Population Diversity and Cross-National Homicide: The Effects of Inequality and Heterogeneity," *Criminology*, Vol. 24(1986), pp.733~749.

Avision, W. R. & P. L. Loring, *Population Diversity and Cross-National Perspective*(New Haven: Yale University Press, 1986).

Balaban, E., "Reflections on Wye Woods: Crime, Biology, and Self-Interest," *Politics and the Life Sciences*, Vol. 15(1996), pp.86~88.

Balkan, S., R. Berger, & J. Schmidt, *Crime and Deviance in America: A Critical Approach*(Monterey, CA: Wadsworth, 1980).

Barkan, S. E., *Criminology: A Sociological Understanding*, 3rd ed(Upper Saddle River, New Jersey: Pearson/Prentice Hall, 2005), p.405.

Bartollas, C. & S. Dinitz, *Introduction to Criminology: Order and Disorder*(New York: Harper and Row, 1989).

Bartollas, C., *Rehabilitation Should be the Goal of Crime Control*. In R. Boostrom(ed.). *Enduring Issues in Criminology*(San Diego: Greenhaven Press, 1995).

Beccaria, C., *On Crime and Punishment*. Translated by H. Paolucci(Indianapolis: Bobbs-Merrill Educational Publishing, 1967).

Bechara A., A. R. Damasio, & S. W. Anderson. "Insensitivity to Future Consequences Following Damage to Human Prefrontal Cortex," *Cognition*, Vol. 50(1994), pp.7~15.

Becker, H. S., *Outsiders: Studies in the Sociology of Deviance*(New York: The Free Press, 1963).

Beirne, P. & J. Messerschmidt, *Criminology*, 3rd ed.(Boulder, CO: Westview Press, 2000), pp.373~397.

Benjamin, J., L. Li, C. Patterson, B. D. Greenberg, D. L. Murphy, & D. H. Hamer, "Population and Familial Association Between the D4 Dopamine Receptor Gene and Measures of Novelty Seeking," *Nature Genetics*, Vol. 12(1996), pp.81~84.

Bennett, R. & L. Shelley, "Crime and Economic Development: A Longitudinal Cross-National Analysis," *Annal de Vaucresson*, Vol. 22(1985).

Bennett, R. R., "Development and Crime: A Cross-National, Time-Series Analysis of Competing Models," *The Sociological Quarterly*, Vol. 32(1991), pp.343~363

Bentham, J., *The Limit of Jurisprudence Defined: Being Part Two of an Introduction to the Principles of Morals and Legislation*(New York: Columbia University Press, 1945).

Bentham, Jeremy, *An Introduction to the Principles of Morals and Legislation*(New York: Hafner Press, 1780/1973).

Bernard, T., "Juvenile Crime and the Transformation of Juvenile Justice: Is There a Juvenile Crime Wave?," *Justice Quarterly*, Vol. 16(1999), pp.337~356.

Bishop, D., "Juvenile Offenders in the Adult Criminal Justice System," *Crime and Justice*, Vol. 29(2000), pp.81~168.

Blomberg, T., G. R. Heald, & M. Ezell, "Diversion and Net Widening: A Cost- Savings Assessment," *Evaluation Review*, Vol. 10(1986).

Blum, K. et al., "Reward Deficiency Syndrome," *American Scientist*, Vol. 84(1996), pp. 132~145.

Bonger, W., *Criminality and Economic Conditions*(Boston: Little, Brown, 1916).

Boruch, R. F., T. Victor, & J. S. Cecil, "Resolving Ethical and Legal Problems in Randomized Experiments," *Crime and Delinquency*, Vol. 46(2000), pp.330~353.

Braithwaite, J., *Crime, Shame, and Reintegration*(Cambridge, U.K.: Cambridge University Press, 1989).

Braithwaite, J., *Inequality, Crime, and Public Policy*(London: Routledge and Kegan Paul, 1979).

Brantingham, P. & P. Brantingham, *Introduction: The Dimensions of Crime*. In

Environmental Criminology edited by Paul Brantingham & Patricia Brantingham(Prospect Heights, IL: Waveland Press, 1981).

Brennam, P., "Biosocial Risk Factors and Juvenile Violence." *Federal Probation*, Vol. 63(1999), pp.58~60.

Burgess, E., *The Growth of a City*. In Robert E. Park & Ernest Burgess(ed.). *The City*(Chicago: The University of Chicago Press, 1925).

Burgess, R. L. & R. L. Akers, "A Differential Association-Reinforcement Theory of Criminal Behavior," *Social Problems*, Vol. 14(1966), pp.128~147.

Butt, J. & D. Mears, "Reviving Juvenile Justice in a Get-Tough Era," *Youth and Society*, Vol. 33(2001), pp.169~198.

Cadoret, R. J., W. R. Yates, E. Troughton, G. Woodworth, & M. A. Stewert. "Adoption Study Demonstrating Two Genetic Pathways to Drug Abuse," *Archives of General Psychiatry*, Vol. 52(1995), pp.42~52.

Caplan, P. J., M. Crawford, J. S. Hyde, & J. T. E. Richardson. *Gender Differences in Human Behavior*(New York: Oxford University Press, 1997).

Carey, G. "Twin Imitation for Antisocial Behavior: Implications for Genetic and Family Environment Research," *Journal of Abnormal Psychology*, Vol. 101(1992), pp.18~25.

Carey. G., *Genetics and Violence*. In A. Reiss et al.(eds.), *Understanding and Preventing Violence. Volume 2. Biobehavioral Influences*(Washington, D.C.: National Academy Press, 1994).

Carlson, N. R., *Physiology of Behavior*(Boston: Allyn and Bacon, 1994).

Chambliss, W. J., & R. T. Seidman, *Law, Order, and Power*(Reading, MA: Addison-Wesley, 1971).

Chambliss, W. J., "Toward a Political Economy of Crime," *Theory and Society*, Vol. 2(1975), pp.152~153.

Chambliss, W. J., *Crime and the Legal Process*(New York: McGraw-Hill, 1969), pp.10~11.

Cherek, D. & S. Lane, "Effects of d, 1-fenfluramine on Aggressive and Impulsive Responding in Adult males with a History of Conduct Disorder," *Psychopharmacology*, Vol. 146 (1999), pp. 473~481.

Chon, D. S., *Academic Failure and Delinquency*, Unpublished Master's Thesis(Chicago: Chicago State University, 1992).

Chon, D. S., *The Impact of Medical Resources on Criminally Induced Lethality: A Cross-National Assessment*(Tallahassee, FL: Florida State University, 2001), Unpublished Ph.D. Dissertation.

Chon, D. S., *The Relationship Between National Homicide Rates and Medical Care*(New York: LBF Scholarly Publisher, 2001).

Chon, D., "Medical Resources and National Homicide Rates: A Cross-National Assessment," *International Journal of Comparative and Applied Criminal Justice*, Vol. 34 (2010), pp.97-118.

Clare, A. W., "Hormones, Behavior and the Menstrual Cycle," *Journal of Psychosomatic Research*, Vol. 29(1985), pp.225~233.

Clarke, R., *Introduction*. In *Situational Crime Prevention: Successful Case Studies* edited by Ronald Clarke(New York: Harrow and Heston, 1992), pp.1~7.

Clemmer, Donald, *The Prison Community*(Holt, Rinehart & Winston, 1958), pp.298~304.

Cohen, A. K., *Deviance and Control*(Englewood Cliffs, NJ: Prentice-Hall, 1966).

Cohen, L. E. & M. Felson, "Social Change and Crime Rate Trends: A Routine Activity Approach," *American Sociological Review*, Vol. 44(1979), pp.588~608.

Cohn, A., "Juvenile Justice in Transition: Is There a Future?," *Federal Probation*, Vol. 6(1999), pp.61~67.

Conklin, J. E., *Criminology*, 4th ed.(New York: Macmillan Publishing Company, 1992).

Cooley, C. H., *Huamn Nature and the Social Order*(New York: Charles Scribner's Sons, 1902).

Crow, J., *The Epics of Latin America*(Los Angeles, CA: The University of California Press, 1980).

Cowley, G & Hallin, C. "The Genetics of Bad Behavior: A Study Links Violence to Heredity," Newsweek, November 1, 1993, p. 57.

Cullen, F. T. (1994). Social support a an organizing concept for criminology: Presidential address to the academy of criminal justice sciences. *Justice Quarterly*, Vol. 11, 527-559.

Cullen, F. T. & P. Gendreau, "From Nothing Works to What Works: Changing Professional Ideology in the 21st Century," *The Prison Journal*, Vol. 81(2001), pp.313~338.

Dabbs, Jr., J. & M. Hagrove, "Age, Testosterone, and Behavior among Female Prison Inmates," *Psychosomatic Medicine*, Vol. 59(1997), pp.447~480.

Daly, K. & M. Chesney-Lind, "Feminism and Criminology," *Justice Quarterly*, Vol. 5(1988), p.103.

Damasio, H., T. Grabowski, R. Frank, A. M. Galaburda, & A. R. Damasio,. "The Return of Phineas Gage: Clues About the Brain From the Skull of a Famous Patient," *Science*, Vol. 264(1994), pp.1102~1104.

Devlin, L. P., *The Enforcement of Morals*(London: Oxford University Press, 1960).

Doerner, W. G., "The Impact of Medical Resources upon Criminally Induced Lethality: A Further Examination," *Criminology*, Vol. 26(1988), pp.171~179.

Doerner, W. G., "Why Does Jonny Reb Die When Shot? The Impact of Medical Resources Upon Lethality," *Sociological Inquiry*, Vol. 53(1983), pp.1~15.

Eck, J. & W. Spelman, *Thefts from Vehicles in Shipyard Parking Lots*, In *Situational Crime Prevention* edited by Ronald Clarke, 1992, pp.164~184.

Ekblom, P., *Preventing Robbery at Sub-Post Offices: An Evaluation of a Security Initiative*, Crime Prevention Unit Paper 9(London: Home Office, 1987).

Empey, L. T., *American Delinquency: Its Meaning and Construction*(Homewood, IL: Dorsey, 1982).

Esbensen, F., "Ethical Considerations in Criminal Justice Research," *American Journal of Police*, Vol. 10(1991), pp.87~104.

Farrington, D. P. "The Twelfth Jack Tizard Memorial Lecture: The Development of Offending and Antisocial Behavior from Childhood-key Findings from the Cambridge Study in Delinquency Development," *Journal of Child Psychology and Psychiatry*, Vol. 360 (1995). pp. 929-964.

FBI, home page, 2010, www.fbi.gov.

Federal Bureau of Investigation, *Crime in the United States*(Washington, D.C.: Government Printing Office, 1984).

Federle, K., "Juvenile Court Abolition: A Look at a Theory of Children's Rights that

Accommodates Notions of Power," *Update on Law-Related Education*, Vol. 18(1994), pp.32~36.

Feld, B., "Juvenile and Criminal Justice System's Responses to Youth Violence," *Crime and Justice*, Vol. 24(1998), pp.194~220.

Feld, B., *Criminalizing the American Juvenile Court*, In *Crime and Justice: A Review of Research*, Vol. 17, pp.197~280, edited by Michael Tonry(Chicago, IL: The University of Chicago Press, 1993).

Felson, M., "A 'Routine Activity' Analysis of Recent Crime Reductions," *The Criminologists*, Vol. 22(1997).

Fergusson, D., L. Wodward, & L. J. Horwood, "Maternal Smoking during Pregnancy and Psychiatric Adjustment in Late Adolescence," *Archives of General Psychiatry*, vol. 55 (August 1998), pp. 721-727.

Ferri, E., *Socialism and Modern Science(Darwin, Spencer, Marx)*(Chicago: Kerr. 1917), Translated by R. R. L. Monte.

Fishbein, D., "Differential Susceptibility to Comorbid Drug Abuse and Violence," *Journal of Drug Issues*, Vol. 28(1998), pp.859~890.

Fishbein, D., "Prospects for the Application of Genetics Findings to Crime and Violence Prevention," *Politics and the Life Science*, Vol. 15(1996), pp.91~94.

Fishbein, D., *Biobehavioral Perspectives in Criminology*(Belmont, CA: Wadsworth/ Thomson Learning, 2001).

Fishbein, D., *The Contribution of Refined Carbohydrate Consumption to Maladaptive Behaviors*. Paper presented at the annual meeting of the American Society of Criminology: Washington, D. C., 1981.

Fox, V., *Introduction to Criminology*(Englewood Cliffs, NJ: Prentice-Hall, 1976).

Galliher, J. F., *Criminology: Human Rights, Criminal Law, and Crime*(Englewood Cliffs, NJ: Prentice Hall, 1989).

Gallop Poll Public Opinion, Vol.5(New York: Random House, 1977), pp.1240~1241.

Garofalo, R. *Criminology*(Monclair, NJ: Patterson Smith, 1914), Translated by R. W. Millar.

Gastil, R. D., "Homicide and a Regional Culture of Violence," *American Sociological Review* Vol.36(1971), pp.412~427.

Gibbons, D. C., *Society, Crime, and Criminal Behavior*(Englewood Cliffs, NJ: Prentice-Hall, 1992).

Gilligan, J. "Punishment and Violence: Is the Criminal Law Based on One Huge Mistake?," *Social Research*, Vol. 67(2000), pp.745~772.

Glueck, Sheldon & Eleanor Glueck, *Unraveling Juvenile Delinquency*(Cambridge, Mass: Harvard University Press, 1950), pp.4~282.

Glueck, Sheldon, & Eleanor Glueck, *Delinquents and Nondelinquents in Perspective* (Cambridge, M.A.: Harvard University Press, 1968).

Goddard, H. H. *Feeble-Mindedness*(New York: Macmillan, 1914).

Goldman. D., "Interdisciplinary Perceptions of Genetics and Behavior," *Politics and the Life Sciences*, Vol. 15(1996), pp.97~98.

Goldstein, H., *Police Corruption*(Washington, D.C.: Police Foundation, 1975).

Goring, C., *The English Convict: A Statistical Study*(Monclair, NJ: Patterson Smith, 1913).

Gray, C. W. & D. Kaufmann, "Corruption and Development," *Finance and Development*, Vol 35no(1998), pp.7~10.

Group for the Advancement of Psychiatry, *Psychotherapy in the Future. Report No.133.*(Washington, DC: American Psychiatric Press, 1993).

Gynther, L., M. Carey, I. I. Gottesman, & G. P. Vogler, "A Twin Study of Non-Alcohol Substance Abuse," *Psychiatry Research*, Vol. 56(1995), pp.213~220.

Hagan, F. E., *Introduction to Criminology: Theories, Methods, and Criminal Behavior* (Chicago: Nelson-Hall, 1986).

Hagan, F. E., *Political Crime: Ideology and Criminality*(Boston: Allyn and Bacon, 1997).

Hagan, F. E., *Research Method in Criminal Justice and Criminology*(New York: Macmillan Publishing Company, 1993).

Hansmann, H. B. & J. Quigley, "Population Heterogeneity and the Sociogenesis of Homicide," *Social Forces*, Vol. 61(1982), pp.206~224.

Hathaway, S. R. & E. D. Monachesi, *Adolescent Personality and Behavior*(Minneapolis, MN: The University of Minnesota Press, 1963).

Hazzlett, E. M., Dawson, M. S. Buchsbaum, & K. Neuchterlein, "Reduced Regional

Brain Glucose Metabolism Assessed by PET in Electrodermal Nonresponder Schizophrenics: A Pilot Study," *Journal of Abnormal Psychology*, Vol. 102(1993), pp.39~46.

Heck, William P., Basic Investigative Protocol for Child Sexual Abuse, *FBI Law Enforcement Bulletin*, Vol.68(no10), 1999, p.19~20.

Helzer, J. E. G. J. Canino, R. C. Bl &, C. K. Lee, H-G. Hwu, & S. Newman, "Alcoholism-North American and Asia," *Archives of General Psychiatry*, Vol. 47(1990), pp.313~319.

Henry, S. & D. Milovanvic, "Constitutive Criminology: The Maturation of Critical Criminology," *Criminology*, Vol. 29(1991), pp.293~315.

Henry, S. & W. Einstadter, eds. *The Criminology Theory Reader*(New York: New York University Press, 1998).

Hirschi, T. & M. J. Hindelang, "Intelligence and Delinquency: A Revisionist Review," *American Sociological Review*, Vol. 42(1977), pp.572~587.

Hirschi, T., *Causes of Delinquency*(Berkeley, CA: The University of California Press, 1969).

Hofstede, G., *Culture Consequences: International Differences in Work Related Values* (Beverly Hills: Sage, 1989).

Hood, R., "Penal Policy and Criminological Challenges in the New Millennium," *The Australian and New Zealand Journal of Criminology*, Vol. 34(1999), pp.10~16.

Hooton, Ernest A., *The American Criminal*(Mass: Harvard University Press, 1939).

Hoover, K. R., *The Elements of Social Scientific Thinking*(New York: St. Martin's Press, 1992).

Hull, C., "Enlightened by a Humane Justice: An International Law Argument Against the Juvenile Death Penalty," *The University of Kansas Law Review*, Vol. 47(1999), pp.1079~1110.

Hunter, R. & C. R. Jeffery, *Preventing Convenience Store Robbery Through Environmental Design*. In *Situational Crime Prevention* edited by Ronald Clarke, 1992, pp.194~204.

International Criminal Police Organization, *International Crime Statistics*(Paris, France: Interpol, 1993).

Reference

Jaggar, A. M. & P. Rothenberg, *Feminist Frameworks*(New York: McGraw-Hill, 1984).

Jeffery, C. R., *An Interdisciplinary Theory of Criminal Behavior.* In W. S. Laufer & F. Adler(ed.). *Advances in Criminological Theory*(New Brunswick, NJ: Transaction Books, 1989).

Jeffery, C. R., *Criminology: An Interdisciplinary Approach*(Englewood Cliffs, NJ: Prentice Hall, 1990).

Jesilow, P., D. Henry, N. Pontell, & G. Geis, *Prescription for Profit: How Doctors Defraud Medicaid*(Berkeley, CA: The University of California Press, 1993).

Julian, R. M., *A Primer of Drug Action*(New York: W. H. Freeman, 1985).

Kalat, J., *Biological Psychology*(Belmont, CA: Wadsworth Publishing Company, 1992).

Kiley, W. P., "The Advanced Criminal Investigation Course: An Innovative Approach to Detective In-Service Training," *FBI Law Enforcement Bulletin*, Vol.67(no10), 1998, p.16~17.

Kobrin,, S., "The Chicago Area Project-A25-Year Assessment," *The Annals of the American Academy of Political and Social Science*, 322(March, 1959), pp.20~29.

Kolata, G., "Brain Biochemistry: Effects of Diet." *Science*, Vol. 192(1976), pp.41~42.

Kornhauser, R. R., *Social Sources of Delinquency*(Chicago: The University of Chicago Press, 1978).

Krohn, M. D., "A Durkheimian Analysis of International Crime Rates," *Social Forces*, Vol. 57(1978).

Krohn, M. D., R. L. Akers, M. J. Radosevich, & L. Lanza-Kaduce, "Norm Qualities and Adolescent Drinking and Drug Behavior," *Journal of Drug Issues*, Vol. 12(1982).

LaFree, G. & E. Kick, "Cross-National Effects of Development, Distribution and Demographic Variables on Crime." Presented at the American Sociological Association(1983).

Laurence, S., "Should Juvenile Offenders be Tried as Adults?," *USA Today*, Vol. 129(2001).

Lea, J. & J. Young, *A Realistic Approach to Law and Order.* In *The Political Economy* of Crime: Readings for a Critical Criminology edited by Brian Maclean(Englewood Cliffs, NJ: Prentice-Hall, 1986).

Lee, M. R. & W. Bankson, "Political Structure Economic Inequality, and Homicide: A Cross-National Analysis," *Deviant Behavior: An Interdisciplinary Journal*, Vol. 19(1999), pp.27~55.

Lemert, E. M., *Human Deviance, Social Problems, and Social Control*(Englewood Cliffs, NJ: Prentice-Hall, 1967).

Lemert, E. M., *Social Pathology*(New York: McGraw-Hill, 1951).

Leshner, A., "We Can Conquer Drug Addiction," *The Futurist*, Vol. 33(1999), pp.22~25.

LeVine, D. G. & A. C. Upton,(1994). *The City as a Human Environment*(Westport, CT: Praeger, 1994).

Lilly, J. R., F. T. Cullen, & R. A. Ball, *Criminological Theory: Context and Consequences*(Newbury Park: Sage Publications, 1989).

Liska, A. E., *Perspectives on Deviance*, 2nd ed.(Englewood Cliffs, NJ: Prentice- Hall, 1987).

Lombroso, C., *Crime, Its Causes and Remedies.*(Boston: American Institute of Criminal Law, 1911), Translated by H. P. Horton.

Lombroso-Ferrero, G., *Criminal Man, According to the Classification of Cesare Lombroso*(New York: G. P. Putnam's Sons, 1911).

Long-Onnen, J. & D. Cheatwood, "Hospital Homicide: An Expansion of Current Theoretical Paradigms," *American Journal of Criminal Justice*, Vol. 16(1992), pp.57~74.

Lubinski, D., "Scientific and Social Significance of Assessing Individual Differences: Sinking Shafts at a Few Critical Points," *Annual Review of Psychology*, Vol. 51(2000), pp.405~444.

Lynch, G. W., "Police Corruption from the United States Perspective," *Police Studies*, Vol.12(1986).

MacKinnon, C. A., "Not a Moral Issue," *Yale Law and Policy Review*, Vol. 2(1984).

Martin, R., R. J. Mutchnick, & W. T. Austin, *Criminological Thought: Pioneers Past and Present*(New York: Macmillan Publishing, 1990).

Martinson, R., "What Works? Questions and Answers about Prison Reform," *The Public Interest*, Vol. 35(1974), pp.22~54.

Maxfield, M. G. & E. Babbie, *Research Methods for Criminal Justice and Criminology*, 2nd ed.(Belmont, CA: Wadsworth Publishing Company, 1998).

Mayer, J., *Social Science Principles in the Light of Scientific Method with Particular Application to Modern Economic Thought*(Durham, NC: Duke University Press, 1941).

McGivern, R. F., J. P. Huston, D. Byrd, T. King, G. J. Siegle, & J. Reilly, "Sex Differences in Visual Recognition Memory: Support for a Sex-Related Difference in Attention in Adults and Children," *Brain Cognition*, Vol. 34(1997), pp.323~336.

Mead, G. H., *Mind, Self, and Society*(Chicago: The University of Chicago Press, 1934).

Mednick, S. & K. O. Christiansen, *Biological Bases of Criminal Behavior*(New York: Gardner Press, 1977).

Mednick, S. A., J. Volavka, W. F. Gabrielli, & V. Pollock, "EEG as a Predictor of Antisocial Behavior," *Criminology*, Vol. 18(1981), pp.219~229.

Merlo, A., P. Benekos, & W. Cook, "Legislative Waiver as Crime Control," *Juvenile and Family Court Journal*, Fall(1997), pp.1~15.

Merton, R. K., *Social Theory and Social Structure*(New York: Free Press, 1968).

Messerschmidt, J. W. *Capitalism, Patriarchy, and Crime: Toward a Socialist Feminist Criminology*(Totowa, NJ: Rowman and Littlefield, 1986).

Messner, S. F., "Economic Discrimination and Societal Homicide Rates: Further Evidence on the Cost of Inequality," *Journal of Quantitative Criminology*, Vol. 8(1989), pp.597~611.

Messner, S. F., "Modernization, Structural Characteristics, and Societal Rates of Crime: An Application of Blau's Macrosociological Theory," *The Sociological Quarterly*, Vol. 27(1986), pp.27~41.

Messner, S. F., & Rosenfeld, R. "Crime and The American Dream," (2007). Belmont, CA: Wadsworth.

Meyer, C. W. & G, M. Morgan, "Investigative Uses of Computers: Analytical Time Lines," *FBI Law Enforcement Bulletin*, Vol.69(2000), p.1~5.

Mill, J. S., *On Liberty*(London: J. W. Parker, 1859).

Moffitt, T., *Natural Histories of Delinquency*. In E.G.M. Weitekamp & H. Kerner(eds.) *Cross-National Longitudinal Research on Human Development and Criminal Behavior*(Boston, MA: Kluwer Academic Publishers, 1994).

Montage, P., "Toxics and Violent Crime," *Rachel's Environmental and Health Weekly*, Vol. 551 (1997).

Moore, M. & S. Wakeling, "Juvenile Justice: Shoring Up the Foundations," *Crime and Justice*, Vol. 22(1997), pp.253~301.

Morse, B. J. & D. S. Elliot,. *Hamilton County Drinking and Driving Study: 30 Month Report*(Boulder CO: Institute of Behavioral Science, The University of Colorado, 1990).

Moyer, K., *Violence and Aggression*(New York: Harper and Row, 1987).

Nachshon, S. & D. Denno. *Violent Behavior and Cerebral Hemisphere Function*. In S. A. Mednick et al.(eds.), *The Causes of Crime: New Biological Approaches* (Cambridge: Cambridge University Press, 1987).

Naroll, R., *The Moral Order*(Beverly Hills: Sage, 1983).

Neapolitan, J. L., "Cross-National Variation in Homicide: The Case of Latin America," *International Criminal Justice Review*, Vol. 4(1994), pp.4~22

Neapolitan, J. L., "Homicide Rates in Developing Nations: Result of Research Using a Large and Representative Sample," *International Journal of Offender Therapy and Comparative Criminology*, Vol. 41(1997), pp.358~374.

Nelkin, D. & M. S. Linde, "Genes Made Me Do It: The Appeal of Biological Explanations," *Politics and the Life Sciences*, Vol. 15(1996), pp.95~97.

Newsweek, "A Trial that Wouldn't End." June 19(1875), pp.20~21.

O'Malley, Timothy, "Managing for Ethics: A Mandate for Administrators," *FBI Enforcement Bulletin*, Vol. 66(1997), p.21. pp.20~26.

O'Neill, B., "Influences on Detention Decisions in the Juvenile Justice System," *Juvenile and Family Court Journal*, Winter(2002), pp.47~58.

Oakley, A., *Sex, Gender, and Society*(New York: Harper and Row, 1972).

Oddo, D., "Removing Confidentiality Protections and the 'Get Tough' Rhetoric: What Has Gone Wrong with the Juvenile Justice System?," *Boston College Third*

World Law Journal, Vol. 18(1998), pp.105~135.

Office of Juvenile Justice and Delinquency Prevention, *Update on Violence*, Vol. 29(1997).

Olweus, D. et al., "Testosterone, Aggression, Physical and Personality Dimensions in Normal Adolescent Males," *Psychosomatic Medicine*, Vol. 42(1980), pp. 253~269.

Packer, H., *The Limits of Criminal Sanction*(Stanford, CA: The University of Stanford Press, 1968).

Pepinsky, H. E. & R. Quinney, *Criminology as Peacemaking*(Bloomington, Ind.: Indiana University Press, 1991).

Pihl, R. O. & F. Ervin, "Lead and Cadmium Levels in Violent Criminals," *Psychological Reports*, Vol. 66(1990), pp.839~844.

Plomin, R., R., J. C. DeFries, & G. E. McClean. *Behavioral Genetics*(New York: W. H. Freeman and Company, 1990).

Podkopacz, M. R. & B. C. Feld, "Judicial Waiver Policy and Practice: Persistence, Seriousness and Race," *Law and Inequality Journal*, Vol. 14(1995).

Poyner, B. & B. Webb, *Reducing Theft from Shopping Bags in City Center Markets*, In *Situational Crime Prevention* edited by Ronald Clarke, 1992, pp.99~107.

Poyner, B., C. Warne, B. Webb, R. Woodall, & R. Meakin, *Preventing Violence to Staff*(London: HMSO, 1988).

Poyner, B., *Situational Crime Prevention in Two Parking Facilities*, In *Situational Crime Prevention* edited by Ronald Clarke, 1992, pp.174~193.

Prins, H., *Offenders, Deviants or Patients? An Introduction to the Study of Socio-Forensic Problems* (London: Tavistock, 1980).

Quay, H. C., *Intelligence* in *Handbook of Juvenile Delinquency* edited by Herbert Quay(New York: Wiley, 1987).

Quinney, R., *Class, State, and Crime: On the Theory and Practice of Criminal Justice, 2nd ed.*(New York: McKay, 1980).

Quinney, R., *Critique of the Legal Order: Crime Control in Capitalist Society* (Boston: Little, Brown, 1974).

Quinney, R., *Socialist Humanism and Critical/Peacemaking Criminology: The Continuing*

Project, In *Thinking Critically About Crime* edited by Brian D. Maclean & Dragan Milovanovic, (Vancouver, BC: Collective Press, 1997), pp.114~117.

Quinney, R., *The Social Reality of Crime*(Little Brown: Boston, 1970).

Rada, R., "Plasma Androgen in Violent and Non-Violent Sex Offenders," *American Journal of Psychiatry*, Vol. 122(1983), pp.180~183.

Raine, A., "Prefrontal Glucose Deficit in Murders Lacking Psychological Deprivation," *Neuropsychiatry, Neuropsychology, and Behavioral Neurology*, Vol., 11 (1998), pp.1~7.

Raine, A., P. H. Venables, & M. Williams. 1990. "Relationships between CNS and ANS Measures of Arousal at Age 15 and Criminality Age 24," *Archives of General Psychiatry*, Vol. 47(1990), pp.1003~1007.

Raine, A., *The Psychopathology of Crime*(New York: Academic Press, 1993).

Reader, D., "The Laws of Unintended Results," *Akron Law Review*, Vol. 29(1996), pp.477~489.

Reckless, W., *The Crime Problem*(New York: Appleton-Century-Crofts, 1955).

Regina v. English, Norwich Crown Court, November 10, 1981.

Reid, S. T., *Crime and Criminology, 9th ed.*(Boston: McGraw Hill, 2000).

Reid, S. T., *Criminal Justice*, 2nd eds.(New York: Macmillan Publishing, 1990).

Reiman, J., *The Rich Get Richer and the Poor Get Prison: Ideology, Class, and Criminal Justice*(New York: Macmillan Publishing Company, 1990).

Reiman, Jeffrey, "The Scope and Limits of Police Ethics," *Criminal Justice Ethics*, Vol. 16no2(1997), pp.41~45.

Reiss, A. J., "Delinquency as the Failure of Personal and Social Controls," *American Sociological Review*, Vol. 16(1951), p.196~207.

Research and Forecasts, Inc., *The Figgie Report on Fear of Crime: America Afraid, Part I: The General Public*.

Restak, R. M., *The Brain*(Garden City, New York: Doubleday and Company, 1979).

Richerson, P., "Culture and Human," *Politics and the Life Sciences*, Vol. 16(1997), pp.40~42.

Rimland, B. & G. E. Larson. "Nutritional and Ecological Approaches to the Reduction of Criminality, Delinquency and Violence," *Journal of Applied Nutrition*, Vol.

33(1981), pp.116~137.

Roebuck, T., S. Mattson, & E. Riley, "Behavioral and Psychosocial Profiles of Alcohol-Exposed Children," *Alcoholism: Clinical and Experimental Research*, Vol. 23 (1999), pp.1070~1076.

Rosenberg, I., "Leaving Bad Enough Alone: A Response to the Juvenile Court Abolitionists," *Wisconsin Law Review*, Vol. 1(1993).

Rosoff, S., Henry P., & R. Tillman, *Profit Without Honor: White-Collar Crime and the Looting of America*, 4th ed(Upper Saddle River, New Jersey: Pearson/ Prentice Hall).

Rowe, D. C., "Genetic and Environmental Components of Antisocial Behavior; A Study of 265 Twin Pairs," *Criminology*, Vol. 24(1986), pp.513~532.

Rushce, G., & O. Kirchheimer. Punishment and Social Structure (New York: Russell & Russell, 1939).

Roebuk,T., S. N. Mattson, & E. P. Riley, "Behavioral and Psychosocial Profiles of Alcohol-Exposed Children," *Alcoholism: Clinical and Experimental Research*, Vol. 23, No. 6 (June 1999), pp. 1070-1076.

Sampson, R. J. *The Community* in J. Q. Wilson and J. Petersilia eds, *Crime* (San Francisco : ICS Press, 1995, pp. 193-216).

Sampson, R. J. & J. H. Laub. "Turning Points in the Life Course: Why Change Matters to the Study of Crime." *Criminology*, Vol. 31(1993), pp.301~326.

Savage, J. & B. Vila, "Lagged Effects of Nurturance on Crime: A Cross-National Comparison," Paper presented at the American Society of Criminology meeting, Boston

Schafer, John R., "Making Ethical Decisions: A Practical Model, *FBI Law Enforcement Bulletin*, Vol. 71 no5(2002), p.14. pp14~18.

Scherdin, M. J., *The Halo Effect: Psychological Deterrence of Electronic Security System*. In *Situational Crime Prevention* edited by Ronald Clarke, 1992, pp.133~150.

Schmallger, F., *Criminology Today: An Integrated Introduction*, 5th Ed.(Upper Saddle River: Pearson, 2009), pp. 180~181.

Sears, D. O., L. A. Peplan, J. L. Freeman, & S. E. Taylo. *Social Psychology*(Englewood

Cliff, NJ: Prentice Hall, 1988).

Sellin, T., *Culture Conflict and Crime*(New York: Social Science Research Council, 1938).

Shaw, C. R. & H. D. McKay, *Juvenile Delinquency and Urban Areas*(Chicago: The University of Chicago Press, 1942).

Shaw, C. R., *Brothers in Crime*(Chicago: The University of Chicago Press, 1938); *The Jackroller*(Chicago: The University of Chicago Press, 1930).

Shaw, C. R., *The Natural History of a Delinquent Career*(Chicago: The University of Chicago Press, 1931).

Shearing, C. D., *Criminologists Must Broaden Their Field of Study Beyond Crime and Criminals* in *Enduring Issues in Criminology* edited by Ron Boostrom (San Diego: Greenhaven Press, 1995).

Sheley, J. F., *Criminology* (Belmont, CA: Wadsworth Publishing, 1995).

Shepherd Jr., R., "The Rush to Waive Children to Adult Court," *Criminal Justice*, Vol. 10(1995).

Sherman, L. W., P. R. Gartin, & M. D. Buerger, "Hot Spots of Predatory Crime: Routine Activities and the Criminology of Place," *Criminology*, Vol. 27(1989), pp.27~56.

Shoemaker, D. J., *Theories of Delinquency: An Examination of Explanations of Delinquent Behavior*(New York: Oxford University Press, 1984).

Short, Jr., J. S., "Differential Association as a Hypothesis: Problems of Empirical Testing," *Social Problems*, Vol. 8(1960), pp.14~15.

Siegel, Larry, & Joseph Senna, *Juvenile Delinquency* (St. Paul: West Publishing, 1997).

Silbey, S. S., "Mutual Engagement: Criminology and the Sociology of Law," *Crime, Law, and Social Change*, Vol. 37(2002), pp.163~175.

Simon, R., *Women and Crime*(Lexington, MS: D.C. Health, 1975).

Smallheer, R., "Sentence Blending and the Promise of Rehabilitation: Bringing the Juvenile Justice System Full Circle," *Hofstra Law Review*, Vol. 28(1999), pp.259~89.

Smith, S. S. & R. W. Shrub, "Forensic Psycholinguistics: Using Language Analysis for Identifying and Assessing Offenders," *FBI Law Enforcement Bulletin*, April,

2002.

Stanko, E., *Intimate Intrusions: Women's Experience of Male Violence*(Boston: Routledge & Kegan Paul, 1985).

Steiger, J. & C. Dizon, *Rehabilitation, Release, and Reoffending: A Report on the Criminal Careers of the Division of Juvenile Rehabilitation "Class of 1982"*(Olympia, WA: Department of Social and Health Services, 1991).

Steinberg, L., "Should Juvenile Offenders Be Tried as Adults?," *USA Today*, Vol. 129(2001), pp.34~35.

Stephen, J. F., *Liberty, Fraternity, Equality*(London: Cambridge University Press, 1967).

Stevens, Aaron P., "Arresting Crime: Expanding the Scope of DNA Databases in America," *Texas Law Review*, Vol. 79(no4), 2001, p.921~922.

Stewart, M. A., C. S. DeBlois., & C. Cummings, "Psychiatric Disorder in the Parents of Hyperactive Boys and those with Conduct Disorder," *Journal of Child Psychology and Psychiatry*, Vol. 21(1980): pp.283~292.

Stinchcombe, A., *Rebellion in a High School*(Chicago, IL: Quadrangle, 1964).

Sutherland, E. H. & D. R. Cressey, *Principles of Criminology*, 8th ed.(Philadelphia, PA: J. B. Lippincott, 1970).

Sutherland, E. H., *The Professional Thief*(Chicago: The University of Chicago Press, 1937).

Stack, S. Adamczyk, A., & Cao, L. (2010). Survivalism and public opinion on criminality: A cross-national analysis of prostitution. *Social Forces*, 88, 1703-1726. Retrieved from http://sf.oxfordjournals.org/.

Swanson, Jr., Charles R., N. Chamelin, & L. Territo, *Criminal Investigation*, 4th edition(New York: Random House, 1988), p.224.

Sykes, G. M. & D. Matza, "Techniques of Neutralization: A Theory of Delinquency," *American Sociological Review*, Vol. 22(1957), pp.664~670.

Sykes, G. M., *The Society of Captives: A Study of a Maximum Security Prison* (Princeton University, 1958).

Tappan, P. W., "Who is the Criminal?," *American Sociological Review*, Vol. 12(1947), pp.96~97.

Taylor, J., B Loney, L. Bobadilla, W. Iacono, & M. McGue, "Genetic and Environmental

Influences on Psychopathy Trait Dimensions in a Community Sample of Male Twins," *Journal of Abnormal Child Psychology*, Vol. 31 (2003), pp. 633~645.

Theilgaad, A., *The Personalities of XYY and XXY Men*. In W. Schmid & J. Nielsen(eds.), *Human Behavior and Genetics*(Amsterdam, Sweden: Elsevier/North Holland Biomedia, 1981).

Thio, Alex, *Deviant Behavior*(Boston: Pearson, 2006).

Thrasher, F. M., *The Gang: The Study of 1313 Gangs in Chicago*(Chicago: The University of Chicago Press, 1927).

Triandis, H., R. Bontermpo, & B. M. Villareal, "Allocentric Versus Ideocentric Tendencies: Convergent and Discriminant Validation," *Journal of Research in Personality*, vol. 19(1985), pp.395~415.

Ullman, R., "Federal Juvenile Waiver Practices: A Contextual Approach to the Consideration of Prior Delinquency Records," *Fordham Law Review*, Vol. 68(2000), pp.1329~1369.

Unnithan, N. P., Huff-Corzine, L., Corzine, J., & Whitt, H. P., *Thecurrentsoflethalviolence:Anintegratedmodelofsuicideandhomicide.*. (Albany, NY: State University of New York Press, 1994).

Virkkunen, M. D., & M. Linnoila. "Serotonin in Alcoholic Violent Offender," *Ciba Foundation Symposium*, Vol. 194(1990), pp.168~177.

Vito, G. F. & R. M. Holmes, *Criminology: Theory, Research, and Policy*(Belmont, C.A.: Wadsworth Publishing, 1994).

Volavka, J., D. Martell, & A. Convit. "Psychobiology of the Violent Offender," *Journal of Forensic Science*, Vol. 37(1992), pp.237~251.

Vold, G. B., T. J. Bernard, & J. Snipes, *Theoretical Criminology*(Oxford: Oxford University Press, 1998).

Walker, Samuel, *The Police in America: An Introduction*(Upper Saddle, New Jersey: Prentice-Hall, 2001).

Walsh, A., "Behavior Genetics and Anomie/Strain Theory," *Criminology*, Vol. 38(2000), pp.1075~1109.

Weiner, E., "Our Bio-Future: Exploring the Frontier of Human Biology," *The Futurist*, Vol. 30(1996), pp.25~28.

White, Mike, "The Problem with Gratuities," *FBI Law Enforcement Bulletin*, Vol. 71no7(2002).

Wilson, J. Q. & R. J. Herrnstein, *Crime and Human Nature* (New York: Simon & Schuster, 1985).

Wirth, M. & O. Schultheiss, "Base Testosterone Moderates Responses to Anger Faces in Humans," *Physiology and Behavior*, Vol. 90 (2007), pp. 496~505.

Wolfgang, M. & M. Riedel, "Race, Judicial Discretion, and the Death Penalty," *Annals of the American Academy of Political and Social Sciences*(1973), pp.119~133.

Wolfgang, M., "International Criminal Statistics: A Proposal," *Journal of Criminal Law, Criminology, and Police Science*, Vol. 58(1967), pp.65~69.

Wolfgang, M., R. Figlio, & T. Sellin, *Delinquency in a Birth Cohort*(Chicago, IL: The University of Chicago Press, 1972).

Wright, R. A. & J. M. Miller, "Taboo Until Today? The Coverage of Biological Arguments in Criminological Textbooks, 1961 to 1970 and 1987 to 1996," *Journal of Criminal Justice*, Vol. 26(1998), pp.1~19.

Young, J., *The Failure of Criminology: The Need for a Radical Realism*. In *Confronting Crime*, edited by Roger Matthews & Jock Young(Beverly Hills: Sage, 1986).

Zahn, M. A. "Thoughts on the Future of Criminology—The American Society of Criminology 1998 presidential address," *Criminology*, Vol. 37(1999), pp.1~15.

Zimring, F., "The Genetics of Crime: A Skeptics's Vision of the Future," *Politics and the Life Sciences*, Vol. 15(1996), pp.105~106.

찾아보기

전돈수

약력
- 시카고주립대학교 형사사법학 석사
- 플로리다주립대학교 범죄학 및 형사사법학 박사
- 제7보병사단 정훈장교(특임 16기) 역임
- 현재 미국Auburn University-Montgomery 형사사법학과 교수
- 최우수 연구교수상 수상(Auburn University at Montgomery, 2018
- 현 미국 범죄학회 회원
- 재미한인범죄학회 회장 역임 (2016-2017)

저서
- The Relationship Between National Homicide Rates and Medical Care, New York, LFB Scholarly Publisher, 2001.
- 비교경찰제도론(공저), 법문사, 2003.
- 경찰학개론(공저), 법문사, 2004.
- 범죄이야기, 도서출판 21세기사, 2010.

최근 주요논문
- Religiosity and Regional Variation of Lethal Violence: Integrated Model. *Homicide Studies,* 2015.
- National Religious Affiliation and Integrated Model of Homicide and Suicide. *Homicide Studies, 2015*
- Are Competitive Materialism and Female Employment Related to International Homicide Rate? *Journal of Interpersonal Violence,* 2017.
- Democracy, Autocracy, and Direction of Lethal Violence: Homicide and Suicide. *Homicide Studies,* 2018.

제3개정판 범죄학 개론

1판 1쇄 발행 2019년 02월 27일
1판 4쇄 발행 2023년 02월 24일
저　　　자 전돈수
발 행 인 이범만
발 행 처 **21세기사** (제406-2004-00015호)
　　　　　경기도 파주시 산남로 72-16 (10882)
　　　　　Tel. 031-942-7861　　　Fax. 031-942-7864
　　　　　E-mail : 21cbook@naver.com
　　　　　Home-page : www.21cbook.co.kr
　　　　　ISBN 978-89-8468-825-4

정가 26,000원

이 책의 일부 혹은 전체 내용을 무단 복사, 복제, 전재하는 것은 저작권법에 저촉됩니다.
저작권법 제136조(권리의침해죄)1항에 따라 침해한 자는 5년 이하의 징역 또는 5천만 원 이하의 벌금에 처하거나 이를 병과
(併科)할 수 있습니다. 파본이나 잘못된 책은 교환해 드립니다.